클로저 헌법 핸드북 1
(헌법총론 · 기본권론)

이 상 용

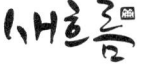

머 리 말

"「클로저 헌법 핸드북」의 초판을 사랑해 주신 모든 독자님께 감사드립니다"

2024년에는 헌법재판소의 재판관 공석 문제로 8월 29일까지의 헌법재판소 결정이 가장 최근에 선고된 판례입니다. 그래서 25년 각종 헌법 시험을 준비하시는 분들의 공부 부담이 조금은 줄어 들게 되어 다행이라고 생각합니다.

1권은 〈헌법총론〉과 〈기본권론〉으로 구성되어 있으므로 모든 시험의 수험생분들이 공통적으로 보셔야 하는 파트입니다.

본서의 주요 내용은

⑴ **판례** : 헌법재판소 결정은 24년 8월 선고분까지 본서에 추가하였습니다. 24년에는 민법 관련 위헌 및 헌법불합치 결정이 많았으며, 최근 대법원 판례도 적절히 반영하였습니다.

⑵ **부속법령** : 해마다 헌법 부속법령 특히 공직선거법 및 국회법의 개정이 많은 편이었는데, 24년에는 다행히 중요한 부속법령의 개정은 많지 않았고, 23.12.29. 개정된 「형사보상 및 명예회복에 관한 법률」까지 모두 반영하였습니다.

⑶ **이 책의 활용방법** : 처음 헌법을 공부하시는 분들은 강의와 함께 큰 틀을 학습하시기를 조언해 드립니다. 그리고 회독수를 거듭하시면서 세부적인 내용과 출제 가능한 지엽적인 부분으로 범위를 넓혀나가기를 바랍니다. 어디까지 넓힐지는 강의를 통한 기출분석표에서 자세히 다루어 드리겠습니다. 핸드북 형식으로 출간하여 휴대하기 편하게 만들었습니다.

헌법은 생각보다 공부량이 방대해서 수험생들이 부담을 갖는 과목입니다. 그럴수록 해법은 간단합니다. 양을 줄이고 잘 정리된 교재를 많이 반복하여 정확히 암기하는 것입니다. 진리는 늘 단순하다는 명제가 이 책을 통해 고득점 하시는 모든 분들이 증명해 주고 있습니다.

사랑하는 부모님의 건강과 행복을 빌며, 이종은 대표님과 정대의 부장님을 비롯한 도서출판 새흐름의 모든 분께 감사드립니다.

독자님들의 빠른 합격을 기원합니다.

2024년 12월

클로저 **이상용**

Contents
차 례

제1편 헌법총론

제1장 헌법 … 2
제1절 헌법 · 2
제2절 헌법의 제정 · 개정 · 변천 · 12
제3절 헌법의 보호 · 14

제2장 대한민국 헌법 … 18
제1절 대한민국 헌법의 제정과 개정 · 18
제2절 대한민국 헌법의 존립기초 · 23
제3절 대한민국 헌법의 전문 · 40
제4절 헌법의 기본원리 · 47
제5절 민주주의 원리 · 49
제6절 법치주의 · 109
제7절 사회국가원리 · 124
제8절 국제평화주의 · 134
제9절 문화국가원리 · 141

제2편 기본권론

제1장 기본권 총론 … 146
제1절 기본권의 의의와 법적 성격 · 146
제2절 기본권의 주체 · 149
제3절 기본권의 효력 · 166
제4절 기본권의 제한과 한계 · 180
제5절 기본권의 보호(침해와 구제) · 199

제2장 기본권 각론 … 204

제1절 인간의 존엄과 가치 및 행복추구권 · 204
제2절 평등권 · 225
제3절 자유권적 기본권 · 256
제4절 생존권적 기본권 · 499
제5절 청구권적 기본권 · 552
제6절 참정권적 기본권 · 591
제7절 국민의 기본의무 · 608

[부록] 대한민국 헌법 … 613

제1편 헌법총론

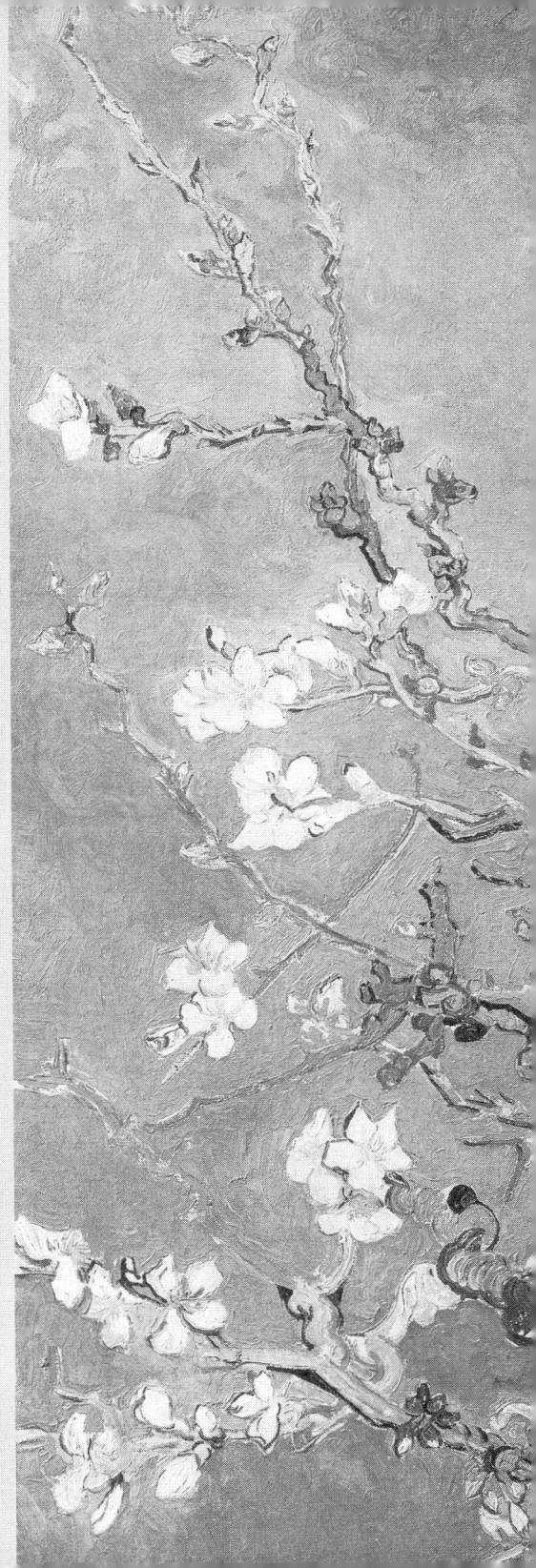

제1장 　헌법

제1절　헌법

Ⅰ. 국가와 헌법

1. 국가

구성원의 공감대적 가치를 기초로(특정 영토 위에) 세워진 정치적 공동체

2. 헌법

(1) 헌법의 의의: 정치적 공동체가 유지되기 위해서는 구성원 간의 다양한 이해관계의 대립과 갈등을 해결해야 할 과제를 수행할 원리, 조직, 절차 등이 필요하며, 조직과 절차가 운영될 수 있는 법적 토대, 즉 법질서가 요구되는데 이러한 법질서가 헌법 ⇒ <u>정치적 통일체인 국가의 기본적 법질서</u>

(2) 헌법의 기능: 국가의 성립·유지기능, 기본권보장기능, 법질서창설기능, 정치과정합리화기능

3. 역사적 발전과정에서 본 헌법개념

(1) 고유한 의미의 헌법: 국가의 통치체제에 관한 기본사항을 정한 국가의 기본법

(2) 근대 입헌주의 헌법(시민국가적 헌법): 개인의 자유와 권리를 보장하고, <u>권력분립</u>에 의하여 국가권력의 남용을 억제하는 것을 내용으로 하는 헌법 ⇒ <u>법치주의</u>의 원리, 의회주의원리, 권력분립원리, 성문·경성헌법

(3) 현대 사회국가 헌법(현대 복지주의 헌법): 산업사회의 모순을 극복하고 공정한 분배와 다수의 빈곤계층에 대한 생존배려를 실현하고자 하는 국가의 이념을 추구하고, 동시에 국제평화실현의 새로운 가치실현을 달성하기 위해 등장한 헌법 ⇒ 사회적 법치주의, 생존권보장의 강화, 사회국가의 강화, 국제평화주의, 실질적 평등실현, <u>민주적 정당제도와 위헌법률심판제도의 수용</u>

Ⅱ. 헌법의 분류

1. 실질적 의미의 헌법과 형식적 의미의 헌법

(1) 실질적 의미의 헌법: 법의 존재형식에 구애되지 않고 국가의 기본적 조직과 작용에 관한 사항이나 국민의 기본권에 관한 사항(소위 헌법사항)을 정하고 있는 법규범

(2) 형식적 의미의 헌법: 문서화된 헌법전

2. 성문헌법과 불문헌법

(1) 성문헌법: 헌법이 일반 법률과 별개로 독립된 헌법전의 형태로 존재하는 것

(2) 불문헌법: 성문화된 별도의 헌법전을 가지지 않는 국가의 헌법

(3) 관습헌법

　(가) 의의: 장기간 법적 구속력을 지닌 것으로 인정되어 온 헌법적 관행

　(나) 성립요건: 관행 내지 관례의 존재, 반복·계속성, 항상성, 명료성, **국민적 합의** ⇒ 관습헌법의 요건들은 그 성립의 요건일 뿐만 아니라 효력 유지의 요건(헌결 2004헌마554)

　(다) 효력: 관습헌법은 성문헌법과 동일한 효력을 지니므로 관습헌법은 위헌법률심판에서 위헌기준의 역할을 하게 되며 그 개정은 헌법개정절차에 따라야 함

| 헌결 | 대판 |

1. [1] 헌법 제1조 제2항은 '대한민국의 주권은 국민에게 있고, 모든 권력은 국민으로부터 나온다.'고 규정한다. 이와 같이 국민이 대한민국의 주권자이며, 국민은 최고의 헌법제정권력이기 때문에 성문헌법의 제·개정에 참여할 뿐만 아니라 헌법전에 포함되지 아니한 헌법사항을 필요에 따라 관습의 형태로 직접 형성할 수 있다. 그렇다면 관습헌법도 성문헌법과 마찬가지로 주권자인 국민의 헌법적 결단의 의사의 표현이며 성문헌법과 동등한 효력을 가진다고 보아야 한다. 국민주권주의는 성문이든 관습이든 실정법 전체의 정립에의 국민의 참여를 요구한다고 할 것이며, 국민에 의하여 정립된 관습헌법은 입법권자를 구속하며 헌법으로서의 효력을 가진다. ★

[2] 우리나라는 성문헌법을 가진 나라로서 기본적으로 우리 헌법전(憲法典)이 헌법의 법원(法源)이 된다. 그러나 성문헌법이라고 하여도 그 속에 모든 헌법

사항을 빠짐없이 완전히 규율하는 것은 불가능하고 또한 헌법은 국가의 기본법으로서 간결성과 함축성을 추구하기 때문에 형식적 헌법전에는 기재되지 아니한 사항이라도 이를 불문헌법(不文憲法) 내지 관습헌법으로 인정할 소지가 있다. 특히 헌법제정 당시 자명(自明)하거나 전제(前提)된 사항 및 보편적 헌법원리와 같은 것은 반드시 명문의 규정을 두지 아니하는 경우도 있다. 그렇다고 해서 헌법사항에 관하여 형성되는 관행 내지 관례가 전부 관습헌법이 되는 것은 아니고 강제력이 있는 헌법규범으로서 인정되려면 엄격한 요건들이 충족되어야만 하며, 이러한 요건이 충족된 관습만이 관습헌법으로서 성문의 헌법과 동일한 법적 효력을 가진다. ★

[3] 어느 법규범이 관습헌법으로 인정된다면 그 개정가능성을 가지게 된다. 관습헌법도 헌법의 일부로서 성문헌법의 경우와 동일한 효력을 가지기 때문에 그 법규범은 최소한 헌법 제130조에 의거한 헌법개정의 방법에 의하여만 개정될 수 있다. 따라서 재적의원 3분의 2 이상의 찬성에 의한 국회의 의결을 얻은 다음(헌법 제130조 제1항) 국민투표에 붙여 국회의원 선거권자 과반수의 투표와 투표자 과반수의 찬성을 얻어야 한다(헌법 제130조 제3항). 다만 이 경우 관습헌법규범은 헌법전에 그에 상반하는 법규범을 첨가함에 의하여 폐지하게 되는 점에서, 헌법전으로부터 관계되는 헌법조항을 삭제함으로써 폐지되는 성문헌법규범과는 구분된다. 한편 이러한 형식적인 헌법개정 외에도, 관습헌법은 그것을 지탱하고 있는 국민적 합의성을 상실함에 의하여 법적 효력을 상실할 수 있다. 관습헌법은 주권자인 국민에 의하여 유효한 헌법규범으로 인정되는 동안에만 존속하는 것이며, 관습법의 존속요건의 하나인 국민적 합의성이 소멸되면 관습헌법으로서의 법적 효력도 상실하게 된다. 관습헌법의 요건들은 그 성립의 요건일 뿐만 아니라 효력 유지의 요건이다.

[4] 관습헌법이 성립하기 위하여서는 관습이 성립하는 사항이 단지 법률로 정할 사항이 아니라 반드시 헌법에 의하여 규율되어 법률에 대하여 효력상 우위를 가져야 할 만큼 헌법적으로 중요한 기본적 사항이 되어야 한다. 일반적으로 실질적인 헌법사항이라고 함은 널리 국가의 조직에 관한 사항이나 국가기관의 권한 구성에 관한 사항 혹은 개인의 국가권력에 대한 지위를 포함하여 말하는 것이지만, 관습헌법은 이와 같은 일반적인 헌법사항에 해당하는 내용 중에서도 특히 국가의 기본적이고 핵심적인 사항으로서 법률에 의하여 규율하는 것이 적합하지 아니한 사항을 대상으로 한다. 일반적인 헌법사항 중 과연 어디까지가 이러한 기본적이고 핵심적인 헌법사항에 해당하는지 여부는

일반추상적인 기준을 설정하여 재단할 수는 없고, 개별적 문제사항에서 헌법적 원칙성과 중요성 및 헌법원리를 통하여 평가하는 구체적 판단에 의하여 확정하여야 한다(위헌 헌결 2004.10.21. 2004헌마554). ★

2. [1] 행정중심복합도시로 이전하는 기관은 국무총리를 비롯한 총 49개 기관이며 이들을 수평적인 권한배분면에서 보면 이전기관들의 직무범위가 대부분 경제, 복지, 문화 분야에 한정되어 있고 경제의 주요부문인 금융정책을 결정하는 기관들은 제외되어 있다. 수직적인 면에서 보아도 여전히 정부의 주요정책은 국무회의의 심의를 거쳐 대통령이 최종적으로 결정하며, 국무총리는 헌법상 대통령의 보좌기관으로서 그 명을 받아 행정각부를 통할하고 각부의 장은 정해진 정책을 구체적으로 실현할 뿐이다. 특히 정보통신기술이 발달한 현대사회에서는 서로 장소적으로 떨어진 곳에 위치하더라도 대통령과 행정각부 간의 원활한 의사소통수단이 확보되기만 하면 대통령이 의사결정을 통한 통제력을 확보하는 것은 어렵지 않다. 따라서 행정중심복합도시에 소재하는 기관들이 국가정책에 대한 통제력을 의미하는 정치·행정의 중추기능을 담당하는 것으로 볼 수 <없다>. 또한 행정중심복합도시는 대내적으로 국가의 중요정책이 최종적으로 결정되는 곳이 아니며 각국 외교사절들이 소재하여 주요 국제관계가 형성되는 장소도 아니다. 특히 국가상징으로서의 기능은 오랜 세월에 걸쳐 역사와 문화적인 요소가 결합되어 형성되는 것으로 짧은 기간에 인위적으로 만들어낼 수 있는 것이 아니다. 따라서 행정중심복합도시가 건설된다고 하더라도 이러한 요소가 충족되지 않은 상황에서 국가상징으로서의 기능을 수행할 것이라고 예상하기 어렵다. 이와 같이 이 사건 법률에 의하여 건설되는 행정중심복합도시는 수도로서의 지위를 획득하는 것으로 평가할 수는 없고, 이 사건 법률에 의하여 수도가 행정중심복합도시로 이전한다거나 수도가 서울과 행정중심복합도시로 분할되는 것으로 볼 수 없다. ⇒ 신행정수도 후속대책을 위해 신행정수도 후속대책을 위한 연기·공주지역 행정중심복합도시 건설을 위한 특별법(2005. 3. 18. 법률 제7391호, 이하 '이 사건 법률'이라 한다. 2005. 7. 21. 법률 제7604호로 일부 개정되었으나 2006. 1. 22. 시행된다)에 의하여 연기·공주지역에 건설되는 행정중심복합도시가 수도로서의 지위를 획득하는지 여부(소극)

[2] 이 사건 법률에 의하면 행정중심복합도시가 건설된다고 하더라도 국회와 대통령은 여전히 서울에 소재한다. 국회는 국민의 대의기관으로서 입법기능을 담당하며 모든 국가작용은 헌법상의 법치국가원칙에 따라 법률에 기속되

며, 대통령은 행정권이 속한 정부의 수반으로서 정부를 조직하고 통할하는 행정에 관한 최고책임자로서 행정과 법집행에 관한 최종적인 결정을 하고 정부의 구성원에 대하여 최고의 지휘·감독권을 행사한다. 따라서 서울은 여전히 정치·행정의 중추기능을 수행하는 곳이라 할 수 있다. 또한 대외관계의 형성과 발전은 서울에서 이루어지고 여전히 서울은 국내 제1의 거대도시로서 경제·문화의 중심지의 지위를 유지할 것이며 대법원과 헌법재판소 등 사법기능의 핵심 역시 이곳에서 이루어진다. 따라서 서울은 국가의 상징기능을 여전히 수행할 수 있다. 이와 같이 서울은 이 사건 법률에 의한 행정중심복합도시의 건설에도 불구하고 계속하여 정치·행정의 중추기능과 국가의 상징기능을 수행하는 장소로 인정할 수 <있으므로> 이 사건 법률에 의하여 수도로서의 기능이 해체된다고 볼 수 <없다>. ⇒ 행정중심복합도시의 건설로 서울의 수도로서의 지위가 해체되는지 여부(소극)

[3] 이 사건 법률은 행정중심복합도시의 건설과 중앙행정기관의 이전 및 그 절차를 규정한 것으로서 이로 인하여 대통령을 중심으로 국무총리와 국무위원 그리고 각부 장관 등으로 구성되는 행정부의 기본적인 구조에 어떠한 변화가 발생하지 않는다. 또한 국무총리의 권한과 위상은 기본적으로 지리적인 소재지와는 직접적으로 관련이 있다고 할 수 없다. 나아가 청구인들은 대통령과 국무총리가 서울이라는 하나의 도시에 소재하고 있어야 한다는 관습헌법의 존재를 주장하나 이러한 관습헌법의 존재를 인정할 수 없다. ⇒ 행정중심복합도시의 건설로 권력구조 및 국무총리의 지위가 변경되는지 여부(소극) [이유] 청구인들은 국무총리제도가 채택된 이래 줄곧 대통령과 국무총리가 서울이라는 하나의 도시에 소재하고 있었다는 사실을 들어 이에 대한 관습헌법이 존재한다고 주장한다. 그러나 국무총리의 소재지는 헌법적으로 중요한 기본적 사항이라 보기 어렵고 나아가 이러한 규범이 존재한다는 국민적 의식이 형성되었는지 조차 명확하지 않으므로 이러한 관습헌법의 존재를 인정할 수 없다.

[4] 헌법 제72조는 국민투표에 부쳐질 중요정책인지 여부를 대통령이 재량에 의하여 결정하도록 명문으로 규정하고 있고 헌법재판소 역시 위 규정은 대통령에게 국민투표의 실시 여부, 시기, 구체적 부의사항, 설문내용 등을 결정할 수 있는 임의적인 국민투표발의권을 독점적으로 부여하였다고 하여 이를 확인하고 있다. 따라서 특정의 국가정책에 대하여 다수의 국민들이 국민투표를 원하고 있음에도 불구하고 대통령이 이러한 희망과는 달리 국민투표에 회부하지 아니한다고 하여도 이를 헌법에 위반된다고 할 수 없고 국민에게 특정의

> 국가정책에 관하여 국민투표에 회부할 것을 요구할 권리가 <인정된다고 할 수도 없다>(헌결 2005.11.24. 2005헌마579). ⇒ 행정중심복합도시의 건설이 헌법 제72조의 국민투표권을 침해할 가능성이 있는지 여부(소극)

3. 경성헌법과 연성헌법

헌법개정에 있어 일반 법률보다 더 엄격한 절차가 요구되는 헌법을 경성헌법, 일반 법률과 같은 절차로 개정될 수 있는 헌법을 연성헌법

Ⅲ. 헌법의 특성

1. 헌법의 사실적 특성

헌법의 정치성, 헌법의 개방성, 헌법의 이념성

2. 헌법의 규범적 특성

헌법의 최고규범성, 헌법의 조직·수권·제한규범성, 헌법의 자기보장규범성

Ⅳ. 헌법의 해석

1. 헌법해석

(1) 의의: 헌법문제를 해결하기 위하여 헌법규범의 객관적 의미내용을 확정하는 법인식작용 ⇒ 실질적 국민주권의 실현을 보장 [기출지문] 헌법의 해석과 헌법의 적용이 우리 헌법이 지향하고 추구하는 방향에 부합하는 것이 아닐 때에는, 헌법적용의 방향제시와 헌법적 지도로써 정치적 불안과 사회적 혼란을 막는 가치관을 설정하여야 한다.(○) 〈지방7급 2015〉

(2) 헌법해석의 원칙: 통일성의 원칙, 기능존중의 원칙, 실제적 조화의 원칙

2. 헌법합치적 법률해석

(1) 의의: '**법률**'이 다의적이고 그 어의의 테두리 안에서 여러 가지 해석이 가능할 때에는 헌법에 합치되는 해석을 택해야 한다는 원리

(2) 이론적 근거: 법질서의 통일성 유지, 권력분립과 입법권의 존중, 법적 안정성

(3) 한계: 문의적 한계, 법목적적 한계, 헌법수용적 한계

| 헌결 | 대판 |

1. 유신헌법 일부 조항과 긴급조치 등이 기본권을 지나치게 침해하고 자유민주적 기본질서를 훼손하였다는 반성에 따른 헌법 개정사, 국민의 기본권의 강화·확대라는 헌법의 역사성, 헌법재판소의 헌법해석은 헌법이 내포하고 있는 특정한 가치를 탐색·확인하고 이를 규범적으로 관철하는 작업인 점에 비추어, <u>헌법재판소가 행하는 구체적 규범통제의 심사기준은 원칙적으로 헌법재판을 할 당시에 규범적 효력을 가지는 현행헌법이다</u>(헌결 2013.3.21. 2010헌바132). ★

2. 헌법정신에 맞도록 법률의 내용을 해석·보충하거나 정정하는 '헌법합치적 법률해석' 역시 '<u>유효한</u>' 법률조항의 의미나 문구를 대상으로 하는 것이지, 이를 넘어 <u>이미 실효된 법률조항을 대상으로 하여 헌법합치적인 법률해석을 할 수는 없는 것</u>이어서, 유효하지 않은 법률조항을 유효한 것으로 해석하는 결과에 이르는 것은 '헌법합치적 법률해석'을 이유로도 정당화될 수 없다(헌결 2012.5.31. 2009헌바123). ★

3. <u>헌법의 해석은</u> 헌법이 담고 추구하는 이상과 이념에 따른 역사적·사회적 요구를 올바르게 수용하여 <u>헌법적 방향을 제시하는 헌법의 창조적 기능을 수행하여 국민적 욕구와 의식에 알맞는 실질적 국민주권의 실현을 보장하는 것이어야 한다</u>. 그러므로 헌법의 해석과 헌법의 적용이 우리 헌법이 지향하고 추구하는 방향에 부합하는 것이 아닐 때에는, 헌법적용의 방향제시와 헌법적 지도로써 정치적 불안과 사회적 혼란을 막는 가치관을 설정하여야 한다(헌결 1989.9.8. 88헌가6).

4. <u>어떤 법률의 개념이 다의적이고 그 어의의 테두리 안에서 여러 가지 해석이 가능할 때</u>, 헌법을 최고법규로 하는 통일적인 법질서의 형성을 위하여 <u>헌법에 합치되는 해석 즉 합헌적인 해석을 택하여야 하며</u>, 이에 의하여 위헌적인 결과가 될 해석은 배제하면서 합헌적이고 긍정적인 면은 살려야 한다는 것이 헌법의 일반법리이다(헌결 1990.4.2. 89헌가113).

5. [1] 법률의 합헌적 해석은 헌법의 최고규범성에서 나오는 법질서의 통일성에 바탕을 두고, 법률이 헌법에 조화하여 해석될 수 있는 경우에는 위헌으로 판단하여서는 아니된다는 것을 뜻하는 것으로서 <u>권력분립과 입법권을 존중하는 정신에 그 뿌리를 두고 있다</u>. 따라서, 법률 또는 법률의 위 조항은 원칙적으로 <u>가능한 범위 안에서 합헌적으로 해석함이 마땅하나 그 해석은 법의 문구와 목적에 따른 한계가 있다</u>. 즉, 법률의 조항의 문구가 간직하고 있는 말의 뜻을 넘어서 말의 뜻이 완전히 다른 의미로 변질되지 아니하는 범위 내이어야 한다

는 문의적 한계와 입법권자가 그 법률의 제정으로써 추구하고자 하는 입법자의 명백한 의지와 입법의 목적을 헛되게 하는 내용으로 해석할 수 없다는 법 목적에 따른 한계가 바로 그것이다.

[2] 구 사회보호법 제5조 제1항("보호대상자가 다음 각호의 1에 해당하는 때에는 10년의 보호감호에 처한다. 다만, 보호대상자가 50세 이상인 때에는 7년의 보호감호에 처한다.")은 그 요건에 해당하는 경우에는 법원으로 하여금 감호청구의 이유 유무, 즉 <u>재범의 위험성 유무를 불문하고 반드시 감호의 선고를 하도록 한 것임이 위 조항의 문의임은 물론 입법권자의 의지임을 알 수 있으므로 위 조항에 대한 합헌적 해석은 문의의 한계를 벗어난 것이다</u>(헌결 1989.7.14. 88헌가5).

6. 이 사건 법률조항을 '영업주가 종업원에 대한 선임감독상의 주의의무를 위반한 과실이 있는 경우에만 처벌하도록 규정한 것'으로 해석함으로써 책임주의에 합치되도록 합헌적 법률해석을 할 수 있는지가 문제될 수 있다. 그러나 <u>합헌적 법률해석은 어디까지나 법률조항의 문언과 목적에 비추어 가능한 범위 안에서의 해석을 전제로 하는 것이고, 법률조항의 문구 및 그로부터 추단되는 입법자의 명백한 의사에도 불구하고 문언상 가능한 해석의 범위를 넘어 다른 의미로 해석할 수는 없다.</u> 따라서 이 사건 법률조항을 그 문언상 명백한 의미와 달리 "종업원의 범죄행위에 대해 영업주의 선임감독상의 과실(기타 영업주의 귀책사유)이 인정되는 경우"라는 요건을 추가하여 해석하는 것은 문언상 가능한 범위를 넘어서는 해석으로서 허용되지 않는다고 보아야 한다(위헌 헌결 2007.11.29. 2005헌가10). ★ ⇒ 종업원의 위반행위에 대하여 양벌조항으로서 개인인 영업주에게도 동일하게 무기 또는 2년 이상의 징역형의 법정형으로 처벌하도록 규정하고 있는 '보건범죄단속에 관한 특별조치법' 제6조 중 제5조에 의한 처벌 부분(이하 '이 사건 법률조항'이라 한다)이 형사법상 책임원칙에 반하는지 여부(적극)

7. [1] 일반적으로 민사·형사·행정재판 등 구체적 법적 분쟁사건을 재판함에 있어 재판의 전제가 되는 법률 또는 법률조항에 대한 해석과 적용권한은 사법권의 본질적 내용으로서 대법원을 최고법원으로 하는 법원의 권한에 속하는 것이다. 그러나 다른 한편 헌법과 헌법재판소법은 구체적 규범통제로서의 위헌법률심판권과 '법' 제68조 제2항의 헌법소원심판권을 헌법재판소에 전속적으로 부여하고 있다. 그리고 헌법재판소가 이러한 전속적 권한인 위헌법률심판권 등을 행사하기 위해서는 당해 사건에서 재판의 전제가 되는 법률조항이 헌법에 위반되는지의 여부를 심판하여야 하는 것이고, 이때에는 필수적으로 통

제규범인 헌법에 대한 해석·적용과 아울러 심사대상인 법률조항에 대한 해석·적용을 심사하지 않을 수 없는 것이다. 그러므로 일반적인 재판절차에서와는 달리, 구체적 규범통제절차에서의 법률조항에 대한 해석과 적용권한은 (대)법원이 아니라 헌법재판소의 고유권한인 것이다. 그럼에도 불구하고 구체적 규범통제 절차에서도 헌법재판소의 법률에 대한 해석·적용 권한을 부정하고 오로지 법원만이 법률의 해석·적용권한을 가지고 있다는 주장은 일반 재판절차에 있어서의 법률의 해석·적용권한과 규범통제절차에 있어서의 법률의 해석·적용권한을 혼동한 것이다.

[2] 형벌법규는 헌법상 규정된 죄형법정주의원칙상 입법목적이나 입법자의 의도를 감안한 유추해석이 일체 금지되고, 법률조항의 문언의 의미를 엄격하게 해석하여야 하는바, 유추해석을 통하여 형벌법규의 적용범위를 확대하는 것은 '법관에 의한 범죄구성요건의 창설'에 해당하여 죄형법정주의원칙에 위배된다. 형벌법규에 있어 독자적인 공무원 개념을 사용하기 위해서는 법률에 명시하는 것이 일반적 입법례인데, 우리의 경우에는 구 형법의 공무원 개념규정을 형법 제정 당시 두지 않았고, 국가공무원법·지방공무원법에 의한 공무원이 아니라고 하더라도 국가나 지방자치단체의 사무에 관여하거나 공공성이 높은 직무를 담당하여 청렴성과 직무의 불가매수성이 요구되는 경우에, 개별법률에 '공무원 의제' 조항을 두어 공무원과 마찬가지로 뇌물죄로 처벌하거나, 특별규정을 두어 처벌하고 있다. 그런데 국가공무원법·지방공무원법에 따른 공무원이 아님에도 법령에 기하여 공무에 종사한다는 이유로 공무원 의제규정이 없는 사인(私人)을 이 사건 법률조항의 '공무원'에 포함된다고 해석하는 것은 처벌의 필요성만을 지나치게 강조하여 범죄와 형벌에 대한 규정이 없음에도 구성요건을 확대한 것으로서 죄형법정주의와 조화될 수 없다. 따라서 이 사건 법률조항의 '공무원'에 국가공무원법·지방공무원법에 따른 공무원이 아니고 공무원으로 간주되는 사람도 아닌 제주자치도 위촉위원이 포함된다고 해석하는 것은 법률해석의 한계를 넘은 것으로서 죄형법정주의에 위배된다 (한정위헌 헌결 2012.12.27. 2011헌바117). ★ ⇒ 형법(1953. 9. 18. 법률 제293호로 제정된 것) 제129조 제1항(다음부터 '이 사건 법률조항'이라 한다) 중 "공무원"에 구 '제주특별자치도 설치 및 국제자유도시 조성을 위한 특별법'(2007. 7. 27. 법률 제8566호로 개정되기 전의 것) 제299조 제2항의 제주특별자치도통합영향평가심의위원회 심의위원 중 위촉위원(다음부터 '제주자치도 위촉위원'이라 한다)이 포함되는 것으로 해석하는 것이 죄형법정주의원칙에 위배되는지 여부(적극)

비교 구체적 분쟁사건의 재판에 즈음하여 법률 또는 법률조항의 의미·내용과 적용 범위가 어떠한 것인지를 정하는 권한, 곧 법령의 해석·적용 권한은 사법권의 본질적 내용을 이루는 것이고, 법률이 헌법규범과 조화되도록 해석하는 것은 법령의 해석·적용상 대원칙이다. 따라서 합헌적법률해석을 포함하는 법령의 해석·적용 권한은 대법원을 최고법원으로 하는 법원에 전속하는 것이며, 헌법재판소가 법률의 위헌 여부를 판단하기 위하여 불가피하게 법원의 최종적인 법률해석에 앞서 법령을 해석하거나 그 적용 범위를 판단하더라도 헌법재판소의 법률해석에 대법원이나 각급 법원이 구속되는 것은 아니다(대판 2009.2.12. 2004두10289). ★

8. 임원과 과점주주에게 연대책임을 부과하는 구 상호신용금고법 제37조의3이 부실경영에 책임이 없는 임원과 과점주주에 대해서까지 책임을 묻는 것으로 해석될 경우에는 위헌이다. 하지만 동 조항을 단순위헌으로 선언할 경우 임원과 과점주주가 금고의 채무에 대하여 단지 상법상의 책임만을 지는 결과가 발생하고 이로써 예금주인 금고의 채권자의 이익이 충분히 보호될 수 없기 때문에 헌법재판소는 합헌적 법률해석에 따라 '부실경영의 책임이 없는 임원'과 '금고의 경영에 영향력을 행사하여 부실의 결과를 초래한 자 이외의 과점주주'에 대해서도 연대채무를 부담하게 하는 범위 내에서 헌법에 위반된다고 한정위헌결정(한정위헌 헌결 2002.8.29. 2000헌가5)을 내렸다.

| 현결 | 대판 |

1. 군인사법 제48조 제4항 후단의 '무죄의 선고를 받은 때'의 의미와 관련하여, 형식상 무죄판결뿐 아니라 공소기각재판을 받았다 하더라도 그와 같은 공소기각의 사유가 없었더라면 무죄가 선고될 현저한 사유가 있는 이른바 내용상 무죄재판의 경우도 이에 포함된다고 확대 해석함이 법률의 문의적(文意的) 한계 내의 합헌적 법률해석에 부합한다(대판 2004.8.20. 2004다22377).

2. 한정위헌 결정에 표현되어 있는 헌법재판소의 법률해석에 관한 견해는 법률의 의미·내용과 그 적용범위에 관한 헌법재판소의 견해를 일응 표명한 데 불과하여 이와 같이 법원에 전속되어 있는 법령의 해석·적용 권한에 대하여 어떠한 영향을 미치거나 기속력도 가질 수 없다(대판 1996.4.9. 95누11405). ★

제2절 헌법의 제정·개정·변천

Ⅰ. 헌법의 제정

1. 헌법제정

헌법의 제정이란 헌법을 만드는 법창조행위로서 새로운 정치질서의 형성

2. 헌법제정권력

헌법을 창조하는 힘으로, 헌법을 만드는 헌법 이전의 권력

3. 헌법제정권력의 주체

국민

4. 헌법제정권력의 특성

시원적 창조성, 자율성, 단일불가분성, 항구성, 불가양성

5. 헌법제정권력의 행사

국민이 선출한 제헌의회(건국헌법)에서 이루어지거나, 또는 헌법의회가 초안을 만들고 이를 국민투표로 확정하는 방법

Ⅱ. 헌법의 개정

1. 헌법개정의 의의

(1) 개념: 헌법전이 정한 절차에 따라 <u>헌법의 동일성을 유지하면서 헌법전의 내용을 수정·삭제·추가</u>하는 것

(2) 헌법개정의 형식: 기존의 조항을 그대로 둔 채 개정조항만을 추가하여 나가는 증보형식 유형(amendment)과 기존의 조항을 수정·삭제하거나 개정조항을 삽입하는 유형(revision)

2. 헌법개정의 한계

(1) 한계부정설: 헌법에 규정된 절차를 밟기만 하면 어떠한 조항도 또 어떠한 내용으로도 개정할 수 있으며 더 나아가 헌법이 명문으로 개정금지조항을 두더라도 이것 역시 개정할 수 있다는 견해, <u>헌법규정 중 본질적인 부분과 그렇지 않은 부분에 대한 구별은 불가능하며 이를 인정할 수 있는 법적 근거도 없다</u>는 점을 논거

(2) 한계긍정설: 헌법개정에 일정한 한계가 존재

| 헌결 | 대판 |

> 1. 헌법은 전문과 각 개별조항이 서로 밀접한 관련을 맺으면서 하나의 통일된 가치체계를 이루고 있는 것으로서, 헌법의 제규정 가운데는 헌법의 근본가치를 보다 추상적으로 선언한 것도 있고, 이를 보다 구체적으로 표현한 것도 있으므로 <u>이념적·논리적으로는 헌법규범상호간의 우열을 인정할 수 있는 것이 사실이다. 그러나 이때 인정되는 헌법규범상호간의 우열은 추상적 가치규범의 구체화에 따른 것으로서 헌법의 통일적 해석에 있어서는 유용할 것이지만, 그것이 헌법의 어느 특정규정이 다른 규정의 효력을 전면적으로 부인할 수 있을 정도의 개별적 헌법규정 상호간에 효력상의 차등을 의미하는 것이라고는 볼 수 없다</u>(헌결 1996.6.13. 94헌바20). ★
> 2. 우리 나라의 헌법은 제헌헌법이 초대국회에 의하여 제정된 반면 그 후의 제5차, 제7차, 제8차 및 현행의 제9차 헌법 개정에 있어서는 국민투표를 거친 바 있고, 그간 각 헌법의 개정절차조항 자체가 여러 번 개정된 적이 있으며, 형식적으로도 부분개정이 아니라 전문까지를 포함한 전면개정이 이루어졌던 점과 우리의 현행 헌법이 독일기본법 제79조 제3항과 같은 헌법개정의 한계에 관한 규정을 두고 있지 아니하고, 독일기본법 제79조 제1항 제1문과 같이 헌법의 개정을 법률의 형식으로 하도록 규정하고 있지도 아니한 점 등을 감안할 때, <u>우리 헌법의 각 개별규정 가운데 무엇이 헌법제정규정이고 무엇이 헌법개정규정인지를 구분하는 것이 가능하지 아니할 뿐 아니라, 각 개별규정에 그 효력상의 차이를 인정하여야 할 형식적인 이유를 찾을 수 없다</u>(헌결 1995.12.28. 95헌바3). ★

Ⅲ. 헌법의 변천

1. 헌법변천의 의의

(1) 개념: 헌법조문은 그대로 있으나 그 의미나 내용이 변경되는 현상

(2) 한계: 헌법의 핵심적 부분의 변천은 허용×

2. 헌법변천의 예

(1) 외국: 미국 연방헌법(§2)은 대통령선거를 간접선거로 규정하고 있으나 정당의 발달로 인해 직접선거와 같이 운용

(2) 대한민국: 제3공화국 헌법(§110)이 지방의회를 구성하도록 하는 데 지방의회를 구성하지 않고 관치행정으로 운용

제3절 헌법의 보호

I. 헌법보장과 헌법수호

1. 헌법보호의 의의

헌법적대적 세력으로부터 헌법의 기능이 상실되지 않도록 헌법을 방어하는 것을 말하며 동시에 헌법규범이 실효성과 항구성을 지닐 수 있도록 헌법규범을 보장하는 것

2. 헌법보호의 주체

국민

II. 대한민국 헌법의 헌법보호제도

1. 평상적 헌법보호제도

사전예방적 보호, 사후교정적 보호

2. 비상적 헌법보호제도

국가긴급권과 저항권

III. 국가긴급권

1. 국가긴급권의 의의

천재지변·전쟁·경제상 위기 등의 비상사태가 발생한 경우 국가의 존립을 유지하고 헌법질서를 보전하기 위하여 행사되는 비상·예외적 권한

2. 국가긴급권의 발동과 한계

(1) 발동: 국가비상사태하에서 국가존립이나 안전을 신속히 회복할 목적으로 예외적으로 발동

(2) 한계: 목적적 한계, 방법적 한계, 최소침해적 한계

| 헌결 | 대판 |

> 국가비상사태의 선포를 규정한 특별조치법 제2조는 헌법에 한정적으로 열거된 국가긴급권의 실체적 발동요건 중 어느 하나에도 해당되지 않은 것으로서 '초헌법적 국가긴급권'의 창설에 해당되나, 그 제정 당시의 국내외 상황이 이를 정당화할 수 있을 정도의 '극단적 위기상황'이라 볼 수 없다. 또한 국가비상사태의 해제를 규정한 특별조치법 제3조는 대통령의 판단에 의하여 국가비상사태가 소멸되었다고 인정될 경우에만 비상사태선포가 해제될 수 있음을 정하고 있을 뿐 국회에 의한 민주적 사후통제절차를 규정하고 있지 아니하며, 이에 따라 임시적·잠정적 성격을 지녀야 할 국가비상사태의 선포가 장기간 유지되었다. 그렇다면 국가비상사태의 선포 및 해제를 규정한 특별조치법 제2조 및 제3조는 헌법이 인정하지 아니하는 초헌법적 국가긴급권을 대통령에게 부여하는 법률로서 헌법이 요구하는 국가긴급권의 실체적 발동요건, 사후통제 절차, 시간적 한계에 위반되어 위헌이고, 이를 전제로 한 특별조치법상 그 밖의 규정들도 모두 위헌이다 (위헌 헌결 2015.3.26. 2014헌가5).

Ⅳ. 저항권

1. 저항권의 의의

저항권은 공권력의 행사자가 민주적 기본질서를 침해·파괴하려는 경우 이를 회복하기 위하여 국민이 공권력에 대하여 폭력·비폭력, 적극·소극적으로 저항할 수 있다는 국민의 권리이자 헌법수호제도

2. 저항권의 법적 성격과 헌법적 근거

(1) 법적 성격: 헌법을 보호하는 비상적 수단의 성격+기본권의 성격(多)

(2) 법적 근거: **명문규정은 없지만**, 헌법전문의 '불의에 항거한'에서 간접적으로 그 근거(多)

3. 저항권의 주체와 객체

(1) 주체: 국민 vs ★ 비교 국가기관×

(2) 객체: 헌법질서를 파괴하려는 모든 공권력 담당자

4. 저항권의 내용

(1) 요건: 명백성, 최후수단성(보충성)

(2) 목적: 헌법질서와 헌법의 기본원리를 수호
(3) 방법: 가장 평화적인 방법을 택하여야 하나, 극단적인 경우 무력행사 可
　　★ 비교 시민불복종은 비폭력적 방법

| 헌결 | 대판 |

1. [1] 저항권은 공권력의 행사자가 민주적 기본질서를 침해하거나 파괴하려는 경우 이를 회복하기 위하여 국민이 공권력에 대하여 폭력·비폭력, 적극적·소극적으로 저항할 수 있다는 국민의 권리이자 헌법수호제도를 의미한다. 하지만 저항권은 공권력의 행사에 대한 '실력적' 저항이어서 그 본질상 질서교란의 위험이 수반되므로, 저항권의 행사에는 개별 헌법조항에 대한 단순한 위반이 아닌 민주적 기본질서라는 전체적 질서에 대한 중대한 침해가 있거나 이를 파괴하려는 시도가 있어야 하고, 이미 유효한 구제수단이 남아 있지 않아야 한다는 보충성의 요건이 적용된다. 또한 그 행사는 민주적 기본질서의 유지, 회복이라는 소극적인 목적에 그쳐야 하고 정치적, 사회적, 경제적 체제를 개혁하기 위한 수단으로 이용될 수 없다.

   [2] 저항권은 민주적 기본질서의 유지, 회복에 있는 것이지 집권이라는 적극적인 목적을 위해서는 사용될 수 없으므로, 이 부분은 저항권 행사가 폭력수단에 의한 집권을 의미하는 것은 아닌지 의심된다. 물론 이러한 주장을 헌법상 인정될 수 있는 이른바 저항권적 상황에서 저항권의 행사에 의하여 기존의 위헌적인 정권을 물러나게 함으로써 민주적 기본질서를 회복하고 그 이후에 민주적인 방법에 의한 집권을 하겠다는 취지로 해석할 여지가 없지는 않다. 그러나 저항권에 의한 집권을 선거에 의한 집권과 함께 지속적으로 주장하는 것은 민주적 기본질서에 대한 전반적인 침해 내지 파괴에 이르지 못하는 경우에도 저항권의 행사를 염두에 둔 것으로 보인다(헌결 2014.12.19. 2013헌다1).

2. 저항권은 국가권력에 의하여 헌법의 기본원리에 대한 중대한 침해가 행하여지고 그 침해가 헌법의 존재 자체를 부인하는 것으로서 다른 합법적인 구제수단으로는 목적을 달성할 수 없을 때에 국민이 자기의 권리·자유를 지키기 위하여 실력으로 저항하는 권리이므로, 국회법 소정의 협의 없는 개의시간의 변경과 회의일시를 통지하지 아니한 입법과정의 하자는 저항권 행사의 대상이 되지 아니한다(헌결 1997.9.25. 97헌가4).

| 헌결 | 대판 |

1. 현대 입헌 자유민주주의 국가의 헌법이론상 자연법에서 우러나온 자연권으로서의 소위 저항권이 헌법 기타 실정법에 규정되어 있든 없든 간에 엄존하는 권리로 인정되어야 한다는 논지가 시인된다 하더라도 그 <u>저항권이 실정법에 근거를 두지 못하고 오직 자연법에만 근거하고 있는 한 법관은 이를 재판규범으로 원용할 수 없다</u>고 할 것인바, 헌법 및 법률에 저항권에 관하여 아무런 규정 없는 우리나라의 현 단계에서는 저항권이론을 재판의 근거규범으로 채용, 적용할 수 없다(대판 1980.5.20. 80도306). ★

2. <u>소위 저항권에 의한 행위이므로 위법성이 조각된다고 하는 주장은 그 저항권 자체의 개념이 막연할 뿐 아니라</u> <중략> 실존하는 헌법적 질서를 전제로한 실정법의 범주 내에서 국가의 법적 질서의 유지를 그 사명으로 하는 사법기능을 담당하는 재판권행사에 대하여는 <u>실존하는 헌법적 질서를 무시하고 초법규적인 권리개념으로써 현행실정법에 위배된 행위의 정당화를 주장하는 것은 그 자체만으로서도 이를 받아드릴 수 없다</u>(대판 1975.4.8. 74도3323).

3. 저항권은 초실정법적인 자연법질서내의 권리주장으로서 그 개념자체가 막연할 뿐만 아니라 <u>실정법을 근거로 국가사회의 법질서 위반여부를 판단하는 재판권 행사에 있어서는 적용될 수 없다</u>(대판 1980.8.26. 80도1278).

제2장 | 대한민국 헌법

제1절　대한민국 헌법의 제정과 개정

제128조 ① 헌법개정은 국회재적의원 과반수 또는 대통령의 발의로 제안된다.
　② 대통령의 임기연장 또는 중임변경을 위한 헌법개정은 그 헌법개정 제안 당시의 대통령에 대하여는 효력이 없다.
제129조 제안된 헌법개정안은 대통령이 20일 이상의 기간 이를 공고하여야 한다.
제130조 ① 국회는 헌법개정안이 <u>공고된 날로부터</u> 60일 이내에 의결하여야 하며, 국회의 의결은 재적의원 3분의 2 이상의 찬성을 얻어야 한다.
　② 헌법개정안은 국회가 의결한 후 30일 이내에 국민투표에 붙여 국회의원선거권자 과반수의 투표와 투표자 과반수의 찬성을 얻어야 한다.
　③ 헌법개정안이 제2항의 찬성을 얻은 때에는 헌법개정은 확정되며, 대통령은 즉시 이를 공포하여야 한다.

Ⅰ. 대한민국 헌법의 개정절차

제안	대통령은 국무회의의 심의를 거쳐(§89, 3호), 국회의원은 재적 과반수로 헌법개정안을 제안(§128①)
공고	제안된 헌법개정안은 대통령이 20일 이상의 기간 이를 공고(§129)
국회의 의결	국회는 헌법개정안이 **공고된 날로부터**(공고기간이 만료된 날×) 60일 이내에 의결, 국회의 의결에는 재적의원 2/3 이상의 찬성(§130①), 수정의결×, **기명투표**○(국회법 §112④)
국민투표	헌법개정안은 국회가 의결한 후 30일 이내에 국민투표에 회부되며 **국회의원 선거권자 과반수의 투표와 투표자 과반수의 찬성**을 얻어야 함(§130②), 국민투표의 효력에 관하여 이의가 있는 경우에는 투표인 10만 이상의 찬성으로 중앙선거관리위원회위원장을 피고로 투표일 20일 이내에 대법원에 제소 可(국민투표법 §92)
공포	헌법개정안이 확정되면 대통령은 이를 즉시 공포(§130③)
기타	대통령의 임기연장 또는 중임변경을 위한 헌법개정은 그 헌법개정 제안 당시의 대통령에 대하여는 효력×(§128②)

Ⅱ. 건국헌법의 내용

총강		건국헌법은 '국호를 대한으로 하는 민주공화국 헌법'으로서, 대한제국과 3·1운동으로 세워진 대한민국 임시정부의 법통을 이어받은 한반도 유일의 합법정부 헌법
기본권		㉠ 자유권을 보장하면서, 양심, 종교, 학문·예술의 자유를 제외하고는 개별적 법률유보조항을 두었는데, 동시에 일반적 법률유보조항을 둠 ㉡ 형사피고인의 형사보상청구권 ㉢ 생활무능력자의 보호, 가족의 건강보호와 같은 사회적 기본권을 명시
권력 구조	대통 령과 정부	㉠ **대통령과 부통령**을 임기 4년으로 1차에 한하여 중임할 수 있도록 하였고, 국회에서 무기명투표로 선출, **대통령 또는 부통령 궐위시 즉시 그 후임자 선출** (§40①②) ★ ㉡ 회계검사는 심계원, 직무감찰은 감찰위원회 ㉢ **국무총리**는 대통령이 임명하며 국회의 승인을 얻어야 함
	국회	㉠ 국회는 단원제로, 임기 4년(제헌국회는 2년)의 국회의원으로 구성 ㉡ 법률제정, 예산안심의결정, 국정감사권 및 탄핵소추권을 행사 ㉢ 국회의장은 의결에 있어서 표결권을 가지며, 가부동수인 경우에는 결정권을 가짐
	법원	㉠ **헌법위원회는 부통령을 위원장**으로 하고, 대법관 5인과 국회의원 5인으로 구성하며, **위헌법률심판**을 담당 ㉡ **탄핵재판소**는 부통령이 재판장이 되며, 대법관 5인, 국회의원 5인으로 구성되었고, 대통령·부통령에 대한 **탄핵**은 대법원장이 재판장의 직무를 대행 ㉢ 대법원의 최종적인 명령규칙심사권 ㉣ 대법원장은 대통령이 임명하며 국회의 승인을 얻어야 함
경제 질서		㉠ 현행 헌법의 사회적 시장경제질서보다 더 통제경제 성격을 지닌 경제질서 ㉡ 사기업 근로자의 **이익분배균점권**을 인정
특징		부칙에서 1945.8.15. 이전의 악질적인 반민족행위를 처벌하는 특별법을 제정할 수 있다는 규정을 두었고, 이에 따라 반민족행위처벌법과 반민족행위특별조사기관조직법 등이 제정

Ⅲ. 대한민국 헌법의 개정과정

제1차 (1952) 발췌개헌	㉠ 대통령과 부통령의 국민직선제 ㉡ 국회를 양원제로 하고, 민의원 임기는 4년, 참의원은 6년 ★ ㉢ 민의원은 **국무원불신임결의** ★ ㉣ 국무위원 임명시 국무총리의 제청권
제2차(1954) 사사오입 개헌	㉠ 초대 대통령의 중임제한 철폐 ㉡ 주권의 제약, 영토의 변경을 가져올 국가안위에 관한 중대사항은 국회의 가결을 거친 후 **국민투표에 부의** 하여, 민의원의원 선거권자 2/3 이상의 투표와 유효투표 2/3 이상의 찬성 ㉢ 중요정책·헌법개정안에 대한 **국민발안제 도입** ㉣ 대통령이 궐위된 때에는 부통령이 대통령이 되고 잔임기간 중 재임 ㉤ **국무총리제 폐지** ㉥ 민의원에서 **개별 국무위원에 대한 불신임결의**를 하였을 때에는 당해 국무위원은 즉시 사직 ★ ㉦ 군법회의 명문화
제3차 (1960) 제2공화국	㉠ 정당조항을 신설하면서, 정당해산을 헌법재판소결정에 따르게 함 ㉡ 공무원의 신분 및 정치적 중립성을 보장 ㉢ 모든 국민은 **20세**에 달하면 법률이 정하는 바에 의하여 **공무원을 선거할 권리**가 있음(§25) ★ ㉣ ★ **기본권의 본질적 내용 침해금지 조항**(§28), 표현의 자유의 사전허가나 검열금지 ㉤ 국회는 민의원과 참의원으로 구성(양원제) ㉥ 정부형태는 의원내각제 ㉦ 대통령은 양원합동회의에서 선출(국회간선제) ㉧ 헌법에 관한 최종적 해석권을 가진 **헌법재판소를 신설** ㉨ 대법원장과 대법관은 법관의 자격이 있는 선거인단에서 선출하고, 선거의 결과를 대통령이 확인하도록 함 ㉩ 자치단체장 중 시·읍·면의 장은 주민이 직접 선출
제4차 (1960) 부칙 개정	㉠ 3·15부정선거의 주모자 처벌 위한 헌법적 근거를 마련하기 위한 **부칙 개정** ㉡ 문제점: 소급입법에 의하여 참정권과 재산권을 제한할 수 있게 한 점에서 위헌 여부의 논란이 많았음
제5차(1962) 제3공화국	㉠ **헌법개정에 필수적 국민투표제를 도입**, 헌법개정의 제안은 국회 재적의원 1/3 이상 또는 국회의원선거권자 50만인 이상의 찬성 ㉡ 대통령제로 환원되면서, 임기 4년, 1차중임의 직선 대통령제를 도입 ㉢ 대통령과 국회의원의 입후보에 정당의 추천을 요하도록 하며, 국회의원의 당적변경의 경우 의원직을 상실(합당 또는 소속이 달라지는 경우에는 예외)토록 하는 **극단적인 정당국가**를 지향

	㉣ 국회를 단원제로 구성 ㉤ 인간으로서의 존엄과 가치 조항을 신설 ㉥ 헌법재판소를 폐지하여, 위헌법률심사권을 대법원에 부여 ㉦ 자백의 증거능력제한규정
제6차(1969) 삼선개헌	㉠ 대통령의 연임을 3기까지 허용 ㉡ 대통령에 대한 탄핵소추의 정족수를 가중 ㉢ 국회의원 정수의 상한을 250명으로 증가 ㉣ 국회의원의 국무위원겸직을 허용
제7차(1972) 제4공화국	㉠ 기본권의 본질적 내용침해금지규정을 삭제, 언론·출판·집회·결사에 대한 허가·검열제 금지규정 삭제 ㉡ 대통령은 임기 6년이며, 통일주체국민회의에서 토론 없이 무기명으로 선출, 대통령에게 국회의원 정수의 1/3의 추천권 ㉢ 대법원장을 비롯한 모든 법관을 대통령이 임명 ㉣ 헌법위원회를 설치하여 위헌법률심판권·정당해산심판권·탄핵심판권을 행사 ㉤ 통일주체국민회의에서 국회의원 정수의 1/3을 선출하되, 대통령이 일괄 추천하는 후보자 전체에 대한 찬반을 투표에 붙여 당선을 결정하도록 규정(§40①②) ★ ㉥ 국회의 총회기 일수를 150일 이내로 제한, 국정감사권 폐지 ㉦ 국무위원에 대한 국회의 해임의결권 인정 ㉧ 체포·구속적부심사제 폐지 ㉨ 지방의회 구성을 조국통일 시까지 유예 ㉩ 대통령이 제안한 헌법개정안은 국민투표로 확정되며, 국회의원이 제안한 헌법개정안은 국회의 의결을 거쳐 통일주체국민회의의 의결로 확정(§124②) ★
제8차(1980) 제5공화국	㉠ 전통문화의 창달, 재외국민보호조항, 정당보조금규정을 신설 ㉡ 행복추구권, 연좌제금지, 환경권, 사생활의 비밀과 자유, 적정임금제도가 신설, 형사피고인의 무죄추정 ㉢ 통일주체국민회의를 폐지, 대통령을 대통령선거인단에서 간선으로 선출 ㉣ 징계처분에 의한 법관면직 규정을 삭제
제9차(1987) 제6공화국	㉠ 헌법전문에서 대한민국이 상해임시정부의 법통을 계승하고 있음과 4·19의 저항정신을 존중함을 명시 ㉡ 재외국민보호의무화 ㉢ 국군의 정치적 중립성 준수 규정 ㉣ **최저임금제도를 실시** ㉤ 언론·출판·집회·결사에 대한 허가·검열제 금지규정 부활 ㉥ 범죄피해자구조청구권

<헌정사 정리>

공화국	개정년도	국회	정부형태	대통령 선출방법	대통령 임기
제1공	건국(1948)	단원제	대통령제	간선(국회)	4년
	제1차(1952) 제2차(1954)	양원제	대통령제	직선	4년
제2공	제3차(1960.06) 제4차(1960.11)	양원제	의원내각제	간선(국회)	5년
제3공	제5차(1962) 제6차(1969)	단원제	대통령제	직선	4년
제4공	제7차(1972)	단원제	절대적 대통령제	간선(통일주체 국민회의)	6년
제5공	제8차(1980)	단원제	대통령제	간선(선거인단)	7년
현행	제9차(1987)	단원제	대통령제	직선	5년

<혼동하기 쉬운 빈출 헌정사>

헌법상 최초의 국민투표제	제2차(1954)
헌법개정에 필수적 국민투표제 도입	제5차(1962)
국민발안제	제2차(1954) ~ 제6차(1969)헌법까지 유지 제7차(1972)헌법에서 폐지
헌법개정에 국회의결과 국민투표를 모두 거쳐 확정	제6차(1969), 제9차(1987)
기본권의 본질적 내용 침해금지	제3차(1960)신설, 제7차(1972)삭제, 제8차(1980)부활
국회의 국정감사권	건국(1948), 제7차(1972)삭제, 제9차(1987)부활
국회의 국정조사권	제8차(1980)
평화통일조항 등	・평화통일조항: 제7차(1972) ・평화적 통일정책의 수립과 추진규정: 제9차(1987)

제2절 대한민국 헌법의 존립기초

제2조 ① 대한민국의 국민이 되는 요건은 **법률**로 정한다.
② 국가는 법률이 정하는 바에 의하여 **재외국민**을 보호할 의무를 진다.
제3조 대한민국의 **영토**는 한반도와 그 부속도서로 한다.
제4조 대한민국은 통일을 지향하며, **자유민주적 기본질서**에 입각한 평화적 통일 정책을 수립하고 이를 추진한다.

Ⅰ. 국가와 국가형태

1. 국가
국가란 특정한 목적과 과제를 가지고, 일정한 지역을 토대로, 하나의 권력에 의하여 결합된 인간의 집단

2. 국가의 형태
(1) 의의: 국가권력의 구성 및 담당자 그리고 국가권력의 행사방법에 따라 국가의 지배체제를 특징 지워주는 조직형태
(2) 국가형태의 내용: 군주국과 공화국, 입헌정체와 전제정체, 민주공화국과 인민공화국, 단일국가와 연방국가 및 국가연합

Ⅱ. 대한민국의 국가형태

1. 헌법 제1조 제1항의 의의
우리나라의 국호가 대한민국이며 대한민국의 국가형태가 민주공화국

2. 국가형태로서의 민주와 공화국
공화국은 반전체국과 비군주국으로 이해되어야 하며, 민주는 공화국의 내용을 형성하는 것이며 인민에 반대됨

Ⅲ. 국민

1. 국민과 국적
국민이란 국가에 소속하여 통치권에 복종할 의무를 지닌 개개의 자연인, 국적이란 국민이 되는 자격

2. 국적

[부속] 국적법 요약

국적 취득	선천		• 혈통주의(속인주의): 국적법은 혈통주의(원칙), 속지주의(예외) • 부모양계 혈통주의[국적법(이하 '법') §2①. 1호]
	후천	인지	요건: '대한민국 민법'에 의하여 미성년+출생 당시에 부 또는 모가 대한민국 국민+인지 당시에 부 또는 모가 대한민국 국민 ★ 신고한 때○(출생시로 소급×) 국적취득(법 §3②)
		귀화	• 일반: 5년+성년+품행 단정+생계유지능력+기본 소양+해+영 • 간이 ┌ 일반: 3년(+국민+출생+양자) 　　　└ 혼인 ┌ 원칙: 혼인 상태로 2년/혼인 후 3년+1년 주소 　　　　　　└ 예외: 귀책사유 없이/미성년의 자녀 양육 • 특별: 국민(단, 성년 후 입양된 자 제외)+특별한 공로+국익 ★ 특별귀화도 대한민국에 주소가 있을 것
		입양	• 미성년입양: 특별귀화 대상(국내거주요건 필요×) • 성년자입양: 간이귀화 대상(3년 이상 국내거주 要)
		수반 취득	• 미성년인 자의 수반취득 인정(단, 미성년인 자의 귀화 '신청' 要) • 처의 수반취득제도는 삭제
		국적 회복	• 대한민국 국민이었던 외국인+법무부장관의 국적회복허가 • 불허사유: 국가나 사회에 위해, 품행이 단정하지 못한 자, 병역기피 목적, 법무부장관이 불인정한 자
		국적 재취득	대한민국 국적을 취득한 외국인으로서 외국 국적도 가지고 있던 사람이 대한민국 국적을 취득한 날로부터 1년 이내에 외국 국적을 포기하지 아니하여 대한민국 국적을 상실하였더라도, 그 후 1년 내에 그 외국 국적을 포기하면 법무부장관에게 신고함으로써 대한민국 국적을 재취득할 수○(법 §11①)
복수 국적	외국인		• 외국인의 원국적포기의무: 대한민국 국적을 취득한 날로부터 1년 이내에 포기 • 복수국적허용: 일정한 사유에 해당하는 자+서약 • 국적재취득 신고제도: 1년 경과하여 대한민국 국적을 상실한 자가 그 후 1년 내에 그 외국 국적을 포기+법무부장관에게 신고
	대한 민국 국민		• 복수국적자의 국적선택의무 　(원칙) ┌ 만 20세 되기 전: 만 22세가 되기 전까지 　　　　└ 만 20세 된 후: 그 때부터 2년 내 　(예외) ┌ 만 18세가 되어 제1국민역에 편입된 자 　　　　└ 직계존속이 외국에서 영주할 목적 없이 체류한 상태에서 출생 • 국적선택명령제도: 위 기간 내 국적선택× ⇒ 법무부장관의 국적선택명령 후 상실

국적 상실	국적 상실	• 자진하여 외국국적 취득: 외국국적 취득시 대한민국국적상실(법 §14①) ★
	국적 보유	• 비자진하여 외국국적 취득: 6개월 내에 국적보유신고시 국적계속보유
	권리 변동	• 국적을 상실한 때부터 대한민국 국민만이 누릴 수 있는 권리를 향유× • '양도가능한 권리'는 3년 내에 대한민국국민에게 양도(법 §18②) ★
국적 이탈	복수국적자로서 외국국적을 선택하려는 자는 외국에 주소가 있는 경우에만 주소지 관할 재외공관의 장을 거쳐 법무부장관에게 대한민국 국적의 이탈을 신고(법 §14①) ★	

국적법

제14조의2(대한민국 국적의 이탈에 관한 특례) ① 제12조 제2항 본문 및 제14조 제1항 단서에도 불구하고 다음 각 호의 요건을 모두 충족하는 복수국적자는 「병역법」 제8조에 따라 병역준비역에 편입된 때부터 3개월 이내에 대한민국 국적을 이탈한다는 뜻을 신고하지 못한 경우 법무부장관에게 대한민국 국적의 이탈 허가를 신청할 수 있다. [시행 2022. 10. 1.] [개정 2022. 9. 15.] ★

1. 다음 각 목의 어느 하나에 해당하는 사람일 것
   가. 외국에서 출생한 사람(직계존속이 외국에서 영주할 목적 없이 체류한 상태에서 출생한 사람은 제외한다)으로서 출생 이후 계속하여 외국에 주된 생활의 근거를 두고 있는 사람
   나. 6세 미만의 아동일 때 외국으로 이주한 이후 계속하여 외국에 주된 생활의 근거를 두고 있는 사람
2. 제12조 제2항 본문 및 제14조 제1항 단서에 따라 병역준비역에 편입된 때부터 3개월 이내에 국적 이탈을 신고하지 못한 정당한 사유가 있을 것

제12조(복수국적자의 국적선택의무) ① 만 20세가 되기 전에 복수국적자가 된 자는 만 22세가 되기 전까지, 만 20세가 된 후에 복수국적자가 된 자는 그 때부터 2년 내에 제13조와 제14조에 따라 하나의 국적을 선택하여야 한다. 다만, 제10조 제2항에 따라 법무부장관에게 대한민국에서 외국 국적을 행사하지 아니하겠다는 뜻을 서약한 복수국적자는 제외한다.
② 제1항 본문에도 불구하고 「병역법」 제8조에 따라 병역준비역에 편입된 자는 편입된 때부터 3개월 이내에 하나의 국적을 선택하거나 제3항 각 호의 어느 하나에 해당하는 때부터 2년 이내에 하나의 국적을 선택하여야 한다. 다만, 제13조에 따라 대한민국 국적을 선택하려는 경우에는 제3항 각 호의 어느 하나에 해당하기 전에도 할 수 있다.
③ 직계존속(直系尊屬)이 외국에서 영주(永住)할 목적 없이 체류한 상태에서 출생한 자는 병역의무의 이행과 관련하여 다음 각 호의 어느 하나에 해당하는 경우에만 제14조에 따른 국적이탈신고를 할 수 있다.
1. 현역·상근예비역·보충역 또는 대체역으로 복무를 마치거나 마친 것으로 보게 되는 경우
2. 전시근로역에 편입된 경우

3. 병역면제처분을 받은 경우

[2022. 9. 15. 법률 제18978호에 의하여 2020. 9. 24. 헌법재판소에서 헌법불합치 결정된 이 조 제2항 본문을 제14조의2를 신설하여 개정함.]

제14조 (대한민국 국적의 이탈 요건 및 절차) ① 복수국적자로서 외국 국적을 선택하려는 자는 외국에 주소가 있는 경우에만 주소지 관할 재외공관의 장을 거쳐 법무부장관에게 대한민국 국적을 이탈한다는 뜻을 신고할 수 있다. 다만, 제12조 제2항 본문 또는 같은 조 제3항에 해당하는 자는 그 기간 이내에 또는 해당 사유가 발생한 때부터만 신고할 수 있다.

| 헌결 | 대판 |

1. 국적은 국가와 그의 구성원 간의 법적유대(法的紐帶)이고 보호와 복종관계를 뜻하므로 이를 분리하여 생각할 수 없다. 즉 국적은 국가의 생성과 더불어 발생하고 국가의 소멸은 바로 국적의 상실 사유인 것이다. 국적은 성문의 법령을 통해서가 아니라 국가의 생성과 더불어 존재하는 것이므로, 헌법의 위임에 따라 국적법이 제정되나 그 내용은 국가의 구성요소인 국민의 범위를 구체화하는 헌법사항을 규율하고 있는 것이다(헌결 2000.8.31. 97헌가12).

2. "이중국적자의 국적선택권"이라는 개념은 별론으로 하더라도, 일반적으로 외국인인 개인이 특정한 국가의 국적을 선택할 권리가 자연권으로서 또는 우리 헌법상 당연히 인정된다고는 할 수 없다(헌결 2006.3.30. 2003헌마806). 동지 참정권과 입국의 자유에 대한 외국인의 기본권주체성이 인정되지 않고, 외국인이 대한민국 국적을 취득하면서 자신의 외국 국적을 포기한다 하더라도 이로 인하여 재산권 행사가 직접 제한되지 않으며, 외국인이 복수국적을 누릴 자유가 우리 헌법상 행복추구권에 의하여 보호되는 기본권이라고 보기 어려우므로, 외국인의 기본권주체성 내지 기본권침해가능성을 인정할 수 없다(헌결 2014.6.26. 2011헌마502). ★

3. 부계혈통주의 원칙을 채택한 구법조항은 출생한 당시의 자녀의 국적을 부의 국적에만 맞추고 모의 국적은 단지 보충적인 의미만을 부여하는 차별을 하고 있다. 이렇게 한국인 부와 외국인 모 사이의 자녀와 한국인 모와 외국인 부 사이의 자녀를 차별취급하는 것은, 모가 한국인인 자녀와 그 모에게 불리한 영향을 끼치므로 헌법 제11조 제1항의 남녀평등원칙에 어긋난다. 한국인과 외국인 간의 혼인에서 배우자의 한쪽이 한국인 부인 경우와 한국인 모인 경우 사이에 성별에 따른 특별한 차이가 있는 것도 아니고, 양쪽 모두 그 자녀는 한국의 법질서와 문화에 적응하고 공동체에서 흠 없이 생활해 나갈 수 있는 동등한 능력과 자질을 갖추었는데도 불구하고 전체 가족의 국적을 가부(家父)에

만 연결시키고 있는 구법조항은 헌법 제36조 제1항이 규정한 "가족생활에 있어서의 양성의 평등원칙"에 위배된다. 모가 한국인인 자녀들은 외국인이므로 원칙적으로 대한민국의 공무원이 될 수 없고, 거주·이전의 자유, 직업선택의 자유, 재산권, 선거권 및 피선거권, 국가배상청구권 및 사회적 기본권 등을 누릴 수 없거나 제한적으로밖에 향유하지 못하게 된다. 그러므로 구법조항은 자녀의 입장에서 볼 때에도 한국인 모의 자녀를 한국인 부의 자녀에 비교하여 현저하게 차별취급을 하고 있으므로 헌법상의 평등원칙에 위배된다(헌불 헌결 2000.8.31. 97헌가12). ★ ⇒ 출생에 의한 국적취득에 있어 부계혈통주의를 규정한 구 국적법(1948. 12.20. 법률 제16호로 제정되고, 1997. 12. 13. 법률 제5431호로 전문개정되기 전의 것. 이하 "구법"이라 한다) 제2조 제1항 제1호(이하 "구법조항"이라 한다)가 헌법상 평등의 원칙에 위배되는지 여부(적극)

4. 국적에 관한 사항은 당해 국가가 역사적 전통과 정치·경제·사회·문화 등 제반사정을 고려하여 결정할 문제인바, 자발적으로 외국 국적을 취득한 자에게 대한민국 국적도 함께 보유할 수 있게 허용한다면, 출입국·체류관리가 어려워질 수 있고, 각 나라에서 권리만 행사하고 병역·납세와 같은 의무는 기피하는 등 복수국적을 악용할 우려가 있으며, 복수국적자로 인하여 외교적 보호권이 중첩되는 등의 문제가 발생할 여지도 있다. 한편, 국적법은 예외적으로 복수국적을 허용함과 동시에, 대한민국 국민이었던 외국인에 대해서는 국적회복허가라는 별도의 용이한 절차를 통해 국적을 회복시켜주는 조항들을 두고 있다. 따라서 국적법 제15조 제1항이 대한민국 국민인 청구인의 거주·이전의 자유 및 행복추구권을 침해한다고 볼 수 없다(헌결 2014.6.26. 2011헌마502). ★ ⇒ 대한민국 국민이 자진하여 외국 국적을 취득한 경우 대한민국 국적을 상실하도록 한 국적법(2008. 3. 14. 법률 제8892호로 개정된 것) 제15조 제1항이 과잉금지원칙에 위배되어 청구인의 거주·이전의 자유 및 행복추구권을 침해하는지 여부(소극)

5. 이 사건 법률조항은 국가의 근본요소 중 하나인 국민을 결정하는 기준이 되는 국적의 중요성을 고려하여, 귀화허가신청자의 진실성을 담보하고, 국적 관련 행정의 적법성을 확보하기 위한 것으로서 입법목적은 정당하고, 거짓이나 그 밖의 부정한 방법에 의해 귀화허가를 받은 경우 그 허가를 취소하는 것은 입법목적 달성을 위해 적절한 방법이다. <중략> 따라서 이 사건 법률조항은 거주·이전의 자유 및 행복추구권을 침해하지 아니한다(헌결 2015.9.24. 2015헌바26). ★ ⇒ 법무부장관으로 하여금 거짓이나 그 밖의 부정한 방법으로 귀화허가를 받은 자에 대하여 그 허가를 취소할 수 있도록 규정하면서도 그 취소권

의 행사기간을 따로 정하고 있지 아니한 국적법(2008. 3. 14. 법률 제8892호로 개정된 것) 제21조 중 귀화허가취소에 관한 부분(이하 '이 사건 법률조항'이라 한다)이 과잉금지원칙에 위배되어 거주·이전의 자유 및 행복추구권을 침해하는지 여부(소극)

6. [1] 국적회복이란 한 때 대한민국 국민이었던 외국인이 법무부장관의 국적회복허가를 받아 대한민국의 국적을 취득하는 것을 말한다(국적법 제9조 제1항). <u>국적회복과 귀화는 모두 외국인이 후천적으로 법무부장관의 허가라는 주권적 행정절차를 통하여 대한민국 국적을 취득하는 제도라는 점에서 동일하나, 귀화는 대한민국 국적을 취득한 사실이 없는 순수한 외국인이 법무부장관의 허가를 받아 대한민국 국적을 취득할 수 있도록 하는 절차인데 비해(국적법 제4조 내지 제7조), 국적회복허가는 한 때 대한민국 국민이었던 자를 대상으로 한다는 점, 귀화는 일정한 요건을 갖춘 사람에게만 허가할 수 있는 반면(국적법 제5조 내지 제7조), 국적회복허가는 일정한 사유에 해당하는 사람에 대해서만 국적회복을 허가하지 아니한다는 점(국적법 제9조 제2항)에서 차이가 있다.</u> 국적법이 이처럼 귀화제도와 국적회복제도를 구분하고 있는 것은 과거 대한민국 국민이었던 자의 국적취득절차를 간소화함으로써 국적취득상의 편의를 증진시키고자 하는 것이다.

[2] 심판대상조항은 국적 취득에 있어 진실성을 담보하고 사회구성원 사이의 신뢰를 확보하며 나아가 국가질서를 유지하기 위한 것으로 입법목적의 정당성이 인정되며, 하자 있는 국적회복허가를 취소하도록 하는 것은 위와 같은 입법목적을 달성하기 위한 적합한 방법이다. 또한 국적취득 과정에서 발생한 위법상태를 해소하여 국가, 사회질서에 위해가 되는 요소들을 차단하는 것은 국가공동체의 유지와 운영에 있어 매우 중요한 문제이므로 국적회복허가에 애초 허가가 불가능한 불법적 요소가 개입되어 있었다면 상당기간이 경과한 후에 불법적 요소가 발견되었다고 할지라도 그 허가를 취소함으로써 국법질서를 회복할 필요성이 매우 크고, 법무부장관은 국적회복허가의 취소 여부를 결정하면서 개입된 위법성의 정도, 위법한 행위가 발생한 시점부터 국적회복허가에 대한 취소권을 행사하는 시점까지 경과된 시간, 국적회복 후 형성된 생활관계나 국적회복허가취소 시 당사자가 받게 될 불이익 등을 충분히 고려하여 국적회복허가취소 여부를 결정할 수 있으므로 심판대상조항은 침해의 최소성에도 반하지 아니한다. 나아가 국적취득에 있어서 적법성 확보가 사회구성원들 사이의 신뢰를 확보하고 국가질서를 유지하는 근간이 됨을 고려할

때 심판대상조항을 통하여 달성하고자 하는 공익이 제한되는 사익에 비해 훨씬 크다고 할 것이므로 심판대상조항은 법익의 균형성도 갖추었다. 따라서 심판대상조항은 과잉금지원칙에 위배하여 거주·이전의 자유 및 행복추구권을 침해하지 아니한다(헌결 2020.2.27. 2017헌바434). ★ ⇒ 국적법(2008. 3. 14. 법률 제8892호로 개정된 것) 제21조 제1항 중 '국적회복허가취소'에 관한 부분이 거주·이전의 자유 및 행복추구권을 침해하는지 여부(소극)

7. [1] 심판대상조항에서 '외국에서 영주할 목적'이 없다는 표현은 입법취지 및 그에 사용된 단어의 사전적 의미 등을 고려할 때 다른 나라에서 오랫동안 살고자 하는 목적이 없음을 뜻함이 명확하므로 명확성원칙에 위배되지 아니한다. ⇒ 직계존속이 외국에서 영주할 목적 없이 체류한 상태에서 출생한 자는 병역의무를 해소한 경우에만 국적이탈을 신고할 수 있도록 하는 구 국적법 제12조 제3항(이하, '심판대상조항'이라 한다)이 명확성원칙에 위배되는지 여부(소극)

[2] 심판대상조항은 공평한 병역의무 분담에 관한 국민적 신뢰를 확보하려는 것으로, 장차 대한민국과 유대관계가 형성되기 어려울 것으로 예상되는 사람에 대해서는 병역의무 해소 없는 국적이탈을 허용함으로써 국적이탈의 자유에 대한 제한을 조화롭게 최소화하고 있는 점, 병역기피 목적의 국적이탈에 대하여 사후적 제재를 가하거나 생활근거에 따라 국적이탈을 제한하는 방법으로는 입법목적을 충분히 달성할 수 있다고 보기 어려운 점, 심판대상조항으로 제한받는 사익은 그에 해당하는 사람이 국적이탈을 하려는 경우 모든 대한민국 남성에게 두루 부여된 병역의무를 해소하도록 요구받는 것에 지나지 않는 반면 심판대상조항으로 달성하려는 공익은 대한민국이 국가 공동체로서 존립하기 위해 공평한 병역분담에 대한 국민적 신뢰를 보호하여 국방역량이 훼손되지 않도록 하려는 것으로 매우 중요한 국익인 점 등을 감안할 때 심판대상조항은 과잉금지원칙에 위배되어 국적이탈의 자유를 침해하지 아니한다(헌결 2023.2.23. 2019헌바462). ★ ⇒ 심판대상조항이 국적이탈의 자유를 침해하는지 여부(소극) ★ [이유] (2) 침해의 최소성 (나) 만약 심판대상조항이 없다면, 장차 국내에서 성장하며 대한민국 국적과 결부된 권리와 이익을 향유할 것으로 예상되는 남성 국민이 출생지주의를 택한 외국에서 출생하였다는 우연한 사정을 빌미로 삼아 대한민국 국적을 이탈하는 방식으로 병역의무를 회피하더라도, 이미 그는 대한민국 국적을 자진 상실한 상태가 되어 사후적으로라도 병역의무를 부담시킬 방법이 없게 될 우려가 있다. 심판대상조항이 없다

면 국적이탈을 통한 편법적 병역기피를 방지할 수 없을 뿐만 아니라 병역의무의 공평한 분담 및 이에 대한 국민적 신뢰 또한 유지할 방법이 없게 되는 것이다. 한편 현행 국적법 제14조 제1항은 '외국에 주소'가 없는, 즉 국내에만 생활근거를 둔 복수국적자의 국적이탈을 불허하고 있으므로 이 조항만으로도 병역의무를 면탈하려는 복수국적자의 기회주의적 국적이탈이 방지된다는 견해가 있을 수 있다. 그러나 위 국적법 조항은 복수국적자가 국적을 이탈하려는 무렵에 외국에 생활근거가 있는지 여부만을 판단하는 것이므로, 직계존속이 외국에서 영주할 목적 없이 체류하던 중 태어난 복수국적자가 미성년일 때는 국내에서 성장하다가 병역의무를 요구받는 성년이 될 무렵에 외국으로 주소를 옮겨 국적을 이탈함으로써 병역의무를 회피하는 행태를 방지할 수가 없다. 이러한 행태로 인해 병역의무의 공평한 분담에 대한 국민적인 신뢰가 훼손되는 상황을 방지하는 것이야말로 심판대상조항이 달성하고자 하는 입법목적인데, 국적이탈을 신고할 무렵의 생활근거에 따라 국적이탈을 제한하는 제도만으로는 이를 달성할 수 있다고 보기 어려운 것이다. 나아가 병역기피 목적의 국적이탈에 대해 국내 체류자격 제한 등 사후적인 제재를 가하는 방안으로 입법목적을 달성할 수 있다고 보기도 어렵다. 심판대상조항은 국적이탈을 이용한 병역기피를 사전에 제도적으로 차단하여 병역의무의 공평한 분담에 대한 국민적 신뢰를 확보하려는 취지가 있기 때문이다. 특히 심판대상조항이 입법될 무렵에 병역의무를 회피하려는 여러 행태가 극심했다는 사정을 감안한다면, 국적이탈이 병역의무 회피의 편법적 수단으로 이용되는 현상을 사후적 제재만으로 충분히 방지할 수 있다고 단정하기는 어렵다.

8. [1] 국적법 제14조 제1항 본문의 '외국에 주소가 있는 경우'라는 표현은 입법 취지 및 그에 사용된 단어의 사전적 의미 등을 고려할 때 다른 나라에 생활근거가 있는 경우를 뜻함이 명확하므로 명확성원칙에 위배되지 아니한다. ⇒ 복수국적자가 외국에 주소가 있는 경우에만 국적이탈을 신고할 수 있도록 하는 국적법 제14조 제1항 본문(이하, '심판대상조항'이라 한다)이 명확성원칙에 위배되는지 여부(소극)

[2] 심판대상조항은 국가 공동체의 운영원리를 보호하고자 복수국적자의 기회주의적 국적이탈을 방지하기 위한 것으로, 더 완화된 대안을 찾아보기 어려운 점, 외국에 생활근거 없이 주로 국내에서 생활하며 대한민국과 유대관계를 형성한 자가 단지 법률상 외국 국적을 지니고 있다는 사정을 빌미로 국적을 이탈하려는 행위를 제한한다고 하여 과도한 불이익이 발생한다고 보기도 어

려운 점 등을 고려할 때 심판대상조항은 과잉금지원칙에 위배되어 국적이탈의 자유를 침해하지 아니한다(헌결 2023.2.23. 2020헌바603). ★ ⇒ 심판대상조항이 국적이탈의 자유를 침해하는지 여부(소극)

심화학습

1. **국적법 제12조 제2항 본문 등 위헌확인(헌불) 헌결 2020.9.24. 2016헌마889)**

[판시사항]
1. 국적법 제12조 제2항 본문, 국적법 제14조 제1항 단서 중 제12조 제2항 본문에 관한 부분(이하 이들 조항을 합하여 '심판대상 법률조항'이라 한다)이 청구인의 국적이탈의 자유를 침해하는지 여부(적극)
2. 국적법 시행규칙 제12조 제2항 제1호(이하 '심판대상 시행규칙조항'이라 하고, 위 심판대상 법률조항과 이를 합하여 '심판대상조항'이라 한다)가 명확성원칙에 위배되는지 여부(소극) 및 청구인의 국적이탈의 자유를 침해하는지 여부(소극)
3. 심판대상 법률조항에 대하여 헌법불합치 결정을 선고한 사례
4. 심판대상 법률조항과 동일한 내용의 국적법 조항들이 헌법에 위반되지 않는다는 취지로 판시한 선례를 변경한 사례

[결정요지]
1. 심판대상 법률조항의 입법목적은 병역준비역에 편입된 사람이 병역의무를 면탈하기 위한 수단으로 국적을 이탈하는 것을 제한하여 병역의무 이행의 공평을 확보하려는 것이다. 복수국적자의 주된 생활근거지나 대한민국에서의 체류 또는 거주 경험 등 구체적 사정에 따라서는 사회통념상 심판대상 법률조항이 정하는 기간 내에 국적이탈 신고를 할 것으로 기대하기 어려운 사유가 인정될 여지가 있다. 주무관청이 구체적 심사를 통하여, 주된 생활근거를 국내에 두고 상당한 기간 대한민국 국적자로서의 혜택을 누리다가 병역의무를 이행하여야 할 시기에 근접하여 국적을 이탈하려는 복수국적자를 배제하고 병역의무 이행의 공평성이 훼손되지 않는다고 볼 수 있는 경우에만 예외적으로 국적선택 기간이 경과한 후에도 국적이탈을 허가하는 방식으로 제도를 운용한다면, 병역의무 이행의 공평성이 훼손될 수 있다는 우려는 불식될 수 있다. 병역준비역에 편입된 복수국적자의 국적선택 기간이 지났다고 하더라도, 그 기간 내에 국적이탈 신고를 하지 못한 데 대하여 사회통념상 그에게 책임을

묻기 어려운 사정 즉, 정당한 사유가 존재하고, 병역의무 이행의 공평성 확보라는 입법목적을 훼손하지 않음이 객관적으로 인정되는 경우라면, 병역준비역에 편입된 복수국적자에게 국적선택 기간이 경과하였다고 하여 일률적으로 국적이탈을 할 수 없다고 할 것이 아니라, 예외적으로 국적이탈을 허가하는 방안을 마련할 여지가 있다. 심판대상 법률조항의 존재로 인하여 복수국적을 유지하게 됨으로써 대상자가 겪어야 하는 실질적 불이익은 구체적 사정에 따라 상당히 클 수 있다. 국가에 따라서는 복수국적자가 공직 또는 국가안보와 직결되는 업무나 다른 국적국과 이익충돌 여지가 있는 업무를 담당하는 것이 제한될 가능성이 있다. 현실적으로 이러한 제한이 존재하는 경우, 특정 직업의 선택이나 업무 담당이 제한되는 데 따르는 사익 침해를 가볍게 볼 수 없다. 심판대상 법률조항은 과잉금지원칙에 위배되어 청구인의 국적이탈의 자유를 침해한다. ★★★

2. 심판대상 시행규칙조항은 국적이탈 신고자에게 신고서에 '가족관계기록사항에 관한 증명서'를 첨부하여 제출하도록 규정하는바, 실무상 국적이탈 신고자는 가족관계등록법에 따른 국적이탈자 본인의 기본증명서와 가족관계증명서, 부와 모의 기본증명서, 대한민국 국적의 부와 외국국적의 모 사이에서 출생한 경우에는 부의 혼인관계증명서 등(이하 '기본증명서 등'이라 한다)을 제출해야 한다. 국적이탈 신고자의 대한민국 국적 및 다른 국적 취득 경위, 성별, 부모의 국적 등 그 신고 당시의 구체적 사정이 다양하므로 시행규칙에서 첨부서류의 명칭을 직접 규정하는 것이 적절하지 않을 수 있고, 첨부할 서류의 내용이나 증명 취지를 고려하여 지금과 같이 표현하는 것 외에 다른 방법을 상정하기 어려우므로, 심판대상 시행규칙조항은 명확성원칙에 위배되지 않는다. 기본증명서 등은 신고자 본인을 특정하고 국적이탈의 전제가 되는 대한민국 국적 보유 사실 등을 확인하는 데 필요한 자료이다. 법무부장관으로서는 국적이탈 요건 충족 여부를 정확히 판단하기 위하여 신고자에게 정형화되고 신뢰성이 높은 문서를 제출하도록 할 수밖에 없는바, 가족관계등록법상 기본증명서 등은 그러한 정보가 기재된 대한민국의 공문서로서, 법무부장관이 요건 충족 여부를 판단하는 데 필요한 정보를 충분히 담고 있으면서 또한 신뢰성이 확보되는 다른 유형의 서류를 상정하기 어렵다. 출생신고는 출생자의 부 또는 모가 부담하는 가족관계등록법상 의무이며, 국적이탈 신고 시에 비로소 출생신고를 하여야 하는 부담은 청구인의 부 또는 모가 가족관계등록법에 따른 출생신고 의무를 이행하지 않았기 때문에 발생하는 문제일 뿐이다. 따라서 심판대상

<u>시행규칙조항은 과잉금지원칙에 위배되어 청구인의 국적이탈의 자유를 침해하지 않는다.</u> ★★
3. 헌법재판소가 심판대상 법률조항에 대한 단순위헌결정을 하여 효력이 즉시 상실되면, 국적선택이나 국적이탈에 대한 기간 제한이 정당한 경우에도 그 제한이 즉시 사라지게 되어 병역의무의 공평성 확보에 어려움이 발생할 수 있으므로, 심판대상 법률조항에 대하여 헌법불합치결정을 선고하되, 입법자의 개선입법이 있을 때까지 잠정적용을 명하기로 한다.
4. 종래 이와 견해를 달리하여 심판대상 법률조항과 동일한 내용의 국적법 조항들이 헌법에 위반되지 아니한다고 판시하였던 헌재 2006. 11. 30. 2005헌마739 결정 및 헌재 2015. 11. 26. 2013헌마805, 2014헌마788(병합) 결정은 이 결정 취지와 저촉되는 범위 안에서 이를 변경하기로 한다.

3. 재외국민 및 재외국민보호

(1) 재외국민 보호: 대한민국 국적을 가진 자로서 외국의 영주허가를 가지거나 장기간 외국에 체류하는 자
(2) 재외국민에 대한 선거권과 부재자투표 허용: 헌법재판소는 2007.6.28. 결정에서, 재외국민에게 선거권과 부재자투표를 허용하지 않는 것이 합헌이라는 종전의 결정을 뒤집고, 헌법불합치 결정을 선고(헌결 2004헌마644)

Ⅳ. 영역

1. 영역(영토, 영해, 영공)

(1) 영역: 국가가 배타적으로 지배할 수 있는 공간을 말하는 것
(2) 영토, 영해, 영공: 영토란 영역의 기초를 이루는 토지를 말하며, 영토를 기초로 영해가 정해지고 영토와 영해의 수직적 상공이 영공

2. 대한민국의 영역

(1) 영역(영토, 영해, 영공): 대한민국의 영토는 한반도와 그 부속도서(§3), 대한민국의 영해는 기선으로부터 측정하여 그 외측 12해리의 선까지에 이르는 수역 (영해 및 접속수역법 §1)
(2) 영토
  (개) 의의: 우리나라는 건국헌법에서부터 영토조항을 두었고 현재까지 이어짐

(나) 내용: 헌법의 영토조항은 대한민국의 영토는 한반도 전체이며 북한지역은 북한정권의 존재로 대한민국의 국가권력이 사실상 제약을 받고 있는 것
(다) 영토조항과 영토권: 영토조항으로부터 영토권이라는 기본권을 도출할 수 있는가가 문제되나, **헌법재판소는 영토권을 하나의 기본권으로 인정**하는 입장(헌결 99헌마139)
(라) 북한의 법적 지위: 조국의 평화적 통일을 위한 **대화와 협력의 동반자임**+**반국가단체**(헌결 92헌바6)
(마) 북한주민의 법적 지위: 북한주민의 지위와 대한민국 국민의 지위를 모두 지니는 이중적 지위

| 헌결 | 대판 |

1. 현단계에 있어서의 북한은 조국의 평화적 통일을 위한 대화와 협력의 동반자임과 동시에 대남적화노선을 고수하면서 우리 자유민주주의체제의 전복을 획책하고 있는 반국가단체라는 성격도 함께 갖고 있음이 엄연한 현실인 점에 비추어, 헌법의 전문과 제4조가 천명하는 자유민주적 기본질서에 입각한 평화적 통일정책을 수립하고 이를 추진하는 법적 장치로서 남북교류협력에 관한 법률 등을 제정·시행하는 한편, 국가의 안전을 위태롭게 하는 반국가활동을 규제하기 위한 법적 장치로서 국가보안법을 제정·시행하고 있는 것으로서, 위 두 법률은 상호 그 입법목적과 규제대상을 달리하고 있는 것이므로 남북교류협력에 관한 법률 등이 공포·시행되었다 하여 국가보안법의 필요성이 소멸되었다거나 북한의 반국가단체성이 소멸되었다고는 할 수 없다(헌법재판소 1993. 7. 29. 선고, 92헌바48 결정 참조). 그러므로 국가의 존립·안전과 국민의 생존 및 자유를 수호하기 위하여 국가보안법의 해석·적용상 북한을 반국가단체로 보고 이에 동조하는 반국가활동을 규제하는 것 자체가 헌법이 규정하는 국제평화주의나 평화통일의 원칙에 위반된다고 할 수 없다(헌결 1997.1.16. 92헌바6). ★

2. [1] 헌법상의 여러 통일관련 조항들은 국가의 통일의무를 선언한 것이기는 하지만, 그로부터 국민 개개인의 통일에 대한 기본권, 특히 국가기관에 대하여 통일과 관련된 구체적인 행동을 요구하거나 일정한 행동을 할 수 있는 권리가 도출된다고 볼 수 없다. ⇒ 헌법상의 여러 통일관련 조항들로부터 국민 개개인의 통일에 대한 기본권이 도출될 수 있는지 여부(소극) ★

[2] 북한주민과의 접촉이 그 과정에서 불필요한 마찰과 오해를 유발하여 긴장이 조성되거나, 무절제한 경쟁적 접촉으로 남북한간의 원만한 협력관계에 나쁜 영향을 미칠 수도 있으며, 북한의 정치적 목적에 이용되거나 국가의 안전보장이나 자유민주적 기본질서에 부정적인 영향을 미치는 통로로 이용될 가능성도 완전히 배제할 수 없으므로 통일부장관이 북한주민 등과의 접촉을 원하는 자로부터 승인신청을 받아 구체적인 내용을 검토하여 승인 여부를 결정하는 절차는 현 단계에서는 불가피하므로 남북교류협력에 관한 법률 제9조 제3항은 평화통일을 선언한 헌법전문, 헌법 제4조, 헌법 제66조 제3항 및 기타 헌법상의 통일조항에 위배된다고 볼 수 없다(헌결 2000.7.20. 98헌바63). ★
⇒ 남북교류협력에 관한 법률 제9조 제3항이 평화통일을 선언한 헌법전문, 헌법 제4조, 헌법 제66조 제3항 및 기타 헌법상의 통일조항에 위배되는지 여부(소극)

3. 우리 헌법은 제헌헌법 이래로 "대한민국의 영토는 한반도와 그 부속도서로 한다"는 규정을 두고 있다. 대법원은 이를 근거로 하여 북한지역도 대한민국의 영토에 속하는 한반도의 일부를 이루는 것이어서 대한민국의 주권이 미치고 북한주민도 대한민국 국적을 취득·유지하는 데 아무런 영향이 없는 것으로 해석된다(헌결 2000.8.31. 97헌가12).

4. 헌법 제3조의 영토조항은 우리나라의 공간적인 존립기반을 선언하는 것인바, 영토변경은 우리나라의 공간적인 존립기반에 변동을 가져오고, 또한 국가의 법질서에도 변화를 가져옴으로써, 필연적으로 국민의 주관적 기본권에도 영향을 미치지 않을 수 없는 것이다. 이러한 관점에서 살펴본다면, 국민의 개별적 기본권이 아니라 할지라도 기본권보장의 실질화를 위하여서는, 영토조항만을 근거로 하여 독자적으로는 헌법소원을 청구할 수 없다할지라도, 모든 국가권능의 정당성의 근원인 국민의 기본권 침해에 대한 권리구제를 위하여 그 전제조건으로서 영토에 관한 권리를, 이를테면 영토권이라 구성하여, 이를 헌법소원의 대상인 기본권의 하나로 간주하는 것은 가능한 것으로 판단된다(헌결 2001.3.21. 99헌마139). ★

5. [1] 외국환거래법(1998. 9. 16. 법률 제5550호로 제정된 것, 이하 '법'이라 한다)에 의하여 신고를 하여야 하는 거래 또는 행위를 하고자 하는 거주자 또는 비거주자는 그 신고를 하지 아니하고는 당해 거래 또는 행위에 관한 지급을 해서는 아니되고(법 제15조 제3항), 이를 위반하여 지급을 한 자에 대하여는 3년 이하의 징역 또는 2억 원 이하의 벌금에 처한다(법 제27조 제1항 제8호 후단)고 규

정한 각 조항은 <u>죄형법정주의가 요구하는 명확성의 원칙에 위배되는 것이라고 할 수 없다.</u>

[2] 법은 거주자 개념의 중요성을 감안하여 거주자와 비거주자의 개념을 정의하고 있다. 즉, 법 제3조 제1항 제12호의 규정에 의하면 "거주자"라 함은 대한민국 안에 주소 또는 거소를 둔 개인과 대한민국 안에 주된 사무소를 둔 법인을 말하고, 동 조항 제13호의 규정에 의하면 "비거주자"라 함은 거주자 외의 개인 및 법인을 말하는데, 다만 비거주자의 대한민국 안의 지점·출장소 기타의 사무소는 법률상 대리권의 유무에 불구하고 거주자로 본다. 이와 같은 거주자 개념 정의는 거주성(居住性)의 기본적인 원리에 따른 것이고, 이들 조항에 포함된 단어들은 대부분 법률용어로서 서술적인 개념을 사용하고 있어 그 의미에 혼동을 초래할 정도로 불명확한 것은 없다고 할 것이므로, <u>죄형법정주의가 요구하는 명확성의 원칙에 위배되는 것이라고 할 수 없다.</u>

[3] 우리 헌법이 "대한민국의 영토는 한반도와 그 부속도서로 한다"는 영토조항(제3조)을 두고 있는 이상 <u>대한민국의 헌법은 북한지역을 포함한 한반도 전체에 그 효력이 미치고 따라서 북한지역은 당연히 대한민국의 영토가 되므로,</u> 북한을 법 소정의 '외국'으로, 북한의 주민 또는 법인 등을 '비거주자'로 바로 인정하기는 어렵지만, 개별 법률의 적용 내지 준용에 있어서는 <u>남북한의 특수관계적 성격을 고려하여 북한지역을 외국에 준하는 지역으로, 북한주민 등을 외국인에 준하는 지위에 있는 자로 규정할 수 있다.</u> ★

[4] 당해사건과 같이 남한과 북한 주민 사이의 외국환 거래에 대하여는 법 제15조 제3항에 규정되어 있는 "거주자 또는 비거주자" 부분 즉 대한민국 안에 주소를 둔 개인 또는 법인인지 여부가 문제되는 것이 아니라, 남북교류협력에 관한 법률(이하 '남북교류법'이라 한다) 제26조 제3항의 "남한과 북한" 즉 군사분계선 이남지역과 그 이북지역의 주민인지 여부가 문제되는 것이다. 즉, <u>외국환거래의 일방 당사자가 북한의 주민일 경우 그는 이 사건 법률조항의 '거주자' 또는 '비거주자'가 아니라 남북교류법의 '북한의 주민'에 해당하는 것이다.</u> 그러므로, 당해사건에서 아태위원회가 외국환거래법 제15조 제3항에서 말하는 '거주자'나 '비거주자'에 해당하는지 또는 남북교류법상 '북한의 주민'에 해당하는지 여부는 법률해석의 문제에 불과한 것이고, <u>헌법 제3조의 영토조항과는 관련이 없다</u>(헌결 2005.6.30. 2003헌바114). ★ ⇒ 북한의 주민이나 단체가 법 제15조 제3항에서 말하는 "거주자"나 "비거주자"에 해당하는지에 관한 판단이 헌법 제3조의 영토조항과 관련이 있는 헌법적 문제인지 여부(소극)

6. 헌법재판소는 2023년 9월 26일 ① 재판관 6:3의 의견으로, 반국가단체나 그 구성원 등의 활동을 찬양·고무·선전·동조한 사람을 처벌하도록 정하고 있는 국가보안법 제7조 제1항 중 '찬양·고무·선전 또는 이에 동조한 자'에 관한 부분 및 이적행위를 할 목적으로 문서·도화 기타의 표현물을 제작·운반·반포한 사람을 처벌하도록 정하고 있는 국가보안법 제7조 제5항 중 '제1항 가운데 찬양·고무·선전 또는 이에 동조할 목적으로 제작·운반·반포한 자'에 관한 부분이 헌법에 위반되지 아니하고, ② 재판관 4:5의 의견으로 이적행위를 할 목적으로 문서·도화 기타의 표현물을 소지·취득한 사람을 처벌하도록 정하고 있는 국가보안법 제7조 제5항 중 '제1항 가운데 찬양·고무·선전 또는 이에 동조할 목적으로 소지·취득한 자'에 관한 부분이 헌법에 위반되지 아니하며, ③ 재판관 전원의 일치된 의견으로 일부 청구인의 심판청구 및 국가보안법 제2조 제1항, 국가보안법 제7조 제3항 중 '가입한 자'에 관한 부분에 대한 심판청구를 각하하는 결정을 선고하였다(헌결 2023.9.26. 2017헌바42). ★ ⇒ 헌법재판소가 몇 차례 국가보안법상 이적행위조항 및 이적표현물조항에 대해 합헌결정을 선고하였음에도 불구하고, 그 동안 위 조항들이 표현의 자유 내지는 양심의 자유를 침해하는 것으로 헌법에 위반된다는 목소리가 지속적으로 존재하였다. 이 결정은 국가보안법의 적용 범위가 법률의 개정, 헌법재판소 결정 및 법원의 판결 등을 통해 계속적으로 제한되어 왔기 때문에 더 이상 이적행위조항이나 이적표현물조항이 오·남용될 가능성이 크지 아니하고, 북한으로 인한 위협이 존재하는 상황에서 국가보안법이 현시점에도 존재의의가 있음을 인정하고, 그 동안 이적행위조항 및 이적표현물조항에 대하여 합헌결정을 선고하였던 종전의 헌법재판소 선례들이 여전히 타당하며 이를 변경할 필요성이 없음을 선언하였다는 점에서 의미가 있다.

| 헌결 | 대판 |

1. [1] 우리 헌법이 전문과 제4조, 제5조에서 천명한 평화통일의 원칙과 국제평화주의는 자유민주적 기본질서라는 대전제하에서 추구되어야 하는 것이므로 아직도 북한이 우리의 자유민주적 기본질서에 대한 위협이 되고 있음이 분명한 상황에서 국가보안법이 북한을 반국가단체로 본다고 하여 국제평화주의 등의 원칙과 모순되는 법률이라고 볼 수 없다. ⇒ 국가보안법이 북한을 반국가단체로 규정한 것이 헌법 전문과 제4조, 제5조가 천명한 평화통일의 원칙이나 국제평화주의와 모순되는지 여부(소극)

[2] 헌법 제3조는 "대한민국의 영토는 한반도와 그 부속도서로 한다"고 규정하고 있어 법리상 이 지역에서는 대한민국의 주권과 부딪치는 어떠한 국가단체도 인정할 수가 없는 것이므로 비록 북한이 국제사회에서 하나의 주권국가로 존속하고 있고, 우리 정부가 북한 당국자의 명칭을 쓰면서 정상회담 등을 제의하였다 하여 북한이 대한민국의 영토고권을 침해하는 반국가단체가 아니라고 단정할 수 없다(대판 1990.9.25. 90도1451). ★ ⇒ 북한이 국제사회에서 주권국가로 존속하고 우리 정부가 북한 당국자의 명칭을 쓰면서 정상회담을 제의하였다 하여 북한이 반국가단체가 아니라고 단정할 수 있는지 여부(소극)

2. 행정처분의 부존재확인소송은 행정처분의 부존재확인을 구할 법률상 이익이 있는 자만이 제기할 수 있고, 여기에서의 법률상 이익은 원고의 권리 또는 법률상 지위에 현존하는 불안, 위험이 있고 그 불안, 위험을 제거함에는 확인판결을 받는 것이 가장 유효적절한 수단일 때 인정되는 것인데, 타인의 저작물을 복제, 배포, 발행함에 필요한 요건과 저작재산권의 존속기간을 규정한 저작권법 제36조 제1항, 제41조, 제42조, 제47조 제1항의 효력은 대한민국 헌법 제3조에 의하여 여전히 대한민국의 주권범위내에 있는 북한지역에도 미치는 것이므로 6.25 사변 전후에 납북되거나 월북한 문인들이 저작한 작품들을 발행하려면, 아직 그 저작재산권의 존속기간이 만료되지 아니하였음이 역수상 명백한 만큼, 동인들이나 그 상속인들로부터 저작재산권의 양수 또는 저작물이용 허락을 받거나 문화부장관의 승인을 얻어야 하고 이를 인정할 자료가 없는 이상 원고는 위 작품들의 출판 및 판매금지처분의 부존재확인을 구할 법률상 지위에 있는 자라고 할 수 없고, 헌법상 국민에게 부여된 출판의 자유로부터도 확인을 구할 법률상의 지위가 부여된다고 볼 수 없다(대판 1990.9.28. 89누6396). ★ ⇒ 납·월북작가들의 작품에 대한 문화부장관의 출판 및 판매금지처분의 부존재 확인을 구하는 소송에서 납·월북작가들 또는 그 상속인들로부터 저작재산권의 양수 또는 저작물이용 허락을 받거나 문화부장관의 승인을 얻지 아니한 자의 원고적격 유무(소극)

<기본권 도출 여부 등> ★★★

영토조항(§3)	통일조항(§4)	3·1운동(전문)	헌법의 기본원리	경제조항(§119)
영토권○		해석기준○ 재판규범○	해석기준○	헌법적 지침○
독자적 헌법소원×	기본권 도출×	기본권 도출×	기본권 도출×	기본권 도출×
기본권의 하나로 간주○				독자적인 위헌심사 기준×
헌법소원의 대상○		헌법소원의 대상×		

제3절　대한민국 헌법의 전문

[전문]

유구한 역사와 전통에 빛나는 우리 대한국민은 3·1운동으로 건립된 대한민국임시정부의 법통과 불의에 항거한 4·19민주이념을 계승하고, 조국의 민주개혁과 평화적 통일의 사명에 입각하여 정의·인도와 동포애로써 민족의 단결을 공고히 하고, 모든 사회적 폐습과 불의를 타파하며, 자율과 조화를 바탕으로 **자유민주적 기본질서**를 더욱 확고히 하여 정치·경제·사회·문화의 모든 영역에 있어서 각인의 기회를 균등히 하고, 능력을 최고도로 발휘하게 하며, 자유와 권리에 따르는 책임과 의무를 완수하게 하여, 안으로는 국민생활의 균등한 향상을 기하고 밖으로는 항구적인 세계평화와 인류공영에 이바지함으로써 우리들과 우리들의 자손의 안전과 자유와 행복을 영원히 확보할 것을 다짐하면서 1948년 7월 12일에 제정되고 8차에 걸쳐 개정된 헌법을 이제 **국회의 의결**을 거쳐 **국민투표**에 의하여 개정한다.

1987년 10월 29일

1. 헌법전문의 의의

헌법전문이란 헌법의 본문 앞에 있는 서문을 말한다. 일반적으로 헌법전문에는 헌법의 성립유래와 제정목적, 헌법이 목표로 하는 이념과 가치, 헌법을 구성하고 지배하는 지도적 원리, 제정자와 제정일자 등이 규정된다. 헌법공포문은 헌법을 공포할 때 작성되는 것으로 헌법전문과 내용면에서 유사성을 지니지만, 양자는 구별된다.

2. 헌법전문의 법적 성격

(1) <u>최고의 가치규범</u>(헌결), <u>법령의 해석기준</u>(헌결)

(2) 헌법개정의 한계: 헌법전문의 근본이념이나 가치, 또는 제정목적을 변경하는 헌법개정은 허용× ★ <u>5·7·8·9차</u> 헌법개정에서 전문개정

(3) 재판규범성: 재판규범성을 인정하고 있는 것이 통설 및 판례의 입장이다. 헌법재판소도 "헌법 전문은 헌법의 이념 내지 가치를 제시하고 있는 헌법규범의 일부로서 헌법으로서의 규범적 효력을 나타내기 때문에 구체적으로는 <u>헌법소송에서의 재판규범인 동시에</u> 헌법이나 법률해석에서의 해석기준이 된다(헌결 88헌가6)"고 판시하였다.

<헌법전문 빈출 지문 정리>

헌법전문에 있는 내용	헌법전문에 없는 내용
• 3·1운동으로 건립된 대한민국임시정부의 법통 계승 • 4·19민주이념의 계승 • 조국의 민주개혁 • 평화적 통일의 사명 • 자율과 조화를 바탕으로 한 자유민주적 기본질서 • 자유와 권리에 따르는 책임과 의무 • 국민생활의 균등한 향상 • 세계평화와 인류공영 • 국회의 의결+국민투표	• 전통문화의 계승·발전과 민족문화의 창달에 노력할 의무 ⇒ §9 • 5·18민주화운동의 이념 • 개인의 존엄과 양성의 평등 ⇒ §10, §11 • 개인의 자유와 창의의 존중 ⇒ §119① • 경제의 민주화 ⇒ §119② • 균형 있는 국민경제의 성장 및 안정 ⇒ §119② • 권력분립 • 법치주의 • 민주주의 제도를 수립

| 헌결 | 대판 |

1. "헌법전문에 기재된 3·1정신"은 우리나라 헌법의 연혁적·이념적 기초로서 헌법이나 법률해석에서의 해석기준으로 작용한다고 할 수 있지만, 그에 기하여 곧바로 국민의 개별적 기본권성을 도출해낼 수는 없다고 할 것이므로, 헌법소원의 대상인 "헌법상 보장된 기본권"에 해당하지 아니한다(헌결 2001.3.21. 99헌마139). ★

2. 헌법은 국가유공자 인정에 관하여 명문 규정을 두고 있지 않다. 그러나 헌법은 전문(前文)에서 "3.1운동으로 건립된 대한민국임시정부의 법통을 계승"한다고 선언하고 있다. 이는 대한민국이 일제에 항거한 독립운동가의 공헌과 희생을 바탕으로 이룩된 것을 선언한 것이고, 그렇다면 국가는 일제로부터 조국의 자주독립을 위하여 공헌한 독립유공자와 그 유족에 대하여는 응분의 예우를 하여야 할 헌법적 의무를 지닌다고 보아야 할 것이다. 다만 그러한 의무는 국가가 독립유공자의 인정절차를 합리적으로 마련하고 독립유공자에 대한 기본적 예우를 해주어야 한다는 것을 뜻할 뿐이며, 당사자가 주장하는 특정인을 반드시 독립유공자로 인정하여야 하는 것을 뜻할 수는 없다(헌결 2005. 6.30. 2004헌마859). ★

3. 일제강점기에 우리 민족을 부정한 친일반민족행위자들의 친일행위에 대하여 그 진상을 규명하고 그러한 친일행위의 대가로 취득한 재산을 공적으로 회수하는 등 일본제국주의의 식민지로서 겪었던 잘못된 과거사를 청산함으로써 민족

의 정기를 바로세우고 사회정의를 실현하며 진정한 사회통합을 추구해야 하는 것은 헌법적으로 부여된 임무라고 보아야 한다(헌결 2011.3.31. 2008헌바141).

4. 재일 한국인 피징용부상자들의 보상청구를 인정하지 않는 일본국을 상대로 정부가 중재위원회에 <중재를 회부>하여야 할 헌법상 작위의무가 없다(헌결 2000.3.30. 98헌마206). ⇒ 이 사건 협정 제3조는 이 사건 협정의 해석 및 실시에 관한 양국간의 분쟁은 우선 외교상의 경로를 통하여 해결하고, 외교상의 경로를 통하여 해결할 수 없었던 분쟁은 일방체약국의 정부가 상대국 정부에 중재를 요청하여 중재위원회의 결정에 따라 해결하도록 규정하고 있는데, 위 규정의 형식과 내용으로 보나, 외교적 문제의 특성으로 보나, 이 사건 협정의 해석 및 실시에 관한 분쟁을 해결하기 위하여 외교상의 경로를 통할 것인가 아니면 중재에 회부할 것인가에 관한 우리나라 정부의 재량범위는 상당히 넓은 것으로 볼 수 밖에 없고, 따라서 이 사건 협정당사자인 양국간의 외교적 교섭이 장기간 효과를 보지 못하고 있다고 하여 재일 한국인 피징용부상자 및 그 유족들인 청구인들과의 관계에서 정부가 반드시 중재에 회부하여야 할 의무를 부담하게 된다고 보기는 어렵고, 마찬가지 이유로, 청구인들에게 중재회부를 해달라고 우리나라 정부에 청구할 수 있는 권리가 생긴다고 보기도 어렵다. 그리고 국가의 재외국민보호의무(헌법 제2조 제2항)나 개인의 기본적 인권에 대한 보호의무(헌법 제10조)에 의하더라도 여전히 이 사건 협정의 해석 및 실시에 관한 한·일 양국간의 분쟁을 중재라는 특정 수단에 회부하여 해결하여야 할 정부의 구체적 작위의무와 청구인들의 이를 청구할 수 있는 권리가 인정되지도 아니한다. ★ 비교 정부는 일제강점기에 일본군위안부로 강제 동원되어 인간의 존엄과 가치가 말살된 상태에서 장기간 비극적인 삶을 영위하였던 피해자들의 훼손된 인간의 존엄과 가치를 회복시켜야 할 의무를 부담한다(헌결 2011.8.30. 2006헌마788). ⇒ 분쟁해결의 절차로 나아갈 의무는 헌법에서 유래하는 작위의무○

5. 헌법 전문, 제2조 제2항, 제10조와 이 사건 협정 제3조의 문언에 비추어 볼 때, 피청구인이 이 사건 협정 제3조에 따라 분쟁해결의 절차로 나아갈 의무는 일본국에 의해 자행된 조직적이고 지속적인 불법행위에 의하여 인간의 존엄과 가치를 심각하게 훼손당한 자국민들이 배상청구권을 실현하도록 협력하고 보호하여야 할 헌법적 요청에 의한 것으로서, 그 의무의 이행이 없으면 청구인들의 기본권이 중대하게 침해될 가능성이 있으므로, 피청구인의 작위의무는 헌법에서 유래하는 작위의무로서 그것이 법령에 구체적으로 규정되어 있

는 경우라고 할 것이다. <중략> 국제정세에 대한 이해를 바탕으로 한 전략적 선택이 요구되는 외교행위의 특성을 고려한다고 하더라도, 피청구인이 부작위의 이유로 내세우는 '소모적인 법적 논쟁으로의 발전가능성'이나 '외교관계의 불편'이라는 매우 불분명하고 추상적인 사유를 들어, 기본권 침해의 중대한 위험에 직면한 청구인들에 대한 구제를 외면하는 타당한 사유라거나 진지하게 고려되어야 할 국익이라고 보기는 힘들다. 이상과 같은 점을 종합하면, <u>결국 이 사건 협정 제3조에 의한 분쟁해결절차로 나아가는 것만이 국가기관의 기본권 기속성에 합당한 재량권 행사라 할 것이고, 피청구인의 부작위로 인하여 청구인들에게 중대한 기본권의 침해를 초래하였다 할 것이므로, 이는 헌법에 위반된다</u>(인용; 헌결 2011.8.30. 2008헌마648).

⇒ 청구인들이 일본국에 대하여 가지는 원폭피해자로서의 배상청구권이 '대한민국과 일본국 간의 재산 및 청구권에 관한 문제의 해결과 경제협력에 관한 협정'(이하 '이 사건 협정'이라 한다) 제2조 제1항에 의하여 소멸되었는지 여부에 관한 한·일 양국 간 해석상 분쟁을 이 사건 협정 제3조가 정한 절차에 따라 해결하지 아니하고 있는 피청구인의 부작위가 위헌인지 여부(적극) ★ [이유] 우리 헌법은 전문에서 "3·1운동으로 건립된 대한민국임시정부의 법통"의 계승을 천명하고 있는바, <u>비록 우리 헌법이 제정되기 전의 일이라 할지라도 국가가 국민의 안전과 생명을 보호하여야 할 가장 기본적인 의무를 수행하지 못한 일제강점기에 징병과 징용으로 일제에 의해 강제이주 당하여 전쟁수행의 도구로 활용되다가 원폭피해를 당한 상태에서 장기간 방치됨으로써 심각하게 훼손된 청구인들의 인간으로서의 존엄과 가치를 회복시켜야 할 의무는 대한민국임시정부의 법통을 계승한 지금의 정부가 국민에 대하여 부담하는 가장 근본적인 보호의무에 속한다</u>고 할 것이다(헌결 2011.8.30. 2008헌마648).

6. 먼저 헌법 전문에 천명된 "대한민국임시정부의 법통"의 계승 규정을 근거로 대한민국 헌법 제정 이전에 발생한 사실에 관하여 국가에 기본권보호의무를 물을 수 있는지는 의문이다. 설령 당시 강제동원으로 인한 생명권 내지 신체의 자유라는 기본권 침해에 대하여 대한민국임시정부 법통의 계승을 천명한 국가에게 그와 관련된 책임이 있고 이를 현행 헌법상 기본권보호의 문제로 볼 수 있다고 하더라도, 이와 같은 강제동원 피해자들에게 <u>금전적 지원을 해 주는 것만이 유일한 기본권 보호의 방법이라고 볼 헌법적 근거는 존재하지 아니한다</u>. 국가가 그동안 잘 알려지지 않았던 국내 강제동원자들을 비롯한 강제동원자들에 대한 진상 파악을 위하여 구 강제동원진상규명법을 제정하여 일정

한 절차를 거쳐 신청자들을 강제동원 피해자로 지정하여 그들의 희생을 기리는 조치를 취한 점 등을 종합적으로 고려하여 볼 때, <u>비록 태평양전쟁 관련 강제동원자들에 대한 국가의 지원이 충분하지 못한 점이 있다하더라도, 국내 강제동원자들을 위하여 국가가 아무런 보호조치를 취하지 아니하였다든지 아니면 국가가 취한 조치가 전적으로 부적합하거나 매우 불충분한 것임이 명백한 경우라고 단정하기는 어렵다.</u> 따라서 이 사건 법률조항이 국민에 대한 국가의 기본권보호의무에 위배된다는 청구인의 주장은 이유 없다(헌결 2011.2.24. 2009헌마94).

6. 국가가 독립유공자의 후손인 청구인에게 일본제국주의의 각종 통치기구 등으로부터 수탈당한 청구인 조상들의 강릉 일대의 특정 토지에 관하여 보상을 해주어야 할 작위의무가 있는지 살펴본다. 헌법 전문에서 <u>'대한민국은 3·1운동으로 건립된 대한민국임시정부의 법통을 계승하(였다)'라고 규정되어 있지만,</u> 위 내용만으로 위와 같은 작위의무가 헌법에서 유래하는 작위의무로 특별히 구체적으로 규정되어 있다거나 해석상 도출된다고 볼 수 없다. 또한 관련법령인 '독립유공자예우에 관한 법률'을 보면 독립유공자의 유족 또는 가족에게 보상금, 사망일시금 등을 지급한다고 규정되어 있지만(제12조, 제13조 등) 위 조항 자체로부터 <u>일제에 의해 수탈된 특정 토지에 관한 보상과 관련된 구체적인 작위의무가 곧바로 도출된다고 보기는 어렵다.</u> 따라서 청구인이 다투는 부작위는 헌법소원의 대상이 되는 공권력행사의 부작위에 해당하지 아니하므로, 이 사건 심판청구는 작위의무 없는 공권력의 불행사에 대한 헌법소원으로서 부적법하다(헌결 2019.7.2. 2019헌마647).

★ [기출지문] 헌법 전문에서 '대한민국은 3·1운동으로 건립된 대한민국임시정부의 법통을 계승하(였다)'라고 규정되어 있지만, 국가가 독립유공자의 후손인 청구인에게 일본제국주의의 각종 통치기구 등으로부터 수탈당한 청구인 조상들의 특정 토지에 관하여 보상을 해주어야 할 작위의무가 헌법에서 유래하는 작위의무로 특별히 구체적으로 규정되어 있다거나 해석상 도출된다고 볼 수 없다(다툼이 있는 경우 헌법재판소 판례에 의함). (○) 〈경찰간부 2024〉

| 헌결 | 대판 |

1. 일제강점기에 국민징용령에 의하여 강제징용되어 일본국 회사인 일본제철 주식회사(이하 '구 일본제철'이라 한다)에서 강제노동에 종사한 대한민국 국민 갑 등이 구 일본제철이 해산된 후 새로이 설립된 신일본제철 주식회사(이하 '신일본제철'이라 한다)를 상대로 국제법 위반 및 불법행위를 이유로 한 손해배상금의 지급을 구한 사안에서, 갑 등이 신일본제철을 상대로 일본국에서 제기한 소송의 패소확정판결을 승인하는 것은 대한민국의 선량한 풍속이나 그 밖의 사회질서에 어긋나므로 효력을 인정할 수 없음에도, 이와 달리 본 원심판결에 법리오해의 위법이 있다고 한 사례(대판 2012.5.24. 2009다68620). ★ [이유] 이와 같이 일본판결의 이유에는 일본의 한반도와 한국인에 대한 식민지배가 합법적이라는 규범적 인식을 전제로 하여, 일제의 국가총동원법과 국민징용령을 한반도와 원고 등에게 적용하는 것이 유효하다고 평가한 부분이 포함되어 있다. 그러나 대한민국 제헌헌법은 그 전문에서 "유구한 역사와 전통에 빛나는 우리들 대한국민은 기미삼일운동으로 대한민국을 건립하여 세상에 선포한 위대한 독립정신을 계승하여 이제 민주독립국가를 재건함에 있어서"라고 하고, 부칙 제100조에서는 "현행법령은 이 헌법에 저촉되지 아니하는 한 효력을 가진다."고 하며, 부칙 제101조는 "이 헌법을 제정한 국회는 단기 4278년 8월 15일 이전의 악질적인 반민족행위를 처벌하는 특별법을 제정할 수 있다."고 규정하였다. 또한 현행헌법도 그 전문에 "유구한 역사와 전통에 빛나는 우리 대한국민은 3·1운동으로 건립된 대한민국임시정부의 법통과 불의에 항거한 4·19 민주이념을 계승하고"라고 규정하고 있다. 이러한 대한민국 헌법의 규정에 비추어 볼 때, 일제강점기 일본의 한반도 지배는 규범적인 관점에서 불법적인 강점(强占)에 지나지 않고, 일본의 불법적인 지배로 인한 법률관계 중 대한민국의 헌법정신과 양립할 수 없는 것은 그 효력이 배제된다고 보아야 한다. 그렇다면 일본판결 이유는 일제강점기의 강제동원 자체를 불법이라고 보고 있는 대한민국 헌법의 핵심적 가치와 정면으로 충돌하는 것이므로, 이러한 판결 이유가 담긴 일본판결을 그대로 승인하는 결과는 그 자체로 대한민국의 선량한 풍속이나 그 밖의 사회질서에 위반되는 것임이 분명하다. 따라서 우리나라에서 일본판결을 승인하여 그 효력을 인정할 수는 없다. 〈소방간부 2023〉

2. 일제강점기에 국민징용령에 의하여 강제징용되어 일본국 회사인 미쓰비시중공업 주식회사(이하 '구 미쓰비시'라고 한다)에서 강제노동에 종사한 대한민국 국민 갑 등이 구 미쓰비시가 해산된 후 새로이 설립된 미쓰비시중공업 주식회

사(이하 '미쓰비시'라고 한다)를 상대로 국제법 위반 및 불법행위를 이유로 한 손해배상과 미지급 임금의 지급을 구한 사안에서, 갑 등이 미쓰비시를 상대로 동일한 청구원인으로 일본국에서 제기한 소송의 패소확정판결(이하 '일본판결'이라고 한다) 이유에는 일본의 한반도와 한국인에 대한 식민지배가 합법적이라는 규범적 인식을 전제로 하여 일제의 국가총동원법과 국민징용령을 한반도와 갑 등에게 적용하는 것이 유효하다고 평가한 부분이 포함되어 있는데, <u>대한민국 헌법 규정에 비추어 볼 때 일제강점기 일본의 한반도 지배는 규범적인 관점에서 불법적인 강점(强占)에 지나지 않고</u>, 일본의 불법적인 지배로 인한 법률관계 중 대한민국의 헌법정신과 양립할 수 없는 것은 그 효력이 배제된다고 보아야 하므로, 일본판결 이유는 일제강점기의 강제동원 자체를 불법이라고 보고 있는 대한민국 헌법의 핵심적 가치와 정면으로 충돌하는 것이어서 이러한 판결 이유가 담긴 일본판결을 그대로 승인하는 결과는 그 자체로 대한민국의 선량한 풍속이나 그 밖의 사회질서에 어긋나는 것임이 분명하므로 우리나라에서 일본판결을 승인하여 효력을 인정할 수 없는데도, 이와 달리 본 원심판결에 법리오해의 위법이 있다고 한 사례(대판 2012.5.24. 2009다22549).
★ ⇒ 일제강점기에 국민징용령에 의하여 강제징용되어 일본국 회사인 미쓰비시중공업 주식회사(이하 '구 미쓰비시'라고 한다)에서 강제노동에 종사한 대한민국 국민 갑 등이 구 미쓰비시가 해산된 후 새로이 설립된 미쓰비시중공업 주식회사(이하 '미쓰비시'라고 한다)를 상대로 국제법 위반 및 불법행위를 이유로 한 손해배상과 미지급 임금의 지급을 구한 사안에서, 갑 등이 미쓰비시를 상대로 동일한 청구원인으로 일본국에서 제기한 소송의 패소확정판결을 승인하는 것은 대한민국의 선량한 풍속이나 그 밖의 사회질서에 어긋나므로 효력을 인정할 수 없음에도, 이와 달리 본 원심판결에 법리오해의 위법이 있다고 한 사례

제4절 헌법의 기본원리

1. 헌법의 기본원리
헌법은 정치적 공동체의 기본골격과 조직을 마련하고, 마련된 법적 토대가 올바르게 유지될 수 있도록 기본적이고, 구조적이며, 기초를 이루는 원리를 요구하는데 이것이 헌법의 기본원리

2. 대한민국 헌법의 기본원리
우리는 헌법전문으로부터 민주주의원리, 법치주의원리, 사회국가원리, 국제평화주의원리를 헌법의 기본원리로 도출. 우리 헌법은 국제관계에 있어서는 국제평화주의원리를 기본원리로, 국내질서에서는 민주주의원리, 법치주의원리, 사회국가원리를 기본원리로 채택. 문화국가원리를 헌법원리로 드는 것이 지배적 견해이며 헌법재판소의 입장

| 헌결 | 대판 |

1. <u>헌법의 기본원리</u>는 헌법의 이념적 기초인 동시에 헌법을 지배하는 지도원리로서 입법이나 정책결정의 방향을 제시하며 공무원을 비롯한 모든 국민·국가기관이 헌법을 존중하고 수호하도록 하는 지침이 되며, <u>구체적 기본권을 도출하는 근거로 될 수는 없으나 기본권의 해석 및 기본권제한입법의 합헌성 심사에 있어 해석기준의 하나로서 작용한다</u>(헌결 1996.4.25. 92헌바47). ★

2. 문예진흥기금이 공연관람자 등의 집단적 이익을 위해서 사용되는 것도 아니다. 현실적으로 문예진흥기금은 문예진흥을 위한 다양한 용도로 사용되고 있지만, 그것이 곧바로 공연관람자들의 집단적 이익을 위한 사용이라고 말할 수는 없는 것이다. 공연 등을 보는 국민이 예술적 감상의 기회를 가진다고 하여 이것을 집단적 효용성으로 평가하는 것도 무리이다. 공연관람자 등이 예술감상에 의한 정신적 풍요를 느낀다면 그것은 <u>헌법상의 문화국가원리에 따라 국가가 적극 장려할 일이지</u>, 이것을 일정한 집단에 의한 수익으로 인정하여 그들에게 경제적 부담을 지우는 것은 <u>헌법의 문화국가이념(제9조)</u>에 역행하는 것이다(헌결 2003.12.18. 2002헌가2).

3. <u>통일정신, 국민주권원리 등은 우리나라 헌법의 연혁적·이념적 기초로서 헌법이나 법률해석에서의 해석기준으로 작용한다고 할 수 있지만 그에 기하여 곧바로 국민의 개별적 기본권성을 도출해내기는 어려우며</u>, 헌법전문에 기재된

대한민국 임시정부의 법통을 계승하는 부분에 위배된다는 점이 청구인들의 법적지위에 현실적이고 구체적인 영향을 미친다고 볼 수도 없다. 건국60년 기념사업 추진행위가 독도 영유권 포기에 관한 사업내용을 전혀 포함하고 있지 아니하므로 영토권이라는 기본권의 침해가능성 또한 존재하지 않는다(헌결 2008.11.27. 2008헌마517). ★ ⇒ 정부의 대한민국건국60년 기념사업위원회의 설치·운영 및 건국60년 기념사업 추진행위의 위헌확인을 구하는 헌법소원심판에서 역사학자, 국회의원, 독립운동단체, 시민사회단체의 구성원들인 청구인들의 법적 관련성 내지 기본권침해 가능성을 부인한 사례

제5절 민주주의 원리

제1항 | 민주주의

> 제1조 ① 대한민국은 민주공화국이다.
> ② 대한민국의 주권은 국민에게 있고, 모든 권력은 국민으로부터 나온다.
> 제4조 대한민국은 통일을 지향하며, 자유민주적 기본질서에 입각한 평화적 통일 정책을 수립하고 이를 추진한다.

Ⅰ. 민주주의

1. 민주주의의 의의

(1) 개념: 자유와 평등의 기본가치를 실현하고자 국민이 주인이어야 하는 통치원리

(2) 유사개념: 자유주의, **동일성 민주주의**, **방어적 민주주의**['방어적 민주주의'란 민주주의의 이름으로 민주주의 그 자체를 파괴하려는 민주주의의 적에 대하여 자신을 수호하기 위한 자기방어적 민주주의를 말하며, 위헌정당해산제도와 기본권실효제도(Bonn 기본법)를 들 수 있다.]

2. 민주주의의 기본전제

(1) 가치상대주의: 민주주의 원리는 하나의 초월적 원리가 만물의 이치를 지배하는 절대적 세계관을 거부하고, 다양하고 복수적인 진리관을 인정하는 상대적 세계관(가치상대주의)을 받아들임(헌결 2013헌다1)

(2) 다원적 민주주의: 민주주의는 다원주의를 전제로 하여, 사회 내의 다양한 의견과 이해를 조정하여 하나의 정치적 의사를 형성. <u>다원주의적 가치관을 전제로 개인의 자율적 이성을 존중하고 자율적인 정치적 절차를 보장하는 것이 공동체의 올바른 정치적 의사형성으로 이어진다는 신뢰가 우리 헌법상 민주주의 원리의 근본바탕</u>(헌결 2013헌다1)

3. 민주주의의 기능

'초개인적인 정치질서의 계속성의 창설'을 가능, 국가권력에 정당성을 부여, 국가권력을 제한

4. 민주주의 수단(다수결원칙)
 다수의 의사를 공동체의 전체의사로 간주하는 공동체의 의사결정방법

Ⅱ. 대한민국 헌법과 민주주의원리
1. 민주에 관한 헌법규정
 우리 헌법은 헌법 전문을 위시하여 여러 조항에서 민주란 용어를 사용

2. 민주, 민주공화국, (자유)민주적 기본질서
 (1) 민주와 자유민주: 민주라는 용어가 헌법에 여러 군데 등장하지만 자유민주주의로 표현된 것은 헌법전문과 헌법 제4조의 통일조항뿐, 헌법에 자유민주주의가 처음으로 등장한 것은 1972년 유신헌법
 (2) 민주공화국, (자유)민주적 기본질서
  ㈎ 헌법 제1조의 민주공화국: 민주공화국에서의 민주는 당연히 민주주의원리와 사회국가원리를 모두 포함하는 개념
  ㈏ 헌법 전문과 헌법 제4조의 자유민주적 기본질서와 사회국가원리
   ① 개념: 국민의 자유와 평등 및 정의(실질적 평등)를 존중하고 추구하고 실현하는 법질서 ⇒ 국민주권, 권력분립, 의회제도, 복수정당제도, 선거제도, 사법권독립 등을 그 핵심적 내용
   ② 판례: 우리 헌법재판소는 자유민주적 기본질서의 내용에 경제질서, 특히 시장경제질서를 포함(헌결 89헌가113)
   ③ 사회국가원리의 포함 여부: 배제설 vs **포함설**(헌결 89헌가113)

| 헌결 | 대판 |

> 1. 자유민주적 기본질서에 위해를 준다 함은 모든 폭력적 지배와 자의적 지배 즉 반국가단체의 일인독재 내지 일당독재를 배제하고 다수의 의사에 의한 국민의 자치, 자유·평등의 기본 원칙에 의한 법치주의적 통치질서의 유지를 어렵게 만드는 것이고, 이를 보다 구체적으로 말하면 <u>기본적 인권의 존중, 권력분립, 의회제도, 복수정당제도, 선거제도, 사유재산과 시장경제를 골간으로 한 경제질서 및 사법권의 독립 등</u> 우리의 내부 체제를 파괴·변혁시키려는 것이다(헌결 1990.4.2. 89헌가113).

2. <u>우리 헌법은 사회국가원리를 명문으로 규정하고 있지는 않지만</u>, 헌법의 전문, 사회적 기본권의 보장(헌법 제31조 내지 제36조), 경제 영역에서 적극적으로 계획하고 유도하고 재분배하여야 할 국가의 의무를 규정하는 경제에 관한 조항(헌법 제119조 제2항 이하) 등과 같이 사회국가원리의 구체화된 여러 표현을 통하여 <u>사회국가원리를 수용</u>하였다. 사회국가란 한마디로, 사회정의의 이념을 헌법에 수용한 국가, 사회현상에 대하여 방관적인 국가가 아니라 경제·사회·문화의 모든 영역에서 정의로운 사회질서의 형성을 위하여 사회현상에 관여하고 간섭하고 분배하고 조정하는 국가이며, 궁극적으로는 국민 각자가 실제로 자유를 행사할 수 있는 그 실질적 조건을 마련해 줄 의무가 있는 국가이다 (헌결 2002.12.18. 2002헌마52).

Ⅲ. 대한민국 헌법에 구체화된 민주주의 원리

1. 국민주권, 2. 정당제도, 3. 선거제도, 4. 지방자치제도는 각 항에서 별도로 설명

제2항 | 국민주권

제1조 ① 대한민국은 민주공화국이다.
② 대한민국의 주권은 국민에게 있고, 모든 권력은 국민으로부터 나온다.

1. 국민주권의 의의

국민주권이란 주권이 국민에게 있는, 있어야 한다는 원리를 말하며 민주주의는 국민주권에 기초한다. 국민주권의 원리는 공권력의 구성·행사·통제를 지배하는 우리 통치질서의 기본원리이므로, 공권력의 일종인 지방자치권과 국가교육권(교육입법권·교육행정권·교육감독권 등)도 이 원리에 따른 국민적 정당성기반을 갖추어야만 한다. 그런데 국민주권·민주주의원리는 그 작용영역, 즉 공권력의 종류와 내용에 따라 구현방법이 상이할 수 있다(헌결 99헌바113).

2. 대한민국 헌법과 국민주권

(1) 국민주권에 관한 헌법규정: 헌법 제1조 제2항
(2) 국민주권의 내용: 독립·최고의 국가권력으로서의 주권, 복수의 권력으로서 통치권(모든권력)

(3) 국민주권의 구현형태

(가) 국가의사의 간접적 결정(대의제, 간접민주제): 우리 헌법은 기본적으로 대의 민주주의를 채택하면서도 대통령이나 국회의원과 같은 대의기관은 국민이 직접 선출

(나) 국가의사의 직접적 결정(직접 민주제): 헌법개정안과 중요한 국가정책에 대한 국민투표와 각종 선거제도가 이에 해당

| 헌결 | 대판 |

1. 헌법 제8조 제4항이 의미하는 '민주적 기본질서'는, 개인의 자율적 이성을 신뢰하고 모든 정치적 견해들이 각각 상대적 진리성과 합리성을 지닌다고 전제하는 다원적 세계관에 입각한 것으로서, 모든 폭력적·자의적 지배를 배제하고, 다수를 존중하면서도 소수를 배려하는 민주적 의사결정과 자유·평등을 기본원리로 하여 구성되고 운영되는 정치적 질서를 말하며, 구체적으로는 국민주권의 원리, 기본적 인권의 존중, 권력분립제도, 복수정당제도 등이 현행 헌법상 주요한 요소라고 볼 수 있다(헌결 2014.12.19. 2013헌다1).

2. [1] 국민주권의 원리는 일반적으로 어떤 실천적인 의미보다는 국가권력의 정당성이 국민에게 있고 모든 통치권력의 행사를 최후적으로 국민의 의사에 귀착시킬 수 있어야 한다는 등 국가권력 내지 통치권을 정당화하는 원리로 이해되고, 선거운동의 자유의 근거인 선거제도나 죄형법정주의 등 헌법상의 제도나 원칙의 근거로 작용하고 있다.

[2] 국민주권주의를 구현하기 위하여 헌법은 국가의 의사결정 방식으로 대의제를 채택하고, 이를 가능하게 하는 선거 제도를 규정함과 아울러 선거권, 피선거권을 기본권으로 보장하며, 대의제를 보완하기 위한 방법으로 직접민주제 방식의 하나인 국민투표제도를 두고 있다(제72조, 제130조 제2항). 이러한 국민주권주의는 국가권력의 민주적 정당성을 의미하는 것이기는 하나, 그렇다고 하여 국민전체가 직접 국가기관으로서 통치권을 행사하여야 한다는 것은 아니므로 주권의 소재와 통치권의 담당자가 언제나 같을 것을 요구하는 것이 아니고, 예외적으로 국민이 주권을 직접 행사하는 경우 이외에는 국민의 의사에 따라 통치권의 담당자가 정해짐으로써 국가권력의 행사도 궁극적으로 국민의 의사에 의하여 정당화될 것을 요구하는 것이다. 이러한 대의제는 국민주권의 이념을 존중하면서도 현대국가가 지니는 민주정치에 대한 현실적인 장애요인들을 극복하기 위하여 마련된 통치구조의 구성원리로서, 기관구성권

과 정책결정권의 분리, 정책결정권의 자유위임을 기본적 요소로 하고, 특히 국민이 선출한 대의기관은 일단 국민에 의하여 선출된 후에는 법적으로 국민의 의사와 관계없이 독자적인 양식과 판단에 따라 정책 결정에 임하기 때문에 자유위임 관계에 있게 된다는 것을 본질로 하고 있다. 그러나 오늘날 세계 각국은 전통적인 의미의 대의제가 문제점들을 노출하자 이를 보완하기 위하여 각자의 고유한 사정을 감안하여 국민발안·국민투표 및 국민소환과 같은 직접민주주의의 방식을 일부 도입하고 있는 실정이다. 그런데 대의제는 국가의사를 간접적으로, 직접민주제는 직접적으로 결정하는 방식으로서, 상호 본질적으로 성격을 달리하므로 이들을 근본적으로 결합하기에는 어려움이 있다 할 것이나, 그렇다고 하더라도 어느 한 원리를 원칙으로 하면서 그 본질적인 요소를 훼손하지 않는 범위 내에서 이를 보완하기 위하여 다른 원리에서 유래된 제도를 일부 도입할 수는 있다 할 것이다. 근대국가가 대부분 대의제를 채택하고도 후에 이르러 직접민주제적인 요소를 일부 도입한 역사적인 사정에 비추어 볼 때, 직접민주제는 대의제가 안고 있는 문제점과 한계를 극복하기 위하여 예외적으로 도입된 제도라 할 것이므로, 헌법적인 차원에서 직접민주제를 직접 헌법에 규정하는 것은 별론으로 하더라도 법률에 의하여 직접민주제를 도입하는 경우에는 기본적으로 대의제와 조화를 이루어야 하고, 대의제의 본질적인 요소나 근본적인 취지를 부정하여서는 아니된다는 내재적인 한계를 지닌다 할 것이다(헌결 2009.3.26. 2007헌마843). ★

3. 지방자치는 국민주권이 지역적으로 실현되는, 국민주권의 현실적이고 구체적인 모습이라 할 수 있다. 우리 재판소도 지방자치의 헌법적 의의에 대해, "지방자치제도의 헌법적 보장은 한마디로 국민주권의 기본원리에서 출발하여 주권의 지역적 주체로서의 주민에 의한 자기통치의 실현으로 요약할 수 있다"고 판시한 바 있다(헌결 2007.12.27. 2004헌바98).

4. 국민주권과 국민대표제: <u>우리 헌법의 전문과 본문의 전체에 담겨 있는 최고 이념은 국민주권주의와 자유민주주에 입각한 입헌민주헌법의 본질적 기본원리에 기초하고 있다.</u> 기타 헌법상의 제원칙도 여기에서 연유되는 것이므로 이는 헌법전을 비롯한 모든 법령해석의 기준이 되고, 입법형성권 행사의 한계와 정책결정의 방향을 제시하며, 나아가 모든 국가기관과 국민이 존중하고 지켜가야 하는 최고의 가치규범이다(헌결 1989.9.8. 88헌가6). ★

제3항 | 정당제도

> 제8조 ① 정당의 설립은 자유이며, 복수정당제는 보장된다.
> ② 정당은 그 목적·조직과 활동이 민주적이어야 하며, 국민의 정치적 의사형성에 참여하는 데 필요한 조직을 가져야 한다.
> ③ 정당은 법률이 정하는 바에 의하여 국가의 보호를 받으며, 국가는 법률이 정하는 바에 의하여 정당운영에 필요한 자금을 **보조할 수 있다**.
> ④ 정당의 **목적이나 활동**이 민주적 기본질서에 위배될 때에는 정부는 헌법재판소에 그 해산을 제소할 수 있고, 정당은 헌법재판소의 심판에 의하여 해산된다.

1. 연혁

미국 헌법이나 일본 헌법과 같이 정당조항을 두지 않은 헌법도 있고, <u>우리나라의 경우 정당조항은 제2공화국 헌법에서 처음</u>으로 도입 + 정당에 대한 <u>국고보조금 조항은 제5공화국 헌법</u>에서 신설

2. 정당의 개념

(1) 정당과 정당법: 헌법이 요구하는 정당의 요소는 정치적 의사형성에 참여와 필요한 조직이고, 정당에 대한 구체적 정의는 정당법(이하 '동법') 제2조에서 규정

(2) 정당의 개념적 징표: 국민의 이익, 국민의 정치적 의사형성에 참여, 후보자의 추천과지지, 국가의사결정에 영향, 국민의 자발적 조직

(3) 정당의 설립과 복수정당제도

　(가) 정당설립의 자유: 정당설립의 자유는 당연히 **정당존속의 자유와 정당활동의 자유를 포함**○(헌결 2012헌마431), **정당설립의 자유를 제한하는 법률의 합헌성을 심사할 때에 헌법 제37조 제2항에 따라 엄격한 비례심사**○(헌결 2012헌마431), '권리능력 없는 사단'의 실체를 가지는 등록 취소된 정당도 주장 可(헌결 2004헌마246)

　(나) 정당의 설립요건(동법 §4, §6, §15, §17, §18)

　(다) 정당의 합당(동법 §19~§21)

　(라) 복수정당제도(§8①)

　(마) 정당의 발기인 및 당원의 자격(동법 §22)

| 헌결 | 대판 |

1. 헌법 제8조 제1항은 "정당의 설립은 자유이며, 복수정당제는 보장된다."고 규정하여 국민 누구나가 원칙적으로 국가의 간섭을 받지 아니하고 정당을 설립할 권리를 국민의 기본권으로 보장하면서 아울러 그 당연한 법적 산물인 복수정당제를 제도적으로 보장하고 있다. 헌법 제8조 제1항이 명시하는 정당설립의 자유는 설립할 정당의 조직형태를 어떠한 내용으로 할 것인가에 관한 정당조직 선택의 자유 및 그와 같이 선택된 조직을 결성할 자유(이하 이를 포괄하여 '정당조직의 자유'라 한다)를 포함한다. 정당조직의 자유는 정당설립의 자유에 개념적으로 포괄될 뿐만 아니라, 정당조직의 자유가 완전히 배제되거나 임의적으로 제한될 수 있다면, 정당설립의 자유가 실질적으로 무의미해지기 때문이다. 또한 헌법 제8조 제1항은 정당활동의 자유도 보장한다. 정당의 설립만이 보장될 뿐 설립된 정당이 언제든지 다시 금지될 수 있거나 정당활동이 임의로 제한될 수 있다면, 정당설립의 자유는 사실상 아무런 의미가 없기 때문이다. 이와 같이 헌법 제8조 제1항은 정당설립의 자유, 정당조직의 자유, 정당활동의 자유 등을 포괄하는 정당의 자유를 보장하고 있다. <u>이러한 정당의 자유는 국민이 개인적으로 갖는 기본권일 뿐만 아니라, 단체로서의 정당이 가지는 기본권이기도 하다.</u> 따라서 개인인 국민으로서 청구인 김웅이 정당의 자유를 가지고 있음은 물론, 청구인 민주노동당도 단체로서 정당의 자유를 가지고 있다(헌결 2004.12.16. 2004헌마456). ★

2. [1] 헌법은 정당을 일반적인 결사의 자유로부터 분리하여 제8조에 독자적으로 규율함으로써 오늘날의 의회민주주의에서 정당이 가지는 중요한 의미와 헌법질서내에서의 정당의 특별한 지위를 강조하고 있다. <u>헌법 제8조는 제1항에서 "정당의 설립은 자유이며, 복수정당제는 보장된다"고 규정하여 국민 누구나가 원칙적으로 국가의 간섭을 받지 아니하고 정당을 설립할 권리를 국민의 기본권으로서 보장하면서, 아울러 정당설립의 자유를 보장한 것의 당연한 법적 산물인 복수정당제를 제도적으로 보장하고 있다.</u> 헌법 제8조 제1항은 단지 정당설립의 자유만을 명시적으로 규정하고 있지만, 헌법 제21조의 결사의 자유와 마찬가지로 정당설립의 자유만이 아니라 누구나 국가의 간섭을 받지 아니하고 자유롭게 정당에 가입하고 정당으로부터 탈퇴할 수 있는 자유를 함께 보장한다. 정당의 설립만이 보장될 뿐 설립된 정당이 언제든지 다시 금지될 수 있거나 정당의 활동이 임의로 제한될 수 있다면, 정당설립의 자유는 사실상 아무런 의미가 없기 때문이다. 따라서 정당설립의 자유는 당연히 정당의 존속과 정당활동의 자유도 보장한다.

[2] 헌법 제8조 제4항은 "정당의 목적이나 활동이 민주적 기본질서에 위배될 때에는 정부는 헌법재판소에 그 해산을 제소할 수 있고, 정당은 헌법재판소의 심판에 의하여 해산된다"고 규정하고 있다. 정당의 해산에 관한 위 헌법규정은 민주주의를 파괴하려는 세력으로부터 민주주의를 보호하려는 소위 '방어적 민주주의'의 한 요소이고, 다른 한편으로는 헌법 스스로가 정당의 정치적 성격을 이유로 하는 정당금지의 요건을 엄격하게 정함으로써 되도록 민주적 정치과정의 개방성을 최대한으로 보장하려는 것이다. 즉, 헌법은 정당의 금지를 민주적 정치과정의 개방성에 대한 중대한 침해로서 이해하여 오로지 제8조 제4항의 엄격한 요건하에서만 정당설립의 자유에 대한 예외를 허용하고 있다. 이에 따라 <u>자유민주적 기본질서를 부정하고 이를 적극적으로 제거하려는 조직도, 국민의 정치적 의사형성에 참여하는 한, '정당의 자유'의 보호를 받는 정당에 해당하며</u>, 오로지 헌법재판소가 그의 위헌성을 확인한 경우에만 정당은 정치생활의 영역으로부터 축출될 수 있다.

[3] 그렇다면 민주적 의사형성과정의 개방성을 보장하기 위하여 정당설립의 자유를 최대한으로 보호하려는 헌법의 정신에 비추어, <u>정당의 설립 및 가입을 금지하는 법률조항은 이를 정당화하는 사유의 중대성에 있어서 적어도 '민주적 기본질서에 대한 위반'에 버금가는 것이어야 한다고 판단된다. 다시 말하면, 오늘날의 의회민주주의가 정당의 존재없이는 기능할 수 없다는 점에서 심지어 '위헌적인 정당을 금지해야 할 공익'도 정당설립의 자유에 대한 입법적 제한을 정당화하지 못하도록 규정한 것이 헌법의 객관적인 의사라면, 입법자가 그외의 공익적 고려에 의하여 정당설립금지조항을 도입하는 것은 원칙적으로 헌법에 위반된다.</u> 따라서 정당설립금지의 규정이 정당의 위헌성이나 정치적 성격때문이 아니라 비록 다른 공익을 실현하기 위하여 도입된다 하더라도, 금지규정이 달성하려는 공익은 매우 중대한 것이어야 한다는 것을 뜻한다.

[4] '경찰청장의 직무의 독립성과 정치적 중립의 확보'라는 입법목적이 입법자가 추구할 수 있는 헌법상 공익이라는 점에서는 의문의 여지가 없고, 이러한 공익은 매우 중요한 것이라고 보아야 하며, 이러한 공익을 실현해야 할 현실적 필요성도 존재하므로 <u>이 사건 법률조항의 입법목적의 정당성은 인정된다. 정당설립의 자유를 제한하는 법률의 경우에는 입법수단이 입법목적을 달성할 수 있다는 것을 어느 정도 확실하게 예측될 수 있어야 한다.</u> 그런데 선거직이 아닌 다른 공직에 취임하거나 공기업의 임원 등이 될 수 있는 그외의 다양한 가능성을 그대로 개방한 채 단지 정당의 공천만을 금지한 점, 경찰청장

의 경우에는 검찰총장과 달리 임기를 보장하는 조항이나 중임금지조항 등 재임중의 정치적 중립성을 확보하기 위하여 전제되어야 하는 기본적인 규정이 없는 점, 1980년 이래 현재까지(1999. 11. 1.) 퇴직한 총 18명의 경찰총수 중에서 퇴임후 2년 이내에 정당공천을 통하여 국회의원이나 지방자치단체의 장으로서 선출된 경우가 한번도 없다는 사실, 본질적으로 경찰청장의 정치적 중립성은 그의 직무의 정치적 중립을 존중하려는 집권세력이나 정치권의 노력이 선행되지 않고서는 결코 실현될 수 없다는 사실 등에 비추어 볼 때, 경찰청장이 퇴임후 공직선거에 입후보하는 경우 당적취득금지의 형태로써 정당의 추천을 배제하고자 하는 이 사건 법률조항이 어느 정도로 입법목적인 '경찰청장 직무의 정치적 중립성'을 확보할 수 있을지 그 실효성이 의문시된다. 따라서 <u>이 사건 법률조항은 정당의 자유를 제한함에 있어서 갖추어야 할 적합성의 엄격한 요건을 충족시키지 못한 것으로 판단되므로 이 사건 법률조항은 정당설립 및 가입의 자유를 침해하는 조항이다.</u>

[5] 정당법 제6조 제1호 및 제3호에 열거된 공무원, 특히 직무의 독립성이 강조되는 대법원장 및 대법관, 헌법재판소장 및 헌법재판관과 감사원장 등의 경우에도 경찰청장과 마찬가지로 정치적 중립성이 요구되는 점 등에 비추어 경찰청장의 경우에만 퇴직 후 선거직을 통한 공직진출의 길을 봉쇄함으로써 재직 중 직무의 공정성을 강화해야 할 필요성이 두드러진다고 볼 수 없으므로 다른 공무원과 경찰청장 사이에는 차별을 정당화할 만한 본질적인 차이가 존재하지 아니하므로, <u>이 사건 법률조항은 평등의 원칙에 위반된다</u>(**위헌**) 헌결 1999.12.23. 99헌마135). ★ **종지** 헌법재판소는 이미 1997.7.16. 97헌마26 결정에서 검찰청법의 위 법률조항들에 대하여 위 법률조항들이 청구인인 검찰총장의 기본권인 공무담임권과 결사의 자유 등을 과도하게 침해한다는 이유로 위헌임을 선언한 바 있다.

정당법

제22조(발기인 및 당원의 자격) ① <u>16세 이상의 국민</u>은 공무원 그 밖에 그 신분을 이유로 정당가입이나 정치활동을 금지하는 다른 법령의 규정에 불구하고 누구든지 정당의 발기인 및 당원이 될 수 있다. 다만, 다음 각 호의 어느 하나에 해당하는 자는 그러하지 아니하다. <개정 2022. 1. 21.> ★★★

1. 「국가공무원법」 제2조(공무원의 구분) 또는 「지방공무원법」 제2조(공무원의 구분)에 규정된 공무원. 다만, 대통령, 국무총리, 국무위원, 국회의원, 지방의회의원, 선거에 의하여 취임하는 지방자치단체의 장, 국회 부의장의 수석비서관·비서관·비서·행정보조요원, 국

회 상임위원회·예산결산특별위원회·윤리특별위원회 위원장의 행정보조요원, 국회의원의 보좌관·비서관·비서, 국회 교섭단체대표의원의 행정비서관, 국회 교섭단체의 정책연구위원·행정보조요원과 「고등교육법」 제14조(교직원의 구분)제1항·제2항에 따른 교원은 제외한다.
2. 「고등교육법」 제14조 제1항·제2항에 따른 교원을 제외한 사립학교의 교원
3. 법령의 규정에 의하여 공무원의 신분을 가진 자
4. <u>「공직선거법」 제18조 제1항에 따른 선거권이 없는 사람</u> <신설 2022. 1. 21.> ★★★

② 대한민국 국민이 아닌 자는 당원이 될 수 없다. ★

제23조(입당) ① 당원이 되고자 하는 자는 다음 각 호의 어느 하나에 해당하는 방법으로 시·도당 또는 그 창당준비위원회에 입당신청을 하여야 한다. <u>이 경우 18세 미만인 사람이 입당신청을 하는 때에는 법정대리인의 동의서를 함께 제출하여야 한다.</u> <개정 2022. 1. 21.> ★

[개정이유]

현행법은 정당의 당원이 될 수 있는 사람의 자격을 국회의원 선거권이 있는 자로 규정하여 18세 이상의 국민에게만 정당의 가입을 허용하고 있으나, 외국의 경우 정당 가입을 통한 정치활동을 폭넓게 보장하기 위하여 정당 가입 연령을 낮게 규정하고 있고(영국의 노동당 15세, 독일의 기민당 16세, 사민당 14세), 프랑스와 호주의 경우 일부 정당들은 당원 가입에 연령 제한이 없다. 또한 <u>「공직선거법」</u>의 개정으로 18세 청소년도 국회의원, 지방자치단체의 장 및 지방의회의원 선거에 출마할 수 있게 된바, 해당 선거에 출마하고자 하는 청소년이 정당에 가입하여 정당추천후보자로서 공직선거에 출마할 수 있는 길을 열어주어야 할 필요성이 있다. 이에 정당의 당원이 될 수 있는 사람의 연령을 16세 이상으로 하향하여 청소년의 참정권을 확대하고 민주주의 발전에 긍정적 효과를 미치려는 것이다.

3. 정당의 헌법상 지위와 기능

(1) 정당의 헌법상 지위: 중개적 권력(多)

(2) 법적 지위: 민법상 법인격 없는 사단(헌결 92헌마262) ★

(3) 정당의 기능: 무정형적이고 무질서한 개개인의 정치적 의사를 집약하여 정리하고 구체적인 진로와 방향을 제시하며 국정을 책임지는 공권력으로까지 매개하는 중요한 공적 기능을 수행(헌결 96헌마85)

4. 정당의 특권과 권리

(1) 정당에 대한 특별한 보호: 헌법과 정당법은 민주정치의 건전한 발전을 도모하기 위하여 정당에게 여러 가지 특권을 부여(§8③)

(2) 정당의 특권과 권리: 정당은 일반결사에 비하여 설립, 활동, 존립에 있어 특권(§8③④)

5. 정당의 재정

(1) 정당과 정치자금: 정당의 조직이나 활동을 위한 경비는 원칙적으로 구성원의 당비나 후원금으로 마련되어야 하나, 정당에 대한 재정지원으로 국고보조는 차선책이지만 불가피(§8③). 헌법은 제8조 제3항 후단에서, "국가는 법률이 정하는 바에 의하여 정당의 운영에 필요한 자금을 보조할 수 있다"고 규정

(2) 정치자금의 종류: 당비, 후원금, 기탁금, 국고보조금, 기타비용(정치자금법 §3)

정치자금법

제6조 (후원회지정권자)

다음 각 호에 해당하는 자(이하 "후원회지정권자"라 한다)는 각각 하나의 후원회를 지정하여 둘 수 있다. <개정 2017. 6. 30. 2021. 1. 5.>
1. 중앙당(중앙당창당준비위원회를 포함한다)
2. 국회의원(국회의원선거의 당선인을 포함한다)
2의2. 대통령선거의 후보자 및 예비후보자(이하 "대통령후보자등"이라 한다)
3. 정당의 대통령선거후보자 선출을 위한 당내경선후보자(이하 "대통령선거경선후보자"라 한다)
4. 지역선거구(이하 "지역구"라 한다)국회의원선거의 후보자 및 예비후보자(이하 "국회의원후보자등"이라 한다). 다만, 후원회를 둔 국회의원의 경우에는 그러하지 아니하다.
5. 중앙당 대표자 및 중앙당 최고 집행기관(그 조직형태와 관계없이 당헌으로 정하는 중앙당 최고 집행기관을 말한다)의 구성원을 선출하기 위한 당내경선후보자(이하 "당대표경선후보자등"이라 한다)
6. 지역구지방의회의원선거의 후보자 및 예비후보자(이하 "지방의회의원후보자등"이라 한다)
7. 지방자치단체의 장선거의 후보자 및 예비후보자(이하 "지방자치단체장후보자등"이라 한다)

[2017. 6. 30. 법률 제14838호에 의하여 2015. 12. 23. 헌법재판소에서 헌법불합치 결정된 이 조를 개정함.]

[2021. 1. 5. 법률 제17885호에 의하여 2019. 12. 27. 헌법재판소에서 헌법불합치 결정된 이 조 제6호를 개정함.]

[[헌불], 2019헌마528, 2022.11.24, 정치자금법(2005. 8. 4. 법률 제7682호로 전부개정된 것) 제6조 제2호는 헌법에 합치되지 아니한다. 위 법률조항은 2024. 5. 31.을 시한으로 입법자가 개정할 때까지 계속 적용된다.]

| 헌결 | 대판 |

1. 이 사건 법률조항은 정당 후원회를 금지함으로써 불법 정치자금 수수로 인한 정경유착을 막고 정당의 정치자금 조달의 투명성을 확보하여 정당 운영의 투명성과 도덕성을 제고하기 위한 것으로, 입법목적의 정당성은 인정된다. 그러나 정경유착의 문제는 일부 재벌기업과 부패한 정치세력에 국한된 것이고 대다수 유권자들과는 직접적인 관련이 없으므로 일반 국민의 정당에 대한 정치자금 기부를 원천적으로 봉쇄할 필요는 없고, 기부 및 모금한도액의 제한, 기부내역 공개 등의 방법으로 정치자금의 투명성을 충분히 확보할 수 있다. 정치자금 중 당비는 반드시 당원으로 가입해야만 납부할 수 있어 일반 국민으로서 자신이 지지하는 정당에 재정적 후원을 하기 위해 반드시 당원이 되어야 하므로, 정당법상 정당 가입이 금지되는 공무원 등의 경우에는 자신이 지지하는 정당에 재정적 후원을 할 수 있는 방법이 없다. 그리고 현행 기탁금 제도는 중앙선거관리위원회가 국고보조금의 배분비율에 따라 각 정당에 배분·지급하는 일반기탁금제도로서, 기부자가 자신이 지지하는 특정 정당에 재정적 후원을 하는 것과는 전혀 다른 제도이므로 이로써 정당 후원회를 대체할 수 있다고 보기도 어렵다. 나아가 정당제 민주주의 하에서 정당에 대한 재정적 후원이 전면적으로 금지됨으로써 정당이 스스로 재정을 충당하고자 하는 정당활동의 자유와 국민의 정치적 표현의 자유에 대한 제한이 매우 크다고 할 것이므로, 이 사건 법률조항은 정당의 정당활동의 자유와 국민의 정치적 표현의 자유를 침해한다(헌불 헌결 2015.12.23. 2013헌바168). ⇒ 정당에 대한 재정적 후원을 금지하고 위반 시 형사처벌하는 구 정치자금법(2008. 2. 29. 법률 제8880호로 개정되고, 2010. 1. 25. 법률 제9975호로 개정되기 전의 것) 제6조, 정치자금법(2010. 1. 25. 법률 제9975호로 개정된 것) 제6조 및 정치자금법(2008. 2. 29. 법률 제8880호로 개정된 것) 제45조 제1항 본문의 '이 법에 정하지 아니한 방법' 중 제6조에 관한 부분(이하 모두 합하여 '이 사건 법률조항'이라 한다)이 정당의 정당활동의 자유와 국민의 정치적 표현의 자유를 침해하는지 여부(적극)

★ 정치자금법 개정(2017.6.30): 정당 운영에 필요한 정치자금의 원활한 조달을 도모하고, 국민의 정치적 의사표현의 자유를 보장하기 위하여 정당후원회를 허용하되, 2004년 정당후원회를 폐지한 정치개혁의 취지를 고려하여 정당의 중앙당에만 후원회를 설치하도록 하고(정자법 제6조 제1호), 후원회의 모금·기부한도액과 후원인의 연간 기부한도액을 정당후원회 폐지 전보다 낮추어 규정

2. [1] 선거비용제한액 및 실제 지출액, 후원회 모금한도 등을 고려해 볼 때, 광역자치단체장선거의 경우 국회의원선거보다 지출하는 선거비용의 규모가 크고, 후원회를 통해 선거자금을 마련할 필요성 역시 매우 크다. 그럼에도 광역자치단체장선거의 경우 후보자가 후원금을 모금할 수 있는 기간이 불과 20일 미만으로 제한되고 있다. 또한 군소정당이나 신생정당, 무소속 예비후보자의 경우에는 선거비용의 보전을 받기 어려운 경우가 많은 현실을 고려할 때 후원회 제도를 활용하여 선거자금을 마련할 필요성이 더욱 절실하고, 이들이 후원회 제도를 활용하는 것을 제한하는 것은 다양한 신진 정치세력의 진입을 막고 자유로운 경쟁을 통한 정치 발전을 가로막을 우려가 있다. 후원회제도 자체가 광역자치단체장의 직무수행의 염결성을 저해하는 것으로 볼 수는 없고, 광역자치단체장의 직무수행의 염결성은 후원회제도가 정치적 영향력을 부당하게 행사하는 통로로 악용될 소지를 차단하기 위한 정치자금법의 관련규정, 즉 후원인이 후원회에 기부할 수 있는 금액의 제한 규정(제11조), 후원금의 구체적 모금방법에 대한 규정(제14조 내지 제18조), 정치자금법상 후원회에 관한 규정을 위반한 경우의 처벌규정(제45조 제1항, 제2항, 제46조, 제51조) 등을 통한 후원회 제도의 투명한 운영으로 확보될 수 있다. 그동안 정치자금법이 여러 차례 개정되어 후원회지정권자의 범위가 지속적으로 확대되어 왔음에도 불구하고, 국회의원선거의 예비후보자 및 그 예비후보자에게 후원금을 기부하고자 하는 자와 광역자치단체장선거의 예비후보자 및 이들 예비후보자에게 후원금을 기부하고자 하는 자를 계속하여 달리 취급하는 것은, 불합리한 차별에 해당하고 입법재량을 현저히 남용하거나 한계를 일탈한 것이다. 따라서 심판대상조항 중 광역자치단체장선거의 예비후보자에 관한 부분은 청구인들 중 광역자치단체장선거의 예비후보자 및 이들 예비후보자에게 후원금을 기부하고자 하는 자의 평등권을 침해한다. ★★★ ⇒ 특별시장·광역시장·특별자치시장·도지사·특별자치도지사(이하 '광역자치단체장'이라 한다) 선거의 예비후보자를 후원회지정권자에서 제외하고 있는 정치자금법 제6조 제6호 부분(이하 '광역자치단체장선거의 예비후보자에 관한 부분'이라 한다)이 청구인들의 평등권을 침해하는지 여부(적극)

[2] 자치구의회의원은 대통령, 국회의원과는 그 지위나 성격, 기능, 활동범위, 정치적 역할 등에서 본질적으로 다르다. 자치구의회의원의 활동범위는 해당 자치구의 지역 사무에 국한되고, 그에 수반하여 정치자금을 필요로 하는 정도나 소요자금의 양에서도 현격한 차이가 있을 수밖에 없다. 그리고 이러한 차

이를 후원회를 둘 수 있는 자의 범위와 관련하여 입법에 어느 정도 반영할 것인가 하는 문제는 입법자가 결정할 국가의 입법정책에 관한 사항으로서 입법재량 내지 형성의 자유가 인정되는 영역이다. <u>자치구의회의원의 경우 선거비용 이외에 정치자금의 필요성이 크지 않으며 선거비용 측면에서도 대통령선거나 국회의원선거에 비하여 선거운동 기간이 비교적 단기여서 상대적으로 선거비용이 적게 드는 점 등에 비추어 보면, 국회의원선거의 예비후보자와 달리 자치구의회의원선거의 예비후보자에게 후원회를 통한 정치자금의 조달을 불허하는 것에는 합리적인 이유가 있다. 따라서 심판대상조항 중 자치구의회의원선거의 예비후보자에 관한 부분은 청구인들 중 자치구의회의원선거의 예비후보자 및 이들 예비후보자에게 후원금을 기부하고자 하는 자의 평등권을 침해한다고 볼 수 없다</u>(〔헌불〕 헌결 2019.12.27. 2018헌마301). ★ ⇒ 자치구의 지역구의회의원(이하 '자치구의회의원'이라 한다) 선거의 예비후보자를 후원회지정권자에서 제외하고 있는 정치자금법 제6조 제6호 부분(이하 '자치구의회의원선거의 예비후보자에 관한 부분'이라 한다)이 청구인들의 평등권을 침해하는지 여부(소극)

3. [1] 후원회 제도는 유권자 스스로 정치인을 후원하도록 함으로써 정치에 대한 신뢰감을 높이고 후원회 활동을 통해 후원회 또는 후원회원이 지향하는 정책적 의지가 보다 효율적으로 구현되도록 하며 정치자금의 투명성을 확보하기 위한 제도이다. 1980년 '정치자금에 관한 법률'이 전부개정되면서 후원회 제도가 도입된 이래 후원회지정권자의 범위는 계속 확대되어왔고, 그에 따라 정치자금의 투명성도 크게 제고되었다. 또한, 지방의회제도가 발전함에 따라 지방의회의원의 역할도 증대되었는데, 지방의회의원의 전문성을 확보하고 원활한 의정활동을 지원하기 위해서는 지방의회의원들에게도 후원회를 허용하여 정치자금을 합법적으로 확보할 수 있는 방안을 마련해 줄 필요가 있다. 지방의회의원은 주민의 대표자이자 지방의회의 구성원으로서 주민들의 다양한 의사와 이해관계를 통합하여 지방자치단체의 의사를 형성하는 역할을 하므로, 이들에게 후원회를 허용하는 것은 후원회 제도의 입법목적과 철학적 기초에 부합한다. 정치자금법은 후원회의 투명한 운영을 위한 상세한 규정을 두고 있으므로, 지방의회의원의 염결성은 이러한 규정을 통하여 충분히 달성할 수 있다. 국회의원과 소요되는 정치자금의 차이도 후원 한도를 제한하는 등의 방법으로 규제할 수 있다. <u>그럼에도 후원회 지정 자체를 금지하는 것은 오히려 지방의회의원의 정치자금 모금을 음성화시킬 우려가 있다.</u> 현재 지방자치법에 따라 지방의회의원에게 지급되는 의정활동비 등은 의정활동에 전념하기에 충

분하지 않다. 또한, 지방의회는 유능한 신인정치인의 유입 통로가 되므로, 지방의회의원에게 후원회를 지정할 수 없도록 하는 것은 경제력을 갖추지 못한 사람의 정치입문을 저해할 수도 있다. 따라서 이러한 사정들을 종합하여 보면, 심판대상조항이 국회의원과 달리 지방의회의원을 후원회지정권자에서 제외하고 있는 것은 불합리한 차별로서 청구인들의 평등권을 침해한다. ★★★ ⇒ 국회의원을 후원회지정권자로 정하면서 지방자치법 제2조 제1항 제1호의 '도'의회의원과 같은 항 제2호의 '시'의회의원(이하 '지방의회의원'이라 한다)을 후원회지정권자에서 제외하고 있는 정치자금법(2005. 8. 4. 법률 제7682호로 전부개정된 것) 제6조 제2호가 지방의회의원인 청구인들의 평등권을 침해하는지 여부(적극)

[2] 심판대상조항에 대하여 단순위헌결정을 하여 그 효력을 상실시키게 되면 국회의원 역시 후원회를 지정할 수 있는 근거규정이 사라지게 되므로, 심판대상조항에 대하여 단순위헌결정을 선고하는 대신 헌법불합치결정을 선고한다. 입법자는 2024. 5. 31.까지 개선입법을 하여야 하고, 이 조항은 입법자의 개선입법이 이루어질 때까지 계속 적용된다(헌불 헌결 2022.11.24. 2019헌마528). ⇒ 종전에 헌법재판소가 이 조항과 실질적으로 동일한 내용을 규정하고 있는 개정 전 조항에 대하여 헌법에 위반되지 않는다고 판시한 헌재 2000. 6. 1. 99헌마576 결정은 이 결정 취지와 저촉되는 범위 안에서 변경한다.

6. 정당의 해산

(1) 현행 헌법과 정당해산: 강제해산, 자진해산(동법 §45), 등록취소(동법 §44), 임기만료에 의한 국회의원선거에 참여하여 의석을 얻지 못하고 유효투표총수의 100분의 2 이상을 득표하지 못한 정당에 대해 그 등록을 취소하도록 한 구「정당법」조항 및 이를 전제로 한 정당명칭사용금지조항은 정당설립의 자유를 침해하여 위헌(헌결 2012헌다431)

(2) 정당해산의 요건: 기성정당(방계조직×, 위장조직×), 목적이나 활동, 민주적 기본질서[자유민주적 기본질서와 동일(多)], 위배된 때

(3) 정당해산의 절차: 제소권자는 정부(§8④), 해산결정, 공고(동법 §47)

(4) 정당해산의 효과

 (가) 창설적 효과: 선고가 있은 때부터 정당의 모든 특권은 상실

 (나) 대체정당의 금지 등: 해산된 정당의 강령과 동일하거나 유사한 정당을 창설×

(동법 §40), 해산된 정당과 **동일한 명칭**의 사용도 금지(동법 §41②)

㈐ 정당재산의 국고귀속(동법 §48)

㈑ 소속의원의 자격상실 - ★**상실설**(多)(헌결 2013헌다1)

<정당등록취소 vs 위헌정당해산>

	정당등록취소	위헌정당해산
요건	정당법 §44	헌법 §8④
대체정당	금지규정×	금지규정○(동법 §40)
유사 명칭 사용금지	등록취소된 날부터 최초로 실시하는 임기만료에 의한 국회의원선거의 선거일까지 같은 명칭 사용금지(동법 §41④)	해산된 정당의 명칭과 같은 명칭 사용금지(동법 §41②) ★ 주의 대체정당의 금지(동법 §40)와 반드시 구별
잔여재산	당헌 → 국고귀속(동법 §48①②)	국고에 귀속(동법 §48②)
의원자격	신분유지	**자격상실**(헌결 2013헌다1)
집회금지	집회 및 시위 금지규정×	금지규정○(집시법 §5①. 1호)

정당법

제41조(유사명칭 등의 사용금지) ① 이 법에 의하여 등록된 정당이 아니면 그 명칭에 정당임을 표시하는 문자를 사용하지 못한다.
② 헌법재판소의 결정에 의하여 해산된 정당의 명칭과 같은 명칭은 정당의 명칭으로 다시 사용하지 못한다.
③ 창당준비위원회 및 정당의 명칭(약칭을 포함한다)은 이미 신고된 창당준비위원회 및 등록된 정당이 사용 중인 명칭과 <u>뚜렷이 구별되어야 한다</u>. ★
④ 제44조(등록의 취소) 제1항의 규정에 의하여 등록취소된 정당의 명칭과 같은 명칭은 등록취소된 날부터 최초로 실시하는 임기만료에 의한 국회의원선거의 선거일까지 정당의 명칭으로 사용할 수 없다.

[단순위헌, 2012헌마431, 2012헌가19(병합) 2014. 1. 28. 정당법(2005. 8. 4. 법률 제7683호로 개정된 것) 제41조 제4항 중 제44조 제1항 제3호에 관한 부분은 헌법에 위반된다.]

제44조(등록의 취소) ① 정당이 다음 각 호의 어느 하나에 해당하는 때에는 당해 선거관리위원회는 그 등록을 취소한다.
  1. 제17조(법정시·도당수) 및 제18조(시·도당의 법정당원수)의 요건을 구비하지 못하게 된 때. 다만, 요건의 흠결이 공직선거의 선거일 전 3월 이내에 생긴 때에는 선거일 후 3

월까지, 그 외의 경우에는 요건흠결시부터 3월까지 그 취소를 유예한다.
2. 최근 4년간 임기만료에 의한 국회의원선거 또는 임기만료에 의한 지방자치단체의 장선거나 시·도의회의원선거에 참여하지 아니한 때
3. 임기만료에 의한 국회의원선거에 참여하여 의석을 얻지 못하고 유효투표총수의 100분의 2 이상을 득표하지 못한 때
② 제1항의 규정에 의하여 등록을 취소한 때에는 당해 선거관리위원회는 지체 없이 그 뜻을 공고하여야 한다.

[단순위헌, 2012헌마431, 2012헌가19(병합) 2014. 1. 28. 정당법(2005. 8. 4. 법률 제7683호로 개정된 것) 제44조 제1항 제3호는 헌법에 위반된다.]

제48조(등록의 취소) ① 정당이 제44조(등록의 취소) 제1항의 규정에 의하여 등록이 취소되거나 제45조(자진해산)의 규정에 의하여 자진해산한 때에는 그 잔여재산은 당헌이 정하는 바에 따라 처분한다. ② 제1항의 규정에 의하여 처분되지 아니한 정당의 잔여재산 및 헌법재판소의 해산결정에 의하여 해산된 정당의 잔여재산은 국고에 귀속한다.

| 헌결 | 대판 |

1. 통합진보당 해산 사건(인용) 헌결 2014.12.19. 2013헌다1)

   ① 헌법 제8조 제4항의 민주적 기본질서 개념은 정당해산결정의 가능성과 긴밀히 결부되어 있다. 이 민주적 기본질서의 외연이 확장될수록 정당해산결정의 가능성은 확대되고, 이와 동시에 정당 활동의 자유는 축소될 것이다. 민주 사회에서 정당의 자유가 지니는 중대한 함의나 정당해산심판제도의 남용 가능성 등을 감안한다면, 헌법 제8조 제4항의 민주적 기본질서는 최대한 엄격하고 협소한 의미로 이해해야 한다. ★

   ② 대통령의 직무상 해외 순방 중 국무총리가 주재한 국무회의에서 이루어진 정당해산심판청구서 제출안에 대한 의결은 위법하지 않다.

   ③ '정당의 활동'이란, 정당 기관의 행위나 주요 정당관계자, 당원 등의 행위로서 그 정당에게 귀속시킬 수 있는 활동 일반을 의미한다.

   ④ 헌법 제8조 제4항은 정당해산심판의 사유를 "정당의 목적이나 활동이 민주적 기본질서에 위배될 때"로 규정하고 있는데, 여기서 말하는 민주적 기본질서의 '위배'란, 민주적 기본질서에 대한 단순한 위반이나 저촉을 의미하는 것이 아니라, 민주사회의 불가결한 요소인 정당의 존립을 제약해야 할 만큼 그 정당의 목적이나 활동이 우리 사회의 민주적 기본질서에 대하여 실질적인 해악을 끼칠 수 있는 구체적 위험성을 초래하는 경우를 가리킨다. ★

⑤ 헌법재판소의 해산결정으로 정당이 해산되는 경우에 그 정당 소속 국회의원이 의원직을 상실하는지에 대하여 명문의 규정은 없으나, 정당해산심판제도의 본질은 민주적 기본질서에 위배되는 정당을 정치적 의사형성과정에서 배제함으로써 국민을 보호하는 데에 있는데 해산정당 소속 국회의원의 의원직을 상실시키지 않는 경우 정당해산결정의 실효성을 확보할 수 없게 되므로, 이러한 정당해산제도의 취지 등에 비추어 볼 때 헌법재판소의 정당해산결정이 있는 경우 그 정당 소속 국회의원의 의원직은 당선 방식을 불문하고 모두 상실되어야 한다. ★★★

2. [1] 청구인(사회당)은 등록이 취소된 이후에도, 취소 전 사회당의 명칭을 사용하면서 대외적인 정치활동을 계속하고 있고, 대내외 조직 구성과 선거에 참여할 것을 전제로 하는 당헌과 대내적 최고의사결정기구로서 당대회와, 대표단 및 중앙위원회, 지역조직으로 시·도위원회를 두는 등 계속적인 조직을 구비하고 있는 사실 등에 비추어 보면, 청구인은 등록이 취소된 이후에도 '등록정당'에 준하는 '권리능력 없는 사단'으로서의 실질을 유지하고 있다고 볼 수 있으므로 이 사건 헌법소원의 청구인능력을 인정할 수 있다. ★

[2] 정당은 오늘날 대중민주주의에 있어서 국민의 정치의사형성의 담당자이며 매개자이자 민주주의에 있어서 필수불가결한 요소이기 때문에, 정당의 자유로운 설립과 활동은 민주주의 실현의 전제조건이라고 할 수 있다.

[3] 우리 헌법 및 정당법상 정당의 개념적 징표로서는 ① 국가와 자유민주주의 또는 헌법질서를 긍정할 것, ② 공익의 실현에 노력할 것, ③ 선거에 참여할 것, ④ 정강이나 정책을 가질 것, ⑤ 국민의 정치적 의사형성에 참여할 것, ⑥ 계속적이고 공고한 조직을 구비할 것, ⑦ 구성원들이 당원이 될 수 있는 자격을 구비할 것 등을 들 수 있다. 즉, 정당은 정당법 제2조에 의한 정당의 개념표지 외에 예컨대 독일의 정당법(제2조)이 규정하고 있는 바와 같이 "상당한 기간 또는 계속해서" "상당한 지역에서" 국민의 정치적 의사형성에 참여해야 한다는 개념표지가 요청된다고 할 것이다.

[4] 헌법 제8조 제1항 전단의 정당설립의 자유는 정당설립의 자유만이 아니라 누구나 국가의 간섭을 받지 아니하고 자유롭게 정당에 가입하고 정당으로부터 탈퇴할 수 있는 자유를 함께 보장한다. 구체적으로 정당의 자유는 개개인의 자유로운 정당설립 및 정당가입의 자유, 조직형식 내지 법형식 선택의 자유를 포함한다. 또한 정당설립의 자유는 설립에 대응하는 정당해산의 자유, 합당의 자유, 분당의 자유도 포함한다. 뿐만 아니라 정당설립의 자유는 개인

이 정당 일반 또는 특정 정당에 가입하지 아니할 자유, 가입했던 정당으로부터 탈퇴할 자유 등 소극적 자유도 포함한다.

[5] 정당법에서 정당으로 등록되는데 필요한 요건으로서 5개 이상의 시·도당 및 각 시·도당마다 1,000명 이상의 당원을 갖출 것을 요구하는 것은 <u>국민의 정당설립의 자유에 어느 정도 제한</u>을 가하지만, 이러한 제한은 '상당한 기간 또는 계속해서', '상당한 지역에서' 국민의 정치적 의사형성과정에 참여해야 한다는 헌법상 정당의 개념표지를 구현하기 위한 합리적인 제한이다(헌결 2006.3.30. 2004헌마246). ⇒ 정당의 등록요건으로 "5 이상의 시·도당과 각 시·도당 1,000명 이상의 당원"을 요구하는 구 정당법(2004. 3. 12. 법률 제7190호로 개정되고, 2005. 8. 4. 법률 제7683호로 전문 개정되기 전의 것) 제25조 및 제27조(이하 '이 사건 법률조항'이라 한다)가 청구인의 정당설립의 자유를 침해하여 위헌인지 여부(소극)

3. [1] 헌법 제8조 제1항 전단은 단지 정당설립의 자유만을 명시적으로 규정하고 있지만, 정당의 설립만이 보장될 뿐 설립된 정당이 언제든지 해산될 수 있거나 정당의 활동이 임의로 제한될 수 있다면 정당설립의 자유는 사실상 아무런 의미가 없게 되므로, <u>정당설립의 자유는 당연히 정당존속의 자유와 정당활동의 자유를 포함하는 것이다.</u>

[2] 입법자는 정당설립의 자유를 최대한 보장하는 방향으로 입법하여야 하고, <u>헌법재판소는 정당설립의 자유를 제한하는 법률의 합헌성을 심사할 때에 헌법 제37조 제2항에 따라 <u>엄격한 비례심사</u>를 하여야 한다.</u> ★

[3] 헌법 제8조 제1항의 정당설립의 자유와 헌법 제8조 제4항의 입법취지를 고려하여 볼 때, <u>입법자가 정당으로 하여금 헌법상 부여된 기능을 이행하도록 하기 위하여 그에 필요한 <절차적·형식적 요건>을 규정함으로써 정당설립의 자유를 구체적으로 형성하고 동시에 제한하는 경우를 <제외>한다면 정당설립에 대한 국가의 간섭이나 침해는 원칙적으로 허용되지 않는다.</u> 따라서 단지 국민으로부터 일정 수준의 정치적 지지를 얻지 못한 군소정당이라는 이유만으로 정당을 국민의 정치적 의사형성과정에서 배제하기 위한 입법은 헌법상 허용될 수 없다. 실질적으로 국민의 정치적 의사형성에 참여할 의사나 능력이 없는 정당을 정치적 의사형성과정에서 배제함으로써 정당제 민주주의 발전에 기여하고자 하는 한도에서 <u>정당등록취소조항의 입법목적의 정당성과 수단의 적합성을 인정할 수 있다.</u> 그러나 정당등록의 취소는 정당의 존속 자체를 박탈하여 모든 형태의 정당활동을 불가능하게 하므로, 그에 대한 입법은 필요최

소한의 범위에서 엄격한 기준에 따라 이루어져야 한다. 그런데 일정기간 동안 공직선거에 참여할 기회를 수 회 부여하고 그 결과에 따라 등록취소 여부를 결정하는 등 덜 기본권 제한적인 방법을 상정할 수 있고, 정당법에서 법정의 등록요건을 갖추지 못하게 된 정당이나 일정 기간 국회의원선거 등에 참여하지 아니한 정당의 등록을 취소하도록 하는 등 현재의 법체계 아래에서도 입법 목적을 실현할 수 있는 다른 장치가 마련되어 있으므로, 정당등록취소조항은 <u>침해의 최소성 요건을 갖추지 못하였다</u>. 나아가, 정당등록취소조항은 <중략> <u>법익의 균형성 요건도 갖추지 못하였다</u>. 따라서 정당등록취소조항은 과잉금지원칙에 위반되어 청구인들의 정당설립의 자유를 침해한다. ★ ⇒ 국회의원선거에 참여하여 의석을 얻지 못하고 유효투표총수의 100분의 2 이상을 득표하지 못한 정당에 대해 그 등록을 취소하도록 한 정당법(2005. 8. 4. 법률 제7683호로 개정된 것) 제44조 제1항 제3호(이하 '정당등록취소조항'이라 한다)가 정당설립의 자유를 침해하는지 여부(적극)

[4] <u>정당명칭사용금지조항은 정당등록취소조항을 전제로 하고 있으므로, 위와 같은 이유에서 정당설립의 자유를 침해한다</u>(**위헌** 헌결 2014.1.28. 2012헌마431). ⇒ 정당등록취소조항에 의하여 등록취소된 정당의 명칭과 같은 명칭을 등록취소된 날부터 최초로 실시하는 임기만료에 의한 국회의원선거의 선거일까지 정당의 명칭으로 사용할 수 없도록 한 정당법(2005. 8. 4. 법률 제7683호로 개정된 것) 제41조 제4항 중 제44조 제1항 제3호에 관한 부분(이하 '정당명칭사용금지조항'이라 한다)이 정당설립의 자유를 침해하는지 여부(적극)

4. 이 사건 결정·공표는 '비례○○당'이 정당법 제41조 제3항에 따라 사용이 금지되는 유사명칭에 해당하는지 여부에 대한 피청구인의 내부적인 판단을 공표한 것으로서, 그 자체로 청구인의 법적 지위에 어떠한 영향을 미친다고 볼 수 없다. 따라서 <u>이 사건 결정·공표는 헌법소원의 대상이 되는 '공권력의 행사'에 해당하지 않는다</u>(헌결 2021.3.25. 2020헌마94). ★ ⇒ 피청구인 중앙선거관리위원회가 2020. 1. 13. '비례○○당'의 명칭은 정당법 제41조 제3항에 위반되어 정당의 명칭으로 사용할 수 없다고 결정·공표한 행위(이하 '이 사건 결정·공표'라 한다)가 헌법소원의 대상이 되는 '공권력의 행사'에 해당하는지 여부(소극)

심화학습

1. **비례대표지방의회의원 퇴직처분 취소 등**(대판 2021.4.29. 2016두39825) ★★★

[판시사항]

1. 법원이 위헌정당 해산결정에 따른 법적 효과와 관련한 헌법과 법률의 해석·적용에 관한 사항을 판단해야 하는지 여부(적극)
2. 헌법재판소의 위헌정당 해산결정에 따라 해산된 정당 소속 비례대표 지방의회의원 갑이 공직선거법 제192조 제4항에 따라 지방의회의원직을 상실하는지가 문제 된 사안에서, 공직선거법 제192조 제4항은 소속 정당이 헌법재판소의 정당해산결정에 따라 해산된 경우 비례대표 지방의회의원의 퇴직을 규정하는 조항이라고 할 수 없어 갑이 비례대표 지방의회의원의 지위를 상실하지 않았다고 본 원심판단을 정당하다고 한 사례 ★★★

[결정요지]

1. 헌법재판소의 결정으로 정당이 해산되면 중앙선거관리위원회는 정당법에 따라 그 결정을 집행하여야 하고(헌법재판소법 제60조), 그 밖에도 기존에 존속·활동하였던 정당이 해산됨에 따른 여러 법적 효과가 발생한다. 구체적 사건에서의 헌법과 법률의 해석·적용은 사법권의 본질적 내용으로서 그 권한은 대법원을 최고법원으로 하는 법원에 있으므로(대판 2013.3.28. 2012재두299 참조), 법원은 위헌정당 해산결정에 따른 법적 효과와 관련한 헌법과 법률의 해석·적용에 관한 사항을 판단하여야 한다.
2. 원심은, 국회의원으로 구성된 국회의 권한에 관한 헌법 제40조, 제54조, 제59조, 제62조, 제63조, 지방자치단체의 권한에 관한 헌법 제117조, 제118조, 지방자치법 제9조, 제22조의 규정에 비추어, <u>국회의원이 국민의 정치적 의사형성에 관여하는 역할을 담당하는 반면 지방의회의원은 주로 지방자치단체의 주민의 복리에 관한 사무를 처리하고 재산을 관리하는 행정적 역할을 담당하므로 지방의회의원은 국회의원과 그 역할에 있어 본질적인 차이가 있고, 헌법과 법률이 지위를 보장하는 정도도 다르며, 정당에 대한 기속성의 정도 또한 다르다고 판단하였다. 이어서 원심은, 다음과 같은 이유를 들어 공직선거법 제192조 제4항(이하 '이 사건 조항'이라고 한다)은 소속정당이 헌법재판소의 정당해산결정에 따라 해산된 경우(이하 '강제해산'이라 한다) 비례대표지방의회의원의 퇴직을 규정하는 조항이라고 할 수 없으므로, 원고가 비례대표 전라북도의회의원의 지위를 상실하였다고 볼 수 없다고 판단하였다.</u> ★★★

① 비례대표지방의회의원의 의원직 상실이 헌법재판소의 정당해산결정 취지에서 곧바로 도출된다고 할 수 없고, 이 사건 조항의 '해산'을 자진해산뿐 아니라 정당해산결정에 의한 해산까지 의미하는 것으로 해석한다 하여 정당해산결정의 헌법적 효력과 정면으로 배치된다고 할 수 없으며, 기본권제한의 법률유보원칙을 포기하면서까지 비례대표지방의회의원의 퇴직사유를 확대하는 것이 합헌적 해석이라고 할 수도 없다. 〈경찰2차 2024〉 ★★★

② 이 사건 조항은 비례대표지방의회의원 등의 퇴직사유로 당적이탈 등을 규정하되, 그 당적의 이탈이 소속정당의 합당·해산 또는 제명으로 인한 경우 등에는 그러하지 아니하는 것으로 예외사유를 인정하고 있다. 그중 '해산'은 자진하여 해체하여 없어진다는 의미와 자신의 의사와 무관하게 타인이 없어지게 한다는 의미를 모두 포함한다. 이 사건 조항이 소속정당의 해산을 소속정당의 합당·제명과 병렬적으로 규정하고 있다는 사정만으로 '해산' 부분을 소속정당이 주체가 되는 자진해산만을 의미한다고 해석할 수 없다.

③ 정당이 자진해산한 경우와 강제해산된 경우를 구별하여 규정하고 있는 정당법(정당법 제41조 제2항, 제47조, 제48조 제1항, 제2항 등)과는 달리, 공직선거법은 자진해산과 강제해산을 구분하여 규정하고 있지 않다(공직선거법 제49조 제6항, 제52조 제1항, 제200조 등). 위 각 법률의 문언, 주된 규율대상, 목적, 체계 등에 비추어 볼 때, 이 사건 조항의 '소속정당의 해산'은 자진해산뿐 아니라 강제해산된 경우까지를 포함하는 것으로 해석하는 것이 합리적이다.

④ 입법연혁을 살펴보더라도, 이 사건 조항은 1992년 제14대 국회 출범 이후 전국구국회의원들의 탈당과 당적변경이 잇따르자 소위 '철새정치인'을 규제하기 위하여 제정된 것으로 알려져 있을 뿐, 정당의 강제해산의 실효성을 확보하거나 방어적 민주주의의 이념을 실현하기 위하여 퇴직의 예외사유로서의 해산에 어떠한 제한을 둔 것으로 보이지 않는다.

[기출지문①] 위헌정당해산제도의 실효성을 확보하기 위하여 헌법재판소의 위헌정당 해산결정에 따라 해산된 정당 소속 비례대표 지방의회의원은 해산결정시 의원의 지위를 상실한다.(×) 〈국가7급 2023〉 ★★★ ⇒ 통합진보당 해산사건에서, 헌법재판소의 정당해산결정이 있는 경우 그 정당 소속 국회의원의 의원직은 당선 방식을 불문하고 모두 상실되어야 한다(2013헌다1)고 판시한 것과 달리, 대법원에서 헌법재판소의 위헌정당 해산결정에 따라 해산된 정당 소속 비례대표 지방의회의원은 지위를 상실하지 않는다고 달리 본 점에서 매우 중요한 판례임!

[기출지문②] 정당이 헌법재판소 정당해산결정에 따라 해산된 경우 그 결정 취지에서 그 소속 비례대표지방의회의원의 의원직 상실이 곧바로 도출된다고 할 수 없다.(○) 〈경찰2차 2024〉 ★★★

제4항 | 선거제도

제41조 ① 국회는 국민의 **보통·평등·직접·비밀선거**에 의하여 선출된 국회의원으로 구성한다.
② 국회의원의 수는 **법률**로 정하되, 200인 이상으로 한다.
③ **국회의원의 선거구와 비례대표제** 기타 선거에 관한 사항은 법률로 정한다.

제67조 ① 대통령은 국민의 보통·평등·직접·비밀선거에 의하여 선출한다.
② 제1항의 선거에 있어서 최고득표자가 2인 이상인 때에는 국회의 재적의원 과반수가 출석한 공개회의에서 다수표를 얻은 자를 당선자로 한다.
③ 대통령후보자가 1인일 때에는 그 득표수가 선거권자 총수의 3분의 1 이상이 아니면 대통령으로 당선될 수 없다.
④ 대통령으로 선거될 수 있는 자는 **국회의원의 피선거권**이 있고 선거일 현재 40세에 달하여야 한다.
⑤ 대통령의 선거에 관한 사항은 법률로 정한다.

제116조 ① 선거운동은 각급 선거관리위원회의 관리하에 법률이 정하는 범위 안에서 하되, 균등한 기회가 보장되어야 한다.
② 선거에 관한 경비는 법률이 정하는 경우를 제외하고는 정당 또는 후보자에게 부담시킬 수 없다.

1. 선거제도의 의의

선거란 다수의 유권자에 의하여 국가기관의 구성원을 선임하는 행위로서, 선거인단의 구성원의 한 사람으로서 행하는 단독행위로서의 개개의 투표행위와 구별

2. 선거의 기본원리

(1) 보통선거원칙: 선거인의 사회적 신분이나 재산·지위에 관계없이 모든 사람에게 선거권 및 피선거권을 인정하는 제도(↔제한선거)
(2) 평등선거원칙: 선거인의 투표가치가 평등하게 취급(↔차등선거)
(3) 직접선거원칙: 선거인이 직접 후보자를 선택(↔간접선거)
(4) 비밀선거원칙: 선거인이 누구에게 투표하였는지를 모르게 하는 제도(↔공개선거)

(5) 자유선거원칙: 어떠한 강제나 압력 없이 자유롭게 투표가 행해지는 제도(↔강제선거) **주의** 헌법에 명문규정× / ★ <u>자유선거의 원칙은 비록 우리 헌법에 명시되지는 않았지만</u> 민주국가의 선거제도에 내재하는 법원리인 것으로서 국민주권의 원리, 의회민주주의의 원리 및 참정권에 관한 규정에서 그 근거를 찾을 수 있다. 이러한 자유선거의 원칙은 선거의 전 과정에 요구되는 선거권자의 의사형성의 자유와 의사실현의 자유를 말하고, 구체적으로는 투표의 자유, 입후보의 자유, 나아가 선거운동의 자유를 뜻한다(헌결 1994.7.29. 93헌가4).

3. 대한민국 헌법과 선거제도

(1) 선거의 종류: 재선거(공직선거법 이하 '동법' §195), 보궐선거(동법 §200)

(2) 선거권과 피선거권: 선거권(동법 §15), 피선거권(동법 §16)

(3) 선거기간과 선거일: 선거기간(동법 §33), 선거일(동법 §34)

(4) 후보자: 후보자추천(동법 §47~§48), 공무원 등의 입후보(동법 §53), 기탁금(동법 §56), 당내경선(동법 §57의2~§57의7), 예비후보자등록(동법 §60의2), 배우자가 그와 함께 다니는 사람 중에서 지정한 1명이 예비후보자의 명함교부나 지지호소의 선거운동을 할 수 있도록 한 것은 <u>배우자 없는 예비후보자의 평등권을 침해한 것으로 위헌</u>(헌결 2011헌마267)

(5) 선거운동: 선거운동(당선운동, 낙선운동)(동법 §58), 인적제한(동법 §60), 시간적 제한(동법 §59), 장소적 제한(동법 §80), 방법적 제한(기부행위 금지등; 동법 §113)

(6) 기타: 선거비용(동법 §119), 투표와 개표(동법 §146), 선거쟁송(도표참조)

> 공직선거법 제82조의8 (딥페이크영상등을 이용한 선거운동) ① 누구든지 선거일 전 90일부터 선거일까지 선거운동을 위하여 인공지능 기술 등을 이용하여 만든 실제와 구분하기 어려운 가상의 음향, 이미지 또는 영상 등(이하 "딥페이크영상등"이라 한다)을 제작·편집·유포·상영 또는 게시하는 행위를 하여서는 아니 된다. ② 누구든지 제1항의 기간이 아닌 때에 선거운동을 위하여 딥페이크영상등을 제작·편집·유포·상영 또는 게시하는 경우에는 해당 정보가 인공지능 기술 등을 이용하여 만든 가상의 정보라는 사실을 명확하게 인식할 수 있도록 중앙선거관리위원회규칙으로 정하는 바에 따라 해당 사항을 딥페이크영상등에 표시하여야 한다. [본조신설 2023. 12. 28.] [시행일: 2024. 1. 29.] ★
>
> 제90조 (시설물설치 등의 금지) ① 누구든지 선거일 전 <u>120일</u>(보궐선거 등에서는 그 선거의 실시사유가 확정된 때)부터 선거일까지 선거에 영향을 미치게 하기 위하여 이 법의 규정에 의한 것을 제외하고는 다음 각 호의 어느 하나에 해당하는 행위를 할 수 없다. 이 경우 정당(창당준비위원회를 포함한다)의 명칭이나 후보자(후보자가 되려는 사람을 포함한다. 이하

이 조에서 같다)의 성명·사진 또는 그 명칭·성명을 유추할 수 있는 내용을 명시한 것은 선거에 영향을 미치게 하기 위한 것으로 본다. <개정 2023. 8. 30.> ★
  1. 화환·풍선·간판·현수막·애드벌룬·기구류 또는 선전탑, 그 밖의 광고물이나 광고시설을 설치·진열·게시·배부하는 행위
  2. 표찰이나 그 밖의 표시물을 착용 또는 배부하는 행위
  3. 후보자를 상징하는 인형·마스코트 등 상징물을 제작·판매하는 행위
② 제1항에도 불구하고 다음 각 호의 어느 하나에 해당하는 행위는 선거에 영향을 미치게 하기 위한 행위로 보지 아니한다.
  1. 선거기간이 아닌 때에 행하는 「정당법」 제37조 제2항에 따른 통상적인 정당활동
  2. 의례적이거나 직무상·업무상의 행위 또는 통상적인 정당활동으로서 중앙선거관리위원회규칙으로 정하는 행위
[2023.8.30 법률 제19696호에 의하여 2022.7.21 헌법재판소에서 위헌 결정된 이 조를 개정함.]

[부속] 대통령선거 및 국회의원선거의 선거쟁송

	선거소송	당선소송
제소 사유	선거의 효력(선거 자체의 전부·일부 무효를 다툼)에 관하여 이의가 있을 때	당선의 효력(계표부정이나 착오, 등록무효, 피선거권 상실 등)에 관하여 이의가 있을 때
제소 권자	선거인, 정당(후보자 추천 정당에 한함), 후보자	정당(후보자 추천 정당에 한함), 후보자
피고	당해 선거구선거관리위원회 위원장 (위원장 궐위시는 해당 선거관리위원회 위원 전원)	• 대선: 당선인, 중선위위원장, 국회의장, 법무부장관 • 기타: 당선인, 관할 선관위 위원장 • 당선인 사망·사퇴 ┌ 대선 : 법무부장관 └ 기타 : 관할 고등검찰청 검사장
제소 기간	대선, 국선: 선거일부터 30일 이내	대선, 국선: 당선결정일로부터 30일 이내

[부속] 선거소청과 선거소송

	대통령 국회의원	광역지방자치단체 (시·도)			기초 (시·군·구)
		단체장 (시·도지사)	의회의원		단체장, 의회의원
			지역구(★)	비례대표	
선거소청×		중앙선관위	시·도선관위	중앙선관위	시·도선관위
	대법원	대법원	고등법원	대법원	고등법원

★ 지역구 세종특별자치시의회의원선거 선거소청: 중앙선관위

[부속] 선거제도 요약

	대통령	국회의원	지방자치단체장	지방의회의원
선거권	18세 이상의 국민		18세 이상 국민+일정한 요건	
피선거권	국회의원 피선거권 및 40세+5년 이상 국내거주	18세 이상의 국민	60일 이상 당해 지방자치단체의 관할구역 안에 주민등록이 되어 있는 주민으로서 18세 이상의 국민	
선거기간	23일 후보자등록마감일의 다음 날부터 선거일까지	14일 후보자등록마감일 후 6일부터 선거일까지		
선거일 (임기만료)	임기만료일 전 70일 이후 첫 번째 수요일	임기만료일 전 50일 이후 첫 번째 수요일	임기만료일 전 30일 이후 첫 번째 수요일	
후보자 등록	선거일 전 24일부터 2일간	선거일 전 20일부터 2일간		
기탁금 ★	3억 원	• 지역구: 1,500만 원 • 비례대표: 500만 원	시·도지사: 5천자치구·시·군의장: 1천만 원	시·도의원: 300자치구·시·군의원: 200만 원
선거소청	×		○	

★ 후보자등록을 신청하는 사람이「장애인복지법」제32조에 따라 등록한 장애인이거나 선거일 현재 29세 이하인 경우에는 다음 각 호에 따른 기탁금의 100분의 50에 해당하는 금액을 말하고, 30세 이상 39세 이하인 경우에는 다음 각 호에 따른 기탁금의 100분의 70에 해당하는 금액(공선법 제56조 제1항)

| 헌결 | 대판 |

1. 공직선거법 제15조 제2항 등 위헌확인(헌불 헌결 2007.6.28. 2004헌마644) ★
   ① 주민등록을 요건으로 재외국민의 국정선거권을 제한: 재외국민의 선거권, 평등권 침해, 보통선거원칙 위반
   ② 국내거주자에게만 부재자신고를 허용: 국외거주자의 선거권·평등권 침해, 보통선거원칙 위반
   ③ 주민등록을 요건으로 국내거주 재외국민의 지방선거 선거권을 제한: 국내거주 재외국민의 평등권과 지방의회의원선거권 침해
   ④ 주민등록을 요건으로 국내거주 재외국민의 지방선거 피선거권을 제한: 국내거주 재외국민의 공무담임권 침해
   ⑤ 주민등록을 요건으로 재외국민의 국민투표권을 제한: 국민투표권 침해

2. 공직선거법 제218조의5 제1항 등 위헌확인(헌불 헌결 2014.7.24. 2009헌마256)
   ① 주민등록이 되어 있지 않고 국내거소신고도 하지 않은 재외국민('재외선거인')에게 임기만료지역구국회의원선거권을 인정하지 않은 공직선거법 제15조 제1항 단서 부분('선거권조항') 및 공직선거법 제218조의5 제1항 중 '임기만료에 따른 비례대표국회의원선거를 실시하는 때마다 재외선거인 등록신청을 하여야 한다' 부분('재외선거인 등록신청조항'): 재외선거인의 선거권을 침해하거나 보통선거원칙에 위배×
   ② 재외선거인에게 국회의원 재·보궐선거의 선거권을 인정하지 않은 재외선거인 등록신청조항: 재외선거인의 선거권을 침해하거나 보통선거원칙에 위배×
   ③ 재외선거인으로 하여금 선거를 실시할 때마다 재외선거인 등록신청을 하도록 한 재외선거인 등록신청조항: 재외선거인의 선거권을 침해×
   ④ 인터넷투표방법이나 우편투표방법을 채택하지 아니하고 원칙적으로 공관에 설치된 재외투표소에 직접 방문하여 투표하는 방법을 채택한 공직선거법 제218조의19 제1항 및 제2항 중 재외선거인이 재외투표소에 직접 방문하여 투표하도록 한 부분('재외선거 투표절차조항'): 재외선거인의 선거권을 침해×
   ⑤ 재외선거인의 국민투표권을 제한한 국민투표법 제14조 제1항 중 '그 관할구역 안에 주민등록이 되어 있는 투표권자 및 「재외동포의 출입국과 법적 지위에 관한 법률」 제2조에 따른 재외국민으로서 같은 법 제6조에 따른 국내거소신고가 되어 있는 투표권자' 부분('국민투표법조항'): 재외선거인의 국민투표권을 침해○ ★

3. 주민투표권 행사를 위한 요건으로 주민등록을 요구함으로써 국내거소신고만 할 수 있고 주민등록을 할 수 없는 국내거주 재외국민에 대하여 주민투표권을 인정하지 않고 있는 주민투표법 관련 조항은 <u>국내거주 재외국민의 평등권을 침해한다</u>(〔헌불〕 헌결 2007.6.28. 2004헌마644).

4. 이 사건 법률조항은 소위 관권선거나 공적 지위에 있는 자의 선거 개입의 여지를 철저히 불식시킴으로써 선거의 공정성을 확보하기 위하여 공무원에 대하여 선거운동의 기획에 참여하거나 그 기획의 실시에 관여하는 행위(이하 '선거운동의 기획행위'라 한다)를 전적으로 금지하고 있다. 그런데 선거의 공정성을 확보하기 위하여 선거에 대한 부당한 영향력의 행사 기타 선거결과에 영향을 미치는 행위를 금지하여 선거에서의 공무원의 중립의무를 실현하고자 한다면, 공무원이 '그 지위를 이용하여' 하는 선거운동의 기획행위를 막는 것으로도 충분하다. 이러한 점에서 이 사건 법률조항은 수단의 적정성과 피해의 최소성 원칙에 반한다. 한편, 공무원의 편향된 영향력 행사를 배제하여 선거의 공정성을 확보한다는 공익은, 그 지위를 이용한 선거운동 내지 영향력 행사만을 금지하면 대부분 확보될 수 있으므로 공무원이 그 지위를 이용하였는지 여부에 관계없이 선거운동의 기획행위를 일체 금지하는 것은 정치적 의사표현의 자유라는 개인의 기본권을 중대하게 제한하는 반면, 그러한 금지가 선거의 공정성이라는 공익의 확보에 기여하는 바는 매우 미미하다는 점에서 이 사건 법률조항은 법익의 균형성을 충족하고 있지 못하다. 따라서 <u>이 사건 법률조항은 공무원의 정치적 표현의 자유를 침해하나, 다만 위와 같은 위헌성은 공무원이 '그 지위를 이용하여' 하는 선거운동의 기획행위 외에 사적인 지위에서 하는 선거운동의 기획행위까지 포괄적으로 금지하는 것에서 비롯된 것이므로, 이 사건 법률조항은 공무원의 지위를 이용하지 아니한 행위에까지 적용하는 한 헌법에 위반된다</u>(〔한정위헌〕 헌결 2008.5.29. 2006헌마1096). ★ ⇒ 공직선거법 제86조 제1항 제2호의 '공무원이 선거운동의 기획에 참여하거나 그 기획의 실시에 관여하는 행위'이 모든 공무원에 대해 '선거운동의 기획에 참여하거나 그 기획의 실시에 관여하는 행위'를 금지하는 것이 정치적 표현의 자유를 침해하는 것인지 여부(적극) / ★ 명확성원칙의 위반이 아님을 주의

5. 공무원의 지위를 이용하여 선거에 영향을 미치는 행위에 대하여 1년 이상 10년 이하의 징역 또는 1천만 원 이상 5천만 원 이하의 벌금에 처하도록 규정한 공직선거법 제255조 제5항 중 제85조 제1항의 "공무원이 지위를 이용하여 선거에 영향을 미치는 행위" 부분은 <u>형벌체계상의 균형을 상실하여 위헌이다</u>(〔위헌〕 헌결 2016.7.28. 2015헌바6).

★ 공직선거법 개정(2017.2.8): '5년 이하의 징역 또는 2천만 원 이하의 벌금'으로 하향 조정

6. 지방자치단체의 장 선거권 역시 다른 선거권과 마찬가지로 헌법 제24조에 의해 보호되는 기본권으로 인정된다(헌결 2016.10.27. 2014헌마797). ★ 비교 '주민투표권'은 헌법이 보장하는 참정권×('선거권'과 '공무담임권' 및 국가안위에 관한 중요정책과 헌법개정에 대한 '국민투표권'과 달리)(헌결 2001.6.28. 2000헌마735)

7. 집행유예기간 중인 자와 수형자의 선거권을 제한하고 있는 공직선거법 제18조 제1항 제2호 중 '집행유예자'에 관한 부분은 '위헌'결정, '수형자'에 관한 부분은 '헌법불합치'결정(위헌/헌불) 헌결 2014.1.28. 2012헌마409) ★ 선거권, 보통선거원칙, 평등원칙 침해○

8. 공직선거법상 부재자투표 '개시'시간을 오전 10시부터로 정한 것은 일과시간 이전에 투표소에 가서 투표할 수 없게 하므로 부재자투표자의 선거권을 침해한다.(헌불) 헌결 2012.2.23. 2010헌마601). ★ 투표시간조항 중 투표 '종료'시간 부분은 선거권이나 평등권을 침해×

9. 선거구 획정시의 인구편차 헌재결정 정리 ★★★

① 현시점에서는 시·도의원지역구 획정에서 허용되는 인구편차 기준을 인구편차 상하 50%(인구비례 3 : 1)로 변경하는 것이 타당하다. 심판대상선거구구역표는 서울특별시의회의원선거구의 평균인구수로부터 상하 50% 이내의 인구편차를 보이고 있으므로, 청구인들의 선거권 및 평등권을 침해한다고 할 수 없다(헌결 2018.6.28. 2014헌마189).

★ 동지 현재의 시점에서 자치구·시·군의원 선거구 획정과 관련하여 헌법이 허용하는 인구편차의 기준을 인구편차 상하 50%(인구비례 3 : 1)로 변경하는 것이 타당하다(헌결 2018.6.28. 2014헌마166). ⇒ 성남시 지역구 시의원 선거구의 명칭, 의원정수 및 선거구역을 규정한 구 '경기도 시군의회 의원정수와 지역구 시군의원 선거구에 관한 조례'(2014. 2. 28. 경기도 조례 제4707호로 전부개정되고, 2018. 3. 21. 경기도 조례 제5879호로 개정되기 전의 것) 제3조 [별표 2] 중 "성남시 사선거구" 부분(이하 '이 사건 선거구란'이라 한다)이 헌법상 허용되는 인구편차의 허용한계를 일탈하여 청구인들의 평등권, 선거권을 침해하는지 여부(소극)

② 공직선거법 제26조 제1항 [별표 2] 시·도의회의원지역선거구구역표 중 "인천광역시 서구 제3선거구", "경상북도 경주시 제1선거구"부분은 인구편차 상하 50%를 벗어나 청구인들의 선거권과 평등권을 침해한다(헌불) 헌결 2019.2.28. 2018헌마415).

③ 국회의원지역선거구의 획정에서 인구편차 상하33⅓%, 인구비례 2:1을 넘어서지 않는 것으로 변경하는 것이 타당하다(헌불 헌결 2014.10.30. 2012헌마192).

구분	인구편차	
	헌재결정	공선법
국회의원	2:1 (상하 33과 1/3%)	2:1 (§25①. 2호 단서)
지방의회 의원	3:1 (상하 50%)	×

10. 언론인의 선거운동을 금지한 구 공직선거법 조항(대통령령으로 정하는 언론인)은 포괄위임금지원칙에 위반되고, 금지조항 및 그 위반 시 처벌하도록 규정한 구 공직선거법 조항은 선거운동의 자유 침해한다(위헌 헌결 2016.6.30. 2013헌가1).

11. 비례대표 기탁금조항은 과잉금지원칙을 위반하여 청구인 ○○당 및 비례대표국회의원후보자인 청구인들의 정당활동의 자유 등을 침해한다(헌불 헌결 2016.12.29. 2015헌마1160). ★

12. 지역구국회의원선거 예비후보자의 기탁금 반환 사유로 예비후보자의 사망, 당내경선 탈락으로 한정하고 예비후보자가 당의 공천심사에서 탈락하고 후보자등록을 하지 않았을 경우를 규정하지 않은 공직선거법 제57조 제1항 제1호 다목 중 지역구국회의원선거와 관련된 부분은 과잉금지원칙에 반하여 청구인의 재산권을 침해○(헌불 헌결 2018.1.25. 2016헌마541). ★

13. 한국철도공사의 상근직원에게 일정 범위 내에서 선거운동을 제한할 필요성이 인정된다 하더라도, 직급에 따른 업무의 내용과 수행하는 개별 구체적인 직무의 성격에 대한 검토 없이 일률적으로 모든 한국철도공사 상근직원에게 선거운동을 전면적으로 금지하고 이에 위반한 경우 처벌하도록 규정한 공직선거법 조항은 선거운동의 자유를 지나치게 제한하는 것으로서 헌법에 위반○ (위헌 헌결 2018.2.22. 2015헌바124). ★

14. 전국동시지방선거의 선거운동 과정에서 후보자들이 확성장치를 사용할 수 있도록 허용하면서도 그로 인한 소음의 규제기준을 정하지 아니한 공직선거법 조항은, 국민이 건강하고 쾌적하게 생활할 수 있는 양호한 주거환경을 위하여 노력하여야 할 국가의 의무를 부과한 헌법 제35조 제3항에 비추어 보면, 적절하고 효율적인 최소한의 보호조치를 취하지 아니하여 국가의 기본권 보호의무를 과소하게 이행한 것으로서, 청구인의 건강하고 쾌적한 환경에서 생활할 권리를 침해하므로 헌법에 위반된다(헌불 헌결 2019.12.27. 2018헌마

730). ★★★

15. [1] 헌법재판소는 2018. 1. 25. 2016헌마541 결정에서 지역구국회의원선거 예비후보자가 정당의 공천심사에서 탈락한 후 후보자등록을 하지 않은 경우를 기탁금 반환 사유로 규정하지 않은 구 공직선거법 제57조 제1항 제1호 다목 중 '지역구국회의원선거'와 관련된 부분이 과잉금지원칙에 반하여 예비후보자의 재산권을 침해한다고 보아 헌법불합치결정을 하였다. 지역구국회의원선거와 지방자치단체의 장선거는 헌법상 선거제도 규정 방식이나 선거대상의 지위와 성격, 기관의 직무 및 기능, 선거구 수 등에 있어 차이가 있을 뿐, 예비후보자의 무분별한 난립을 막고 책임성을 강화하며 그 성실성을 담보하고자 하는 기탁금제도의 취지 측면에서는 동일하므로, 헌법재판소의 2016헌마541 결정에서의 판단은 이 사건에서도 타당하고, 그 견해를 변경할 사정이 있다고 보기 어려우므로, 지방자치단체의 장선거에 있어 정당의 공천심사에서 탈락한 후 후보자등록을 하지 않은 경우를 기탁금 반환 사유로 규정하지 않은 심판대상조항은 과잉금지원칙에 반하여 헌법에 위반된다. ★

[2] 2020. 3. 25. 법률 제17127호로 개정된 공직선거법 제57조 제1항 제1호 다목에서는 예비후보자가 사망한 경우 외에도 '당헌·당규에 따라 소속 정당에 후보자로 추천하여 줄 것을 신청하였으나 해당 정당의 추천을 받지 못하여 후보자로 등록하지 않은 경우'를 기탁금 반환 사유로 규정하였으므로, 지역구국회의원선거는 물론 대통령선거, 지방의회의원선거 및 지방자치단체의 장선거에서도 예비후보자가 정당의 공천심사에서 탈락한 후 후보자등록을 하지 않은 경우 기탁금을 반환받을 가능성이 열리게 되었다. 그러나 위 개정법률 부칙 제3조는 개정법 시행 후 최초로 실시하는 선거부터 위 개정된 규정을 적용하도록 하므로, 개정법 시행 전에 실시된 선거의 경우에는 여전히 심판대상조항이 적용되고 있다. <중략> 공천심사에서 탈락한 후 후보자등록을 하지 않은 경우를 기탁금 반환 사유에 포함시키지 아니하여 해당 기탁금을 국가 또는 지방자치단체에 귀속하도록 한 부분에 대하여는 심판대상조항의 적용을 중지함이 상당하므로, 심판대상조항에 대하여 단순위헌결정을 하는 대신 헌법불합치결정을 하기로 한다[헌불(적용중지) 헌결 2020.9.24. 2018헌가15]. ★ ⇒ 지방자치단체의 장선거 예비후보자가 정당의 공천심사에서 탈락한 후 후보자등록을 하지 않은 경우를 기탁금 반환 사유로 규정하지 않은 구 공직선거법 제57조 제1항 중 제1호 다목의 '지방자치단체의 장선거'에 관한 부분(이하 '심판대상조항'이라 한다)이 과잉금지원칙에 위배되는지 여부(적극)

16. 인터넷언론사는 선거운동기간 중 당해 홈페이지 게시판 등에 정당·후보자에 대한 지지·반대 등의 정보를 게시하는 경우 실명을 확인받는 기술적 조치를 하도록 정한 공직선거법 조항(이하 '실명확인 조항')을 비롯하여, 행정안전부장관 및 신용정보업자는 실명인증자료를 관리하고 중앙선거관리위원회가 요구하는 경우 지체 없이 그 자료를 제출해야 하며, 실명확인을 위한 기술적 조치를 하지 아니하거나 실명인증의 표시가 없는 정보를 삭제하지 않는 경우 과태료를 부과하도록 정한 공직선거법 조항은 게시판 등 이용자의 익명표현의 자유 및 개인정보자기결정권과 인터넷언론사의 언론의 자유를 침해한다(위헌 헌결 2021.1.28. 2018헌마456). ★★★ ⇒ 자세한 요지는 제2편 기본권론 참조

17. 헌법재판소는 2018. 6. 28. 2014헌마166 결정에서 자치구·시·군의원 선거구 획정에 관하여 헌법상 허용되는 인구편차의 한계를 인구편차 상하 50%(인구비례 3:1)로 판단하였다. 그러므로 이 사건 선거구란 중 인구편차 상하 50%를 넘지 않는 이 사건 동대문구 "사"선거구란, 중랑구 "사"선거구란 및 송파구 "차"선거구란은 각 입법재량의 범위 내에 있는 것으로, 헌법상 허용되는 인구편차의 한계를 일탈하여 청구인 양○○, 박○○, 엄○○의 각 선거권과 평등권을 침해한다고 볼 수 없다. 그러나 이 사건 선거구란 중 위 기준을 넘어선 이 사건 마포구 "아"선거구란, 강서구 "라"선거구란 및 강남구 "바"선거구란은 각 헌법상 허용되는 인구편차의 한계를 일탈하였으므로, 청구인 나○○, 이○○, 이△△, 권○○의 각 선거권과 평등권을 침해한다(헌불 헌결 2021.6.24. 2018헌마405). ★

18. 선거운동기간 전에 공직선거법에 의하지 않은 선전시설물·용구를 이용한 선거운동을 금지하고, 이에 위반한 경우 처벌하도록 한 공직선거법 제254조 제2항 중 '선전시설물·용구'에 관한 부분(이하 '사전선거운동 금지조항'이라 한다)이 선거운동 등 정치적 표현의 자유를 침해하는지 여부(소극)[헌불 헌결 2022.11.24. 2021헌바301]

19. 일정기간 동안 선거에 영향을 미치게 하기 위한 벽보 게시, 인쇄물 배부·게시를 금지하는 공직선거법 제93조 제1항 본문 중 '인쇄물 살포'에 관한 부분 및 이에 위반한 경우 처벌하는 공직선거법 제255조 제2항 제5호 중 '제93조 제1항 본문의 인쇄물 살포'에 관한 부분(이하 '심판대상조항'이라 한다)이 정치적 표현의 자유를 침해하는지 여부(적극)[헌불 헌결 2023.3.23. 2023헌가4]

20. 공직선거법 제90조 제1항 제1호 중 '화환 설치'에 관한 부분 및 공직선거법 제256조 제3항 제1호 아목 중 '제90조 제1항 제1호의 화환 설치'에 관한 부분

(이하 합하여 '심판대상조항'이라 한다)이 정치적 표현의 자유를 침해하는지 여부(적극)[헌불] 헌결 2023.6.29. 2023헌가12]

> 심화학습

1. **공직선거법 제18조 제1항 제2호 위헌확인 등(위헌/헌불) 헌결 2014.1.28. 2012헌마409)**

[판시사항]
1. 집행유예기간 중인 자와 수형자의 선거권을 제한하고 있는 공직선거법(2005. 8. 4. 법률 제7681호로 개정된 것) 제18조 제1항 제2호 중 '유기징역 또는 유기금고의 선고를 받고 그 집행이 종료되지 아니한 자(이하 '수형자'라 한다)'에 관한 부분과 '유기징역 또는 유기금고의 선고를 받고 그 집행유예기간 중인 자(이하 '집행유예자'라 한다)'에 관한 부분 및 형법(1953. 9. 18. 법률 제293호로 제정된 것) 제43조 제2항 중 수형자와 집행유예자의 '공법상의 선거권'에 관한 부분(이 조항들을 함께 '심판대상조항'이라 한다)이 헌법 제37조 제2항에 위반하여 청구인들의 선거권을 침해하고, 보통선거원칙에 위반하여 평등원칙에도 어긋나는지 여부(적극)
2. 심판대상조항 중 수형자에 관한 부분에 대하여 헌법불합치결정을 한 사례

[결정요지]
1. 심판대상조항은 집행유예자와 수형자에 대하여 전면적·획일적으로 선거권을 제한하고 있다. 심판대상조항의 입법목적에 비추어 보더라도, 구체적인 범죄의 종류나 내용 및 불법성의 정도 등과 관계없이 일률적으로 선거권을 제한하여야 할 필요성이 있다고 보기는 어렵다. 범죄자가 저지른 범죄의 경중을 전혀 고려하지 않고 수형자와 집행유예자 모두의 선거권을 제한하는 것은 침해의 최소성원칙에 어긋난다. 특히 집행유예자는 집행유예 선고가 실효되거나 취소되지 않는 한 교정시설에 구금되지 않고 일반인과 동일한 사회생활을 하고 있으므로, 그들의 선거권을 제한해야 할 필요성이 크지 않다. 따라서 심판대상조항은 청구인들의 선거권을 침해하고, 보통선거원칙에 위반하여 집행유예자와 수형자를 차별취급하는 것이므로 평등원칙에도 어긋난다.
2. 심판대상조항 중 수형자에 관한 부분의 위헌성은 지나치게 전면적·획일적으로 수형자의 선거권을 제한한다는 데 있다. 그런데 그 위헌성을 제거하고 수

형자에게 헌법합치적으로 선거권을 부여하는 것은 입법자의 형성재량에 속하므로 심판대상조항 중 수형자에 관한 부분에 대하여 헌법불합치결정을 선고한다.

2. 공직선거법 제26조 제1항 별표2 위헌확인(헌결 2018.6.28. 2014헌마189)

[판시사항]

구 공직선거법(2014. 2. 13. 법률 제12393호로 개정되고, 2018. 3. 9. 법률 제15424호로 개정되기 전의 것) [별표 2] 「시·도의회의원지역선거구구역표」 중 "서울특별시 송파구 제3선거구", "서울특별시 송파구 제4선거구" 부분(이하 '심판대상 선거구구역표'라 한다)이 청구인들의 선거권 및 평등권을 침해하는지 여부(소극)

[결정요지]

헌재 2007. 3. 29. 2005헌마985등 결정은 인구편차 상하 60%의 기준을 시·도의원지역구 획정에서 허용되는 인구편차 기준으로 보았다. 그런데 위 기준에 의하면 투표가치의 불평등이 지나치고, 위 기준을 채택한지 11년이 지났으며, 이 결정에서 제시하는 기준은 2022년에 실시되는 시·도의회의원선거에 적용될 것인 점 등을 고려하면, 현시점에서 인구편차의 허용한계를 보다 엄격하게 설정할 필요가 있다.

다만 시·도의원은 주로 지역적 사안을 다루는 지방의회의 특성상 지역대표성도 겸하고 있고, 우리나라는 도시와 농어촌 간의 인구격차가 크고 각 분야에 있어서의 개발불균형이 현저하다는 특수한 사정이 존재하므로, 시·도의원지역구 획정에 있어서는 행정구역 내지 지역대표성 등 2차적 요소도 인구비례의 원칙에 못지않게 함께 고려해야 할 필요성이 크다.

인구편차 상하 50%를 기준으로 하는 방안은 투표가치의 비율이 인구비례를 기준으로 볼 때의 등가의 한계인 2 : 1의 비율에 그 50%를 가산한 3 : 1 미만이 되어야 한다는 것으로서 인구편차 상하 33⅓%를 기준으로 하는 방안보다 2차적 요소를 폭넓게 고려할 수 있고, 인구편차 상하 60%의 기준에서 곧바로 인구편차 상하 33⅓%의 기준을 채택하는 경우 시·도의원지역구를 조정함에 있어 예기치 않은 어려움에 봉착할 가능성이 매우 크므로, 현시점에서는 시·도의원지역구 획정에서 허용되는 인구편차 기준을 인구편차 상하 50%(인구비례 3 : 1)로 변경하는 것이 타당하다. 심판대상선거구구역표는 서울특별시의회의원 선거구의 평균인구수로부터 상하 50% 이내의 인구편차를 보이고 있으므로, 청구인들의 선거권 및 평등권을 침해한다고 할 수 없다. ★

3. 공직선거법 제26조 제1항 [별표 2] 위헌확인 등(헌불) 헌결 2019.2.28. 2018헌마415)

[판시사항]

가. 공직선거법(2016. 3. 3. 법률 제14073호로 개정된 것) 제22조 제1항 본문의 기본권 침해의 직접성이 인정되는지 여부(소극)

나. 공직선거법(2018. 3. 9. 법률 제15424호로 개정된 것) 제26조 제1항 [별표 2] 시·도의회의원지역선거구구역표(이하 '이 사건 선거구구역표'라 한다) 중 "대구광역시 북구 제4선거구", "인천광역시 계양구 제2선거구", "인천광역시 서구 제3선거구", "경상북도 경주시 제1선거구" 부분(이하 '심판대상 선거구구역표'라 한다)이 시·도의원지역구 획정에서 요구되는 인구편차의 허용기준을 벗어나 청구인들의 선거권 및 평등권을 침해하는지 여부(일부 적극)

다. 선거구구역표의 불가분성에 따라 헌법불합치결정을 하면서 계속 적용을 명한 사례

[결정요지]

가. 공직선거법 제22조 제1항 본문은 지역구 시·도의원 정수의 상한과 하한을 정한 것에 불과하다. 청구인들은 투표가치가 낮아서 선거권 및 평등권을 침해받았다고 주장하고 있는데, 이와 같은 기본권 침해는 인천광역시 및 경상북도 의회의원지역구 획정에 의하여 발생하는 것이다. 따라서 공직선거법 제22조 제1항 본문의 기본권 침해의 직접성을 인정할 수 없다.

나. 헌법재판소는 2014헌마189 결정에서, 시·도의원지역구 획정에서 요구되는 인구편차의 헌법상 허용한계를 인구편차 상하 50%(인구비례 3 : 1)로 변경하였다. 위 2014헌마189 결정에서 제시한 인구편차의 헌법상 허용한계를 변경할 만한 사정의 변경이나 필요성을 인정할 수 없다.

그러므로 심판대상 선거구구역표 중 인구편차 상하 50%를 넘지 않는 "대구광역시 북구 제4선거구", "인천광역시 계양구 제2선거구" 부분은 청구인들의 선거권 및 평등권을 침해하지 아니하나, 그 기준을 넘어선 "인천광역시 서구 제3선거구", "경상북도 경주시 제1선거구" 부분은 청구인들의 선거권 및 평등

권을 침해한다.
다. 각 시·도에 해당하는 선거구구역표는 전체가 불가분의 일체를 이루므로 일부 선거구의 선거구획정에 위헌성이 있다면 각 시·도에 해당하는 선거구구역표 전부에 대하여 위헌선언을 하는 것이 타당하다. 따라서 원칙적으로 이 사건 선거구구역표 중 인천광역시의회의원지역선거구들 부분과 경상북도의회의원지역선거구들 부분에 대하여 위헌결정을 하여야 할 것이나, 재·보궐선거가 치러지는 경우 선거구구역표의 부재·변경 등으로 인하여 혼란이 발생할 우려가 있으므로 입법자가 2021. 12. 31.을 시한으로 위 선거구구역표 부분을 개정할 때까지 위 선거구구역표 부분의 계속 적용을 명하는 헌법불합치결정을 하기로 한다.

제5항 | 지방자치제도

> 제117조 ① 지방자치단체는 주민의 복리에 관한 사무를 처리하고 재산을 관리하며, **법령의 범위 안에서 자치에 관한 규정을 제정할 수 있다.**
> ② 지방자치단체의 종류는 법률로 정한다.
> 제118조 ① 지방자치단체에 의회를 둔다.
> ② 지방의회의 조직·권한·의원선거와 지방자치단체의 장의 선임방법 기타 지방자치단체의 조직과 운영에 관한 사항은 법률로 정한다.

1. 지방자치의 의의 및 유형

(1) 의의: 국민주권의 기본원리에서 출발하여 주권의 지역적 주체로서의 주민에 의한 자기통치의 실현 / 헌법상 지방자치제도보장의 핵심영역 내지 본질적 부분이 **특정 지방자치단체의 존속을 보장하는 것이 아니며** 지방자치단체에 의한 자치행정을 일반적으로 보장하는 것 〈입법고시 2022〉

(2) 유형: 주민자치, 단체자치

(3) 지방자치단체의 사무: ㉠ 종류- 고유사무(자치사무), 단체위임사무, 기관위임사무 **대판** 학기당 2시간 정도의 인권교육의 편성·실시는 지방자치법 제9조 제2항 제5호가 지방자치단체의 사무로 예시한 교육에 관한 사무로서 초등학교·중학교·고등학교 등의 운영·지도에 관한 사무에 속함 ㉡ 자치사무- 조례제정 대상 / 권한쟁의심판청구 可 / 국가관여(합법성통제○) **헌결** ㉠ 중앙행정기관의

지방자치단체의 **자치사무**에 관한 포괄적·사전적 일반감사나 위법사항을 특정하지 않고 개시하는 감사 또는 법령위반사항을 적발하기 위한 감사는 모두 **허용×** 비교 감사원은 지방자치단체의 **위임사무나 자치사무의 구별 없이 합법성 감사뿐만 아니라 합목적성 감사도 허용○** ★★★ ⓒ 경기도가 2021. 4. 1. 남양주시에 통보한 종합감사 실시계획에 따른 자료요구서식에 의한 자료제출요구 중, **자치사무에 관한 부분은 헌법 및 지방자치법에 의하여 부여된 남양주시의 지방자치권을 침해○**(인용) 헌결 2022.8.31. 2021헌라1) ★ ⓒ 피청구인 경기도가 2020년 11월 16일부터 2020년 12월 7일까지 청구인 남양주시에 대하여 실시한 14개 항목에 대한 감사 중, 감사항목 1 내지 8에 대한 감사에 대하여는 재판관 6:3의 의견으로 감사개시의 요건을 갖추었다고 판단하였으나, **나머지 감사항목 9 내지 14에 대한 감사에 대하여는 재판관 전원의 일치된 의견으로 감사개시의 요건을 갖추지 못한 위법한 감사로서 청구인 남양주시의 지방자치권을 침해○**(인용) 헌결 2023.3.23. 2020헌라5) ★

(4) 내용: 자치단체의 보장, 자치기능의 보장, 자치사무의 보장 판결 국가가 영토고권을 가지는 것과 마찬가지로, 지방자치단체에게 자신의 관할구역 내에 속하는 영토, 영해, 영공을 자유로이 관리하고 관할구역 내의 사람과 물건을 독점적, 배타적으로 지배할 수 있는 권리가 부여되어 있다고 할 수는 없고, **지방자치단체의 영토고권은 우리 나라 헌법과 법률상 인정×** 비교 자치권이 미치는 관할 구역의 범위에는 육지는 물론 바다도 포함되므로, **공유수면에 대한 지방자치단체의 자치권한이 존재○**

(5) 대한민국 헌법과 지방자치제도: ㉠ 연혁 – 지방의회는, 1952년 최초로 구성되었으나 1961년 군사정권에 의해서 해산되었고, 조국통일 시까지 지방의회 구성을 유예하는 1972년 헌법 부칙, 재정자립도를 감안하여 순차적으로 구성하되 그 시기는 법률로 정한다는 1980년 헌법 부칙에 의하여 구성되지 못하다가, 동 부칙규정이 폐지된 현행헌법에 근거하여 1991년 다시 구성 ㉡ 지방자치단체의 종류 – 보통지방자치단체와 특별지방자치단체

지방자치법

제13조(지방자치단체의 사무범위) ① 지방자치단체는 관할 구역의 자치사무와 법령에 따라 지방자치단체에 속하는 사무를 처리한다.

② 제1항에 따른 지방자치단체의 사무를 예시하면 다음 각 호와 같다. 다만, 법률에 이와 다른 규정이 있으면 그러하지 아니하다. -이하 생략-

제190조(지방자치단체의 자치사무에 대한 감사) ① 행정안전부장관이나 시·도지사는 지방자치단체의 자치사무에 관하여 보고를 받거나 서류·장부 또는 회계를 감사할 수 있다. 이 경우 감사는 <u>법령 위반사항에 대해서만 한다</u>. ★

② 행정안전부장관 또는 시·도지사는 제1항에 따라 감사를 하기 전에 해당 사무의 처리가 법령에 위반되는지 등을 확인하여야 한다.

<자치사무와 위임사무>

	자치사무(고유사무)	단체위임사무	기관위임사무
개념	지방자치단체의 존립목적이 되고 있는 지방적 복리사무	법령에 의하여 국가나 상급단체로부터 단체에 위임된 사무	국가나 상급단체로부터 지방자치단체장에게 처리가 위임된 사무
조례제정	○	○	× (예외: 위임조례)
권한쟁의	○	○	×
예		국가가 국가하천의 점용료·사용료의 징수를 특별시·광역시·도에 위임(하천법 §37②)	공유수면 매립사무, 도로법상 국토의 유지·수선 사무 등

2. 주민의 권한 [부속]

(1) 조례제정 및 개폐청구: 주민의 조례에 대한 제정과 개정·폐지 청구에 관한 사항을 법률에서 분리하여 별도의 법률로 제정하기로 함에 따라(지방자치법 이하 '동법' §19①②), 「<u>주민조례발안에 관한 법률</u>」이 2021.10.19.에 제정되고 2022.1.13.부터 시행 됨. ★

주민조례발안에 관한 법률

제2조(주민조례청구권자) <u>18세 이상의 주민</u>으로서 다음 각 호의 어느 하나에 해당하는 사람(「공직선거법」 제18조에 따른 선거권이 없는 사람은 제외한다. 이하 "청구권자"라 한다)은 해당 지방자치단체의 의회(이하 "지방의회"라 한다)에 조례를 제정하거나 개정 또는 폐지할 것을 청구(이하 "주민조례청구"라 한다)할 수 있다. ★
1. 해당 지방자치단체의 관할 구역에 주민등록이 되어 있는 사람
2. 「출입국관리법」 제10조에 따른 영주(永住)할 수 있는 체류자격 취득일 후 3년이 지난 외국인으로서 같은 법 제34조에 따라 해당 지방자치단체의 외국인등록대장에 올라 있는 사람

제4조(주민조례청구 제외 대상) 다음 각 호의 사항은 주민조례청구 대상에서 제외한다.
1. 법령을 위반하는 사항
2. 지방세·사용료·수수료·부담금을 부과·징수 또는 감면하는 사항
3. 행정기구를 설치하거나 변경하는 사항
4. 공공시설의 설치를 반대하는 사항

(2) 감사청구: 18세 이상의 일정 주민은 연서로 시·도는 주무장관에게, 시·군·자치구는 시·도지사에게, 자치단체와 그 장의 권한에 속하는 사무처리가 법령에 위반되거나 공익을 현저히 해한다고 인정되는 경우에는 감사를 청구할 수○ (동법 §21①)

(3) 주민소송(동법 §22)

(4) 주민투표권: 지방자치단체의 장은 주민에게 과도한 부담을 주거나 중대한 영향을 미치는 지방자치단체의 주요 결정사항 등에 대하여 주민투표에 부칠 수 ○(동법 §18). 주민투표에 부쳐진 사항은 주민투표권자 총수의 1/4 이상의 투표와 유효투표수 과반수의 득표로 확정(주민투표법 §24) **헌결** 지방자치단체의 폐치·분합은 지방자치단체의 자치권의 침해문제와 더불어 그 주민의 헌법상 보장된 기본권의 침해문제도 발생시킬 수○ ★ 반드시 주민투표에 의한 주민의사 확인절차를 거쳐야 하는 것은 아님

(5) 주민소환권: 주민은 그 지방자치단체의 장 및 지방의회의원(★ 비례대표 지방의회의원은 제외 〈경정승진 2019〉〈입법고시 2022〉)과 같은 선출직 공직자를 그 대상(주민소환의 투표청구권자), 청구요건, 절차 및 효력 등에 관하여는 따로 법률(주민소환에 관한 법률)로 정함(동법 §25) **헌결** ㉠ 우리의 주민소환제는 기본적으로 **정치적인 절차로서의 성격**이 강한 것으로 평가 ㉡ **주민소환제 자체는 지방자치의 본질적인 내용이라고 할 수 없지만**, 원칙으로서의 대의제의 본질적인 부분을 침해하여서는 아니된다는 점이 그 입법형성권의 한계로 작용 ㉢ 지방자치법에서 규정한 주민투표권이나 **주민소환청구권**은 그 성질상 선거권, 공무담임권, 국민투표권과는 다른 것이어서 이를 법률이 보장하는 참정권이라고 할 수 있을지언정 **헌법이 보장하는 참정권이라 할 수**×

3. 지방의회

(1) 구성: 지방의회는 임기 4년의 지방의회의원으로 구성. 지방의회의원선거는 지역구 시·도의원선거에서는 1선거구에서 1명을 선출하는 소선거구제(공선법

§26①), **지역구 자치구·시·군의원선거**에서는 1선거구에서 2~4명을 선출하는 **중선거구제**(공선법 §26②)를 채택 / ★ 기초의원 중대선거구제 확대도입의 효과검증을 위하여 국회의원선거구 기준 전국 11개 선거구 내 기초의원 선거구당 선출인원을 제8회 전국동시지방선거에 한정하여 **3인 이상 5인 이하로 확대함**(공선법 부칙 §17)

(2) **의장과 부의장**: 지방의회는 임기 2년의 의장과 부의장을 두며, 시·도의 경우 의장 1명과 부의장 2명을, 시·군·구의 경우 의장과 부의장 각 1명을 무기명투표로 선출(동법 §57①③)

(3) **권한**: 의결권(동법 §47), 감사 및 조사권(동법 §49), 자치단체장에 대한 출석·답변요구권(동법 §51), 의장불신임의결(재1/4이상 발의+재적 과반수 찬성)(동법 §62) **대판** 지방의회는 자율적으로 내부조직을 구성하며, 회기를 정하고, 의원을 징계하며, 의회규칙을 제정. 지방의원에 대한 징계나 지방의회의 의장에 대한 불신임결의도 행정소송의 대상

4. 지방자치단체의 장

(1) **선출 및 임기**: 자치단체장은 다수표를 얻은 자를 당선자로 하며, 최고득표자가 2인 이상일 때는 연장자순(공선법 §191①). 지방자치단체의 장의 임기는 4년으로 하며, 지방자치단체의 장의 계속 재임은 3기에 한함(동법 §108)

(2) **권한대행**: 자치단체의 장이 **궐위** 또는 **공소 제기된 후 구금상태**에 있거나 **의료기관에 60일 이상 입원**한 경우 부단체장이 권한을 대행(동법 §124①) **헌결** 자치단체의 장이 '**금고 이상의 형을 선고받고 그 형이 확정되지 아니한 경우**' 부단체장이 그 **권한을 대행**하도록 한 것은 무죄추정원칙에 위배되며, 자치단체장의 공무담임권을 침해○ 〈소방간부 2023〉 ★ **비교** 지방자치단체의 장이 '**공소 제기된 후 구금상태에 있는 경우**' 부단체장이 그 권한을 대행하도록 규정한 지방자치법 제111조 제1항 제2호는, **과잉금지원칙, 무죄추정의 원칙에 위반**× 〈소방간부 2023〉

(3) **권한**: 지방자치단체의 통할·대표권(동법 §114), 소속직원의 임면 및 지휘·감독권(동법 §118), 규칙제정권(동법 §29), 지방의회의 임시회의소집요구권(동법 §54③), 조례공포권(동법 §33), 의안발의권(동법 §76), 주민투표부의권(동법 §18), 선결처분권(동법 §122①), 선결처분은 지방의회의 승인을 얻어야 하며, 지방의회의 승인을 얻지 못하면 **그 때부터** 효력을 상실(동법 §122②③) **대판** 지방자치단체의 장의 재량으로서 투표실시 여부를 결정할 수 있도록 한 법규정에 반하여 지방의회가 조례로 정한 특정한 사항에 관하여는 일정한 기간 내에 반드시 투

표를 실시하도록 규정한 조례안은 지방자치단체의 장의 고유권한을 침해하는 규정

5. 지방자치단체의 자치입법권

(1) 조례

㉠ 의의 - 조례란 지방자치단체가 자치입법권에 따라 만든 자주법으로 조례제정권의 법적 근거는 헌법 제117조 제1항. 조례는 법령의 범위 안에서 주민의 복리 및 재산에 관한 사항을 규율하지만, **주민의 권리의무에 관한 사항이나 벌칙을 정할 때에는 개별적인 법률의 위임 要**(동법 §28①) 〈5급공채 2022〉 **헌결** 조례에 대한 법률의 위임은 법규명령에 대한 법률의 위임과 같이 반드시 구체적으로 범위를 정하여 할 필요가 없으며 **포괄적인 것으로 족**○ ★ / 지방자치단체는 헌법상 자치입법권이 인정되고, 법령의 범위 안에서 그 권한에 속하는 모든 사무에 관하여 조례를 제정할 수 있다는 점과 조례는 선거를 통하여 선출된 그 지역의 지방의원으로 구성된 주민의 대표기관인 지방의회에서 제정되므로 지역적인 민주적 정당성까지 갖고 있다는 점을 고려하면, **조례에 위임할 사항은 헌법 제75조 소정의 행정입법에 위임할 사항보다 더 포괄적이어도 헌법에 반하지**× 〈5급공채 2022〉 / 지방자치단체가 '사실상 노무에 종사하는 공무원'의 구체적인 범위를 정하는 조례를 제정하지 않음으로써「지방공무원법」제58조 제1항 단서의 '사실상 노무에 종사하는 공무원'에 해당하는 지방공무원이 단체행동권을 행사하기 어렵게 한 **입법부작위는 근로3권을 침해**○

㉡ 내용 - 조례로 정할 수 있는 사항은 자치단체의 **자치사무와 단체위임사무에 한함** **대판** **기관위임사무**에 있어서도 그에 관한 개별법령에서 일정한 사항을 조례로 정하도록 위임하고 있는 경우에는 **위임조례를 정할 수**○ but **포괄적**× 〈5급공채 2022〉

㉢ 효력 - 조례는 법령의 하위에 있으며(형식적 효력), 그 지역에 있는 주민에 한하여 효력(지역적·인적 효력), 조례위반에 대하여는 과태료를 부과할 수○(동법 §34) **대판** 조례안의 일부가 법령에 위반되어 위법한 경우에는 그 조례안에 대한 재의결은 그 **전체의 효력이 부인** / 조례에 대한 무효확인소송을 제기함에 있어서 피고적격이 있는 처분 등을 행한 행정청은 **지방자치단체의 장**

(2) 규칙: 지방자치단체의 장은 법령이나 조례가 위임한 범위에서 그 권한에 속하는 사무에 관하여 규칙을 제정할 수○(동법 §29) / ★ 조례와 규칙은 특별한 규정이 없으면 공포한 날부터 20일이 지나면 효력을 발생(동법 §32⑧) 〈5급공채 2022〉

6. 지방자치단체에 대한 국가의 감독

(1) 중앙행정기관의 지방자치단체장에 대한 권한: ㉠ <u>위법·부당한 명령·처분에 대한 시정권</u>- 자치단체의 장의 명령이나 처분이 법령에 위반하거나 현저히 부당하게 공익을 해할 경우에는 주무장관은 시·도(시·도지사는 시·군·구에 대하여)에 대하여 기간을 정하여 시정을 명할 수 있고, 불이행의 경우에는 취소·정지할 수○, 단 <u>자치사무의 경우는 법령에 위반한 경우에 한함</u>. 자치단체의 장은 명령이나 취소·정지에 대하여 이의가 있는 경우에 15일 이내에 대법원에 제소할 수○(동법 §188) ㉡ 직무이행명령(동법 §189)

(2) 중앙행정기관의 지방의회에 대한 권한: ㉠ 재의요구(동법 §192) ㉡ 제소지시, 직접 제소(동법 §192⑦⑧⑨) **대판** 지방자치법 제172조 제4항, 제6항에서 지방의회 재의결에 대하여 제소를 지시하거나 직접 제소할 수 있는 주체로 규정된 '주무부장관이나 시·도지사'는 <u>시·도에 대하여는 주무부장관을, 시·군 및 자치구에 대하여는 시·도지사</u>를 각 의미 ★

| 헌결 | 대판 |

1. <u>중앙행정기관</u>이 구 지방자치법 제158조 단서 규정상의 감사에 착수하기 위해서는 <u>자치사무</u>에 관하여 특정한 법령위반행위가 확인되었거나 위법행위가 있었으리라는 합리적 의심이 가능한 경우이어야 하고, 또한 그 감사대상을 특정해야 한다. 따라서 전반기 또는 후반기 감사와 같은 <u>포괄적·사전적 일반감사나 위법사항을 특정하지 않고 개시하는 감사 또는 법령위반사항을 적발하기 위한 감사는 모두 허용될 수 없다</u>(인용; 헌결 2009.5.28. 2006헌라6).
★ **비교** 감사원은 지방자치단체의 위임사무나 자치사무의 구별 없이 합법성 감사뿐만 아니라 합목적성 감사도 허용○(헌결 2008.5.29. 2005헌라3)

2. 지방자치단체가 '사실상 노무에 종사하는 공무원'의 구체적인 범위를 정하는 조례를 제정하지 않음으로써 「지방공무원법」 제58조 제1항 단서의 '사실상 노무에 종사하는 공무원'에 해당하는 지방공무원이 단체행동권을 행사하기 어렵게 한 <u>입법부작위는 근로3권을 침해한다</u>(위헌확인; 헌결 2009.7.30. 2006헌마358).

3. 지방자치단체의 폐치·분합은 지방자치단체의 자치권의 침해문제와 더불어 그 주민의 헌법상 보장된 기본권의 침해문제도 발생시킬 수 있다(헌결 1995.3.23. 94헌마175). ★ **주의** 반드시 주민투표에 의한 주민의사 확인절차를 거쳐야 하는 것은 아님

4. 헌법 제117조, 제118조가 제도적으로 보장하고 있는 지방자치의 본질적 내용은 '자치단체의 보장, 자치기능의 보장 및 자치사무의 보장'이라고 할 것이나, 지방자치제도의 보장은 지방자치단체에 의한 자치행정을 일반적으로 보장한다는 것뿐이고 특정자치단체의 존속을 보장한다는 것은 아니므로, 마치 국가가 영토고권을 가지는 것과 마찬가지로, 지방자치단체에게 자신의 관할구역 내에 속하는 영토, 영해, 영공을 자유로이 관리하고 관할구역 내의 사람과 물건을 독점적, 배타적으로 지배할 수 있는 권리가 부여되어 있다고 할 수는 없다. 청구인이 주장하는 지방자치단체의 영토고권은 우리 나라 헌법과 법률상 인정되지 아니한다. 따라서 이 사건 결정이 청구인의 영토고권을 침해한다는 주장은 가지고 있지도 않은 권한을 침해받았다는 것에 불과하여 본안에 들어가 따져볼 필요가 없다(헌결 2006.3.30. 2003헌라2).

★ **비교** 학계의 통설, 개별 법률들의 규정들, 대법원의 판례 및 법제처의 의견을 종합하면, 지방자치단체의 구역은 주민·자치권과 함께 자치단체의 구성요소이며, 자치권이 미치는 관할 구역의 범위에는 육지는 물론 바다도 포함되므로, 공유수면에 대한 지방자치단체의 자치권한이 존재한다고 할 것이다(헌결 2004.9.23. 2000헌라2).

5. [1] 헌법 제27조 제4항은 "형사피고인은 유죄의 판결이 확정될 때까지는 무죄로 추정된다."고 선언함으로써, 공소가 제기된 피고인이 비록 1심이나 2심에서 유죄판결을 선고받았더라도 그 유죄판결이 확정되기 전까지는 원칙적으로 죄가 없는 자에 준하여 취급해야 함은 물론, 유죄임을 전제로 하여 해당 피고인에 대하여 유형·무형의 일체의 불이익을 가하지 못하도록 하고 있다. 그런데 이 사건 법률조항[저자 주: 지방자치단체의 장(이하 '자치단체장'이라 한다.)이 금고 이상의 형을 선고받고 그 형이 확정되지 아니한 경우 부단체장이 그 권한을 대행하도록 규정한 지방자치법(2007. 5. 11. 법률 제8423호로 전부 개정된 것) 제111조 제1항 제3호]은 '금고 이상의 형이 선고되었다.'는 사실 자체에 주민의 신뢰가 훼손되고 자치단체장으로서 직무의 전념성이 해쳐질 것이라는 부정적 의미를 부여한 후, 그러한 판결이 선고되었다는 사실만을 유일한 요건으로 하여, 형이 확정될 때까지의 불확정한 기간동안 자치단체장으로서의 직무를 정지시키는 불이익을 가하고 있으며, 그와 같이 불이익을 가함에 있어 필요최소한에 그치도록 엄격한 요건을 설정하지도 않았으므로, 무죄추정의 원칙에 위배된다.

[2] 자치단체장직에 대한 공직기강을 확립하고 주민의 복리와 자치단체행정의 원활한 운영에 초래될 수 있는 위험을 예방하기 위한 입법목적을 달성하기 위하

여 자치단체장을 직무에서 배제하는 수단을 택하였다 하더라도, 금고 이상의 형을 선고받은 자치단체장을 다른 추가적 요건없이 직무에서 배제하는 것이 위 입법목적을 달성하기 위한 최선의 방안이라고 단정하기는 어렵다. <중략>, 이 사건 법률조항은 필요최소한의 범위를 넘어선 기본권제한에 해당할 뿐 아니라, 이 사건 법률조항으로 인하여 해당 자치단체장은 불확정한 기간 동안 직무를 정지당함은 물론 주민들에게 유죄가 확정된 범죄자라는 선입견까지 주게 되고, 더욱이 장차 무죄판결을 선고받게 되면 이미 침해된 공무담임권은 회복될 수도 없는 등의 심대한 불이익을 입게 되므로, 법익균형성 요건 또한 갖추지 못하였다. 따라서, 이 사건 법률조항은 자치단체장인 청구인의 공무담임권을 침해한다.

[3] 선거직 공무원으로서 선거과정이나 그 직무수행의 과정에서 요구되는 공직의 윤리성이나 신뢰성 측면에서는 국회의원의 경우도 자치단체장의 경우와 본질적으로 동일한 지위에 있다고 할 수 있는데, 국회의원에게는 금고 이상의 형을 선고받은 후 그 형이 확정되기도 전에 직무를 정지시키는 제도가 없으므로, 자치단체장인 청구인의 평등권을 침해한다(헌불 헌결 2010.9.2. 2010헌마418). ★ 비교 아래 6번 판례

6. [1] 이 사건 법률조항[저자 주: 지방자치단체의 장(이하 '자치단체장'이라 한다)이 '공소 제기된 후 구금상태에 있는 경우' 부단체장이 그 권한을 대행하도록 규정한 지방자치법(2007. 5. 11. 법률 제8423호로 전부 개정된 것) 제111조 제1항 제2호]은 과잉금지원칙에 위반되지 않는다.

[2] 이 사건 법률조항은 공소 제기된 자로서 구금되었다는 사실 자체에 사회적 비난의 의미를 부여한다거나 그 유죄의 개연성에 근거하여 직무를 정지시키는 것이 아니라, 구금의 효과, 즉 구속되어 있는 자치단체장의 물리적 부재상태로 말미암아 자치단체행정의 원활하고 계속적인 운영에 위험이 발생할 것이 명백하여 이를 미연에 방지하기 위하여 직무를 정지시키는 것이므로, '범죄사실의 인정 또는 유죄의 인정에서 비롯되는 불이익'이라거나 '유죄를 근거로 하는 사회윤리적 비난'이라고 볼 수 없다. 따라서 무죄추정의 원칙에 위반되지 않는다(헌결 2011.4.28. 2010헌마474).

7. 주민소환제 자체는 지방자치의 본질적인 내용이라고 할 수 없으므로 이를 보장하지 않는 것이 위헌이라거나 어떤 특정한 내용의 주민소환제를 반드시 보장해야 한다는 헌법적인 요구가 있다고 볼 수는 없다. 다만 주민소환제는 주민의 참여를 적극 보장하고, 이로써 주민자치를 실현하여 지방자치에도 부합하므로, 이 점에서는 위헌의 문제가 발생할 소지가 없고, 제도적인 형성에 있

어서도 입법자에게 광범위한 입법재량이 인정된다 할 것이나, 원칙으로서의 대의제의 본질적인 부분을 침해하여서는 아니된다는 점이 그 입법형성권의 한계로 작용한다 할 것이다(헌결 2011.12.29. 2010헌바368).

8. 우리 헌법은 법률에 정하는 바에 따른 '선거권'(헌법 제24조)과 '공무담임권'(헌법 제25조) 및 국가안위에 관한 중요정책과 헌법개정에 대한 '국민투표권'(헌법 제72조, 제130조)만을 헌법상의 참정권으로 보장하고 있으므로, <u>지방자치법에서 규정한 주민투표권이나 주민소환청구권은 그 성질상 위에서 본 선거권, 공무담임권, 국민투표권과는 다른 것이어서 이를 법률이 보장하는 참정권이라고 할 수 있을지언정 헌법이 보장하는 참정권이라 할 수는 없다</u>(헌결 2011.12.29. 2010헌바368).

9. 조례의 제정권자인 지방의회는 선거를 통해서 그 지역적인 민주적 정당성을 지니고 있는 주민의 대표기관이고, 헌법이 지방자치단체에 대해 포괄적인 자치권을 보장하고 있는 취지로 볼 때 조례제정권에 대한 지나친 제약은 바람직하지 않으므로 <u>조례에 대한 법률의 위임은 법규명령에 대한 법률의 위임과 같이 반드시 구체적으로 범위를 정하여 할 필요가 없으며 포괄적인 것으로 족하다고 할 것이다</u>(헌결 1995.4.20. 92헌마264). ★

10. 기관위임사무를 조례로 정할 수 있는지 또는 법률에서 기관위임사무를 조례로 정하도록 바로 위임할 수 있는지 여부에 관하여 대법원은, "지방자치법 제15조·제9조에 의하면 지방자치단체가 '자치조례'를 제정할 수 있는 사항은 <u>지방자치단체의 고유사무인 자치사무와 개별 법령에 의하여 지방자치단체에 위임된 단체위임사무에 한하는 것이고, 국가사무가 지방자치단체의 장에게 위임된 기관위임사무는 원칙적으로 자치조례의 제정범위에 속하지 않는다</u> 할 것이나, 다만 기관위임사무에 있어서도 그에 관한 개별 법령에서 일정한 사항을 조례로 정하도록 위임하고 있는 경우에는 위임받은 사항에 관하여 개별 법령의 취지에 부합하는 범위 내에서 이른바 '위임조례'를 정할 수 있다."고 판시하고 있고(대판 1999.9.17. 99추30), 한편 법률에서 조례로 위임하는 경우에 헌법 제75조에서 정하는 포괄위임금지원칙이 적용되는지 여부에 관하여 헌법재판소는, "조례의 제정권자인 지방의회는 선거를 통해서 지역적인 민주적 정당성을 지니고 있는 주민의 대표기관이고 헌법이 지방자치단체에 포괄적인 자치권을 보장하고 있는 취지로 볼 때, <u>조례에 대한 법률의 위임은 법규명령에 대한 법률의 위임과 같이 반드시 구체적으로 범위를 정하여 할 필요가 없으며 포괄적인 것으로 족하다</u>"고 판시하였다(헌결 2005.3.31. 2003헌바113). ★★★

11. 우선 헌법은 지방자치단체의 종류와 단계를 입법자의 광범위한 형성에 맡기고

있고, 기초자치단체가 성립하는 면적이나 인구 등의 규모에 대하여 직접 규정하고 있지 않다. 헌법 제117조 제2항은 지방자치단체의 종류를 법률로 정하도록 규정하고 있을 뿐 지방자치단체의 종류 및 구조를 명시하고 있지 않으므로 이에 관한 사항은 기본적으로 입법자에게 위임된 것이다. <u>헌법상 지방자치제도 보장의 핵심영역 내지 본질적 부분은 지방자치단체에 의한 자치행정을 일반적으로 보장하는 것이다. 현행법에 따른 지방자치단체의 중층구조 또는 지방자치단체로서 특별시·광역시 및 도와 함께 시·군 및 자치구를 계속하여 존속하도록 할지 여부는 결국 입법자의 입법형성권의 범위에 들어간다.</u> 모든 지방자치단체를 전면적으로 폐지하거나 지방자치단체인 시·군이 수행해온 자치사무를 국가의 사무로 이관하는 것이 아니라면, 지방자치단체의 중층구조를 어떻게 형성할 것인가에 관한 판단도 역시 입법자의 선택 범위에 들어간다(헌결 2019.8.29. 2018헌마129).

12. [1] 이 사건 자료제출요구는 그 목적이나 범위에서 감독관청의 일상적인 감독권 행사를 벗어난 것으로 구 지방자치법 제171조 제1항 전문 전단에서 예정하고 있는 보고수령 권한의 한계를 준수하였다고 볼 수 없으며, 사전조사 업무에 대한 수권조항인 구 '지방자치단체에 대한 행정감사규정' 제7조 제2항 제3호를 근거로 적법하다고 볼 여지도 없다. <u>지방자치단체의 자치권 보장을 위하여 자치사무에 대한 감사는 합법성 감사로 제한되어야 하는바,</u> 포괄적·사전적 일반감사나 법령위반사항을 적발하기 위한 감사는 합목적성 감사에 해당하므로 구 지방자치법 제171조 제1항 후문 상 허용되지 않는다는 점은 헌법재판소가 2009. 5. 28. 2006헌라6 결정[저자 주: 서울특별시와 정부 간의 권한쟁의]에서 확인한 바 있다. 이 사건 자료제출요구는 헌법재판소가 위 결정에서 허용될 수 없다고 확인한 자치사무에 대한 포괄적·사전적 감사나 법령위반사항을 적발하기 위한 감사 절차와 그 양태나 효과가 동일하고, 감사자료가 아닌 사전조사자료 명목으로 해당 자료를 요청하였다고 하여 그 성질이 달라진다고 볼 수 없다. 따라서, 이 사건 자료제출요구는 합법성 감사로 제한되는 자치사무에 대한 감사의 한계를 벗어난 것으로서 헌법상 청구인에게 보장된 지방자치권을 침해한다.

[2] 이 사건에서 헌법재판소는 자치사무에 대한 감사의 한계를 확인한 2009. 5. 28. 2006헌라6 결정의 내용이 광역지방자치단체의 <u>기초지방자치단체에 대한 감사에도 적용되는 점을 확인한다</u>(인용 헌결 2022.8.31. 2021헌라1).

13. 남양주시와 경기도 간의 권한쟁의 (경기도가 남양주시에 대하여 실시한 감사가 남양주시의 지방자치권을 침해하였는지 여부에 관한 사건)(인용 헌결 2023.3.23. 2020헌라5). ★★★ ⇒ 심화학습

| 헌결 | 대판 |

1. 지방자치단체의 장의 재량으로서 투표실시 여부를 결정할 수 있도록 한 법규정에 반하여 지방의회가 조례로 정한 특정한 사항에 관하여는 일정한 기간 내에 반드시 투표를 실시하도록 규정한 조례안은 지방자치단체의 장의 고유권한을 침해하는 규정이다(대판 2002.4.26. 2002추23).

2. 지방자치단체가 지방자치법 제9조 제2항 제2호에 정한 주민의 복지증진에 관한 사무로서 특정 개인이나 단체가 아니라 일정한 조건을 충족한 주민 일반을 대상으로 일정한 지원을 하겠다는 것은 그 조건이 사실상 특정 개인이나 단체를 위해 설정한 것이라는 등의 특별한 사정이 없는 한 구 지방재정법 제17조 제1항에서 정한 '개인 또는 단체에 대한 공금 지출'에 해당하지 아니한다(대판 2016.5.12. 2013추531).

3. 교육감은 지방자치단체의 교육·학예에 관한 사무를 담당하는 주체로서 교육부장관이 정한 교육과정의 범위 안에서 지역의 실정에 맞는 교육과정의 기준과 내용을 정할 수 있을 뿐만 아니라 관할구역 내 학교의 교육과정 운영에 대한 장학지도를 할 수 있는 점, 교육부장관이 정한 기본적인 교육과정과 대통령령에 정한 교과 외의 교육내용에 관한 결정 및 그에 대한 지도는 전국적으로 통일하여 규율되어야 할 사무가 아니라 각 지역과 학교의 실정에 맞는 규율이 허용되는 사무라고 할 것인 점 등에 비추어 보면, 학기당 2시간 정도의 인권교육의 편성·실시는 지방자치법 제9조 제2항 제5호가 지방자치단체의 사무로 예시한 교육에 관한 사무로서 초등학교·중학교·고등학교 등의 운영·지도에 관한 사무에 속한다(대판 2015.5.14. 2013추98).

4. 지방의회 의결의 재의와 제소에 관한 지방자치법 제172조 제4항, 제6항의 문언과 입법 취지, 제·개정 연혁 및 지방자치법령의 체계 등을 종합적으로 고려하여 보면, 아래에서 보는 바와 같이 지방자치법 제172조 제4항, 제6항에서 지방의회 재의결에 대하여 제소를 지시하거나 직접 제소할 수 있는 주체로 규정된 '주무부장관이나 시·도지사'는 시·도에 대하여는 주무부장관을, 시·군 및 자치구에 대하여는 시·도지사를 각 의미한다(대판 전합 2016.9.22. 2014추521).

5. 지방자치법은 지방의회와 지방자치단체의 장에게 독자적 권한을 부여하고 상호 견제와 균형을 이루도록 하고 있으므로, 법률에 특별한 규정이 없는 한 조례로써 견제의 범위를 넘어서 고유권한을 침해하는 규정을 둘 수 없다 할 것인바, 위 지방자치법 제13조의2 제1항에 의하면, 주민투표의 대상이 되는 사

항이라 하더라도 주민투표의 시행 여부는 지방자치단체의 장의 임의적 재량에 맡겨져 있음이 분명하므로, 지방자치단체의 장의 재량으로서 투표실시 여부를 결정할 수 있도록 한 법규정에 반하여 지방의회가 조례로 정한 특정한 사항에 관하여는 일정한 기간 내에 반드시 투표를 실시하도록 규정한 조례안은 지방자치단체의 장의 고유권한을 침해하는 규정이다(대판 2002.4.26. 2002추23). 〈법무사 2024〉★

심화학습

1. 남양주시와 경기도 간의 권한쟁의 (경기도가 남양주시에 대하여 실시한 감사가 남양주시의 지방자치권을 침해하였는지 여부에 관한 사건)[인용] 헌결 2023.3.23. 2020헌라5]★★★

[판시사항]

1. 감사가 이미 종료된 경우에도 심판청구의 이익을 인정할 수 있는지 여부(적극)
2. 광역지방자치단체가 기초지방자치단체의 자치사무에 대하여 실시하는 감사 중 연간 감사계획에 포함되지 아니하고 사전조사도 수행되지 아니한 감사의 경우 감사대상의 사전 통보가 감사의 개시요건인지 여부(소극) ★
3. 감사 진행 중에 감사대상을 확장 내지 추가하는 것이 허용되는지 여부(적극) 및 그 요건 ★
4. 감사를 개시하기 위하여 요구되는 위법성 확인의 방법과 확인의 정도
5. 피청구인이 2020. 11. 16.부터 2020. 12. 7.까지 청구인에 대하여 실시한 감사(이하 '이 사건 감사'라 한다)가 헌법 및 지방자치법에 의하여 부여된 청구인의 지방자치권을 침해한 것인지 여부(일부 적극) ★
6. 감사항목 중 일부에 대한 인용이 가능한지 여부(적극) 및 그 요건 ★

[결정요지]

1. 피청구인이 청구인에 대하여 이 사건 감사의 종료를 통보하면서 '이번에 진행하지 못한 사항에 대하여는 향후 별도계획을 수립하여 추진할 예정'임을 밝히고 있어 앞으로 같은 유형의 침해행위가 반복될 위험이 있다. 또한 이 사건에서 문제가 된 감사대상 통보의무의 유무, 감사대상의 특정과 관련하여 감사 개시 이후 감사대상의 확장이나 추가 가능 여부, 감사 개시 전 위법성의 확인 방법 및 정도 등에 대한 해명이 필요하므로 예외적으로 심판청구의 이익을 인

정할 수 있다.
2. 연간 감사계획에 포함되지 아니하고 사전조사가 수행되지 아니한 감사의 경우 지방자치법에 따른 감사의 절차와 방법 등에 관한 사항을 규정하는 '지방자치단체에 대한 행정감사규정' 등 관련 법령에서 감사대상이나 내용을 통보할 것을 요구하는 명시적인 규정이 없다. 광역지방자치단체가 자치사무에 대한 감사에 착수하기 위해서는 감사대상을 특정하여야 하나, 특정된 감사대상을 사전에 통보할 것까지 요구된다고 볼 수는 없다. ★
3. 지방자치단체의 자치사무에 대한 무분별한 감사권의 행사는 헌법상 보장된 지방자치권을 침해할 가능성이 크므로, 원칙적으로 감사 과정에서 사전에 감사대상으로 특정되지 아니한 사항에 관하여 위법사실이 발견되었다고 하더라도 감사대상을 확장하거나 추가하는 것은 허용되지 않는다. 다만, 자치사무의 합법성 통제라는 감사의 목적이나 감사의 효율성 측면을 고려할 때, 당초 특정된 감사대상과 관련성이 인정되는 것으로서 당해 절차에서 함께 감사를 진행하더라도 감사대상 지방자치단체가 절차적인 불이익을 받을 우려가 없고, 해당 감사대상을 적발하기 위한 목적으로 감사가 진행된 것으로 볼 수 없는 사항에 대하여는 감사대상의 확장 내지 추가가 허용된다. ★
4. 시·도지사 등이 제보나 언론보도 등을 통해 감사대상 지방자치단체의 자치사무의 위법성에 관한 정보를 수집하고, 객관적인 자료에 근거하여 해당 정보가 믿을만하다고 판단함으로써 위법행위가 있었으리라는 합리적 의심이 가능한 경우라면, 의혹이 제기된 사실관계가 존재하지 않거나 위법성이 문제되지 않는다는 점이 명백하지 아니한 이상 감사를 개시할 수 있을 정도의 위법성 확인은 있었다고 봄이 타당하다.
5. 이 사건 감사 중 [별지 1] 목록 순번 1 내지 8 기재 각 항목에 대한 감사는 감사 착수 시에 감사대상이 특정되고 감사 개시에 필요한 정도의 법령 위반 여부 확인도 있어 감사의 개시요건을 갖추었으나, 같은 목록 순번 9 내지 14 기재 각 항목에 대한 감사는 감사대상이 특정되지 않거나 당초 특정된 감사대상과의 관련성이 인정되지 않아 감사의 개시요건을 갖추지 못하였다. ★
6. 이 사건 감사 중 [별지 1] 목록 순번 9 내지 14 기재 각 항목에 대해서만 감사의 개시요건을 갖추지 못하였는바, 위 항목들에 대한 감사가 이 사건 감사의 주된 목적이고 같은 목록 순번 1 내지 8 기재 각 항목에 대한 감사는 부수적인 것에 불과하다는 등의 특별한 사정이 없는 이상 같은 목록 순번 9 내지 14 기

재 각 항목에 대한 감사에 한정해서 위법한 감사로 봄이 타당하다.

제6항 | 공무원제도

제7조 ① 공무원은 국민전체에 대한 봉사자이며, 국민에 대하여 책임을 진다.
② 공무원의 신분과 정치적 중립성은 법률이 정하는 바에 의하여 보장된다.

1. 공무원
(1) 공무원의 개념: 직접 국민에 의하여 선출되거나 국가에 의해 임용되어 국가나 자치단체와 공법상 근무관계를 맺고 공적 업무를 담당하고 있는 자. 선거로 취임하거나, 계약으로 공무를 담당하는 임시직까지도 포함○
(2) 공무원의 종류

```
┌ 국가공무원 ┬ 경력직공무원 ┬ 일반직공무원
│           │              └ 특정직공무원
│           └ 특수경력직공무원 ┬ 정무직공무원
│                              └ 별정직공무원
└ 지방직공무원
```

(3) 공무원의 헌법적 지위
  (가) 국민전체의 봉사자: 국민전체의 봉사자(§7①)로서의 공무원은 모든 공무원을 말함(국가공무원법 이하 '동법' §1). 공무원은 경력직 공무원, 특수경력직 공무원을 말하며, 군공무원 그리고 공무원의 신분은 가지지 않지만 일시적으로 공무를 위탁받아 종사하는 자도 포함하고, 선거에서의 공무원의 중립의무를 규정한 <u>공직선거법 제9조의 공무원</u>이란 좁은 의미의 공무원은 물론이고 <u>대통령, 국무총리, 국무위원, 지방자치단체의 장 등을 포함</u>○(헌결 2004헌나1)
  (나) 공무원의 책임: 공무원은 국민에 대하여 책임을 지며(§7① 후단), 공무원이 책임을 진다는 것은 공무원의 봉사자로서의 지위를 나타낸 것이며, 구체적인 법적 책임을 지는 것으로 볼 수×(정치적 책임)

(4) 공무원의 기본권제한

　(개) **정치운동의 금지**: 공무원은 정당이나 그 밖의 정치단체의 결성에 관여하거나 이에 가입할 수×(동법 §65①)

　(내) **집단행위의 금지**: 공무원(사실상 노무에 종사하는 공무원 제외)에게 노동운동이나 그 밖에 공무 외의 일을 위한 집단행위를 금지(동법 §66①). **청원경찰**의 복무에 관하여 국가공무원법 제66조 제1항을 준용하여 **노동운동을 금지**하는 청원경찰법 조항은 **근로3권을 침해**○([헌불] 헌결 2017.9.28. 2015헌마653) ★ 선례변경

　(대) **정치적 중립성**: 국가공무원 복무규정(§3②, §8의2②)은 공무원에게 국가 또는 지방자치단체의 정책에 대한 반대·방해 행위를 금지

　(래) **근로3권의 제한**: 헌법 제33조 제2항은 공무원은 법률이 정한 자에 한하여 근로 3권을 갖도록 하였고, 이에 따라 관련 법률에서 근로 3권을 향유하는 공무원의 범위와 단결·단체교섭의 절차와 방법을 규율

| 헌결 | 대판 |

1. [1] 선거에서의 공무원의 정치적 중립의무는 '국민 전체에 대한 봉사자'로서의 공무원의 지위를 규정하는 헌법 제7조 제1항, 자유선거원칙을 규정하는 헌법 제41조 제1항 및 제67조 제1항 및 정당의 기회균등을 보장하는 헌법 제116조 제1항으로부터 나오는 헌법적 요청이다. 공선법 제9조는 이러한 헌법적 요청을 구체화하고 실현하는 법규정이다. ★

[2] 공선법 제9조는 헌법 제7조 제1항(국민 전체에 대한 봉사자로서의 공무원의 지위), 헌법 제41조, 제67조(자유선거원칙) 및 헌법 제116조(정당의 기회균등의 원칙)로부터 도출되는 헌법적 요청인 '선거에서의 공무원의 중립의무'를 구체화하고 실현하는 법규정이다. 따라서 공선법 제9조의 '공무원'이란, 위 헌법적 요청을 실현하기 위하여 선거에서의 중립의무가 부과되어야 하는 모든 공무원 즉, 구체적으로 '자유선거원칙'과 '선거에서의 정당의 기회균등'을 위협할 수 있는 모든 공무원을 의미한다. 그런데 사실상 모든 공무원이 그 직무의 행사를 통하여 선거에 부당한 영향력을 행사할 수 있는 지위에 있으므로, 여기서의 공무원이란 원칙적으로 국가와 지방자치단체의 모든 공무원 즉, 좁은 의미의 직업공무원은 물론이고, 적극적인 정치활동을 통하여 국가에 봉사하는 정치적 공무원(예컨대, 대통령, 국무총리, 국무위원, 도지사, 시장, 군수, 구청장 등 지방자치단체의 장)을 포함한다. 특히 직무의 기능이나 영향력을 이용하여 선거에

서 국민의 자유로운 의사형성과정에 영향을 미치고 정당간의 경쟁관계를 왜곡할 가능성은 정부나 지방자치단체의 집행기관에 있어서 더욱 크다고 판단되므로, 대통령, 지방자치단체의 장 등에게는 다른 공무원보다도 선거에서의 정치적 중립성이 특히 요구된다. ★

[3] 공선법 제9조의 '공무원'의 의미를 공선법상의 다른 규정 또는 다른 법률과의 연관관계에서 체계적으로 살펴보더라도, <u>공선법에서의 '공무원'의 개념은 국회의원 및 지방의회의원을 제외한 모든 정무직 공무원을 포함하는 것으로 해석된다</u>. 예컨대, 공무원을 원칙적으로 선거운동을 할 수 없는 자로 규정하는 공선법 제60조 제1항 제4호, 공무원의 선거에 영향을 미치는 행위를 금지하는 공선법 제86조 제1항 등의 규정들에서 모두 정무직 공무원을 포함하는 포괄적인 개념으로 사용하고 있다. 뿐만 아니라, 국가공무원법(제2조 등), 정당법(제6조 등) 등 다른 법률들에서도 '공무원'이란 용어를 모두 정무직 공무원을 포함하는 포괄적인 의미로 사용하고 있음을 확인할 수 있다. 따라서 <u>선거에 있어서의 정치적 중립성은 행정부와 사법부의 모든 공직자에게 해당하는 공무원의 기본적 의무이다. 더욱이 대통령은 행정부의 수반으로서 공정한 선거가 실시될 수 있도록 총괄·감독해야 할 의무가 있으므로, 당연히 선거에서의 중립의무를 지는 공직자에 해당하는 것이고, 이로써 공선법 제9조의 '공무원'에 포함된다</u>(헌결 2004.5.14. 2004헌나1). ★

2. '국가공무원 복무규정' 제3조 제2항 및 '지방공무원 복무규정' 제1조의2 제2항은 국가 또는 지방자치단체의 정책에 대한 공무원의 집단적인 반대·방해 <u>행위를 금지</u>하고 있는바, 이는 공무원의 정치활동을 제한하는 규정인 국가공무원법 제65조 및 공무원의 복무에 관한 일반적 수권규정인 국가공무원법 제67조의 위임을 받은 것이며, 국가공무원법 제65조상 공무원에게 금지되는 정치적 행위를 보다 구체화한 것이라 할 수 있으므로, <u>법률유보원칙에 위배되지 아니한다</u>(헌결 2012.5.31. 2009헌마705).

2. 직업공무원제도

(1) 의의: 공무원에게 법집행기능을 맡김으로써 안정적이고 일관된 공무수행을 보장하는 공직구조제도. 직업공무원제도가 적용되는 공무원은 **경력직 공무원에 국한되며 특수경력직 공무원은 이에 해당×**. 즉, 협의의 공무원을 말하며 **정치적 공무원이라든가 임시적 공무원은 포함×**(헌결 89헌마32) ⇒ **직업공무원제도**(제2공), **국민전체에 대한 봉사자**(제3공)

(2) 직업공무원제도의 내용

⑺ 기능유보, 신분보장

⑷ 정치적 중립성: 직업공무원제도의 필수적 내용에 해당(§7②)

⒟ 실적주의(성적주의): 실적주의란 인사행정에서 정치적 또는 정실적 요인을 배제하고 자격이나 능력을 기준하여 공무원을 임용(승진)하는 원칙. 국가공무원법 제26조는 '공무원의 임용은 시험성적·근무성적, 그 밖의 능력의 실증에 따라 행한다.'고 하여 실적주의를 명시. **공직자 선발에 능력주의에 따르지 않는 것은 공직취임권에 대한 침해이지만**, 헌법의 기본원리(예: 사회국가원리)나 특정 조항에 비추어 **능력주의원칙에 대한 예외를 인정할 수**○ (위헌 헌결 98헌마363)

| 헌결 | 대판 |

1. 직업공무원제도는 헌법이 보장하는 제도적 보장 중의 하나임이 분명하므로 입법자는 직업공무원제도에 관하여 '최소한 보장'의 원칙의 한계안에서 폭넓은 입법형성의 자유를 가진다. 따라서 입법자가 동장의 임용의 방법이나 직무의 특성 등을 고려하여 이 사건 법률조항에서 동장의 공직상의 신분을 지방공무원법상 신분보장의 적용을 받지 아니하는 별정직공무원의 범주에 넣었다 하여 바로 그 법률조항부분을 위헌이라고 할 수는 없다(헌결 1997.4.24. 95헌바48). ★

2. [1] 우리나라는 직업공무원제도를 채택하고 있는데, 이는 <u>공무원이 집권세력의 논공행상의 제물이 되는 엽관제도(獵官制度)를 지양하고 정권교체에 따른 국가작용의 중단과 혼란을 예방하고 일관성있는 공무수행의 독자성을 유지하기 위하여 헌법과 법률에 의하여 공무원의 신분이 보장되는 공직구조에 관한 제도이다.</u> 여기서 말하는 공무원은 국가 또는 공공단체와 근로관계를 맺고 이른바 공법상 특별권력관계 내지 특별행정법관계 아래 공무를 담당하는 것을 직업으로 하는 협의의 공무원을 말하며 <u>정치적 공무원이라든가 임시적 공무원은 포함되지 않는 것이다.</u> ★

[2] 직업공무원제도하에 있어서는 과학적 직위분류제(職位分類制), 성적주의 등에 따른 인사의 공정성을 유지하는 장치가 중요하지만 <u>특히 공무원의 정치적 중립과 신분보장은 그 중추적 요소라고 할 수 있는 것이다.</u> 그러나 보장이 있음으로해서 공무원은 어떤 특정정당이나 특정상급자를 위하여 충성하는 것이 아니고 국민전체에 대한 공복으로서 법에 따라 그 소임을 다할 수 있게 되는 것으로서 이는 당해 공무원의 권리나 이익의 보호에 그치지 않고 국가통치

차원에서의 정치적 안정의 유지와 공무원으로 하여금 상급자의 불법부당한 지시나 정실(情實)에 속박되지 않고 오직 법과 정의에 따라 공직을 수행하게 하는 법치주의의 이념과 고도의 합리성, 전문성, 연속성이 요구되는 공무의 차질없는 수행을 보장하기 위한 것이다.

[3] 그런데 국가보위입법회의법 부칙 제4항 전단은 "이 법 시행 당시의 국회사무처와 국회도서관은 이 법에 의한 사무처 및 도서관으로 보며…"라고 규정하고 있는 바, 같은 법 제7조와 제8조를 모두어 판단하건대, 국회사무처와 국가보위입법회의사무처 상호간, 국회도서관과 국가보위입법회의도서관 상호간에 각 그 동질성과 연속성을 인정하고 있어 적어도 규범상으로는 국가공무원법 제70조 제1항 제3호에서 직권면직사유로 규정하고 있는 직제와 정원의 개폐등 조직변경의 사정은 인정되지 않는다. <u>그러함에도 그 후단에서는 "그 소속 공무원은 이 법에 의한 후임자가 임명될 때까지 그 직을 가진다"라고 규정함으로써 조직의 변경과 관련이 없음은 물론 소속공무원의 귀책사유의 유무라던가 다른 공무원과의 관계에서 형평성이나 합리적 근거등을 제시하지 아니한 채 임명권자의 후임자임명이라는 처분에 의하여 그 직을 상실하는 것으로 규정하였으니, 이는 결국 임기만료되거나 정년시까지는 그 신분이 보장된다는 직업공무원제도의 본질적 내용을 침해하는 것으로서 헌법에서 보장하고 있는 공무원의 신분보장 규정에 정면으로 위반된다고 아니할 수 없는 것이다.</u>

<u>[4] 구 국가보위입법회의법 부칙 제4항 후단은 합리적 이유없이 임명권자의 후임자 임명처분으로 공무원직을 상실하도록 함으로써 직업공무원제를 침해하였으므로 구 헌법 제6조 제2항, 헌법 제7조 제2항에 위반된다</u>(위헌) 헌결 1989.12.18. 89헌마32).

3. 지방공무원법 제62조 제1항 제3호에서 지방자치단체의 직제가 폐지된 경우에 행할 수 있도록 하고 있는 직권면직은 행정조직의 효율성을 높이기 위한 제도로서 행정수요가 소멸하거나 조직의 비대화로 효율성이 저하되는 경우 불가피하게 이루어지게 된다. 한편, <u>우리 헌법 제7조가 정하고 있는 직업공무원제도는 공무원이 집권세력의 논공행상의 제물이 되는 엽관제도를 지양하며 정권교체에 따른 국가작용의 중단과 혼란을 예방하고 일관성 있는 공무수행의 독자성을 유지하기 위하여 헌법과 법률에 의하여 공무원의 신분이 보장되도록 하는 공직구조에 관한 제도로 공무원의 정치적 중립과 신분보장을 그 중추적 요소로 한다.</u> ★ <중략> 행정조직의 개폐에 관한 문제에 있어 입법자가 광범위한 입법형성권을 가진다 하더라도 행정조직의 개폐로 인해 행해지는

직권면직은 보다 직접적으로 해당 공무원들의 신분에 중대한 위협을 주게 되므로 직제 폐지 후 실시되는 면직절차에 있어서는 보다 엄격한 요건이 필요한데, 이와 관련하여 지방공무원법 제62조는 직제의 폐지로 인해 직권면직이 이루어지는 경우 임용권자는 인사위원회의 의견을 듣도록 하고 있고, 면직기준으로 임용형태·업무실적·직무수행능력·징계처분사실 등을 고려하도록 하고 있으며, 면직기준을 정하거나 면직대상을 결정함에 있어서 반드시 인사위원회의 의결을 거치도록 하고 있는바, 이는 합리적인 면직기준을 구체적으로 정함과 동시에 그 공정성을 담보할 수 있는 절차를 마련하고 있는 것이라 볼 수 있다. 그렇다면 <u>이 사건 규정이 직제가 폐지된 경우 직권면직을 할 수 있도록 규정하고 있다고 하더라도 이것이 직업공무원제도를 위반하고 있다고는 볼 수 없다</u> (헌결 2004.11.25. 2002헌바8). ★

4. 지방공무원법 제29조의3은 "지방자치단체의 장은 다른 지방자치단체의 장의 동의를 얻어 그 소속 공무원을 전입할 수 있다"라고만 규정하고 있어, 이러한 전입에 있어 지방공무원 본인의 동의가 필요한지에 관하여 다툼의 여지없이 명백한 것은 아니나, 위 법률조항을, <u>해당 지방공무원의 동의없이도 지방자치단체의 장 사이의 동의만으로 지방공무원에 대한 전출 및 전입명령이 가능하다고 풀이하는 것은 헌법적으로 용인되지 아니하며, 헌법 제7조에 규정된 공무원의 신분보장 및 헌법 제15조에서 보장하는 직업선택의 자유의 의미와 효력에 비추어 볼 때 위 법률조항은 해당 지방공무원의 동의가 있을 것을 당연한 전제로 하여 그 공무원이 소속된 지방자치단체의 장의 동의를 얻어서만 그 공무원을 전입할 수 있음을 규정하고 있는 것으로 해석하는 것이 타당하고</u>, 이렇게 본다면 인사교류를 통한 행정의 능률성이라는 입법목적도 적절히 달성할 수 있을 뿐만 아니라 지방공무원의 신분보장이라는 헌법적 요청도 충족할 수 있게 된다. 따라서 <u>위 법률조항은 헌법에 위반되지 아니한다</u>(합헌; 헌결 2002.11.28. 98헌바101). ★ `판결이유` 직업선택의 자유를 보장하고 있는 헌법 제15조를 고려하더라도 위와 같은 해석은 정당하지 않다. 지방자치단체의 장이 다른 지방자치단체의 장의 동의를 얻어 그 소속 공무원을 전입함에 있어 지방공무원 본인의 동의가 필요하지 않다고 해석한다면, 그 지방공무원의 의사에 반한 전출명령 및 전입임용으로 자신이 선택한 직업(지방공무원)을 수행해 나가기 위한 직장(지방자치단체)을 옮기도록 강요하는 것이므로, <u>지방공무원의 직업선택의 자유, 그 중에서도 직장선택의 자유를 침해하는 것이 된다</u>. `주의` 동 헌재결정의 주문을 위헌이나 헌법불합치라고 혼동하면 안 되는 주의를 요하는 판례

5. 헌법 제25조는 "모든 국민은 법률이 정하는 바에 의하여 공무담임권을 가진다"고 규정하여 공무담임권을 보장하고 있는바, 공무담임권은 각종 선거에 입후보하여 당선될 수 있는 피선거권과 공직에 임명될 수 있는 공직취임권을 포괄하고 있다. 공무담임권도 국가안전보장·질서유지 또는 공공복리를 위하여 필요한 경우 법률로써 제한될 수 있으나 그 경우에도 이를 불평등하게 또는 과도하게 침해하거나 본질적인 내용을 침해하여서는 아니된다. 선거직공직과 달리 직업공무원에게는 정치적 중립성과 더불어 효율적으로 업무를 수행할 수 있는 능력이 요구되므로, 직업공무원으로의 공직취임권에 관하여 규율함에 있어서는 임용희망자의 능력·전문성·적성·품성을 기준으로 하는 이른바 능력주의 또는 성과주의를 바탕으로 하여야 한다. 헌법은 이 점을 명시적으로 밝히고 있지 아니하지만, 헌법 제7조에서 보장하는 직업공무원제도의 기본적 요소에 능력주의가 포함되는 점에 비추어 헌법 제25조의 공무담임권 조항은 모든 국민이 누구나 그 능력과 적성에 따라 공직에 취임할 수 있는 균등한 기회를 보장함을 내용으로 한다고 할 것이다. "공무원의 임용은 시험성적·근무성적 기타 능력의 실증에 의하여 행한다"고 규정하고 있는 국가공무원법 제26조와 "공개경쟁에 의한 채용시험은 동일한 자격을 가진 모든 국민에게 평등하게 공개하여야 하며 …"라고 하고 있는 동법 제35조는 공무담임권의 요체가 능력주의와 기회균등에 있다는 헌법 제25조의 법리를 잘 보여주고 있다. 따라서 공직자선발에 관하여 능력주의에 바탕한 선발기준을 마련하지 아니하고 해당 공직이 요구하는 직무수행능력과 무관한 요소, 예컨대 성별·종교·사회적 신분·출신지역 등을 기준으로 삼는 것은 국민의 공직취임권을 침해하는 것이 된다. 다만, 헌법의 기본원리나 특정조항에 비추어 능력주의원칙에 대한 예외를 인정할 수 있는 경우가 있다. 그러한 헌법원리로는 우리 헌법의 기본원리인 사회국가원리를 들 수 있고, 헌법조항으로는 여자·연소자근로의 보호, 국가유공자·상이군경 및 전몰군경의 유가족에 대한 우선적 근로기회의 보장을 규정하고 있는 헌법 제32조 제4항 내지 제6항, 여자·노인·신체장애자 등에 대한 사회보장의무를 규정하고 있는 헌법 제34조 제2항 내지 제5항 등을 들 수 있다. 이와 같은 헌법적 요청이 있는 경우에는 합리적 범위안에서 능력주의가 제한될 수 있다(헌결 1999.12.23. 98헌마363).

3. 고위공직자범죄수사처 설치 및 운영에 관한 법률(약칭: 공수처법)

(1) 의의: 고위공직자 등의 범죄는 정부에 대한 신뢰를 훼손하고, 공공부문의 투명성과 책임성을 약화시키는 중요한 원인이 되고 있는바, 고위공직자 등의 범죄를 독립된 위치에서 수사할 수 있는 고위공직자범죄수사처의 설치 근거와 그

구성 및 운영에 필요한 사항을 정함으로써 고위공직자 등의 범죄를 척결하고, 국가의 투명성과 공직사회의 신뢰성을 높이려는 것임.

(2) [부속] 공수처법 개정: ㉠ 고위공직자범죄수사처장 후보추천위원회의 위원 구성 시 국회의장은 교섭단체에 10일 이내의 추천기한을 정하여 위원의 추천을 서면으로 요청할 수 있도록 하고, 추천기한 이내에 추천이 이루어지지 않은 교섭단체가 있는 경우 국회의장은 해당 교섭단체의 추천에 갈음하여 사단법인 한국법학교수회 회장과 사단법인 법학전문대학원협의회 이사장을 추천위원으로 위촉할 수 있도록 함(§6⑤⑥ 신설) ㉡ 고위공직자범죄수사처장 후보추천위원회의 의결정족수를 현행 6인 이상에서 재적위원(7인)의 3분의 2 이상으로 완화함(§6⑦) ★★★ ㉢ 수사처검사의 변호사 자격보유 요건을 10년 이상에서 7년 이상으로 완화하고, 재판, 수사 또는 조사업무 실무 경력 요건은 삭제함(§8①) <개정 2020. 12. 15> [헌결] 수사처는 직제상 대통령 또는 국무총리 직속기관 내지 국무총리의 통할을 받는 행정각부에 속하지 않는다고 하더라도 대통령을 수반으로 하는 행정부에 소속되고 그 관할권의 범위가 전국에 미치는 중앙행정기관으로 보는 것이 타당 / 수사처의 권한 행사에 대해서는 여러 기관으로부터의 통제가 이루어질 수 있으므로, 단순히 수사처가 독립된 형태로 설치되었다는 이유만으로 권력분립원칙에 위반된다고 볼 수× / 헌법에 규정된 영장신청권자로서의 검사는 검찰권을 행사하는 국가기관인 검사로서 공익의 대표자이자 수사단계에서의 인권옹호기관으로서의 지위에서 그에 부합하는 직무를 수행하는 자를 의미하는 것이지, 검찰청법상 검사만을 지칭하는 것×(헌결 2021.1.28. 2020헌마264) ★

심화학습

1. 고위공직자범죄수사처 설치 및 운영에 관한 법률 위헌확인(헌결 2021.1.28. 2020헌마264)

[판시사항]

1. '고위공직자범죄수사처 설치 및 운영에 관한 법률'(이하 '공수처법'이라 한다) 제24조 제1항에 대한 심판청구의 적법 여부(소극)
2. 구 공수처법 제2조 및 공수처법 제3조 제1항이 권력분립원칙을 위반하여 청구인들의 평등권, 신체의 자유 등을 침해하는지 여부(소극)
3. 구 공수처법 제2조 및 공수처법 제3조 제1항이 청구인들을 합리적 이유 없이 차별하여 평등권을 침해하는지 여부(소극)

4. 공수처법 제8조 제4항이 영장주의원칙을 위반하여 청구인들의 신체의 자유 등을 침해하는지 여부(소극)

[결정요지]

1. 공수처법 제24조 제1항은 고위공직자범죄수사처(이하 '수사처'라 한다)와 다른 수사기관 사이의 권한 배분에 관한 사항을 규정한 것으로 청구인들의 법적 지위에 영향을 미친다고 볼 수 없어 기본권침해가능성이 인정되지 않으므로, 위 조항에 대한 심판청구는 부적법하다.

2. 가. 헌법 제66조 제4항은 "행정권은 대통령을 수반으로 하는 정부에 속한다."고 규정하고 있는데, 여기서의 '정부'란 입법부와 사법부에 대응하는 넓은 개념으로서의 집행부를 일컫는다 할 것이다. 그리고 헌법 제86조 제2항은 대통령의 명을 받은 국무총리가 행정각부를 통할하도록 규정하고 있는데, 대통령과 행정부, 국무총리에 관한 헌법 규정의 해석상 국무총리의 통할을 받는 '행정각부'에 모든 행정기관이 포함된다고 볼 수 없다. 즉 정부의 구성단위로서 그 권한에 속하는 사항을 집행하는 중앙행정기관을 반드시 국무총리의 통할을 받는 '행정각부'의 형태로 설치하거나 '행정각부'에 속하는 기관으로 두어야 하는 것이 헌법상 강제되는 것은 아니므로, 법률로써 '행정각부'에 속하지 않는 독립된 형태의 행정기관을 설치하는 것이 헌법상 금지된다고 할 수 없다.

수사처가 수행하는 수사와 공소제기 및 유지는 우리 헌법상 본질적으로 행정에 속하는 사무에 해당하는 점, 수사처의 구성에 대통령의 실질적인 인사권이 인정되고, 수사처장은 소관 사무와 관련된 안건이 상정될 경우 국무회의에 출석하여 발언할 수 있으며 그 소관 사무에 관하여 독자적으로 의안을 제출할 권한이 있는 것이 아니라 법무부장관에게 의안의 제출을 건의할 수 있는 점 등을 종합하면, 수사처는 직제상 대통령 또는 국무총리 직속기관 내지 국무총리의 통할을 받는 행정각부에 속하지 않는다고 하더라도 대통령을 수반으로 하는 행정부에 소속되고 그 관할권의 범위가 전국에 미치는 중앙행정기관으로 보는 것이 타당하다.

나. 수사처가 중앙행정기관임에도 불구하고 기존의 행정조직에 소속되지 않고 대통령과 기존행정조직으로부터 구체적인 지휘·감독을 받지 않는 형태로 설치된 것은 수사처 업무의 특수성에서 기인한 것인바, 수사처의 설치 취지가 고위공직자 등의 범죄를 척결하여 국가의 투명성과 공직사회의 신뢰성을 높이는 한편 검찰의 기소독점주의 및 기소편의주의에 대한 제도적 견제장치

를 마련하려는 데에 있는 점, 수사처가 행정부 소속 공무원도 그 수사대상으로 하여 기존의 행정조직의 위계질서에 포함시켜서는 객관성이나 신뢰성을 담보하기 쉽지 않은 점, 수사처가 대부분의 고위공직자들을 대상으로 수사 등을 담당하므로 정치적 중립성과 직무의 독립성이 매우 중요한 점 등을 고려한 것이다.

다. 수사처의 권한 행사에 대해서는 여러 기관으로부터의 통제가 이루어질 수 있으므로, 단순히 수사처가 독립된 형태로 설치되었다는 이유만으로 권력분립원칙에 위반된다고 볼 수 없다. 수사처는 '고위공직자범죄수사처 설치 및 운영에 관한 법률'이라는 입법을 통해 도입되었으므로 의회는 법률의 개폐를 통하여 수사처에 대한 시원적인 통제권을 가지고, 수사처 구성에 있어 입법부, 행정부, 사법부를 비롯한 다양한 기관이 그 권한을 나누어 가지므로 기관 간 견제와 균형이 이루어질 수 있으며, 국회, 법원, 헌법재판소에 의한 통제가 가능할 뿐 아니라 행정부 내부적 통제를 위한 여러 장치도 마련되어 있다.

라. 법률에 근거하여 수사처라는 행정기관을 설치하는 것이 헌법상 금지되지 않는바, 검찰의 기소독점주의 및 기소편의주의를 견제할 별도의 수사기관을 설치할지 여부는 국민을 대표하는 국회가 검찰 기소독점주의의 적절성, 검찰권 행사의 통제 필요성, 별도의 수사기관 설치의 장단점, 고위공직자범죄 수사 등에 대한 국민적 관심과 요구 등 제반 사정을 고려하여 결정할 문제로서, 그 판단에는 본질적으로 국회의 폭넓은 재량이 인정된다. 또한 수사처의 설치로 말미암아 수사처와 기존의 다른 수사기관과의 관계가 문제된다 하더라도 동일하게 행정부 소속인 수사처와 다른 수사기관 사이의 권한 배분의 문제는 <u>헌법상 권력분립원칙의 문제라고 볼 수 없다.</u>

마. 이상과 같이 공수처법이 수사처의 소속을 명시적으로 규정하지 않은 것은 수사처의 업무의 특성을 고려하여 정치적 중립성과 직무상 독립성을 보장하기 위한 것이고, 수사처에 대하여는 행정부 내부에서뿐만 아니라 외부에서도 다양한 방법으로 통제를 하고 있으며, 수사처가 다른 국가기관에 대하여 일방적 우위를 점하고 있다고 보기도 어려우므로, <u>구 공수처법 제2조 및 공수처법 제3조 제1항은 권력분립원칙에 반하여 청구인들의 평등권, 신체의 자유 등을 침해하지 않는다.</u>

3. 가. 헌법은 수사나 공소제기의 주체, 방법, 절차 등에 관하여 직접적인 규정을 두고 있지 않다. 기존의 행정조직에 소속되지 않은 독립된 위치에서 수사 등에 관한 사무를 수행할 기관을 설치·운영할 것인지 여부, 해당 기관에 의한

수사나 기소의 대상을 어느 범위로 정할 것인지는 독립된 기관의 설치 필요성, 공직사회의 신뢰성 제고에 대한 국민적 관심과 요구 등 모든 사정을 고려하여 결정할 문제이므로, 이에 대한 입법자의 결정은 명백히 자의적이거나 현저히 부당하다고 볼 수 없는 한 존중되어야 한다.

나. 고위공직자는 권력형 부정 사건을 범할 가능성이 비고위공직자에 비하여 높고 그 범죄로 인한 부정적인 파급효과가 크며 높은 수준의 청렴성이 요구되고, 그 가족의 경우 고위공직자와 생활공동체를 형성하는 밀접·긴밀한 관계에 있으므로, 고위공직자나 그 가족 등에 한하여 수사처의 수사나 기소의 대상으로 하고 그 대상이 되는 범죄를 한정하여 규정한 것에는 합리적인 이유가 있다. 수사처에 의한 수사 등의 대상에는 퇴직한 사람도 포함되나, 이는 범죄에 연루된 현직 고위공직자가 사직을 통해 수사처의 수사 등을 회피하는 행태를 방지하고 국가의 투명성과 공직사회의 신뢰성 제고라는 수사처의 설치 목적에 기여하기 위한 것이므로, 불합리하다고 할 수 없다.

다. 수사처에 의한 수사 등에 적용되는 절차나 내용, 방법 등은 일반 형사소송절차와 같으므로, 수사처의 수사 등의 대상이 된다고 하여 대상자에게 실질적인 불이익이 발생한다거나 대상자의 법적 지위가 불안정해진다고 볼 수 없다. 수사처가 고위공직자에 대한 수사 등의 주체가 됨으로써 부실·축소수사 또는 표적수사가 이루어지거나 무리한 기소가 있을 수 있다는 우려를 뒷받침할 객관적·실증적인 근거가 없다. 따라서 <u>구 공수처법 제2조 및 공수처법 제3조 제1항이 청구인들을 합리적 이유 없이 차별하여 청구인들의 평등권을 침해한다고 할 수 없다.</u>

4. 가. 헌법에서 수사단계에서의 영장신청권자를 검사로 한정한 것은 다른 수사기관에 대한 수사지휘권을 확립시켜 인권유린의 폐해를 방지하고, 법률전문가인 검사를 거치도록 함으로써 기본권침해가능성을 줄이고자 한 것이다. <u>헌법에 규정된 영장신청권자로서의 검사는 검찰권을 행사하는 국가기관인 검사로서 공익의 대표자이자 수사단계에서의 인권옹호기관으로서의 지위에서 그에 부합하는 직무를 수행하는 자를 의미하는 것이지, 검찰청법상 검사만을 지칭하는 것으로 보기 어렵다.</u> ★

나. 검찰청법 제4조에 따른 검사의 직무 및 군사법원법 제37조에 따른 군검사의 직무를 수행하는 수사처검사는 공익의 대표자로서 다른 수사기관인 수사처수사관을 지휘·감독하고, 단지 소추권자로서 처벌을 구하는 데에 그치는 것이 아니라 피고인의 이익도 함께 고려하는 인권옹호기관으로서의 역할을

한다. 또한 수사처검사는 변호사 자격을 일정 기간 보유한 사람 중에서 임명하도록 되어 있으므로, 법률전문가로서의 자격도 충분히 갖추었다. 따라서 공수처법 제8조 제4항은 영장주의원칙을 위반하여 청구인들의 신체의 자유 등을 침해하지 않는다.

제6절 법치주의

1. 법치주의의 의의
(1) 개념: 국가권력을 법에 기속시켜 자유와 평등의 기본가치를 실현하는 통치원리
(2) 기능: 국가를 활동하게 만드는 기능, 국가활동을 불법으로부터 보호하고 정치적 공동체의 올바른 질서를 만드는데 기여, 법적 명확성과 법적 안정성을 통해 국가생활의 합리화

2. 법치주의의 내용
(1) 기본권: 법치주의는 생명, 신체, 자유, 재산 등 기본권을 보호하고 보장
(2) 권력분립: 그 본질을 어떻게 이해하든지 법치주의의 중요한 내용
(3) 국가권력의 법적 구속: 입법에 대한 헌법의 우위, 집행작용에 대한 법률과 법의 우위
(4) 법률유보: 행정은 법률의 근거가 있을 때에만 활동이 허용된다는 것. 법률유보원칙은 행정작용이 법률에 근거를 두기만 하면 충분한 것이 아니라, 국가공동체와 구성원에게 기본적이고도 중요한 의미를 갖는 영역, 특히 국민의 기본권실현에 관련된 영역에 있어서는 입법자 스스로 본질적 사항을 결정해야 하는 것(의회유보원칙)으로 이해(헌결 98헌바70)

| 헌결 | 대판 | **법률유보원칙**

1. 행형법상 징벌의 일종인 금치처분을 받은 자에 대하여 금치기간 중 집필을 전면 금지한 행형법시행령 제145조 제2항 본문 부분(이하 '이 사건 시행령조항'이라 한다)은, 금치대상자의 자유와 권리에 관한 사항을 규율하는 것이므로 모법의 근거 및 위임이 필요하다. 행형법 제46조 제2항 제5호는 징벌의 일종으로 "2월 이내의 금치"를 규정하고 있으나, 금치의 개념 자체로부터는 그 사전적

의미가 제시하는 징벌실 수용이라는 특수한 구금형태만을 추단할 수 있을 뿐이고 거기에 집필의 전면적 금지와 같은 일정한 처우의 제한 내지 박탈이라는 금치의 효과 내지 집행방법까지 포함되어 있다거나 동 조항으로부터 곧바로 제한되는 처우의 내용이 확정된다고 볼 수 없고, 행형법 제46조 제4항은 징벌을 부과함에 있어 필요한 기준을 법무부장관이 정하도록 규정하고 있으나, <u>그 위임사항이 "징벌의 부과 기준"이지 "징벌의 효과나 대상자의 처우"가 아님은 문언상 명백하므로, 모두 이 사건 시행령조항의 법률적 근거가 된다고 할 수 없다</u>. 다만 행형법 제33조의3 제1항은 수용자에 대하여 원칙적으로 집필을 금지하고 있다고 볼 수 있으나, 이 사건 시행령조항은 같은 조항에서 규정하고 있는 접견이나 서신수발 등과 달리 교도소장이 <u>예외적으로라도 이를 허용할 가능성마저 봉쇄하고 있고</u>, 위 행형법 제33조의3 제1항보다 가중된 제한을, 그것도 모법과 상이한 사유를 원인으로 집필의 자유를 박탈하고 있으므로 이 역시 이 사건 시행령조항의 법률적 근거가 된다고 할 수 없어 <u>이 사건 시행령조항은 금치처분을 받은 수형자의 집필에 관한 권리를 법률의 근거나 위임 없이 제한하는 것으로서 법률유보의 원칙에 위반된다</u>(**위헌** 헌결 2005.2.24. 2003헌마289). ⇒ 행형법상 징벌의 일종인 금치처분을 받은 자에 대하여 금치기간 중 집필을 전면 금지한 행형법시행령 제145조 제2항 본문 중 "집필" 부분이 법률유보의 원칙에 위반되는지 여부(적극)

★ [이유] 이 사건 시행령조항은 금치처분을 받은 수형자에 대하여 징벌실 수용과 더불어 집필을 전면 금지하고 있다. 징벌실 수용이라는 특별한 구금상태는 신체의 자유나 거주이전의 자유와 같이 수형관계에서 당연히 제한될 것이 예상되는 기본권에 대한 가중된 제한이라고 할 수 있겠지만, 나아가 집필까지 금지하는 것은 그와 같이 당연히 예상되는 범위를 벗어난 처우상의 불이익 또는 편의의 박탈이라는 의미가 있다. 이와 같이 금치의 집행에 따라 부가되는 집필 금지라는 처우상의 불이익은 제한된 범위에서나마 수형자에게 부여되는 집필의 자유를 완전히 박탈하는 것으로서, <u>금치대상자의 표현의 자유, 직업수행의 자유, 행복추구권 등 일련의 기본권에 대한 제한</u>을 초래한다는 점에서 법률유보 원칙의 준수 여부가 문제되는 것이다.

2. 행정사법 시행령(2008. 2. 29. 대통령령 제20741호로 일부 개정된 것) 제4조 제3항 중 '행정사의 수급상황을 조사하여 행정사 자격시험의 실시가 필요하다고 인정하는 때 시험실시계획을 수립하도록 한 부분'은 법률유보원칙에 반하여 행정사 자격시험을 통해 행정사가 되고자 하는 청구인의 직업선택의 자유를

침해한다(위헌 헌결 2010.4.29. 2007헌마910).

3. 일반적으로 기본권침해 관련 영역에서는 급부행정 영역에서보다 위임의 구체성의 요구가 강화된다는 점, 이 사건 응시제한[저자 주: 고졸검정고시 또는 '고등학교 입학자격 검정고시'(이하 '고입검정고시'라 한다)에 합격했던 자는 해당 검정고시에 다시 응시할 수 없도록 응시자격을 제한한 전라남도 교육청 공고 제2010-67호(2010. 2. 1.) 및 제2010-155호(2010. 6. 2) 중 해당 검정고시 합격자 응시자격 제한 부분]이 검정고시 응시자에게 미치는 영향은 응시자격의 영구적인 박탈인 만큼 중대하다고 할 수 있는 점 등에 비추어 보다 엄격한 기준으로 법률유보원칙의 준수 여부를 심사하여야 할 것인바, 고졸검정고시규칙과 고입검정고시규칙은 이미 응시자격이 제한되는 자를 특정적으로 열거하고 있으면서 달리 일반적인 제한 사유를 두지 않고 또 그 제한에 관하여 명시적으로 위임한 바가 없으며, 단지 '고시의 기일·장소·원서접수 기타 고시시행에 관한 사항' 또는 '고시 일시와 장소, 원서접수기간과 그 접수처 기타 고시시행에 관하여 필요한 사항'과 같이 고시시행에 관한 기술적·절차적인 사항만을 위임하였을 뿐, 특히 '검정고시에 합격한 자'에 대하여만 응시자격 제한을 공고에 위임했다고 볼 근거도 없으므로, 이 사건 응시제한은 위임받은 바 없는 응시자격의 제한을 새로이 설정한 것으로서 기본권 제한의 법률유보원칙에 위배하여 청구인의 교육을 받을 권리 등을 침해한다(인용(위헌확인); 헌결 2012.5.31. 2010헌마139).

4. 세월호피해지원법은 배상금 등의 지급 이후 효과나 의무에 관한 일반규정을 두거나 이에 관하여 범위를 정하여 하위 법규에 위임한 바가 전혀 없다. 따라서 세월호피해지원법 제15조 제2항의 위임에 따라 시행령으로 규정할 수 있는 사항은 지급신청이나 지급에 관한 기술적이고 절차적인 사항일 뿐이다. 신청인에게 지급결정에 대한 동의의 의사표시 전에 숙고의 기회를 보장하고, 그 법적 의미와 효력에 관하여 안내해 줄 필요성이 인정된다 하더라도, 세월호피해지원법 제16조에서 규정하는 동의의 효력 범위를 초과하여 세월호 참사 전반에 관한 일체의 이의제기를 금지시킬 수 있는 권한을 부여받았다고 볼 수는 없다. 따라서 이의제기금지조항은 법률유보원칙을 위반하여 법률의 근거 없이 대통령으로 청구인들에게 세월호 참사와 관련된 일체의 이의 제기 금지의무를 부담시킴으로써 일반적 행동의 자유를 침해한다(위헌 헌결 2017.6.29. 2015헌마654).

5. 집회나 시위 해산을 위한 살수차 사용은 집회의 자유 및 신체의 자유에 대한

중대한 제한을 초래하므로 살수차 사용요건이나 기준은 법률에 근거를 두어야 하고, 살수차와 같은 위해성 경찰장비는 본래의 사용방법에 따라 지정된 용도로 사용되어야 하며 다른 용도나 방법으로 사용하기 위해서는 반드시 법령에 근거가 있어야 한다. 혼합살수방법은 법령에 열거되지 않은 새로운 위해성 경찰장비에 해당하고 이 사건 지침에 혼합살수의 근거 규정을 둘 수 있도록 위임하고 있는 법령이 없으므로, 이 사건 지침은 법률유보원칙에 위배되고 이 사건 지침만을 근거로 한 이 사건 혼합살수행위 역시 법률유보원칙에 위배된다. 따라서 이 사건 혼합살수행위는 청구인들의 신체의 자유와 집회의 자유를 침해한다(위헌확인; 헌결 2018.5.31. 2015헌마476). ⇒ 피청구인이 2015. 5. 1. 22:13경부터 23:20경까지 사이에 최루액을 물에 혼합한 용액을 살수차를 이용하여 청구인들에게 살수한 행위('이 사건 혼합살수행위')가 법률유보원칙에 위배되어 청구인들의 신체의 자유와 집회의 자유를 침해하는지 여부(적극)

6. 이 사건 시기제한조항[저자 주: 인터넷언론사에 대하여 선거일 전 90일부터 선거일까지 후보자 명의의 칼럼이나 저술을 게재하는 보도를 제한하는 구 '인터넷선거보도 심의기준 등에 관한 규정'(2011. 12. 23. 인터넷선거보도심의위원회 훈령 제9호로 제정되고, 2017. 12. 8. 인터넷선거보도심의위원회 훈령 제10호로 개정되기 전의 것) 제8조 제2항 본문과 '인터넷선거보도 심의기준 등에 관한 규정'(2017. 12. 8. 인터넷선거보도심의위원회 훈령 제10호로 개정된 것, 이하 '이 사건 심의기준 규정'이라 한다) 제8조 제2항(이하 위 두 조항을 합하여 '이 사건 시기제한조항'이라 한다)]은 공직선거법 제8조의5 제6항, 제9항, '인터넷선거보도심의위원회의 구성 및 운영에 관한 규칙' 제17조 등의 위임에 따라 제정된 것으로서 법률에 근거를 두고 있다. 이 사건 시기제한조항의 효과와 인터넷 선거보도 심의 제도의 취지, 이 사건 심의위원회의 성격 등에 비추어 보면, 모법에서 이 사건 시기제한조항을 포함한 이 사건 심의기준 규정에 포함될 내용에 대해 어느 정도 포괄적으로 위임할 필요성이 인정되므로, 이 사건 심의위원회가 어느 시기부터 인터넷언론사에 후보자 명의의 칼럼 등을 게재하는 것을 제한할 것인지를 공직선거법의 취지와 내용을 고려하여 정한 것이라면, 이를 모법의 위임범위를 벗어난 것이라고 볼 수 없다. 공직선거법은 선거일 전 90일을 기준으로 다양한 규제를 부과하고 있는데, 이 사건 심의위원회도 이러한 입법자의 판단을 존중하여 이 사건 시기제한조항에도 선거일 전 90일을 기준으로 설정하였다. 따라서 이 사건 시기제한조항이 모법의 위임범위를 벗어났다고 볼 수 없으므로 법률유보원칙에 반하여 청구인의 표현의 자유를 침해하

지 않는다(위헌 헌결 2019.11.28. 2016헌마90). ★★★ ⇒ 이 사건 시기제한조항은 과잉금지원칙에 반하여 청구인의 표현의 자유를 침해○

7. [1] 이 사건 정보수집 등 행위의 대상인 정치적 견해에 관한 정보는 공개된 정보라 하더라도 개인의 인격주체성을 특징짓는 것으로, 개인정보자기결정권의 보호 범위 내에 속하며, 국가가 개인의 정치적 견해에 관한 정보를 수집·보유·이용하는 등의 행위는 개인정보자기결정권에 대한 중대한 제한이 되므로 이를 위해서는 법령상의 명확한 근거가 필요함에도 그러한 법령상 근거가 존재하지 않으므로 이 사건 정보수집 등 행위는 법률유보원칙을 위반하여 청구인들의 개인정보자기결정권을 침해한다. ⇒ 피청구인 대통령의 지시로 피청구인 대통령 비서실장, 정무수석비서관, 교육문화수석비서관, 문화체육관광부장관이 야당 소속 후보를 지지하였거나 정부에 비판적 활동을 한 문화예술인이나 단체를 정부의 문화예술 지원사업에서 배제할 목적으로 개인의 정치적 견해에 관한 정보를 수집·보유·이용한 행위(이하 '이 사건 정보수집 등 행위'라 한다)가 법률유보원칙을 위반하여 개인정보자기결정권을 침해하는지 여부(적극)

[2] 이 사건 지원배제 지시는 특정한 정치적 견해를 표현한 자에 대하여 문화예술 지원 공모사업에서의 공정한 심사 기회를 박탈하여 사후적으로 제재를 가한 것으로, 개인 및 단체의 정치적 표현의 자유에 대한 제한조치에 해당하는바, 그 법적 근거가 없으므로 법률유보원칙을 위반하여 표현의 자유를 침해한다(위헌확인; 헌결 2020.12.23. 2017헌마416). ★★★ ⇒ 피청구인 대통령의 지시로 피청구인 대통령 비서실장, 정무수석비서관, 교육문화수석비서관, 문화체육관광부장관이 야당 소속 후보를 지지하였거나 정부에 비판적 활동을 한 문화예술인이나 단체를 정부의 문화예술 지원사업에서 배제할 목적으로, 한국문화예술위원회, 영화진흥위원회, 한국출판문화산업진흥원 소속 직원들로 하여금 특정 개인이나 단체를 문화예술인 지원사업에서 배제하도록 한 일련의 지시 행위(이하 '이 사건 지원배제 지시'라 한다)가 법률유보원칙을 위반하여 표현의 자유를 침해하는지 여부(적극)

8. 유권해석위반 광고금지규정은 변호사가 변협의 유권해석에 위반되는 광고를 할 수 없도록 금지하고 있다. 위 규정은 '협회의 유권해석에 위반되는'이라는 표지만을 두고 그에 따라 금지되는 광고의 내용 또는 방법 등을 한정하지 않고 있고, 이에 해당하는 내용이 무엇인지 변호사법이나 관련 회규를 살펴보더라도 알기 어렵다. 유권해석위반 광고금지규정 위반이 징계사유가 될 수 있음

을 고려하면 적어도 수범자인 변호사는 유권해석을 통해 금지될 수 있는 내용들의 대강을 알 수 있어야 함에도, 규율의 예측가능성이 현저히 떨어지고 법집행기관의 자의적인 해석을 배제할 수 없는 문제가 있다. 따라서 위 규정은 수권법률로부터 위임된 범위 내에서 명확하게 규율 범위를 정하고 있다고 보기 어려우므로, 법률유보원칙에 위반되어 청구인들의 표현의 자유, 직업의 자유를 침해한다(위헌 헌결 2022.5.26. 2021헌마619). ★★★

3. 신뢰보호원칙

(1) 신뢰(이익) 보호와 소급입법

(가) 신뢰이익: 신뢰이익은 구법질서에 따라 형성된 사실관계나 법률관계가 신법으로 인해 불리하게 변경되는 경우에 구법질서의 존속에 대하여 가지게 되는 이익

(나) 소급입법

① 진정소급입법: 이미 종결된 사실관계에 대하여 사후에 적용하는 법률. 지극히 예외적인 경우에 한하여 허용. 친일재산을 국가로 귀속시키는 규정(친일반민족행위자 재산의 국가귀속에 관한 특별법 §3①)은 진정소급입법에 해당하지만, 헌법 §13②에 반×(헌결 2008헌바141). 헌법상의 기본원칙인 법치주의로부터 도출되는 법적 안정성과 신뢰보호의 원칙상 모든 법규범은 현재와 장래에 한하여 효력을 가지는 것이기 때문에 소급입법은 금지 내지 제한된다. 다만, 신법이 피적용자에게 유리한 경우에는 이른바 시혜적인 소급입법이 가능하지만 이를 입법자의 의무라고는 할 수 없고, 그러한 소급입법을 할 것인지의 여부는 입법재량의 문제로서 그 판단은 일차적으로 입법기관에 맡겨져 있으며, 이와 같은 시혜적 조치를 할 것인가 하는 문제는 국민의 권리를 제한하거나 새로운 의무를 부과하는 경우와는 달리 입법자에게 보다 광범위한 입법형성의 자유가 인정○(헌결 95헌마196).

② 부진정소급입법: 과거에 발생하였으나 지금까지 지속되는 사실관계에 적용되는 법률을 말하며, 신뢰보호는 일반적으로 부진정소급입법에서 문제된다.

③ 소급입법의 헌법적 한계: 법적 안정성과 신뢰보호원칙을 포함하는 법치주의의 원칙에 따른 기준으로 판단하여야 한다. 법적 안정성은 객관적 요소로서 법질서의 신뢰성·항구성·법적 투명성과 법적 평화를 의미하고, 이와 내적인 상호

연관관계에 있는 법적 안정성의 주관적 측면은 한번 제정된 법규범은 원칙적으로 존속력을 갖고 자신의 행위기준으로 작용하리라는 개인의 신뢰보호원칙이다(헌결 96헌가2).

| 헌결 | 대판 | **소급입법금지**

1. 소급입법은 새로운 입법으로 이미 종료된 사실관계 또는 법률관계에 작용하도록 하는 진정소급입법과 현재 진행 중인 사실관계 또는 법률관계에 작용하도록 하는 부진정소급입법으로 나눌 수 있는바, 부진정소급입법은 원칙적으로 허용되지만 소급효를 요구하는 공익상의 사유와 신뢰보호의 요청 사이의 교량과정에서 신뢰보호의 관점이 입법자의 형성권에 제한을 가하게 되는 데 반하여, 진정소급입법은 개인의 신뢰보호와 법적 안정성을 내용으로 하는 법치국가원리에 의하여 특단의 사정이 없는 한 헌법적으로 허용되지 아니하는 것이 원칙이나 예외적으로 국민이 소급입법을 <예>상할 수 있었거나, 법적 상태가 불확실하고 혼란스러웠거나 하여 보호할 만한 신뢰의 이익이 <적>은 경우와 소급입법에 의한 당사자의 <손>실이 없거나 아주 경미한 경우, 그리고 신뢰보호의 요청에 우선하는 심히 <중>대한 공익상의 사유가 소급입법을 정당화하는 경우에는 허용될 수 있다(헌결 2011.3.31. 2008헌바141). ★★★

2. 공소시효제도가 헌법 제12조 제1항 및 제13조 제1항에 정한 죄형법정주의의 보호범위에 바로 속하지 않는다면, 소급입법의 헌법적 한계는 법적 안정성과 신뢰보호원칙을 포함하는 법치주의의 원칙에 따른 기준으로 판단하여야 한다. 법적 안정성은 객관적 요소로서 법질서의 신뢰성·항구성·법적 투명성과 법적 평화를 의미하고, 이와 내적인 상호연관관계에 있는 법적 안정성의 주관적 측면은 한번 제정된 법규범은 원칙적으로 존속력을 갖고 자신의 행위기준으로 작용하리라는 개인의 신뢰보호원칙이다. 법적 안정성과 신뢰보호원칙에 있어서 특히 중요한 것은 시간적인 요소이다. 특정한 법률에 의하여 발생한 법률관계는 그 법에 따라 파악되고 판단되어야 하고, 개인은 과거의 사실관계가 그 뒤에 생긴 새로운 법률의 기준에 따라 판단되지 않는다는 것을 믿을 수 있어야 한다. 그러므로 법치국가적 요청으로서의 법적안정성과 신뢰보호원칙은 무엇보다도 바로 소급효력을 갖는 법률에 대하여 민감하게 대립할 수밖에 없고, 구체적으로는 어떤 법률이 이미 종료된 사실관계에 예상치 못했던 불리한 결과를 가져오게 하는 경우인가 아니면 현재 진행중이나 아직 종료되지 않은 사실관계에 작용하는 경우인가에 따라 헌법적 의미를 달리하

게 된다(헌결 1996. 2. 16. 96헌가2). ★

3. <u>언론중재법 부칙 제2조 본문은 언론중재법의 시행 전에 행하여진 언론보도에 대하여도 동법을 적용하도록 규정</u>하고 있다. 이에 따라 정정보도청구권의 성립요건과 정정보도청구소송의 심리절차에 관하여 언론중재법이 소급하여 적용됨으로써 언론사의 종전의 법적 지위가 새로이 변경되었다. 이것은 이미 <u>종결된 과거의 법률관계를 소급하여 새로이 규율하는 것이기 때문에 소위 진정 소급입법</u>에 해당한다. 진정 소급입법은 헌법적으로 허용되지 않는 것이 원칙이고 이를 <u>예외적으로 허용할 특단의 사정도 이 부칙조항에 대해 인정되지 않으므로</u> 부칙 제2조 중 '제14조 제2항, 제26조 제6항 본문 전단 중 정정보도청구 부분, 제31조 후문' 부분은 헌법에 위반된다(위헌) 헌결 2006.6.29. 2005헌마165).

4. 주택법 부칙 제3항[저자 주: 2005. 5. 26. 주택법 개정 전에 사용검사 또는 사용승인을 얻은 공동주택의 담보책임 및 하자보수에 관하여 주택법 제46조의 하자담보책임을 적용하도록 한 주택법]은 '법 시행 전에 사용검사나 사용승인을 얻은 공동주택의 담보책임이나 하자보수에 관하여는 주택법 제46조의 개정규정을 적용한다'고 하고 있어, 주택법이 시행되기 전에 사용검사나 사용승인을 받았다면 그 하자가 발생한 시점이 주택법이 시행되기 전이라 하더라도 2005. 5. 26. 개정된 주택법을 적용하도록 하였다. 그런데 신법이 시행되기 전에 이미 하자가 발생하였으나, 구법(집합건물법)에 의하면 10년의 하자담보기간 내이지만 신법에 의할 때 내력구조가 아니어서 1 내지 4년의 하자담보기간이 이미 경과된 경우, 공동주택의 소유자로서는 구법 질서 아래에서 이미 형성된 하자담보청구권이 소급적으로 박탈되는 결과가 된다. 이는 소유자가 구법에 따라 적법하게 지니고 있던 신뢰를 심각하게 침해하는 것인 반면, 개정된 주택법이 추구하는 공익은 중대한 것이라 보기는 어렵다. 따라서 신법이 시행된 이후에 하자가 발생한 경우뿐만 아니라 이미 구법 아래에서 발생한 하자까지 소급하여 신법을 적용하게 할 필요성이 크지 않다. 그러므로 구법 아래에서 하자가 발생한 경우에 공동주택 소유자들이 지녔던 신뢰이익의 보호가치, <u>부칙 제3항이 진정소급입법으로서 하자담보청구권을 박탈</u>하는 점에서의 침해의 중대성, 신법을 통하여 실현하고자 하는 공익목적의 중요성 정도를 종합적으로 비교형량 하여 볼 때, <u>부칙 제3항이 신법 시행 전에 발생한 하자에 대하여서까지 주택법을 적용하도록 한 것은 당사자의 신뢰를 헌법에 위반된 방법으로 침해하는 것으로서, 신뢰보호원칙에 위배된다</u>(위헌) 헌결 2008.7.31. 2005헌가16).

5. 이 사건 부칙조항[저자 주: 2009. 12. 31. 개정된 이 사건 감액조항을 2009. 1. 1.까지 소급하여 적용하도록 규정한 공무원연금법(2009. 12. 31. 법률 제9905호) 부칙 제1조 단서, 제7조 제1항 단서 후단(이하 이를 합하여 '이 사건 부칙조항'이라 한다)]은 이미 이행기가 도래하여 청구인들이 퇴직연금을 모두 수령한 부분까지 사후적으로 소급하여 적용되는 것으로서 헌법 제13조 제2항에 의하여 <u>원칙적으로 금지되는 이미 완성된 사실·법률관계를 규율하는 소급입법에 해당한다</u>. 헌법재판소의 위 헌법불합치결정에 따라 개선입법이 이루어질 것이 미리 예정되어 있기는 하였으나 그 결정이 내려진 2007. 3. 29.부터 잠정적용시한인 2008. 12. 31.까지 상당한 시간적 여유가 있었는데도 국회에서 개선입법이 이루어지지 아니하였다. 그에 따라 청구인들이 2009. 1. 1.부터 2009. 12. 31.까지 퇴직연금을 전부 지급받았는데 이는 전적으로 또는 상당 부분 국회가 개선입법을 하지 않은 것에 기인한 것이다. 그럼에도 이미 받은 퇴직연금 등을 환수하는 것은 국가기관의 잘못으로 인한 법집행의 책임을 퇴직공무원들에게 전가시키는 것이며, 퇴직급여를 소급적으로 환수당하지 않을 것에 대한 청구인들의 신뢰이익이 적다고 할 수도 없다. 이 사건 부칙조항으로 달성하려는 공무원범죄의 예방, 공무원의 성실 근무 유도, 공무원에 대한 국민의 신뢰 제고, 제재의 실효성 확보 등은 범죄를 저지른 공무원을 당연퇴직시키거나, 장래 지급될 퇴직연금을 감액하는 방법으로 충분히 달성할 수 있고, 이 사건 부칙조항으로 보전되는 공무원연금의 재정규모도 그리 크지 않을 것으로 보이는 반면, 헌법불합치결정에 대한 입법자의 입법개선의무의 준수, 신속한 입법절차를 통한 법률관계의 안정 등은 중요한 공익상의 사유라고 볼 수 있다. 따라서 <u>이 사건 부칙조항은 헌법 제13조 제2항에서 금지하는 소급입법에 해당하며 예외적으로 소급입법이 허용되는 경우에도 해당하지 아니하므로, 소급입법금지원칙에 위반하여 청구인들의 재산권을 침해한다</u>(**위헌** 헌결 2013.8.29. 2010헌바354).

6. 위 조항은 개정조항이 시행되기 전 환급세액을 수령한 부분까지 사후적으로 소급하여 개정된 징수조항을 적용하는 것으로서 이미 완성된 사실·법률관계를 규율하는 <u>진정소급입법에 해당한다</u>. 그런데 법인세를 부당 환급받은 법인은 소급입법을 통하여 이자상당액을 포함한 조세채무를 부담할 것이라고 예상할 수 없었으므로 환급세액과 이자상당액을 법인세로서 납부하지 않을 것이라는 신뢰는 보호할 필요가 있는 점, 개정 전 법인세법 아래에서도 환급세액을 부당이득 반환청구를 통하여 환수할 수 있었으므로 신뢰보호의 요청에

> 우선하여 진정소급입법을 하여야 할 매우 중대한 공익상 이유가 있다고 볼 수도 없는 점 등을 고려할 때, 위 조항은 헌법 제13조 제2항의 소급과세금지원칙에 위반된다(위헌 헌결 2014.7.24. 2012헌바105). ★
> ⇒ 부당환급받은 세액을 징수하는 근거규정인 개정조항을 개정된 법 시행 후 최초로 환급세액을 징수하는 분부터 적용하도록 규정한 법인세법 부칙(2008. 12. 26. 법률 제9267호) 제9조가 진정소급입법으로서 재산권을 침해하는지 여부(적극)

(2) 신뢰보호원칙

(가) 의의: 신뢰보호의 원칙은 헌법상 법치국가의 원칙으로부터 도출되는데, 그 내용은 법률의 제정이나 개정 시 구법질서에 대한 당사자의 신뢰가 합리적이고도 정당하며 법률의 제정이나 개정으로 야기되는 당사자의 손해가 극심하여 새로운 입법으로 달성하고자 하는 공익적 목적이 그러한 당사자의 신뢰의 파괴를 정당화할 수 없다면, 그러한 새로운 입법은 신뢰보호의 원칙상 허용될 수 없다는 것이다. 그러나 사회 환경이나 경제여건의 변화에 따른 필요성에 의하여 법률은 신축적으로 변할 수밖에 없고 변경된 새로운 법질서와 기존의 법질서 사이에는 이해관계의 상충이 불가피하므로, 국민이 가지는 모든 기대 내지 신뢰가 헌법상 권리로서 보호될 것은 아니다(헌결 2010헌마661). [기출지문] 사회환경이나 경제여건의 변화에 따른 필요성에 의하여 법률이 신축적으로 변할 수 있고, 변경된 새로운 법질서와 기존의 법질서 사이에 이해관계의 상충이 불가피하더라도 국민이 가지는 모든 기대 내지 신뢰는 헌법상 권리로서 보호되어야 한다.(×) 〈국가7급 2020〉

(나) 심사기준: 신뢰보호원칙의 위반 여부는 한편으로는 침해되는 이익의 보호가치, 침해의 정도, 신뢰의 손상 정도, 신뢰 침해의 방법 등과 또 다른 한편으로는 새로운 입법을 통하여 실현하고자 하는 공익적 목적 등을 종합적으로 형량하여야 한다. 신뢰보호원칙의 위반 여부를 판단함에 있어서는, 첫째, 보호가치 있는 신뢰이익이 존재하는가, 둘째, 과거에 발생한 생활관계를 현재의 법으로 규율함으로써 달성되는 공익이 무엇인가, 셋째, 개인의 신뢰이익과 공익상의 이익을 비교 형량하여 어떠한 법익이 우위를 차지하는가를 살펴보아야 할 것이다(헌결 2005헌바20).

(3) 신뢰보호이익의 보호정도

(가) 신뢰의 성질: 제도의 변경으로 신뢰가 훼손될 경우, 신뢰의 성질이 단순한 가능성 내지는 기대이익에 해당된다면 반드시 보호되어야 할 신뢰로 보기 어렵

지만, 확정적 법률효과에 기초한 것이라면 이러한 신뢰는 반드시 보호

(나) 법률개정의 예측 가능성: 원칙적으로 법률의 개정은 예측할 수○(헌결 2003헌마337)

(다) 국가에 의해 유도된 신뢰: 개인의 신뢰이익에 대한 보호가치는 ① 법령에 따른 개인의 행위가 국가에 의하여 일정방향으로 유인된 신뢰의 행사인지, ② 아니면 단지 법률이 부여한 기회를 활용한 것으로서 원칙적으로 사적 위험부담의 범위에 속하는 것인지 여부에 따라 달라진다. 만일 <u>법률에 따른 개인의 행위가 단지 법률이 반사적으로 부여하는 기회의 활용을 넘어서 국가에 의하여 일정방향으로 유인된 것이라면 특별히 보호가치가 있는 신뢰이익이 인정될 수 있고, 원칙적으로 개인의 신뢰보호가 국가의 법률개정이익에 우선된다고 볼 여지가 있다</u>(헌결 2007.4.26. 2003헌마947). 〈경정승진 2023〉

4. 법치주의원리에 관한 헌법규정

<u>법치주의원리가 헌법에 명시적으로 규정되어 있지 않지만, 헌법의 기본원리로 인정.</u> 기본권보장(제2장), 국가권력의 법적 구속(§107), 권력분립(§40, 66④, §101②), 법률유보(§37), 과잉금지원칙(§37②), 효과적인 권리구제(§27)등을 통해 보장

| 헌결 | 대판 | **신뢰보호원칙**

1. 신뢰보호의 원칙의 위배 여부는 한편으로는 침해받은 이익의 보호가치, 침해의 중한 정도, 신뢰가 손상된 정도, 신뢰침해의 방법 등과 다른 한편으로는 새 입법을 통해 실현하고자 하는 공익적 목적을 종합적으로 비교·형량하여 판단하여야 하는데, <u>이 사건의 경우 투자유인이라는 입법목적을 감안하더라도 그로 인한 공익의 필요성이 구법에 대한 신뢰보호보다 간절한 것이라고 보여지지 아니한다</u>([한정위헌] 헌결 1995.10.26. 94헌바12).

⇒ 조세감면규제법(1990.12.31. 개정 법률 제4285호) 부칙 제13조 및 제21조의 위헌여부(적극) ★ 이 사건에서 청구인은 당초 구법규정에 따라 증자소득공제를 기대하고 증자를 하였는데, 그러한 구법은 기업이 증자를 통하여 재무구조 개선을 하도록 유도하기 위한 목적으로 제정된 것이었다. 한편 구법이 위헌·무효라거나 내용이 모호하거나, 특별히 공익 내지 형평성에 문제가 있다고는 할 수 없으며, 청구인이 구법상의 증자소득공제율이 조만간에 개정될 것을 예견하였다는 사정도 보이지 않는다. <u>또한 이 사건 규정이 투자유인이라는 입법목적의 달성정도에 따라 합리적으로 개정된 것이라 하더라도 이로서 청구인</u>

과 같이 구법을 신뢰한 국민들의 기대권을 압도할 만큼 공익의 필요성이 긴절한 것이라고도 보여지지 아니한다. 그렇다면 적어도 입법자로서는 구법에 따른 국민의 신뢰를 보호하는 차원에서 상당한 기간 정도의 경과규정을 두는 것이 바람직한데도 그러한 조치를 하지 않아 결국 청구인의 신뢰가 상당한 정도로(금액상 약 5,600만원) 침해되었다고 판단된다. 따라서 이 사건 규정과 같은 부진정 소급입법의 경우 당사자의 구법에 대한 신뢰는 보호가치가 있다고 할 특단의 사정이 있다고 할 것이므로, 적어도 이 사건 규정의 발효일 이전에 도과된 사업년도분에 대해서는 이 사건 규정은 적용될 수 없다고 할 것이다. ★

2. 공무원채용시험에 있어서의 응시연령의 제한은 공무담임권의 중대한 제한이 되는 것이므로 국민이 이를 미리 예측하고 대비할 수 있도록 해야 함에도 불구하고, 지방고등고시 응시연령의 기준일을 정함에 있어서 매 연도별로 결정되고 그 결정에 달리 객관적인 기준이 있는 것도 아닌 최종시험시행일을 기준일로 하는 것은 국민(응시자)의 예측가능성을 현저히 저해하는 것이다. 이 사건의 경우 1998년도 제4회 지방고등고시 제1차 시험에 합격한 청구인은 1965. 12. 10.생으로서 1999년도 제5회 지방고등고시에는 그 응시상한연령(33세)에 달하게 되나 과거에 한 번도 연말에 최종시험이 실시된 적이 없어 제5회 지방고등고시 제2차 시험의 응시자격이 있을 것으로 신뢰한 것은 정당하다고 할 것이므로, 피청구인이 제5회 지방고등고시 시행계획을 공고하면서 그 최종시험시행일을 예년과 달리 연도말인 1999. 12. 14.로 정함으로써 청구인의 연령이 응시상한연령을 5일 초과하게 하여 청구인이 제2차 시험에 응시할 수 있는 자격을 박탈한 것은 청구인의 정당한 신뢰를 해한 것일 뿐 아니라, 법치주의의 한 요청인 예측가능성의 보장을 위반하여 청구인의 공무담임권을 침해한 것에 해당한다(인용(취소); 헌결 2000.1.27. 99헌마123).

3. 청구인들의 변리사자격 부여에 대한 신뢰는 보호할 필요성이 있는 합리적이고도 정당한 신뢰라 할 것이고, 위 변리사법 제3조 제1항 등의 개정으로 말미암아 청구인들이 입게 된 불이익의 정도, 즉 신뢰이익의 침해정도는 중대하다고 아니할 수 없는 반면, 청구인들의 신뢰이익을 침해함으로써 일반응시자와의 형평을 제고한다는 공익은 위와 같은 신뢰이익 제한을 헌법적으로 정당화할 만한 사유라고 보기 어렵다. 그러므로 기존 특허청 경력공무원 중 일부에게만 구법 규정을 적용하여 변리사자격이 부여되도록 규정한 위 변리사법 부칙 제3항은 충분한 공익적 목적이 인정되지 아니함에도 청구인들의 기대가치 내지 신뢰이익을 과도하게 침해한 것으로서 헌법에 위반된다(헌불 헌결 2001.9.27. 2000헌마208). ★ 동지 세무사자격 자동부여(헌불 헌결 2001. 9.27. 2000헌마152)

4. 정원제한조항이 제정된 2001.11.30. 전에 화물자동차운송사업의 등록을 한 밴형화물자동차운송사업자들에게 정원제한조항과 화물제한조항이 적용되는 것은 신뢰보호의 원칙에 위반된다(한정위헌 헌결 2004.12.16. 2003헌마226). ★ 비교 승차정원 제한이 없었던 구법을 신뢰하여 6인승 밴형 화물자동자를 사용하여 화물운송업을 영위해 오던 청구인이 위 화물자동차를 교체하는 경우에, 신규 차량의 구조를 3명 이하로 제한하는 이 사건 법령조항이 신뢰보호원칙을 위반하여 청구인의 직업수행의 자유를 침해×(헌결 2011.10.25. 2010헌마482)

5. [1] 심판대상조항[저자 주: 2000. 7. 1.부터 시행되는 최고보상제도를 2000. 7. 1. 전에 장해사유가 발생하여 장해보상연금을 수령하고 있던 수급권자에게도 2년6월의 유예기간 후 2003. 1. 1.부터 적용하는 산재법 부칙(법률 제6100호, 1999. 12. 31.) 제7조 중 "2002. 12. 31.까지는"부분]은 청구인들과 같은 기존의 장해보상연금 수급권자에 대하여 이미 발생하여 이행기가 도래한 장해연금 수급권의 내용을 변경하지는 아니하고, 산재법 제38조 제6항 시행 이후의 법률관계, 즉 장래 이행기가 도래하는 장해연금 수급권의 내용을 변경하는 것에 불과하므로, 이미 종료된 과거의 사실관계 또는 법률관계에 새로운 법률이 소급적으로 적용되어 과거를 법적으로 새로이 평가하는 진정 소급입법에는 해당하지 아니한다.

[2] 장해급여제도는 본질적으로 소득재분배를 위한 제도가 아니고, 손해배상 내지 손실보상적 급부인 점에 그 본질이 있는 것으로, 산업재해보상보험이 갖는 두 가지 성격 중 사회보장적 급부로서의 성격은 상대적으로 약하고 재산권적인 보호의 필요성은 보다 강하다고 볼 수 있어 다른 사회보험수급권에 비하여 보다 엄격한 보호가 필요하다. 장해급여제도에 사회보장 수급권으로서의 성격도 있는 이상 소득재분배의 도모나 새로운 산재보상사업의 확대를 위한 자금마련의 목적으로 최고보상제를 도입하는 것 자체는 입법자의 결단으로서 형성적 재량권의 범위 내에 있다고 보더라도, 그러한 입법자의 결단은 최고보상제도 시행 이후에 산재를 입는 근로자들부터 적용될 수 있을 뿐, 제도 시행 이전에 이미 재해를 입고 산재보상수급권이 확정적으로 발생한 청구인들에 대하여 그 수급권의 내용을 일시에 급격히 변경하여 가면서까지 적용할 수 있는 것은 아니라고 보아야 할 것이다. 따라서, 심판대상조항은 신뢰보호의 원칙에 위배하여 청구인들의 재산권을 침해하는 것으로서 헌법에 위반된다(위헌 헌결 2009.5.28. 2005헌바20). ★ ⇒ 수급권자 자신이 종전에 지급받던 평균임금을 기초로 산정된 장해보상연금을 수령하고 있던 수급권자에게, 실제

의 평균임금이 노동부장관이 고시한 한도금액 이상일 경우 그 한도금액을 실제임금으로 의제하는 내용으로 신설된 최고보상제도를, 2년 6개월의 유예기간 후 적용하는 「산업재해보상보험법」 부칙 조항은 신뢰보호원칙에 위배○
★ 비교 산업재해보상보험법 제36조 제7항 중 '최고보상기준금액'에 관한 부분이 2000.7.1. 최고보상제도가 최초 시행되기 전에 업무상 재해를 입고 최고보상기준금액이 아닌 종전에 자신의 평균임금을 기준으로 보상연금을 지급받아온 산재근로자들인 청구인들에게 적용됨으로써 신뢰보호원칙에 반하여 청구인들의 재산권을 침해하지 아니한다(헌결 2014.6.26. 2012헌바382).

6. 이 사건 오염원인자조항[저자 주: 구법 제10조의3 제3항 제3호 중 '토양오염관리대상시설을 양수한 자' 부분]은 위 조항 시행 이전의 양수자에게까지 오염원인자의 인적범위를 시적으로 확장하여 토양오염을 신속하고 확실하게 제거·예방하고, 그로 인한 손해를 배상한다는 공익을 달성하고자 하는 것이다. 그런데 환경오염책임법제가 정비되기 이전의 토양오염에 대해서는 민법상의 불법행위규정에 의해서만 책임을 부담한다는데 대한 일반적인 신뢰가 존재하고, 폐기물에 대한 공법적 규제가 시작된 1970년대 이전까지는 자신이 직접 관여하지 않은 토양오염에 대해서 공법상의 책임을 부담할 수 있음을 예측하기 어려웠다. 또, 2002. 1. 1. 이전에 토양오염관리대상시설을 양수한 자에 대해서는 선의이며 무과실인 양수자에 대한 면책규정이 사실상 의미가 없고, 사실상 우선 책임을 추궁당한 양수자가 손해배상 및 토양정화 책임을 무한책임으로서 부담하게 되는 경우도 많다. 이처럼 이 사건 오염원인자조항은 예측하기 곤란한 중대한 제약을 사후적으로 가하고 있으면서도, 그로 인한 침해를 최소화 할 다른 제도적 수단을 마련하고 있지 않으므로, 이 사건 오염원인자조항이 2002. 1. 1. 이전에 이루어진 토양오염관리대상시설의 양수에 대해서 무제한적으로 적용되는 경우에는 이 사건 오염원인자조항이 추구하는 공익만으로는 신뢰이익에 대한 침해를 정당화하기 어렵다. 그러나 2002. 1. 1. 이후 토양오염관리대상시설을 양수한 자는 자신이 관여하지 않은 양수 이전의 토양오염에 대해서도 책임을 부담할 수 있다는 사실을 충분히 인식할 수 있고, 토양오염사실에 대한 선의·무과실을 입증하여 면책될 수 있으므로, 보호가치 있는 신뢰를 인정하기 어렵다. 따라서 이 사건 오염원인자조항은 2002. 1. 1. 이전에 토양오염관리대상시설을 양수한 자를 그 양수 시기의 제한 없이 모두 오염원인자로 간주하여 보호가치 있는 신뢰를 침해하였으므로, 신뢰보호원칙에 위배된다(헌불 헌결 2012.8.23. 2010헌바28). ⇒ 토양오염관리대상시설을 양수한 자

를 양수시기에 관계없이 오염원인자로 보도록 한 구「토양환경보전법」조항은 신뢰보호원칙에 위배○ ★ 소급입법금지원칙 위배×(∵ 부진정 소급입법)

7. 판사임용자격에 관한 법원조직법 규정이 지난 40여 년 동안 유지되어 오면서, 국가는 입법행위를 통하여 사법시험에 합격한 후 사법연수원을 수료한 즉시 판사임용자격을 취득할 수 있다는 신뢰의 근거를 제공하였다고 보아야 하며, 수년간 상당한 노력과 시간을 들인 끝에 사법시험에 합격한 후 사법연수원에 입소하여 사법연수생의 지위까지 획득한 청구인들의 경우 사법연수원 수료로써 판사임용자격을 취득할 수 있으리라는 신뢰이익은 보호가치가 있다고 할 것이다. 이 사건에서 청구인들의 신뢰이익에 대비되는 공익이 중대하고 장기적 관점에서 필요한 것이라 하더라도, 이 사건 심판대상조항을 이 사건 법원조직법 개정 당시 이미 사법연수원에 입소한 사람들에게도 반드시 시급히 적용해야 할 정도로 긴요하다고는 보기 어렵고, 종전 규정의 적용을 받게 된 사법연수원 2년차들과 개정 규정의 적용을 받게 된 사법연수원 1년차들인 청구인들 사이에 위 공익의 실현 관점에서 이들을 달리 볼 만한 합리적인 이유를 찾기도 어려우므로, 이 사건 심판대상 조항[저자 주: 2013. 1. 1.부터 판사임용자격에 일정 기간 법조경력을 요구하는 법원조직법(2011. 7. 18. 법률 제10861호로 개정된 것) 부칙 제1조 단서 중 제42조 제2항에 관한 부분 및 제2조]이 개정법 제42조 제2항을 법 개정 당시 이미 사법연수원에 입소한 사람들에게 적용되도록 한 것은 신뢰보호원칙에 반한다고 할 것이다(`한정위헌` 헌결 2012.11.29. 2011헌마786).

8. 청구인들은 2014. 1. 1.부터 치과의원에서 전문과목을 표시할 수 있게 되면 모든 전문과목의 진료를 할 수 있을 것이라고 신뢰하였다고 주장하나, 이와 같은 신뢰는 장래의 법적 상황을 청구인들이 미리 일정한 방향으로 예측 내지 기대한 것에 불과하므로 심판대상조항[저자 주; 전문과목을 표시한 치과의원은 그 표시한 전문과목에 해당하는 환자만을 진료하여야 한다고 규정한 의료법(2011. 4. 28. 법률 제10609호로 개정된 것) 제77조 제3항]은 신뢰보호원칙에 위배되어 직업수행의 자유를 침해한다고 볼 수 없다(헌결 2015.5.28. 2013헌마799). ★★★ ⇒ 2011.4.28. 개정된「의료법」에서 전문과목을 표시한 치과의원은 그 전문과목에 해당하는 환자만을 진료하도록 규정하고, 이를 2014.1.1.부터 시행되도록 한 것은 신뢰보호원칙 및 명확성원칙 위반은 아니지만, 과잉금지원칙 및 평등원칙을 위반하여 치과전문의의 직업수행의 자유를 침해한다. `위헌` ★

제7절 사회국가원리

제119조 ① 대한민국의 경제질서는 개인과 **기업의 경제상의 자유와 창의**를 존중함을 기본으로 한다.
② 국가는 균형 있는 국민경제의 성장 및 안정과 적정한 소득의 분배를 유지하고, 시장의 지배와 경제력의 남용을 방지하며, 경제주체간의 조화를 통한 **경제의 민주화**를 위하여 경제에 관한 규제와 조정을 할 수 있다.

제120조 ① 광물 기타 중요한 지하자원·수산자원·수력과 경제상 이용할 수 있는 자연력은 법률이 정하는 바에 의하여 일정한 기간 그 **채취·개발** 또는 **이용을 특허**할 수 있다.
② 국토와 자원은 국가의 보호를 받으며, 국가는 그 균형 있는 개발과 이용을 위하여 필요한 계획을 수립한다.

제121조 ① 국가는 농지에 관하여 **경자유전의 원칙**이 달성될 수 있도록 노력하여야 하며, **농지의 소작제도는 금지**된다.
② 농업생산성의 제고와 농지의 합리적인 이용을 위하거나 불가피한 사정으로 발생하는 농지의 **임대차와 위탁경영**은 법률이 정하는 바에 의하여 인정된다.

제122조 국가는 국민 모두의 생산 및 생활의 기반이 되는 국토의 효율적이고 균형 있는 이용·개발과 보전을 위하여 법률이 정하는 바에 의하여 그에 관한 필요한 제한과 의무를 과할 수 있다.

제123조 ① 국가는 농업 및 어업을 보호·육성하기 위하여 농·어촌종합개발과 그 지원등 필요한 계획을 수립·시행하여야 한다.
② 국가는 지역 간의 균형 있는 발전을 위하여 **지역경제를 육성할 의무**를 진다.
③ 국가는 **중소기업을 보호·육성**하여야 한다.
④ 국가는 **농수산물의 수급균형**과 유통구조의 개선에 노력하여 가격안정을 도모함으로써 농·어민의 이익을 보호한다.
⑤ 국가는 농·어민과 중소기업의 자조조직을 육성하여야 하며, 그 자율적 활동과 발전을 보장한다.

제124조 국가는 건전한 소비행위를 계도하고 생산품의 품질향상을 촉구하기 위한 **소비자보호운동**을 법률이 정하는 바에 의하여 보장한다.

제125조 국가는 대외무역을 육성하며, 이를 규제·조정할 수 있다.

제126조 **국방상 또는 국민경제상 긴절한 필요**로 인하여 법률이 정하는 경우를 제외하고는, 사영기업을 국유 또는 공유로 이전하거나 그 경영을 통제 또는 관리할 수 없다.

제127조 ① 국가는 **과학기술의 혁신과 정보 및 인력의 개발**을 통하여 국민경제의 발전에 노력하여야 한다.
② 국가는 **국가표준제도를 확립**한다.
③ 대통령은 제1항의 목적을 달성하기 위하여 필요한 자문기구를 둘 수 있다.

1. 사회국가원리의 개념

사회국가란 한마디로, 사회정의의 이념을 헌법에 수용한 국가, 사회현상에 대하여 방관적인 국가가 아니라 경제·사회·문화의 모든 영역에서 정의로운 사회질서의 형성을 위하여 사회현상에 관여하고 간섭하고 분배하고 조정하는 국가이며, 궁극적으로는 국민 각자가 실제로 자유를 행사할 수 있는 그 실질적 조건을 마련해 줄 의무가 있는 국가(헌결 2002헌마52).

2. 사회국가원리에 관한 헌법규정

우리 헌법은 사회국가원리를 명문으로 규정하고 있지는 않지만, 헌법의 전문, 사회적 기본권의 보장(헌법 제31조 내지 제36조), 경제 영역에서 적극적으로 계획하고 유도하고 재분배하여야 할 국가의 의무를 규정하는 경제에 관한 조항(헌법 제119조 제2항 이하) 등과 같이 사회국가원리의 구체화된 여러 표현을 통하여 사회국가원리를 수용하였다(헌결 2002헌마52).

3. 대한민국 헌법에 구체화된 사회국가원리

(1) 의의: 헌법 제119조 제2항에 규정된 '경제주체간의 조화를 통한 경제민주화'의 이념은 경제영역에서 정의로운 사회질서를 형성하기 위하여 추구할 수 있는 국가목표로서 개인의 기본권을 제한하는 국가행위를 정당화하는 헌법규범(헌결 2001헌바35)

(2) 경제질서의 기본원칙: 우리나라 헌법상의 경제질서는 사유재산제를 바탕으로 하고 자유경쟁을 존중하는 자유시장경제질서를 기본으로 하면서도 이에 수반되는 갖가지 모순을 제거하고 사회복지·사회정의를 실현하기 위하여 국가적 규제와 조정을 용인하는 사회적 시장경제질서로서의 성격(헌결 92헌바47)

개념	① 헌법 제119조 제1항: 헌법은 대한민국의 경제질서는 개인과 기업의 경제상의 자유와 창의를 존중함을 기본으로 한다고 규정 + 헌법상 경제질서에 관한 일반조항으로서 국가의 경제정책에 대한 하나의 헌법적 지침(헌결 99헌바76)
	② 헌법 제119조 제2항: 국가목표로서 개인의 기본권을 제한하는 국가행위를 정당화하는 헌법규범
기본 원칙	① 일반적 경제질서원칙 ㉠ 의의: 헌법 전문과 제23조 및 제119조는 우리 헌법의 경제질서가 사회적 시장경제임을 나타냄

ⓒ 자연자원의 국·공유화: 광물 기타 중요한 지하자원·수산자원·수력과 경제상 이용할 수 있는 자연력은 국유를 전제로 하여 법률이 정하는 바에 의하여 일정한 기간 그 채취·개발 또는 이용을 특허(§120①)

ⓒ 사영기업의 국공유화: 헌법은 재산(사영기업)에 대한 국공유화를 허용(사회화)하고 있는바, 국가는 <u>국방상 또는 국민경제상 긴절한 필요</u>가 있는 경우 사영기업을 국공유로 이전하거나 그 경영을 통제 관리할 수〇(§126)

② 특수한 경제질서원칙

㉠ 국민경제의 성장과 안정: 국가에게 대외무역을 육성하며 이를 규제 조정할 수 있도록 하고(§125), 국가에게 국토와 자원을 보호하게 하고, 균형 있는 개발과 이용을 위하여 필요한 계획을 수립하고 필요한 제한과 의무를 과할 수 있도록 하며(§122), 국가에게 과학기술의 혁신과 정보 및 인력의 개발을 통하여 국민경제의 발전에 노력하도록 함(§127①)

㉡ 적정한 소득의 분배: 적정한 소득분배를 위해서는 먼저 공정한 소득 분배가 우선. 헌법은 국가에게 농업·어업을 보호하기 위한 농어촌종합개발과 그 지원에 필요한 계획을 수립·시행하고(§123①), 농수산물정책을 실시하여 농·어민의 이익을 보호(§123④). 국가는 지역간의 균형 있는 발전을 위하여 지역경제를 육성할 책임(§123②)

㉢ 시장지배와 경제력의 남용방지: 헌법은 국가에게 소수의 독과점기업의 시장지배와 경제력의 남용을 방지하기 위하여 경제에 대한 규제와 조정을 할 수 있도록 하고 있음(§119②)

㉣ 경제주체간의 경제의 민주화: 농지는 경자유전의 원칙에 입각하여 농민만이 소유할 수 있도록 하며, <u>소작제도를 금지</u>(§121①). 다만 농업생산성의 제고와 농지의 합리적 이용을 위하여 불가피한 경우에는 법률이 정하는 바에 따라 <u>농지의 임대차·위탁경영을 인정</u>(§121②) 국가는 중소기업을 보호·육성하고(§123③), 농·어민과 중소기업의 자조조직을 육성하여야 하며, 그 자율적 활동과 발전을 보장(§123⑤) ⇒ 국가가 보조금이나 세제상의 혜택 등을 통하여 시장의 형성과정에 지역적으로 또는 경제부문별로 관여함으로써, 시장에서의 경쟁이 국가의 지원조치에 의하여 조정된 새로운 기초 위에서 이루어질 수 있도록 하는 것이 헌법 제123조의 목적(헌결 96헌가18)

(3) 소비자보호운동과 소비자불매운동

(가) 소비자보호운동(§124)

① 의의: **소비자보호운동**이란 '공정한 가격으로 양질의 상품 또는 용역을 적절한 유통구조를 통해 적절한 시기에 안전하게 구입하거나 사용할 소비자의 제반 권익을 증진할 목적으로 이루어지는 구체적 활동'을 의미

② 헌법상 보장되는 소비자보호운동의 일환으로 행해지는 소비자불매운동은 모든 경우에 있어서 그 정당성이 인정될 수는 없고, 헌법이나 법률의 규정에 비추어 정당하다고 평가되는 범위에 해당하는 경우에만 형사책임이나 민사책임이 면제○

(나) 소비자불매운동

① 의의: 헌법적으로 보장되어 있는 소비자보호운동 가운데서 구매력을 무기로 소비자가 자신의 선호를 시장에 실질적으로 반영하고자 하는 시도로서 **소비자불매운동**이란, '하나 또는 그 이상의 운동주도세력이 소비자의 권익을 향상시킬 목적으로 개별 소비자들로 하여금 시장에서 특정 상품의 구매를 억지하거나 제3자로 하여금 그렇게 하도록 설득하는 조직화된 행위'를 의미

② 소비자불매운동은 모든 경우에 있어서 그 정당성이 인정될 수는 없고, 헌법이나 법률의 규정에 비추어 정당하다고 평가되는 범위에 해당하는 경우에만 형사책임이나 민사책임이 면제될 수○

③ 소비자불매운동은 본래 '공정한 가격으로 양질의 상품 또는 용역을 적절한 유통구조를 통해 적절한 시기에 안전하게 구입하거나 사용할 소비자의 제반 권익을 증진할 목적'에서 행해지는 소비자보호운동의 일환으로서 헌법 제124조를 통하여 제도로서 보장되나, <u>그와는 다른 측면에서 일반 시민들이 특정한 사회, 경제적 또는 정치적 대의나 가치를 주장·옹호하거나 이를 진작시키기 위한 수단으로서 소비자불매운동을 선택하는 경우도 있을 수</u>○(대판 2010도410)

| 헌결 | 대판 |

1. 우리 헌법은 사회국가원리를 명문으로 규정하고 있지는 않지만, 헌법의 전문, 사회적 기본권의 보장(헌법 제31조 내지 제36조), 경제 영역에서 적극적으로 계획하고 유도하고 재분배하여야 할 국가의 의무를 규정하는 경제에 관한 조항(헌법 제119조 제2항 이하) 등과 같이 사회국가원리의 구체화된 여러 표현을 통하여 사회국가원리를 수용하였다. 사회국가란 한마디로, 사회정의의 이념을 헌법에 수용한 국가, 사회현상에 대하여 방관적인 국가가 아니라 경제·사회·문화의 모든 영역에서 정의로운 사회질서의 형성을 위하여 사회현상에 관여하고 간섭하고 분배하고 조정하는 국가이며, 궁극적으로는 국민 각자가 실제로 자유를 행사할 수 있는 그 실질적 조건을 마련해 줄 의무가 있는 국가이다(헌결 2002.12.18. 2002헌마52). ★

2. 우리 헌법은 그 전문에서 "모든 영역에 있어서 각인의 기회를 균등히 하고 … 안으로는 국민생활의 균등한 향상을 기하고"라고 천명하고, 제23조 제2항과 여러 '사회적 기본권' 관련 조항, 제119조 제2항 이하의 경제질서에 관한 조항 등에서 모든 국민에게 그 생활의 기본적 수요를 충족시키려는 이른바 사회국가의 원리를 동시에 채택하여 구현하려고 있다. 그러나 이러한 사회국가의 원리는 자유민주적 기본질서의 범위내에서 이루어져야 하고, 국민 개인의 자유와 창의를 보완하는 범위내에서 이루어 지는 내재적 한계를 지니고 있다 할 것이다. 우리 재판소도 "우리 헌법은 자유민주적 기본질서 및 시장경제질서를 기본으로 하면서 위 질서들에 수반되는 모순을 제거하기 위하여 사회국가원리를 수용하여 실질적인 자유와 평등을 아울러 달성하려는 근본이념을 가지고 있다"라고 판시한 것은 이러한 맥락에서 이루어 진 것이다(헌결 2001.9.27. 2000헌마238). ★

3. 헌법 제119조 제2항은 국가가 경제영역에서 실현하여야 할 목표의 하나로서 "적정한 소득의 분배"를 들고 있지만, 이로부터 반드시 소득에 대하여 누진세율에 따른 종합과세를 시행하여야 할 구체적인 헌법적 의무가 조세입법자에게 부과되는 것이라고 할 수 없다. 오히려 입법자는 사회·경제정책을 시행함에 있어서 소득의 재분배라는 관점만이 아니라 서로 경쟁하고 충돌하는 여러 목표, 예컨대 "균형있는 국민경제의 성장 및 안정", "고용의 안정" 등을 함께 고려하여 서로 조화시키려고 시도하여야 하고, 끊임없이 변화하는 사회·경제상황에 적응하기 위하여 정책의 우선순위를 정할 수도 있다. 그러므로 "적정한 소득의 분배"를 무조건적으로 실현할 것을 요구한다거나 정책적으로 항상

최우선적인 배려를 하도록 요구하는 것은 아니라 할 것이다(헌결 1999.11.25. 98헌마55). ★

4. 헌법은 제119조에서 개인의 경제적 자유를 보장하면서 사회정의를 실현하기 위한 경제질서를 선언하고 있다. 이 규정은 헌법상 경제질서에 관한 일반조항으로서 국가의 경제정책에 대한 하나의 헌법적 지침이고, 동 조항이 언급하는 '경제적 자유와 창의'는 직업의 자유, 재산권의 보장, 근로3권과 같은 경제에 관한 기본권 및 비례의 원칙과 같은 법치국가원리에 의하여 비로소 헌법적으로 구체화된다. 따라서 이 사건에서 청구인들이 헌법 제119조 제1항과 관련하여 주장하는 내용은 구체화된 헌법적 표현인 경제적 기본권을 기준으로 심사되어야 한다. <중략> 그렇다면 이 사건 조항에 의하여 제한되는 기본권은 의료인의 직업의 자유, 의료소비자의 자기결정권 및 평등권이다(헌결 2002.10.31. 99헌바76). ★ ⇒ 요양기관강제지정제를 규정한 의료보험법(1994. 1. 7. 법률 제4728호로 제정되어 1999. 2. 8. 법률 제5857호로 개정되기 전의 것) 제32조 등의 위헌 여부(소극)

5. 개별 학교법인이 그 자체로 교원노조의 상대방이 되어 단체교섭에 나서지 못하고 전국단위 또는 시·도 단위의 교섭단의 구성원으로서만 단체교섭에 참여할 수 있도록 한 이 사건 법률조항의 위헌 여부를 심사함에 있어서, 헌법 제119조 소정의 경제질서는 독자적인 위헌심사의 기준이 된다기보다는 결사의 자유에 대한 법치국가적 위헌심사기준, 즉 과잉금지원칙 내지는 비례의 원칙에 흡수되는 것이라고 할 것이다(헌재 2002.10.31. 99헌바76 등, 판례집 14-2, 410, 428 참조). 그러므로 이 사건의 심사기준으로서는, 첫째 이 사건 법률조항이 과잉금지원칙에 위반하여 청구인들과 같은 학교법인의 결사의 자유를 침해하는지 여부와, 둘째 이 사건 법률조항이 청구인들과 같은 학교법인의 평등권을 침해하는지 여부라고 할 것이다(헌결 2006.12.28. 2004헌바67). ★ ⇒ 사립학교의 설립·경영자들은 교원노조와 개별적으로 단체교섭을 할 수 없고 반드시 연합하여 단체교섭에 응하도록 규정한 교원의노동조합설립및운영등에관한법률(1999. 1. 29. 법률 제5727호로 제정된 것) 제6조 제1항 후문(이하 '이 사건 법률조항'이라 한다)이 비례의 원칙에 어긋나게 사립학교의 설립·경영자인 청구인들의 결사의 자유를 침해하는지 여부(소극)

6. 헌법 제23조 제1항 전문은 "모든 국민의 재산권은 보장된다."라고 규정하고, 제119조 제1항은 "대한민국의 경제질서는 개인과 기업의 경제상의 자유와 창의를 존중함을 기본으로 한다."고 규정함으로써, 우리 헌법이 사유재산제도와

경제활동에 관한 사적자치(私的自治)의 원칙을 기초로 하는 자본주의 시장경제질서를 기본으로 하고 있음을 선언하고 있는 것이다. 이는 국민 개개인에게 자유로운 경제활동을 통하여 생활의 기본적 수요를 스스로 충족시킬 수 있도록 하고 사유재산의 자유로운 이용·수익과 그 처분 및 상속을 보장해 주는 것이 인간의 자유와 창의를 보전하는 지름길이고 궁극에는 인간의 존엄과 가치를 증대시키는 최선의 방법이라는 이상을 배경으로 하고 있는 것이다(헌결 1997.8.21. 94헌바19). ★

7. 헌법 제119조 제2항에 규정된 '경제주체간의 조화를 통한 경제민주화'의 이념은 경제영역에서 정의로운 사회질서를 형성하기 위하여 추구할 수 있는 국가목표로서 개인의 기본권을 제한하는 국가행위를 정당화하는 헌법규범이다(헌결 2003.11.27. 2001헌바35). ★

8. 헌법 제123조 제5항은 국가에게 "농·어민의 자조조직을 육성할 의무"와 "자조조직의 자율적 활동과 발전을 보장할 의무"를 아울러 규정하고 있는데, 이러한 국가의 의무는 자조조직이 제대로 활동하고 기능하는 시기에는 그 조직의 자율성을 침해하지 않도록 하는 후자의 소극적 의무를 다하면 된다고 할 수 있지만, 그 조직이 제대로 기능하지 못하고 향후의 전망도 불확실한 경우라면 단순히 그 조직의 자율성을 보장하는 것에 그쳐서는 아니 되고, 적극적으로 이를 육성하여야 할 전자의 의무까지도 수행하여야 한다(헌결 2000.6.1. 99헌마553).

9. 특정의료기관이나 특정의료인의 기능·진료방법에 관한 광고를 금지하는 것은 새로운 의료인들에게 자신의 기능이나 기술 혹은 진단 및 치료방법에 관한 광고와 선전을 할 기회를 배제함으로써, 기존의 의료인과의 경쟁에서 불리한 결과를 초래할 수 있는데, 이는 자유롭고 공정한 경쟁을 추구하는 헌법상의 시장경제질서에 부합× (위헌) 헌결 2005.10.27. 2003헌가3) ★ 표현의 자유 내지 직업수행의 자유를 침해하여 위헌○

10. [1] 우리 헌법 제124조는 "국가는 건전한 소비행위를 계도하고 생산품의 품질향상을 촉구하기 위한 소비자보호운동을 법률이 정하는 바에 의하여 보장한다."라고 규정하고 있다. 이는 현대 자유시장경제질서 하에서 생산물품 또는 용역의 가격이나 품질의 결정, 그 유통구조 등의 결정과정이 지나치게 사업자 중심으로 왜곡되어 소비자들이 사회적 약자의 지위에 처하게 되는 결과 구조적 피해를 입을 수 있음을 인식하고, 미약한 소비자들의 역량을 사회적으로 결집시 키기 위하여 소비자보호운동을 최대한 보장·촉진하도록 국가에게 요구

함으로써, 소비자의 권익을 옹호하고 나아가 시장의 지배와 경제력의 남용을 방지하며 경제주체간의 조화를 통해 균형있는 국민경제의 성장을 도모할 수 있도록 소비자의 권익에 관한 헌법적 보호를 창설한 것이다.

[2] 현행 헌법이 보장하는 소비자보호운동이란 '공정한 가격으로 양질의 상품 또는 용역을 적절한 유통구조를 통해 적절한 시기에 안전하게 구입하거나 사용할 소비자의 제반 권익을 증진할 목적으로 이루어지는 구체적 활동'을 의미하고, 단체를 조직하고 이를 통하여 활동하는 형태, 즉 근로자의 단결권이나 단체행동권에 유사한 활동뿐만 아니라, 하나 또는 그 이상의 소비자가 동일한 목표로 함께 의사를 합치하여 벌이는 운동이면 모두 이에 포함된다 할 것이다. 이 소비자보호운동이 보장됨으로써 비로소 소비자는 단순한 상품이나 정보의 구매자로서가 아니라 상품의 구매 및 소비과정에서 발생하는 생산자 또는 공급자로부터의 부당한 지배와 횡포를 배제하고 소비자의 이익을 수호하는 소비주체로서의 지위를 누릴 수 있게 된다.

[3] 위 소비자보호운동의 일환으로서, 구매력을 무기로 소비자가 자신의 선호를 시장에 실질적으로 반영하려는 시도인 소비자불매운동은 모든 경우에 있어서 그 정당성이 인정될 수는 없고, 헌법이나 법률의 규정에 비추어 정당하다고 평가되는 범위에 해당하는 경우에만 형사책임이나 민사책임이 면제된다고 할 수 있다. 우선, ⅰ) 객관적으로 진실한 사실을 기초로 행해져야 하고, ⅱ) 소비자불매운동에 참여하는 소비자의 의사결정의 자유가 보장되어야 하며, ⅲ) 불매운동을 하는 과정에서 폭행, 협박, 기물파손 등 위법한 수단이 동원되지 않아야 하고, ⅳ) 특히 물품 등의 공급자나 사업자 이외의 제3자를 상대로 불매운동을 벌일 경우 그 경위나 과정에서 제3자의 영업의 자유 등 권리를 부당하게 침해하지 않을 것이 요구된다. 이 경우 제3자의 정당한 영업의 자유 기타 권리를 부당하게 제한하거나 위축시키는지 여부는, 불매운동의 취지나 목적, 성격에 비추어 볼 때, 제3자를 불매운동 대상으로 선택해야 할 필요성이 있었는지, 또한 제3자를 대상으로 이루어진 불매운동의 내용과 그 경위 및 정도와 사이에 긴밀한 상관관계가 존재하는지를 기준으로 결정될 수 있을 것이다.

[4] 불매운동의 목표로서의 '소비자의 권익'이란 원칙적으로 사업자가 제공하는 물품이나 용역의 소비생활과 관련된 것으로서 상품의 질이나 가격, 유통구조, 안전성 등 시장적 이익에 국한된다. 또한, '소비자불매운동의 대상'은 물품 등을 공급하는 사업자나 공급자를 직접 상대방으로 하는 경우가 대부분이지

만, 해당 물품등의 사업자를 고립시키기 위하여 그 사업자의 거래상대방인 제3자에 대하여 사업자와의 거래를 단절하도록 요구하고 이를 관철하기 위하여 사업자의 거래상대방을 대상으로 불매운동을 실행하는 경우도 예상할 수 있다. <중략> 청구인들이 문제삼고 있는 조중동 일간신문의 정치적 입장이나 보도논조의 편향성은 '소비자의 권익'과 관련되는 문제로서 불매운동의 목표가 될 수 있다 할 것이다(헌결 2011.12.29. 2010헌바54). ★

11. 청구인들은 심판대상조항들이 헌법 제119조 등에 위반된다고 주장한다. 그러나 헌법 제119조는 헌법상 경제질서에 관한 일반조항으로서 국가의 경제정책에 대한 하나의 헌법적 지침일 뿐 그 자체가 기본권의 성질을 가진다거나 독자적인 위헌심사의 기준이 된다고 할 수 없으므로, 청구인들의 이러한 주장에 대하여는 더 나아가 살펴보지 않는다(헌결 2017.7.27. 2015헌바278). ★ ⇒ 방송통신기자재 등을 제조·판매·수입하려는 자에 대하여 해당 기자재의 적합성평가를 받도록 한 전파법(2013. 3. 23. 법률 제11712호로 개정된 것) 제58조의2 제1항 및 적합성평가를 받지 않고 방송통신기자재 등을 판매하거나 판매할 목적으로 제조·수입한 사람을 처벌하도록 한 구 전파법(2014. 6. 3. 법률 제12726호로 개정되고, 2015. 3. 27. 법률 제13233호로 개정되기 전의 것) 제84조 제5호 중 제58조의2 제1항 부분(이하 '심판대상조항들'이라 한다)이 직업수행의 자유를 침해하는지 여부(소극)

| 헌결 | 대판 |

소비자가 구매력을 무기로 상품이나 용역에 대한 자신들의 선호를 시장에 실질적으로 반영하기 위한 집단적 시도인 소비자불매운동은 본래 '공정한 가격으로 양질의 상품 또는 용역을 적절한 유통구조를 통해 적절한 시기에 안전하게 구입하거나 사용할 소비자의 제반 권익을 증진할 목적'에서 행해지는 소비자보호운동의 일환으로서 헌법 제124조를 통하여 제도로서 보장되나, 그와는 다른 측면에서 일반 시민들이 특정한 사회, 경제적 또는 정치적 대의나 가치를 주장·옹호하거나 이를 진작시키기 위한 수단으로서 소비자불매운동을 선택하는 경우도 있을 수 있고, 이러한 소비자불매운동 역시 반드시 헌법 제124조는 아니더라도 헌법 제21조에 따라 보장되는 정치적 표현의 자유나 헌법 제10조에 내재된 일반적 행동의 자유의 관점 등에서 보호받을 가능성이 있으므로, 단순히 소비자불매운동이 헌법 제124조에 따라 보장되는 소비자보호운동의 요건을 갖추지 못하였다는 이유만으로 이에 대하여 아무런 헌법적 보호도 주어지지 아니한다거나 소

비자불매운동에 본질적으로 내재되어 있는 집단행위로서의 성격과 대상 기업에 대한 불이익 또는 피해의 가능성만을 들어 곧바로 형법 제314조 제1항의 업무방해죄에서 말하는 위력의 행사에 해당한다고 단정하여서는 아니 된다. 다만 그 소비자불매운동이 헌법상 보장되는 정치적 표현의 자유나 일반적 행동의 자유 등의 점에서도 전체 법질서상 용인될 수 없을 정도로 사회적 상당성을 갖추지 못한 때에는 그 행위 자체가 위법한 세력의 행사로서 형법 제314조 제1항의 업무방해죄에서 말하는 위력의 개념에 포섭될 수 있고, 그러한 관점에서 어떠한 소비자불매운동이 위력에 의한 업무방해죄를 구성하는지 여부는 해당 소비자불매운동의 목적, 불매운동에 이르게 된 경위, 대상 기업의 선정이유 및 불매운동의 목적과의 연관성, 대상 기업의 사회·경제적 지위와 거기에 비교되는 불매운동의 규모 및 영향력, 불매운동 참여자의 자발성, 불매운동 실행과정에서 다른 폭력행위나 위법행위의 수반 여부, 불매운동의 기간 및 그로 인하여 대상 기업이 입은 불이익이나 피해의 정도, 그에 대한 대상 기업의 반응이나 태도 등 제반 사정을 종합적·실질적으로 고려하여 판단하여야 한다(대판 2013.3.14. 2010도410). ★
⇒ 인터넷카페의 운영진인 피고인들이 카페 회원들과 공모하여, 특정 신문들에 광고를 게재하는 광고주들에게 불매운동의 일환으로 지속적·집단적으로 항의전화를 하거나 항의글을 게시하는 등의 방법으로 광고중단을 압박함으로써 위력으로 광고주들 및 신문사들의 업무를 방해하였다는 내용으로 기소된 사안에서, 피고인들의 행위가 광고주들에 대하여는 업무방해죄의 위력에 해당하지만, 신문사들에 대하여는 직접적인 위력의 행사가 있었다고 보기에 부족하다고 본 사례

제8절 국제평화주의

> 제5조 ① 대한민국은 국제평화의 유지에 노력하고 침략적 전쟁을 부인한다.
> ② 국군은 국가의 안전보장과 국토방위의 신성한 의무를 수행함을 사명으로 하며, 그 정치적 중립성은 준수된다.
> 제6조 ① 헌법에 의하여 체결·공포된 조약과 일반적으로 승인된 국제법규는 **국내법**과 같은 효력을 가진다.
> ② 외국인은 **국제법과 조약이** 정하는 바에 의하여 그 지위가 보장된다.

☑ 기출지문

1. 헌법에 의하여 체결·공포된 조약과 달리 일반적으로 승인된 국제법규는 헌법절차에 의해서 승인되었다고 볼 수 없으므로 국내법과 같은 효력을 갖지 않는다.(×) 〈변호사 2023〉
⇒ 일반적으로 승인된 국제법규는 국내법과 같은 효력을 가진다(헌법 §6①).

1. 대한민국 헌법과 국제평화주의

(1) 침략적 전쟁의 금지: 헌법전문, 헌법 제5조 제1항

(2) 조국의 평화적 통일: 헌법전문, 헌법 제4조 제2항, 헌법 제66조 제3항, 헌법 제69조

★ 평화적생존권은 헌법상 보장되는 기본권×(헌결 2007헌마369)

★ 남한과 북한 간의 거래는 국가 간의 거래가 아닌 민족내부의 거래로 본다(남북교류협력에 관한 법률 §12).

2. 국제법 존중주의

(1) 국제법과 국내법: 국제법과 국내법을 하나의 통일된 법체계를 구성하는 것으로 보는 일원론과 양자를 서로 다른 별개의 체계로 보는 이원론으로 나누고, 우리 헌법은 일원론의 입장이며 국내법 우위론을 취함

(2) 조약의 국내법적 효력

(가) 조약의 개념: 조약은 '국가·국제기구 등 국제법 주체 사이에 권리의무관계를 창출하기 위하여 **서면형식**으로 체결되고 국제법에 의하여 규율되는 합의'(헌결 2006헌라4). ★ 비교 **예외적 구두형식 可**(헌결 2016헌라253)

| 헌결 | 대판 |

1. 조약은 '국가·국제기구 등 국제법 주체 사이에 권리의무관계를 창출하기 위하여 서면형식으로 체결되고 국제법에 의하여 규율되는 합의'인데, 이러한 조약의 체결·비준에 관하여 헌법은 대통령에게 전속적인 권한을 부여하면서(헌법 제73조), 조약을 체결·비준함에 앞서 국무회의의 심의를 거쳐야 하고(헌법 제89조 제3호), 특히 중요한 사항에 관한 조약의 체결·비준은 사전에 국회의 동의를 얻도록 하는 한편(헌법 제60조 제1항), 국회는 헌법 제60조 제1항에 규정된 일정한 조약에 대해서만 체결·비준에 대한 동의권을 가진다. 이 사건 공동성명은 한국과 미합중국이 상대방의 입장을 존중한다는 내용만 담고 있을 뿐, 구체적인 법적 권리·의무를 창설하는 내용을 전혀 포함하고 있지 아니하므로, 조약에 해당된다고 볼 수 없으므로 그 내용이 헌법 제60조 제1항의 조약에 해당되는지 여부를 따질 필요도 없이 이 사건 공동성명에 대하여 국회가 동의권을 가진다거나 국회의원인 청구인이 심의표결권을 가진다고 볼 수 없다(헌결 2008.3.27. 2006헌라4). ⇒ 피청구인 대통령이 피청구인 외교통상부장관에게 위임하여 2006. 1. 19.경 워싱턴에서 미합중국 국무장관과 발표한 '동맹 동반자 관계를 위한 전략대화 출범에 관한 공동성명(이하 '이 사건 공동성명'이라 한다)이 조약에 해당하는지 여부(소극)

2. 조약의 개념에 관하여 우리 헌법상 명문의 규정은 없다. 다만 헌법 제60조 제1항에서 국회는 상호원조 또는 안전보장에 관한 조약, 중요한 국제조직에 관한 조약, 우호통상항해조약, 주권의 제약에 관한 조약, 강화조약, 국가나 국민에게 중대한 재정적 부담을 지우는 조약 또는 입법사항에 관한 조약의 체결·비준에 대한 동의권을 가진다고 규정하고 있으며, 헌법 제73조는 대통령에게 조약체결권을 부여하고 있고, 헌법 제89조 제3호에서 조약안은 국무회의의 심의를 거치도록 규정하고 있다. 국제법적으로, 조약은 국제법 주체들이 일정한 법률효과를 발생시키기 위하여 체결한 국제법의 규율을 받는 국제적 합의를 말하며 서면에 의한 경우가 대부분이지만 <예외적으로 구두합의도 조약의 성격을 가질 수 있다>(헌결 2019.12.27. 2016헌마153). ★★★

조약○	• 마라케쉬협정(헌결 97헌바65) • '대한민국과 아메리카합중국 간의 상호방위조약 제4조에 의한 시설과 구역 및 대한민국에서의 합중국군대의 지위에 관한 협정'(헌결 97헌가14) • 대한민국과 일본국 간의 어업에 관한 협정(헌결 99헌마139) • 대한민국과 미합중국 간의 자유무역협정(헌결 2012헌마166)
조약×	• 1992.2.19. 발효된 '남북 사이의 화해와 불가침 및 교류협력에 관한 합의서'(헌결 98헌바63) • 대통령이 외교통상부장관에게 위임하여 2006. 1. 19.경 워싱턴에서 미합중국 국무장관과 발표한 '동맹 동반자 관계를 위한 전략대화 출범에 관한 공동성명'(헌결 2006헌라4)

(나) 조약의 체결과 비준: 조약의 체결이란 국가를 대표하는 자들 간의 권리의무에 관한 합의를 말하며, 조약의 비준이란 국가 간에 체결된 조약안을 국가원수가 최종적으로 확인하여 이를 조약으로 완성시키는 행위. 대통령은 조약의 체결 및 비준권○(§73)

(다) 국회의 동의를 요하는 조약: 헌법(§60①)은 국회에게 상호원조 또는 안전보장에 관한 조약, 중요한 국제조직에 관한 조약, 우호통상항해조약, 주권의 제약에 관한 조약, 강화조약, 국가나 국민에게 중대한 재정적 부담을 지우는 조약 또는 입법사항에 관한 조약의 체결·비준에 대한 동의권을 부여 ★

(라) 조약의 효력
① 국내법과 동일한 효력: 헌법에 의하여 체결·공포된 조약은 '국내법'과 동일한 '효력'을 가지며, 국내법 중 법률과 동일한 효력(통설, 판례)
② 국제인권규약: 헌법보다는 하위의, 법률보다는 상위의 효력을 지님
③ 자기집행적(self-executing) 조약(직접적용조약): 별도의 입법조치 없이도 사법부에 의해 재판규범으로 직접 적용될 수 있는 조약. ★ **'국제통화기금협정'** 은 국회의 동의를 얻어 체결된 것이므로 헌법 제6조 제1항에 따라 국내법적 효력을 가지며, 그 효력의 정도는 법률에 준하는 효력이라고 이해되며, 이는 재판권 면제에 관한 것이므로 성질상 국내에 바로 적용될 수 있는 법규범으로서 위헌법률심판의 대상○(헌결 2000헌바20)

(마) 조약에 대한 규범통제: ★ 법률적 효력을 갖는 조약은 헌법재판소의 위헌법률심판의 대상이 될 수○(헌결 2010헌바132)

(3) 일반적으로 승인된 국제법규의 국내법적 효력
(가) 개념: 세계 대다수 국가에 의해 보편적 규범으로서 일반적으로 인정된 국제규범

(나) 종류

① 성문의 국제법규: UN헌장의 일부, 부전조약, Genocide(집단학살)금지, 포로에 관한 제네바 협약, 세계우편연맹규정 등

② 불문의 국제법규(국제관습법): 전쟁법의 일반원칙, 대사나 공사의 법적 지위에 관한 원칙, 조약준수의 원칙, 민족자결의 원칙 등

(다) 효력: 조약과 같이 법률과 동등한 효력(多)

3. 외국인의 법적 지위의 보장

(1) 외국인의 법적 지위: 상호주의(헌법 §6②)

(2) 난민보호: 난민에 대한 보호는 '인간의 생명과 존엄'은 모든 인류에게 공히 보장되어야 한다는 지극히 당연한 공리에 기초

| 헌결 | 대판 |

1. 마라케쉬협정도 적법하게 체결되어 공포된 조약이므로 국내법과 같은 효력을 갖는 것이어서 그로 인하여 새로운 범죄를 구성하거나 범죄자에 대한 처벌이 가중된다고 하더라도 이것은 국내법에 의하여 형사처벌을 가중한 것과 같은 효력을 갖게 되는 것이다. 따라서 마라케쉬협정에 의하여 관세범위반자의 처벌이 가중된다고 하더라도 이를 들어 법률에 의하지 아니한 형사처벌이라거나 행위시의 법률에 의하지 아니한 형사처벌이라고 할 수 없다(헌결 1998.11.26. 97헌바65). ★ ⇒ 제2차 세계대전 후 전쟁의 주요한 원인 중 하나가 각국의 보호무역주의적 통상정책이었다는 공감대가 형성됨에 따라 진정한 세계평화를 위해서는 관세인하 등 보호주의적 무역장벽 철폐가 필요하다는 판단하에 GATT체제가 출범되었다. 그 동안 7차에 걸친 무역협상에서 여러 가지 무역장벽을 없애려는 논의가 진행되었는데, GATT의 무역협상은 기본적으로 관세장벽을 낮추는 것을 주목적으로 하여 진행되었고, 이와 더불어 비관세장벽(지역경제블록화, 관세 이외의 각종 무역규제조치 등)의 철폐, 국가보조 등 국가에 의한 무역장벽의 철폐 및 지적 재산권과 농산물 등 여러 분야로의 적용 확대, 사적인 무역장벽(독과점에 의한 무역장벽 등)의 제거 및 환경문제의 해결 등으로 협상의 방향이 발전되어 자유무역을 저해하는 요소들을 차례로 제거하는 협상이 진행되어 왔다. 그 중 우루과이라운드의 협상결과 체결된 마라케쉬협정으로 발족한 세계무역기구(WTO)체제는 농산물과 서비스 및 지적소유권분야까지 규율대상을 확대하였고, 반덤핑, 상계관세, 긴급수입제한조치 등과 같

은 국가에 의한 무역장벽을 낮추었으며, 체계적인 분쟁해결절차를 도입하였다.
2. 이 사건 조약[저자 주: 대한민국과 아메리카합중국 간의 상호방위조약 제4조에 의한 시설과 구역 및 대한민국에서의 합중국군대의 지위에 관한 협정]은 그 명칭이 "협정"으로 되어 있어 국회의 관여없이 체결되는 행정협정처럼 보이기도 하나 우리나라의 입장에서 볼 때에는 외국군대의 지위에 관한 것이고, 국가에게 재정적 부담을 지우는 내용과 입법사항을 포함하고 있으므로 국회의 동의를 요하는 조약으로 취급되어야 한다(헌결 1999.4.29. 97헌가14). ★
3. 1992.2.19. 발효된 '남북 사이의 화해와 불가침 및 교류협력에 관한 합의서'는 일종의 공동성명 또는 신사협정에 준하는 성격을 가짐에 불과하여 법률이 아님은 물론 국내법과 동일한 효력이 있는 조약이나 이에 준하는 것으로 볼 수 없다(헌결 2000.7.20. 98헌바63).
4. 대한민국과 일본국간의 어업에 관한 협정은 우리나라 정부가 일본 정부와의 사이에서 어업에 관해 체결·공포한 조약(조약 제1477호)으로서 헌법 제6조 제1항에 의하여 국내법과 같은 효력을 가지므로, 그 체결행위는 고권적 행위로서 '공권력의 행사'에 해당한다(헌결 2001.3.21. 99헌마139). ★
5. 헌법 제6조 제1항의 국제법 존중주의는 우리나라가 가입한 조약과 일반적으로 승인된 국제법규가 국내법과 같은 효력을 가진다는 것으로서 조약이나 국제법규가 국내법에 우선한다는 것은 아니다. 이 사건 법률조항에서 규정하고 있는 부정수표 발행행위는 지급제시될 때에 지급거절될 것을 예견하면서도 수표를 발행하여 지급거절에 이르게 하는 것으로 그 보호법익은 수표거래의 공정성이며 결코 '계약상 의무의 이행불능만을 이유로 구금' 되는 것이 아니므로 국제법 존중주의에 입각한다 하더라도 국제연합 인권규약 제11조의 명문에 정면으로 배치되는 것이 아니다(헌결 2001.4.26. 99헌가13). ★ ⇒ 지급거절될 것을 예견하고 수표를 발행한 사람이 그 수표의 지급제시기일에 수표금이 지급되지 아니하게 한 경우 수표의 발행인을 처벌하도록 규정한 부정수표 단속법 제2조 제2항이 국제법존중주의에 위배되는지 여부(소극)
6. 국제노동기구의 제87호 협약(결사의 자유 및 단결권 보장에 관한 협약), 제98호 협약(단결권 및 단체교섭권에 대한 원칙의 적용에 관한 협약), 제151호 협약(공공부문에서의 단결권 보호 및 고용조건의 결정을 위한 절차에 관한 협약)은 우리 나라가 비준한 바가 없고, 헌법 제6조 제1항에서 말하는 일반적으로 승인된 국제법규로서 헌법적 효력을 갖는 것이라고 볼 만한 근거도 없으므로, 이 사건 심판대

상 규정의 위헌성 심사의 척도가 될 수 없다(헌결 2005.10.27. 2003헌바50). ★

7. 피청구인 대통령이 피청구인 외교통상부장관에게 위임하여 2006. 1. 19.경 워싱턴에서 미합중국 국무장관과 발표한 '동맹 동반자 관계를 위한 전략대화 출범에 관한 공동성명'은 한국과 미합중국이 상대방의 입장을 존중한다는 내용만 담고 있을 뿐, 구체적인 법적 권리·의무를 창설하는 내용을 전혀 포함하고 있지 아니하므로, <u>조약에 해당된다고 볼 수 없으므로</u> 그 내용이 헌법 제60조 제1항의 조약에 해당되는지 여부를 따질 필요도 없이 이 사건 공동성명에 대하여 국회가 동의권을 가진다거나 국회의원인 청구인이 심의표결권을 가진다고 볼 수 없다(헌결 2008.3.27. 2006헌라4). ★

8. 청구인들이 평화적 생존권이란 이름으로 주장하고 있는 평화란 헌법의 이념 내지 목적으로서 추상적인 개념에 지나지 아니하고, 평화적 생존권은 이를 헌법에 열거되지 아니한 기본권으로서 특별히 새롭게 인정할 필요성이 있다거나 그 권리내용이 비교적 명확하여 구체적 권리로서의 실질에 부합한다고 보기 어려워 <u>헌법상 보장된 기본권이라고 할 수 없다</u>(헌결 2009.5.28. 2007헌마369).

9. 성문헌법의 개정은 헌법의 조문이나 문구의 명시적이고 직접적인 변경을 내용으로 하는 헌법개정안의 제출에 의하여야 하고, 하위규범인 법률의 형식으로, 일반적인 입법절차에 의하여 개정될 수는 없다. <u>한미무역협정의 경우, 국회의 동의를 필요로 하는 조약의 하나로서 법률적 효력이 인정되므로</u>, 그에 의하여 성문헌법이 개정될 수는 없으며, 따라서 <u>한미무역협정으로 인하여 청구인의 헌법 제130조 제2항에 따른 헌법개정절차에서의 국민투표권이 침해될 가능성은 인정되지 아니한다</u>(헌결 2013.11.28. 2012헌마166).

10. [1] 외국에의 국군의 파견결정은 파견군인의 생명과 신체의 안전뿐만 아니라 국제사회에서의 우리나라의 지위와 역할, 동맹국과의 관계, 국가안보문제 등 궁극적으로 국민 내지 국익에 영향을 미치는 복잡하고도 중요한 문제로서 국내 및 국제정치관계 등 제반상황을 고려하여 미래를 예측하고 목표를 설정하는 등 고도의 정치적 결단이 요구되는 사안이다. 따라서 그와 같은 결정은 그 문제에 대해 정치적 책임을 질 수 있는 국민의 대의기관이 관계분야의 전문가들과 광범위하고 심도 있는 논의를 거쳐 신중히 결정하는 것이 바람직하며 우리 헌법도 그 권한을 국민으로부터 직접 선출되고 국민에게 직접 책임을 지는 대통령에게 부여하고 그 권한행사에 신중을 기하도록 하기 위해 국회로 하여금 파병에 대한 동의여부를 결정할 수 있도록 하고 있는바, 현행 헌법이 채택하고 있는 대의민주제 통치구조 하에서 대의기관인 대통령과 국회의 그

와 같은 고도의 정치적 결단은 가급적 존중되어야 한다. ⇒ 외국에의 국군의 파견결정과 같이 성격상 외교 및 국방에 관련된 고도의 정치적 결단이 요구되는 사안에 대한 국민의 대의기관의 결정이 사법심사의 대상이 되는지 여부(소극)

[2] 이 사건 파견결정이 헌법에 위반되는지의 여부 즉 국가안보에 보탬이 됨으로써 궁극적으로는 국민과 국익에 이로운 것이 될 것인지 여부 및 <u>이른바 이라크전쟁이 국제규범에 어긋나는 침략전쟁인지 여부 등에 대한 판단은 대의기관인 대통령과 국회의 몫이고, 성질상 한정된 자료만을 가지고 있는 우리 재판소가 판단하는 것은 바람직하지 않다고 할 것이며</u>, 우리 재판소의 판단이 대통령과 국회의 그것보다 더 옳다거나 정확하다고 단정짓기 어려움은 물론 재판결과에 대하여 국민들의 신뢰를 확보하기도 어렵다고 하지 않을 수 없다. ⇒ '대통령이 2003. 10. 18. 국군(일반사병)을 이라크에 파견하기로 한 결정'(이하 '이 사건 파견결정'이라 한다)이 헌법에 위반되는지의 여부에 대한 판단을 헌법재판소가 하여야 하는지 여부(소극)

[3] 이 사건 파병결정은 대통령이 파병의 정당성뿐만 아니라 북한 핵 사태의 원만한 해결을 위한 동맹국과의 관계, 우리나라의 안보문제, 국·내외 정치관계 등 국익과 관련한 여러 가지 사정을 고려하여 파병부대의 성격과 규모, 파병기간을 국가안전보장회의의 자문을 거쳐 결정한 것으로, 그 후 국무회의 심의·의결을 거쳐 국회의 동의를 얻음으로써 헌법과 법률에 따른 절차적 정당성을 확보했음을 알 수 있다. 그렇다면 <u>이 사건 파견결정은 그 성격상 국방 및 외교에 관련된 고도의 정치적 결단을 요하는 문제로서, 헌법과 법률이 정한 절차를 지켜 이루어진 것임이 명백하므로, 대통령과 국회의 판단은 존중되어야 하고 헌법재판소가 사법적 기준만으로 이를 심판하는 것은 자제되어야 한다</u>. 이에 대하여는 설혹 사법적 심사의 회피로 자의적 결정이 방치될 수도 있다는 우려가 있을 수 있으나 그러한 대통령과 국회의 판단은 궁극적으로는 선거를 통해 국민에 의한 평가와 심판을 받게 될 것이다(헌결 2004.4.29. 2003헌마814). ⇒ 그 성격상 국방 및 외교에 관련된 고도의 정치적 결단을 요하는 이 사건 파견결정이 사법심사의 대상이 되는지 여부(소극) [기출지문] 이라크 파병결정은 고도의 정치적 결단을 요하는 문제이므로, 그것이 헌법과 법률이 정한 절차를 준수했는지, 그리고 이라크 전쟁이 국제규범에 어긋나는 침략전쟁인지 등에 대하여 사법적 기준으로 심판하는 것은 자제되어야 한다.(×) 〈변시 2023〉 ★★★

제9절 문화국가원리

제9조 국가는 전통문화의 계승·발전과 민족문화의 창달에 노력하여야 한다.

1. 문화국가원리의 의의

(1) 문화의 개념 : 문화란 문화예술, 생활 양식, 공동체적 삶의 방식, 가치 체계, 전통 및 신념 등을 포함하는 사회나 사회 구성원의 고유한 정신적·물질적·지적·감성적 특성의 총체를 말한다(문화기본법 이하 '동법' §3). <u>문화국가란 이러한 문화를 보호하고 육성하는 국가</u>를 말한다.

(2) 문화국가원리 : 문화국가원리란 국가를 문화자율, 문화독립, 문화중립으로 묶어 문화의 다양성 및 동질성을 확보하여 문화적 공동체를 형성하는 헌법원리를 말한다. 문화국가원리는 국가의 문화국가 실현에 관한 과제 또는 책임을 통하여 실현되는 바, 국가의 문화정책과 밀접 불가분의 관계를 맺고 있다. 오늘날 문화국가에서의 문화정책은 그 초점이 문화 그 자체에 있는 것이 아니라 문화가 생겨날 수 있는 문화풍토를 조성하는 데 두어야 한다(헌결 2003헌가1).

2. 문화국가원리의 내용

(1) 문화의 자율성, 독자성, 중립성 보장

 (가) 개별성·고유성·다양성으로 표현되는 문화는 사회의 자율영역을 바탕으로 한다고 할 것(헌결 2003헌가1)

 (나) 문화현상에 대하여도 이를 선호하거나, 우대하는 경향을 보이지 않는 **불편부당의 원칙**이 가장 바람직한 정책으로 평가(헌결 2003헌가1)

(2) 문화적 공동체 형성: 문화국가원리의 이러한 특성은 문화의 개방성 내지 다원성의 표지와 연결되는데, 국가의 문화육성의 대상에는 원칙적으로 모든 사람에게 문화창조의 기회를 부여한다는 의미에서 <u>모든 문화가 포함</u>○(엘리트문화뿐만 아니라 서민문화, 대중문화도 그 가치를 인정하고 정책적인 배려의 대상)(헌결 2003헌가1)

(3) 문화에 대한 국가보호: 오늘날 문화국가에서의 문화정책은 그 초점이 <u>문화 그 자체에 있는 것이 아니라</u> 문화가 생겨날 수 있는 <u>문화풍토를 조성하는 데 초점</u>(헌결 2003헌가1)

3. 대한민국 헌법과 문화국가원리

(1) 헌법전문: 헌법전문에서는 "문화의 영역에 있어서 각인의 기회를 균등히 하고"라고 규정

(2) 헌법 제9조 및 제69조: "국가는 전통문화의 계승·발전과 민족문화의 창달에 노력하여야 한다"(§9)와 "민족문화의 창달에 노력하여 대통령으로서의 직책을 성실히 수행할 것을 국민 앞에 엄숙히 선서합니다"(§69)라고 규정

(3) 기타규정(헌법 제22조 등): 헌법은 문화국가를 실현하기 위하여 보장되어야 할 정신

| 헌결 | 대판 |

1. 헌법 제9조의 규정취지와 민족문화유산의 본질에 비추어 볼 때, 국가가 민족문화유산을 보호하고자 하는 경우 이에 관한 헌법적 보호법익은 '민족문화유산의 존속' 그 자체를 보장하는 것이고, 원칙적으로 민족문화유산의 훼손 등에 관한 가치보상(價値補償)이 있는지 여부는 이러한 헌법적 보호법익과 직접적인 관련이 없다(헌불 헌결 2003.1.30. 2001헌바64). ⇒ 전통사찰의 경내지 등에 대한 모든 유형의 소유권변동이 전통사찰을 훼손할 수 있음에도 불구하고, 다른 소유권변동원인과 달리 '공용수용'으로 인한 소유권변동에 대해서는 아무런 규제를 하지 아니한 것은 평등원칙에 위반된다. ★ 전통사찰보존법에서 공용수용으로 인한 경내지 등의 소유권변동에 관한 별도의 규제조항을 두지 아니한 것이 전통사찰 소유자 등의 재산권을 침해하는 것은 아니다.

2. 법익의 균형성의 관점에서 보더라도, 입법자가 법 제3조를 통하여 실현하려는 공익인 '고액과외교습의 방지'가 헌법적으로 허용되는 입법목적인가에 관하여 의문의 여지가 있다는 점에서 설사 오늘의 교육현실과 같은 예외적인 상황을 인정하더라도 그 비중이 그다지 크다고 보기 어렵고, 기본권의 제한을 통하여 얻는 공익실현의 구체적인 효과, 즉, 고액과외교습의 억제효과도 불확실하다. 이에 반하여 법 제3조에 의하여 초래되는 기본권제한의 효과 및 헌법이 지향하는 문화국가의 실현을 저해하는 효과는 매우 크다. 법 제3조에 의하여 부모가 자녀를 자유롭게 가르칠 권리와 자녀의 자유롭게 배울 권리가 큰 제약을 받게 되어, 제도교육 밖의 사교육의 영역에서도 국가에 의하여 규율되는 학원교육외에는 달리 선택의 여지가 없게 되었다. 그 결과 제도교육의 획일성을 보완하기 위하여 요청되는 '사교육의 다양성'과 각 자녀의 개성과 능력을 고려한 '사교육의 개별성'은 사실상 학교교육과 마찬가지로 집단적·획

일적으로 이루어지는 학원교육에 의하여 상실되었다. 단지 일부 지나친 고액 과외교습을 방지하기 위하여 모든 학생으로 하여금 오로지 학원에서만 사적으로 배울 수 있도록 규율한다는 것은 어디에도 그 예를 찾아볼 수 없는 것일 뿐만 아니라 자기결정과 자기책임을 생활의 기본원칙으로 하는 헌법의 인간상이나 개성과 창의성, 다양성을 지향하는 문화국가원리에도 위반되는 것이다(위헌 헌결 2000.4.27. 98헌가16). ★

3. 문예진흥기금이 공연관람자 등의 집단적 이익을 위해서 사용되는 것도 아니다. 현실적으로 문예진흥기금은 문예진흥을 위한 다양한 용도로 사용되고 있지만, 그것이 곧바로 공연관람자들의 집단적 이익을 위한 사용이라고 말할 수는 없는 것이다. 공연 등을 보는 국민이 예술적 감상의 기회를 가진다고 하여 이것을 집단적 효용성으로 평가하는 것도 무리이다. 공연관람자 등이 예술감상에 의한 정신적 풍요를 느낀다면 그것은 헌법상의 문화국가원리에 따라 국가가 적극 장려할 일이지, 이것을 일정한 집단에 의한 수익으로 인정하여 그들에게 경제적 부담을 지우는 것은 헌법의 문화국가이념(제9조)에 역행하는 것이다. 위와 같이 이 사건 문예진흥기금의 납입금 자체가 특별부담금의 헌법적 허용한계를 벗어나서 국민의 재산권을 침해하므로 위헌이라 할 것이고 그렇다면 납입금의 모금에 대하여 모금액·모금대행기관의 지정·모금수수료·모금방법 등을 대통령령에 위임한 심판대상 법조항들은 더 나아가 살펴볼 필요도 없이 위헌임을 면치 못할 것이다(위헌 헌결 2003.12.18. 2002헌가2). ★ ⇒ 문예진흥기금 모금의 모금액·모금대행기관의 지정·모금수수료·모금방법 및 관련자료 기타 필요한 사항을 대통령령에 위임하고 있는 구 문화예술진흥법 제19조 제5항 및 제19조의2 제3항이 헌법 제75조상의 포괄위임입법금지의 원칙등에 위배되는지 여부(적극)

4. [1] 우리나라는 건국헌법 이래 문화국가의 원리를 헌법의 기본원리로 채택하고 있다. 또한 헌법은 문화국가를 실현하기 위하여 보장되어야 할 정신적 기본권으로 양심과 사상의 자유, 종교의 자유, 언론·출판의 자유, 학문과 예술의 자유 등을 규정하고 있는바, 개별성·고유성·다양성으로 표현되는 문화는 사회의 자율영역을 바탕으로 한다고 할 것이고, 이들 기본권은 견해와 사상의 다양성을 그 본질로 하는 문화국가원리의 불가결의 조건이라고 할 것이다.

[2] 문화국가원리는 국가의 문화국가실현에 관한 과제 또는 책임을 통하여 실현되는바, 국가의 문화정책과 밀접 불가분의 관계를 맺고 있다. 과거 국가절대주의사상의 국가관이 지배하던 시대에는 국가의 적극적인 문화간섭정책이 당연한 것으로 여겨졌다. 그러나 오늘날에 와서는 국가가 어떤 문화현상에 대

하여도 이를 선호하거나, 우대하는 경향을 보이지 않는 불편부당의 원칙이 가장 바람직한 정책으로 평가받고 있다. 오늘날 문화국가에서의 문화정책은 그 초점이 문화 그 자체에 있는 것이 아니라 문화가 생겨날 수 있는 문화풍토를 조성하는 데 두어야 한다. 문화국가원리의 이러한 특성은 문화의 개방성 내지 다원성의 표지와 연결되는데, 국가의 문화육성의 대상에는 원칙적으로 모든 사람에게 문화창조의 기회를 부여한다는 의미에서 모든 문화가 포함된다. 따라서 엘리트문화뿐만 아니라 서민문화, 대중문화도 그 가치를 인정하고 정책적인 배려의 대상으로 하여야 한다(헌결 2004.5.27. 2003헌가1). ★

5. 헌법 전문과 헌법 제9조에서 말하는 '전통', '전통문화'란 역사성과 시대성을 띤 개념으로 이해하여야 한다. 과거의 어느 일정 시점에서 역사적으로 존재하였다는 사실만으로 모두 헌법의 보호를 받는 전통이 되는 것은 아니다. 전통이란 과거와 현재를 다 포함하고 있는 문화적 개념이다. 만약 전통의 근거를 과거에만 두는 복고주의적 전통개념을 취한다면 시대적으로 특수한 정치적·사회적 이해관계를 전통이라는 이름 하에 보편적인 문화양식으로 은폐·강요하는 부작용을 낳기 쉬우며, 현재의 사회구조에 걸맞는 규범 정립이나 미래지향적 사회발전을 가로막는 장애요소로 기능하기 쉽다. 헌법재판소는 이미 "헌법 제9조의 정신에 따라 우리가 진정으로 계승·발전시켜야 할 전통문화는 이 시대의 제반 사회·경제적 환경에 맞고 또 오늘날에 있어서도 보편타당한 전통윤리 내지 도덕관념이라 할 것이다."라고 하여 전통의 이러한 역사성과 시대성을 확인한바 있다. 따라서 우리 헌법에서 말하는 '전통' '전통문화'란 오늘날의 의미로 재해석된 것이 되지 않으면 안 된다. 그리고 오늘날의 의미를 포착함에 있어서는 헌법이념과 헌법의 가치질서가 가장 중요한 척도의 하나가 되어야 할 것임은 두 말할 나위가 없고 여기에 인류의 보편가치, 정의와 인도의 정신 같은 것이 아울러 고려되어야 할 것이다. 따라서 가족제도에 관한 전통·전통문화란 적어도 그것이 가족제도에 관한 헌법이념인 개인의 존엄과 양성의 평등에 반하는 것이어서는 안 된다는 자명한 한계가 도출된다. 역사적 전승으로서 오늘의 헌법이념에 반하는 것은 헌법 전문에서 타파의 대상으로 선언한 '사회적 폐습'이 될 수 있을지언정 헌법 제9조가 '계승·발전'시키라고 한 전통문화에는 해당하지 않는다고 보는 것이 우리 헌법의 자유민주주의원리, 전문, 제9조, 제36조 제1항을 아우르는 조화적 헌법해석이라 할 것이다. 결론적으로 전래의 어떤 가족제도가 헌법 제36조 제1항이 요구하는 개인의 존엄과 양성평등에 반한다면 헌법 제9조를 근거로 그 헌법적 정당성을 주장할 수는 없다(헌결 2005.2.3. 2001헌가9).

제2편

기본권론

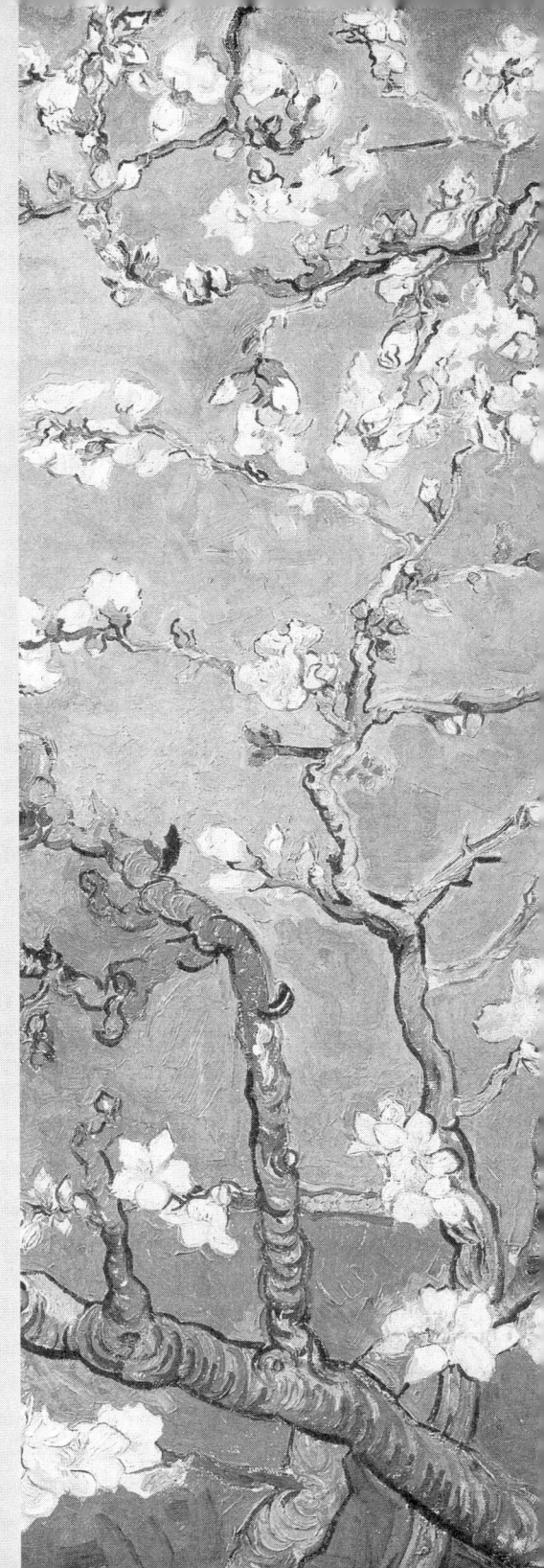

제1장 기본권 총론

제1절 기본권의 의의와 법적 성격

I. 기본권의 의의

기본권이란 헌법이 보장하는 국민의 기본적 권리를 말하는 것인데, 기본권에는 전국가적·생래적 권리인 인권의 성질을 지닌 것이 있는가하면 국가에 의해 주어진 시민의 권리인 국가내적 권리도 있으므로 인간의 본성에서 나오는 천부적 권리인 인권과는 개념은 물론 내용도 동일하지 않다.

II. 기본권의 법적 성격

1. 주관적 공권

주관적이란 개인의 권리를 뜻하며, 공권이란 국가에 대한 권리를 말함

2. 자연권

기본권은 국가에 선재하는 자유권과 국가에 의하여 비로소 주어지는 기본권으로 구분

3. 기본권의 이중적 성격

기본권이 주관적 권리의 성격을 지니고 있다는 점에 이론이 없으나, 국가의 법질서를 구성하는 요소, 즉 객관적 원칙규범의 성격을 지니는가가 문제. 이중성을 긍정하는 것이 학계의 지배적 입장이며, **헌법재판소 역시 기본권의 이중적 성격을 긍정**(헌결 93헌바45)

4. 기본권과 제도보장

(1) 제도보장의 의의: 헌법이 직접 제도를 보장함으로써 제도의 핵심적 내용에 대한 법률로부터의 위협을 제거하는 것으로, 제도보장은 제도의 헌법적 보장

(2) 제도보장의 내용: 헌법재판소는 기본권은 '최대한 보장'을 하여야 하나, 제도보장은 특정한 제도의 본질에 대한 '<u>최소한의 보장</u>'으로 족하다고 판시(헌결 91헌바15), 제도보장은 제도의 헌법적 보장이므로, 기본권과 같이 입법권·행정

권·사법권을 구속하며, 직접적 효력을 갖는 객관적 법규범으로서 재판규범으로 기능. 다만 **헌법개정권력은 구속×**

(3) 대한민국 헌법상 제도보장의 내용: 제도보장에 대한 이해가 다르기 때문에, 우리 헌법상 어떤 것을 제도보장으로 볼 것인가에 관하여는 다양한 견해가 제시되어 있다. 직업공무원제(§7②), 복수정당제(§8①), 정교분리(§20②), 사유재산제(§23①), 교육의 자주성·전문성·중립성(§31④)과 대학의 자치(§22①, §31④), 혼인제도·가족제도(§36①), 지방자치제(§117①), 소비자보호운동(§124) 등은 제도보장으로 볼 수 있다.

헌법재판소가 제도보장으로 인정한 것으로는, 직업공무원제(헌결 95헌바48), 사유재산제(헌결 89헌마214), 교육제도(헌결 90헌가27), 혼인과 가족제도(헌결 91헌바15), 지방자치(헌결 94헌마175), 복수정당제(헌결 99헌마135), 교육자치와 지방자치(헌결 2000헌마283), 방송의 자유(헌결 2002헌바49)등이 있다.

| 헌결 | 대판 |

1. 국민의 기본권은 국가권력에 의하여 침해되어서는 아니된다는 의미에서 소극적 방어권으로서의 의미를 가지고 있을 뿐만 아니라, 헌법 제10조에서 국가는 개인이 가지는 불가침의 기본적 인권을 확인하고 이를 보장할 의무를 진다고 선언함으로써, <u>국가는 나아가 적극적으로 국민의 기본권을 보호할 의무를 부담하고 있다는 의미에서 기본권은 국가권력에 대한 객관적 규범 내지 가치질서로서의 의미를 함께 갖는다.</u> 객관적 가치질서로서의 기본권은 입법·사법·행정의 모든 국가기능의 방향을 제시하는 지침으로서 작용하므로, <u>국가기관에게 기본권의 객관적 내용을 실현할 의무를 부여한다</u>(헌결 1995.6.29. 93헌바45).

2. <u>제도적 보장</u>은 객관적 제도를 헌법에 규정하여 당해 제도의 본질을 유지하려는 것으로서 헌법제정권자가 특히 중요하고도 가치가 있다고 인정되고 헌법적으로도 보장할 필요가 있다고 생각하는 국가제도를 헌법에 규정함으로써 장래의 법발전, 법형성의 방침과 범주를 미리 규율하려는데 있다. 이러한 <u>제도적 보장은 주관적 권리가 아닌 객관적 법규범이라는 점에서 기본권과 구별</u>되기는 하지만 헌법에 의하여 일정한 제도가 보장되면 입법자는 그 제도를 설정하고 유지할 입법의무를 지게될 뿐만 아니라 <u>헌법에 규정되어 있기 때문에 법률로써 이를 폐지할 수 없고, 비록 내용을 제한하더라도 그 본질적 내용을 침해할 수 없다.</u> 그러나 기본권 보장은 "최대한 보장의 원칙"이 적용됨에 반하여, <u>제도적 보장</u>은 그 본질적 내용을 침해하지 아니하는 범위 안에서 입법

자에게 제도의 구체적 내용과 형태의 형성권을 폭넓게 인정한다는 의미에서 "**최소한 보장의 원칙**"이 적용될 뿐이다(헌결 1997.4.24. 95헌바48). ★

3. 의무교육제도는 교육의 자주성·전문성·정치적 중립성 등을 지도원리로하여 국민의 교육을 받을 권리를 뒷받침하기 위한, 헌법상의 교육기본권에 부수되는 제도보장이라 할 것이다. 그러나 오늘날 우리 사외의 높은 교육열과 상급학교진학률, 학부모들의 공적·사적 교육비에 대한 부담의 증가 등 제반사정을 고려하면 의무교육제도는 국민에 대하여 보호하는 자녀들을 취학시키도록 한다는 의무부과의 면보다는 국가에 대하여 인적·물적 교육시설을 정비하고 교육환경을 개선하여야 한다는 의무부과의 측면이 보다 더 중요한 의미를 갖게 된다 할 것이다(헌결 1991.2.11. 90헌가27).

4. 헌법 제117조에는 "① 지방자치단체는 주민의 복리에 관한 사무를 처리하고, 재산을 관리하며 법령의 범위 안에서 자치에 관한 규정을 제정할 수 있다. ② 지방자치단체의 종류는 법률로 정한다."고 규정하였고, 헌법 제118조에는 "③ 지방자치단체에 의회를 둔다 ④ 지방자치단체의 조직·권한·의원선거와 지방자치단체의 장의 선임방법 기타 지방자치단체의 조직과 운영에 관한 사항은 법률로 규정한다."고 규정하여 지방자치단체의 자치권에 대한 제도적 보장을 하고 있다. 또한 지방자치법 제4조 제1항에는 지방자치단체의 폐지·병합은 법률로써 할 수 있도록 규정하였다. 그러므로 지방자치단체를 폐지하고 병합하는 법률을 제정할 수 있으나, 지방자치단체의 이러한 폐지·병합은 지방자치단체의 자치권의 침해문제와 더불어 그 주민의 헌법상 보장된 기본권의 침해문제도 발생할 수 있다(헌결 1995.3.23. 94헌마175).

5. 헌법은 정당을 일반적인 결사의 자유로부터 분리하여 제8조에 독자적으로 규율함으로써 오늘날의 의회민주주의에서 정당이 가지는 중요한 의미와 헌법질서내에서의 정당의 특별한 지위를 강조하고 있다. 헌법 제8조는 제1항에서 "정당의 설립은 자유이며, 복수정당제는 보장된다"고 규정하여 국민 누구나가 원칙적으로 국가의 간섭을 받지 아니하고 정당을 설립할 권리를 국민의 기본권으로서 보장하면서, 아울러 정당설립의 자유를 보장한 것의 당연한 법적 산물인 복수정당제를 제도적으로 보장하고 있다(헌결 1999.12.23. 99헌마135).

6. 재판청구권과 같은 절차적 기본권은 원칙적으로 제도적 보장의 성격이 강하기 때문에, 자유권적 기본권 등 다른 기본권의 경우와 비교하여 볼 때 상대적으로 **광범위한 입법형성권이 인정되므로**, 관련 법률에 대한 위헌심사기준은 합리성원칙 내지 자의금지원칙이 적용된다(헌결 2009.11.26. 2008헌바25). ★

제2절 기본권의 주체

Ⅰ. 국민

1. 기본권 보유능력

(1) 개념: 기본권 보유능력(=기본권능력)이란 기본권을 보유할 수 있는 자격이나 능력으로, 모든 국민은 기본권을 향유할 수 있는 능력을 가짐

(2) 구체적 검토

① **배아**: 수정이 된 배아(초기 배아)는 **기본권 주체×**(헌결 2005헌마346), 배아생성자인 유전적 부모에게는 배아에 대한 관리권이 자기결정권의 내용으로 보장(헌결 2005헌마346)

② **태아**: 생명권 및 신체불훼손권의 **주체○**

2. 기본권 행사능력

(1) 기본권 행사능력: 기본권 보유자가 기본권을 유효하게 단독으로 행사할 수 있는 능력

(2) 미성년자의 기본권행사능력: 미성년자의 경우 기본권보유능력을 갖고 있을 뿐만 아니라 기본권행사능력도 있으나 일정한 경우에 제한(예: 친권)

3. 기본권의 포기

기본권의 주체가 국가나 사인에 대하여 기본권에 의해 보호되는 지위나 이익을 행사하지 않겠다는 의사표시

| 헌결 | 대판 |

1. [1] 헌법재판소법 제68조 제1항은 공권력의 행사 또는 불행사로 인하여 기본권을 침해받은 자가 헌법소원의 심판을 청구할 수 있다고 규정하고 있으므로, 기본권의 주체가 될 수 있는 자만이 헌법소원을 청구할 수 있고, 이때 기본권의 주체가 될 수 있는 '자'라 함은 통상 출생 후의 인간을 가리키는 것이다. 그런데 존엄한 인간 존재와 그 근원으로서의 생명 가치를 고려할 때 출생 전 형성 중의 생명에 대해서는 일정한 예외적인 경우 기본권 주체성이 긍정될 수 있다. 헌법재판소도 형성 중의 생명인 태아에 대하여 헌법상 생명권의 주체가 되며, 국가는 헌법 제10조에 따라 태아의 생명을 보호할 의무가 있음을 밝힌

바 있다. 다만, 출생 전 형성 중의 생명에 대해서 헌법적 보호의 필요성이 크고 일정한 경우 그 기본권 주체성이 긍정된다고 하더라도, 어느 시점부터 기본권 주체성이 인정되는지, 또 어떤 기본권에 대해 기본권 주체성이 인정되는지는 생명의 근원에 대한 생물학적 인식을 비롯한 자연과학·기술 발전의 성과와 그에 터 잡은 헌법의 해석으로부터 도출되는 규범적 요청을 고려하여 판단하여야 할 것이다. <중략> 다만, 오늘날 생명공학 등의 발전과정에 비추어 인간의 존엄과 가치가 갖는 헌법적 가치질서로서의 성격을 고려할 때 인간으로 발전할 잠재성을 갖고 있는 초기배아라는 원시생명체에 대하여도 위와 같은 헌법적 가치가 소홀히 취급되지 않도록 노력해야 할 국가 의 보호의무가 있음을 인정하지 않을 수 없다 할 것이다.

[2] 출생 전 형성 중의 생명에 대해서 헌법적 보호의 필요성이 크고 일정한 경우 그 기본권 주체성이 긍정된다고 하더라도, 어느 시점부터 기본권 주체성이 인정되는지, 또 어떤 기본권에 대해 기본권 주체성이 인정되는지는 생명의 근원에 대한 생물학적 인식을 비롯한 자연과학·기술 발전의 성과와 그에 터 잡은 헌법의 해석으로부터 도출되는 규범적 요청을 고려하여 판단하여야 할 것이다. 초기배아는 수정이 된 배아라는 점에서 형성 중인 생명의 첫걸음을 떼었다고 볼 여지가 있기는 하나 아직 모체에 착상되거나 원시선이 나타나지 않은 이상 현재의 자연과학적 인식 수준에서 독립된 인간과 배아 간의 개체적 연속성을 확정하기 어렵다고 봄이 일반적이라는 점, 배아의 경우 현재의 과학기술 수준에서 모태 속에서 수용될 때 비로소 독립적인 인간으로의 성장가능성을 기대할 수 있다는 점, 수정 후 착상 전의 배아가 인간으로 인식된다거나 그와 같이 취급하여야 할 필요성이 있다는 사회적 승인이 존재한다고 보기 어려운 점 등을 종합적으로 고려할 때, 기본권 주체성을 인정하기 어렵다. ★

[3] 배아생성자는 배아에 대해 자신의 유전자정보가 담긴 신체의 일부를 제공하고, 또 배아가 모체에 성공적으로 착상하여 인간으로 출생할 경우 생물학적 부모로서의 지위를 갖게 되므로, 배아의 관리 또는 처분에 대한 결정권을 가진다. 이러한 배아생성자의 배아에 대한 결정권은 헌법상 명문으로 규정되어 있지는 아니하지만, 헌법 제10조로부터 도출되는 일반적 인격권의 한 유형으로서의 헌법상 권리라 할 것이다. 다만, 배아의 경우 형성 중에 있는 생명이라는 독특한 지위로 인해 국가에 의한 적극적인 보호가 요구된다는 점, 배아의 관리·처분에는 공공복리 및 사회 윤리적 차원의 평가가 필연적으로 수반되지 않을 수 없다는 점에서도 그 제한의 필요성은 크다고 할 것이다. 그러므로 배

아생성자의 배아에 대한 자기결정권은 자기결정이라는 인격권적 측면에도 불구하고 배아의 법적 보호라는 헌법적 가치에 명백히 배치될 경우에는 그 제한의 필요성이 상대적으로 큰 기본권이라 할 수 있다(헌결 2010.5.27. 2005헌마346). ★★★

2. 국가에게 태아의 생명을 보호할 의무가 있다고 하더라도 생명의 연속적 발전과정에 대하여 생명이라는 공통요소만을 이유로 하여 언제나 동일한 법적 효과를 부여하여야 하는 것은 아니다. 동일한 생명이라 할지라도 법질서가 생명의 발전과정을 일정한 단계들로 구분하고 그 각 단계에 상이한 법적 효과를 부여하는 것이 불가능하지 않다. 예컨대 형법은 태아를 통상 낙태죄의 객체로 취급하지만, 진통 시로부터 태아는 사람으로 취급되어 살인죄의 객체로 됨으로써 생명의 단계에 따라 생명침해행위에 대한 처벌의 정도가 달라진다. 나아가 태아는 수정란이 자궁에 착상한 때로부터 낙태죄의 객체로 되는데 착상은 통상 수정 후 7일경에 이루어지므로, 그 이전의 생명에 대해서는 형법상 어떠한 보호도 행하고 있지 않다. 이와 같이 생명의 전체적 과정에 대해 법질서가 언제나 동일한 법적 보호 내지 효과를 부여하고 있는 것은 아니다. 따라서 국가가 생명을 보호하는 입법적 조치를 취함에 있어 인간생명의 발달단계에 따라 그 보호정도나 보호수단을 달리하는 것은 불가능하지 않다(헌결 2019.4.11. 2017헌바127). ★

3. 헌법 제10조로부터 도출되는 일반적 인격권에는 개인의 명예에 관한 권리도 포함되는바, 이 사건 법률조항에 근거하여 반민규명위원회의 조사대상자 선정 및 친일반민족행위결정이 이루어지면(이에 관하여 작성된 조사보고서 및 편찬된 사료는 일반에 공개된다), 조사대상자의 사회적 평가가 침해되어 헌법 제10조에서 유래하는 일반적 인격권이 제한받는다고 할 수 있다. 다만 이 사건 결정의 조사대상자를 비롯하여 대부분의 조사대상자는 이미 사망하였을 것이 분명하나, 조사대상자가 사자(死者)의 경우에도 인격적 가치에 대한 중대한 왜곡으로부터 보호되어야 하고, 사자(死者)에 대한 사회적 명예와 평가의 훼손은 사자(死者)와의 관계를 통하여 스스로의 인격상을 형성하고 명예를 지켜온 그들의 후손의 인격권, 즉 유족의 명예 또는 유족의 사자(死者)에 대한 경애추모의 정을 침해한다고 할 것이다. 따라서 이 사건 법률조항은 조사대상자의 사회적 평가와 아울러 그 유족의 헌법상 보장된 인격권을 제한하는 것이라고 할 것이다(헌결 2010.10.28. 2007헌가23). ★ ⇒ 일본제국주의의 국권침탈이 시작된 러·일전쟁 개전시부터 1945년 8월 15일까지 조선총독부 중추원 참의로

활동한 행위를 친일반민족행위로 규정한 '일제강점하 반민족행위 진상규명에 관한 특별법'(2006. 4. 28. 법률 제7937호로 개정된 것, 이하 '반민규명법'이라 한다) 제2조 제9호 중 '조선총독부 중추원 참의로 활동한 행위' 부분(이하 '이 사건 법률조항'이라 한다)이 조사대상자 또는 그 유족(이하 '조사대상자 등'이라 한다)의 인격권을 제한하는지 여부(적극)

Ⅱ. 외국인

1. 외국인에게 인정되는 기본권

국민 또는 국민과 유사한 지위에 있는 외국인은 기본권의 주체가 될 수○. 반면 <u>근로의 권리</u>는 생존권이므로 외국인의 기본권주체성을 적극적으로 인정하기는 어렵지만 일정한 경우 그 주체성을 인정

2. 개별적 검토

(1) 인간의 존엄권, 행복추구권, 평등권: 인간의 존엄과 가치 및 행복추구권 등과 같이 단순히 '국민의 권리'가 아닌 '인간의 권리'로 볼 수 있는 기본권에 대해서는 외국인도 기본권의 주체가 될 수○

(2) 자유권: 신체의 자유, 주거의 자유, 변호인의 조력을 받을 권리, 재판청구권, <u>직장 선택의 자유</u> 등은 성질상 인간의 권리에 해당한다고 볼 수 있으므로, 외국인들의 기본권 주체성이 인정○(헌결 2007헌마1083) vs ★ **직업의 자유의 주체×**(헌결 2013헌마359)

(3) 생존권, 참정권

　① 원칙: 부정

　② 예외: 인정(지방선거에서 <u>선거권</u>○ but 피선거권×)

(4) 청구권: 인정○(국가배상청구권, 범죄피해자구조청구권)

| 헌결 | 대판 |

1. 헌법재판소법 제68조 제1항 소정의 헌법소원은 기본권의 주체이어야만 청구할 수 있는데, 단순히 '국민의 권리'가 아니라 '인간의 권리'로 볼 수 있는 기본권에 대해서는 외국인도 기본권의 주체가 될 수 있다. 나아가 청구인들이 불<u>법체류 중인 외국인들</u>이라 하더라도, 불법체류라는 것은 관련 법령에 의하여

체류자격이 인정되지 않는다는 것일 뿐이므로, '인간의 권리'로서 외국인에게도 주체성이 인정되는 일정한 기본권에 관하여 불법체류 여부에 따라 그 인정 여부가 달라지는 것은 아니다. 청구인들이 침해받았다고 주장하고 있는 신체의 자유, 주거의 자유, 변호인의 조력을 받을 권리, 재판청구권 등은 성질상 인간의 권리에 해당한다고 볼 수 있으므로, 위 기본권들에 관하여는 청구인들의 기본권 주체성이 인정된다. 그러나 '국가인권위원회의 공정한 조사를 받을 권리'는 헌법상 인정되는 기본권이라고 하기 어렵고, 이 사건 보호 및 강제퇴거가 청구인들의 노동3권을 직접 제한하거나 침해한 바 없음이 명백하므로, 위 기본권들에 대하여는 본안판단에 나아가지 아니한다(헌결 2012.8.23. 2008헌마430). ★

2. 근로의 권리란 인간이 자신의 의사와 능력에 따라 근로관계를 형성하고, 타인의 방해를 받음이 없이 근로관계를 계속 유지하며, 근로의 기회를 얻지 못한 경우에는 국가에 대하여 근로의 기회를 제공하여 줄 것을 요구할 수 있는 권리를 말하며, 이러한 근로의 권리는 생활의 기본적인 수요를 충족시킬 수 있는 생활수단을 확보해 주고 나아가 인격의 자유로운 발현과 인간의 존엄성을 보장해 주는 것으로서 사회권적 기본권의 성격이 강하므로 이에 대한 외국인의 기본권주체성을 전면적으로 인정하기는 어렵다. 그러나 근로의 권리가 "일할 자리에 관한 권리"만이 아니라 "일할 환경에 관한 권리"도 함께 내포하고 있는바, 후자는 인간의 존엄성에 대한 침해를 방어하기 위한 자유권적 기본권의 성격도 갖고 있어 건강한 작업환경, 일에 대한 정당한 보수, 합리적인 근로조건의 보장 등을 요구할 수 있는 권리 등을 포함한다고 할 것이므로 외국인 근로자라고 하여 이 부분에까지 기본권 주체성을 부인할 수는 없다. 즉 근로의 권리의 구체적인 내용에 따라, 국가에 대하여 고용증진을 위한 사회적·경제적 정책을 요구할 수 있는 권리는 사회권적 기본권으로서 국민에 대하여만 인정해야 하지만, 자본주의 경제질서하에서 근로자가 기본적 생활수단을 확보하고 인간의 존엄성을 보장받기 위하여 최소한의 근로조건을 요구할 수 있는 권리는 자유권적 기본권의 성격도 아울러 가지므로 이러한 경우 외국인 근로자에게도 그 기본권 주체성을 인정함이 타당하다(헌결 2007.8.30. 2004헌마670). ★

3. [1] 심판대상조항이 제한하고 있는 직업의 자유는 국가자격제도정책과 국가의 경제상황에 따라 법률에 의하여 제한할 수 있는 국민의 권리에 해당한다. 국가정책에 따라 정부의 허가를 받은 외국인은 정부가 허가한 범위 내에서 소

득활동을 할 수 있는 것이므로, 외국인이 국내에서 누리는 직업의 자유는 법률에 따른 정부의 허가에 의해 비로소 발생하는 권리이다. 따라서 외국인인 청구인에게는 그 기본권주체성이 인정되지 아니하며, 자격제도 자체를 다툴 수 있는 기본권주체성이 인정되지 아니하는 이상 국가자격제도에 관련된 평등권에 관하여 따로 기본권주체성을 인정할 수 없다. ⇒ 의료인의면허된의료행위 이외의 의료행위를 금지하고 처벌하는 의료법(2007. 4. 11. 법률 제8366호로 개정된 것) 제27조 제1항 본문 전단 부분 및 의료법(2009. 1. 30. 법률 제9386호로 개정된 것) 제87조 제1항 제2호 중 제27조 제1항 본문 전단에 관한 부분(이하 '심판대상조항'이라 한다)에 대한 심판청구에 대하여 외국인인 청구인의 직업의 자유 및 평등권에 관한 기본권주체성이 부인된 사례

[2] 직업의 자유는 국가자격제도정책과 국가의 경제상황에 따라 법률에 의하여 제한할 수 있고 인류보편적인 성격을 지니고 있지 아니하므로 국민의 권리에 해당한다. 이와 같이 헌법에서 인정하는 직업의 자유는 원칙적으로 대한민국 국민에게 인정되는 기본권이지, 외국인에게 인정되는 기본권은 아니다. 국가 정책에 따라 정부의 허가를 받은 외국인은 정부가 허가한 범위 내에서 소득활동을 할 수 있는 것이므로, 외국인이 국내에서 누리는 직업의 자유는 법률 이전에 헌법에 의해서 부여된 기본권이라고 할 수는 없고, 법률에 따른 정부의 허가에 의해 비로소 발생하는 권리이다. 헌법재판소의 결정례 중에는 외국인이 대한민국 법률에 따른 허가를 받아 국내에서 일정한 직업을 수행함으로써 근로관계가 형성된 경우, 그 직업은 그 외국인의 생활의 기본적 수요를 충족시키는 방편이 되고 또한 개성신장의 바탕이 된다는 점에서 외국인은 그 근로관계를 계속 유지함에 있어서 국가의 방해를 받지 않고 자유로운 선택과 결정을 할 자유가 있고 그러한 범위에서 제한적으로 직업의 자유에 대한 기본권주체성을 인정할 수 있다고 하였다. 하지만 이는 이미 근로관계가 형성되어 있는 예외적인 경우에 제한적으로 인정한 것에 불과하다. 그러한 근로관계가 형성되기 전단계인 특정한 직업을 선택할 수 있는 권리는 국가정책에 따라 법률로써 외국인에게 제한적으로 허용되는 것이지 헌법상 기본권에서 유래되는 것은 아니다(헌결 2014.8.28. 2013헌마359). ★ ⇒ 의료인의면허된의료행위 이외의 의료행위를 금지하고 처벌하는 의료법(2007. 4. 11. 법률 제8366호로 개정된 것) 제27조 제1항 본문 전단 부분 및 의료법(2009. 1. 30. 법률 제9386호로 개정된 것) 제87조 제1항 제2호 중 제27조 제1항 본문 전단에 관한 부분(이하 '심판대상조항'이라 한다)에 대한 심판청구에 대하여 외국인인 청구인의 직업의 자유 및 평등권에 관한 기본권주체성이 부인된 사례

Ⅲ. 법인

1. 기본권주체성의 허용 여부

우리 헌법은 법인의 기본권향유능력을 인정하는 명문의 규정을 두고 있지 않지만, 본래 자연인에게 적용되는 기본권규정이라도 언론·출판의 자유, 재산권의 보장 등과 같이 성질상 법인이 누릴 수 있는 기본권을 당연히 법인에게도 적용하여야 한 것으로 본다. 따라서 법인도 사단법인·재단법인 또는 영리법인·비영리법인을 가리지 아니하고 위 한계내에서는 헌법상 보장된 기본권이 침해되었음을 이유로 헌법소원심판을 청구할 수 있고, 법인아닌 사단·재단이라고 하더라도 대표자의 정함이 있고 독립된 사회적 조직체로서 활동하는 때에는 주체가 수○(헌결 90헌마56)

2. 법인에게 인정되는 기본권

(1) 유형

성질상 법인에게 인정될 수 없는 것(인간의 존엄과 가치, 생명권, 신체의 자유 등)과, 당연히 인정되어야 하는 기본권(평등, 거주·이전, 법인의 명예와 같은 일반적 인격권, 직업선택, 언론·출판, 종교·학문, 재산, 청원, 재판청구 등)이 있다.

(2) 인정 여부에 대한 헌재결정

(개) 인정: 직업수행의 자유와 거주·이전의 자유(헌결 94헌바42), 결사의 자유(헌결 99헌마553), **법인의 인격권**(헌결 89헌마160; 헌결 2009헌가27)

(내) 부정: 인간의 존엄과 가치·행복추구권(헌결 2004헌바67), 선거권과 국민투표권(헌결 2009헌마256)

| 헌결 | 대판 |

> 1. 법인아닌 사단·재단이라고 하더라도 대표자의 정함이 있고 독립된 사회적 조직체로서 활동하는 때에는 성질상 법인이 누릴 수 있는 기본권을 침해당하게 되면 그의 이름으로 헌법소원심판을 청구할 수 있다(민사소송법 제48조 참조). 청구인 사단법인 한국영화인협회(이하 '영화인협회')는 "영화예술인 상호간의 친목도모 및 자질향상, 민족영화예술의 창달발전을 기함을 목적으로, 그 목적을 달성하기 위하여" 설립된 민법상의 비영리사단법인으로서 성질상 법인이 누릴 수 있는 기본권에 관한 한 그 이름으로 헌법소원심판을 청구할 수 있다. 그러나 청구인 한국영화인협회 감독위원회(이하 '감독위원회')는 영화인협회로부터 독립된 별개의 단체가 아니고, 영화인협회의 내부에 설치된 8개의 분

과위원회 가운데 하나에 지나지 아니하며(사단법인 한국영화인협회의 정관 제6조), 달리 단체로서의 실체를 갖추어 당사자 능력이 인정되는 법인아닌 사단으로 볼 자료도 없다. 따라서 감독위원회는 그 이름으로 헌법소원심판을 청구할 수 있는 헌법소원심판청구능력이 있다고 할 수 없는 것이므로 감독위원회의 이 사건 헌법소원심판청구는 더 나아가 판단할 것 없이 부적법하다(헌결 1991.6.3. 90헌마56). ★

2. 법인도 성질상 법인이 누릴 수 있는 <u>기본권의 주체</u>가 되고, 위 조항에 규정되어 있는 법인의 설립이나 지점 등의 설치, 활동거점의 이전(이하 "설립 등"이라 한다) 등은 법인이 그 존립이나 통상적인 활동을 위하여 필연적으로 요구되는 기본적인 행위유형들이라고 할 것이므로 이를 제한하는 것은 결국 <u>헌법상 법인에게 보장된 직업수행의 자유와 거주·이전의 자유</u>를 제한하는 것인가의 문제로 귀결된다. 살피건대 <중략> 위 조항이 법인의 대도시내 부동산등기에 대하여 통상세율의 5배를 규정하고 있다 하더라도 그것이 대도시내에서 업무용 부동산을 취득할 정도의 재정능력을 갖춘 법인의 담세능력을 일반적으로 또는 절대적으로 초과하는 것이어서 그때문에 법인이 대도시내에서 향유하여야 할 직업수행의 자유나 거주·이전의 자유가 형해화할 정도에 이르러 그 본질적인 내용이 침해되었다고 볼 수 없다(헌결 1996.3.28. 94헌바42).

3. <u>법인 등 결사체도 그 조직과 의사형성에 있어서, 그리고 업무수행에 있어서 자기결정권을 가지고 있어 결사의 자유의 주체가 된다</u>고 봄이 상당하므로, 축협중앙회는 그 회원조합들과 별도로 결사의 자유의 주체가 된다(헌결 2000.6.1. 99헌마553).

4. 사죄광고 과정에서는 <u>자연인이든 법인이든 인격의 자유로운 발현을 위해 보호받아야 할 인격권이 무시되고</u> 국가에 의한 인격의 외형적 변형이 초래되어 인격형성에 분열이 필연적으로 수반되게 된다. 이러한 의미에서 사죄광고제도는 헌법에서 보장된 인격의 존엄과 가치 및 그를 바탕으로 하는 인격권에 큰 위해도 된다고 볼 것이다(한정위헌 헌결 1991.4.1. 89헌마160). ⇒ 민법 제764조가 사죄광고를 포함하는 취지라면 그에 의한 기본권제한에 있어서 그 선택된 수단이 목적에 적합하지 않을 뿐만 아니라 그 정도 또한 과잉하여 비례의 원칙이 정한 한계를 벗어난 것으로 헌법 제37조 제2항에 의하여 정당화될 수 없는 것으로서 헌법 제19조에 위반되는 동시에 헌법상 보장되는 인격권의 침해에 이르게 된다.

5. 우리 헌법은 법인 내지 단체의 기본권 향유능력에 대하여 명문의 규정을 두고 있지는 않지만 본래 자연인에게 적용되는 기본권이라도 그 성질상 법인이 누릴 수 있는 기본권은 법인에게도 적용된다. 법인도 법인의 목적과 사회적 기능에 비추어 볼 때 그 성질에 반하지 않는 범위 내에서 인격권의 한 내용인 사회적 신용이나 명예 등의 주체가 될 수 있고 법인이 이러한 사회적 신용이나 명예 유지 내지 법인격의 자유로운 발현을 위하여 의사결정이나 행동을 어떻게 할 것인지를 자율적으로 결정하는 것도 법인의 인격권의 한 내용을 이룬다고 할 것이다. 그렇다면 이 사건 심판대상조항은 방송사업자의 의사에 반한 사과행위를 강제함으로써 방송사업자의 인격권을 제한한다(위헌 헌결 2012.8.23. 2009헌가27). ★

⇒ 구 방송법(2008. 2. 29. 법률 제8867호로 개정되고, 2009. 7. 31. 법률 제9786호로 개정되기 전의 것) 제100조 제1항 제1호 중 '방송사업자가 제33조의 심의규정을 위반한 경우'에 관한 부분 및 방송법(2009. 7. 31. 법률 제9786호로 개정된 것) 제100조 제1항 제1호 중 '방송사업자가 제33조의 심의규정을 위반한 경우'에 관한 부분(이하 '이 사건 심판대상조항'이라 한다)이 방송사업자의 인격권을 침해하는지 여부(적극)

6. 청구인들은 학교법인이다. 법인격이 있는 사법상의 사단이나 재단은 성질상 기본권주체가 될 수 있는 범위에서 청구인능력을 가진다. 그런데 헌법 제10조의 인간으로서의 존엄과 가치, 행복을 추구할 권리는 그 성질상 자연인에게 인정되는 기본권이라고 할 것이어서, 법인인 청구인들에게는 적용되지 않는다고 할 것이다(헌결 2006.12.28. 2004헌바67).

7. 청구인 ○○유권자총연합회는 재외국민의 참정권 실현을 위해 설립된 단체이다. 그런데 헌법상 기본권인 선거권 및 국민투표권은 대한민국 국적을 가진 자연인인 대한민국 국민에게만 인정되는 것이고, 그 권리의 성질상 법인이나 단체는 선거권 및 국민투표권 행사의 주체가 될 수 없으므로, 심판대상조항에 의하여 선거권 등의 기본권을 제한받는 자라 할 수 없다(헌결 2014.7.24. 2009헌마256).

Ⅳ. 공법인

1. 개념

공법영역에서 만들어진 '인'으로 사법인에 비해 다른 점이 많은데, 그중 가장 큰

차이점은 공법인의 설립과 해산은 모두 법률로 규율되며, 공법인은 국가의 공적 과제를 수행해야 하는 존재

2. 기본권주체성

(1) 원칙적 부정: 국민만이 기본권의 주체라 할 것이고 공권력의 행사자인 국가, 지방자치단체나 그 기관 또는 국가조직의 일부나 **공법인은 기본권의 '수범자'이지 기본권의 주체가 아니고** 오히려 국민의 기본권을 보호 내지 실현해야 할 책임과 의무를 지니고 있을 뿐이라고 하여 **공법인의 기본권주체성을 부정하는 것이 원칙**이다. ⇒ 지방자치단체나 지방자치단체의 장(헌결 96헌마365), 국회의 상임위원회(헌결 93헌마120), 농지개량조합(헌결 99헌마190), 국회의원(헌결 2000헌마156), 교육위원회의 교육위원(헌결 92헌마23), 지방의회(헌결 96헌마345), 경찰공무원(헌결 2009헌마118)

| 헌결 | 대판 |

1. 먼저 지방자치단체의 장인 이 사건 청구인이 기본권의 주체인지 여부를 본다. 헌법재판소법 제68조 제1항은 "공권력의 행사 또는 불행사로 인하여 기본권을 침해받은 자는 헌법소원의 심판을 청구할 수 있다"고 규정하고 있다. 여기서 기본권을 침해받은 자는 헌법소원을 청구할 수 있다는 것은 곧 기본권의 주체라야만 헌법소원을 청구할 수 있고, 기본권의 주체가 아닌 자는 헌법소원을 청구할 수 없다는 것을 의미하는 것이다. 기본권 보장규정인 헌법 제2장의 제목이 "국민의 권리와 의무"이고 그 제10조 내지 제39조에서 "모든 국민은 … 권리를 가진다"고 규정하고 있으므로 국민만이 기본권의 주체라 할 것이다. 그러므로 공권력의 행사자인 국가나 국가기관 또는 국가조직의 일부나 공법인이나 그 기관은 기본권의 "수범자"이지 기본권의 주체가 아니고 오히려 국민의 기본권을 보호내지 실현해야할 '책임'과 '의무'를 지니고 있을 뿐이다. 따라서 지방자치단체나 그 기관인 지방자치단체의 장은 기본권의 주체가 아니며 이 사건 심판청구인인 제주도의 장인 청구인은 헌법소원 청구인으로서의 적격이 없다고 할 것이므로 이 사건 심판청구는 부적법하다고 할 것이다(헌결 1997.12.24. 96헌마365).

2. 국가나 국가기관 또는 국가조직의 일부나 공법인은 기본권의 '수범자(Adressat)'이지 기본권의 주체로서 그 '소지자(Träger)'가 아니고 오히려 국민의 기본권을 보호 내지 실현해야 할 '책임'과 '의무'를 지니고 있는 지위에 있을 뿐이다. 그런데 청구인은 국회의 노동위원회로 그 일부조직인 상임위원회 가운데 하

나에 해당하는 것으로 국가기관인 국회의 일부조직이므로 기본권의 주체가 될 수 없고 따라서 헌법소원을 제기할 수 있는 적격이 없다고 할 것이다(헌결 1994.12.29. 93헌마120).

3. 농지개량조합은 농지소유자의 조합가입이 강제되는 점, 조합원의 출자에 의하여 조합재산이 형성되는 것이 아니라 국가 등이 설치한 농업생산기반시설을 그대로 인수하는 점, 조합의 합병·분할·해산은 법정 사유로 제한되어 있는 점, 조합원은 그 자격을 상실하지 않는 한 조합에서 임의탈퇴할 수 없는 점, 탈퇴되는 경우에도 조합에 대한 지분반환청구는 허용되지 않는 점, 해산한 조합의 잔여재산은 조합원들에게 분배되지 아니하고 농지개량조합자립육성금고에 납입되는 점, 조합원들에게 조합비를 부과·징수하여 경비에 충당하나 그 징수절차가 지방세체납처분의 예에 의하고 이용료의 성격을 띠고 있는 점, 조합과 그 직원과의 관계는 공법상의 특별권력관계인 점, 주요사업인 농업생산기반시설의 정비·유지·관리사업은 농업생산성의 향상 등 그 조합원들의 권익을 위한 것만이 아니고 수해의 방지 및 수자원의 적정한 관리 등 일반국민들에게도 직접 그 영향을 미치는 고도의 공익성을 띠고 있는 점 등 농지개량조합의 조직, 재산의 형성·유지 및 그 목적과 활동전반에 나타나는 매우 짙은 공적인 성격을 고려하건대, 이를 공법인이라고 봄이 상당하므로 헌법소원의 청구인적격을 인정할 수 없다(헌결 2000.11.30. 99헌마190).

4. 헌법재판소법 제68조 제1항의 규정에 의한 헌법소원은, 헌법이 보장하는 기본권의 주체가 국가기관의 공권력의 행사 또는 불행사로 인하여 그 기본권을 침해받았을 경우 이를 구제하기 위한 수단으로 인정된 것이므로, 헌법소원을 청구할 수 있는 자는 원칙으로 기본권의 주체로서의 국민에 한정되며 국민의 기본권을 보호 내지 실현할 책임과 의무를 지는 국가기관이나 그 일부는 헌법소원을 청구할 수 없다. 청구인이 국회법 제48조 제3항 본문에 의하여 침해당하였다고 주장하는 기본권은 청구인이 국회 상임위원회에 소속하여 활동할 권리, 청구인이 무소속 국회의원으로서 교섭단체소속 국회의원과 동등하게 대우받을 권리라는 것으로서 이는 입법권을 행사하는 국가기관인 국회를 구성하는 국회의원의 지위에서 향유할 수 있는 권한일 수는 있을지언정 헌법이 일반국민에게 보장하고 있는 기본권이라고 할 수는 없다(헌결 2000.8.31. 2000헌마156).

5. 청구인들 중 일부가 이 사건 법률조항에 의하여 교육위원으로서의 자신들의 권익이 침해되었음을 주장하나 교육위원인 청구인들은 기본권의 주체가 아니

라 공법인인 지방자치단체의 합의체기관인 교육위원회의 구성원으로서 "공법상의 권한"을 행사하는 "공권력행사"의 주체일 뿐이다. 그리고 이 사건 법률조항에 의하여 공법인인 지방자치단체의 한 기관인 지방교육위원회가 심의·의결한 사항을 같은 지방자치단체의 다른 한 기관인 지방의회가 다시 의결한다고 하더라도 일반 국민이 아닌 지방교육위원회 또는 그 구성위원의 권한을 침해하는 결과가 발생할 수 있는 것은 별론으로 하고, 지방교육위원회 구성원 개인이나 기타 국민 개개인의 기본권까지 침해하는 것은 아니다(헌결 1995.9.28. 92헌마23).

6. 기본권의 보장에 관한 각 헌법규정의 해석상 국민(또는 국민과 유사한 지위에 있는 외국인과 사법인)만이 기본권의 주체라 할 것이고, 국가나 국가기관 또는 국가조직의 일부나 공법인은 기본권의 '수범자(受範者)'이지 기본권의 주체로서 그 '소지자'가 아니고 오히려 국민의 기본권을 보호 내지 실현해야 할 책임과 의무를 지니고 있는 지위에 있을 뿐이므로, <u>공법인인 지방자치단체의 의결기관인 청구인 의회는 기본권의 주체가 될 수 없고 따라서 헌법소원을 제기할 수 있는 적격이 없다</u>(헌결 1998.3.26. 96헌마345).

7. <u>경찰공무원은 기본권의 주체가 아니라 국민 모두에 대한 봉사자로서 공공의 안전 및 질서유지라는 공익을 실현할 의무가 인정되는 기본권의 수범자라 할 것인 바</u>, 검사가 발부한 형집행장에 의하여 검거된 벌금미납자의 신병에 관한 업무는 국가 조직영역 내에서 수행되는 공적 과제 내지 직무영역에 대한 것으로 이와 관련해서 청구인(경찰공무원)은 국가기관의 일부 또는 그 구성원으로서 공법상의 권한을 행사하는 공권력행사의 주체일 뿐, 기본권의 주체라 할 수 없으므로 청구인에게 헌법소원을 제기할 청구인적격을 인정할 수 없다(헌결 2009.3.24. 2009헌마118).

(2) 예외적 인정

㈎ 사경제 주체(사적인 영역)로서 활동하는 경우: 공법인이나 이에 준하는 지위를 가진 자라 하더라도 공무를 수행하거나 고권적 행위를 하는 경우가 아닌 **사경제 주체로서 활동하는 경우**나 조직법상 국가로부터 독립한 고유 업무를 수행하는 경우, 그리고 다른 공권력 주체와의 관계에서 지배복종관계가 성립되어 일반 사인처럼 그 지배하에 있는 경우 등에는 기본권 주체가 될 수 있다.
⇒ 방송사업자(헌결 2012헌마271), 하남시장(헌결 2007헌마843)

㈏ 공사혼합법인: **농지개량조합**은 공법인성이 강하므로 주체가 될 수 없다고 하

였으나, 공법인성과 사법인성을 공유하고 있는 **축협중앙회**의 경우 사법인의 성격이 더 강하므로 기본권의 주체가 될 수 있다. 헌법재판소는 <u>한국전력공사</u>는 전기의 공급이라는 생존배려적 공적 과제를 수행하는 법인이지만 **공사혼합기업**으로, 전력의 수급이라는 공적 과제의 수행을 행정의 방식이 아닌 영업의 방식으로 하고 있으므로 영업의 자유와 계약의 자유 및 재산권 등을 가지는 기본권의 주체가 된다고 하였다. ⇒ 축협중앙회(헌결 99헌마553), 한국전력공사(헌결 2001헌바71), 학교안전공제회(헌결 2014헌가7)

| 헌결 | 대판 |

1. 국가 및 그 기관 또는 조직의 일부나 공법인은 원칙적으로는 기본권의 '수범자'로서 기본권의 주체가 되지 못하고, 다만 국민의 기본권을 보호 내지 실현하여야 할 책임과 의무를 지니는 데 그칠 뿐이므로, 공직자가 국가기관의 지위에서 순수한 직무상의 권한행사와 관련하여 기본권 침해를 주장하는 경우에는 기본권의 주체성을 인정하기 어렵다 할 것이나, <u>그 외의 사적인 영역에 있어서는 기본권의 주체가 될 수 있는 것이다. 청구인은 선출직 공무원인 하남시장</u>으로서 이 사건 법률 조항으로 인하여 공무담임권 등이 침해된다고 주장하여, 순수하게 직무상의 권한행사와 관련된 것이라기보다는 <u>공직의 상실이라는 개인적인 불이익과 연관된 공무담임권을 다투고 있으므로</u>, 이 사건에서 청구인에게는 <u>기본권의 주체성이 인정된다</u>(헌결 2009.3.26. 2007헌마843).

2. 헌법상 기본권의 주체가 될 수 있는 법인은 원칙적으로 사법인에 한하는 것이고 공법인은 헌법의 수범자이지 기본권의 주체가 될 수 없다. 축협중앙회는 지역별·업종별 축협과 비교할 때, 회원의 임의탈퇴나 임의해산이 불가능한 점 등 그 공법인성이 상대적으로 크다고 할 것이지만, 이로써 공법인이라고 단정할 수는 없을 것이고, 이 역시 그 존립목적 및 설립형식에서의 자주적 성격에 비추어 사법인적 성격을 부인할 수 없으므로, <u>축협중앙회는 공법인성과 사법인성을 겸유한 특수한 법인으로서 이 사건에서 기본권의 주체가 될 수 있다</u>(헌결 2000.6.1. 99헌마553).

3. 전기간선시설은 일정지역의 전기수요자들에게 전기를 공급하기 위한 필수적 공공시설이자 사회간접자본으로서 전기공급의 안전성과 안정성을 확보하기 위하여 전문적인 기술을 가진 전기공급업자인 청구인이 이를 설치하고 관리·소유하여야 할 필요성이 있다. 따라서 그것이 가공으로 또는 지중으로 설치되든 간에 청구인에게 설치의무를 부과한 것은 충분히 그 합리성을 긍정할 수

있고, 이러한 이유에서 전기간선시설의 설치 및 관리의 주체로서 청구인은 이를 설치함에 있어서 기술적·수익적 측면 및 도시환경적 측면을 고려하여 스스로의 경영판단에 따라 가장 효율적이고 적절한 방법을 선택할 수 있는 것이다. 그런데 이 사건 비용조항은 청구인에게 이러한 자율적인 경영판단을 배제하고 사업시행자 또는 사업승인권자가 사전에 결정한 설치방법에 따라 스스로의 비용부담으로 이를 설치할 것을 강요함으로써 직업선택의 자유에 의하여 보장되는 경영의 자유 및 재산권을 제약하고, 전기수요자와 그 설치비용의 분담에 관하여 협의할 계약의 자유도 아울러 제한하고 있으므로 이하에서는 이러한 기본권에 대한 제한이 헌법이 정하는 기본권제한입법의 한계 내의 것인지 여부에 관하여 본다(헌결 2005.2.24. 2001헌바71).

4. 기본권 보장 규정인 헌법 제2장은 그 제목을 '국민의 권리와 의무'로 하고 있고, 제10조 내지 제39조는 "모든 국민은 … 권리를 가진다."고 규정하고 있으므로 공권력의 행사자인 국가, 지방자치단체나 그 기관 또는 국가조직의 일부나 공법인은 국민의 기본권을 보호 내지 실현해야 할 '책임'과 '의무'를 지는 주체로서 헌법소원을 청구할 수 없다. 다만 공법인이나 이에 준하는 지위를 가진 자라 하더라도 공무를 수행하거나 고권적 행위를 하는 경우가 아닌 사경제 주체로서 활동하는 경우나 조직법상 국가로부터 독립한 고유 업무를 수행하는 경우, 그리고 다른 공권력 주체와의 관계에서 지배복종관계가 성립되어 일반 사인처럼 그 지배하에 있는 경우 등에는 기본권 주체가 될 수 있다. 이러한 경우에는 이들이 기본권을 보호해야 하는 국가적 기능을 담당하고 있다고 볼 수 없기 때문이다. 청구인[저자 주: 문화방송]의 경우 공법상 재단법인인 방송문화진흥회가 최다출자자인 방송사업자로서 방송법 등 관련규정에 의하여 공법상의 의무를 부담하고 있지만, 상법에 의하여 설립된 주식회사로 설립목적은 언론의 자유의 핵심 영역인 방송사업이므로 이러한 업무 수행과 관련하여 당연히 기본권 주체가 될 수 있고, 그 운영을 광고수익에 전적으로 의존하고 있는 만큼 이를 위해 사경제 주체로서 활동하는 경우에도 기본권 주체가 될 수 있는바, 이 사건 심판청구는 청구인이 그 운영을 위한 영업활동의 일환으로 방송광고를 판매하는 지위에서 그 제한과 관련하여 이루어진 것이므로 그 기본권 주체성을 인정할 수 있다. 따라서 이 사건 심판청구에서 청구인에게는 기본권 주체성이 인정된다(헌결 2013.9.26. 2012헌마271). ★ ⇒ 방송문화진흥회가 최다출자자인 방송사업자의 경우 한국방송광고공사의 후신인 한국방송광고진흥공사가 위탁하는 방송광고에 한하여 방송광고를 할 수 있도록

한 방송광고판매대행 등에 관한 법률(2012. 2. 22. 법률 제11373호로 제정된 것) 제5조 제2항 중 '방송문화진흥회법에 따라 설립된 방송문화진흥회가 최다출자자인 방송사업자' 부분이 과잉금지원칙에 위반되는지 여부(소극)

5. [1] 공제회는 이처럼 공법인적 성격과 사법인적 성격을 겸유하고 있는데, 공제회가 일부 공법인적 성격을 갖고 있다고 하더라도 공무를 수행하거나 고권적 행위를 하는 경우가 아닌 사경제주체로서 활동하는 경우나 조직법상 국가로부터 독립한 고유 업무를 수행하는 경우, 그리고 다른 공권력 주체와의 관계에서 지배복종관계가 성립되어 일반 사인처럼 그 지배하에 있는 경우 등에는 기본권 주체가 될 수 있다. ★

[2] 공제중앙회는 공제회의 상급기관이라거나 지휘·감독기관으로 볼 수 없으므로 공제중앙회 소속 재심위원회의 재심사절차는 제3자적 입장에서 공제회와 재심사청구인 사이의 사법적 분쟁을 해결하기 위한 간이분쟁해결절차에 불과하다. 따라서 이러한 재심사절차에서 공제회는 재심사청구인과 마찬가지로 공제급여의 존부 및 범위에 관한 법률상 분쟁의 일방당사자의 지위에 있으므로, 공제회 역시 이에 관하여 법관에 의하여 재판받을 기회를 보장받아야 함에도 불구하고 이를 박탈하는 것은 헌법상 용인될 수 없다. 그런데 합의간주조항은 실질적으로 재심사청구인에게만 재결을 다툴 수 있도록 하고 있으므로, 합리적인 이유 없이 분쟁의 일방당사자인 공제회의 재판청구권을 침해한다(**위헌** 헌결 2015.7.30. 2014헌가7). ⇒ 학교안전사고에 대한 공제급여결정에 대하여 학교안전공제중앙회(이하 '공제중앙회'라 한다) 소속의 학교안전공제보상재심사위원회(이하 '재심위원회'라 한다)가 재결을 행한 경우 재심사청구인이 공제급여와 관련된 소를 제기하지 아니하거나 소를 취하한 경우에는 학교안전공제회(이하 '공제회'라 한다)와 재심사청구인 간에 당해 재결 내용과 동일한 합의가 성립된 것으로 간주하는 '학교안전사고 예방 및 보상에 관한 법률'(2007. 1. 26. 법률 제8267호로 제정된 것, 이하 '학교안전법'이라 한다) 제64조(이하 '합의간주조항'이라 한다)가 공제회의 재판청구권을 침해하는지 여부(적극)

3. 기타

(1) 대통령 : 대통령은 소속 정당을 위하여 정당활동을 할 수 있는 **사인으로서의 지위**와 국민 모두에 대한 봉사자로서 공익실현의 의무가 있는 헌법기관으로서의 지위를 동시에 갖는데 최소한 전자의 지위와 관련하여서는 기본권 주체성이

인정된다(헌결 2007헌마700).

(2) 정당 : 정당은 사법상의 권리능력 없는 사단으로, 재산권·선거에서의 기회균등·정당의 자유의 주체성 인정된다. **청구인 진보신당은 국민의 정치적 의사형성에 참여하기 위한 조직으로 성격상 권리능력 없는 단체에 속하지만, 구성원과는 독립하여 그 자체로서 기본권의 주체가 될 수 있고, 그 조직 자체의 기본권이 직접 침해당한 경우 자신의 이름으로 헌법소원심판을 청구할 수 있다**(헌결 2008헌마419).

⇒ ★ 이 사건에서 침해된다고 하여 주장되는 기본권은 <u>생명·신체의 안전에 관한 것으로서 성질상 자연인에게만 인정되는 것이므로, 이와 관련하여 청구인 진보신당과 같은 권리능력 없는 단체는 위와 같은 기본권의 행사에 있어 그 주체가 될 수 없고</u>, 또한 청구인 진보신당이 그 정당원이나 일반 국민의 기본권이 침해됨을 이유로 이들을 위하거나 이들을 대신하여 헌법소원심판을 청구하는 것은 원칙적으로 허용되지 아니하므로, 이 사건에 있어 청구인 진보신당은 청구인능력이 인정되지 아니한다 할 것이다.

[기출지문] 정당은 권리능력 없는 사단으로서 기본권 주체성이 인정되므로 '미국산 쇠고기 수입의 위생조건에 관한 고시'와 관련하여 생명·신체의 안전에 관한 기본권 침해를 이유로 헌법소원을 청구할 수 있다.(×) 〈경찰간부 2022〉 ★

| 헌결 | 대판 |

1. 청구인은 국가기관으로서의 대통령이 아닌 국민 또는 자연인으로서 정치적 표현의 자유를 침해받았다고 주장하고 있으므로, 개인의 지위를 겸하는 국가기관이 기본권의 주체로서 헌법소원을 제기할 적격이 있는지를 살핀다. 원칙적으로 국가나 국가기관 또는 국가조직의 일부나 공법인은 공권력 행사의 주체이자 기본권의 '수범자'로서 기본권의 '소지자'인 국민의 기본권을 보호 내지 실현해야 할 책임과 의무를 지니고 있을 뿐이므로, 헌법소원을 제기할 수 있는 청구인적격이 없다. 그러나 국가기관의 직무를 담당하는 자연인이 제기한 헌법소원이 언제나 부적법하다고 볼 수는 없다. 만일 심판대상 조항이나 공권력 작용이 넓은 의미의 국가 조직영역 내에서 공적 과제를 수행하는 주체의 권한 내지 직무영역을 제약하는 성격이 강한 경우에는 그 기본권 주체성이 부정될 것이지만, <u>그것이 일반 국민으로서 국가에 대하여 가지는 헌법상의 기본권을 제약하는 성격이 강한 경우에는 기본권 주체성을 인정할 수 있다.</u> 결국 개인의 지위를 겸하는 국가기관이 기본권의 주체로서 헌법소원의 청구적격을 가지는지 여부는, 심판대상조항이 규율하는 기본권의 성격, 국가기관으

로서의 직무와 제한되는 기본권 간의 밀접성과 관련성, 직무상 행위와 사적인 행위 간의 구별가능성 등을 종합적으로 고려하여 결정되어야 할 것이다. 그러므로 <u>대통령도 국민의 한사람으로서 제한적으로나마 기본권의 주체가 될 수 있는바</u>, 대통령은 소속 정당을 위하여 정당활동을 할 수 있는 <u>사인으로서의 지위</u>와 국민 모두에 대한 봉사자로서 공익실현의 의무가 있는 헌법기관으로서의 지위를 동시에 갖는데 <u>최소한 전자의 지위와 관련하여는 기본권 주체성을 갖는다고 할 수 있다</u>(헌결 2008.1.17. 2007헌마700). ★

2. 청구인 <u>진보신당은 국민의 정치적 의사형성에 참여하기 위한 조직으로 성격상 권리능력 없는 단체에 속하지만, 구성원과는 독립하여 그 자체로서 기본권의 주체가 될 수 있고, 그 조직 자체의 기본권이 직접 침해당한 경우 자신의 이름으로 헌법소원심판을 청구할 수 있으나</u>, 이 사건에서 침해된다고 하여 주장되는 기본권은 <u>생명·신체의 안전에 관한 것으로서 성질상 자연인에게만 인정되는 것이므로, 이와 관련하여 청구인 진보신당과 같은 권리능력 없는 단체는 위와 같은 기본권의 행사에 있어 그 주체가 될 수 없고</u>, 또한 청구인 진보신당이 그 정당원이나 일반 국민의 기본권이 침해됨을 이유로 이들을 위하거나 이들을 대신하여 헌법소원심판을 청구하는 것은 원칙적으로 허용되지 아니하므로, 이 사건에 있어 청구인 진보신당은 청구인능력이 인정되지 아니한다 할 것이다(헌결 2008.12.26. 2008헌마419). ★

제3절 기본권의 효력

Ⅰ. 기본권의 효력과 대국가적 효력

1. 기본권의 효력

기본권의 효력이란 기본권이 그 의미 내용대로 실현될 수 있는 힘(기본권의 기속력)을 말하는 것

2. 기본권의 대국가적 효력

기본권은 국가와 국민사이에 주어진 것이어서, 기본권은 국가권력에 대하여 그 효력을 주장할 수 있다. 즉 기본권은 모든 국가권력을 구속

Ⅱ. 기본권의 대사인적 효력

1. 기본권의 대사인적 효력의 의의

사회가 변하면서 기본권이 국가권력 이외의 거대한 조직, 기업, 단체 등 비국가적 권력들에 의하여도 침해되는 현상이 나타나게 되었고, 그것도 사적자치의 미명하에 사인의 자유가 또 다른 사인의 자유를 훼손하게 되면서 기본권의 대국가적 효력으로 충분하지 않고 그 효력은 사인 간에도 적용되어야 한다는 것이 인식되기 시작했다. 이것이 곧 기본권의 대사인적 효력의 문제

2. 독일에서의 이론전개

(1) 효력 부인설: 기본권은 본래 국가권력에 대한 주관적 공권이므로 사인 상호간에는 그 효력을 주장할 수 없다는 견해

(2) 직접적용설: 법질서 전체의 통일성을 전제로 기본권은 사법상의 매개수단 없이도 사인 간에 직접 효력을 지닌다는 견해

(3) 간접적용설: 기본권은 사인 간에 효력을 미치는데 **사법조항(일반조항이나 불확정 개념)을 매개**로, 즉 간접적으로 적용된다는 견해

3. 미국에서의 이론전개[=국가행위(State Action) 이론]

기본권은 국가에 대하여만 효력을 지니며 기본권을 사인에게 적용하기 위해서는 사인의 행위를 국가행위로 볼 수 있는 경우라야 한다는 이론. 국가행위이론은 미국 헌법에서 발전된 것으로 국가유사설 또는 국가행위의제설이라고도 함

Ⅲ. 대한민국 헌법에 있어서 기본권의 대사인적 효력

1. 직접 적용되는 기본권규정
 (1) 헌법의 명문규정에 의한 경우: 환경권, 헌법 제21조 제4항
 (2) 기본권의 성질에 의한 경우: 인간의 존엄권과 근로3권

2. 대사인적 효력을 인정할 수 없는 기본권
자유권, 생존권, 청구권, 참정권 중 생존권, 청구권, 참정권은 성질상 대국가적 효력만 지니며, 생명·신체에 관한 헌법상 지도원리(죄형법정주의, 형벌불소급원칙) 역시 대사인적 효력이 인정되지 않음

3. 간접 적용되는 기본권
사인 간에 직접 적용되는 기본권과 대사인적 효력이 인정되지 않는 기본권을 제외한 모든 기본권은 간접적으로 사인 간에 적용

| 헌결 | 대판 |

1. [1] ① 헌법상의 기본권은 제1차적으로 개인의 자유로운 영역을 공권력의 침해로부터 보호하기 위한 방어적 권리이지만 다른 한편으로 헌법의 기본적인 결단인 객관적인 가치질서를 구체화한 것으로서, 사법을 포함한 모든 법 영역에 그 영향을 미치는 것이므로 사인간의 사적인 법률관계도 헌법상의 기본권 규정에 적합하게 규율되어야 한다. 〈지방7급 2024〉

   ② 다만 기본권 규정은 그 성질상 사법관계에 직접 적용될 수 있는 예외적인 것을 제외하고는 사법상의 일반원칙을 규정한 민법 제2조, 제103조, 제750조, 제751조 등의 내용을 형성하고 그 해석 기준이 되어 간접적으로 사법관계에 효력을 미치게 된다. 헌법 제11조는 "모든 국민은 법 앞에 평등하다. 누구든지 성별·종교 또는 사회적 신분에 의하여 정치적·경제적·사회적·문화적 생활의 모든 영역에 있어서 차별을 받지 아니한다."라고 규정하여 평등의 원칙을 선언함과 동시에 모든 국민에게 평등권을 보장하고 있다. 〈경찰경채 2023〉 〈지방7급 2024〉

   ③ 따라서 사적 단체를 포함하여 사회공동체 내에서 개인이 성별에 따른 불합리한 차별을 받지 아니하고 자신의 희망과 소양에 따라 다양한 사회적·경제적 활동을 영위하는 것은 그 인격권 실현의 본질적 부분에 해당하므로 평등권이라는 기본권의 침해도 민법 제750조의 일반규정을 통하여 사법상 보호되

는 인격적 법익침해의 형태로 구체화되어 논하여질 수 있고, 그 위법성 인정을 위하여 반드시 사인간의 평등권 보호에 관한 별개의 입법이 있어야만 하는 것은 아니다. 〈경찰경채 2023〉〈지방7급 2024〉

⇒ 사인에 의한 평등권 침해가 불법행위를 구성하는 형태

[관련기출①] 평등권이라는 기본권의 침해도 「민법」 제750조의 일반규정을 통하여 사법상 보호되는 인격적 법익침해의 형태로 구체화 되어 논하여질 수 있지만, 그 위법성 인정을 위하여는 반드시 사인 간의 평등권 보호에 관한 별개의 입법이 있어야 한다.(×) 〈경찰경채 2023〉

[관련기출②] 사적 단체를 포함하여 사회공동체 내에서 개인이 성별에 따른 불합리한 차별을 받지 아니하고 자신의 희망과 소양에 따라 다양한 사회적·경제적 활동을 영위하는 것은 그 인격권 실현의 본질적 부분에 해당하므로 평등권이라는 기본권의 침해도 「민법」 제750조(불법행위의 내용)의 일반규정을 통하여 사법상 보호되는 인격적 법익침해의 형태로 구체화되어 논하여질 수 있지만, 그 위법성 인정을 위하여는 사인간의 평등권 보호에 관한 별개의 입법이 있어야 한다.(×) 〈지방7급 2024〉

[2] 사적 단체는 사적 자치의 원칙 내지 결사의 자유에 따라 그 단체의 형성과 조직, 운영을 자유롭게 할 수 있으므로, 사적 단체가 그 성격이나 목적에 비추어 그 구성원을 성별에 따라 달리 취급하는 것이 일반적으로 금지된다고 할 수는 없다. 그러나 사적 단체의 구성원에 대한 성별에 따른 차별처우가 사회공동체의 건전한 상식과 법감정에 비추어 볼 때 도저히 용인될 수 있는 한계를 벗어난 경우에는 사회질서에 위반되는 행위로서 위법한 것으로 평가할 수 있고, 위와 같은 한계를 벗어났는지 여부는 사적 단체의 성격이나 목적, 차별처우의 필요성, 차별처우에 의한 법익 침해의 양상 및 정도 등을 종합적으로 고려하여 판단하여야 한다. 특히 사적 단체의 성격이나 목적과 관련해서는, 대외적으로 그 단체가 사회공동체 내에서 순수하게 사적인 영역에서만 활동하는지 아니면 일정 부분 공공적 영역에서 활동하며 공익적 기능도 수행하는지와 대내적으로 그 단체의 구성원들에게 제공되는 구체적인 역무의 내용과 성격 등을, 차별처우의 필요성과 관련해서는 그러한 차별처우가 단체의 정체성을 유지하기 위하여 불가피한 것으로서 필요한 한도 내의 조치였는지 여부를, 차별처우에 의한 법익 침해의 양상 및 정도와 관련해서는 해당 구성원의 단체가입 목적, 이를 위한 단체 내 활동에서의 제약 정도와 기간, 그 가입목적 달성을 위한 대체적 단체의 가입 가능성 유무, 가입시 단체 내 차별처우의 존

재에 대한 인식 여부, 차별처우에 대한 문제제기 기간과 이에 대한 그 단체의 대응방식 등을 우리 사회의 건전한 상식과 법감정에 비추어 합리적으로 고려하여야 한다. 〈지방7급 2024〉

⇒ 사적 단체의 구성원에 대한 성별에 따른 차별처우가 불법행위를 구성하기 위한 요건

[3] 서울기독교청년회(서울YMCA)가 남성 회원에게는 별다른 심사 없이 총회의 결권 등을 가지는 총회원 자격을 부여하면서도 여성 회원의 경우에는 지속적인 요구에도 불구하고 원천적으로 총회원 자격심사에서 배제하여 온 것은, 우리 사회의 건전한 상식과 법감정에 비추어 용인될 수 있는 한계를 벗어나 사회질서에 위반되는 것으로서 여성 회원들의 인격적 법익을 침해하여 불법행위를 구성한다고 본 원심판단을 수긍한 사례(대판 2011.1.27. 2009다19864).

Ⅳ. 기본권 보호의무

1. 기본권 보호의무의 의의

사인의 위법한 기본권(기본권적 법익) 침해 또는 침해의 위험으로부터 기본권을 보호해야할 국가의 의무. **주로 사인인 제3자에 의한 개인의 생명이나 신체의 훼손에서 문제를 말하는 것으로**, 국가가 직접 주방용오물분쇄기의 사용을 금지하여 개인의 기본권을 제한하는 경우에는 국가의 기본권 보호의무 위반 여부가 문제되지 않는다(헌결 2018.6.28. 2016헌마1151). 〈경정승진 2023〉

2. 기본권 보호의무의 헌법적 근거

헌법 전문의 '우리들과 우리들의 자손의 안전과 자유와 행복을 영원히 확보', <u>헌법 제10조의 존엄과 가치</u>, 헌법 제30조의 범죄피해구조청구권 등의 규정으로부터 국민의 생명·신체의 안전에 대한 기본권과 그 생명·신체를 사인의 침해로부터 적절히 보호해야 할 국가의 기본권 보호의무가 도출

3. 입법자에 대한 헌법재판소의 통제(과소보호금지원칙)

(1) 의의: 국가가 기본권 보호의무를 지는 경우 일정한 하한을 밑도는 조치를 금하는 헌법원칙을 말하며, 과잉금지가 기본권 제한에 있어 지나침을 금하는 것이라면 과소금지는 기본권 보호에 있어 부족함을 금하는 것

(2) 내용

㈎ 명백성: 보호조치가 전혀 이루어지지 않거나 보호조치가 법익보호에 '명백하게 부적합하거나 불충분한 때'에는 과소보호금지에 위배된다. 헌법재판소는 국민의 생명·신체의 안전을 보호하기 위한 조치가 필요한 상황인데도 국가가 아무런 보호조치를 취하지 않았든지 아니면 취한 조치가 법익을 보호하기에 전적으로 부적합하거나 매우 불충분한 것임이 명백한 경우에 한하여 국가의 보호의무의 위반을 확인하여야 한다고 하였다(헌결 90헌마110).

㈏ 유일성: 입법자의 형성의 자유가 유일한 수단으로 축소되는 특정 상황에서 '보호의 유일한 수단'이라 할 수 있는 특정 조치를 취하지 않은 때에는 과소보호금지에 위배된다.

| 헌결 | 대판 |

1. 국가의 기본권보호의무의 이행은 입법자의 입법을 통하여 비로소 구체화되는 것이고, 국가가 그 보호의무를 어떻게 어느 정도로 이행할 것인지는 원칙적으로 한 나라의 정치·경제·사회·문화적인 제반여건과 재정사정 등을 감안하여 입법정책적으로 판단하여야 하는 입법재량의 범위에 속하는 것이다. 국가의 보호의무를 입법자가 어떻게 실현하여야 할 것인가 하는 문제는 입법자의 책임범위에 속하므로, 헌법재판소는 권력분립의 관점에서 소위 과소보호금지원칙을, 즉 국가가 국민의 법익보호를 위하여 적어도 적절하고 효율적인 최소한의 보호조치를 취했는가를 기준으로 심사하게 되어, 결국 헌법재판소로서는 국가가 특정조치를 취해야만 당해 법익을 효율적으로 보호할 수 있는 유일한 수단인 특정조치를 취하지 않은 때에 보호의무의 위반을 확인하게 된다(헌결 1997.1.16. 90헌마110).

2. [1] 교통사고처리특례법 제4조 제1항 본문 중 업무상 과실 또는 중대한 과실로 인한 교통사고로 말미암아 피해자로 하여금 '중상해'에 이르게 한 경우에 공소를 제기할 수 없도록 규정한 부분은 헌법에 위반된다. ★ 재판절차진술권 침해, 평등권 침해 but 기본권보호의무 위배×

[2] 기본권 보호의무란 기본권적 법익을 기본권 주체인 사인에 의한 위법한 침해 또는 침해의 위험으로부터 보호하여야 하는 국가의 의무를 말하며, 주로 사인인 제3자에 의한 개인의 생명이나 신체의 훼손에서 문제되는데, 이는 타인에 의하여 개인의 신체나 생명 등 법익이 국가의 보호의무 없이는 무력화될

정도의 상황에서만 적용될 수 있다. 따라서 국가가 국민의 생명·신체의 안전에 대한 보호의무를 다하지 않았는지 여부를 헌법재판소가 심사할 때에는 국가가 이를 보호하기 위하여 적어도 적절하고 효율적인 최소한의 보호조치를 취하였는가 하는 이른바 '과소보호금지원칙'의 위반 여부를 기준으로 삼아, 국민의 생명·신체의 안전을 보호하기 위한 조치가 필요한 상황인데도 국가가 아무런 보호조치를 취하지 않았든지 아니면 취한 조치가 법익을 보호하기에 전적으로 부적합하거나 매우 불충분한 것임이 명백한 경우에 한하여 국가의 보호의무의 위반을 확인하여야 하는 것이다. ★

[3] 국가의 신체와 생명에 대한 보호의무는 교통과실범의 경우 발생한 침해에 대한 사후처벌뿐 아니라, 무엇보다도 우선적으로 운전면허취득에 관한 법규 등 전반적인 교통관련법규의 정비, 운전자와 일반국민에 대한 지속적인 계몽과 교육, 교통안전에 관한 시설의 유지 및 확충, 교통사고 피해자에 대한 보상제도 등 여러 가지 사전적·사후적 조치를 함께 취함으로써 이행된다 할 것이므로, 형벌은 국가가 취할 수 있는 유효적절한 수많은 수단 중의 하나일 뿐이지, 결코 형벌까지 동원해야만 보호법익을 유효적절하게 보호할 수 있다는 의미의 최종적인 유일한 수단이 될 수는 없다 할 것이다. 따라서 이 사건 법률조항은 국가의 기본권보호의무의 위반 여부에 관한 심사기준인 과소보호금지의 원칙에 위반한 것이라고 볼 수 없다(위헌 헌결 2009.2.26. 2005헌마764). ★

3. [1] 헌법 제10조는 "모든 국민은 인간으로서의 존엄과 가치를 가지며, 행복을 추구할 권리를 가진다. 국가는 개인이 가지는 불가침의 기본적 인권을 확인하고 이를 보장할 의무를 진다."고 규정하여, 모든 국민이 인간으로서의 존엄과 가치를 지닌 주체임을 천명하고, 국가권력이 국민의 기본권을 침해하는 것을 금지함은 물론 이에서 더 나아가 적극적으로 국민의 기본권을 보호하고 이를 실현할 의무가 있음을 선언하고 있다. 또한 생명·신체의 안전에 관한 권리는 인간의 존엄과 가치의 근간을 이루는 기본권일 뿐만 아니라, 헌법은 제36조 제3항에서 국민의 보건에 관한 국가의 보호의무를 특별히 강조하고 있다. 따라서 국민의 생명·신체의 안전이 질병 등으로부터 위협받거나 받게 될 우려가 있는 경우 국가는 그 위험의 원인과 정도에 따라 사회·경제적인 여건 및 재정사정 등을 감안하여 국민의 생명·신체의 안전을 보호하기에 필요한 적절하고 효율적인 입법·행정상의 조치를 취하여 그 침해의 위험을 방지하고 이를 유지할 포괄적인 의무를 진다. ★

[2] 담배사업법은 담배의 제조 및 판매 자체는 금지하고 있지 않지만, 현재로

서는 흡연과 폐암 등의 질병 사이에 필연적인 관계가 있다거나 흡연자 스스로 흡연 여부를 결정할 수 없을 정도로 의존성이 높아서 국가가 개입하여 담배의 제조 및 판매 자체를 금지하여야만 한다고 보기는 어렵다. 또한, 담배사업법은 담배성분의 표시나 경고문구의 표시, 담배광고의 제한 등 여러 규제들을 통하여 직접흡연으로부터 국민의 생명·신체의 안전을 보호하려고 노력하고 있다. 따라서 담배사업법이 국가의 보호의무에 관한 과소보호금지 원칙을 위반하여 청구인의 생명·신체의 안전에 관한 권리를 침해하였다고 볼 수 없다(헌결 2015.4.30. 2012헌마38). ★

4. 전원개발사업을 실시할 때에는 우리나라 전체의 전력수급상황이나 장기적인 에너지 정책에 부합하는지 여부 등을 고려하여 그 필요성을 따져보아야 하므로, 이를 종합적으로 검토하기 위하여 전원개발사업 실시 단계에서 일률적으로 산업통상자원부장관의 승인을 받도록 한 것은 그 타당성이 있다. 다만 원전 사고로 인한 피해의 심각성을 고려할 때 원자력의 특성을 도외시하고 다른 전원 개발과 동일한 절차만으로 원전을 건설·운영할 수 있도록 한다면, 이는 국민의 생명·신체의 안전에 상당한 위협이 될 수 있다. 그런데 국가는 원전의 건설·운영을 산업통상자원부장관의 전원개발사업 실시계획 승인만으로 가능하도록 한 것이 아니라, '원자력안전법'에서 규정하고 있는 건설허가 및 운영허가 등의 절차를 거치도록 하고 있다. 원전 사고로 인한 방사능 피해는 전원개발사업 실시계획 승인 단계에서가 아니라 원전의 건설·운영과정에서 발생하므로 원전 건설·운영의 허가 단계에서 보다 엄격한 기준을 마련하여 원전으로 인한 피해가 발생하지 않도록 조치들을 강구하고 있다. 따라서 <u>이 사건 승인조항에서 원전 건설을 내용으로 하는 전원개발사업 실시계획에 대한 승인권한을 다른 전원개발과 마찬가지로 산업통상자원부장관에게 부여하고 있다 하더라도, 국가가 국민의 생명·신체의 안전을 보호하기 위하여 필요한 최소한의 보호조치를 취하지 아니한 것이라고 보기는 어렵다</u>(헌결 2016.10.27. 2015헌바358). ★ ⇒ 원자력발전소(이하 '원전'이라 한다) 건설을 내용으로 하는 전원개발사업 실시계획에 대한 승인권한을 산업통상자원부장관에게 부여하고 있는 전원개발촉진법(2013. 3. 23. 법률 제11690호로 개정된 것) 제5조 제1항 본문(이하 '이 사건 승인조항'이라 한다)이 국가의 기본권 보호의무를 위반하는지 여부(소극)

5. [1] 국가가 국민의 건강하고 쾌적한 환경에서 생활할 권리에 대한 보호의무를 다하지 않았는지 여부를 헌법재판소가 심사할 때에는 국가가 이를 보호하기

위하여 적어도 적절하고 효율적인 최소한의 보호조치를 취하였는가 하는 이른바 '과소보호금지원칙'의 위반 여부를 기준으로 삼아야 한다. ★

[2] 공직선거법에는 <u>확성장치를 사용함에 있어</u> 자동차에 부착하는 확성장치 및 휴대용 확성장치의 수는 '시·도지사선거는 후보자와 구·시·군 선거연락소마다 각 1대·각 1조, 지역구지방의회의원선거 및 자치구·시·군의 장 선거는 후보자마다 1대·1조를 넘을 수 없다'는 규정만 있을 뿐 <u>확성장치의 최고출력 내지 소음 규제기준이 마련되어 있지 아니하다.</u> 기본권의 과소보호금지원칙에 부합하면서 선거운동을 위해 필요한 범위 내에서 합리적인 최고출력 내지 소음 규제기준을 정할 필요가 있다. 공직선거법에는 야간 연설 및 대담을 제한하는 규정만 있다. 그러나 대다수의 직장과 학교는 그 근무 및 학업 시간대를 오전 9시부터 오후 6시까지로 하고 있어 그 전후 시간대의 주거지역에서는 정온한 환경이 더욱더 요구된다. 그러므로 출근 또는 등교 시간대 이전인 오전 6시부터 7시까지, 퇴근 또는 하교 시간대 이후인 오후 7시부터 11시까지에도 확성장치의 사용을 제한할 필요가 있다. 공직선거법에는 주거지역과 같이 정온한 생활환경을 유지할 필요성이 높은 지역에 대한 규제기준이 마련되어 있지 아니하다. 예컨대 소음·진동관리법, '집회 및 시위에 관한 법률' 등에서 대상지역 및 시간대별로 구체적인 소음기준을 정한 것과 같이, 공직선거법에서도 이에 준하는 규정을 둘 수 있다. 따라서 심판대상조항이 선거운동의 자유를 감안하여 선거운동을 위한 확성장치를 허용할 공익적 필요성이 인정된다고 하더라도 정온한 생활환경이 보장되어야 할 주거지역에서 출근 또는 등교 이전 및 퇴근 또는 하교 이후 시간대에 확성장치의 최고출력 내지 소음을 제한하는 등 사용시간과 사용지역에 따른 수인한도 내에서 확성장치의 최고출력 내지 소음 규제기준에 관한 규정을 두지 아니한 것은, <u>국민이 건강하고 쾌적하게 생활할 수 있는 양호한 주거환경을 위하여 노력하여야 할 국가의 의무를 부과한 헌법 제35조 제3항에 비추어 보면, 적절하고 효율적인 최소한의 보호조치를 취하지 아니하여 국가의 기본권 보호의무를 과소하게 이행한 것으로서, 청구인의 건강하고 쾌적한 환경에서 생활할 권리를 침해하므로 헌법에 위반된다</u>(헌불 헌결 2019.12.27. 2018헌마730). ★★★

V. 기본권의 경합과 충돌(경쟁과 상충)

1. 기본권의 경합

(1) 기본권 경합의 의의: 국가행위가 기본권 주체의 여러 기본권의 구성요건에 해당될 때 이들 기본권 상호간의 관계. 기본권 경합은 여러 기본권의 구성요건에 해당되는 것 같아도 실제적으로 하나의 기본권 구성요건만 충족하는 외견적 경합(유사경합)과 구별

(2) 기본권 경합의 유형과 해결방법

　(가) 유형

　　① 일반적 기본권과 특별 기본권이 경합하는 경우

　　② 제한의 정도가 다른 기본권이 경합하는 경우

　　③ 규범영역이 서로 다른 기본권이 경합하는 경우

　(나) 해결방법

　　① 유형: 특별법 우선의 원칙에 따라 특별기본권의 침해 여부만 심사

　　② 유형: 헌법적 효력이 보다 강한 기본권, 즉 기본권 제한이 가장 약한 기본권만큼 효력이 있다고 보아, 강한 효력을 지닌 기본권을 기준하여 침해 여부를 판단

　　③ 유형: 당해 사안과 직접적으로 관련되는 기본권을 우선 적용

　(다) 판례의 입장: '하나의 규제로 인해 여러 기본권이 동시에 제약을 받는다'고 주장하는 경우에는 기본권 침해를 주장하는 청구인의 의도 및 기본권을 제한하는 입법자의 객관적 동기 등을 참작하여 먼저 사안과 가장 밀접한 관계에 있고 또 '침해의 정도가 큰 주된 기본권'을 중심으로 해서, 그 제한의 한계를 따져 보아야 함(헌결 95헌가16)

2. 기본권의 충돌

(1) 기본권 충돌의 의의

　① 개념: **상이한 복수의 기본권주체**가 서로의 권익을 실현하기 위해 하나의 동일한 사건에서 국가에 대하여 서로 대립되는 기본권의 적용을 주장하는 경우를 말하는데, 한 기본권주체의 기본권행사가 다른 기본권주체의 기본권행사를 제한 또는 희생시킨다는 데 그 특징이 있다(헌결 2005.11.24. 2002헌바95).
　〈경정승진 2023〉

② 유사충돌: 기본권 충돌은 기본권의 보호영역 내에 들어가는 기본권들 간의 충돌이므로, 기본권주체의 기본권 보호영역에 속하지 않는 행위와 다른 기본권주체의 기본권 보호영역에 속하는 행위가 충돌하는 유사충돌(예를 들어 연극배우가 무대에서 살인을 하고 피살자에 대하여 예술의 자유를 주장하는 경우)과 구별

(2) 기본권 충돌의 해결방법

㈎ 기본권의 서열이론(일반적·추상적 법익형량)
① 의의: 기본권 사이에 서열과 위계가 있으며 이를 확정할 수 있음을 전제로, 서로 충돌하는 기본권 중에서 서열이 높은 기본권을 우선시키는 이론(=이익형량론)
② 내용: 생명권을 우선시하며, 경제적·사회적 기본권에 대해 인격적 가치를 우선시하고, 인간다운 생존을 위한 기본권을 다른 법익을 위한 기본권보다 우위에 두고, 평등에 대해 자유를 우선
③ 한계(문제점): 기본권의 서열과 우열을 추상적이고 일반적으로 확정하는 것은 불가능(=기본권 효력의 우열을 가리기 위한 합리적인 기준을 제시하기가 쉽지×)
④ 판례의 입장: **혐연권＞흡연권**(헌결 2003헌마457)

㈏ 실제적 조화의 원칙(구체적·개별적 법익형량)
① 의의: 기본권이 충돌하는 경우 법익형량이나 서열에 따라 어느 하나의 기본권을 타 기본권에 우선시키는 방법보다는 충돌하는 기본권 모두를 최대한으로 그 기능과 효력이 나타날 수 있도록 하는 것이 헌법의 통일성 원리에 부합되며 기본권의 본질적 내용의 침해금지와도 조화
② 내용
㉠ **비례의 원칙(공평한 제한 원칙)**: 충돌하는 기본권 모두에게 비례적 제약을 가하면서 충돌하는 기본권 모두를 양립시키는 방법 ⇒ 헌법재판소는 정정보도청구권과 언론의 자유의 기본권 충돌의 경우(헌결 89헌마165), 노동조합의 조직강제권과 근로자 개인의 단결권이 충돌한 경우에 동 원칙을 적용하여 해결(헌결 2002헌바95)
㉡ **대안식 해결방법**: 대립되는 기본권 중 어느 한 쪽을 배제하지 않으면 안되는 경우 제3의 대안을 찾아서라도 양립을 모색하는 방법

(다) 판례의 입장: 헌법재판소는 기본권서열이론에 근거하기도 하고, 법익형량에 따라 동시에 실제적 조화의 법리를 적용하는 등 다양한 접근방법으로 충돌문제를 해결(헌결 2002헌바95)

<기본권 경합(경쟁)과 기본권 충돌(상충)>

	기본권 경합(경쟁)	기본권 충돌(상충)
주체	하나의 기본권 주체	서로 다른 기본권 주체
종류	다른 기본권, 복수	동일한 기본권(or 다른 기본권 복수)
효력	대국가적 효력	대사인적 효력, 대국가적 효력(견해 대립)
구별개념	외견적 경합(유사 경합)	외견적 충돌(유사 충돌)
해결방법	• 직접관련 기본권 적용의 원칙 • 최강효력설, 최약효력설 • 관련기본권 전부적용의 원칙	• 기본권의 서열이론(일반적·추상적 법익형량) • 실제적 조화의 원칙(구체적개별적 법익형량) 　① 비례의 원칙 ② 대안식 해결방법

| 헌결 | 대판 |

1. 경찰청장으로 하여금 퇴직 후 2년간 정당의 설립과 가입을 금지하는 이 사건 법률조항은, '누구나 국가의 간섭을 받지 아니하고 자유롭게 정당을 설립하고 가입할 수 있는 자유'를 국민의 기본권으로서 보장하는 '정당의 자유'(헌법 제8조 제1항 및 제21조 제1항)를 제한하는 규정이다. <u>정당에 관한 한, 헌법 제8조는 일반결사에 관한 헌법 제21조에 대한 특별규정이므로, 정당의 자유에 관하여는 헌법 제8조 제1항이 우선적으로 적용된다.</u> 그러나 정당의 자유를 규정하는 헌법 제8조 제1항이 기본권의 규정형식을 취하고 있지 아니하고 또한 '국민의 기본권에 관한 장'인 제2장에 위치하고 있지 아니하므로, 이 사건 법률조항으로 말미암아 침해된 기본권은 '정당설립과 가입에 관한 자유'의 근거규정으로서 '정당설립의 자유'를 규정한 헌법 제8조 제1항과 '결사의 자유'를 보장하는 제21조 제1항에 의하여 보장된 기본권이라 할 것이다. 또한 청구인들은 직업의 자유도 침해되었다고 주장하나, <u>공무원직에 관한 한 공무담임권은 직업의 자유에 우선하여 적용되는 특별법적 규정이고,</u> 위에서 밝힌 바와 같이 공무담임권(피선거권)은 이 사건 법률조항에 의하여 제한되는 청구인들의 기본권이 아니므로, 직업의 자유 또한 이 사건 법률조항에 의하여 제한되는 기본권으로서 고려되지 아니한다(헌결 1999.12.23. 99헌마135). ★
2. 청구인은 이 사건 법률조항에 의한 선거운동의 금지로 인하여 행복추구권이

침해되었다고 주장하고 있는바, 보호영역으로서의 '선거운동'의 자유가 문제되는 경우 표현의 자유 및 선거권과 일반적 행동자유권으로서의 행복추구권은 서로 특별관계에 있어 기본권의 내용상 특별성을 갖는 표현의 자유 및 선거권이 우선 적용된다고 할 것이므로, 이하에서는 행복추구권 침해 여부에 관하여 따로 판단하지 아니한다(헌결 2004.4.29. 2002헌마467).

3. 흡연자들의 흡연권이 인정되듯이, 비흡연자들에게도 흡연을 하지 아니할 권리 내지 흡연으로부터 자유로울 권리가 인정된다(이하 이를 '혐연권'이라고 한다). 혐연권은 흡연권과 마찬가지로 헌법 제17조, 헌법 제10조에서 그 헌법적 근거를 찾을 수 있다. 나아가 흡연이 흡연자는 물론 간접흡연에 노출되는 비흡연자들의 건강과 생명도 위협한다는 면에서 혐연권은 헌법이 보장하는 건강권과 생명권에 기하여서도 인정된다. 흡연자가 비흡연자에게 아무런 영향을 미치지 않는 방법으로 흡연을 하는 경우에는 기본권의 충돌이 일어나지 않는다. 그러나 흡연자와 비흡연자가 함께 생활하는 공간에서의 흡연행위는 필연적으로 흡연자의 기본권과 비흡연자의 기본권이 충돌하는 상황이 초래된다. 그런데 흡연권은 위와 같이 사생활의 자유를 실질적 핵으로 하는 것이고 혐연권은 사생활의 자유뿐만 아니라 생명권에까지 연결되는 것이므로 혐연권이 흡연권보다 상위의 기본권이라 할 수 있다. 이처럼 상하의 위계질서가 있는 기본권끼리 충돌하는 경우에는 상위기본권우선의 원칙에 따라 하위기본권이 제한될 수 있으므로, 결국 흡연권은 혐연권을 침해하지 않는 한에서 인정되어야 한다(헌결 2004.8.26. 2003헌마457). ★

4. [1] 이 사건 법률조항은 노동조합의 조직유지·강화를 위하여 당해 사업장에 종사하는 근로자의 3분의 2 이상을 대표하는 노동조합(이하 '지배적 노동조합'이라 한다)의 경우 단체협약을 매개로 한 조직강제[이른바 유니언 샵(Union Shop) 협정의 체결]를 용인하고 있다. 이 경우 근로자의 단결하지 아니할 자유와 노동조합의 적극적 단결권(조직강제권)이 충돌하게 되나, 근로자에게 보장되는 적극적 단결권이 단결하지 아니할 자유보다 특별한 의미를 갖고 있고, 노동조합의 조직강제권도 이른바 자유권을 수정하는 의미의 생존권(사회권)적 성격을 함께 가지는 만큼 근로자 개인의 자유권에 비하여 보다 특별한 가치로 보장되는 점 등을 고려하면, 노동조합의 적극적 단결권은 근로자 개인의 단결하지 않을 자유보다 중시된다고 할 것이고, 또 노동조합에게 위와 같은 조직강제권을 부여한다고 하여 이를 근로자의 단결하지 아니할 자유의 본질적인 내용을 침해하는 것으로 단정할 수는 없다. ★

[2] 이 사건 법률조항은 단체협약을 매개로 하여 특정 노동조합에의 가입을 강제함으로써 <u>근로자의 단결선택권과 노동조합의 집단적 단결권(조직강제권)이 충돌하는 측면이 있으나</u>, 이러한 조직강제를 적법·유효하게 할 수 있는 노동조합의 범위를 엄격하게 제한하고 지배적 노동조합의 권한남용으로부터 개별근로자를 보호하기 위한 규정을 두고 있는 등 전체적으로 <u>상충되는 두 기본권 사이에 합리적인 조화를 이루고 있고 그 제한에 있어서도 적정한 비례관계를 유지하고 있으며</u>, 또 근로자의 단결선택권의 본질적인 내용을 침해하는 것으로도 볼 수 없으므로, 근로자의 단결권을 보장한 헌법 제33조 제1항에 위반되지 않는다(헌결 2005.11.24. 2002헌바95). ★ ⇒ 당해 사업장에 종사하는 근로자의 3분의 2 이상을 대표하는 노동조합의 경우 단체협약을 매개로 한 조직강제[이른바 유니언 샵(Union Shop) 협정의 체결]를 용인하고 있는 노동조합및노동관계조정법 제81조 제2호 단서(이하 '이 사건 법률조항'이라 한다)가 근로자의 단결권을 보장한 헌법 제33조 제1항 등에 위반되는지 여부(소극)

5. 이 사건 법률조항은 채권자에게 채권의 실효성 확보를 위한 수단으로서 채권자취소권을 인정함으로써, 채권자의 재산권과 채무자와 수익자의 일반적 행동의 자유 내지 계약의 자유 및 수익자의 재산권이 서로 충돌하게 되는바, 위와 같은 채권자와 채무자 및 수익자의 기본권들이 충돌하는 경우에 기본권의 서열이나 법익의 형량을 통하여 어느 한 쪽의 기본권을 우선시키고 다른 쪽의 기본권을 후퇴시킬 수는 없다고 할 것이다. 사적자치의 원칙은 헌법 제10조의 행복추구권 속에 함축된 일반적 행동자유권에서 파생된 것으로서 헌법 제119조 제1항의 자유시장 경제질서의 기초이자 우리 헌법상의 원리이고, 계약자유의 원칙은 사적자치권의 기본원칙으로서 이러한 사적자치의 원칙이 법률행위의 영역에서 나타난 것이므로, <u>채권자의 재산권과 채무자 및 수익자의 일반적 행동의 자유권 중 어느 하나를 상위기본권이라고 할 수는 없을 것이고, 채권자의 재산권과 수익자의 재산권 사이에서도 어느 쪽이 우월하다고 할 수는 없을 것이기 때문이다</u>. 따라서 이러한 경우에는 헌법의 통일성을 유지하기 위하여 상충하는 기본권 모두가 최대한으로 그 기능과 효력을 발휘할 수 있도록 조화로운 방법을 모색하되(규범조화적 해석), 법익형량의 원리, 입법에 의한 선택적 재량 등을 종합적으로 참작하여 심사하여야 할 것이다(헌결 2007.10.25. 2005헌바96). ★ ⇒ 채권자취소권을 정한 민법 제406조 제1항 중 '이익을 받은 자'에 관한 부분(이하 '이 사건 법률조항'이라 한다)이 채무자와 수익자의 일반적 행동의 자유 및 수익자의 재산권을 침해하는지 여부(소극)

| 헌결 | 대판 |

1. 학교교육에 있어서 교원의 가르치는 권리를 수업권이라고 한다면, 이것은 교원의 지위에서 생기는 학생에 대한 일차적인 교육상의 직무권한이지만 어디까지나 학생의 학습권 실현을 위하여 인정되는 것이므로, 학생의 학습권은 교원의 수업권에 대하여 우월한 지위에 있다. 따라서 학생의 학습권이 왜곡되지 않고 올바로 행사될 수 있도록 하기 위해서라면 교원의 수업권은 일정한 범위 내에서 제약을 받을 수밖에 없고, 학생의 학습권은 개개 교원들의 정상을 벗어난 행동으로부터 보호되어야 한다. 특히, 교원의 수업거부행위는 학생의 학습권과 정면으로 상충하는 것인바, 교육의 계속성 유지의 중요성과 교육의 공공성에 비추어 보거나 학생·학부모 등 다른 교육당사자들의 이익과 교량해 볼 때 교원이 고의로 수업을 거부할 자유는 어떠한 경우에도 인정되지 아니하며, 교원은 계획된 수업을 지속적으로 성실히 이행할 의무가 있다(대판 2007.9.20. 2005다25298).

2. [1] 헌법상의 기본권은 제1차적으로 개인의 자유로운 영역을 공권력의 침해로부터 보호하기 위한 방어적 권리이지만 다른 한편으로 헌법의 기본적인 결단인 객관적인 가치질서를 구체화한 것으로서, 사법을 포함한 모든 법 영역에 그 영향을 미치는 것이므로 사인간의 사적인 법률관계도 헌법상의 기본권 규정에 적합하게 규율되어야 한다. 다만 기본권 규정은 그 성질상 사법관계에 직접 적용될 수 있는 예외적인 것을 제외하고는 사법상의 일반원칙을 규정한 민법 제2조, 제103조, 제750조, 제751조 등의 내용을 형성하고 그 해석 기준이 되어 간접적으로 사법관계에 효력을 미치게 된다. 종교의 자유라는 기본권의 침해와 관련한 불법행위의 성립 여부도 위와 같은 일반규정을 통하여 사법상으로 보호되는 종교에 관한 인격적 법익침해 등의 형태로 구체화되어 논하여져야 한다.

[2] 종교단체가 설립한 사립학교에서 특정종교의 교리를 전파하는 종교행사와 종교과목 수업을 실시하면서 참가 거부가 사실상 불가능한 분위기를 조성하고 대체과목을 개설하지 않는 등 다른 신앙을 가진 학생의 기본권을 고려하지 않는 것은 학생의 종교에 관한 인격적 법익을 침해하는 위법행위이다(대판 전합 2010.4.22. 2008다38288).

제4절 기본권의 제한과 한계

제37조 ① 국민의 자유와 권리는 헌법에 열거되지 아니한 이유로 경시되지 아니한다.
② 국민의 모든 자유와 권리는 국가안전보장·질서유지 또는 공공복리를 위하여 필요한 경우에 한하여 법률로써 제한할 수 있으며, 제한하는 경우에도 자유와 권리의 본질적인 내용을 침해할 수 없다.

I. 기본권 보호영역

1. 기본권 보호영역의 의의

기본권에 의해 보호되는 생활영역, 기본권 제한은 기본권의 실체가 먼저 규명되고 난 후 이에 대한 제한의 정당성을 검토하는 것이므로, 기본권 보호영역의 문제는 기본권 제한의 선결과제로서 중요한 의미

2. 기본권 보호영역의 확정

(1) 의의

기본권의 보호영역은 통상적인 법학적 해석수단을 통해, 법문을 중심으로, 기본권보장의 목적 및 다른 기본권규범과의 체계를 고려하여, 필요하다면 기본권의 성립배경까지 감안하여 확정되어야 함

(2) 기본권 보호영역의 확정원칙

기본권보호영역은 '헌법적 차원'에서 확정되어야 하며, 입법자에 의해 법률로 보호영역이 정해져서는 안 된다. 헌법이 직접 보호영역을 제한하는 경우가 있는데 '근로조건의 향상'을 위한 근로3권(§33①)이 이에 해당된다. 또한 기본권 보호영역은 '객관적'으로 확정되어야 하며 가치평가와 무관하게 이루어져야 한다. 한편 헌법재판소가 '음란'을 표현의 보호영역에 포함시킨 것(헌결 2006헌바109)이나, 허위사실의 표현을 언론출판의 자유의 보호영역으로 본 것(헌결 2008헌바157)은 보호영역에 대한 올바른 이해로 평가

| 헌결 | 대판 |

1. 음란표현이 언론·출판의 자유의 보호영역에 해당하지 아니한다고 해석할 경우 음란표현에 대하여는 언론·출판의 자유의 제한에 대한 헌법상의 기본원칙, 예컨대 명확성의 원칙, 검열 금지의 원칙 등에 입각한 합헌성 심사를 하지 못하게 될 뿐만 아니라, 기본권 제한에 대한 헌법상의 기본원칙, 예컨대 법률에 의한 제한, 본질적 내용의 침해금지 원칙 등도 적용하기 어렵게 되는 결과, 모든 음란표현에 대하여 사전 검열을 받도록 하고 이를 받지 않은 경우 형사처벌을 하거나, 유통목적이 없는 음란물의 단순소지를 금지하거나, 법률에 의하지 아니하고 음란물출판에 대한 불이익을 부과하는 행위 등에 대한 합헌성 심사도 하지 못하게 됨으로써, 결국 음란표현에 대한 최소한의 헌법상 보호마저도 부인하게 될 위험성이 농후하게 된다는 점을 간과할 수 없다. 이 사건 법률조항의 음란표현은 헌법 제21조가 규정하는 언론·출판의 자유의 보호영역 내에 있다고 볼 것인바, 종전에 이와 견해를 달리하여 음란표현은 헌법 제21조가 규정하는 언론·출판의 자유의 보호영역에 해당하지 아니한다는 취지로 판시한 우리 재판소의 의견을 변경한다(헌결 2009.5.28. 2006헌바109).

2. 표현이 어떤 내용에 해당한다는 이유만으로 표현의 자유의 보호영역에서 애당초 배제된다고는 볼 수 없으므로, '허위사실의 표현'도 헌법 제21조가 규정하는 언론·출판의 자유의 보호영역에는 해당하되, 다만 헌법 제37조 제2항에 따라 제한될 수 있는 것이다. 그런데 이 사건 법률조항을 당해 사건에서와 같이 공익을 해할 목적의 허위사실을 내용으로 하는 통신에 적용하는 것은, '공익' 개념의 모호성, 추상성, 포괄성으로 말미암아 필연적으로 규제되지 않아야 할 표현까지 다함께 규제하게 되어 과잉금지원칙에 어긋난다. 나아가 이 사건 법률조항은, 자신이 행하고자 하는 표현이 규제의 대상이 아니라는 확신이 없는 기본권 주체로 하여금 규제를 받을 것을 우려하여 스스로 표현행위를 억제하도록 할 가능성이 높은바, 제재에 대한 두려움으로 인하여 표현이 억제된다면, 표현의 자유의 기능은 훼손될 수밖에 없다. 결국, 이 사건 법률조항[저자 주: 공익을 해할 목적으로 전기통신설비에 의하여 공연히 허위의 통신을 한 자를 형사 처벌하는 전기통신기본법 제47조 제1항]은 과잉금지원칙에 위배하여 표현의 자유를 침해하는 것으로서 헌법에 위반된다(헌결 2010.12.28. 2008헌바157).

Ⅱ. 기본권의 제한

1. 기본권 제한의 의의

국가가 개인에게 기본권 보호영역 내에 포함되어 있는 행위를 금지하거나 제약하는 것

2. 기본권 제한의 유형

헌법	의의	헌법이 명시적으로 특정 기본권의 제한을 규정한 경우(헌법 직접적 제한)
	내용	① 내용의 제한: 정당의 목적이나 활동이 민주적 기본질서에 위배되지 못하도록 한 것(§8④), 언론·출판이 타인의 명예나 권리를 침해하지 못하도록 한 것(§21④), 재산권행사를 공공복리에 적합하도록 한 것(§23②) ② 주체의 제한: 군인·군무원의 국가배상청구권을 제한한 것(§29②), 주요 방위산업체근로자의 단체행동을 제한한 것(§33③)
법률	의의	법률형식에 의한 기본권 제한으로, 헌법 간접적 제한(법률유보)
	유형	① 개별적 법률유보와 **일반적 법률유보(§37②)**: 개별적 법률유보는 신체의 자유(§12①)와 재산권(§23①)이며, 일반적 법률유보는 헌법 제37조 제2항 ② 단순 법률유보와 가중 법률유보: 법률유보에 제약요건이 부가되어 있는가에 따른 구별로, 우리 헌법은 단순 법률유보로 되어 있음 ③ 기본권 제한적, 형성적, 구체화적 법률유보: 법률유보가 기본권을 제한하는 성격을 지닌 것으로 자유권에 대한 제한(**제한적 법률유보**), 법률에 의해 보호영역이 만들어지는 생존권이나 재산권의 경우 법률은 형성적 의미(**형성적 법률유보**), 기본권의 효력은 헌법에 의해 '직접' 인정되지만 그 내용이나 행사절차 및 방법 등이 법률에 위임된 법률유보(**구체화적 법률유보**) ④ 법률유보의 한계로서 의회유보: 기본권제한의 전제, 상황, 효과에 관한 본질적 결정은 입법자가 스스로 내려야 함(본질성이론)

3. 기본권 제한의 일반원칙(일반적 법률유보)

(1) 서론: 헌법 제37조 제2항의 일반적 법률유보조항은 개별적 법률유보조항(§12①)에 대해 일반법과 특별법의 관계

(2) 기본권제한의 목적

(가) 국가안전보장: 국가 자체의 존립에 대한 안전보장을 말하는 것으로, 국가의 독립·영토의 보전·헌법과 법률의 기능·헌법에 의하여 설치된 국가기관의 유지 등을 그 내용(헌결 89헌가104). 제3공화국 헌법까지는 '질서유지와 공공복리'로 규정되었던 것이 제4공화국 헌법부터 질서유지와 병렬적으로 국가안전보장을 규정

(ᄂ) 질서유지: 국가 내의 존립과 유지에 대한 안전보장으로, 광의의 질서유지에서 국가안전보장을 제외한 질서
(ᄃ) 공공복리: 서로 대립하고 갈등하는 개인의 사적 이익을 넘는 모든 국민의 일반적 이익으로 공권력작용의 목적개념으로 사용. 기본권 제한의 목적으로 정당성심사의 기준(§37②). 경제영역에서의 국가목표로서 공공복리는 헌법 제119조 이하의 경제조항에서 구체화(헌결 96헌가18)

(3) 기본권제한의 대상: 법률로 제한되는 기본권은 국민의 '모든' 자유와 권리(다수설)
(4) 기본권제한의 형식
　(ᄀ) 법률: 원칙적으로 기본권은 형식적 법률에 의해서만 제한(법률과 동등한 효력을 지니는 긴급명령이나 조약 등에 의한 제한 可)+'법률에 근거한 규율'의 요청, 기본권을 제한하는 법률은 **일반성**(모든 사람과 모든 사건을 그 대상으로 한다는 것)을 지녀야 함. 기본권제한에 관한 법률유보원칙은 '법률에 근거한 규율'을 요청하는 것이므로, <u>그 형식이 반드시 법률일 필요는 없다</u> 하더라도 법률상의 근거는 있어야 한다 할 것이다(헌결 2003헌마715).
　(ᄂ) 개별적 법률(=처분적 법률): 제3편 '국회'파트에서 후술함
(5) 기본권제한의 정도(과잉금지원칙) ⇒ 별도의 목차에서 서술

| 헌결 | 대판 |

1. 국민의 기본권은 헌법 제37조 제2항에 의하여 국가안전보장·질서유지 또는 공공복리를 위하여 필요한 경우에 한하여 이를 제한할 수 있으나, 그 제한의 방법은 원칙적으로 법률로써만 가능하고 제한의 정도도 기본권의 본질적 내용을 침해할 수 없으며 필요한 최소한도에 그쳐야 한다. 여기서 기본권제한에 관한 법률유보원칙은 '법률에 근거한 규율'을 요청하는 것이므로, <u>그 형식이 반드시 법률일 필요는 없다 하더라도 법률상의 근거는 있어야 한다</u> 할 것이다(헌결 2006.5.25. 2003헌마715). ★

2. 법률에서 명시적으로 규정된 제재보다 더 가벼운 것을 하위 규칙에서 규정한 경우이므로, 그러한 제재가 행정법에서 요구되는 법률유보원칙에 어긋났다고 단정하기 어려운 측면이 있다. 그러나 <u>만일 그것이 기본권 제한적 효과를 지니게 된다면, 이는 행정법적 법률유보원칙의 위배 여부에도 불구하고 헌법 제37조 제2항에 따라 엄격한 법률적 근거를 지녀야 한다</u>(헌결 2007.11.29. 2004헌마290). ★

3. 위임입법에 있어서 위임의 구체성·명확성의 요구 정도는 규제대상의 종류와 성격에 따라서 달라진다. 즉 급부행정 영역에서는 기본권침해 영역보다는 구체성의 요구가 다소 약화되어도 무방하다고 해석되며, 다양한 사실관계를 규율하거나 사실관계가 수시로 변화될 것이 예상될 때에는 위임의 명확성의 요건이 완화된다. 뿐만 아니라 위임조항에서 위임의 구체적 범위를 명확히 규정하고 있지 않다고 하더라도 당해 법률의 전반적 체계와 관련규정에 비추어 위임조항의 내재적인 위임의 범위나 한계를 객관적으로 분명히 확정할 수 있다면 이를 일반적이고 포괄적인 백지위임에 해당하는 것으로 볼 수 없다(헌결 1997.12.24. 95헌마390). ★

4. 일반적으로 법률에서 일부 내용을 하위법령에 위임하는 경우 위임을 둘러싼 법률규정 자체에 대한 명확성의 문제는, 그 위임규정이 하위법령에 위임하고 있는 내용과는 무관하게 법률 자체에서 해당 부분을 완결적으로 정하고 있는지 여부에 따라 달라진다. 즉 법률에서 사용된 추상적 용어가 하위법령에 규정될 내용과는 별도로 독자적인 규율 내용을 정하기 위한 것이라면 별도로 명확성 원칙이 문제될 수 있으나, 그 추상적 용어가 하위법령에 규정될 내용의 범위를 구체적으로 정해주기 위한 역할을 하는 경우라면 명확성의 문제는 결국 포괄위임입법금지원칙 위반의 문제로포섭될 것이다(헌결 2015.7.30. 2013헌바204). ★

[기출지문] 법률에서 일부 내용을 하위법령에 위임할 때, 해당 법률에서 사용된 추상적 용어가 하위법령에서 규정될 내용과는 별도로 독자적인 규율 내용을 정하려는 것이라도 포괄위임금지원칙위반 여부와 별도로 명확성원칙이 문제될 수 없다.(×) 〈경찰2차 2024〉 ★

| 헌결 | 대판 |

1. 일반적으로 행정 각부의 장이 정하는 고시라도 그것이 특히 법령의 규정에서 특정 행정기관에 법령 내용의 구체적 사항을 정할 수 있는 권한을 부여함으로써 법령 내용을 보충하는 기능을 가질 경우에는 형식과 상관없이 근거 법령규정과 결합하여 대외적으로 구속력이 있는 법규명령으로서의 효력을 가지나 이는 어디까지나 법령의 위임에 따라 법령 규정을 보충하는 기능을 가지는 점에 근거하여 예외적으로 인정되는 효력이므로 특정 고시가 비록 법령에 근거를 둔 것이더라도 규정 내용이 법령의 위임 범위를 벗어난 것일 경우에는 법규명령으로서의 대외적 구속력을 인정할 여지는 없다. 그리고 특정 고시가 위

임의 한계를 준수하고 있는지를 판단할 때에는, 법률 규정의 입법 목적과 규정 내용, 규정의 체계, 다른 규정과의 관계 등을 종합적으로 살펴야 하고, <u>법률의 위임 규정 자체가 의미 내용을 정확하게 알 수 있는 용어를 사용하여 위임의 한계를 분명히 하고 있는데도 고시에서 문언적 의미의 한계를 벗어났다든지, 위임 규정에서 사용하고 있는 용어의 의미를 넘어 범위를 확장하거나 축소함으로써 위임 내용을 구체화하는 단계를 벗어나 새로운 입법을 한 것으로 평가할 수 있다면, 이는 위임의 한계를 일탈한 것으로서 허용되지 아니한다</u>(대판 2016.8.17. 2015두51132). ★

[기출지문] 법률의 위임규정자체가 그 의미 내용을 정확하게 알 수 있는 용어를 사용하여 위임 한계를 분명히 밝히는데도 하위법령이 그 문언적 의미의 한계를 벗어나거나, 위임규정에서 사용하는 용어의 의미를 넘어 그 범위를 확장 혹은 축소함으로써 위임내용을 구체화하는 단계를 벗어나 새로운 입법으로 평가할 수 있다면 이는 위임한계를 일탈한 것으로 허용되지 않는다.(○) 〈경찰2차 2024〉 ★

4. 기본권 제한의 정도(과잉금지의 원칙) ★★★

(1) 의의: 과잉금지원칙은 자의금지원칙과 함께 정의의 본질적 구성부분으로서, 법치국가원리에서 파생된 헌법상 기본원리의 하나인 **비례의 원칙**을 의미 ⇒ 과잉금지의 원칙은 국가작용의 한계를 명시하는 것인데 목적의 정당성, 방법의 적정성, 피해의 최소성, 법익의 균형성을 의미하는 것으로서 그 어느 하나에라도 저촉되면 위헌이 된다는 헌법상의 원칙(헌결 88헌가13)

| 헌결 | 대판 |

1. [1] 과잉금지의 원칙은 국가작용의 한계를 명시하는 것인데 목적의 정당성, 방법의 적정성, 피해의 최소성, 법익의 균형성(보호하려는 공익이 침해되는 사익보다 더 커야 한다는 것으로서 그래야만 수인의 기대가능성이 있다는 것)을 의미하는 것으로서 <u>그 어느 하나에라도 저촉되면 위헌이 된다는 헌법상의 원칙이다.</u>

[2] 국가가 입법, 행정 등 국가작용을 함에 있어서는 합리적인 판단에 입각하여 추구하고자 하는 사안의 목적에 적합한 조치를 취하여야 하고, 그때 선택하는 수단은 목적을 달성함에 있어서 필요하고 효과적이며 상대방에게는 최소한의 피해를 줄 때에 한해서 그 국가작용은 정당성을 가지게 되고 상대방은 그 침해를 감수하게 되는 것이다. 그런데 국가작용에 있어서 취해진 어떠한

조치나 선택된 수단은 그것이 달성하려는 사안의 목적에 적합하여야 함은 당연하지만 <u>그 조치나 수단이 목적달성을 위하여 유일무이한 것일 필요는 없는 것이다</u>(헌결 1989.12.22. 88헌가13).

2. 국가작용 중 특히 입법작용에 있어서의 <u>과잉입법금지의 원칙이라 함은 국가가 국민의 기본권을 제한하는 내용의 입법활동을 함에 있어서 준수하여야 할 기본원칙 내지 입법활동의 한계를 의미하는</u> 것으로서, 국민의 기본권을 제한하려는 입법의 목적이 헌법 및 법률의 체제상 그 정당성이 인정되어야 하고(목적의 정당성), 그 목적의 달성을 위하여 그 방법이 효과적이고 적절하여야 하며(방법의 적정성), 입법권자가 선택한 기본권제한의 조치가 입법목적달성을 위하여 설사 적절하다 할지라도 보다 완화된 형태나 방법을 모색함으로써 <u>기본권의 제한은 필요한 최소한도에 그치도록 하여야 하며</u>(피해의 최소성), 그 입법에 의하여 보호하려는 공익과 침해되는 사익을 비교형량할 때 보호되는 공익이 더 커야한다(법익의 균형성)는 법치국가의 원리에서 당연히 파생되는 헌법상의 기본원리의 하나인 비례의 원칙을 말하는 것이다. 이를 우리 헌법은 제37조 제1항에서 "국민의 자유와 권리는 헌법에 열거되지 아니한 이유로 경시되지 아니한다" 제2항에서 "국민의 모든 자유와 권리는 국가안전보장, 질서유지 또는 공공복리를 위하여 필요한 경우에 한하여 법률로써 제한할 수 있으며, 제한하는 경우에도 자유와 권리의 본질적인 내용을 침해할 수 없다"라고 선언하여 입법권의 한계로서 과잉입법금지의 원칙을 명문으로 인정하고 있으며 이에 대한 헌법위반여부의 판단은 헌법 제111조와 제107조에 의하여 헌법재판소에서 관장하도록 하고 있다(헌결 1992.12.24. 92헌가8).

(2) 내용

목적의 정당성	개념	기본권 제한이 정당화되기 위해서는 기본권 제한을 통해 달성하고자 하는 목적이 확정되어야 하고, 목적이 헌법적으로 허용될 수 있어야 함
	헌결	★ 목적의 정당성이 결여(의심)된다고 인정한 헌재결정 ㉠ '공공용지의 취득 및 손실보상에 관한 특례법'(§6)은 협의취득에 관한 것인데 협의대상자를 파악하기 어렵다는 이유만으로 사실상의 강제취득 허용(**위헌** 헌결 94헌가2) ㉡ 동성동본금혼제를 규정한 민법조항(**헌불** 헌결 95헌가6) ㉢ 기초의원선거에서의 정당표방금지(**위헌** 헌결 2001헌가4) ㉣ 재외국민의 선거권 행사에 대한 전면적 부정(**헌불** 헌결 2004헌마644) ㉤ 의료인들에게 하나의 의료기관만을 개설(**헌불** 헌결 2004헌마1021) ㉥ 형법상 혼인빙자간음죄규정(**위헌** 헌결 2008헌바58) ★ **비교** 형법상 간

		통죄규정(위헌 헌결 2009헌바17) - 목적의 정당성 인정○ Ⓐ 유신헌법에 대해 일체의 논의를 금지한 긴급조치(위헌 헌결 2010헌바132) ⓒ 경찰서 조사실에서 양손에 수갑을 찬 채 조사받는 모습을 촬영할 수 있도록 허용한 행위(위헌 헌결 2012헌마652) Ⓕ 구 형법 제104조의2에서 규정한 국가모독죄(위헌 헌결 2013헌가20) Ⓚ 수사기관의 변호인에 대한 후방착석요구행위(위헌확인, 헌결 2016헌마503) ⓒ 교육공무원이 아닌 대학교원에게 노동조합의 설립불허(헌불 헌결 2018.8.30. 2015헌가38) Ⓔ 피청구인 대통령의 지시로 피청구인 대통령 비서실장, 정무수석비서관, 교육문화수석비서관, 문화체육관광부장관이 야당 소속 후보를 지지하였거나 정부에 비판적 활동을 한 문화예술인이나 단체를 정부의 문화예술 지원사업에서 배제할 목적으로 개인의 정치적 견해에 관한 정보를 수집·보유·이용한 행위('이 사건 정보수집 등 행위') + 피청구인 대통령의 지시로 피청구인 대통령 비서실장, 정무수석비서관, 교육문화수석비서관, 문화체육관광부장관이 야당 소속 후보를 지지하였거나 정부에 비판적 활동을 한 문화예술인이나 단체를 정부의 문화예술 지원사업에서 배제할 목적으로, 한국문화예술위원회, 영화진흥위원회, 한국출판문화산업진흥원 소속 직원들로 하여금 특정 개인이나 단체를 문화예술인 지원사업에서 배제하도록 한 일련의 지시 행위('이 사건 지원배제 지시')(위헌확인; 헌결 2020.12.23. 2017헌마416) Ⓟ 혼인한 등록의무자 모두 배우자가 아닌 본인의 직계존·비속의 재산을 등록하도록 2009. 2. 3. 법률 제9402호로 공직자윤리법 제4조 제1항 제3호가 개정되었음에도 불구하고, 개정 전 공직자윤리법 조항에 따라 이미 배우자의 직계존·비속의 재산을 등록한 혼인한 여성 등록의무자는 종전과 동일하게 계속해서 배우자의 직계존·비속의 재산을 등록하도록 규정한 공직자윤리법 부칙(2009. 2. 3. 법률 제9402호) 제2조(위헌 헌결 2021.9.30. 2019헌가3) ⇒ 이는 성별에 의한 차별금지 및 혼인과 가족생활에서의 양성의 평등을 천명하고 있는 헌법에 정면으로 위배되는 것으로 그 목적의 정당성을 인정할 수 없다.
수단의 적합성	개념	목적을 위해 선택된 기본권제한 수단이 목적 달성에 효과적이고 적절하여야 함(=방법의 적절성). ★ 입법자가 선택한 방법이 최적의 것이었는가 하는 것이 아니고, 그 방법이 입법목적 달성에 유효한 수단인가 하는 점에 한정(헌결 2002헌바80), ★ 선택된 수단이 목적달성을 위하여 **유일한 수단일 것을 요하지**×(헌결 88헌가13)
	헌결	헌법재판소는 근로자의 '퇴직금 전액'에 대하여 담보물권자에 우선변제권인정([헌불] 헌결 94헌바19), 제대군인에 대한 가산점 부여(위헌 헌결 98헌마363) 등 다수의 결정에서 수단의 적합성이 상실된다고 인정함

피해의 최소성	개념	목적달성을 위해 비슷한 효과를 지닌 여러 수단들 중에서 기본권을 가장 적게 제한하는 수단을 선택하여야 함.
	헌결	⊙ 명백성 통제: 선택된 방법이 목적달성에 최선의 수단이 아니라 하더라도 그것이 현저하게 불공정하지 않는 한 과잉금지 위반×(헌결 92헌바47) ⓒ 완화된 비례성 심사: ★ 상업광고 규제에 관한 비례의 원칙 심사에 있어서 '피해의 최소성' 원칙은 같은 '목적을 달성하기 위하여 달리 덜 제약적인 수단이 없을 것인지 혹은 입법목적을 달성하기 위하여 필요한 최소한의 제한인지'를 심사하기보다는 '입법목적을 달성하기 위하여 필요한 범위 내의 것인지'를 심사하는 정도로 완화(헌결 2003헌가3)
법익의 균형성	개념	기본권 제한에 의하여 보호하려는 공익과 침해되는 사익을 비교·형량 할 때 양자 간에 합리적인 균형이 유지되어야 함(협의의 비례원칙)
	헌결	헌법재판소는 태아의 성별고지 금지사건(**헌불** 헌결 2004헌마1010) 등 다수의 결정에서 법익의 균형성이 상실된다고 인정함

| 헌결 | 대판 |

1. 국민의 기본권을 제한하는 입법은 목적이 헌법 및 법률의 체제상 그 정당성이 인정되어야 하고, 목적달성을 위한 방법이 효과적이며 적절해야 하고, 기본권의 제한이 최소화 되도록 해야 하며, 그 입법에 의하여 보호하려는 공익이 침해되는 사익보다 커야 한다. 공공용지의 취득 및 손실보상에 관한 특례법(이하 "공특법") 제6조는 단순히 사업시행자가 당해 토지 등의 취득 또는 사용이 필요하여 협의를 하고자 할 경우 그 토지 등의 소유권자의 주소 또는 거소의 불명으로 협의를 할 수 없다는 이유로 대통령령이 정하는 일정한 사항의 공시를 함으로써 협의에 갈음하고 그로써 당해 토지 등의 소유권을 취득할 수 있도록 한 것인데, <중략> 따라서 공특법 제6조는 협의에 의한 취득 등을 목적으로 하는 공특법 자체의 입법목적체제에 부합하지 않으며, 그러므로 공특법 제6조가 초래하게 되는 기본권의 제한을 정당화시켜 줄만한 <입법목적상의 정당성을 갖고 있지 못하다>(**위헌** 헌결 1995.11.30. 94헌가2).

2. 주세법의 자도소주 구입명령제도(**위헌** 헌결 1996.12.26. 96헌가18)
   구입명령제도를 통하여 지방소주업체를 경쟁으로부터 보호하고 그 결과로 각 도에 하나씩의 소주제조기업이 존재한다는 것 그 자체만으로는 헌법 제123조의 "지역경제의 육성"이란 공익을 의미한다고 보기는 어렵다. 입법자가 개인의 기본권침해를 정당화하는 <입법목적>으로서의 "지역경제"를 주장하기 위하여는, 각 지역에 하나의 기업이 더 존재하는 것이 지역경제에 어떠한 의미로든 기여를 한다는 지극히 당연한 사실을 넘는, 문제되는 지역의 현존하는 경제적 낙후성이라든지 아니면 특정 입법조치를 취하지 않을 경우 발생할 지역간의 심한 경제적 불균형과 같은 납득할 수 있는 <u>구체적이고 합리적인 이유가 있어야 한다. 왜냐하면 지역경제의 육성이란 한 마디로 지역간의 상이한 경제력과 경쟁조건의 수정과 조정을 그 목적으로 하기 때문이다. 그러나 전국 각도에 균등하게 하나씩의 소주제조기업을 존속케 하려는 주세법에서는 수정되어야 할 구체적인 지역간의 차이를 확인할 수 없고, 따라서 1도 1소주제조업체의 존속유지와 지역경제의 육성간에 상관관계를 찾아 볼 수 없으므로 "지역경제의 육성"은 이 사건 법률조항의 위 (1)에서 지적한 기본권침해를 <정당화할 수 있는 공익으로 고려하기 어렵다></u>고 할 것이다.

3. 이 사건 법률조항[저자 주: 구 민법 제809조 제1항 "同姓同本인 혈족사이에서는 혼인하지 못한다."]은 동성동본인 혈족사이의 혼인을 그 촌수의 원근에 관계없이 일률적으로 모두 금지하고 민법은 이를 위반한 혼인을 취소할 수 있도록 하였을 뿐만 아니라 아예 그 혼인신고 자체를 수리하지 못하도록 하고 있어, 동성동본인 혈족은 서로가 아무리 진지하게 사랑하고 있다고 하더라도 또 촌수를 계산할 수 없을 만큼 먼 혈족이라 하더라도 혼인을 할 수 없고 따라서 <u>혼인에 있어 상대방을 결정할 수 있는 자유를 제한하고 있는 동시에, 그 제한의 범위를 동성동본인 혈족, 즉 남계혈족에만 한정함으로써 성별에 의한 차별을 하고 있다.</u> <중략> 결국 이 사건 법률조항은 헌법 제10조, 제11조 제1항, 제36조 제1항에 위반될 뿐만 아니라 그 <입법목적이 이제는 혼인에 관한 국민의 자유와 권리를 제한할 "사회질서"나 "공공복리"에 해당될 수 없다>는 점에서 헌법 제37조 제2항에도 위반된다 할 것이다(헌물 헌결 1997.7.16. 95헌가6).

4. [1] 선거에 당하여 정당이냐 아니면 인물이냐에 대한 선택은 궁극적으로 주권자인 국민의 몫이고, 입법자가 후견인적 시각에서 입법을 통하여 그러한 국민의 선택을 대신하거나 간섭하는 것은 민주주의 이념에 비추어 바람직하지 않기 때문에, <u>기초의회의원선거에서 정당의 영향을 배제하고 인물 본위의 투표가 이루어지도록 하겠다는 구체적 <입법의도는 그 정당성이 의심></u>스럽다. <중략> 그렇다면, 법 제84조는 불확실한 입법목적을 실현하기 위하여 그다지 실효성도 없고 불분명한 방법으로 과잉금지원칙에 위배하여 후보자의 정치적 표현의 자유를 과도하게 침해하고 있다고 할 것이다

[2] 법 제84조의 의미와 목적이 정당의 영향을 배제하고 인물 본위의 선거가

이루어지도록 하여 지방분권 및 지방의 자율성을 확립시키겠다는 것이라면, 이는 기초의회의원선거뿐만 아니라 광역의회의원선거, 광역자치단체장선거 및 기초자치단체장선거에서도 함께 통용될 수 있다. 그러나, 기초의회의원선거를 그 외의 지방선거와 다르게 취급을 할 만한 본질적인 차이점이 있는가를 볼 때 그러한 차별성을 발견할 수 없다. 그렇다면, 위 조항은 아무런 합리적 이유 없이 유독 기초의회의원 후보자만을 다른 지방선거의 후보자에 비해 불리하게 차별하고 있으므로 평등원칙에 위배된다(위헌 헌결 2003.1.30. 2001헌가4).

5. [1] 선거권 행사를 제한하는 법률이 헌법 제37조 제2항의 과잉금지원칙을 준수하고 있는지 여부를 심사함에 있어서는 특별히 엄격한 심사가 행해져야 한다. 따라서 선거권의 제한은 그 제한을 불가피하게 요청하는 개별적, 구체적 사유가 존재함이 명백할 경우에만 정당화될 수 있으며, 막연하고 추상적 위험이라든지 국가의 노력에 의해 극복될 수 있는 기술상의 어려움이나 장애 등의 사유로는 그 제한이 정당화될 수 없다. 그런데 법 제37조 제1항[저자 주: 공직선거법(2005. 8. 4. 법률 제7681호로 개정된 것, 이하 '법'이라 한다) 제37조 제1항의 주민등록을 요건으로 재외국민의 국정선거권을 제한하는 것]은 단지 주민등록이 되어 있는지 여부에 따라 선거인명부에 오를 자격을 결정하여 그에 따라 선거권 행사 여부가 결정되도록 함으로써, 엄연히 대한민국의 국민임에도 불구하고 주민등록법상 주민등록을 할 수 없는 재외국민의 선거권 행사를 전면적으로 부정하고 있는바, 그와 같은 재외국민의 선거권 행사에 대한 전면적인 부정에 관해서는 위에서 살펴본 바와 같이 어떠한 <정당한 목적도 찾기 어렵다>. 그러므로 법 제37조 제1항은 헌법 제37조 제2항에 위반하여 재외국민의 선거권과 평등권을 침해하고 헌법 제41조 제1항 및 제67조 제1항이 규정한 보통선거원칙에도 위반된다.

[2] 선거인명부에 오를 자격이 있는 국내거주자에 대해서만 부재자신고를 허용함으로써 재외국민과 단기해외체류자 등 국외거주자 전부에 대해 국정선거권의 행사 가능성을 부인하고 있는 법 제38조 제1항은 <정당한 입법목적을 갖추지 못하여> 헌법 제37조 제2항에 위반하여 국외거주자의 선거권과 평등권을 침해하고 보통선거원칙에도 위반된다(헌불 헌결 2007.6.28. 2004헌마644).

6. 청구인들과 같이 상대적으로 쌍방 의료행위에 대한 지식과 능력이 우수한 사람들에 대하여 어느 한쪽의 의료기관의 개설만을 허용하고 나머지를 금지하는 이 사건 법률 조항[저자 주: 의료법(2007. 4. 11. 법률 제8366호로 전부 개정

된 것) 제33조 제2항 단서의 "의료인은 하나의 의료기관만을 개설할 수 있으며" 부분]은 그 제한의 <목적과 수단이 정당하고 적절하다고 보기도 어렵다>(헌불 헌결 2007.12.27. 2004헌마1021). ⇒ 이 사건 법률조항이 청구인들과 같은 복수면허 의료인들의 직업의 자유, 평등권을 침해○

7. 이 사건 법률조항[저자 주: 형법 제304조 중 "혼인을 빙자하여 음행의 상습 없는 부녀를 기망하여 간음한 자" 부분]의 경우 <입법목적에 정당성이 인정되지 않는다>. 첫째, 남성이 위력이나 폭력 등 해악적 방법을 수반하지 않고서 여성을 애정행위의 상대방으로 선택하는 문제는 그 행위의 성질상 국가의 개입이 자제되어야 할 사적인 내밀한 영역인데다 또 그 속성상 과장이 수반되게 마련이어서 우리 형법이 혼전 성관계를 처벌대상으로 하지 않고 있으므로 혼전 성관계의 과정에서 이루어지는 통상적 유도행위 또한 처벌해야 할 이유가 없다. <중략> 결국 이 사건 법률조항은 목적의 정당성, 수단의 적절성 및 피해최소성을 갖추지 못하였고 법익의 균형성도 이루지 못하였으므로, 헌법 제37조 제2항의 과잉금지원칙을 위반하여 남성의 성적자기결정권 및 사생활의 비밀과 자유를 과잉제한하는 것으로 헌법에 위반된다(위헌 헌결 2009.11.26. 2008헌바58). ★

8. 헌법을 개정하거나 다른 내용의 헌법을 모색하는 것은 주권자인 국민이 보유하는 가장 기본적인 권리로서, 가장 강력하게 보호되어야 할 권리 중의 권리에 해당하고, 집권세력의 정책과 도덕성, 혹은 정당성에 대하여 정치적인 반대의사를 표시하는 것은 헌법이 보장하는 정치적 자유의 가장 핵심적인 부분이다. 정부에 대한 비판 일체를 원천적으로 배제하고 이를 처벌하는 긴급조치 제1호, 제2호는 대한민국 헌법의 근본원리인 국민주권주의와 자유민주적 기본질서에 부합하지 아니하므로 기본권 제한에 있어서 준수하여야 할 <목적의 정당성과 방법의 적절성이 인정되지 않는다>. 긴급조치 제1호, 제2호는 국민의 유신헌법 반대운동을 통제하고 정치적 표현의 자유를 과도하게 침해하는 내용이어서 국가긴급권이 갖는 내재적 한계를 일탈한 것으로서, 이 점에서도 목적의 정당성이나 방법의 적절성을 갖추지 못하였다(위헌 헌결 2013.3.21. 2010헌바132).

9. 사람은 자신의 의사에 반하여 얼굴을 비롯하여 일반적으로 특정인임을 식별할 수 있는 신체적 특징에 관하여 함부로 촬영당하지 아니할 권리를 가지고 있으므로, 촬영허용행위[저자 주: 피청구인이 보도자료 배포 직후 기자들의 취재 요청에 응하여 청구인이 경찰서 조사실에서 양손에 수갑을 찬 채 조사받

는 모습을 촬영할 수 있도록 허용한 행위]는 헌법 제10조로부터 도출되는 초상권을 포함한 일반적 인격권을 제한한다고 할 것이다. 피청구인은 기자들에게 청구인이 경찰서 내에서 수갑을 차고 얼굴을 드러낸 상태에서 조사받는 모습을 촬영할 수 있도록 허용하였는데, 청구인에 대한 이러한 수사 장면을 공개 및 촬영하게 할 어떠한 공익 목적도 인정하기 어려우므로 촬영허용행위는 <목적의 정당성이 인정되지 아니한다>. <중략> 촬영허용행위는 과잉금지원칙에 위반되어 청구인의 인격권을 침해하였다(위헌 헌결 2014.3.27. 2012헌마652).

10. 심판대상조항[저자 주: 대한민국 또는 헌법상 국가기관에 대하여 모욕, 비방, 사실 왜곡, 허위사실 유포 또는 기타 방법으로 대한민국의 안전, 이익 또는 위신을 해하거나 해할 우려가 있는 표현이나 행위에 대하여 형사처벌하도록 규정한 구 형법(1975. 3. 25. 법률 제2745호로 개정되고, 1988. 12. 31. 법률 제4040호로 개정되기 전의 것) 제104조의2]의 신설 당시 제안이유에서는 '국가의 안전과 이익, 위신 보전'을 그 입법목적으로 밝히고 있으나, 언론이 통제되고 있던 당시 상황과 위 조항의 삭제 경위 등에 비추어 볼 때 이를 <진정한 입법목적으로 볼 수 있는지 의문>이고, 일률적인 형사처벌을 통해 국가의 안전과 이익, 위신 등을 보전할 수 있다고 볼 수도 없으므로 수단의 적합성을 인정할 수 없다. <중략>기본권 제한의 정도가 매우 중대하여 법익의 균형성 요건도 갖추지 못하였으므로, 심판대상조항은 과잉금지원칙에 위배되어 표현의 자유를 침해한다(위헌 헌결 2015.10.21. 2013헌가20).

11. 변호인이 피의자신문에 자유롭게 참여할 수 있는 권리는 피의자가 가지는 변호인의 조력을 받을 권리를 실현하는 수단이므로 헌법상 기본권인 변호인의 변호권으로서 보호되어야 한다. 피의자신문에 참여한 변호인이 피의자 옆에 앉는다고 하여 피의자 뒤에 앉는 경우보다 수사를 방해할 가능성이 높아진다거나 수사기밀을 유출할 가능성이 높아진다고 볼 수 없으므로, 이 사건 후방착석요구행위[저자 주: 검찰수사관인 피청구인이 피의자신문에 참여한 변호인인 청구인에게 피의자 후방에 앉으라고 요구한 행위]의 <목적의 정당성과 수단의 적절성을 인정할 수 없다>. 이 사건 후방착석요구행위로 인하여 위축된 피의자가 변호인에게 적극적으로 조언과 상담을 요청할 것을 기대하기 어렵고, 변호인이 피의자의 뒤에 앉게 되면 피의자의 상태를 즉각적으로 파악하거나 수사기관이 피의자에게 제시한 서류 등의 내용을 정확하게 파악하기 어려우므로, 이 사건 후방착석요구행위는 변호인인 청구인의 피의자 신문참

여권을 과도하게 제한한다. 그런데 이 사건에서 변호인의 수사방해나 수사기밀의 유출에 대한 우려가 없고, 조사실의 장소적 제약 등과 같이 이 사건 후방착석요구행위를 정당화할 그 외의 특별한 사정도 없으므로, 이 사건 후방착석요구행위는 침해의 최소성 요건을 충족하지 못한다. 이 사건 후방착석요구행위로 얻어질 공익보다는 변호인의 피의자신문참여권 제한에 따른 불이익의 정도가 크므로, 법익의 균형성 요건도 충족하지 못한다. 따라서 이 사건 <u>후방착석요구행위는 변호인인 청구인의 변호권을 침해한다</u>(위헌확인; 헌결 2017.11.30. 2016헌마503). ★

12. 심판대상조항[저자 주: '교원의 노동조합 설립 및 운영 등에 관한 법률'의 적용대상을 초·중등교육법 제19조 제1항의 교원이라고 규정함으로써, 고등교육법에서 규율하는 대학 교원들의 단결권을 인정하지 않는 '교원의 노동조합 설립 및 운영 등에 관한 법률'(2010. 3. 7. 법률 제10132호로 개정된 것, 이하 '교원노조법'이라 한다) 제2조 본문]으로 인하여 <교육공무원 아닌 대학 교원>들이 향유하지 못하는 단결권은 헌법이 보장하고 있는 근로3권의 핵심적이고 본질적인 권리이다. 심판대상조항의 입법목적이 재직 중인 초·중등교원에 대하여 <u>교원노조를 인정해 줌으로써 교원노조의 자주성과 주체성을 확보한다는 측면에서는 그 정당성을 인정할 수 있을 것이나, 교원노조를 설립하거나 가입하여 활동할 수 있는 자격을 초·중등교원으로 한정함으로써 교육공무원이 아닌 대학 교원에 대해서는 근로기본권의 핵심인 단결권조차 전면적으로 부정한 측면에 대해서는 그 <입법목적의 정당성을 인정하기 어렵고></u>, 수단의 적합성 역시 인정할 수 없다. <중략> 심판대상조항은 과잉금지원칙에 위배된다([헌불] 헌결 2018.8.30. 2015헌가38). ⇒ 이 사건에서는 대학 교원을 <교육공무원 아닌 대학 교원>과 <교육공무원인 대학 교원>으로 나누어, 각각의 단결권에 대한 제한이 헌법에 위배되는지 여부에 관하여 살펴보기로 하되, <u>교육공무원 아닌 대학 교원에 대해서는 과잉금지원칙 위배 여부를 기준으로, 교육공무원인 대학 교원에 대해서는 입법형성의 범위를 일탈하였는지 여부를 기준으로 나누어 심사하기로 한다</u>. <교육공무원인 대학 교원>에 대하여 보더라도, 교육공무원의 직무수행의 특성과 헌법 제33조 제1항 및 제2항의 정신을 종합해 볼 때, 교육공무원에게 근로3권을 일체 허용하지 않고 전면적으로 부정하는 것은 합리성을 상실한 과도한 것으로서 입법형성권의 범위를 벗어나 헌법에 위반된다.

13. [1] 이 사건 정보수집 등 행위는 법률유보원칙에 위배될 뿐 아니라 헌법상

허용될 수 없는 내용의 공권력 행사인 점을 강조할 수밖에 없다. 피청구인들이 청구인 윤○○, 정○○의 정치적 견해 관련 정보를 수집·보유·이용한 목적은 위 청구인들의 정치적 견해를 확인하여 야당 후보자를 지지한 이력이 있거나 현 정부에 대한 비판적 의사를 표현한 자에 대한 문화예술 지원을 차단하려는 이 사건 지원배제 지시를 실행하기 위한 것이었다. 그러나 후술하는 바와 같이 이 사건 지원배제 지시는 법률유보원칙, 과잉금지원칙을 위반하여 청구인들의 표현의 자유와 평등권을 침해하는 것인바, 이러한 위헌적인 지시와 관련된 <u>이 사건 정보수집 등 행위의 목적의 정당성을 인정할 여지가 없다. 결국 이 사건 정보수집 등 행위는 더 나아가 살필 필요 없이 헌법 제37조 제2항의 과잉금지원칙에 위배된다. 그러므로 이 사건 정보수집 등 행위는 청구인 윤○○, 정○○의 개인정보자기결정권을 침해한다.</u> ⇒ 피청구인 대통령의 지시로 피청구인 대통령 비서실장, 정무수석비서관, 교육문화수석비서관, 문화체육관광부장관이 야당 소속 후보를 지지하였거나 정부에 비판적 활동을 한 문화예술인이나 단체를 정부의 문화예술 지원사업에서 배제할 목적으로 개인의 정치적 견해에 관한 정보를 수집·보유·이용한 행위(이하 '이 사건 정보수집 등 행위'라 한다)가 과잉금지원칙을 위반하여 청구인들의 개인정보자기결정권을 침해하는지 여부(적극)

[2] <u>이 사건 지원배제 지시는 야당 후보 지지나 정부 비판적 정치 표현행위에 동참한 전력이 있는 청구인들에 대한 정부지원을 차단하는 것을 목적으로 하고</u>, 이를 관철하기 위하여 청구인들의 정치적 견해 표현 이력에 관한 정보를 수집하고 문화예술 지원 공모사업의 심사과정에 몰래 개입하는 등의 수단이 사용되었다. 정부에 대한 반대 견해나 비판에 대하여 합리적인 홍보와 설득으로 대처하는 것이 아니라 비판적 견해를 가졌다는 이유만으로 국가의 지원에서 일방적으로 배제함으로써 정치적 표현의 자유를 제재하는 공권력의 행사는 헌법의 근본원리인 국민주권주의와 자유민주적 기본질서에 반하는 것으로 <u>그 목적의 정당성을 인정할 수 없다. 따라서 피청구인들의 이 사건 지원배제 지시는 더 나아가 살필 필요 없이 과잉금지원칙에 위반된다. 이 사건 지원배제 지시는 청구인들의 표현의 자유를 침해한다</u>(위헌확인; 2020.12.23. 2017헌마416). ★ ⇒ 피청구인 대통령의 지시로 피청구인 대통령 비서실장, 정무수석비서관, 교육문화수석비서관, 문화체육관광부장관이 야당 소속 후보를 지지하였거나 정부에 비판적 활동을 한 문화예술인이나 단체를 정부의 문화예술 지원사업에서 배제할 목적으로, 한국문화예술위원회, 영화진흥위원회, 한국출판문화

산업진흥원 소속 직원들로 하여금 특정 개인이나 단체를 문화예술인 지원사업에서 배제하도록 한 일련의 지시 행위(이하 '이 사건 지원배제 지시'라 한다)가 과잉금지원칙을 위반하여 청구인들의 표현의 자유를 침해하는지 여부(적극)

14. 이 사건 부칙조항은 혼인한 남성 등록의무자와 이미 개정전 공직자윤리법 조항에 따라 재산등록을 한 혼인한 여성 등록의무자를 달리 취급하고 있는바, 이 사건 부칙조항이 평등원칙에 위배되는지 여부를 판단함에 있어서는 엄격한 심사척도를 적용하여 비례성 원칙에 따른 심사를 하여야 한다. 이 사건 부칙조항은 개정 전 공직자윤리법 조항이 혼인관계에서 남성과 여성에 대한 차별적 인식에 기인한 것이라는 반성적 고려에 따라 개정 공직자윤리법 조항이 시행되었음에도 불구하고, 일부 혼인한 여성 등록의무자에게 이미 개정 전 공직자윤리법 조항에 따라 재산등록을 하였다는 이유만으로 남녀차별적인 인식에 기인하였던 종전의 규정을 따를 것을 요구하고 있다. 그런데 혼인한 남성 등록의무자와 달리 혼인한 여성 등록의무자의 경우에만 본인이 아닌 배우자의 직계존·비속의 재산을 등록하도록 하는 것은 여성의 사회적 지위에 대한 그릇된 인식을 양산하고, 가족관계에 있어 시가와 친정이라는 이분법적 차별구조를 정착시킬 수 있으며, 이것이 사회적 관계로 확장될 경우에는 남성우위·여성비하의 사회적 풍토를 조성하게 될 우려가 있다. <u>이는 성별에 의한 차별금지 및 혼인과 가족생활에서의 양성의 평등을 천명하고 있는 헌법에 정면으로 위배되는 것으로 그 목적의 정당성을 인정할 수 없다.</u> 따라서 이 사건 부칙조항은 평등원칙에 위배된다(**위헌** 2021.9.30. 2019헌가3). ⇒ 혼인한 등록의무자 모두 배우자가 아닌 본인의 직계존·비속의 재산을 등록하도록 2009. 2. 3. 법률 제9402호로 공직자윤리법 제4조 제1항 제3호가 개정되었음에도 불구하고, 개정 전 공직자윤리법 조항에 따라 이미 배우자의 직계존·비속의 재산을 등록한 혼인한 여성 등록의무자는 종전과 동일하게 계속해서 배우자의 직계존·비속의 재산을 등록하도록 규정한 공직자윤리법 부칙(2009. 2. 3. 법률 제9402호) 제2조(이하 '이 사건 부칙조항'이라 한다)가 평등원칙에 위배되는지 여부(적극)

5. 기본권의 특별한 제한

(1) 특수신분관계에서의 기본권 제한: 기본권은 특별권력관계 내에서도 효력을 가지며 따라서 법률에 의한 기본권 제한원칙은 특별권력관계 내에서도 적용

(2) 국가비상사태에서의 기본권 제한

① 긴급명령(§76②)이나 긴급재경명령(§76①)은 법률의 효력을 지니므로 헌법 제37조 제2항의 요건하에서 기본권을 제한할 수○
② 헌법 제77조는 대통령의 계엄선포권을, 동조 제3항은 비상계엄하에서의 기본권제한을 규정

Ⅲ. 기본권 제한의 한계

1. 의의 및 연혁

기본권 제한의 한계란 기본권을 제한할 경우 입법자가 지켜야 할 한계를 의미하는데, 방법상 한계(과잉금지원칙)와 내용상 한계(본질적 내용의 침해금지)로 분류. **본질적 내용의 침해금지조항**은 제2공화국 헌법(3차개정)에서 처음으로 수용, 유신헌법(7차개정)에서 삭제, 제5공화국 헌법(8차개정)에서 부활

2. 기본권의 본질적 내용의 판단기준

(1) 절대설: 절대설이란 기본권의 본질적 내용이 고정적이며 구체적 상황과는 무관하게 판단할 수 있다는 전제하에, 기본권의 실체적 핵심영역으로 이해하는 입장. 절대설에 따르면 기본권 제한에 있어 절대적으로 침해할 수 없는 객관적 영역이 존재. 기본권의 본질적 내용의 실체에 관해, 그 실체를 인간의 존엄으로 보는 견해와 핵심영역으로 보는 견해로 대별

(2) 상대설: 상대설은 기본권의 본질적 내용이 객관적으로 주어졌다는 절대설과 달리 본질적 내용은 고정적인 것이 아니라 가변적인 것이라고 하면서 기본권 제한의 목적과 그로 인한 기본권 제한의 상관관계 속에서 기본권의 본질적 내용을 확정하는 입장

(3) 절충설: 기본권의 핵심을 절대적으로 보호하는 것을 긍정하지만 공동체 존립을 위해 필요한 경우 기본권의 배제나 제거를 긍정하는 입장

3. 기본권의 본질적 내용

(1) 의의: 기본권의 본질적 내용은 개별 기본권마다 다를 수 있음
(2) 판례: **헌법재판소**는 일반적으로 절대설을 취하고 있는 것으로 이해되나, 상대설을 취한 예(사형제도가 비례의 원칙을 준수하는 한 생명을 빼앗는 형벌이라도 본질적 내용에 대한 침해금지에 위반되지 않는다)(헌결 95헌바1)도 있음

| 헌결 | 대판 |

1. 이 사건 법률조항[저자 주: 구 근로기준법(1953. 5. 10. 법률 제286호로 제정되고 1989. 3. 29. 법률 제4099호로 개정되어 1997. 3. 13. 법률 제5305호로 폐지된 것) 제30조의2 제2항 및 근로기준법(1997. 3. 13. 법률 제5309호로 제정된 것) 제37조 제2항 중 각 "퇴직금"부분]이 근로자에게 그 퇴직금 전액(물론 위에서 본 바와 같이 법률시행상 "1989. 3. 29. 이후에 발생분에 한한다"는 제한은 있다고 하더라도)에 대하여 질권자나 저당권자에 우선하는 변제수령권을 인정함으로써 결과적으로 질권자나 저당권자가 그 권리의 목적물로부터 거의 또는 전혀 변제를 받지 못하게 되는 경우에는, 그 질권이나 저당권의 본질적 내용을 이루는 우선변제수령권이 형해화하게 되므로 이 사건 법률조항 중 "퇴직금"부분은 질권이나 저당권의 본질적 내용을 침해할 소지가 생기게 되는 것이다. <중략> 이 사건 법률조항은 근로자의 생활보장 내지 복지증진이라는 공공복리를 위하여 담보권자의 담보권을 제한함에 있어서 그 방법의 적정성을 그르친 것이며 침해의 최소성 및 법익의 균형성 요청에도 저촉되는 것이므로 과잉금지의 원칙에도 위배된다고 할 것이다(헌결 1997.8.21. 94헌바19).

2. 법관에 의한 재판을 받을 권리를 보장한다고 함은 결국 법관이 사실을 확정하고 법률을 해석·적용하는 재판을 받을 권리를 보장한다는 뜻이고, 그와 같은 법관에 의한 사실확정과 법률의 해석적용의 기회에 접근하기 어렵도록 제약이나 장벽을 쌓아서는 아니된다고 할 것이며, 만일 그러한 보장이 제대로 이루어지지 아니한다면 헌법상 보장된 재판을 받을 권리의 본질적 내용을 침해하는 것으로서 우리 헌법상 허용되지 아니한다(헌법 제37조 제2항). 특허청의 심판절차에 의한 심결이나 보정각하결정은 특허청의 행정공무원에 의한 것으로서 이를 헌법과 법률이 정한 법관에 의한 재판이라고 볼 수 없으므로 특허법 제186조 제1항은 법관에 의한 사실확정 및 법률적용의 기회를 박탈한 것으로서 헌법상 국민에게 보장된 "법관에 의한" 재판을 받을 권리의 본질적 내용을 침해하는 위헌규정이다(헌결 1995.9.28. 92헌가11).

3. 입법목적을 달성하기 위한 수단의 선택 문제는 기본적으로 입법재량에 속하는 것이기는 하지만 적어도 현저하게 불합리하고 불공정한 수단의 선택은 피하여야 할 것인바, 복수조합의 설립을 금지한 구 축산업협동조합법(1994.12.22. 법률 제4821호로 개정되기 전의 것) 제99조 제2항은 입법목적을 달성하기 위하여 결사의 자유 등 기본권의 본질적 내용을 해하는 수단을 선택함으로써 입법재량의 한계를 일탈하였으므로 헌법에 위반된다(헌결 1996.4.25. 92헌바47).

4. 인간의 생명에 대하여는 함부로 사회과학적 혹은 법적인 평가가 행하여져서는 안될 것이지만, 비록 생명에 대한 권리라고 하더라도 그것이 헌법상의 기본권으로서 법률상의 의미가 조영되어야 할 때에는 그 자체로서 모든 규범을 초월하여 영구히 타당한 권리로서 남아 있어야 하는 것이라고 볼 수는 없다. 다시 말하면 한 <u>생명의 가치만을 놓고 본다면 인간존엄성의 활력적인 기초를 의미하는 생명권은 절대적 기본권으로 보아야 함이 당연하고</u>, 따라서 인간존엄성의 존중과 생명권의 보장이란 헌법정신에 비추어 볼 때 생명권에 대한 법률유보를 인정한다는 것은 이념적으로는 법리상 모순이라고 할 수도 있다. <u>그러나 현실적인 측면에서 볼 때 정당한 이유없이 타인의 생명을 부정하거나 그에 못지 아니한 중대한 공공이익을 침해한 경우에 국법은 그 중에서 타인의 생명이나 공공의 이익을 우선하여 보호할 것인가의 규준을 제시하지 않을 수 없게 되고, 이러한 경우에는 비록 생명이 이념적으로 절대적 가치를 지닌 것이라 하더라도 생명에 대한 법적 평가가 예외적으로 허용될 수 있다고 할 것이므로, 생명권 역시 헌법 제37조 제2항에 의한 일반적 법률유보의 대상이 될 수 밖에 없다 할 것이다</u>(헌결 1996.11.28. 95헌바1).

제5절 기본권의 보호(침해와 구제)

Ⅰ. 기본권의 보호

1. 기본권 보호의 의의

국가의 존립목적이 국민의 기본권을 보장하고 실현하는 것이므로 기본권은 기본권의 모든 적으로부터 보호되어야 함

2. 유형

기본권은 국가기관에 의해 주로 침해되지만 사인에 의한 침해 역시 가능하다. 사인에 의한 기본권 침해는 침해형태에 따라 일반 법률에 따른 구제 또는 제재가 행해진다. 민사 손해배상책임이나 형사적 제재가 그것이다. 일반 법률이 사인에 의한 기본권 침해에 대한 구제를 규율하지 않은 경우, 사인에 의한 기본권 침해는 기본권의 대사인적 효력을 통해 해결한다. 이하에서는 국가기관에 의한 침해를 입법기관, 행정기관, 사법기관에 의한 침해로 나누어 살펴 봄

Ⅱ. 국가기관에 의한 침해와 구제

1. 입법기관에 의한 침해와 구제

(1) 적극적 입법에 의한 기본권 침해와 구제: 법률이 국민의 기본권을 침해한 경우에는 법률에 대한 위헌심사를 구하거나, 법률에 대한 헌법소원

(2) 입법부작위에 의한 기본권 침해와 구제

  (가) 개념: 기본권실현을 위한 입법자의 입법의무가 존재함에도 입법이 없거나, 불충분, 불완전하여 나타나는 기본권 침해 vs <u>단순 입법부작위</u>는 청원권의 대상이 될 뿐

  (나) 유형 및 구제방법

  ① <u>진정입법부작위</u>: 입법자가 헌법상 입법의무가 있음에도 아무런 입법을 하지 않은 것으로 입법의 흠결이 있는 입법권의 불행사

  ② <u>부진정입법부작위</u>: 입법자가 입법은 하였으나 내용·범위·절차 등이 불완전·불충분하게 이루어 진 것으로, 입법의 결함이 있는 입법권의 행사 ⇒ 불완전한 법규 그 자체를 대상으로 '적극적인 헌법소원'을 제기

2. 행정기관에 의한 침해와 구제

(1) 유형: 행정기관이 법을 적용하고 집행함에 있어 법령의 해석·적용을 그르쳐 나타나는 기본권 침해, 위헌인 법령을 그대로 적용함으로써 나타나는 기본권 침해, 법령을 집행하지 않음으로써 나타나는 기본권 침해

(2) 구제: 청원권의 행사, 위법·부당한 처분에 대한 행정심판 또는 행정소송, 국가배상이나 손실보상 및 형사보상, 행정절차와 같은 구제방법, 위헌의 명령·규칙에 대한 규범통제 또는 법령소원, 국가인권위원회를 통한 구제

3. 사법기관에 의한 침해와 구제

법원의 재판도 기본권을 침해할 수 있음 ⇒ 오판에 의한 기본권 침해는 심급제도에 의해 구제될 수 있고, 형사보상청구에 의해서도 구제 可. 비록 예외적이지만 법원의 판결에 대한 헌법소원을 통해 구제될 수 있음

| 헌결 | 대판 |

1. 넓은 의미의 "입법부작위(立法不作爲)"에는, ① 입법자가 헌법상 입법의무가 있는 어떤 사항에 관하여 전혀 입법을 하지 아니함으로써 "입법행위의 흠결(Lücke)이 있는 경우"(즉, 입법권의 불행사)와 ② 입법자가 어떤 사항에 관하여 입법은 하였으나 그 입법의 내용·범위·절차등이 당해 사항을 불완전, 불충분 또는 불공정하게 규율함으로써 "입법행위에 결함(Fehler)이 있는 경우"(즉, 결함이 있는 입법권의 행사)가 있는데, 일반적으로 전자를 진정(眞正)입법부작위, 후자를 부진정(不眞正)입법부작위라고 부르고 있다. 그런데 우리 재판소의 판례에 의하면, 이른바 "진정입법부작위" 즉 본래의 의미에서의 입법부작위를 대상으로 하여 헌법소원을 제기하려면 헌법에서 기본권보장을 위하여 법령에 명시적인 입법위임을 하였음에도 불구하고 입법자가 상당한 기간내에 이를 이행하지 아니하거나 또는 헌법의 해석상 특정인에게 구체적인 기본권이 생겨 이를 보장하기 위한 국가의 행위의무 내지 보호의무가 발생하였음이 명백함에도 불구하고 입법자가 아무런 입법조치를 취하지 않고 있는 경우이어야 하고, "<u>부진정입법부작위</u>"를 대상으로, 즉 입법의 내용·범위·절차등의 결함을 이유로 헌법소원을 제기하려면 이 경우에는 결함이 있는 당해 입법규정 그 자체를 대상으로 하여 그것이 평등의 원칙에 위배된다는 등 헌법위반을 내세워 적극적인 헌법소원을 제기하여야 하며, 이 경우에는 헌법재판소법 소정의 <u>제소기간(청구기간)을</u> 준수하여야 한다(헌결 1996.10.31. 94헌마204).

2. 헌법소원은 헌법재판소법 제68조 제1항에 규정한 바와 같이 공권력의 불행사에 대하여서도 그 대상으로 할 수 있지만, <u>행정권력의 부작위에 대한 소원의 경우에 있어서는 공권력의 주체에게 헌법에서 유래하는 작위의무가 특별히 구체적으로 규정되어 이에 의거하여 기본권의 주체가 행정행위를 청구할 수 있음에도 공권력의 주체가 그 의무를 해태하는 경우에 허용된다고 할 것이며,</u> 따라서 의무위반의 부작위 때문에 피해를 입었다는 단순한 일반적인 주장만으로는 족하지 않다고 할 것으로 기본권의 침해없이 행정행위의 단순한 부작위의 경우는 헌법소원으로서는 부적법하다고 할 것이다(헌결 1991.9.16. 89헌마163).

3. 헌법재판소법 제68조 제1항이 원칙적으로 헌법에 위반되지 아니한다고 하더라도, <u>법원이 헌법재판소가 위헌으로 결정하여 그 효력을 전부 또는 일부 상실하거나 위헌으로 확인된 법률을 적용함으로써 국민의 기본권을 침해한 경우에도 법원의 재판에 대한 헌법소원이 허용되지 않는 것으로 해석한다면, 위 법률조항은 그러한 한도내에서 헌법에 위반된다</u>(헌결 1997.12.24. 96헌마172).

Ⅲ. 국가인권위원회에 의한 기본권 보호

1. 국가인권위원회의 설립

국가인권위원회가 보호하려는 인권이란 헌법 및 법률에서 보장하거나 대한민국이 가입·비준한 국제인권조약 및 국제관습법에서 인정하는 인간으로서의 존엄과 가치 및 자유와 권리(국가인권위원회법 이하 '동법' §2. 1호). 사인에 의한 평등권 침해에 대하여도 보호를 하며, 대한민국의 영역 안에 있는 외국인도 구제를 받을 수 ○(동법 §4)

2. 국가인권위원회의 구성

위원회는 <u>위원장 1인과 3인의 상임위원을 포함한 11인의 인권위원</u>으로 구성되며(동법 §5①), 국회가 선출하는 4명(상임위원 2명을 포함)·대통령이 지명하는 4명(상임위원 1명을 포함)·대법원장이 지명하는 3명을 대통령이 임명(동법 §5②), <u>위원장</u>은 위원 중에서 대통령이 임명(국회의 인사청문을 거쳐야 함)(동법 §5⑤), <u>위원은 특정 성(性)이 6/10을 초과하지 아니하도록 하여야 함</u>(동법 §5⑦), 인권위원은 국가인권위원회, 상임위원회 또는 소위원회에서 직무상 행한 발언과 의결에 관하여 고의 또는 과실이 없으면 민사상 또는 형사상의 책임을 지지 아니하도록 함(동법 §8의2)

3. 국가인권위원회의 업무와 권한

위원회의 소관업무(동법 §19). 관계 국가행정기관 또는 지방자치단체의 장은 인권의 보호와 향상에 영향을 미치는 내용을 포함하고 있는 법령을 제정하거나 개정하려는 경우 <u>미리 위원회에 통지하여야 함</u>(동법 §20①), 위원회는 인권의 보호와 향상에 중대한 영향을 미치는 재판이 계속 중인 경우 <u>법원 또는 헌법재판소의 요청이 있거나 필요하다고 인정할 때</u>에는 법원의 담당 재판부 또는 헌법재판소에 <u>법률상의 사항</u>에 관하여 의견을 제출할 수○(동법 §28①).

비교 제4장(저자 주: 인권침해 및 차별행위의 조사와 구제)에 따라 위원회가 조사하거나 처리한 내용에 관하여 재판이 계속 중인 경우 위원회는 법원 또는 헌법재판소의 요청이 있거나 필요하다고 인정할 때에는 법원의 담당 재판부 또는 헌법재판소에 <u>사실상 및 법률상의 사항</u>에 관하여 의견을 제출할 수○(동법 §28②)

4. 국가인권위원회의 권한(인권침해조사)

조사 대상	국가기관, 지방자치단체 또는 구금·보호시설의 업무수행(**국회의 입법 및 법원·헌법재판소의 재판을 제외**)과 관련하여 헌법 제10조 내지 제22조에 보장된 인권을 침해당하거나 차별행위를 당한 경우와 법인·단체 또는 **사인에 의하여 차별행위를 당한 경우**에는 위원회에 그 내용을 진정(동법 §30①). 인권침해나 차별행위를 당한 사람+그 사실을 알고 있는 **사람이나 단체**(동법 §30①). 위원회는 진정이 없는 경우에도 인권침해나 차별행위가 있다고 믿을 만한 상당한 근거가 있고 그 내용이 중대하다고 인정할 때에는 이를 **직권으로 조사 可**(동법 §30③)
인권 구제	① 합의의 권고(동법 §40), 직권조정(동법 §42) ② 구제조치 등의 권고: 위원회가 진정을 조사한 결과 **인권침해나 차별행위**가 일어났다고 판단할 때에는 피진정인, 그 소속 기관·단체 또는 감독기관(이하 "소속기관 등"이라 함)의 장에게 구제조치를 권고할 수○(동법 §44①) ★ 국가인권위원회법 개정 [2016.2.3.] 국가인권위원회는 인권침해 및 차별행위에 대하여 동법 제44조 제1항 제1호를 근거로 특별인권교육, 손해배상 등의 권고를 해왔으나, 그 해석상 조정을 갈음하는 결정이 있어야만 제44조 제1항 제1호 따른 권고가 가능해 권고의 요건이 불합리하게 강화되는 문제가 있으므로, 이와 같은 문제를 해결하기 위하여, 개정법은 **조정에 갈음하는 결정이 없이도 구제조치의 권고가 가능하도록 법조문을 명확히 규정함** ③ 고발: 진정의 내용이 범죄행위에 해당하고 이에 대하여 형사처벌이 필요하다고 인정할 때에는 검찰총장(피고발인이 군인이나 군무원인 경우에는 소속 군 참모총장 또는 국방부장관)에게 그 내용을 고발할 수○(동법 §45①) ④ 피해자를 위한 법률구조 요청: 위원회는 진정에 관한 위원회의 조사, 증거의 확보 또는 피해자의 권리 구제를 위하여 필요하다고 인정하면 피해자를 위하여 대한법률구조공단 또는 그 밖의 기관에 법률구조를 요청할 수 있고, 이에 따른 **법률구조 요청은 피해자의 명시한 의사에 반하여 할 수×**(동법 §47①②)

⑤ 조사와 조정 등의 비공개: 위원회의 진정에 대한 조사·조정 및 심의는 비공개로 한다. 다만, 위원회의 의결이 있을 때에는 공개할 수○(동법 §49)

| 헌결 | 대판 |

1. 권한쟁의심판의 당사자능력은 헌법에 의하여 설치된 국가기관에 한정하여 인정하는 것이 타당하므로, 법률에 의하여 설치된 청구인(저자 주: 국가인권위원회)에게는 권한쟁의심판의 당사자능력이 인정되지 아니한다(헌결 2010.10.28. 2009헌라6).

2. 진정에 대한 국가인권위원회의 각하 및 기각결정은 피해자인 진정인의 권리행사에 중대한 지장을 초래하는 것으로서 항고소송의 대상이 되는 행정처분에 해당하므로, 그에 대한 다툼은 우선 행정심판이나 행정소송에 의하여야 할 것이다. 따라서 이 사건 심판청구는 행정심판이나 행정소송 등의 사전 구제절차를 모두 거친 후 청구된 것이 아니므로 보충성 요건을 충족하지 못하였다(헌결 2015.3.26. 2013헌마214).

| 헌결 | 대판 |

우리 헌법이 채택하고 있는 의회민주주의하에서 국회는 다원적 의견이나 각가지 이익을 반영시킨 토론과정을 거쳐 다수결의 원리에 따라 통일적인 국가의사를 형성하는 역할을 담당하는 국가기관으로서 그 과정에 참여한 국회의원은 입법에 관하여 원칙적으로 국민 전체에 대한 관계에서 정치적 책임을 질 뿐 국민 개개인의 권리에 대응하여 법적 의무를 지는 것은 아니므로, 국회의원의 입법행위는 그 입법 내용이 헌법의 문언에 명백히 위반됨에도 불구하고 국회가 굳이 당해 입법을 한 것과 같은 특수한 경우가 아닌 한 국가배상법 제2조 제1항 소정의 위법행위에 해당된다고 볼 수 없다(대판 1997.6.13. 96다56115).

제2장 기본권 각론

제1절 인간의 존엄과 가치 및 행복추구권

제10조 모든 국민은 인간으로서의 존엄과 가치를 가지며, 행복을 추구할 권리를 가진다. 국가는 개인이 가지는 불가침의 기본적 인권을 확인하고 이를 보장할 의무를 진다.

I. 인간의 존엄과 가치

1. 인간의 존엄과 가치의 의의

(1) 연혁: 제5차(1962년, 3공)

(2) 존엄과 가치의 의의: 인간이 이성적 존재로서 그 자체가 목적이며 고유한 가치를 지닌 존재라는 것

(3) 존엄과 가치의 법적 성격: 객관적 헌법원리, 모든 기본권 보장의 종국적 목적(기본이념)이며 동시에 개별적 기본권의 성격(헌결 89헌마82)

2. 인간의 존엄권(생명권)

(1) 생명권의 의의: 생존할 권리를 말하며, 생존은 자연과학적 개념으로서 객관적으로 판단

(2) 생명권의 주체: 법인×, **태아**○(헌결 2004헌바81), **초기 배아의 생명권 주체성 부정**(헌결 2005헌마346), 다만 **배아의 경우** 형성 중에 있는 생명체라는 독특한 지위로 인해 **국가에 의한 적극적인 보호가 요구됨을 주의**, 배아생성자는 배아의 관리 또는 처분에 대한 결정권○(헌결 2005헌마346)

(3) 생명권의 제한

 (가) 법률유보의 대상: 절대적 기본권 but 대상○(대판 94도2662; 헌결 2008헌가23)

 (나) 사형: **합헌**(합헌 95헌바1; 헌결 2008헌가23)

 (다) 존엄사(연명의료중단)

  ① 의의: 회복 불가능한 사망 단계에 이른 환자가 자신의 죽음을 인간답게 맞이할 수 있는 권리

② 헌법적 근거: **자기결정권**(헌결 2008헌마385)

③ 연명의료중단의 추정: 환자의 사전의료지시가 없는 상태에서 회복불가능한 사망의 단계에 진입한 경우에는 환자의 추정적 의사를 객관적으로 판단하여 후견인이나 법원의 결정에 따라 치료중단여부가 결정되어야 함(대판 2009다17417)

㈑ 직사살수행위: 헌법재판소는 2018. 5. 31. 2015헌마476 결정에서, 최루액을 물에 혼합한 용액을 살수차를 이용하여 청구인들에게 살수한 행위(혼합살수행위)가 법률유보원칙에 반하여 청구인들의 신체의 자유 및 집회의 자유를 침해하였다고 판단하였다. 그 후 2020. 4. 23. 2015헌마1149 결정에서 <u>살수차를 이용하여 물줄기가 일직선 형태로 청구인에게 도달되도록 살수한 행위(직사살수행위)가 과잉금지원칙에 위배되어 청구인의 생명권과 집회의 자유를 침해하였다</u>고 판단하면서, 직사살수행위가 헌법에 합치되기 위한 요건을 제시하였다는 점에서 그 의의가 있음

| 헌결 | 대판 |

1. [1] 출생 전 형성 중의 생명에 대해서 헌법적 보호의 필요성이 크고 일정한 경우 그 기본권 주체성이 긍정된다고 하더라도, 어느 시점부터 기본권 주체성이 인정되는지, 또 어떤 기본권에 대해 기본권 주체성이 인정되는지는 <u>생명의 근원에 대한 생물학적 인식을 비롯한 자연과학·기술 발전의 성과와 그에 터 잡은 헌법의 해석으로부터 도출되는 규범적 요청을 고려하여 판단하여야 할 것이다.</u>

[2] <u>초기배아</u>는 수정이 된 배아라는 점에서 형성 중인 생명의 첫걸음을 떼었다고 볼 여지가 있기는 하나 아직 모체에 착상되거나 원시선이 나타나지 않은 이상 현재의 자연과학적 인식 수준에서 독립된 인간과 배아 간의 개체적 연속성을 확정하기 어렵다고 봄이 일반적이라는 점, 배아의 경우 현재의 과학기술 수준에서 모태 속에서 수용될 때 비로소 독립적인 인간으로의 성장가능성을 기대할 수 있다는 점, 수정 후 착상 전의 배아가 인간으로 인식된다거나 그와 같이 취급하여야 할 필요성이 있다는 사회적 승인이 존재한다고 보기 어려운 점 등을 종합적으로 고려할 때, <u>기본권 주체성을 인정하기 어렵다</u>(헌결 2010. 5.27. 2005헌마346).

2. 인간의 생명은 고귀하고, 이 세상에서 무엇과도 바꿀 수 없는 존엄한 인간 존

재의 근원이다. 이러한 생명에 대한 권리, 즉 생명권은 비록 헌법에 명문의 규정이 없다 하더라도 인간의 생존본능과 존재목적에 바탕을 둔 선험적이고 자연법적인 권리로서 헌법에 규정된 모든 기본권의 전제로서 기능하는 기본권 중의 기본권이다. 모든 인간은 헌법상 생명권의 주체가 되며, 형성 중의 생명인 태아에게도 생명에 대한 권리가 인정되어야 한다. 따라서 <u>태아도 헌법상 생명권의 주체가 되며, 국가는 헌법 제10조에 따라 태아의 생명을 보호할 의무가 있다</u>(헌결 2008.7.31. 2004헌바81).

3. [1] 헌법은 절대적 기본권을 명문으로 인정하고 있지 아니하며, 헌법 제37조 제2항에서는 국민의 모든 자유와 권리는 국가안전보장·질서유지 또는 공공복리를 위하여 필요한 경우에 한하여 법률로써 제한할 수 있도록 규정하고 있어, <u>비록 생명이 이념적으로 절대적 가치를 지닌 것이라 하더라도 생명에 대한 법적 평가가 예외적으로 허용될 수 있다고 할 것이므로, 생명권 역시 헌법 제37조 제2항에 의한 일반적 법률유보의 대상이 될 수밖에 없다.</u> 나아가 생명권의 경우, 다른 일반적인 기본권 제한의 구조와는 달리, 생명의 일부 박탈이라는 것을 상정할 수 없기 때문에 생명권에 대한 제한은 필연적으로 생명권의 완전한 박탈을 의미하게 되는바, 위와 같이 생명권의 제한이 정당화될 수 있는 예외적인 경우에는 생명권의 박탈이 초래된다 하더라도 곧바로 기본권의 본질적인 내용을 침해하는 것이라 볼 수는 없다.

[2] <u>사형제도는 우리 헌법이 적어도 간접적으로나마 인정하고 있는 형벌의 한 종류일 뿐만 아니라, 사형제도가 생명권 제한에 있어서 헌법 제37조 제2항에 의한 헌법적 한계를 일탈하였다고 볼 수 없는 이상, 범죄자의 생명권 박탈을 내용으로 한다는 이유만으로 곧바로 인간의 존엄과 가치를 규정한 헌법 제10조에 위배된다고 할 수 없으며</u>, 사형제도는 형벌의 경고기능을 무시하고 극악한 범죄를 저지른 자에 대하여 그 중한 불법 정도와 책임에 상응하는 형벌을 부과하는 것으로서 범죄자가 스스로 선택한 잔악무도한 범죄행위의 결과인바, 범죄자를 오로지 사회방위라는 공익 추구를 위한 객체로만 취급함으로써 범죄자의 인간으로서의 존엄과 가치를 침해한 것으로 볼 수 없다. 한편 사형을 선고하거나 집행하는 법관 및 교도관 등이 인간적 자책감을 가질 수 있다는 이유만으로 사형제도가 법관 및 교도관 등의 인간으로서의 존엄과 가치를 침해하는 위헌적인 형벌제도라고 할 수는 없다(헌결 2010.2.25. 2008헌가23).

4. 자기낙태죄 조항은 모자보건법이 정한 예외를 제외하고는 임신기간 전체를 통틀어 모든 낙태를 전면적·일률적으로 금지하고, 이를 위반할 경우 형벌을 부

과함으로써 임신의 유지·출산을 강제하고 있으므로, 임신한 여성의 자기결정권을 제한한다. 자기낙태죄 조항은 태아의 생명을 보호하기 위한 것으로서, 정당한 입법목적을 달성하기 위한 적합한 수단이다. <중략> 자기낙태죄 조항은 모자보건법에서 정한 사유에 해당하지 않는다면 결정가능기간 중에 다양하고 광범위한 사회적·경제적 사유를 이유로 낙태갈등 상황을 겪고 있는 경우까지도 예외 없이 전면적·일률적으로 임신의 유지 및 출산을 강제하고, 이를 위반한 경우 형사처벌하고 있다. 따라서, 자기낙태죄 조항은 입법목적을 달성하기 위하여 필요한 최소한의 정도를 넘어 임신한 여성의 자기결정권을 제한하고 있어 침해의 최소성을 갖추지 못하였고, 태아의 생명 보호라는 공익에 대하여만 일방적이고 절대적인 우위를 부여함으로써 법익균형성의 원칙도 위반하였으므로, 과잉금지원칙을 위반하여 임신한 여성의 자기결정권을 침해한다(헌불 헌결 2019.4.11. 2017헌바127).

5. [1] 환자가 장차 죽음에 임박한 상태에 이를 경우에 대비하여 미리 의료인 등에게 연명치료 거부 또는 중단에 관한 의사를 밝히는 등의 방법으로 죽음에 임박한 상태에서 인간으로서의 존엄과 가치를 지키기 위하여 연명치료의 거부 또는 중단을 결정할 수 있다 할 것이고, 위 결정은 헌법상 기본권인 자기결정권의 한 내용으로서 보장된다 할 것이다.

[2] 죽음에 임박한 환자에 대한 연명치료 중단에 관한 다툼은 법원의 재판을 통하여 해결될 수 있고, 법원의 재판에서 나타난 연명치료 중단의 허용요건이나 절차 등에 관한 기준에 의하여 연명치료 중단에 관한 자기결정권은 충분하지 않을지는 모르나 효율적으로 보호될 수 있으며, 자기결정권을 행사하여 연명치료를 중단하고 자연스런 죽음을 맞이하는 문제는 생명권 보호라는 헌법적 가치질서와 관련된 것으로 법학과 의학만의 문제가 아니라 종교, 윤리, 나아가 인간의 실존에 관한 철학적 문제까지도 연결되는 중대한 문제이므로 충분한 사회적 합의가 필요한 사항이다. 따라서 이에 관한 입법은 사회적 논의가 성숙되고 공론화 과정을 거친 후 비로소 국회가 그 필요성을 인정하여 이를 추진할 사항이다. 또한 '연명치료 중단에 관한 자기결정권'을 보장하는 방법으로서 '법원의 재판을 통한 규범의 제시'와 '입법' 중 어느 것이 바람직한가는 입법정책의 문제로서 국회의 재량에 속한다 할 것이다. 그렇다면 헌법해석상 '연명치료 중단 등에 관한 법률'을 제정할 국가의 입법의무가 명백하다고 볼 수 없다(헌결 2009.11.26. 2008헌마385).

6. 교도소장이 총 392일(가죽수갑 388일)동안 교도소에 수용되어 있는 수감자에

게 상시적으로 양팔을 사용할 수 없도록 금속수갑과 가죽수갑을 착용하게 한 계구사용행위는 청구인의 신체의 자유를 침해하고, 나아가 인간의 존엄성을 침해한 것으로 판단된다(위헌확인; 헌결 2003.12.18. 2001헌마163).
7. 교정시설의 1인당 수용면적이 수형자의 인간으로서의 기본 욕구에 따른 생활조차 어렵게 할 만큼 지나치게 협소하다면, 이는 그 자체로 국가형벌권 행사의 한계를 넘어 수형자의 인간의 존엄과 가치를 침해한다(위헌확인; 헌결 2016.12.29. 2013헌마142).

| 헌결 | 대판 |

1. 사형은 인간의 생명 자체를 영원히 박탈하는 냉엄한 극형으로서 그 생명을 존치시킬 수 없는 부득이한 경우에 한하여 적용되어야 할 궁극의 형벌이므로, 사형을 선택함에 있어서는 범행의 동기, 태양, 죄질, 범행의 수단, 잔악성, 결과의 중대성, 피해자의 수, 피해감정, 범인의 연령, 전과, 범행 후의 정황, 범인의 환경, 교육 및 생육과정 등 여러 사정을 참작하여 죄책이 심히 중대하고 죄형의 균형이나 범죄의 일반예방적 견지에서도 극형이 불가피하다고 인정되는 경우에 한하여 허용될 수 있다(대판 1995.1.13. 94도2662).

2. 현행 호적법에는 출생시 호적에 기재된 성별란의 기재를 위와 같이 전환된 성에 따라 수정하기 위한 절차 규정이 따로 마련되어 있지 않다. 그러나 진정한 신분관계가 호적에 기재되어야 한다는 호적의 기본원칙과 아울러 아래에서 보는 여러 사정을 종합하여 보면, 위와 같이 성전환자에 해당함이 명백한 사람에 대하여는 호적정정에 관한 호적법 제120조의 절차에 따라 호적의 성별란 기재의 성을 전환된 성에 부합하도록 수정할 수 있도록 허용함이 상당하다. <중략> 한편, 성전환자의 호적이 정정됨으로써 그 개인이 주변의 멸시 및 신분상의 불이익에서 벗어나서 정상적인 사회구성원으로 받아들여지고 전환된 성에 따라 법률적인 지위를 인정받고 사회적인 활동을 할 수 있는 등 장래에 향유하게 될 이익은 사회적 혼란의 방지 등 호적정정을 불허함으로써 얻어지는 공공의 이익에 비하여 현저히 크다고 할 것이다. 그런데도 법령상 절차 규정의 미비를 이유로 성전환자임이 명백한 사람에 대한 호적의 정정을 허용하지 않는다면 위 헌법정신을 온전히 구현할 수 없게 된다고 할 것이다(대결 전합 2006.6.22. 자 2004스42).

3. [다수의견] (가) 인간은 누구나 자신의 성정체성에 따른 인격을 형성하고 삶을 영위할 권리가 있다. 성전환자도 자신의 성정체성을 바탕으로 인격과 개성

을 실현하고 우리 사회의 동등한 구성원으로서 타인과 함께 행복을 추구하며 살아갈 수 있어야 한다. 이러한 권리를 온전히 행사하기 위해서 성전환자는 자신의 성정체성에 따른 성을 진정한 성으로 법적으로 확인받을 권리를 가진다. 이는 인간으로서의 존엄과 가치에서 유래하는 근본적인 권리로서 행복추구권의 본질을 이루므로 최대한 보장되어야 한다.

한편 미성년 자녀를 둔 성전환자도 부모로서 자녀를 보호하고 교양하며(민법 제913조), 친권을 행사할 때에도 자녀의 복리를 우선해야 할 의무가 있으므로(민법 제912조), 미성년 자녀가 있는 성전환자의 성별정정 허가 여부를 판단할 때에는 성전환자의 기본권의 보호와 미성년 자녀의 보호 및 복리와의 조화를 이룰 수 있도록 법익의 균형을 위한 여러 사정들을 종합적으로 고려하여 실질적으로 판단하여야 한다. 따라서 위와 같은 사정들을 고려하여 실질적으로 판단하지 아니한 채 단지 성전환자에게 미성년 자녀가 있다는 사정만을 이유로 성별정정을 불허하여서는 아니 된다. 그 이유는 다음과 같다.

① 성전환자도 우리 사회의 동등한 구성원으로서 인간으로서의 존엄과 가치를 가지며 행복을 추구할 권리와 인간다운 생활을 할 권리가 있고 이러한 권리는 마땅히 보호받아야 하므로, 성전환자의 성별정정 허가 여부를 판단할 때에도 성전환자의 이러한 인간으로서의 기본권이 최대한 보장될 수 있도록 하여야 한다.

② ~ ④ 생략

(나) 미성년 자녀를 둔 성전환자의 성별정정을 허가할지 여부를 판단할 때에는 성전환자 본인의 인간으로서의 존엄과 가치, 행복추구권, 평등권 등 헌법상 기본권을 최대한 보장함과 동시에 미성년 자녀가 갖는 보호와 배려를 받을 권리 등 자녀의 복리를 염두에 두어야 한다. 따라서 이때에는 성전환자의 성별정정에 필요한 일반적인 허가 기준을 충족하였는지 외에도 미성년 자녀의 연령 및 신체적·정신적 상태, 부 또는 모의 성별정정에 대한 미성년 자녀의 동의나 이해의 정도, 미성년 자녀에 대한 보호와 양육의 형태 등 성전환자가 부 또는 모로서 역할을 수행하는 모습, 성전환자가 미성년 자녀를 비롯한 다른 가족들과 형성·유지하고 있는 관계 및 유대감, 기타 가정환경 등 제반 사정을 고려하여 성전환자의 성별정정 허가 여부가 미성년 자녀의 복리에 미치는 영향을 살펴 성별정정을 허가할 것인지를 판단하여야 한다.

(다) 성전환자에게 미성년 자녀가 있는 경우 성전환자의 가족관계등록부상 성별정정이 허용되지 않다는 취지의 대법원 2011. 9. 2. 자 2009스117 전원합의

체 결정을 비롯하여 그와 같은 취지의 결정들은 이 결정의 견해에 배치되는 범위에서 모두 변경하기로 한다(대결 전합 2022.11.24. 2020스616).

[대법관 이동원의 반대의견] 다수의견은 대법원이 대법원 2011. 9. 2. 자 2009스117 전원합의체 결정이 있기 이전에 대법원은 이미 대법원 2006. 6. 22. 자 2004스42 전원합의체 결정에서 성전환자의 성별정정을 허용하기 위해서는 "다른 사람들과의 신분관계에 중대한 변동을 초래하거나 사회에 부정적인 영향을 주지 아니하여 사회적으로 허용될 수 있어야 한다."라는 기본적인 원칙을 제시한 바가 있고, 대법원 2011. 9. 2. 자 2009스117 전원합의체 결정은 성전환자에게 미성년인 자녀가 있으면 그와 같은 기본적인 원칙에 어긋나는 경우에 해당한다는 점을 명확히 한 것이지 성별정정 허가에 있어 독자적인 소극 요건을 새롭게 설정한 것은 아니다.

4. [다수의견] (가) 의학적으로 환자가 의식의 회복가능성이 없고 생명과 관련된 중요한 생체기능의 상실을 회복할 수 없으며 환자의 신체상태에 비추어 짧은 시간 내에 사망에 이를 수 있음이 명백한 경우(이하 '회복불가능한 사망의 단계'라 한다)에 이루어지는 진료행위(이하 '연명치료'라 한다)는, 원인이 되는 질병의 호전을 목적으로 하는 것이 아니라 질병의 호전을 사실상 포기한 상태에서 오로지 현 상태를 유지하기 위하여 이루어지는 치료에 불과하므로, 그에 이르지 아니한 경우와는 다른 기준으로 진료중단 허용 가능성을 판단하여야 한다. 이미 의식의 회복가능성을 상실하여 더 이상 인격체로서의 활동을 기대할 수 없고 자연적으로는 이미 죽음의 과정이 시작되었다고 볼 수 있는 회복불가능한 사망의 단계에 이른 후에는, 의학적으로 무의미한 신체 침해 행위에 해당하는 연명치료를 환자에게 강요하는 것이 오히려 인간의 존엄과 가치를 해하게 되므로, 이와 같은 예외적인 상황에서 죽음을 맞이하려는 환자의 의사결정을 존중하여 환자의 인간으로서의 존엄과 가치 및 행복추구권을 보호하는 것이 사회상규에 부합되고 헌법정신에도 어긋나지 아니한다. 그러므로 회복불가능한 사망의 단계에 이른 후에 환자가 인간으로서의 존엄과 가치 및 행복추구권에 기초하여 자기결정권을 행사하는 것으로 인정되는 경우에는 특별한 사정이 없는 한 연명치료의 중단이 허용될 수 있다. 한편, 환자가 회복불가능한 사망의 단계에 이르렀는지 여부는 주치의의 소견뿐 아니라 사실조회, 진료기록 감정 등에 나타난 다른 전문의사의 의학적 소견을 종합하여 신중하게 판단하여야 한다(대판 전합 2009.5.21. 2009다17417). ★ 〈법무사 2024〉

Ⅱ. 행복추구권

1. 행복추구권의 의의

(1) 연혁: 제8차(1980년, 5공)

(2) 개념: 안락하고 만족스러운 삶을 추구할 수 있는 권리

(3) 법적 성격: 자연권이며 **포괄적 기본권**(헌결 2009헌마406), 구체적 권리(판례, 통설), **보충적 기본권**(헌결 99헌마112). 행복추구권은 국민이 행복을 추구하기 위하여 **필요한 급부를 국가에게 적극적으로 요구할 수 있는 것을 내용으로 하는 것이 아니라**, 국민이 행복을 추구하기 위한 활동을 국가권력의 간섭없이 자유롭게 할 수 있다는 포괄적인 의미의 자유권(헌결 93헌가14)

2. 행복추구권의 주체

모든 국민과 외국인에게 주체성이 긍정. 법인은 주체가 될 수 없으나(헌결 2004헌바67) 예외적으로 주체가 될 수 있는바, 예를 들어 법인도(행복추구권으로부터 도출되는) 인격권의 한 내용인 사회적 신용이나 명예 등의 주체가 될 수○(헌결 2009헌가27)

3. 행복추구권의 내용

(1) 일반적 인격권: 개성의 자유로운 발현권(헌결 89헌마204)

의의	개인의 고유한 인격적 가치를 실현하고 인격적 가치가 침해되지 않을 권리/ 헌법 제10조의 인간의 존엄과 가치에 근거
내용	개인의 **명예**(2016헌마626), **사자(死者)**에 대한 사회적 명예와 평가의 훼손은 사자(死者)와의 관계를 통하여 스스로의 인격상을 형성하고 명예를 지켜온 그들의 **후손(유족)의 인격권**(2008헌바111), **초상권**(2012헌마652), **성명권**(2003헌가5), **태아의 성별 정보에 대한 접근을 국가로부터 방해받지 않을 부모의 권리**(2004헌마1010), 배아생성자의 배아에 대한 결정권(2005헌마346), 피의자에 대한 촬영허용행위(2012헌마652), 혼인종료 후 300일 이내에 출생한 자를 전남편의 친생자로 추정(2013헌마623), ★ 변호사 인맥지수 산출 공개(대판 2008다42430)

| 헌결 | 대판 | 일반적 인격권 등 침해 인정

1. 민법 제764조의 "명예회복에 적당한 처분"에 사죄광고를 포함시키는 것 (한정위헌) 헌결 89헌마160)
2. 친생부인의 소의 제척기간과 기산점을 '그 출생을 안 날로부터 1년 내'라고 규정한 것(헌불) 헌결 95헌가14) ★ 비교 '친생부인의 사유가 있음을 안 날로부터 2년 내'

라고 규정한 것(합헌, 헌결 2012헌바357)

3. 수사 및 재판단계에서 유죄가 확정되지 아니한 미결수용자에게 재소자용 의류를 입게 하는 것(인용 헌결 97헌마137) ★ 통지 '형사'재판의 피고인으로 출석하는 수형자에 대하여 사복착용을 허용하지 아니한 것(헌불 헌결 2013헌마712)

4. 차폐시설이 불충분하여 사용과정에서 신체부위가 다른 유치인들 및 경찰관들에게 관찰될 수 있고 냄새가 유출되는 유치실 내 화장실을 사용하도록 강제한 피청구인의 행위(인용) 헌결 2000헌마546)

5. 피청구인이 청구인들로 하여금 경찰관에게 등을 보인 채 상의를 속옷과 함께 겨드랑이까지 올리고 하의를 속옷과 함께 무릎까지 내린 상태에서 3회에 걸쳐 앉았다 일어서게 하는 방법으로 실시한 정밀신체수색(위헌확인, 헌결 2000헌마327)

6. 민법 제781조 제1항 본문 중 "자는 부(父)의 성과 본을 따르고" 부분(헌불 헌결 2003헌가5) ★ 부성주의를 규정한 것 자체는 위헌×

7. 태아의 성별에 대하여 이를 고지하는 것을 금지(헌불 헌결 2004헌마1010) ★ 통지 의료인이 임신 32주 이전에 태아의 성별을 임부 등에게 알리는 것을 금지한 의료법 제20조 제2항(위헌 헌결 2024.2.28. 2022헌마356) ★★★

8. 방송사업자가 심의규정을 위반하였을 경우 그에 대한 제재조치로서 '시청자에 대한 사과'를 규정하고 있는 방송법 조항(위헌 헌결 2009헌가27)

9. <u>선거기사심의위원회가 불공정한 선거기사를 보도하였다고 인정한 언론사에 대하여 언론중재위원회를 통하여 사과문을 게재할 것을 명하도록 하는 공직선거법(2009. 7. 31. 법률 제9785호로 개정된 것) 제8조의3 제3항 중 '사과문 게재' 부분(이하 '이 사건 사과문 게재 조항'이라 한다)과, 해당 언론사가 사과문 게재 명령을 지체 없이 이행하지 않을 경우 형사처벌하는 구 공직선거법(2005. 8. 4. 법률 제7681호로 개정되고, 2014. 2. 13. 법률 제12393호로 개정되기 전의 것) 제256조 제2항 제3호 나목 중 '제8조의3 제3항에 의한 사과문 게재' 부분 및 공직선거법(2014. 2. 13. 법률 제12393호로 개정된 것) 제256조 제2항 제2호 중 '제8조의3 제3항에 따른 사과문 게재' 부분(이하 위 두 조항을 합하여 '이 사건 처벌 조항'이라 하며, '이 사건 사과문 게재 조항'과 '이 사건 처벌 조항'을 합하여 '이 사건 법률조항들'이라 한다)이 언론사의 인격권을 침해하는지 여부(적극)(위헌 헌결 2013헌가8)</u>

10. 경찰서 조사실에서 양손에 수갑을 찬 채 조사받는 모습을 촬영할 수 있도록

허용한 행위(위헌확인, 헌결 2012헌마652) ★

11. 혼인 종료 후 300일 이내에 출생한 자를 전남편의 친생자로 추정하는 민법 제844조 제2항 중 "혼인관계종료의 날로부터 300일 내에 출생한 자"에 관한 부분(헌불) 헌결 2013헌마623)

12. 이 사건 시행령조항(저자 주: 전국기능경기대회 입상자의 국내기능경기대회 참가를 금지하는 숙련기술장려법 시행령 제27조 제1항, 제2항 중 각 '전국기능경기대회에 참가하여 입상한 사실이 없는 사람에게만 참가자격을 부여한 부분')은 전국기능경기대회 입상자의 국내기능경기대회 재도전을 전면적, 일률적으로 금지함으로써 숙련기술인의 자아실현이나 인격발현의 기회를 차단하고 있어 그 내용이 현저히 불합리하여 입법형성의 한계를 넘어서는 것으로서 청구인들의 행복추구권을 침해(헌불) 헌결 2013헌마757)

13. 국군포로법 제15조의5 제2항은 같은 조 제1항에 따른 예우의 신청, 기준, 방법 등에 필요한 사항은 대통령령으로 정한다고 규정하고 있으므로, 피청구인은 등록포로, 등록하기 전에 사망한 귀환포로, 귀환하기 전에 사망한 국군포로(이하 '등록포로 등'이라 한다)에 대한 예우의 신청, 기준, 방법 등에 필요한 사항을 대통령령으로 제정할 의무가 있다. 국군포로법 제15조의5 제1항이 국방부장관으로 하여금 예우 여부를 재량으로 정할 수 있도록 하고 있으나, 이것은 예우 여부를 재량으로 한다는 의미이지, 대통령령 제정 여부를 재량으로 한다는 의미는 아니다. 이처럼 피청구인에게는 대통령령을 제정할 의무가 있음에도, 그 의무는 상당 기간 동안 불이행되고 있고, 이를 정당화할 이유도 찾아보기 어렵다. 그렇다면 이 사건 행정입법부작위는 등록포로 등의 가족인 청구인의 명예권을 침해하는 것으로서 헌법에 위반된다(위헌확인; 헌결 2018.5.31. 2016헌마626). 〈경찰1차 2024〉 ★

⇒ 피청구인 대통령이 국군포로법(2015. 3. 27. 법률 제13237호로 개정된 것) 제15조의5 제2항의 위임에 따른 대통령령을 제정하지 아니한 행정입법부작위(이하 '이 사건 행정입법부작위'라 한다)가 청구인의 명예권을 침해하는지 여부(적극)

14. 의료법 제20조 제2항 위헌확인(태아의 성별 고지 제한 사건)(위헌) 헌결 2024.2.28. 2022헌마356) ★★★

심판대상조항은 성별을 이유로 한 낙태를 방지함으로써 성비의 불균형을 해소하고 태아의 생명을 보호하기 위해 입법된 것으로 목적의 정당성이 인정된다. 그러나 남아선호사상이 확연히 쇠퇴하고 있고, 심판대상조항이 사문화되

없음에도 불구하고 출생성비가 자연성비의 정상범위 내이므로, 심판대상조항은 더 이상 태아의 성별을 이유로 한 낙태를 방지하기 위한 목적을 달성하는 데에 적합하고 실효성 있는 수단이라고 보기 어렵고, 입법수단으로서도 현저하게 불합리하고 불공정하다. 태아의 생명 보호를 위해 국가가 개입하여 규제해야 할 단계는 성별고지가 아니라 낙태행위인데, 심판대상조항은 낙태로 나아갈 의도가 없는 부모까지 규제하여 기본권을 제한하는 과도한 입법으로 침해의 최소성에 반하고, 법익의 균형성도 상실하였다. 따라서 <u>심판대상조항은 과잉금지원칙을 위반하여 부모가 태아의 성별 정보에 대한 접근을 방해받지 않을 권리를 침해한다.</u>

⇒ 임신 32주 이전에 태아의 성별 고지를 금지하는 의료법 제20조 제2항(이하 '심판대상조항'이라 한다)이 헌법 제10조 일반적 인격권에서 나오는 부모가 태아의 성별 정보에 대한 접근을 방해받지 않을 권리를 침해하는지 여부(적극)

★ [이유] 헌법재판소는 헌재 2008. 7. 31. 2004헌마1010등 결정에서 <u>구 의료법의 태아성별고지금지 조항에 대하여 의사의 직업수행의 자유를 침해하고, 임부나 그 가족의 태아 성별 정보에 대한 접근을 방해받지 않을 권리를 침해한다고 보아 헌법불합치결정을 하였다.</u> <중략> 심판대상조항은 성별을 이유로 한 낙태가 있을 수 있다는 아주 예외적인 사정만으로, 모든 부모에게 임신 32주 이전에는 태아의 성별 정보를 알 수 없게 하고 있다. <u>이는 태아의 성별을 이유로 한 낙태 방지라는 입법목적을 내세우면서 실제로는 낙태로 나아갈 의도가 없는 부모까지도 규제하고 있는 것으로 과도한 입법이므로, 필요최소한도를 넘어 부모의 기본권을 제한한다고 할 것이다. 따라서 심판대상조항은 태아의 생명 보호라는 입법목적을 달성하기 위한 <수단으로서 적합하지 아니하고>, 부모가 태아의 성별 정보에 대한 접근을 방해받지 않을 권리를 필요 이상으로 제약하여 침해의 최소성에 반한다. 이에 따라 심판대상조항은 법익의 균형성도 상실하였고, 결국 과잉금지원칙을 위반하여 부모가 태아의 성별 정보에 대한 접근을 방해받지 않을 권리를 침해한다.</u> ★

| 헌결 | 대판 |

1. 변호사 정보 제공 웹사이트 운영자가 변호사들의 개인신상정보를 기반으로 <u>변호사들의 인맥지수를 산출하여 공개하는 서비스를 제공한 사안</u>에서, 인맥지수의 사적·인격적 성격, 산출과정에서 왜곡 가능성, 인맥지수 이용으로 인한 변호사들의 이익 침해와 공적 폐해의 우려, 그에 반하여 이용으로 달성될

공적인 가치의 보호 필요성 정도 등을 종합적으로 고려하면, 운영자가 변호사들의 개인신상정보를 기반으로 한 인맥지수를 공개하는 표현행위에 의하여 얻을 수 있는 법적 이익이 이를 공개하지 않음으로써 보호받을 수 있는 변호사들의 인격적 법익에 비하여 우월하다고 볼 수 없어, 결국 운영자의 인맥지수 서비스 제공행위는 <u>변호사들의 개인정보에 관한 인격권을 침해하는 위법한 것</u>이다(대판 전합 2011.9.2. 2008다42430). 주의 일반적으로 경제적 내지 직업적 활동은 복합적인 사회적 관계를 전제로 하여 다수 주체 간의 상호작용을 통하여 이루어지는 것이고, 특히 변호사의 업무는 다른 어느 직업적 활동보다도 강한 공공성을 내포한다는 점 등을 감안하여 볼 때, <u>변호사의 업무와 관련된 수임사건의 건수 및 수임액이 변호사의 내밀한 개인적 영역에 속하는 것이라고 보기 어렵고</u>, 따라서 이 사건 법률조항(저자 주: 변호사에게 전년도에 처리한 수임사건의 건수 및 수임액을 소속 지방변호사회에 보고하도록 규정하고 있는 구 변호사법)제28조의2이 청구인들의 사생활의 비밀과 자유를 침해하는 것이라 할 수 없다(헌결 2009.10.29. 2007헌마667).

2. 개인은 자신의 성명의 표시 여부에 관하여 스스로 결정할 권리를 가지나, 성명의 표시행위가 공공의 이해에 관한 사실과 밀접불가분한 관계에 있고 그 목적 달성에 필요한 한도에 있으며 그 표현내용·방법이 부당한 것이 아닌 경우에는 그 성명의 표시는 위법하다고 볼 수 없다. 따라서 <u>범죄사실에 관한 보도 과정에서 대상자의 실명 공개에 대한 공공의 이익이 대상자의 명예나 사생활의 비밀에 관한 이익보다 우월하다고 인정되어 실명에 의한 보도가 허용되는 경우에는, 비록 대상자의 의사에 반하여 그의 실명이 공개되었다고 하더라도 그의 성명권이 위법하게 침해되었다고 할 수 없다</u>(대판 2009.9.10. 2007다71). ★
⇒ 범죄사실의 보도에서 피의자의 실명을 공개하는 것이 허용되는 경우라도 그 실명의 공개가 피의자의 의사에 반하여 이루어졌다면 성명권이 위법하게 침해된 것인지 여부(소극)

3. 헌법은 제10조 전문에서 "모든 국민은 인간으로서의 존엄과 가치를 가지며, 행복을 추구할 권리를 가진다."라고 하여 모든 기본권의 종국적 목적이자 기본이념이라 할 수 있는 인간의 존엄과 가치를 규정하였다. 이러한 존엄에는 삶에 대해서 뿐만 아니라 죽음에 대한 존엄성도 포함된다. 자신의 신체에 대한 권리는 인격권의 핵심으로 당사자가 살아있는 동안은 물론 그 사후에도 최대한 존중되어야 하며, 사후 시체의 처리는 인간으로서의 존엄과 가치에 관한 근본적인 내용을 구성하는 까닭이다. 나아가 <u>유족은 일정 기간 내에 매장·화장·봉안된 가족 또는 친지의 묘지에서 망인에게 경배와 추모 등 적절한 예우</u>

를 취하거나 시체·유골 등을 인수하여 분묘 등을 가꾸고 봉제사를 하고자 하는 권리를 보유하고, 이는 헌법 제10조의 행복추구권에 의하여 보장된다. 이러한 기본권이 실질적으로 보장되기 위해서는 국가권력으로부터 개인의 자유영역을 보호하는 것이 필요할 뿐 아니라 기본권 행사의 실질적인 조건을 형성하고 유지하는 국가의 적극적인 활동을 필요로 한다(대판 2023.6.29. 2021다286000). ★〈법무사 2024〉

(2) 일반적 행동자유권

의의	인격의 자유로운 발현을 목적으로 자유롭게 행동할 수 있는 자유
내용	계약체결행위(89헌마204), 기부금품의 모집행위(96헌가5), 하객들에 대한 음식대접(98헌마168), 당구치기(92헌마80), 위험한 스포츠를 즐길 권리와 같은 위험한 생활방식으로 살아갈 권리(2002헌마518), 좌석 안전띠를 매지 않을 자유(2002헌마518), 휴식권(2000헌마159), 서울광장을 개별적으로 통행하거나 서울광장에서 여가활동이나 문화활동을 하는 것(2009헌마406), 소변채취(2005헌마277), 음주측정(96헌가11), 지문채취(2002헌가17), 개인이 대마를 자유롭게 수수하고 흡연할 자유(2005헌바46), 지역 방언을 자신의 언어로 선택하여 공적 또는 사적인 의사소통과 교육의 수단으로 사용하는 것(2006헌바618), 이륜차의 고속도로 통행제한(2007헌바90), 가족에 대한 수형자의 접견교통권(2007헌마738), 형의 집행유예와 동시에 사회봉사명령(2010헌바100), 임대차존속기간을 20년으로 제한한 민법(2011헌바234), 부모가 자녀의 이름을 지을 자유(2015헌마964), 술에 취한 상태로 도로 외의 곳에서 운전할 자유(2015헌가11), 선거범죄조사를 위한 자료제출요구(2016헌바381), ★ 인체면역결핍바이러스 감염인의 전파매개행위(헌결 2023.10.26. 2019헌가30) 등 ★ 소비자불매운동(대판 2010도410)

| 헌결 | 대판 | 일반적 행동자유권 등 침해 인정

1. 4층 이상의 건물에 대해 획일적인 보험가입강제(한정위헌 헌결 89헌마204)
2. 18세 미만자의 당구장출입 금지(위헌 헌결 92헌마80)
3. 상속인이 상속개시 있음을 안 날로부터 3월내에 한정승인이나 포기를 하지 아니한 때에는 단순승인을 한 것으로 보는 민법(헌불 헌결 96헌가22)
4. 기부금품 모집행위의 '허가여부'를 행정청의 자유로운 재량행위로 한 '구 기부금품모집금지법'(위헌 헌결 96헌가5) ★ 비교 기부금품의 모집에 허가를 받도록 한 '구 기부금품모집규제법 제4조 제1항 제2항'에 대해서는 합헌(헌결 2008헌바83)
5. 사업자단체의 독점규제 및 공정거래법 위반행위가 있을 때 공정거래위원회가

당해 사업자단체에 대하여 "법위반사실의 공표"를 명할 수 있도록 한 조항 (위헌 헌결 2001헌바43)

6. 경찰청장이 경찰버스들로 서울특별시 서울광장을 둘러싸 통행을 제지한 행위 (위헌확인, 헌결 2009헌마406) ★ 주의 거주·이전의 자유는 제한×

7. 임대차존속기간을 20년으로 제한한 민법(1958. 2. 22. 법률 제471호로 제정된 것) 제651조 제1항이 계약의 자유를 침해하는지 여부(적극) (위헌 헌결 2013.12.26. 2011헌바234) ★ 주의 재산권 제한되지만, 별도 판단×

   ⇒ 행복추구권 속에는 일반적 행동자유권이 포함되고, 이 일반적 행동자유권으로부터 계약 체결의 여부, 계약의 상대방, 계약의 방식과 내용 등을 당사자의 자유로운 의사로 결정할 수 있는 <계약의 자유>가 파생되는바, 이 사건 법률조항으로 인하여 임대차계약의 당사자는 임대차기간에 관한 계약의 내용을 당사자 간의 합의에 의하여 자유롭게 결정할 수 없으므로 계약의 자유가 제한된다. 〈법무사 2024〉 ★

8. 운전면허를 받은 사람이 다른 사람의 자동차등을 훔친 경우에는 운전면허를 필요적으로 취소하도록 한 구 도로교통법 조항(위헌 헌결 2017.5.25. 2016헌가6)

9. 배상금 등을 지급받으려는 신청인으로 하여금 '4·16세월호참사에 관하여 어떠한 방법으로도 일체의 이의를 제기하지 않을 것임을 서약합니다'라는 내용이 기재된 배상금 등 동의 및 청구서를 제출하도록 규정한 세월호피해지원법 시행령 제15조 중 별지 제15호 서식 가운데 일체의 이의제기를 금지한 부분('이의제기금지조항')(위헌 헌결 2017.6.29. 2015헌마654) ★ 법률유보원칙을 위반하여 청구인들의 일반적 행동의 자유를 침해○

10. 거짓이나 그 밖의 부정한 수단으로 운전면허를 받은 경우 모든 범위의 운전면허를 필요적으로 취소하도록 한 도로교통법 조항 중 '부정 취득하지 않은 운전면허를 필요적으로 취소하도록 한 부분'은, 과잉금지원칙에 반하여 일반적 행동의 자유 또는 직업의 자유를 침해한다(위헌 헌결 2020.6.25. 2019헌가9).

11. 심판대상조항은 금융거래정보 유출을 막음으로써 금융거래의 비밀을 보장하기 위하여 명의인의 동의 없이 금융기관에게 금융거래정보를 요구하는 것을 금지하고 그 위반행위에 대하여 형사처벌을 가하는 것이다. 금융거래의 역할이나 중요성에 비추어 볼 때 그 비밀을 보장할 필요성은 인정되나, 금융거래는 금융기관을 매개로 하여서만 가능하므로 금융기관 및 그 종사자에 대하여 정보의 제공 또는 누설에 대하여 형사적 제재를 가하는 것만으로도 금융거

래의 비밀은 보장될 수 있다. 심판대상조항은 금융거래정보의 제공요구행위 자체만으로 형사처벌의 대상으로 삼고 있으나, 제공요구행위에 사회적으로 비난받을 행위가 수반되지 않거나, 금융거래의 비밀 보장에 실질적인 위협이 되지 않는 행위도 충분히 있을 수 있고, 명의인의 동의를 받을 수 없는 상황에서 타인의 금융거래정보가 필요하여 금융기관 종사자에게 그 제공을 요구하는 경우가 있을 수 있는 등 금융거래정보 제공요구행위는 구체적인 사안에 따라 죄질과 책임을 달리한다고 할 것임에도, 심판대상조항은 정보제공요구의 사유나 경위, 행위 태양, 요구한 거래정보의 내용 등을 전혀 고려하지 아니하고 일률적으로 금지하고, 그 위반 시 형사처벌을 하도록 하고 있다. 나아가, 금융거래의 비밀보장이 중요한 공익이라는 점은 인정할 수 있으나, 심판대상조항이 정보제공요구를 하게 된 사유나 행위의 태양, 요구한 거래정보의 내용을 고려하지 아니하고 일률적으로 일반 국민들이 거래정보의 제공을 요구하는 것을 금지하고 그 위반 시 형사처벌을 하는 것은 그 공익에 비하여 지나치게 일반 국민의 일반적 행동자유권을 제한하는 것이다. 따라서 심판대상조항은 과잉금지원칙에 반하여 일반적 행동자유권을 침해한다(위헌 헌결 2022.2.24. 2020헌가5). ★ ⇒ 누구든지 금융회사등에 종사하는 자에게 타인의 금융거래의 내용에 관한 정보 또는 자료를 요구하는 것을 금지하고, 이를 위반 시 형사처벌하는 구 '금융실명거래 및 비밀보장에 관한 법률' 제4조 제1항 본문 중 '누구든지 금융회사등에 종사하는 자에게 거래정보 등의 제공을 요구하여서는 아니 된다' 부분 및 같은 법 제6조 제1항 중 위 해당 부분, '금융실명거래 및 비밀보장에 관한 법률' 제4조 제1항 본문 중 '누구든지 금융회사등에 종사하는 자에게 거래정보등의 제공을 요구하여서는 아니 된다' 부분 및 같은 법 제6조 제1항 중 위 해당 부분(이하 '심판대상조항'이라 한다)이 과잉금지원칙을 위반하여 일반적 행동자유권을 침해하는지 여부(적극)

12. 동력수상레저기구를 범죄 수단으로 이용하여 수상활동의 위험과 장해를 유발하고 국민의 생명과 재산에 위협을 초래하는 행위를 방지, 제거하여 수상활동의 안전과 질서를 확보하고, 동력수상레저기구를 이용한 범죄의 발생을 방지하기 위한 심판대상조항은 그 입법목적이 정당하고, 이를 이용한 범죄행위 시 조종면허를 취소하도록 하는 것은 입법목적 달성에 적정한 수단이다. 그러나 수상에서 일어날 수 있는 범죄행위의 종류는 매우 다양하고, 이러한 모든 범죄행위에 동력수상레저기구가 이용될 수 있으므로, 입법자로서는 동력수상레저기구가 이용된 범죄의 경중 등에 따라 그 제재의 정도를 달리할 수 있도

록 임의적 면허취소사유로 규정하거나 반드시 조종면허를 취소할 필요가 인정되는 일정한 범죄를 한정하여 조종면허를 취소하도록 규정하였어야 함에도, 범죄행위의 유형, 경중이나 위법성의 정도, 동력수상레저기구의 당해 범죄행위에 대한 기여도 등 제반사정을 전혀 고려하지 않고 필요적으로 조종면허를 취소하도록 규정하였으므로 심판대상조항은 침해의 최소성 원칙에 위배되고, 심판대상조항에 따라 조종면허가 취소되면 면허가 취소된 날부터 1년 동안은 조종면허를 다시 받을 수 없게 되어 법익의 균형성 원칙에도 위배된다. 따라서 심판대상조항은 직업의 자유 및 일반적 행동의 자유를 침해한다(위헌 헌결 2015.7.30. 2014헌가13). ★ ⇒ 수상레저안전법상 조종면허를 받은 사람이 동력수상레저기구를 이용하여 범죄행위를 하는 경우에 조종면허를 필요적으로 취소하도록 규정한 구 수상레저안전법(2013. 3. 23. 법률 제11690호로 개정되고, 2014. 11. 19. 법률 제12844호로 개정되기 전의 것) 제13조 제1항 제3호(이하 '심판대상조항'이라 한다)가 직업의 자유 내지 일반적 행동의 자유를 침해하는지 여부(적극)

(3) 자기결정권

의의	개인의 일정한 사적 사안에 관하여 국가로부터 간섭을 받음이 없이 스스로 결정할 수 있는 권리
내용	임부의 자기기결정권(2010헌바402), 연명치료 중단의 자기결정권(2008헌마385), 성적자기결정권(2009헌바17), 소비자의 자기결정권(96헌가18), 자기책임의 원리(2002헌가27)

4. 행복추구권의 효력

대국가적 효력과 간접적 대사인적 효력

5. 행복추구권의 제한과 한계

헌법 제37조 제2항에 따라 법률로 제한 可

| 헌결 | 대판 | **자기결정권 등 침해 인정**

1. 주세법의 자도소주 구입명령제도(위헌 헌결 96헌가18) ⇒ 이 사건 법률조항 중 주세법 제38조의 7은 주류판매업자 및 소주제조업자의 직업의 자유 및 평등권과 소비자의 자기결정권을 침해하는 규정이므로 헌법에 위반된다.
2. 동성동본인 혈족사이의 혼인을 금하고 있는 민법(헌불 헌결 95헌가6)

3. 담배소비세가 면제된 담배를 공급받은 자가 이를 당해 용도에 사용하지 않은 경우 면세담배를 공급한 제조자에게 담배소비세와 이에 대한 가산세의 납부의무를 부담시키는 것(위헌 헌결 2002헌가27)
4. 운전전문학원의 귀책사유를 불문하고 수료생이 낸 교통사고를 자동적으로 운전전문학원의 법적 책임으로 연관시키고 교통사고의 발생원인을 불문하고 졸업생이 낸 교통사고 비율에 따라 운전전문학원에게 운영정지 등을 할 수 있도록 한 것(위헌 헌결 2004헌가30)
5. 종업원의 위반행위에 대하여 그 책임 유무를 묻지 않고 양벌조항으로서 개인인 영업주에게도 동일하게 처벌하도록 하는 규정(위헌 헌결 2005헌가10)
6. 법인의 종업원 등이 법인의 업무에 관하여 범죄행위를 하면 그 법인에게도 동일한 벌금형을 과하도록 한 규정(위헌 헌결 2013헌가10)
7. 배우자 있는 자의 간통행위 및 그와의 상간행위를 2년 이하의 징역에 처하도록 규정한 형법(위헌 헌결 2009헌바17) ★ 동지 혼인빙자간음을 형사처벌하는 형법조항(위헌 헌결 2008헌바58)
8. 인수자가 없는 시체를 생전의 본인의 의사와는 무관하게 해부용 시체로 제공될 수 있도록 규정한 '시체 해부 및 보존에 관한 법률'(위헌 헌결 2012헌마940)
9. <u>임신한 여성의 자기낙태를 처벌하는 형법 제269조 제1항, 의사가 임신한 여성의 촉탁 또는 승낙을 받아 낙태하게 한 경우를 처벌하는 형법 제270조 제1항 중 '의사'에 관한 부분</u>(헌불 헌결 2019.4.11. 2017헌바127) ★★★ <심화학습> 참조

```
┌ 헌법불합치(4인) ┬ 자기낙태 - 임신한 여성의 자기결정권 제한: 목·수(○)/해·법(×)
│                └ 의사낙태 - 자기낙태죄 조항과 같은 이유에서 헌법위반
│
├ 위헌(3인) ┬ 임신 제1삼분기(first tremester)
│           ├ 임신한 여성의 자기결정권 제한: 태아보호/여성보호/기간부여의 한계
│           └ 과잉금지원칙 위배? 목·수(○)/해·법(×)
│
└ 합헌(2인)
```

심화학습

1. **형법 제269조 제1항 등 위헌소원 (낙태죄 사건)**(헌불) 헌결 2019.4.11. 2017헌바 127) ★★★

[판시사항]

가. 임신한 여성의 자기낙태를 처벌하는 형법(1995. 12. 29. 법률 제5057호로 개정된 것) 제269조 제1항(이하 '자기낙태죄 조항'이라 한다)과, 의사가 임신한 여성의 촉탁 또는 승낙을 받아 낙태하게 한 경우를 처벌하는 같은 법 제270조 제1항 중 '의사'에 관한 부분(이하 '의사낙태죄 조항'이라 한다)이 각각 임신한 여성의 자기결정권을 침해하는지 여부(적극)

나. 단순위헌의견이 3인, 헌법불합치의견이 4인인 경우 주문의 표시 및 종전결정의 변경

[결정요지]

가. [재판관 유남석, 재판관 서기석, 재판관 이선애, 재판관 이영진의 헌법불합치의견]

자기낙태죄 조항은 모자보건법이 정한 예외를 제외하고는 임신기간 전체를 통틀어 모든 낙태를 전면적·일률적으로 금지하고, 이를 위반할 경우 형벌을 부과함으로써 임신의 유지·출산을 강제하고 있으므로, 임신한 여성의 자기결정권을 제한한다. 자기낙태죄 조항은 태아의 생명을 보호하기 위한 것으로서, 정당한 입법목적을 달성하기 위한 적합한 수단이다. 임신·출산·육아는 여성의 삶에 근본적이고 결정적인 영향을 미칠 수 있는 중요한 문제이므로, 임신한 여성이 임신을 유지 또는 종결할 것인지 여부를 결정하는 것은 스스로 선택한 인생관·사회관을 바탕으로 자신이 처한 신체적·심리적·사회적·경제적 상황에 대한 깊은 고민을 한 결과를 반영하는 전인적(全人的) 결정이다. 현 시점에서 최선의 의료기술과 의료 인력이 뒷받침될 경우 태아는 임신 22주 내외부터 독자적인 생존이 가능하다고 한다. 한편 자기결정권이 보장되려면 임신한 여성이 임신 유지와 출산 여부에 관하여 전인적 결정을 하고 그 결정을 실행함에 있어서 충분한 시간이 확보되어야 한다. 이러한 점들을 고려하면, 태아가 모체를 떠난 상태에서 독자적으로 생존할 수 있는 시점인 임신 22주 내외에 도달하기 전이면서 동시에 임신 유지와 출산 여부에 관한 자기결정권을 행사하기에 충분한 시간이 보장되는 시기(이하 착상 시부터 이 시기까지를

'결정가능기간'이라 한다)까지의 낙태에 대해서는 국가가 생명보호의 수단 및 정도를 달리 정할 수 있다고 봄이 타당하다. 낙태갈등 상황에서 형벌의 위하가 임신종결 여부 결정에 미치는 영향이 제한적이라는 사정과 실제로 형사처벌되는 사례도 매우 드물다는 현실에 비추어 보면, 자기낙태죄 조항이 낙태갈등 상황에서 태아의 생명 보호를 실효적으로 하지 못하고 있다고 볼 수 있다. 낙태갈등 상황에 처한 여성은 형벌의 위하로 말미암아 임신의 유지 여부와 관련하여 필요한 사회적 소통을 하지 못하고, 정신적 지지와 충분한 정보를 제공받지 못한 상태에서 안전하지 않은 방법으로 낙태를 실행하게 된다. 모자보건법상의 정당화사유에는 다양하고 광범위한 사회적·경제적 사유에 의한 낙태갈등 상황이 전혀 포섭되지 않는다. 예컨대, 학업이나 직장생활 등 사회활동에 지장이 있을 것에 대한 우려, 소득이 충분하지 않거나 불안정한 경우, 자녀가 이미 있어서 더 이상의 자녀를 감당할 여력이 되지 않는 경우, 상대 남성과 교제를 지속할 생각이 없거나 결혼 계획이 없는 경우, 혼인이 사실상 파탄에 이른 상태에서 배우자의 아이를 임신했음을 알게 된 경우, 결혼하지 않은 미성년자가 원치 않은 임신을 한 경우 등이 이에 해당할 수 있다. 자기낙태죄 조항은 모자보건법에서 정한 사유에 해당하지 않는다면 결정가능기간 중에 다양하고 광범위한 사회적·경제적 사유를 이유로 낙태갈등 상황을 겪고 있는 경우까지도 예외 없이 전면적·일률적으로 임신의 유지 및 출산을 강제하고, 이를 위반한 경우 형사처벌하고 있다. 따라서, 자기낙태죄 조항은 입법목적을 달성하기 위하여 필요한 최소한의 정도를 넘어 임신한 여성의 자기결정권을 제한하고 있어 침해의 최소성을 갖추지 못하였고, 태아의 생명 보호라는 공익에 대하여만 일방적이고 절대적인 우위를 부여함으로써 법익균형성의 원칙도 위반하였으므로, 과잉금지원칙을 위반하여 임신한 여성의 자기결정권을 침해한다. <u>자기낙태죄 조항과 동일한 목표를 실현하기 위하여 임신한 여성의 촉탁 또는 승낙을 받아 낙태하게 한 의사를 처벌하는 의사낙태죄 조항도 같은 이유에서 위헌이라고 보아야 한다.</u> 자기낙태죄 조항과 의사낙태죄 조항에 대하여 각각 단순위헌결정을 할 경우, 임신 기간 전체에 걸쳐 행해진 모든 낙태를 처벌할 수 없게 됨으로써 용인하기 어려운 법적 공백이 생기게 된다. 더욱이 입법자는 결정가능기간을 어떻게 정하고 결정가능기간의 종기를 언제까지로 할 것인지, 결정가능기간 중 일정한 시기까지는 사회적·경제적 사유에 대한 확인을 요구하지 않을 것인지 여부까지를 포함하여 결정가능기간과 사회적·경제적 사유를 구체적으로 어떻게 조합할 것인지, 상담요건이나 숙려기간 등과 같은 일정한 절차적 요건을 추가할 것인지 여부 등에 관하여 앞서 헌법재판소가 설시한 한계 내에서 입법재량을 가진다. 따라서 <u>자기낙태죄 조항과 의사낙태죄 조항에 대하여 단순위헌 결정을 하는 대신 각각 헌법불합치 결정을 선고하되, 다만 입법자의 개선입법이 이루어질 때까지 계속적용을 명함이 타당하다.</u>

[재판관 이석태, 재판관 이은애, 재판관 김기영의 단순위헌의견]

헌법불합치의견이 지적하는 기간과 상황에서의 낙태까지도 전면적·일률적으로 금지하고, 이를 위반한 경우 형사처벌하는 것은 임신한 여성의 자기결정권을 침해한다는 점에 대하여 헌법불합치의견과 견해를 같이한다. <u>다만 여기에서 더 나아가 이른바 '임신 제1삼분기(first trimester, 대략 마지막 생리기간의 첫날부터 14주 무렵까지)'에는 어떠한 사유를 요구함이 없이 임신한 여성이 자신의 숙고와 판단 아래 낙태할 수 있도록 하여야 한다는 점</u>, 자기낙태죄 조항 및 의사낙태죄 조항(이하 '심판대상조항들'이라 한다)에 대하여 단순위헌결정을 하여야 한다는 점에서 헌법불합치의견과 견해를 달리 한다. 임신한 여성이 임신의 유지 또는 종결에 관하여 한 전인격적인 결정은 그 자체가 자기결정권의 행사로서 원칙적으로 보장되어야 한다. 다만 이러한 자기결정권도 태아의 성장 정도, 임신 제1삼분기를 경과하여 이루어지는 낙태로 인한 임신한 여성의 생명·건강의 위험성 증가 등을 이유로 제한될 수 있다. 한편, 임신한 여성의 안전성이 보장되는 기간 내의 낙태를 허용할지 여부와 특정한 사유에 따른 낙태를 허용할지 여부의 문제가 결합한다면, 결과적으로 국가가 낙태를 불가피한 경우에만 예외적으로 허용하여 주는 것이 되어 임신한 여성의 자기결정권을 사실상 박탈하게 될 수 있다. 그러므로 태아가 덜 발달하고, 안전한 낙태수술이 가능하며, 여성이 낙태 여부를 숙고하여 결정하기에 필요한 기간인 임신 제1삼분기에는 임신한 여성의 자기결정권을 최대한 존중하여 그가 자신의 존엄성과 자율성에 터 잡아 형성한 인생관·사회관을 바탕으로 자신이 처한 상황에 대하여 숙고한 뒤 낙태 여부를 스스로 결정할 수 있도록 하여야 한다. 심판대상조항들은 임신 제1삼분기에 이루어지는 안전한 낙태조차 일률적·전면적으로 금지함으로써, 과잉금지원칙을 위반하여 임신한 여성의 자기결정권을 침해한다. 자유권을 제한하는 법률에 대하여, 기본권의 제한 그 자체는 합헌이나 그 제한의 정도가 지나치기 때문에 위헌인 경우에도 헌법불합치결정을 해야 한다면, 법률이 위헌인 경우에는 무효로 선언되어야 한다는 원칙과 그에 기초한 결정형식으로서 위헌결정의 존재 이유가 사라진다. 심판대상조항들이 예방하는 효과가 제한적이고, 형벌조항으로서의 기능을 제대로 하지 못하고 있으므로, 이들 조항이 폐기된다고 하더라도 극심한 법적 혼란이나 사회적 비용이 발생한다고 보기 어렵다. 반면, 헌법불합치결정을 선언하고 사후 입법으로 이를 해결하는 것은 형벌규정에 대한 위헌결정의 효력이 소급하도록 한 입법자의 취지에도 반할 뿐만 아니라, 그 규율의 공백을 개인에게 부담시키는 것으로서 가혹하다. 또한 앞서 본 바와 같이 심판대상조항들 중 적어도 임신 제1삼분기에 이루어진 낙태에 대하여 처벌하는 부분은 그 위헌성이 명확하여 처벌의 범위가 불확실하다고 볼 수 없다. 심판대상조항들에 대하여 단순위헌결정을 하여야 한다.

나. 자기낙태죄 조항과 의사낙태죄 조항이 헌법에 위반된다는 단순위헌의견이 3인이고, 헌법에 합치되지 아니한다는 헌법불합치의견이 4인이므로, 단순위헌의견에 헌법불합치의견을 합산하면 법률의 위헌결정을 함에 필요한 심판정족수에 이르게 된다. 따라서 위 조항들에 대하여 헌법에 합치되지 아니한다고 선언하되, 2020. 12. 31.을 시한으로 입법자가 개선입법을 할 때까지 계속적용을 명한다. 아울러 종전에 헌법재판소가 이와 견해를 달리하여 자기낙태죄 조항과 형법(1995. 12. 29. 법률 제5057호로 개정된 것) 제270조 제1항 중 '조산사'에 관한 부분이 헌법에 위반되지 아니한다고 판시한 헌재 2012. 8. 23. 2010헌바402 결정은 이 결정과 저촉되는 범위 내에서 변경하기로 한다.

제2절 평등권

제11조 ① 모든 국민은 법 앞에 평등하다. 누구든지 성별·종교 또는 사회적 신분에 의하여 정치적·경제적·사회적·문화적 생활의 모든 영역에 있어서 차별을 받지 아니한다.
② 사회적 특수계급의 제도는 인정되지 아니하며, 어떠한 형태로도 이를 창설할 수 없다.
③ 훈장등의 영전은 이를 받은 자에게만 효력이 있고, 어떠한 특권도 이에 따르지 아니한다.

I. 평등의 원칙

1. 평등원칙의 의의

평등이란 비교의 결과 동일하게 취급되는 것을 말하며, 상대적 평등을 의미하고, 사회국가원리를 기본원리로 삼는 헌법에서는 정의를 실현하고자 경제·사회적 약자를 보호하는 실질적 평등이 강조

2. 평등원칙의 내용

(1) 법 앞에 평등: 입법을 구속하는 법평등(통설), 헌법에서 규정하고 있는 평등의 원칙은 일체의 차별적 대우를 부정하는 절대적 평등을 의미하는 것이 아니라 입법과 법의 적용에 있어서 합리적인 근거가 없는 차별을 하여서는 아니된다는 **상대적 평등**을 뜻함(헌결 98헌마172)

(2) 규범적 의미: 헌법 제11조 제1항의 규범적 의미는 이와 같은 '법 적용의 평등'에서 끝나지 않고, 더 나아가 입법자에 대해서도 그가 입법을 통해서 권리와 의무를 분배함에 있어서 적용할 가치평가의 기준을 정당화할 것을 요구하는 **'법 제정의 평등'을 포함**(헌결 97헌가12).

(3) 특권제도의 금지: 사회적 특수계급제도는 인정되지 아니하며, 어떠한 형태로도 이를 창설할 수 없고(§11②), 훈장 등의 영전은 이를 받은 자에게만 효력이 있고, 어떠한 특권도 따르지 아니함(§11③)

| 헌결 | 대판 |

1. 평등의 원칙은 입법자에게 본질적으로 같은 것을 자의적으로 다르게, 본질적으로 다른 것을 자의적으로 같게 취급하는 것을 금하고 있다. 그러므로 비교의 대상을 이루는 두개의 사실관계 사이에 서로 상이한 취급을 정당화할 수 있을 정도의 차이가 없음에도 불구하고 두 사실관계를 서로 다르게 취급한다면, 입법자는 이로써 평등권을 침해하게 된다. 그러나 서로 비교될 수 있는 두 사실관계가 모든 관점에서 완전히 동일한 것이 아니라 단지 일정 요소에 있어서만 동일인 경우에 비교되는 두 사실관계를 법적으로 동일한 것으로 볼 것인지 아니면 다른 것으로 볼 것인지를 판단하기 위하여는 어떠한 요소가 결정적인 기준이 되는가가 문제된다. 두개의 사실관계가 본질적으로 동일한가의 판단은 일반적으로 당해 법률조항의 의미와 목적에 달려 있다(헌결 1996.12.26. 96헌가18).

2. 헌법에서 규정하고 있는 평등의 원칙은 일체의 차별적 대우를 부정하는 절대적 평등을 의미하는 것이 아니라 입법과 법의 적용에 있어서 합리적인 근거가 없는 차별을 하여서는 아니된다는 상대적 평등을 뜻하므로 합리적인 근거가 있는 차별은 평등의 원칙에 반하는 것이 아니며, 선거운동에서의 기회균등보장도 일반적 평등원칙과 마찬가지로 절대적이고도 획일적인 평등 내지 기회균등을 요구하는 것이 아니라 합리적인 근거가 없는 자의적 차별 내지 차등만을 금지하는 것으로 이해하여야 한다(헌결 1999.1.28. 98헌마172). ★

3. 우리 헌법 제11조 제3항은 "훈장 등의 영전은 이를 받은 자에게만 효력이 있고 어떠한 특권도 이에 따르지 아니한다"고 규정하고 있는바, 이를 같은 조 제1항 및 제2항의 규정과 관련하여 풀이하면 이는 이른바 영전일대(榮典一代)의 원칙을 천명한 것으로서 영전의 세습(世襲)을 금지함으로써 특수계급의 발생을 예방하려는 것이라 볼 수 있다. 따라서 이 법에 의한 독립유공자나 그 유족에게 국가보은적 견지에서 서훈의 등급에 따라 부가연금을 차등지급하는 것은 위 헌법조항에 위배된다고 할 수 없다. 독립유공자 본인에 대한 부가연금지급에 있어 그 공헌과 희생의 정도에 따라 차등을 두는 것은 독립유공자예우에 관한 법률이 내세우는 보상의 원칙에 부합하는 것일 뿐만 아니라 실질적 평등을 구현한 것으로서 합리적인 이유가 있는 이상, 그 유족에 대한 부가연금지급에 있어서도 독립유공자 본인의 서훈등급에 따라 차등을 두는 것은 합리적인 이유가 있으므로, 그 차등지급은 평등권을 침해한 것이 아니다(헌결 1997.6.26. 94헌마52).

4. 헌법 제11조 제1항이 규정하고 있는 평등원칙은 법치국가질서의 근본요청으

로서 모든 국가기관에게 법을 적용함에 있어서 정당한 근거 없이 개인이나 일정한 인적 집단을 불평등하게 대우하는 것을 금지한다. 따라서 모든 사람은 평등하게 법규범을 통해서 의무를 부담하고 권리를 부여받으며, 반대로 모든 공권력주체에 대해서는 일정한 사람들에게 유리하거나 불리하게 법을 적용하거나 적용하지 않는 것이 금지된다. <u>그러나 헌법 제11조 제1항의 규범적 의미는 이와 같은 '법 적용의 평등'에서 끝나지 않고, 더 나아가 입법자에 대해서도 그가 입법을 통해서 권리와 의무를 분배함에 있어서 적용할 가치평가의 기준을 정당화할 것을 요구하는 '법 제정의 평등'을 포함한다.</u> 따라서 평등원칙은 입법자가 법률을 제정함에 있어서 법적 효과를 달리 부여하기 위하여 선택한 차별의 기준이 객관적으로 정당화될 수 없을 때에는 그 기준을 법적 차별의 근거로 삼는 것을 금지한다. 이때 입법자가 헌법 제11조 제1항의 평등원칙에 어느 정도로 구속되는가는 그 규율대상과 차별기준의 특성을 고려하여 구체적으로 결정된다(헌결 2000.8.31. 97헌가12). ★

5. <u>조세를 비롯한 공과금의 부과에서의 평등원칙은, 공과금 납부의무자가 법률에 의하여 법적 및 사실적으로 평등하게 부담을 받을 것을 요청한다.</u> 즉 납부의무자의 균등부담의 원칙은, 공과금 납부의무의 규범적 평등과 공과금의 징수를 통한 납부의무의 관철에 있어서의 평등이라는 두 가지 요소로 이루어진다. 만일 입법자가 규범적으로만 국민에게 균등한 부담을 부과하는 것에 그치고, 납부의무의 관철에 있어서 국민간에 현저한 차이가 발생하도록 방치한다면, 납부의무자간의 균등부담의 원칙, 즉 공과금부과에서의 평등은 실현될 수 없다. 따라서 납부의무를 부과하는 실체적 법률은 '사실적 결과에 있어서도 부담의 평등'을 원칙적으로 보장할 수 있는 절차적 규범이나 제도적 조치와 결합되어서 납부의무자간의 균등부담을 보장해야 한다(헌결 2000.6.29. 99헌마289). ★

6. 민주화운동관련자명예회복및보상등에관한법률은 "민주화운동과 관련하여 희생된 자와 그 유족에 대하여 국가가 명예회복 및 보상을 행함으로써 이들의 생활안정과 복지향상을 도모하고, 민주주의의 발전과 국민화합에 기여함을" (제1조), 의문사진상규명에관한특별법은 "민주화운동과 관련하여 의문의 죽음을 당한 사건에 대한 진상을 규명함으로써 국민화합과 민주발전에 이바지함을"(제1조), 제주4·3사건진상규명및희생자명예회복에관한특별법은 "제주4·3 사건의 진상을 규명하고 이 사건과 관련된 희생자와 그 유족들의 명예를 회복시켜줌으로써 인권신장과 민주발전 및 국민화합에 이바지함을"(제1조) 각 목적으로 규정하고 있다. 따라서 위 각 특별법의 규율대상과 청구인들이

입법되어야 한다고 주장하는 '법률'의 규율 대상은 본질적으로 동일한 성격을 갖지 않는다고 할 것이다. <u>가사 그것이 본질적으로 동일하다고 보더라도 이를 근거로 입법자에게 청구인들에게도 적용될 유사한 내용의 입법을 하여야 할 헌법상의 의무가 발생한다고 볼 수 없다.</u> 왜냐하면 평등원칙은 원칙적으로 입법자에게 헌법적으로 아무런 구체적인 입법의무를 부과하지 않고, 다만, 입법자가 평등원칙에 반하는 일정 내용의 입법을 하게 되면, 이로써 피해를 입게 된 자는 직접 당해 법률조항을 대상으로 하여 평등원칙의 위반여부를 다툴 수 있을 뿐이기 때문이다(헌결 2003.1.30. 2002헌마358). ★

II. 평등권

1. 평등권의 의의
부당한 차별의 금지를 요구하는 주관적 공권

2. 평등권의 주체
개인뿐 아니라 법인은 물론 권리능력 없는 사단이나 재단도 주체가 되며, 외국인도 그 주체가 되나 국제법과 상호주의의 원칙에 따라 제한 可

3. 평등권의 내용

(1) 차별금지 사유

⑺ 성별

① 양성평등실현: 여성들이 받은 기존의 불이익을 제거하기 위하여 적극적으로 남녀동권을 관철하는 것, '근로'(§32④), '혼인과 가족생활'(§36①) 등

② 제대군인 가산점제: 위헌(헌결 98헌마363), 예외 규정 없는 부성(父姓)제도 (헌불 헌결 2003헌가5)

③ 대한민국 국민인 남자에 한하여 병역의무를 부과하는 병역법 조항: 합헌(<u>완화된 심사기준</u>)(헌결 2010헌마460)

⑻ 종교: 종교에 의한 차별의 금지

⑼ 사회적 신분: 후천적 신분설(多), **전과자도 사회적 신분**(헌결 93헌바43)

⑽ 연령

① 의의: "고용상 연령차별금지 및 고령자고용촉진에 관한 법률"은 연령을 이

유로 고용차별을 금지하고 있으며, 직무의 성격에 비추어 특정 연령기준이 불가피하게 요구되는 경우(진정직업자격)에는 차별을 허용
② 헌법재판소 결정: 5급 공개경쟁채용시험의 응시연령 상한을 '32세까지'로 한 것(헌불) 헌결 2007헌마1105)과 순경, 소방사, 소방간부 선발시험의 응시연령의 상한을 30세 이하로 한 것은 공무담임권을 침해(헌불) 헌결 2010헌마278)

(2) 차별금지: 영역 정치적·경제적·사회적·문화적 모든 영역(§11①)

4. 평등권의 효력
(1) 대국가적 효력: 입법, 행정, 사법의 모든 국가권력을 직접 구속
(2) 대사인적 효력: 평등권은 간접적으로 대사인효○

<자의금지원칙과 비례성 심사원칙>

	자의금지원칙	비례성 심사원칙
유형	완화된 심사	• 엄격한 비례성심사 • 완화된 비례성심사
적용 범위	입법형성의 자유가 넓은 영역에서 적용	입법형성의 자유가 좁은 영역에서 적용
심사 기준	일반적 심사기준	• 엄격한 심사기준: ① 헌법에서 특별히 평등 요구 ② 차별금지영역에서 차별 또는 차별로 인해 기본권에 중대한 제한을 초래 • 완화된 심사기준: 헌법이 직접 차별을 명하고 있는 경우
적용 예	자도소주명령구입제도(위헌 헌결 96헌가18), 중학교 의무교육의 단계적 실시(헌결 90헌가27), 국공립대학교 사범대학출신자를 교사에 우선 임용하도록 한 것(위헌 헌결 89헌마89), 출생일을 기준으로 혈우병환자에 대한 요양급여제한(위헌 헌결 2010헌마716), 대한민국 국민인 남자에 한하여 병역의무 부과(헌결 2010헌마460) 등	• 엄격한 비례성심사: 제대군인 가산점사건(위헌 헌결 98헌마363), 국가유공자 가산점사건 2차 결정(국가유공자의 가족)(헌불 헌결 2004헌마675), 복수전공 및 부전공 교원자격증소지자에게 가산점을 부여사건(합헌, 헌결 2005헌가13) • 완화된 비례성심사: 국가유공자 가산점사건 1차 결정(합헌, 헌결 2000헌마25)

5. 평등권의 제한

(1) 헌법에 의한 제한: ① 특권을 부여하는 경우 - 정당의 특권(§8④), 대통령의 형사상 특권(§84), 국회의원의 불체포특권 및 면책특권(§44, §45), 국가유공자의 우선적 취업기회보장(§32⑥) ② 특별한 제한을 하는 경우 - 공무원의 근로3권 제한(§33②), 군인·군무원의 2중 배상금지(§29②), 군인·군무원의 군사재판(§27②) 등

(2) 법률에 의한 제한: 공무원법에 따른 공무원의 정치활동제한, 행형법에 따른 수형자의 서신검열 등, 군인사법 등에 따른 군인·군무원의 거주·이전의 제한, 출입국관리법에 따른 외국인의 체류제한 등

| 헌결 | 대판 |

1. 평등위반 여부를 심사함에 있어 엄격한 심사척도에 의할 것인지, 완화된 심사척도에 의할 것인지는 입법자에게 인정되는 입법형성권의 정도에 따라 달라지게 될 것이다. 먼저 헌법에서 특별히 평등을 요구하고 있는 경우 엄격한 심사척도가 적용될 수 있다. 헌법이 스스로 차별의 근거로 삼아서는 아니되는 기준을 제시하거나 차별을 특히 금지하고 있는 영역을 제시하고 있다면 그러한 기준을 근거로 한 차별이나 그러한 영역에서의 차별에 대하여 엄격하게 심사하는 것이 정당화된다. 다음으로 차별적 취급으로 인하여 관련 기본권에 대한 중대한 제한을 초래하게 된다면 입법형성권은 축소되어 보다 엄격한 심사척도가 적용되어야 할 것이다(헌결 1999.12.23. 98헌마363).

2. 헌법재판소에서는 평등위반 여부를 심사함에 있어, 헌법에서 특별히 평등을 요구하고 있는 경우와 차별적 취급으로 인하여 관련 기본권에 대한 중대한 제한을 초래하게 되는 경우에는 차별취급의 목적과 수단 간에 비례관계가 성립하는지를 검토하는 엄격한 심사척도를 적용하고, 그렇지 않은 경우에는 차별을 정당화하는 합리적인 이유가 있는지, 즉 자의적인 차별이 존재하는지를 검토하는 완화된 심사척도를 적용한다(헌결 2004.1.29. 2002헌바40). ★

3. 일반적으로 자의금지원칙에 관한 심사요건은 ① 본질적으로 동일한 것을 다르게 취급하고 있는지에 관련된 차별취급의 존재 여부와, ② 이러한 차별취급이 존재한다면 이를 자의적인 것으로 볼 수 있는지 여부라고 할 수 있다. 한편, ①의 요건에 관련하여 두 개의 비교집단이 본질적으로 동일한가의 판단은 일반적으로 관련 헌법규정과 당해 법규정의 의미와 목적에 달려 있고, ②의

요건에 관련하여 차별취급의 자의성은 합리적인 이유가 결여된 것을 의미하므로, 차별대우를 정당화하는 객관적이고 합리적인 이유가 존재한다면 차별대우는 자의적인 것이 아니게 된다(헌결 2003.1.30. 2001헌바64). ★

| 헌결 | 대판 | **평등권 침해 인정**

1. 국가를 상대로 하는 재산권의 청구에 관하여 가집행의 선고 불가(위헌 헌결 88헌가7)
2. 금융기관의 연체대출금에 관한 경매절차에 있어서 경락허가결정에 대하여 항고를 하고자 하는 자에게 담보로서 경락대금의 5/10를 공탁하도록 한 것(위헌 헌결 89헌가37)
3. 국·공립사범대학 등 출신자를 교육공무원인 국·공립학교 교사로 우선하여 채용하도록 규정한 것(위헌 헌결 89헌마89)
4. 법원행정처장으로 하여금 그 재량에 따라 법무사시험을 실시하지 아니해도 괜찮다고 규정한 법무사법시행규칙(위헌 헌결 89헌마178)
5. 국유잡종재산에 대한 시효취득을 부인하는 규정은 합리적 근거 없이 국가만을 우대하는 불평등한 규정(한정위헌 헌결 89헌가97)
6. 과실로 사람을 치상하게 한 자가 구호행위를 하지 아니하고 도주하거나 고의로 유기함으로써 치사의 결과에 이르게 한 경우에 살인죄와 비교하여 그 법정형을 더 무겁게 한 것(위헌 헌결 90헌바24)
7. 토지초과이득세의 세율체계를 단일비례세로 한 것은 소득이 많은 납세자와 소득이 적은 납세자 사이의 실질적인 평등을 침해하는 것(헌불 헌결 92헌바49)
8. 주세법의 자도소주 구입명령제도(위헌 헌결 96헌가18)
9. 보건복지부장관이 의료법과 대통령령의 위임에 따라 치과전문의자격시험제도를 실시할 수 있도록 시행규칙을 개정하거나 필요한 조항을 신설하는 등 제도적 조치를 마련하지 아니하는 부작위(위헌확인, 헌결 96헌마246)
10. 부동산 '강제'경매절차에서 금융기관이 신청한 경우에만 발송송달의 특례를 인정한 것(한정위헌 헌결 98헌가7) ★ 비교 '임의'경매절차의 경우 평등원칙 위배×
11. 상소제기기간 등을 법정산입 대상에 포함하지 않고 있는 형소법(헌불 헌결 99헌가7)
12. 출생에 의한 국적취득에 있어 부계혈통주의를 규정한 구 국적법(구법조항)

및 구 법상 부가 외국인이기 때문에 대한민국 국적을 취득할 수 없었던 한국인 모의 자녀 중에서 신법 시행 전 10년 동안에 태어난 자에게만 대한민국 국적을 취득하도록 하는 경과규정인 신 국적법(부칙조항)(헌불 헌결 97헌가12)

13. 부동산실명법 시행 후 법을 위반한 명의신탁자 및 법 시행일로부터 1년 이내에 실명등기를 하지 아니한 기존 명의신탁자 등에 대하여 부동산가액의 30/100에 해당하는 과징금을 부과할 수 있도록 규정한 부동산실명법(헌불 헌결 99헌가18) ★ 비교 장기미등기에 관한 과징금의 상한을 명의신탁의 경우와 동일하게 규정하는 부동산실명법(합헌, 헌결 2012헌바263)

14. 월남전에 참전한 자가 생전에 고엽제후유증환자로 등록신청을 하지 아니하고 사망한 경우 그 유족에게 유족등록신청자격을 부인하는 것(헌불 헌결 99헌마516)

15. 재외동포법의 적용대상에서 정부수립이전이주동포, 즉 대부분의 중국동포와 구 소련동포 등을 제외한 것(헌불 헌결 99헌마494) ★

16. "약사·한약사가 아니면 약국을 개설할 수 없다"고 규정한 것(헌불 헌결 2000헌바84)

17. 전통사찰의 경내지 등에 대한 모든 유형의 소유권변동이 전통사찰을 훼손할 수 있음에도 불구하고, 다른 소유권변동원인과 달리 '공용수용'으로 인한 소유권변동에 대해서는 아무런 규제를 하지 아니한 것(헌불 헌결 2001헌바64)

18. 지방자치단체의 장으로 하여금 당해 지방자치단체의 관할구역과 같거나 겹치는 선거구역에서 실시되는 지역구 국회의원선거에 입후보하고자 하는 경우 당해 선거의 선거일 전 180일까지 그 직을 사퇴하도록 규정하고 있는 것(위헌 헌결 2003헌마106)

19. 단순매수나 단순판매목적소지의 마약사범에 대하여도 사형·무기 또는 10년 이상의 징역에 처하도록 하는 특가법 규정은 향정신성의약품관리법위반 범죄와의 관계에서 평등의 원칙에 위반(위헌 헌결 2002헌바24)

20. 미결수용자 중 군행형법의 적용을 받는 자의 면회횟수를 행형법의 적용을 받는 자에 비하여 감축하고 있는 군행형법시행령규정(위헌 헌결 2002헌마193)

21. 국가인권위원회의 인권위원은 퇴직 후 2년간 교육공무원이 아닌 공무원으로 임명되거나 공직선거법에 의한 선거에 출마할 수 없도록 규정한 것(위헌 헌결 2002헌마788)

22. 야간에 흉기 기타 위험한 물건을 휴대하여 협박죄를 범한 자에 대한 가중처

벌을 규정한 폭처법(**위헌** 헌결 2003헌가12)

23. 파산선고 후 연체료 청구권을 파산법상 재단채권으로 규정하여 우선적 지위를 인정하는 것(**위헌** 헌결 2003헌가8)
24. 재심결정에 대하여 교원에게만 행정소송을 제기할 수 있도록 하고 학교법인에게는 이를 금지한 것(**위헌** 헌결 2005헌가7)
25. 금융기관의 임·직원으로서 일정한 경우에는 오히려 공무원보다도 더 중한 법정형으로 처벌되는 불합리한 결과가 발생하게 된 특경법조항(**위헌** 헌결 2006헌가5)
26. 과징금을 부과하는 날 현재의 부동산가액을 기준으로 과징금을 산정하도록 규정한 부동산실명법(**헌불** 헌결 2005헌가17)
27. 공무원 또는 공무원이었던 자가 재직 중의 사유로 금고 이상의 형을 받은 때에는 대통령령이 정하는 바에 의하여 퇴직급여 및 퇴직수당의 일부를 감액하여 지급하도록 한 공무원연금법(**헌불** 헌결 2005헌바33)
28. 의료인에게 '하나의' 의료기관만을 개설할 수 있도록 함으로써 의사 및 한의사의 복수면허 의료인이라고 하더라도, 양방 또는 한방 중 그 선택에 따라 어느 '하나의' 의료기관 이외에 다른 의료기관의 개설을 금지한 것(**헌불** 헌결 2004헌마1021)
29. '우체국예금·보험에 관한 법률'이 우체국보험금 및 환급금 청구채권 전액에 대하여 무조건 압류를 금지함으로써 우체국보험 가입자의 채권자를 일반 인보험 가입자의 채권자에 비하여 불합리하게 차별하는 것(**헌불** 헌결 2006헌바5)
30. 국세징수법상 공매절차에서 매각결정을 받은 매수인이 기한 내에 대금납부 의무를 이행하지 아니하여 매각결정이 취소되는 경우 그가 납부한 계약보증금을 국고에 귀속하도록 규정한 조항(**헌불** 헌결 2007헌가8)
31. 공무원이 그 지위를 이용하여 한 선거운동의 기획행위를 금지하는 것은 선거의 공정성을 보장하기 위한 것인바, 이로써 공무원인 입후보자와 공무원이 아닌 다른 입후보자, 지방자치단체의 장과 국회의원과 그 보좌관, 비서관, 비서 및 지방의회의원을 차별하는 것은 합리적 이유가 있다. <u>그러나 이 사건 법률조항이 공무원이 그 지위를 이용하지 않고 사적인 지위에서 선거운동의 기획행위를 하는 것까지 금지하는 것은 선거의 공정성을 보장하려는 입법목적을 달성하기 위한 합리적인 차별취급이라고 볼 수 없으므로 평등권을 침해한다</u>(**한정위헌** 헌결 2008.5.29. 2006헌마1096). ★ ⇒ 공직선거법 제86조 제1항 제2

호의 '공무원이 선거운동의 기획에 참여하거나 그 기획의 실시에 관여하는 행위`가 평등권을 침해하는 것인지 여부(적극)

32. 학교용지를 기부채납한 자와 기존 학교건물을 증축하여 기부채납한 자는 특례법상 목적 달성에 기여하였다는 점에서 동일하다 할 것임에도, 특례법 제5조 제4항이 학교용지를 확보하여 기부채납한 자에 대하여만 이중의 부담을 방지할 수 있는 필요적 면제 규정을 두고, <u>학교건물을 증축하여 기부채납한 자에 대해서는 이를 위한 일체의 규정을 두지 아니한 것은 합리적인 이유가 없는 차별로 학교건물을 증축하여 기부채납한 자의 평등권을 침해한다</u>(헌불 헌결 2008.9.25. 2007헌가9). ★ ⇒ 수분양자가 아닌 개발사업자를 부과대상으로 하는 '학교용지 확보 등에 관한 특례법'(2005. 3. 24. 법률 제7397호로 개정되고 2007. 12. 14. 법률 제8679호로 개정되기 전의 것, 이하 '특례법'이라 한다) 제5조 제4항에서 기존 학교건물을 증축하여 기부채납하는 경우를 부담금의 필요적 면제사유로 정하고 있지 아니한 것이 학교건물을 증축하여 기부채납한 자의 평등권을 침해하는지 여부(적극)

33. 파산절차에서 불공정거래행위에 대한 과징금 및 가산금 채권을 특별히 취급하여 다른 파산채권보다 먼저 변제받게 하는 것(위헌 헌결 2008헌가9)

34. 공무상 질병 또는 부상으로 '퇴직 이후에 폐질상태가 확정된 군인'에 대해서 상이연금 지급에 관한 규정을 두지 아니한 군인연금법(헌불 헌결 2008헌바128)

35. 국가공무원 임용 결격사유에 해당하여 공중보건의사 편입이 취소된 사람을 현역병으로 입영하게 하거나 공익근무요원으로 소집함에 있어 의무복무기간에 기왕의 복무기간을 전혀 반영하지 아니하는 구 병역법(헌불 헌결 2008헌가28)

36. 중혼의 취소청구권자를 규정하면서 직계비속을 제외한 민법조항(헌불 헌결 2009헌가8)

37. 배우자 상속공제를 인정받기 위한 요건으로 배우자상속재산기한 등까지 배우자의 상속재산을 분할하여 신고할 것을 요하고 있는 구 상속세 및 증여세법(헌불 헌결 2009헌바190)

38. 정리계획에 의하여 새로이 정리회사의 주주가 된 자가 3년 내에 주권의 교부를 청구하지 아니한 때에는 주주로서의 권리를 잃도록 한 구 회사정리법(위헌 헌결 2010헌가85)

39. 1983.1.1. 이후 출생한 A형 혈우병 환자에 한하여 유전자재조합제제에 대한 요양급여를 인정하는 것(위헌) 헌결 2010헌마716)
40. 학교용지 확보 등에 관한 특례법조항이 매도나 현금청산의 대상이 되어 제3자에게 분양됨으로써 기존에 비하여 가구 수가 증가하지 아니하는 개발사업분을 학교용지부담금 부과 대상에서 제외하는 규정을 두지 아니한 것(헌불) 헌결 2011헌가32)
41. 마약류 수입에 대해 가중처벌하는 구 '특정범죄가중처벌 등에 관한 법률' 제11조 제1항 중 마약류 관리에 관한 법률 제58조 제1항 제6호 가운데 '수입'에 관한 부분(위헌) 헌결 2011헌바2) ★ 참고 대마 '수입'행위를 대마 '매매'보다 무겁게 처벌하도록 규정한 '마약류 관리에 관한 법률'은 평등원칙에 반×(헌결 2005헌바108)
42. 형법조항과 똑같은 구성요건을 규정하면서 법정형의 상한에 '사형'을 추가하고 하한을 2년에서 5년으로 올려놓은 통화위조 등에 대한 특가법조항(위헌) 헌결 2014헌바224)
    ★ 동지 상습절도·상습장물범에 대한 특가법상 가중처벌 조항(위헌) 헌결 2014헌가16), 흉기 기타 위험한 물건을 휴대하여 형법상 폭행죄, 협박죄, 재물손괴죄를 범한 사람을 가중처벌하는 특가법상 조항(위헌) 헌결 2014헌바154)
43. 치과전문의 자격 인정 요건으로 '외국의 의료기관에서 치과의사 전문의 과정을 이수한 사람'을 포함하지 아니한 것은 외국의 의료기관에서 레지던트 등 소정의 치과전문의 과정을 이수한 자를 자의적으로 차별함으로써 평등권을 침해(헌불) 헌결 2013헌마197) ⇒ 결국 외국의 의료기관에서의 전문의 과정을 마친 치과의사의 경우에만 국내에서의 전문의 과정을 다시 이수하여야 할 정도로 이수기간, 이수과목 등이 미흡하다거나 그 이수자의 능력·자질 및 전문성 등이 부족하여 그 자격 인정 요건을 의사전문의의 경우와 다르게 규정할 특별한 사정이 있다고 보기 어려우며, 심판대상조항이 의사전문의와는 달리 치과전문의에 관한 자격 인정 요건에서 '외국의 의료기관에서 전문의 과정을 이수한 사람'의 치과전문의 자격 인정에 관한 사항을 규정하지 아니한 것에 합당한 이유를 찾기 어렵다. 따라서 이 사건 심판대상조항은 청구인들의 평등권을 침해한다.
44. '1991년 개정 농어촌의료법'이 시행되기 이전에 공중보건의사로 복무한 사람이 사립학교 교직원으로 임용된 경우 공중보건의사로 복무한 기간을 사립학교 교직원 재직기간에 산입하도록 규정하지 않은 것(헌불) 헌결 2015헌가15)

45. '수사가 진행 중이거나 형사재판이 계속 중이었다가 그 사유가 소멸한 경우'에는 잔여 퇴직급여 등에 대해 이자를 가산하는 규정을 두면서, '형이 확정되었다가 그 사유가 소멸한 경우(금고 이상의 형을 받았다가 재심으로 무죄판결을 받은 사람)'에는 이자 가산 규정을 두지 않은 군인연금법(헌불) 헌결 2015헌바20)

46. 월급근로자로서 6개월이 되지 못한 자를 해고예고제도의 적용예외 사유로 규정하고 있는 근로기준법(2007. 4. 11. 법률 제8372호로 전부개정된 것) 제35조 제3호(이하 '이 사건 법률조항'이라 한다)가 근무기간이 6개월 미만인 월급근로자의 근로의 권리를 침해하고, 평등원칙에 위배되는지 여부(적극)(위헌) 헌결 2014헌바3)

47. 근로자가 사업주의 지배관리 아래 출퇴근하던 중 발생한 사고로 부상 등이 발생한 경우에만 업무상 재해로 인정하는 산업재해보상보험법 조항(헌불) 헌결 2014헌바254) ★ 선례변경

48. 예비후보자의 배우자가 그와 함께 다니는 사람 중에서 지정한 1명도 명함교부를 할 수 있도록 한 공직선거법(헌불) 헌결 2016헌마287)

49. 공무상 질병 또는 부상으로 인하여 퇴직 후 장애 상태가 확정된 군인에게 상이연금을 지급하도록 한 개정된 군인연금법 제23조 제1항을 개정법 시행일 이후부터 적용하도록 한 군인연금법 부칙조항(헌불) 헌결 2015헌바208)

50. 소년범 중 형의 집행이 종료되거나 면제된 자에 한하여 자격에 관한 법령의 적용에 있어 장래에 향하여 형의 선고를 받지 아니한 것으로 본다고 규정한 구 소년법 제67조 및 현행 소년법 제67조(헌불) 헌결 2018.1.25. 2017헌가7). ⇒ ★ 집행유예를 '선고받은' 소년범을 합리적 이유 없이 차별하여 평등원칙에 위반

51. 대한민국 국적을 가지고 있는 영유아 중에서도 재외국민인 영유아를 보육료·양육수당 지원대상에서 제외하는 보건복지부지침(위헌) 헌결 2018.1.25. 2015헌마1047) ⇒ ★ 국내에 거주하면서 재외국민인 영유아를 양육하는 부모인 청구인들의 평등권을 침해하므로 헌법에 위반

52. 민법(1958. 2. 22. 법률 제471호로 제정된 것) 제166조 제1항, 제766조 제2항 중 '진실·화해를 위한 과거사정리 기본법'(2005. 5. 31. 법률 제7542호로 제정된 것, 이하 '과거사정리법'이라 한다) 제2조 제1항 제3호의 '민간인 집단 희생사건', 제4호의 '중대한 인권침해사건·조작의혹사건'에 적용되는 부분(위헌) 헌결 2018.8.30. 2014헌바148)

53. '특정범죄 가중처벌 등에 관한 법률' 상 밀수입 예비행위를 본죄에 준하여 처벌하는 조항(위헌) 헌결 2019.2.28. 2016헌가13)

54. 공직선거법 제26조 제1항 [별표 2] 시·도의회의원지역선거구구역표 중 "인천광역시 서구 제3선거구", "경상북도 경주시 제1선거구"부분(헌불) 헌결 2019.2.28. 2018헌마415)

55. 자사고 지원자에게 평준화지역 후기학교의 중복지원을 금지한 초·중등교육법 시행령 제81조 제5항 중 '제91조의3에 따른 자율형 사립고등학교는 제외한다'부분(위헌) 헌결 2019.4.11. 2018헌마221) ★ 교육제도 법정주의 위반× ★ 자사고를 후기학교로 규정한 조항: 학교법인의 사학운영의 자유 및 평등권 침해×[위헌(5인) vs 합헌(4인)] ★

56. 업무상 재해에 통상의 출퇴근 재해를 포함시키는 개정 법률조항을 이 법 시행 후 최초로 발생하는 재해부터 적용하도록 하는 산업재해보상보험법 부칙 제2조 중 '제37조의 개정규정'에 관한 부분[헌불 (적용중지); 헌결 2019.9.26. 2018헌바218] ★ 심판대상조항이 신법 조항의 소급적용을 위한 경과규정을 두지 않음으로써 개정법 시행일 전에 통상의 출퇴근 사고를 당한 비혜택근로자를 보호하기 위한 최소한의 조치도 취하지 않은 것은, 산재보험의 재정상황 등 실무적 여건이나 경제상황 등을 고려한 것이라고 하더라도, 그 차별을 정당화할 만한 합리적인 이유가 있는 것으로 보기 어렵고, 이 사건 헌법불합치결정의 취지에도 어긋나므로 헌법상 평등원칙에 위반

57. 특별시장·광역시장·특별자치시장·도지사·특별자치도지사 선거의 예비후보자를 후원회지정권자에서 제외하고(이하 '광역자치단체장선거의 예비후보자에 관한 부분'), 자치구의 지역구의회의원 선거의 예비후보자를 후원회지정권자에서 제외하고 있는(이하 '자치구의회의원선거의 예비후보자에 관한 부분') 정치자금법 조항에 관한 심판청구사건에서,

[1] 광역자치단체장선거의 예비후보자에 관한 부분은 청구인들 평등권을 침해하여 헌법에 위반되지만, 2021. 12. 31.을 시한으로 입법자가 개정할 때까지 이를 계속 적용한다는 헌법불합치결정을 선고하고,

[2] 자치구의회의원선거의 예비후보자에 관한 부분에 대하여는 재판관들의 의견이 인용의견 5인, 기각의견 4인으로 나뉘어 헌법과 헌법재판소법에서 정한 인용의견을 위한 정족수 6인에 이르지 못하여 기각하였다(헌불) 헌결 2019.12.27. 2018헌마301).

58. 회원제로 운영하는 골프장 시설의 입장료에 대한 부가금을 국민체육진흥기

금의 재원으로 규정한 구 국민체육진흥법 제20조 제1항 제3호 및 위 부가금을 국민체육진흥계정의 재원으로 규정한 국민체육진흥법 제20조 제1항 제3호가 규정하고 있는 골프장 부가금은 일반 국민에 비해 특별히 객관적으로 밀접한 관련성을 가진다고 볼 수 없는 골프장 부가금 징수 대상 시설 이용자들을 대상으로 하는 것으로서 합리적 이유가 없는 차별을 초래하므로, 헌법상 평등원칙에 위배○(위헌 헌결 2019.12.27. 2017헌가21)

59. 65세 미만의 일정한 노인성 질병이 있는 사람의 장애인 활동지원급여 신청자격을 제한하는 '장애인활동 지원에 관한 법률' 제5조 제2호 본문 중 '노인장기요양보험법 제2조 제1호에 따른 노인 등' 가운데 '65세 미만의 자로서 치매·뇌혈관성질환 등 대통령령으로 정하는 노인성 질병을 가진 자'에 관한 부분(헌불 헌결 2020.12.23. 2017헌가22) ★ ⇒ 65세 미만의 비교적 젊은 나이인 경우, 일반적 생애주기에 비추어 자립 욕구나 자립지원의 필요성이 높고, 질병의 치료효과나 재활의 가능성이 높은 편이므로 노인성 질병이 발병하였다고 하여 곧 사회생활이 객관적으로 불가능하다거나, 가내에서의 장기요양의 욕구·필요성이 급격히 증가한다고 평가할 것은 아니다. 또한 활동지원급여와 장기요양급여는 급여량 편차가 크고, 사회활동 지원 여부 등에 있어 큰 차이가 있다. 그럼에도 불구하고 65세 미만의 장애인 가운데 일정한 노인성 질병이 있는 사람의 경우 일률적으로 활동지원급여 신청자격을 제한한 데에 합리적 이유가 있다고 보기 어려우므로 심판대상조항은 평등원칙에 위반○

60. '이 사건 지원배제 지시'는 특정한 정치적 견해를 표현한 청구인들을, 그러한 정치적 견해를 표현하지 않은 다른 신청자들과 구분하여 정부 지원사업에서 배제하여 차별적으로 취급한 것인데, 헌법상 문화국가원리에 따라 정부는 문화의 다양성·자율성·창조성이 조화롭게 실현될 수 있도록 중립성을 지키면서 문화를 육성하여야 함에도, 청구인들의 정치적 견해를 기준으로 이들을 문화예술계 지원사업에서 배제되도록 한 것은 자의적인 차별행위로서 청구인들의 평등권을 침해○(위헌확인; 헌결 2020.12.23. 2017헌마416) ★

61. 6·25전몰군경자녀에게 6·25전몰군경자녀수당을 지급하면서 그 수급권자를 6·25전몰군경자녀 중 1명에 한정하고, 그 1명도 나이가 많은 자를 우선하도록 정한 구 '국가유공자 등 예우 및 지원에 관한 법률'등 조항은 수급권자의 수를 확대할 수 있는 어떠한 예외도 두지 않고 있으며, 6·25전몰군경자녀 중 나이가 많은 자와 그렇지 않은 자를 합리적 이유 없이 차별하여 나이가 많은 자에게 우선하여 이 사건 수당을 지급하고 있으므로, 나이가 적은 6·25전몰

군경자녀의 평등권을 침해○([헌불]) 헌결 2021.3.25. 2018헌가6) ★★★ ⇒ 헌법재판소는 이미 독립유공자의 유족보상금 수급권자를 독립유공자의 손자녀 중 1명에 한정하고, 그 중 나이가 많은 자를 우선하도록 정한 '독립유공자예우에 관한 법률' 조항 및 재해사망군경의 유족보상금 수급권자를 재해사망군경의 부모 중 1명에 한정하고 그 중 나이가 많은 자를 우선하도록 정한 '보훈보상대상자 지원에 관한 법률' 조항에 대해 각 헌법불합치 결정을 선고한 바 있다(헌재 2013. 10. 24. 2011헌마724, 헌재 2018. 6. 28. 2016헌가14). 이 사건에서도 위 결정들과 같은 취지에서 평등권 침해를 인정하여 헌법불합치 결정을 한 것이다.

★ 「비교판례」[1] 1945년 8월 14일 이전에 사망한 독립유공자는 희생의 정도가 큰 데 반해 독립유공자 본인은 물론 그 자녀들까지 보상금을 지급받지 못한 경우가 많다. 따라서 독립유공자의 사망 시기를 기준으로 손자녀에 대한 보상금의 요건을 달리 정한 것이 불합리한 차별을 야기한다고 보기는 어렵다. 또한 심판대상조항 각목의 취지는 유족 간 형평을 고려하여 예외적으로 손자녀에게 보상금 지급의 기회를 열어주고자 하는 것으로서 합리적 이유가 있다. 따라서 심판대상조항이 1945년 8월 15일 이후에 사망한 독립유공자의 손자녀에 대하여 최초 등록 시 독립유공자 자녀의 사망 여부 또는 보상금 수령 여부를 기준으로 보상금 지급 여부를 달리 취급하는 것은 평등권을 침해하지 않는다. ⇒ 1945년 8월 15일 이후에 사망한 독립유공자의 유족으로 최초로 등록할 당시 자녀까지 모두 사망하거나 생존 자녀가 보상금을 지급받지 못하고 사망한 경우에 한하여 독립유공자의 손자녀 1명에게 보상금을 지급하도록 하는 '독립유공자예우에 관한 법률' 제12조 제2항 제2호(이하 '심판대상조항'이라 한다)가 독립유공자의 사망시기를 기준으로 보상금 지급을 달리하여 청구인의 평등권을 침해하는지 여부(소극) [2] 심판대상조항이 보상금 수급대상을 손자녀 1명으로 한정하는 것은 보상금 수급권의 실효성을 보장하기 위한 것으로서 손자녀 모두에게 균등배분을 하거나 복수의 손자녀에게 보상금을 지급하지 않는다고 하여 이것이 불합리한 차별이라 보기 어렵다. 청구인과 같이 보상금을 지급받지 못하는 손자녀들에 대한 생활보호 대책과 손자녀 간의 형평을 도모할 합리적인 방안도 마련되어 있다. 따라서 심판대상조항이 보상금 수급대상을 손자녀 1명으로 한정하는 것은 청구인의 평등권을 침해하지 아니한다(헌결 2022.1.27. 2020헌마594). ★

⇒ 심판대상조항이 손자녀 1명에게만 보상금을 지급하는 것이 청구인의 평등

권을 침해하는지 여부(소극)

★ [이유] 심판대상조항이 독립유공자의 사망시기에 따라 그 손자녀의 보상금 지급 요건을 달리하거나 보상금 수급대상을 독립유공자의 손자녀 1명으로 한정하는 것은 헌법에서 특히 평등을 요구하는 영역에서의 차별에 해당한다고 볼 수 없고, 심판대상조항이 관련 기본권에 중대한 제한을 초래하는 것으로 보기도 어렵다. 〈경찰1차 2024〉

[관련기출] 독립유공자의 사망시기에 따라 그 손자녀의 보상금 지급요건을 달리하거나 보상금 수급대상을 독립유공자의 손자녀 1명으로 한정한 「독립유공자예우에 관한 법률」조항은 헌법에서 특히 평등을 요구하는 영역에서의 차별에 해당하지 않고 관련기본권에 중대한 제한을 초래하지도 않는다.(○) 〈경찰1차 2024〉

62. 헌법재판소는 2018. 6. 28. 2014헌마166 결정에서 자치구·시·군의원 선거구 획정에 관하여 헌법상 허용되는 인구편차의 한계를 인구편차 상하 50%(인구비례 3:1)로 판단하였다. 그러므로 이 사건 선거구란 중 인구편차 상하 50%를 넘지 않는 이 사건 동대문구 "사"선거구란, 중랑구 "사"선거구란 및 송파구 "차"선거구란은 각 입법재량의 범위 내에 있는 것으로, 헌법상 허용되는 인구편차의 한계를 일탈하여 청구인 양○○, 박○○, 엄○○의 각 선거권과 평등권을 침해한다고 볼 수 없다. 그러나 이 사건 선거구란 중 위 기준을 넘어선 이 사건 마포구 "아"선거구란, 강서구 "라"선거구란 및 강남구 "바"선거구란은 각 헌법상 허용되는 인구편차의 한계를 일탈하였으므로, 청구인 나○○, 이○○, 이△△, 권○○의 각 선거권과 평등권을 침해한다([헌불] 헌결 2021.6.24. 2018헌마405).

63. 이 사건 부칙조항은 혼인한 남성 등록의무자와 이미 개정전 공직자윤리법 조항에 따라 재산등록을 한 혼인한 여성 등록의무자를 달리 취급하고 있는바, 이 사건 부칙조항이 평등원칙에 위배되는지 여부를 판단함에 있어서는 엄격한 심사척도를 적용하여 비례성 원칙에 따른 심사를 하여야 한다. 이 사건 부칙조항은 개정 전 공직자윤리법 조항이 혼인관계에서 남성과 여성에 대한 차별적 인식에 기인한 것이라는 반성적 고려에 따라 개정 공직자윤리법 조항이 시행되었음에도 불구하고, 일부 혼인한 여성 등록의무자에게 이미 개정 전 공직자윤리법 조항에 따라 재산등록을 하였다는 이유만으로 남녀차별적인 인식에 기인하였던 종전의 규정을 따를 것을 요구하고 있다. 그런데 혼인한 남성 등록의무자와 달리 혼인한 여성 등록의무자의 경우에만 본인이 아닌 배우자

의 직계존·비속의 재산을 등록하도록 하는 것은 여성의 사회적 지위에 대한 그릇된 인식을 양산하고, 가족관계에 있어 시가와 친정이라는 이분법적 차별구조를 정착시킬 수 있으며, 이것이 사회적 관계로 확장될 경우에는 남성우위·여성비하의 사회적 풍토를 조성하게 될 우려가 있다. 이는 성별에 의한 차별금지 및 혼인과 가족생활에서의 양성의 평등을 천명하고 있는 헌법에 정면으로 위배되는 것으로 <u>그 목적의 정당성을 인정할 수 없다. 따라서 이 사건 부칙조항은 평등원칙에 위배된다</u>(위헌 헌결 2021.9.30. 2019헌가3). ★ ⇒ 혼인한 등록의무자 모두 배우자가 아닌 본인의 직계존·비속의 재산을 등록하도록 2009. 2. 3. 법률 제9402호로 공직자윤리법 제4조 제1항 제3호가 개정되었음에도 불구하고, 개정 전 공직자윤리법 조항에 따라 이미 배우자의 직계존·비속의 재산을 등록한 혼인한 여성 등록의무자는 종전과 동일하게 계속해서 배우자의 직계존·비속의 재산을 등록하도록 규정한 공직자윤리법 부칙(2009. 2. 3. 법률 제9402호) 제2조(이하 '이 사건 부칙조항'이라 한다)가 평등원칙에 위배되는지 여부(적극)

64. 심판대상조항은 재산권의 청구에 관한 당사자소송 중에서도 피고가 공공단체 그 밖의 권리주체인 경우와 국가인 경우를 다르게 취급한다. 가집행의 선고는 불필요한 상소권의 남용을 억제하고 신속한 권리실행을 하게 함으로써 국민의 재산권과 신속한 재판을 받을 권리를 보장하기 위한 제도이고, 당사자소송 중에는 사실상 같은 법률조항에 의하여 형성된 공법상 법률관계라도 당사자를 달리 하는 경우가 있다. 동일한 성격인 공법상 금전지급 청구소송임에도 <u>피고가 누구인지에 따라 가집행선고를 할 수 있는지 여부가 달라진다면 상대방 소송 당사자인 원고로 하여금 불합리한 차별을 받도록 하는 결과가 된다</u>. 재산권의 청구가 공법상 법률관계를 전제로 한다는 점만으로 국가를 상대로 하는 당사자소송에서 국가를 우대할 합리적인 이유가 있다고 할 수 없고, 집행가능성 여부에 있어서도 국가와 지방자치단체 등이 실질적인 차이가 있다고 보기 어렵다는 점에서, <u>심판대상조항은 국가가 당사자소송의 피고인 경우 가집행의 선고를 제한하여, 국가가 아닌 공공단체 그 밖의 권리주체가 피고인 경우에 비하여 합리적인 이유 없이 차별하고 있으므로 평등원칙에 반한다</u>(위헌 헌결 2022.2.24. 2020헌가12). ★ ⇒ 국가를 상대로 하는 당사자소송의 경우에는 가집행선고를 할 수 없다고 규정한 행정소송법 제43조(이하 '심판대상조항'이라 한다)가 평등원칙에 위배되는지 여부(적극)

65. 헌법 제28조의 형사보상청구권이 국가의 형사사법작용에 의하여 신체의 자

유가 침해된 국민에게 그 구제를 인정하여 국민의 기본권 보호를 강화하는 데 그 목적이 있는 점에 비추어 보면, 외형상·형식상으로 무죄재판이 없다고 하더라도 형사사법절차에 내재하는 불가피한 위험으로 인하여 국민의 신체의 자유에 관하여 피해가 발생하였다면 형사보상청구권을 인정하는 것이 타당하다. 심판대상조항은 소송법상 이유 등으로 무죄재판을 받을 수는 없으나 그러한 사유가 없었더라면 무죄재판을 받을 만한 현저한 사유가 있는 경우 그 절차에서 구금되었던 개인 역시 형사사법절차에 내재하는 불가피한 위험으로 인하여 신체의 자유에 피해를 입은 것은 마찬가지이므로 국가가 이를 마땅히 책임져야 한다는 고려에서 마련된 규정이다. ★

원판결의 근거가 된 가중처벌규정에 대하여 헌법재판소의 위헌결정이 있었음을 이유로 개시된 재심절차에서, 공소장의 교환적 변경을 통해 위헌결정된 가중처벌규정보다 법정형이 가벼운 처벌규정으로 적용법조가 변경되어 피고인이 무죄판결을 받지는 않았으나 원판결보다 가벼운 형으로 유죄판결이 확정됨에 따라 원판결에 따른 구금형 집행이 재심판결에서 선고된 형을 초과하게 된 이 사건과 같은 경우, 소송법상 이유로 무죄재판을 받을 수는 없으나 그러한 사유가 없었다면 무죄재판을 받았을 것임이 명백하고 원판결의 형 가운데 재심절차에서 선고된 형을 초과하는 부분의 전부 또는 일부에 대해서는 결과적으로 부당한 구금이 이루어진 것으로 볼 수 있다는 점에서 심판대상조항이 형사보상 대상으로 규정하고 있는 경우들과 본질적으로 다르다고 보기 어렵다. 다만 무죄재판을 받을 수 없었던 사유가 '적용법조에 대한 공소장의 교환적 변경'이라는 점에 차이가 있다. 그런데 형사사법기관이 피고인을 위한 비상구제절차인 재심절차에 이르러 공소장의 교환적 변경 등을 통해 무죄재판을 피하였다고 하더라도, 피고인이 그러한 형사사법절차 속에서 이미 신체의 자유에 관한 중대한 피해를 입었다면, 피고인 개인으로 하여금 그 피해를 부담하도록 하는 것은 헌법상 형사보상청구권의 취지에 어긋난다. 결과적으로 부당한 구금으로 이미 피고인의 신체의 자유에 관한 중대한 피해가 발생한 이상, 공소장의 교환적 변경을 통하여 무죄재판을 피하였다는 사정은 피고인에 대한 형사보상청구권 인정 여부를 달리할 합리적인 근거가 될 수 없다. 그럼에도 불구하고 심판대상조항이 이 사건에서 문제되는 경우를 형사보상 대상으로 규정하지 아니한 것은 현저히 자의적인 차별로서 평등원칙을 위반하여 청구인들의 평등권을 침해한다(헌물 헌결 2022.2.24. 2018헌마998). ⇒ 원판결의 근거가 된 가중처벌규정에 대하여 헌법재판소의 위헌결정이 있었음을 이유로 개시된 재심절차에서, 공소장의 교환적 변경을 통해 위헌결정된 가중처벌규정보다 법정형이 가벼운 처벌규정으로 적용법조가 변경되어 피고인이 무죄판결을 받지는 않았으나 원판결보다 가벼운 형으로 유죄판결이 확정됨에 따라 원판결에 따른 구금형 집행이 재심판결에서 선고된 형을 초과하게 된 경우, 재심판결에서 선고된 형을 초과하여 집행된 구금에 대하여 보상요건을 규정하지 아니한 '형사보상 및 명예회복에 관한 법률' 제26조 제1항(이하 '심판대상조항'이라 한다)이 평등원칙을 위반하여 청구인들의 평등권을 침해하는지 여부(적극)

66. 신문기사 형식이라는 이유만으로 광고가 아니라고 단정할 수 없고, △△이 이 사건 제품 관련 보도자료를 배포한 사실 등이 있으므로 그 의사에 기하여 위 기사들이 작성되었을 정황이 존재하며, 위 기사들은 최근까지 검색될 뿐만 아니라 2017년 10월경에도 이 사건 제품이 판매 목적으로 진열되어 있었던 사정이 있으므로 공소시효와 처분시효가 아직 만료되지 않았다고 판단될 여지가 남아 있다. 따라서 피청구인이 위 기사들을 심사대상에서 제외한 사유들은 모두 수긍하기 어렵다. 나아가 위 기사들 중에는 이 사건 제품이 '인체에 안전'하다는 내용이 기재된 것도 있어 '거짓·과장의 광고'에 해당하는지 여부가 문제되는데, 표시광고법상 그 내용이 진실임을 입증할 책임은 사업자에게 있으므로 피청구인이 위 기사들을 대상으로 심사절차를 진행하여 심의절차까지 나아갔더라면 이 사건 제품의 인체 안전성이 입증되지 못하였다는 이유로 고발 및 행정처분 등이 이루어졌을 가능성이 있다. 특히 표시광고법위반죄는 피청구인에게 전속고발권이 있어 피청구인의 고발이 없으면 공소제기가 불가능한바, 피청구인이 위 기사들을 심사대상에서 제외한 것은 청구인의 재판절차진술권 행사를 원천적으로 봉쇄하는 결과를 낳는 것이었다. <u>결국 피청구인이 위 기사들을 심사대상에서 제외한 행위로 인하여, 청구인의 평등권과 재판절차진술권이 침해되었다</u>(인용 헌결 2022.9.29. 2016헌마773). ⇒ 구 □□ 주식회사가 제조하고 △△ 주식회사(이하 '△△'이라 한다)가 판매하였던 가습기살균제 제품인 '○○'(이하 '이 사건 제품'이라 한다)의 표시·광고에 관한 사건처리에 있어서, 피청구인이 이 사건 제품 관련 인터넷 신문기사 3건을 심사대상에서 제외한 행위가 청구인의 평등권과 재판절차진술권을 침해하였는지 여부(적극)

67. 지방의회의원은 주민의 대표자이자 지방의회의 구성원으로서 주민들의 다양한 의사와 이해관계를 통합하여 지방자치단체의 의사를 형성하는 역할을

하므로, 지방의회의원의 전문성을 확보하고 원활한 의정활동을 지원하기 위해서는 지방의회의원들에게도 후원회를 허용하여 정치자금을 합법적으로 확보할 수 있는 방안을 마련해 줄 필요가 있다. 정치자금법은 후원회의 투명한 운영을 위한 상세한 규정을 두고 있어 지방의회의원의 염결성을 확보할 수 있고, 국회의원과 소요되는 정치자금의 차이도 후원 한도를 제한하는 등의 방법으로 규제할 수 있으므로, 후원회 지정 자체를 금지하는 것은 오히려 지방의회의원의 정치자금 모금을 음성화시킬 우려가 있다. 현재 지방의회의원에게 지급되는 의정활동비 등은 의정활동에 전념하기에 충분하지 않고, 지방의회는 유능한 신인정치인의 유입 통로가 되므로, 지방의회의원에게 후원회를 지정할 수 없도록 하는 것은 경제력을 갖추지 못한 사람의 정치입문을 저해할 수도 있다. 따라서 심판대상조항이 국회의원과 달리 지방의회의원을 후원회지정권자에서 제외하고 있는 것은 불합리한 차별로서 청구인들의 평등권을 침해한다(헌불 헌결 2022.11.24. 2019헌마528). ⇒ 국회의원을 후원회지정권자로 정하면서 지방자치법 제2조 제1항 제1호의 '도'의회의원과 같은 항 제2호의 '시'의회의원(이하 '지방의회의원'이라 한다)을 후원회지정권자에서 제외하고 있는 정치자금법 제6조 제2호(이하 '심판대상조항'이라 한다)가 청구인들의 평등권을 침해하는지 여부(적극)

68. 외국거주 외국인유족에게 퇴직공제금을 지급하더라도 국가 및 사업주의 재정에 영향을 미치거나 건설근로자공제회의 재원 확보 및 퇴직공제금 지급 업무에 특별한 어려움이 초래될 일도 없으므로 외국거주 외국인유족을 퇴직공제금을 지급받을 유족의 범위에서 제외할 이유가 없다는 점, '일시금' 지급 방식인 퇴직공제금의 지급에서는 산업재해보상보험법상의 유족보상연금의 지급에서와 같이 수급자격 유지 확인의 어려움과 보험급여 부당지급의 우려가 없으므로 '연금' 지급 방식인 산업재해보상보험법상의 유족보상연금 수급자격자 규정을 '일시금' 지급 방식인 퇴직공제금에 준용하는 것은 불합리하다는 점, 외국거주 외국인유족은 자신이 거주하는 국가에서 발행하는 공신력 있는 문서로서 퇴직공제금을 지급받을 유족의 자격을 충분히 입증할 수 있으므로 그가 '외국인'이라는 사정 또는 '외국에 거주'한다는 사정이 대한민국 국민인 유족 혹은 국내거주 외국인유족과 달리 취급받을 합리적인 이유가 될 수 없다는 점 등을 종합하면, 심판대상조항은 합리적 이유 없이 외국거주 외국인유족을 대한민국 국민인 유족 및 국내거주 외국인유족과 차별하는 것이므로 평등원칙에 위반된다(위헌 헌결 2023.3.23. 2020헌바471). ⇒ 구 건설근로자의 고용

개선 등에 관한 법률 제14조 제2항 중 구 산업재해보상보험법 제63조 제1항 가운데 '그 근로자가 사망할 당시 대한민국 국민이 아닌 자로서 외국에서 거주하고 있던 유족(이하 '외국거주 외국인유족'이라 한다)은 제외한다'를 준용하는 부분(이하 '심판대상조항'이라 한다)이 평등원칙에 위반되는지 여부(적극) ⇒ 이 사건은, 퇴직공제금을 지급받을 유족의 범위를 정함에 있어 산업재해보상보험법 상의 유족보상연금 규정을 준용하여 '외국거주 외국인유족'을 제외하는 구 '건설근로자의 고용개선 등에 관한 법률' 조항(2019. 11. 26. 법률 제16620호로 개정되기 전의 것)이 평등원칙에 위반됨을 선언한 것이다. 2019. 11. 26. 법률 제16620호로 개정된 '건설근로자의 고용개선 등에 관한 법률' 제14조 제2항은 퇴직공제금을 지급받을 유족의 범위를 정함에 있어 더 이상 산업재해보상보험법 규정을 준용하지 않고 자체적으로 규정하면서 '외국거주 외국인유족 제외 규정'을 따로 두지 않아, <u>위 개정법의 시행 이후에 퇴직공제금 청구권이 발생한 경우에는 '외국거주 외국인유족'도 퇴직공제금을 지급받을 수 있게 되었다.</u>

69. 심판대상조항은 교통약자의 이동편의를 위한 특별교통수단에 표준휠체어만을 기준으로 휠체어 고정설비의 안전기준을 정하고 있어 <u>표준휠체어를 사용할 수 없는 장애인은 안전기준에 따른 특별교통수단을 이용할 수 없게 된다.</u> 그런데 표준휠체어를 이용할 수 없는 장애인은 장애의 정도가 심하여 특수한 설비가 갖춰진 차량이 아니고서는 사실상 이동이 불가능하다. 그럼에도 불구하고 표준휠체어를 이용할 수 없는 장애인에 대한 고려 없이 표준휠체어만을 기준으로 고정설비의 안전기준을 정하는 것은 불합리하고, 특별교통수단에 장착되는 휠체어 탑승설비 연구·개발사업 등을 추진할 국가의 의무를 제대로 이행한 것이라 보기도 어렵다. 누워서 이동할 수밖에 없는 장애인을 위한 휠체어 고정설비 안전기준 등을 별도로 규정한다고 하여 국가의 재정적 부담이 심해진다고 볼 수도 없다. 제4차 교통약자 이동편의 증진계획이 표준휠체어를 사용할 수 없는 장애인을 위한 특별교통수단의 도입 등을 계획하고 있기는 하나, 일부 지방자치단체에서 침대형 휠체어가 탑승할 수 있는 특수형 구조차량을 운행하였다가 침대형 휠체어 고정장치에 대한 안전기준이 없어 운행을 중단한 점에서 볼 수 있듯이 그 안전기준의 제정이 시급하므로 위와 같은 계획이 있다는 사정만으로 안전기준 제정 지연을 정당화하기 어렵다. 따라서 <u>심판대상조항은 합리적 이유 없이 표준휠체어를 이용할 수 있는 장애인과 표준휠체어를 이용할 수 없는 장애인을 달리 취급하여 청구인의 평등권을 침해한다</u>(헌법불합치; 헌결 2023.5.25. 2019헌마1234). ★ ⇒ 특별교통수단에 있어 표준

휠체어만을 기준으로 휠체어 고정설비의 안전기준을 정하고 있는 '교통약자의 이동편의 증진법 시행규칙' 제6조 제3항 별표 1의2(이하 '심판대상조항'이라 한다)가 합리적 이유 없이 표준휠체어를 이용할 수 있는 장애인과 표준휠체어를 이용할 수 없는 장애인을 달리 취급하여 청구인의 평등권을 침해하는지 여부(적극)

70. ① 형사소송법상 비용보상청구권의 제척기간은 종전 '무죄판결이 확정된 날부터 6개월'에서 2014. 12. 30. 법률이 개정되면서 '무죄판결이 확정된 사실을 안 날부터 3년, 무죄판결이 확정된 때부터 5년'으로 개정된 반면, 군사법원법상 비용보상청구권의 제척기간은 심판대상조항에서 '무죄판결이 확정된 날부터 6개월'로 정하고 있다가, 청구인이 이 사건 심판청구를 한 후에야 2020. 6. 9. 법률이 개정되어 '무죄판결이 확정된 사실을 안 날부터 3년, 무죄판결이 확정된 날부터 5년'으로 개정되었다. ② 무죄를 선고받은 비용보상청구권자가 형사소송법이 적용되는 피고인인지와 군사법원법이 적용되는 피고인인지는 본질적인 차이가 없으므로, 심판대상조항의 제척기간이 형사소송법상 비용보상청구권의 제척기간보다 짧은 것에는 이러한 차별을 정당화할 수 있는 합리적인 이유가 존재하여야 한다. ③ 그런데 군사법원법이 적용되는 비용보상청구권자의 경우 비용보상에 관한 국가의 채무관계를 일찍 확정하여 국가재정을 합리적으로 운영해야 할 필요성이 더욱 요청된다고 보기 어렵고, 군사재판의 특수성이 적용될 영역도 아니므로, 양자를 달리 취급함에 있어서 객관적으로 납득할 만한 합리적인 이유를 찾아볼 수 없다. 따라서 심판대상조항은 군사법원법의 적용을 받는 비용보상청구권자를 형사소송법의 적용을 받는 비용보상청구권자에 비하여 자의적으로 다르게 취급하고 있으므로 평등원칙에 위반된다(위헌 헌결 2023.8.31. 2020헌바252). ⇒ 비용보상청구권의 제척기간을 무죄판결이 확정된 날부터 6개월 이내로 규정한 구 군사법원법 제227조의12 제2항(이하 '심판대상조항'이라 한다)이 헌법에 위반되는지 여부(적극)

71. 보험료 체납시 다음 달부터 곧바로 보험급여를 제한하는 국민건강보험법 (2019. 1. 15. 법률 제16238호로 개정된 것) 제109조 제10항(보험급여제한 조항)의 평등원칙 위배 여부(적극)(헌불 헌결 2023.9.26. 2019헌마1165) ★ 심화학습3 참조

72. 코로나19로 인하여 경제적 타격을 입었다는 점에 있어서는 영주권자, 결혼이민자, 난민인정자간에 차이가 있을 수 없으므로 그 회복을 위한 지원금 수급 대상이 될 자격에 있어서 역시 이들 사이에 차이가 발생한다고 볼 수 없다. 또한, '영주권자 및 결혼이민자'는 한국에서 영주하거나 장기 거주할 목적으

로 합법적으로 체류하고 있고, '난민인정자' 역시 강제송환금지의무에 따라 우리나라의 보호를 받고 우리나라에 합법적으로 체류하면서 취업활동에 제한을 받지 않는다는 점에서 영주권자 및 결혼이민자와 차이가 있다고 보기 어렵다. '재한외국인 처우 기본법'은 재한외국인 중에서도 '결혼이민자', '영주권자', '난민인정자'를 그 각각의 법적 지위가 상이함에도 불구하고 동일하게 지원하는 내용의 규정을 두고 있다. 한편 1994년 이후 2023년 6월 말까지 1,381명이 난민인정을 받았는바, 난민인정자에게 긴급재난지원금을 지급한다 하여 재정에 큰 어려움이 있다고 할 수 없고, 가족관계 증명이 어렵다는 행정적 이유 역시 난민인정자를 긴급재난지원금의 지급대상에서 제외하여야 할 합리적인 이유가 될 수 없다. 그렇다면 이 사건 처리기준이 긴급재난지원금 지급 대상에 외국인 중에서도 '영주권자 및 결혼이민자'를 포함시키면서 '난민인정자'를 제외한 것은 합리적 이유 없는 차별이라 할 것이므로, 이 사건 처리기준은 청구인의 평등권을 침해한다(인용 헌결 2024.3.28. 2020헌마1079). ★ ⇒ 외국인 중 영주권자 및 결혼이민자만을 긴급재난지원금 지급대상에 포함시키고 난민인정자를 제외한 2020. 5. 13.자 관계부처합동 '긴급재난지원금 가구구성 및 이의신청 처리기준(2차)' 중 'I. 가구구성 관련 기준, ② 가구구성 세부기준' 가운데 '외국인만으로 구성된 가구'에 관한 부분이 헌법에 위반되는지 여부(적극)

72. 헌법재판소는 2016. 12. 29. 별거나 가출 등으로 실질적인 혼인관계가 존재하지 아니하여 연금 형성에 기여가 없는 이혼배우자에 대해서까지 법률혼 기간을 기준으로 분할연금 수급권을 인정하는 구 국민연금법 제64조 제1항이 노령연금 수급권자의 재산권을 침해하므로 헌법에 합치되지 아니한다고 결정하였다(헌재 2015헌바182, 이하 '종전 헌법불합치결정'이라 한다). 심판대상조항은 국민연금법 제64조 제1항 및 제4항의 개정규정을 신법 조항 시행 후 최초로 분할연금 지급 사유가 발생한 경우부터 적용하도록 규정하고 있는바, 실질적인 혼인관계가 해소되어 분할연금의 기초가 되는 노령연금 수급권 형성에 아무런 기여가 없는 경우에는 노령연금 분할을 청구할 전제를 갖추지 못한 것으로 볼 수 있다는 점에서 분할연금 지급 사유 발생 시점이 신법 조항 시행일 전인 경우와 후인 경우 사이에 아무런 차이가 없으므로, 분할연금 지급 사유 발생시점이 신법 조항 시행일 전·후인지와 같은 우연한 사정을 기준으로 달리 취급하는 것은 합리적인 이유를 찾기 어렵다. 신법 조항의 소급 적용은 분할연금 수급권자에 대한 소급입법에 따른 재산권 침해로 이어질 여지도 있으나

소급입법금지원칙이나 신뢰보호원칙의 측면에서 보더라도 종전 헌법불합치결정 이후 신법 조항 시행일 전에 분할연금 지급사유가 발생한 경우 신법 조항 시행일 이후에 이행기가 도래하는 분할연금 수급권까지 신법 조항을 적용하지 않도록 한 것은 <u>차별을 정당화 할 합리적인 이유가 있는 것으로 보기 어렵고, 종전 헌법불합치결정의 취지에도 어긋난다. 따라서 심판대상조항은 평등원칙에 위반된다</u>(헌법불합치; 헌결 2024.5.30. 2019헌가29). ★

⇒ 헌법불합치결정에 따라 실질적인 혼인관계가 존재하지 아니한 기간을 제외하고 분할연금을 산정하도록 개정된 국민연금법 조항을 개정법 시행 후 최초로 분할연금 지급사유가 발생한 경우부터 적용하도록 하는 국민연금법 부칙 제2조(이하 '심판대상조항'이라 한다)가 평등원칙에 위반되는지 여부(적극)

심화학습

1. 초·중등교육법 시행령 제80조 제1항 등 위헌확인(**위헌**: 헌결 2019.4.11. 2018헌마221)

    - 자사고를 후기학교로 규정하고, 자사고 지원자에게 평준화지역 후기학교 중복지원을 금지한 초·중등교육법 시행령 사건 -

[판시사항]

가. 자율형 사립고등학교(이하 '자사고'라 한다)를 후기학교로 정하여 신입생을 일반고와 동시에 선발하도록 한 초·중등교육법 시행령(2017. 12. 29. 대통령령 제28516호로 개정된 것, 이하 '시행령'이라 한다) 제80조 제1항(이하 '이 사건 동시선발조항'이라 한다)과 자사고를 지원한 학생에게 평준화지역 후기학교에 중복지원하는 것을 금지한 시행령 제81조 제5항 중 '제91조의3에 따른 자율형 사립고등학교는 제외한다' 부분(이하 '이 사건 중복지원금지 조항'이라 하고 위 두 조항을 합하여 '심판대상조항'이라 한다)이 교육제도 법정주의에 위반하여 청구인들의 기본권을 침해하는지 여부(소극)

나. 이 사건 동시선발 조항이 기본권 제한의 한계를 일탈하여 청구인 학교법인의 사학운영의 자유를 침해하는지 여부(소극)

다. 이 사건 동시선발 조항이 신뢰보호원칙을 위반하여 청구인 학교법인의 사학운영의 자유를 침해하는지 여부(소극)

라. 이 사건 동시선발 조항이 청구인 학교법인의 평등권을 침해하는지 여부(소극)

마. 이 사건 중복지원금지 조항이 청구인 학생 및 학부모의 평등권을 침해하는지 여부(적극)

[결정요지]

가. 초·중등교육법은 고등학교 교육제도와 그 운영에 관하여 기본적인 사항을 이미 규정하고 있고, 다만 고등학교의 입학방법과 절차 등 입학전형에 관한 사항은 각 지역과 시점에 따라 달라지는 고등학교 교육에 대한 수요 및 공급의 상황과, 각종 고등학교별 특성 등을 고려하여야 할 필요성으로 인하여 행정입법에 위임하고 있다(제47조 제2항). 따라서 심판대상조항이 신입생 선발시기와 지원 방법을 대통령령으로 규정한 것 자체가 교육제도 법정주의에 위반된다고 보기는 어렵다.

심판대상조항은 우리나라가 고교평준화 제도를 원칙으로 하면서 이를 보완하기 위하여 여러 형태의 특수한 고등학교들을 인정하고 있음에 따라 학교 유형별 수요자 층이 다름을 고려하여 학교 유형별로 신입생 선발시기를 달리 정하고, 평준화지역 후기학교와 자사고 등의 특성을 고려하여 지원 방법도 달리 정한 것이다. 따라서 심판대상조항은 고등학교 교육에 대한 수요 및 공급의 상황과, 각종 고등학교별 특성 등을 고려하여 규정한 것으로서 수권법률인 초·중등교육법 제47조 제2항의 위임취지에 부합한다.

나. 사립학교도 공교육의 일익을 담당한다는 점에서 국·공립학교와 본질적 차이가 있을 수 없기 때문에, 국가가 일정한 범위 안에서 사립학교의 운영을 감독·통제할 권한과 책임을 지고 있으며, 그 규율의 정도는 그 시대의 사정과 각급 학교의 형편에 따라 다를 수밖에 없다. 이 사건 동시선발 조항이 청구인 학교법인의 사학운영의 자유를 제한하고 있더라도 그 위헌 여부는 헌법 제37조 제2항에 의한 기본권 제한의 한계를 벗어나 자의적으로 그 본질적 내용을 침해하였는지 여부에 따라 판단되어야 한다.

이 사건 동시선발 조항은 동등하고 공정한 입학전형의 운영을 통해 '우수학생 선점 해소 및 고교서열화를 완화'하고 '고등학교 입시경쟁을 완화'하기 위한 것이다. 당초 자사고를 전기학교로 규정한 취지는 자사고가 교육과정을 자율적으로 운영할 수 있도록 하면 일반고와 차별화된 교육을 제공할 것으로 기대되므로, 개별 자사고들의 건학이념 및 교육과정에 적합한 학생들을 후기학교보다 먼저 선발할 수 있도록 한 것인데, 당초 취지와 달리 자사고는 일반고와 교육과정에서 큰 차이가 없이 운영되었고, 전기모집은 학업능력이 우수한 학생을 선점하기 위한 목적으로 이용되었다. 일반고의 입장에서 고교 유형에 따른 부당한 차별이라는 주장도 제기되고 학교 유형간 학력격차도 확대되는 등 현재에 이르러서는 자사고를 전기학교로 규정하는 것이 더 이상 정당성을 찾기 힘든 상황이 되었다.

개별 자사고에 적합한 학생을 선발함에 있어서 핵심적 요소는 선발 방법인바, 자사고와 일반고가 동시선발하더라도 해당 학교의 장이 입학전형 방법을 정할 수 있으므로 해당 자사고의 교육에 적합한 학생을 선발하는 데 지장이 없고, 시행령은 입학전형 실시권자나 학생 모집 단위 등도 그대로 유지하여 자사고의 사학운영의 자유 제한을 최소화하였다. 또한 일반고 경쟁력 강화만으로 고교서열화 및 입시경쟁 완화에 충분하다고 단정할 수 없다. 따라서 이 사건 동시선발 조항은 국가가 학교 제도를 형성할 수 있는 재량 권한의 범위 내에 있다.

다. 자사고는 초·중등교육법 제61조에 따른 학교인데 위 조항은 신입생 선발시기에 관하여 자사고에 특별한 신뢰를 부여하였다고 볼 수 없다. 또한 입학전형에 관한 사항은 고등학교 교육에 대한 수요 및 공급의 상황과 각종 고등학교별 특성 등을 고려하여 정할 필요성이 있고, 전기학교로 규정할 것인지 여부는 특정 분야에 재능이나 소질을 가진 학생을 후기학교보다 먼저 선발할 필요성이 인정되는지에 따라 달라질 수 있는 가변적인 성격을 가지고 있다. 자사고가 당초 도입취지와 달리 운영되고 있음은 앞서 본 바와 같고 자사고가 전기학교로 유지되리라는 기대 내지 신뢰는 자사고의 교육과정을 도입취지에 충실하게 운영할 것을 전제로 한 것이므로 그 전제가 충족되지 않은 이상 청구인 학교법인의 신뢰를 보호하여야 할 가치나 필요성은 그만큼 약하다. 고교서열화 및 입시경쟁 완화라는 공익은 매우 중대하고, 자사고를 전기학교로 유지할 경우 우수학생 선점 문제를 해결하기 곤란하여 고교서열화 현상을 완화시키기 어렵다는 점, 청구인 학교법인의 신뢰의 보호가치가 작다는 점을 고려하면 이 사건 동시선발 조항은 신뢰보호원칙에 위배되지 아니한다.

라. 어떤 학교를 전기학교로 규정할 것인지 여부는 해당 학교의 특성상 특정 분야에 재능이나 소질을 가진 학생을 후기학교보다 먼저 선발할 필요성이 있는지에 따라 결정되어야 한다. 과학고는 '과학분야의 인재 양성'이라는 설립 취지나 전문적인 교육과정의 측면에서 과학 분야에 재능이나 소질을 가진 학생을 후기학교보다 먼저 선발할 필요성을 인정할 수 있으나, 자사고의 경우 교육과정 등을 고려할 때 후기학교보다 먼저 특정한 재능이나 소질을 가진 학생

을 선발할 필요성은 적다. 따라서 이 사건 동시선발 조항이 자사고를 후기학교로 규정함으로써 과학고와 달리 취급하고, 일반고와 같이 취급하는 데에는 합리적인 이유가 있으므로 청구인 학교법인의 평등권을 침해하지 아니한다. ★

마. 이 사건 중복지원금지 조항은 고등학교 진학 기회에 있어서의 평등이 문제된다. 비록 고등학교 교육이 의무교육은 아니지만 매우 보편화된 일반교육임을 고려할 때 고등학교 진학 기회의 제한은 당사자에게 미치는 제한의 효과가 커 엄격히 심사하여야 하므로 차별 목적과 차별 정도가 비례원칙을 준수하는지 살펴야 한다. 자사고를 지원하는 학생과 일반고를 지원하는 학생은 모두 전기학교에 지원하지 않았거나, 전기학교에 불합격한 학생들로서 고등학교에 진학하기 위해서는 후기 입학전형 1번의 기회만 남아있다는 점에서 같다.

시·도별로 차이는 있을 수 있으나 대체로 평준화지역 후기학교의 입학전형은 중학교 학교생활기록부를 기준으로 매긴 순위가 평준화지역 후기학교의 총 정원 내에 들면 평준화지역 후기학교 배정이 보장된다. 반면 자사고에 지원하였다가 불합격한 평준화지역 소재 학생들은 이 사건 중복지원금지 조항으로 인하여 원칙적으로 평준화지역 일반고에 지원할 기회가 없고, 지역별 해당 교육감의 재량에 따라 배정·추가배정 여부가 달라진다. 이에 따라 일부 지역의 경우 평준화지역 자사고 불합격자들에 대하여 일반고 배정절차를 마련하지 아니하여 자신의 학교군에서 일반고에 진학할 수 없고, 통학이 힘든 먼 거리의 비평준화지역의 학교에 진학하거나 학교의 장이 입학전형을 실시하는 고등학교에 정원미달이 발생할 경우 추가선발에 지원하여야 하고 그조차 곤란한 경우 고등학교 재수를 하여야 하는 등 고등학교 진학 자체가 불투명하게 되기도 한다. 고등학교 교육의 의미, 현재 우리나라의 고등학교 진학률에 비추어 자사고에 지원하였었다는 이유로 이러한 불이익을 주는 것이 적절한 조치인지 의문이 아닐 수 없다.

자사고와 평준화지역 후기학교의 입학전형 실시권자가 달라 자사고 불합격자에 대한 평준화지역 후기학교 배정에 어려움이 있다면 이를 해결할 다른 제도를 마련하였어야 함에도, 이 사건 중복지원금지 조항은 중복지원금지 원칙만을 규정하고 자사고 불합격자에 대하여 아무런 고등학교 진학 대책을 마련하지 않았다. 결국 이 사건 중복지원금지 조항은 고등학교 진학 기회에 있어서 자사고 지원자들에 대한 차별을 정당화할 수 있을 정도로 차별 목적과 차별 정도 간에 비례성을 갖춘 것이라고 볼 수 없다. 따라서 이 사건 중복지원금지 조항은 청구인 학생 및 학부모의 평등권을 침해하여 헌법에 위반된다. 이 사건 중복지원금지 조항이 평등권을 침해하여 위헌임을 확인한 이상 이 사건 중복지원금지 조항에 대한 청구인들의 그 밖의 주장에 대해서는 판단하지 아니한다. ★

2. 국민체육진흥법 제20조 제1항 제3호 위헌제청(위헌 2019.12.27. 2017헌가21)

– 국민체육진흥법상 '회원제로 운영하는 골프장 시설의 입장료에 대한 부가금' 조항에 관한 위헌제청 사건 –

[판시사항]

가. 구 국민체육진흥법(2007. 4. 11. 법률 제8344호로 전부개정되고, 2017. 12. 19. 법률 제15261호로 개정되기 전의 것) 제20조 제1항 제3호 및 국민체육진흥법(2017. 12. 19. 법률 제15261호로 개정된 것, 이하 개정연혁과 관계없이 '국민체육진흥법'이라 한다) 제20조 제1항 제3호(이하 위 두 조항을 합하여 '심판대상조항'이라 한다)가 규정한 '회원제로 운영하는 골프장 시설의 입장료에 대한 부가금'의 법적 성격

나. 심판대상조항이 헌법상 평등원칙에 위배되는지 여부(적극)

[결정요지]

가. 골프장 부가금은 국민체육진흥계정의 재원을 마련하는 데에 그 목적이 있을 뿐, 그 부과 자체로써 골프장 부가금 납부의무자의 행위를 특정한 방향으로 유도하거나 골프장 부가금 납부의무자 이외의 다른 집단과의 형평성 문제를 조정하고자 하는 등의 목적이 있다고 보기 어렵다는 점 등을 고려할 때, <u>재정조달목적 부담금에 해당한다.</u>

나. <u>심판대상조항으로 말미암아 골프장 부가금 납부의무자는 골프장 부가금 징수 대상 체육시설을 이용하지 않는 그 밖의 국민과 달리 심판대상조항에 따른 골프장 부가금을 부담해야만 하는 차별 취급을 받는다.</u> 심판대상조항이 규정한 골프장 부가금은 국민체육진흥법의 목적 등을 바탕으로 한 국민체육진흥계정의 재원이라는 점 등을 고려할 때, 골프장 부가금을 통해 수행하려는 공적 과제는 국민체육진흥계정의 안정적 재원 마련을 토대로 한 '국민체육의 진흥'이라고 할 수 있다. 그런데 국민체육진흥법상 '체육'의 의미와 그 범위, 국민체육진흥계정의 사용 용도 등에 비추어보면, '국민체육의 진흥'은 국민체육진흥법이 담고 있는 체육정책 전반에 관한 여러 규율사항을 상당히 폭넓게 아우르는 것으로서 이를 특별한 공적 과제로 보기에는 무리가 있다. 심판대상조

항에 의한 부가금의 납부의무는 골프장 부가금 징수 대상 시설의 이용자로 한정된다. 이들은 여러 체육시설 가운데 회원제로 운영되는 골프장을 이용하는 집단이라는 점에서 동질적인 특정 요소를 갖추고 있다. 그러나 광범위한 목표를 바탕으로 다양한 규율 내용을 수반하는 '국민체육의 진흥'이라는 공적 과제에 국민 중 어느 집단이 특별히 더 근접한다고 자리매김하는 것은 무리한 일이다. 수영장 등 다른 체육시설의 입장료에 대한 부가금제도를 국민부담 경감 차원에서 폐지하면서 골프장 부가금 제도를 유지한 것은 이른바 고소득 계층이 회원제로 운영하는 골프장을 주로 이용한다는 점이 고려된 것으로 보인다. 하지만 골프 이외에도 많은 비용이 필요한 체육 활동이 적지 않을뿐더러, 체육시설 이용 비용의 다과(多寡)에 따라 '국민체육의 진흥'이라는 공적 과제에 대한 객관적 근접성의 정도가 달라진다고 단정할 수도 없다. 골프장 부가금 납부의무자와 '국민체육의 진흥'이라는 골프장 부가금의 부과 목적 사이에는 특별히 객관적으로 밀접한 관련성이 인정되지 않는다. 수많은 체육시설 중 유독 골프장 부가금 징수 대상 시설의 이용자만을 국민체육진흥계정 조성에 관한 조세 외적 부담을 져야 할 책임이 있는 집단으로 선정한 것에는 합리성이 결여되어 있다. 골프장 부가금 등을 재원으로 하여 조성된 국민체육진흥계정의 설치 목적이 국민체육의 진흥에 관한 사항 전반을 아우르고 있다는 점에 비추어 볼 때, 국민 모두를 대상으로 하는 광범위하고 포괄적인 수준의 효용성을 놓고 부담금의 정당화 요건인 집단적 효용성을 갖추었다고 단정하기도 어렵다. 심판대상조항이 규정하고 있는 골프장 부가금은 일반 국민에 비해 특별히 객관적으로 밀접한 관련성을 가진다고 볼 수 없는 골프장 부가금 징수 대상 시설 이용자들을 대상으로 하는 것으로서 합리적 이유가 없는 차별을 초래하므로, 헌법상 평등원칙에 위배된다.

3. **국민건강보험법 제109조 제10항 등 위헌확인**(헌불) 2023.9.26. 2019헌마1165)

    - 외국인 국민건강보험 지역가입자의 보험료 하한 산정기준, 세대구성, 보험료 체납 정보 요청, 보험급여 제한 사건 -

[판시사항]

가. 내국인 및 영주(F-5)·결혼이민(F-6)의 체류자격을 가진 외국인(이하 '내국인 등')과 달리 외국인 지역가입자에 대하여 납부할 월별 보험료의 하한을 전년도 전체 가입자의 평균을 고려하여 정하는 구 '장기체류 재외국민 및 외국인

에 대한 건강보험 적용기준' 제6조 제1항에 의한 별표 2 제1호 단서(이하 '보험료하한 조항')가 외국인 지역가입자인 청구인들의 평등권을 침해하는지 여부(소극)
나. 내국인등과 달리 보험료 납부단위인 '세대'의 인정범위를 가입자와 그의 배우자 및 미성년 자녀로 한정한 위 보건복지부고시 제6조 제1항에 의한 별표 2 제4호(이하 '세대구성 조항')가 청구인들의 평등권을 침해하는지 여부(소극)
다. 내국인등과 달리 보험료를 체납한 경우에는 다음 달부터 곧바로 보험급여를 제한하는 국민건강보험법 제109조 제10항(이하 '보험급여제한 조항')이 청구인들의 평등권을 침해하는지 여부(적극) ★
라. 법무부장관이 외국인에 대한 체류 허가 심사를 함에 있어 보험료 체납정보를 요청할 수 있다고 규정한 출입국관리법 제78조 제2항 제3호 중 '외국인의 국민건강보험 관련 체납정보'에 관한 부분(이하 '정보요청조항')에 대하여 기본권 침해의 직접성 요건이 부인된 사례
마. 보험급여제한조항에 대하여 계속적용 헌법불합치 결정을 선고한 사례

[결정요지]
가. 보험료하한 조항이 보험급여와 보험료 납부의 상관관계를 고려하고, 외국인의 보험료 납부의무 회피를 위한 출국 등의 제도적 남용 행태를 막기 위하여 외국인 지역가입자가 납부해야 할 월별 보험료의 하한을 내국인등 지역가입자가 부담하는 보험료 하한(보험료가 부과되는 연도의 전전년도 평균 보수월액보험료의 1천분의 60 이상 1천분의 65 미만의 범위에서 보건복지부장관이 정하여 고시하는 금액)보다 높게 정한 것은 합리적인 이유가 있는 차별이다.
나. 세대구성 조항은 동일 세대로 인정되는 가족의 범위를 내국인등에 비해 더욱 좁게 규정하고 있는데, 이는 외국인에 대하여 정확한 가족관계 파악이 어려운 상황에서 현재 사회적으로 형성되어 있는 가족구성의 일반적인 형태인 부모와 미혼자녀로 구성되는 소가족의 형태를 반영한 것으로서, 합리적인 이유가 있는 차별이다.
다. 외국인은 그의 재산이 국내에만 있는 것이 아닐 수 있어, 체납보험료에 대한 징수절차로는 실효성을 거두기가 어렵고, 외국인은 진료를 마치고 본국으로 출국함으로써 보험료 납부의무를 쉽게 회피할 수 있다. 따라서 외국인 지역가입자에 대한 보험급여 제한을 내국인등과 달리 실시하는 것 자체는 합리적인

이유가 있는 차별이나, 보험급여제한 조항은 다음과 같은 점에서 합리적인 수준을 현저히 벗어난다. 보험급여제한 조항은 외국인의 경우 보험료의 1회 체납만으로도 별도의 공단 처분 없이 곧바로 그 다음 달부터 보험급여를 제한하도록 규정하고 있으므로, 보험료가 체납되었다는 통지도 실시되지 않는다. 그러나 절차적으로 보험료 체납을 통지하는 것은 당사자로 하여금 착오를 시정할 수 있도록 하거나 잘못된 보험료 부과 또는 보험급여제한처분에 불복할 기회를 부여하는 것이기 때문에, 이를 통지하지 않는 것은 정당화될 수 없는 차별이다. 보험급여제한 조항은 내국인과는 달리 과거 보험료를 납부해 온 횟수나 개별적인 경제적 사정의 고려 없이 단 1회의 보험료 체납만으로도 일률적으로 보험급여를 제한하고, 체납한 보험료를 사후에 완납하더라도 예외 없이 소급하여 보험급여를 인정하지 않는데, 이는 평균보험료를 납부할 능력이 없는 외국인에게는 불측의 질병 또는 사고·상해가 발생할 경우 건강에 대한 치명적 위험성에 더하여 가족 전체의 생계가 흔들리게 되는 결과를 낳게 할 수 있다. 외국인도 국민건강보험에 당연가입하도록 하고, 국내에 체류하는 한 탈퇴를 불허하는 것은, 단지 내국인과의 형평성 제고 뿐 아니라, 이들에게 사회연대원리가 적용되는 공보험의 혜택을 제공한다는 정책적 효과도 가지게 되는 것임을 고려하면, 보험료 체납에도 불구하고 보험급여를 실시할 수 있는 예외를 전혀 인정하지 않는 것은 합리적인 이유 없이 외국인을 내국인등과 달리 취급한 것이다. 따라서 보험급여제한 조항은 청구인들의 평등권을 침해한다. ★★★

라. 정보요청 조항은 법무부장관의 보험료 체납정보라는 집행행위를 예정하고 있으므로, 정보요청 조항에 대한 헌법소원심판 청구는 기본권침해의 직접성 요건을 결여하여 부적법하다.

마. 보험급여제한 조항의 위헌성은 보험급여 제한을 실시하는 것 그 자체에 있는 것이 아니라, 보험급여제한을 하지 않을 수 있는 예외를 전혀 인정하지 않고, 보험료 체납에 따른 보험급여 제한이 실시된다는 통지절차도 전혀 마련하지 않은 것에 있다. 그러한 위헌성을 제거하고 합헌적으로 조정하는 데에는 여러 가지 선택가능성이 있고, 입법자는 충분한 사회적 합의를 거쳐 그 방안을 강구할 필요가 있다. 이러한 점들을 감안하면, 보험급여제한 조항에 대하여는 단순위헌결정을 하는 대신 입법자의 개선입법이 있을 때까지 계속 적용을 명하는 헌법불합치결정을 선고한다.

제3절 자유권적 기본권

제1항 | 신체에 관한 자유와 권리

제12조 ① 모든 국민은 신체의 자유를 가진다. 누구든지 **법률**에 의하지 아니하고는 **체포·구속·압수·수색 또는 심문**을 받지 아니하며, **법률과 적법한 절차**에 의하지 아니하고는 **처벌·보안처분 또는 강제노역**을 받지 아니한다.
② 모든 국민은 고문을 받지 아니하며, 형사상 자기에게 불리한 진술을 강요당하지 아니한다.
③ 체포·구속·압수 또는 수색을 할 때에는 적법한 절차에 따라 검사의 신청에 의하여 법관이 발부한 영장을 제시하여야 한다. 다만, **현행범인인 경우와 장기 3년 이상의 형에 해당하는 죄를 범하고 도피 또는 증거인멸의 염려가 '있'**을 때에는 사후에 영장을 청구할 수 있다.
④ 누구든지 체포 또는 구속을 당한 때에는 즉시 변호인의 조력을 받을 권리를 가진다. 다만, 형사피고인이 스스로 변호인을 구할 수 없을 때에는 법률이 정하는 바에 의하여 국가가 변호인을 붙인다.
⑤ 누구든지 체포 또는 구속의 이유와 변호인의 조력을 받을 권리가 있음을 고지 받지 아니하고는 체포 또는 구속을 당하지 아니한다. 체포 또는 구속을 당한 자의 가족 등 법률이 정하는 자에게는 그 **이유와 일시·장소**가 지체 없이 통지되어야 한다.
⑥ 누구든지 체포 또는 구속을 당한 때에는 적부의 **심사**를 법원에 청구할 권리를 가진다.
⑦ 피고인의 자백이 고문·폭행·협박·구속의 부당한 장기화 또는 기망 기타의 방법에 의하여 자의로 진술된 것이 아니라고 인정될 때 또는 **정식재판**에 있어서 피고인의 자백이 그에게 불리한 유일한 증거일 때에는 이를 유죄의 증거로 삼거나 이를 이유로 처벌할 수 없다.

제13조 ① 모든 국민은 행위시의 **법률**에 의하여 범죄를 구성하지 아니하는 행위로 소추되지 아니하며, 동일한 범죄에 대하여 거듭 처벌받지 아니한다.
② 모든 국민은 **소급입법**에 의하여 참정권의 제한을 받거나 재산권을 박탈당하지 아니한다.
③ 모든 국민은 자기의 행위가 아닌 **친족**의 행위로 인하여 불이익한 처우를 받지 아니한다.

Ⅰ. 신체를 훼손당하지 않을 권리(신체의 완전성)

1. 의의

신체의 완전성이 침해당하지 아니할 자유와 자율적인 신체활동의 자유를 말함. 우리 헌법은 신체를 훼손당하지 않을 권리를 명시적으로 규정하고 있지 않으나 생명권과 더불어 당연히 허용되는 헌법적 권리○

2. 신체를 훼손당하지 않을 권리의 내용

(1) 의의: 신체불훼손권은 신체의 완전성을 보호

(2) 헌재결정

① **금치처분을 받은 수형자에 대한 절대적 운동의 금지**: 수형자의 신체적 건강뿐만 아니라 정신적 건강을 해칠 위험성이 현저히 높아, 신체의 안전성이 훼손당하지 아니할 자유에 대한 침해○(위헌 헌결 2002헌마478) ★ 비교 **금치처분을 받은 수형자에 대한 원칙적 운동의 금지**: 금치처분을 받은 사람에 대하여 실외 운동을 원칙적으로 금지하고, 다만 소장의 재량에 의하여 이를 예외적으로 허용하고 있는 '형의 집행 및 수용자의 처우에 관한 법률' 조항은 신체의 자유를 침해○(위헌 헌결 2014헌마45)

② 성폭력범죄를 저지른 성도착증 환자로서 재범의 위험성이 인정되는 19세 이상의 사람에 대해 법원이 15년의 범위에서 치료명령을 선고할 수 있도록 한 성폭력범죄자의 성충동 약물치료에 관한 법률의 조항: 그 선고 시점에서 치료명령의 요건이 충족된다고 판단하는 때에는 성충동 약물치료를 명하도록 하는 것으로서, 그 집행 시점에서 불필요한 치료를 막을 수 있는 절차가 마련되어 있지 않아 치료명령 피청구인의 신체의 자유를 침해○(헌불 헌결 2013헌가9)

3. 신체를 훼손당하지 않을 권리의 효력

대국가적 효력+간접적 대사인효

4. 신체를 훼손당하지 않을 권리에 대한 제한과 한계

헌법 제37조 제2항에 따라 제한될 수 있으나, 제한되는 경우에도 본질적 내용을 침해×

Ⅱ. 신체의 자유(신체활동의 임의성)

1. 신체의 자유의 의의

신체의 자유는, 신체의 안정성이 외부로부터의 물리적인 힘이나 정신적인 위험으로부터 침해당하지 아니할 자유와 신체활동을 임의적이고 자율적으로 할 수 있는 자유를 말한다(헌결 2011헌마28).

2. 신체의 자유의 내용

(1) **신체활동의 자유**: 신체의 자유는 '자율적인 신체활동의 자유'로서 신체이동의 자유를 포함

(2) **불법적인 공권력행사로부터의 신체활동의 보장**: 헌법 제12조 제1항은 누구

든지 법률에 의하지 아니하고는 체포·구속·압수·수색·심문을 받지 않고, 법률과 적법절차에 의하지 않고서는 처벌·보안처분·강제노역을 받지 않는다고 규정

3. 신체의 자유의 효력

대국가적 효력＋간접적 대사인효

4. 신체의 자유에 대한 제한과 한계

헌법 제37조 제2항에 따라 제한될 수 있으나, 제한되는 경우에도 본질적 내용을 침해×. 수형자에게 약 400일 동안 상시적으로 양팔을 사용할 수 없도록 금속수갑과 가죽수갑을 착용하게 한 계구사용행위는 신체거동의 자유를 침해○(헌결 2001헌마163)

| 헌결 | 대판 |

1. 형사피고인뿐만 아니라 피의자에게도 무죄추정의 원칙과 방어권보장의 원칙이 적용되므로, 피의자에 대한 계구사용은 도주 또는 증거인멸의 우려가 있거나 검사조사실 내의 안전과 질서를 유지하기 위하여 꼭 필요한 목적을 위하여만 허용될 수 있다. <중략> 그럼에도 불구하고 피청구인 소속 계호교도관이 이를 거절하고 청구인으로 하여금 수갑 및 포승을 계속 사용한 채 피의자조사를 받도록 하였는바, 이로 말미암아 청구인은 신체의 자유를 과도하게 제한당하였고 이와 같은 계구의 사용은 무죄추정원칙 및 방어권행사 보장원칙의 근본취지에도 반한다고 할 것이다[인용(위헌확인); 헌결 2005.5.26. 2001헌마728].
⇒ 청구인이 2001. 9. 28, 9. 29, 10. 4, 10. 5. 등 일자에 검사조사실에 소환되어 피의자신문을 받을 때 계호교도관이 포승으로 청구인의 팔과 상반신을 묶고 양손에 수갑을 채운 상태에서 피의자조사를 받도록 한 이 사건 계구사용행위가 과잉금지원칙에 어긋나게 청구인의 신체의 자유를 침해하여 위헌인 공권력행사인지 여부(적극)

2. 피청구인이 수용시설의 안전과 질서유지를 책임지는 교도소의 소장으로서 청구인의 도주 및 자살, 자해 등을 막기 위하여 수갑 등의 계구를 사용한 목적이 정당하고 이 사건 계구사용행위가 이를 위한 적합한 수단이라 볼 수 있다. 그러나 <중략> 이 사건 계구사용행위는 기본권제한의 한계를 넘어 필요 이상으로 장기간, 그리고 과도하게 청구인의 신체거동의 자유를 제한하고 최소한의 인간적인 생활을 불가능하도록 하여 청구인의 신체의 자유를 침해하고, 나아

가 인간의 존엄성을 침해한 것으로 판단된다[인용(위헌확인); 헌결 2003.12.18. 2001헌마163]. ⇒ 광주교도소장이 2000. 3. 7.부터 2001. 4. 2.까지 총 392일(가죽수갑 388일)동안 광주교도소에 수용되어 있는 청구인에게 상시적으로 양팔을 사용할 수 없도록 금속수갑과 가죽수갑을 착용하게 한 것이 청구인의 신체의 자유 등 기본권을 침해하였다고 판시한 사례

3. 이 사건 계구사용행위 및 동행계호행위가 청구인들의 기본권을 부당하게 침해한다고 보기 어렵다(헌결 2008.5.29. 2005헌마137). ⇒ 교도소 내 엄중격리대상자에 대하여 이동 시 계구를 사용하고 교도관이 동행계호하는 행위 및 1인 운동장을 사용하게 하는 처우가 신체의 자유를 과도하게 제한하는 것인지의 여부(소극)

4. 입법자는 국가형벌권의 실현과 국민의 기본권 보장의 요구를 조화시키기 위하여 형을 필요적으로 감면하거나 외국에서 집행된 형의 전부 또는 일부를 필요적으로 산입하는 등의 방법을 선택하여 청구인의 신체의 자유를 덜 침해할 수 있음에도, 이 사건 법률조항[저자 주: 외국에서 형의 전부 또는 일부의 집행을 받은 자에 대하여 형을 감경 또는 면제할 수 있도록 규정한 형법(1953. 9. 18. 법률 제293호로 제정된 것) 제7조]과 같이 우리 형법에 의한 처벌 시 외국에서 받은 형의 집행을 전혀 반영하지 아니할 수도 있도록 한 것은 과잉금지원칙에 위배되어 신체의 자유를 침해한다(헌불 헌결 2015.5.28. 2013헌바129). ★

5. [1] 심판대상조항들에 의하여 제한되는 기본권
심판대상조항들에 의한 성충동 약물치료명령에 의하여 약물투여가 되면 치료대상자의 성적 충동·욕구가 억제되고, 성기능이 제한될 수 있으며, 이에 따라 범죄행위에 해당하지 아니하는 성적 욕구나 행위까지도 억제될 수 있다. 따라서 심판대상조항들은 피치료자의 정신적 욕구와 신체기능에 대한 통제를 그 내용으로 하는 것으로서, 신체의 완전성이 훼손당하지 아니할 자유를 포함하는 헌법 제12조의 신체의 자유를 제한하고, 사회공동체의 일반적인 생활규범의 범위 내에서 사생활을 자유롭게 형성해 나가고 그 설계 및 내용에 대해서 외부로부터의 간섭을 받지 아니할 권리인 헌법 제17조의 사생활의 자유를 제한한다. 또한 심판대상조항들은 피치료자의 동의를 요건으로 하지 않으므로, 환자가 질병의 치료 여부 및 방법 등을 결정할 수 있는 신체에 관한 자기결정권 내지 성행위 여부 등에 관한 성적자기결정권 등 헌법 제10조에서 유래하는 개인의 자기운명결정권을 제한한다. 그 밖에 강제적인 성적 욕구·기능의 통제 자체로 대상자로 하여금 물적(物的) 취급을 받는 느낌, 모욕감과 수치심을

가지게 할 수 있으므로 헌법 제10조로부터 유래하는 인격권 역시 제한한다.
[2] 심판대상조항들은 성폭력범죄를 저지른 성도착증 환자의 동종 재범을 방지하기 위한 것으로서 그 입법목적이 정당하고, 성충동 약물치료는 성도착증 환자의 성적 환상이 충동 또는 실행으로 옮겨지는 과정의 핵심에 있는 남성호르몬의 생성 및 작용을 억제하는 것으로서 수단의 적절성이 인정된다. 또한 성충동 약물치료는 전문의의 감정을 거쳐 성도착증 환자로 인정되는 사람을 대상으로 청구되고, 한정된 기간 동안 의사의 진단과 처방에 의하여 이루어지며, 부작용 검사 및 치료가 함께 이루어지고, 치료가 불필요한 경우의 가해제 제도가 있으며, 치료 중단시 남성호르몬의 생성과 작용의 회복이 가능하다는 점을 고려할 때, 심판대상조항들은 원칙적으로 침해의 최소성 및 법익균형성이 충족된다. 다만 장기형이 선고되는 경우 치료명령의 선고시점과 집행시점 사이에 상당한 시간적 간극이 있어 집행시점에서 발생할 수 있는 불필요한 치료와 관련한 부분에 대해서는 침해의 최소성과 법익균형성을 인정하기 어렵다. 따라서 이 사건 '청구'조항은 과잉금지원칙에 위배되지 아니하나, 이 사건 '명령'조항은 집행 시점에서 불필요한 치료를 막을 수 있는 절차가 마련되어 있지 않은 점으로 인하여 과잉금지원칙에 위배되어 치료명령 피청구인의 신체의 자유 <등> 기본권을 침해한다(〔헌불〕 헌결 2015.12.23. 2013헌가9). ★ ⇒ 성폭력범죄를 저지른 성도착증 환자로서 재범의 위험성이 인정되는 19세 이상의 사람에 대해 법원이 15년의 범위에서 치료명령을 선고할 수 있도록 한 '성폭력범죄자의 성충동 약물치료에 관한 법률'(2012. 12. 18. 법률 제11557호로 개정된 것) 제4조 제1항(이하 '이 사건 청구조항'이라 한다) 및 '성폭력범죄자의 성충동 약물치료에 관한 법률' (2010. 7. 23. 법률 제10371호로 제정된 것) 제8조 제1항(이하 '이 사건 명령조항'이라 하며, 이 사건 청구조항과 합하여 '심판대상조항들'이라 한다)이 치료명령 피청구인의 신체의 자유 등 기본권을 침해하는지 여부(일부 적극)

6. [1] 심판대상조항(저자 주: 보호의무자 2인의 동의와 정신건강의학과 전문의 1인의 진단이 있으면 보호입원이 가능하도록 한 정신보건법)은 정신질환자를 신속·적정하게 치료하고, 정신질환자 본인과 사회의 안전을 지키기 위한 것으로서 그 목적이 정당하다. 보호의무자 2인의 동의 및 정신과전문의 1인의 진단을 요건으로 정신질환자를 정신의료기관에 보호입원시켜 치료를 받도록 하는 것은 입법목적을 달성하는 데 어느 정도 기여할 수 있다.

[2] 보호입원은 정신질환자의 신체의 자유를 인신구속에 버금가는 수준으로

제한하므로, 정신질환자 본인에 대한 치료와 사회의 안전 도모라는 측면에서 긍정적인 효과를 긍정하더라도 그 과정에서 신체의 자유 침해를 최소화하고 악용·남용가능성을 방지하며, 정신질환자를 사회로부터 일방적으로 격리하거나 배제하는 수단으로 이용되지 않도록 해야 한다. 그러나 심판대상조항은 다음과 같이 정신질환자의 신체의 자유 침해를 최소화할 수 있는 방안을 충분히 마련하지 않고 있어, 침해의 최소성 요건을 충족하고 있다고 볼 수 없다. <중략> 따라서 심판대상조항은 법익의 균형성 요건도 충족하지 못한다. 그렇다면 심판대상조항은 과잉금지원칙을 위반하여 신체의 자유를 침해한다(헌불 헌결 2016.9.29. 2014헌가9). ★

7. [1] 심판대상조항은 병(兵)을 대상으로 한 영창처분을 "부대나 함정 내의 영창, 그 밖의 구금장소에 감금하는 것을 말하며, 그 기간은 15일 이내로 한다."고 규정하고 있으므로, 심판대상조항에 의한 영창처분은 신체의 자유를 제한하는 구금에 해당하고, 이로 인해 헌법 제12조가 보호하려는 신체의 자유가 제한된다. ★

[2] 심판대상조항은 병의 복무규율 준수를 강화하고, 복무기강을 엄정히 하기 위하여 제정된 것으로 군의 지휘명령체계의 확립과 전투력 제고를 목적으로 하는바, 그 입법목적은 정당하고, 심판대상조항은 병에 대하여 강력한 위하력을 발휘하므로 수단의 적합성도 인정된다. 심판대상조항에 의한 영창처분은 징계처분임에도 불구하고 신분상 불이익 외에 신체의 자유를 박탈하는 것까지 그 내용으로 삼고 있어 징계의 한계를 초과한 점, <중략> 심판대상조항은 침해의 최소성 원칙에 어긋난다. 군대 내 지휘명령체계를 확립하고 전투력을 제고한다는 공익은 매우 중요한 공익이나, 심판대상조항으로 과도하게 제한되는 병의 신체의 자유가 위 공익에 비하여 결코 가볍다고 볼 수 없어, 심판대상조항은 법익의 균형성 요건도 충족하지 못한다. 이와 같은 점을 종합할 때, 심판대상조항은 과잉금지원칙에 위배된다(위헌 헌결 2020.9.24. 2017헌바157). ★ ⇒ 병(兵)에 대한 징계처분으로 일정기간 부대나 함정(艦艇) 내의 영창, 그 밖의 구금장소에 감금하는 영창처분이 가능하도록 규정한 구 군인사법 제57조 제2항 중 '영창'에 관한 부분(이하 '심판대상조항'이라 한다)이 헌법에 위반되는지 여부(적극)

Ⅲ. 신체의 자유의 실체적 보장

1. 죄형법정주의

(1) 의의: 범죄의 구성요건과 형벌의 양과 종류를 미리 법률로 확정함으로써, 무엇이 처벌될 행위인가를 예측 가능하도록 하여 국민의 법적 안정성을 보호하고 국민의 자유와 권리를 국가권력의 자의적 행사로부터 보호

(2) 파생원칙

　(가) 관습형법금지

　　① 의의: 범죄와 형벌은 법률로 사전에 정해져야 하며, 관습법에 의해 구성요건을 정하거나 가벌성을 정할 수×

　　② 내용: 범죄의 구성요건의 실질적 내용을 법률이 아닌 '법인의 정관'(헌결 99헌바112; 헌결 2015헌가29; 헌결 2018헌가12), '단체협약'(헌결 96헌가20)에 맡기는 것은 죄형법정주의에 위반○. 새마을금고 임원 선거 운동을 위하여 새마을금고의 '정관으로 정하는 기간 중에' 호별방문 등을 한 자를 처벌하는 새마을금고법 조항은 죄형법정주의 위반○(**위헌** 헌결 2019.5.30. 2018헌가12), 임원의 선거운동 기간 및 선거운동에 필요한 사항을 정관에서 정할 수 있도록 규정한 신용협동조합법(2015. 1. 20. 법률 제13067호로 개정된 것) 제27조의2 제2항 내지 제4항(**위헌** 헌결 2020.6.25. 2018헌바278)

　(나) 형벌소급금지

　　① 의의: 행위시 법률에 의하지 아니하고는 처벌되지 않는다는 것으로(§13①) 사후입법에 의한 처벌을 금지함으로써 법적 안정성과 신뢰보호를 확보내용

　　② 내용: '판례변경'에 따라 처벌(대판 97도3349)하거나, '공소시효의 소급적용'(헌결 96헌가2)은 위반×. 소위 '황제노역'과 관련하여 노역장유치기간의 하한을 정하면서 개정 전 범죄행위에 대하여도 소급적용하도록 한 형법 부칙 제2조 제1항은 범죄행위 당시보다 불이익한 법률을 소급 적용하도록 하는 것으로서 형벌불소급원칙 위반○(**위헌** 헌결 2017.10.26. 2015헌바239)

| 헌결 | 대판 |

1. "법률이 없으면 범죄도 없고 형벌도 없다."라는 말로 표현되는 <u>죄형법정주의</u>는 이미 제정된 정의로운 법률에 의하지 아니하고는 처벌되지 아니한다는 원칙으로서 이는 <u>무엇이 처벌될 행위인가를 국민이 예측가능한 형식으로 정하</u>

도록 하여 개인의 법적 안정성을 보호하고 성문의 형벌법규에 의한 실정법질서를 확립하여 국가형벌권의 자의적 행사로부터 개인의 자유와 권리를 보장하려는 법치국가 형법의 기본원칙이다. 우리 헌법도 제12조 제1항 후단에 "법률과 적법한 절차에 의하지 아니하고는 처벌·보안처분 또는 강제노역을 받지 아니한다."라고 규정하고, 제13조 제1항 전단에 "모든 국민은 행위시의 법률에 의하여 범죄를 구성하지 아니하는 행위로 소추되지 아니하며"라고 규정하여 죄형법정주의를 천명하였다(헌결 2004.9.23. 2002헌가26). ★

2. 형벌불소급원칙에서 의미하는 '처벌'은 형법에 규정되어 있는 형식적 의미의 형벌 유형에 국한되지 않으며, 범죄행위에 따른 제재의 내용이나 실제적 효과가 형벌적 성격이 강하여 신체의 자유를 박탈하거나 이에 준하는 정도로 신체의 자유를 제한하는 경우에는 형벌불소급원칙이 적용되어야 한다. 노역장유치는 그 실질이 신체의 자유를 박탈하는 것으로서 징역형과 유사한 형벌적 성격을 가지고 있으므로 형벌불소급원칙의 적용대상이 된다. ★
노역장유치조항은 1억 원 이상의 벌금형을 선고받는 자에 대하여 유치기간의 하한을 중하게 변경시킨 것이므로, 이 조항 시행 전에 행한 범죄행위에 대해서는 범죄행위 당시에 존재하였던 법률을 적용하여야 한다. 그런데 부칙조항은 노역장유치조항의 시행 전에 행해진 범죄행위에 대해서도 공소제기의 시기가 노역장유치조항의 시행 이후이면 이를 적용하도록 하고 있으므로, 이는 범죄행위 당시 보다 불이익한 법률을 소급 적용하도록 하는 것으로서 헌법상 형벌불소급원칙에 위반된다(위헌 헌결 2017.10.26. 2015헌바239). ⇒ 노역장유치조항을 시행일 이후 최초로 공소제기되는 경우부터 적용하도록 한 형법 부칙(2014. 5. 14. 법률 제12575호) 제2조 제1항(이하 '부칙조항'이라 한다)이 형벌불소급원칙에 위반되는지 여부(적극) ★ 신체의 자유 침해×

3. 처벌법규의 구성요건이 명확하여야 한다고 하더라도 입법자가 모든 구성요건을 단순한 의미의 서술적인 개념에 의하여 규정하여야 한다는 것은 아니다. 처벌법규의 구성요건이 다소 광범위하여 어떤 범위에서는 법관의 보충적인 해석을 필요로 하는 개념을 사용하였다고 하더라도 그 점만으로 헌법이 요구하는 처벌법규의 명확성의 원칙에 반드시 배치되는 것이라고 볼 수는 없다. 즉, 건전한 상식과 통상적인 법감정을 가진 사람으로 하여금 그 적용대상자가 누구이며 구체적으로 어떠한 행위가 금지되고 있는지 여부를 충분히 알 수 있도록 규정되어 있다면 죄형법정주의의 명확성의 원칙에 위배되지 않는다고 보아야 한다. 그렇게 보지 않으면 처벌법규의 구성요건이 지나치게 구체적이

고 정형적이 되어 부단히 변화하는 다양한 생활관계를 제대로 규율할 수 없게 될 것이기 때문이라는 것이 우리 재판소의 확립된 판례이다(헌결 2002.6.27. 2001헌바70). ★

4. 복잡·다기하게 변화하는 사회에서 입법자가 앞으로 일어날 수 있는 다종·다양한 모든 법률사건과 모든 법률사무를 일일이 구체적이고 서술적으로 열거한다는 것은 입법기술상 불가능하거나 현저히 곤란하다고 할 것이고, <u>법규범의 흠결을 보완하고 변화하는 사회에 대한 법규범의 적응력을 확보하기 위하여 예시적 입법형식이 요청된다고 할 것인바</u>, 입법자는 이 사건 법률규정에서 어느 정도 보편적이고 일반적인 용어인 "일반의 법률사건"과 "법률사무"라는 이른바 일반조항(불확정 개념)을 삽입하여 구성요건을 모두 개별적으로 확정하지 않고 법관의 보충적 해석에 맡긴 것이라고 보여진다. 다만, 이러한 예시적 입법형식에 있어서 구성요건의 일반조항이 지나치게 포괄적이어서 법관의 재량이 광범위하게 인정되어 자의적인 해석을 통하여 그 적용범위를 확장할 가능성이 있는 경우라면, 죄형법정주의 원칙에 위배된다. 따라서 <u>예시적 입법형식이 법률명확성의 원칙에 위배되지 않으려면 예시한 구체적인 사례(개개 구성요건)들이 그 자체로 일반조항의 해석을 위한 판단지침을 내포하고 있어야 할 뿐 아니라, 그 일반조항 자체가 그러한 구체적인 예시들을 포괄할 수 있는 의미를 담고 있는 개념이어야 한다</u>(헌결 2000.4.27. 98헌바95). ★

(다) 명확성원칙

① 의의: 금지되는 행위와 그에 대한 제재가 법률로 구체적이고 명료하게 규정되어야 함. ★ **최소한**의 명확성(헌결 95헌가16)

② 내용: 수뢰죄의 주체적 구성요건으로서의 '정부관리업체'(헌결 93헌바50), **구 노조법상 '단체협약에 위반한 자'에 대한 처벌 규정**(헌결 96헌가20), '**가정의례준칙에 비추어 합리적인 범위**(헌결 98헌마168)', 불량만화의 처벌기준인 '잔인성 조장, 덕성을 심히 해할 우려'(헌결 99헌가8), 불온통신개념인 '공공의 안녕질서 또는 미풍양속을 해하는'(헌결 99헌마480), 대통령령이 정하는 경우가 아닌 한 누구든지 전기통신사업자가 제공하는 전기통신역무를 이용하여 타인의 통신을 매개하거나 타인의 통신용에 제공한 자를 형사처벌하도록 규정한 구 전기통신사업법 제32조의 2 및 제74조(헌결 2001헌바5), 대통령령이 정하는 경우가 아닌 한 누구든지 전기통신사업자가 제공하는 전기통신역무를 이용하여 타인의 통신을 매개하거나 타인의 통신용에 제공

한 자를 형사처벌하도록 규정한 전기통신사업법 제72조 제6호(헌결 2002헌가11), '**공익을 해할 목적으로, 공연히 허위의 통신**'(헌결 2008헌바157), "수질 및 수생태계 보전에 관한 법률(§78)"의 '**토사**'의 의미, '**다량**'의 정도, '**현저히 오염**'(헌결 2011헌가26), "산업안전보건법"의 '이 법 또는 이 법에 의한 명령의 시행을 위하여 필요한 사항'(헌결 2008헌가6), '감사보고서에 기재하여야 할 사항을 기재하지 아니하는 행위'를 범죄의 구성요건으로 규정한 "주식회사의 외부감사에 관한 법률(§20)"(헌결 2002헌가20), **경범죄처벌법상 '과다노출' 금지조항**(헌결 2016헌가3), '**공중도덕상 유해한 업무**'에 대한 **근로자파견 금지조항**(헌결 2015헌가23)은 명확성원칙에 반○ ★ **주의** 전문과목을 표시한 치과의원에게 그 표시한 전문과목에 해당하는 환자만을 진료하도록 한 의료법은 **명확성 원칙위반**×(과잉금지원칙에 위배되어 직업수행의 자유침해○)(**위헌** 헌결 2013헌마799), 구 '아동·청소년의 성보호에 관한 법률' 제44조 제1항 제13호 중 '성인대상 성범죄로 형을 선고받아 확정된 자'에 관한 부분 중 "성인대상 성범죄"부분은 **명확성 원칙위반**×(직업선택의 자유침해○)(**위헌** 헌결 2013헌바585), ★ 초·중등학교의 교육공무원이 정치단체의 결성에 관여하거나 이에 가입하는 행위를 금지한 국가공무원법 제65조 제1항 중 '국가공무원법 제2조 제2항 제2호의 교육공무원 가운데 초·중등교육법 제19조 제1항의 교원은 그 밖의 정치단체의 결성에 관여하거나 이에 가입할 수 없다.' 부분은 **명확성원칙에 위배되어 청구인들의 정치적 표현의 자유, 결사의 자유를 침해**○(**위헌** 헌결 2020.4.23. 2018헌마551), ★ 사회복무요원의 정치적 행위를 금지하는 이 사건 법률조항 중 '그 밖의 정치단체에 가입하는 등 정치적 목적을 지닌 행위'에 관한 부분은 청구인의 정치적 표현의 자유 및 결사의 자유를 침해○(**위헌** 헌결 2021.11.25. 2019헌마534)

| 헌결 | 대판 |

1. 이 사건 법률조항에 의하면, 전기통신사업자가 제공하는 전기통신역무를 이용하여 타인의 통신을 매개하는 더 한층 발전된 전기통신역무의 제공이나 그 산업발전의 기초가 되는 새로운 기술과 장비의 연구·개발행위 등도 금지될 수 있고, 또한 대가의 수령 여부를 불문하고, 전화나 피씨(PC)통신 등을 위하여 개인이 그 전화기나 컴퓨터를 친지 또는 이웃에게 빌려주든지, 전자제품 매장에서 전시·판매용 전화기나 컴퓨터를 시용(試用)하도록 하는 것 등도 모두 금지행위에 해당하게 되는 것은 아닌가 하는 의문이 제기될 여지가 있어

죄형법정주의에서 도출되는 명확성의 원칙에 위배된다. 이 사건 법률조항은 대통령령이 정하는 예외적인 경우에는 타인사용이 가능하도록 규정하고 있는 바 이에 관한 대통령령인 전기통신사업법시행령 제10조의2에 의하면, 국가비상사태 하에서 재해의 예방·구조, 교통·통신 및 전력공급의 확보 또는 질서의 유지를 위하여 필요한 경우(제1호)와 기타 공공의 이익을 위하여 필요하거나 전기통신사업자의 사업경영에 지장을 초래하지 아니하는 경미한 사항으로서 정보통신부장관이 인정하는 경우(제2호)가 그 예외라고 규정하고 있으나, 이와 같이 처벌의 대상에서 제외되는 대상행위가 어떤 것일지는 법률에서 도저히 예측할 수 없어 국민들로서는 어떠한 행위가 금지되고 어떠한 행위가 허용되는지를 알 수 없다. 결국, 이 법률조항은 죄형법정주의에서 도출된 명확성의 원칙에 위배될 뿐만 아니라 위임입법의 한계를 일탈하여 헌법에 위반된다(**위헌** 헌결 2002.5.30. 2001헌바5). ⇒ 대통령령이 정하는 경우가 아닌 한 누구든지 전기통신사업자가 제공하는 전기통신역무를 이용하여 타인의 통신을 매개하거나 타인의 통신용에 제공한 자를 형사처벌하도록 규정한 구 전기통신사업법 제32조의 2 및 제74조(이하 "이 사건 법률조항"이라 한다)가 죄형법정주의에서 도출되는 명확성의 원칙에 위배되는지 여부 및 위임입법의 한계를 일탈하였는지 여부 (적극)

2. 이 사건 법률조항에 의하면, 전기통신사업자가 제공하는 전기통신역무를 이용하여 타인의 통신을 매개하는 더 한층 발전된 전기통신역무의 제공이나 그 산업발전의 기초가 되는 새로운 기술과 장비의 연구·개발행위 등도 금지될 수 있고, 또한 대가의 수령 여부를 불문하고, 전화나 피씨(PC)통신 등을 위하여 개인이 그 전화기나 컴퓨터를 친지 또는 이웃에게 빌려주든지, 전자제품매장에서 전시·판매용 전화기나 컴퓨터를 시용(試用)하도록 하는 것 등도 모두 금지행위에 해당하게 되는 것은 아닌가 하는 의문이 제기될 여지가 있어 죄형법정주의에서 도출되는 명확성의 원칙에 위배된다(**위헌** 헌결 2002.9.19. 2002헌가11). ⇒ 대통령령이 정하는 경우가 아닌 한 누구든지 전기통신사업자가 제공하는 전기통신역무를 이용하여 타인의 통신을 매개하거나 타인의 통신용에 제공한 자를 형사처벌하도록 규정한 전기통신사업법 제72조 제6호(이하 "이 사건 법률조항"이라 한다)가 명확성의 원칙에 위배되는지 여부(적극)

3. 이 사건 법률조항은 표현의 자유에 대한 제한입법이며, 동시에 형벌조항에 해당하므로, 엄격한 의미의 명확성원칙이 적용된다. 그런데 이 사건 법률조항은 "공익을 해할 목적"의 허위의 통신을 금지하는바, 여기서의 "공익"은 형벌조

항의 구성요건으로서 구체적인 표지를 정하고 있는 것이 아니라, 헌법상 기본권 제한에 필요한 최소한의 요건 또는 헌법상 언론·출판의 자유의 한계를 그대로 법률에 옮겨 놓은 것에 불과할 정도로 그 의미가 불명확하고 추상적이다. 따라서 어떠한 표현행위가 "공익"을 해하는 것인지, 아닌지에 관한 판단은 사람마다의 가치관, 윤리관에 따라 크게 달라질 수밖에 없으며, 이는 판단 주체가 법전문가라 하여도 마찬가지이고, 법집행자의 통상적 해석을 통하여 그 의미내용이 객관적으로 확정될 수 있다고 보기 어렵다. 나아가 현재의 다원적이고 가치상대적인 사회구조 하에서 구체적으로 어떤 행위상황이 문제되었을 때에 문제되는 공익은 하나로 수렴되지 않는 경우가 대부분인바, 공익을 해할 목적이 있는지 여부를 판단하기 위한 공익간 형량의 결과가 언제나 객관적으로 명백한 것도 아니다. 결국, <u>이 사건 법률조항은 수범자인 국민에 대하여 일반적으로 허용되는 '허위의 통신' 가운데 어떤 목적의 통신이 금지되는 것인지 고지하여 주지 못하고 있으므로 표현의 자유에서 요구하는 명확성의 요청 및 죄형법정주의의 명확성원칙에 위배하여 헌법에 위반된다</u>(위헌 헌결 2010.12.28. 2008헌바157). ★ ⇒ 공익을 해할 목적으로 전기통신설비에 의하여 공연히 허위의 통신을 한 자를 형사 처벌하는 전기통신기본법 제47조 제1항(이하 '이 사건 법률조항'이라 한다)의 죄형법정주의의 명확성원칙 위반 여부 (적극)

4. 심판대상조항은 알몸을 '지나치게 내놓는' 것이 무엇인지 그 판단 기준을 제시하지 않아 무엇이 지나친 알몸노출행위인지 판단하기 쉽지 않고, '가려야 할 곳'의 의미도 알기 어렵다. 심판대상조항 중 '부끄러운 느낌이나 불쾌감'은 사람마다 달리 평가될 수밖에 없고, 노출되었을 때 부끄러운 느낌이나 불쾌감을 주는 신체부위도 사람마다 달라 '부끄러운 느낌이나 불쾌감'을 통하여 '지나치게'와 '가려야 할 곳' 의미를 확정하기도 곤란하다. 심판대상조항은 '선량한 성도덕과 성풍속'을 보호하기 위한 규정인데, 이러한 성도덕과 성풍속이 무엇인지 대단히 불분명하므로, 심판대상조항의 의미를 그 입법목적을 고려하여 밝히는 것에도 한계가 있다. <u>대법원은 '신체노출행위가 단순히 다른 사람에게 부끄러운 느낌이나 불쾌감을 주는 정도에 불과한 경우 심판대상조항에 해당한다.'라고 판시하나, 이를 통해서도 '가려야 할 곳', '지나치게'의 의미를 구체화 할 수 없다</u>. 심판대상조항의 불명확성을 해소하기 위해 노출이 허용되지 않는 신체부위를 예시적으로 열거하거나 구체적으로 특정하여 분명하게 규정하는 것이 입법기술상 불가능하거나 현저히 곤란하지도 않다. 예컨대

이른바 '바바리맨'의 성기노출행위를 규제할 필요가 있다면 노출이 금지되는 신체부위를 '성기'로 명확히 특정하면 될 것이다. 따라서 심판대상조항은 죄형법정주의 명확성원칙에 위배된다(위헌 헌결 2016.11.24. 2016헌가3). ★

⇒ '여러 사람의 눈에 뜨이는 곳에서 공공연하게 알몸을 지나치게 내놓거나 가려야 할 곳을 내놓아 다른 사람에게 부끄러운 느낌이나 불쾌감을 준 사람'을 처벌하는 경범죄처벌법(2012. 3. 21. 법률 제11401호로 전부개정된 것) 제3조 제1항 제33호가 죄형법정주의 명확성원칙에 위배되는지 여부(적극)

5. (1) 재판관 유남석, 재판관 이영진, 재판관 문형배의 위헌의견

국가공무원법조항 중 '그 밖의 정치단체'에 관한 부분은, '그 밖의 정치단체'라는 불명확한 개념을 사용하고 있어, 표현의 자유를 규제하는 법률조항, 형벌의 구성요건을 규정하는 법률조항에 대하여 헌법이 요구하는 명확성원칙의 엄격한 기준을 충족하지 못하였다. 이에 대하여는, 아래 재판관 3인의 위헌의견 중 '명확성원칙 위배 여부' 부분과 의견을 모두 같이 한다. 덧붙여, 국가공무원법조항 중 '그 밖의 정치단체'에 관한 부분은 어떤 단체에 가입하는가에 관한 집단적 형태의 '표현의 내용'에 근거한 규제이므로, 더욱 규제되는 표현의 개념을 명확하게 규정할 것이 요구된다. 그럼에도 위 조항은 '그 밖의 정치단체'라는 불명확한 개념을 사용하여, 수범자에 대한 위축효과와 법 집행 공무원의 자의적 판단 위험을 야기하고 있다. 위 조항이 명확성원칙에 위배되어 나머지 청구인들의 정치적 표현의 자유, 결사의 자유를 침해하여 헌법에 위반되는 점이 분명한 이상, 과잉금지원칙에 위배되는지 여부에 대하여는 더 나아가 판단하지 않는다. ★

(2) 재판관 이석태, 재판관 김기영, 재판관 이미선의 위헌의견

국가공무원법조항 중 '그 밖의 정치단체'에 관한 부분은 형벌의 구성요건을 규정하는 법률조항이고, 나머지 청구인들의 정치적 표현의 자유 및 결사의 자유를 제한하므로, 엄격한 기준의 명확성원칙에 부합하여야 한다. 민주주의 국가에서 국가 구성원의 모든 사회적 활동은 '정치'와 관련된다. 특히 단체는 국가 정책에 찬성·반대하거나, 특정 정당이나 후보자의 주장과 우연히 일치하기만 하여도 정치적인 성격을 가진다고 볼 여지가 있다. 국가공무원법조항은 가입 등이 금지되는 대상을 '정당이나 그 밖의 정치단체'로 규정하고 있으므로, 문언상 '정당'에 준하는 정치단체만을 의미하는 것이라고 해석하기도 어렵다. 단체의 목적이나 활동에 관한 어떠한 제한도 없는 상태에서는 '정치단체'와 '비정치단체'를 구별할 수 있는 기준을 도출할 수 없다. 공무원의 정치적

중립성 및 교육의 정치적 중립성의 보장이라는 위 조항의 입법목적을 고려하더라도, '정치적 중립성' 자체가 다원적인 해석이 가능한 추상적인 개념이기 때문에, 이에 대하여 우리 사회의 구성원들이 일치된 이해를 가지고 있다고 보기 어렵다. 이는 판단주체가 법전문가라 하여도 마찬가지이다. 그렇다면 <u>위 조항은 명확성원칙에 위배되어 나머지 청구인들의 정치적 표현의 자유 및 결사의 자유를 침해한다</u>. ★

국가공무원법조항 중 '그 밖의 정치단체'에 관한 부분은 공무원의 정치적 중립성 및 교육의 정치적 중립성을 보장하기 위한 것이므로, 그 입법목적의 정당성이 인정된다. 그러나 위 조항은 위와 같은 입법목적과 아무런 관련이 없는 단체의 결성에 관여하거나 이에 가입하는 행위까지 금지한다는 점에서 수단의 적합성 및 침해의 최소성이 인정되지 않는다. 또한 위 조항은 국가공무원법 제2조 제2항 제2호의 교육공무원 가운데 초·중등교육법 제19조 제1항의 교원(이하 '교원'이라 한다)의 직무와 관련이 없거나 그 지위를 이용한 것으로 볼 수 없는 결성 관여행위 및 가입행위까지 전면적으로 금지한다는 점에서도 수단의 적합성 및 침해의 최소성을 인정할 수 없다. 공무원의 정치적 중립성은 국민 전체에 대한 봉사자의 지위에서 공직을 수행하는 영역에 한하여 요구되는 것이고, 교원으로부터 정치적으로 중립적인 교육을 받을 기회가 보장되는 이상, 교원이 기본권 주체로서 정치적 자유권을 행사한다고 하여 교육을 받을 권리가 침해된다거나 교육의 정치적 중립성이 훼손된다고 볼 수 없다. 교원이 사인의 지위에서 정치적 자유권을 행사하게 되면 직무수행에 있어서도 정치적 중립성을 훼손하게 된다는 논리적 혹은 경험적 근거는 존재하지 않는다. 공무원의 정치적 중립성 및 교육의 정치적 중립성에 대한 국민의 신뢰는 직무와 관련하여 또는 그 지위를 이용하여 정치적 중립성을 훼손하는 행위를 방지하기 위한 감시와 통제 장치를 마련함으로써 충분히 담보될 수 있다. 위 조항이 교원에 대하여 정치단체의 결성에 관여하거나 이에 가입하는 행위를 전면적으로 금지함으로써 달성할 수 있는 공무원의 정치적 중립성 및 교육의 정치적 중립성은 명백하거나 구체적이지 못한 반면, 그로 인하여 교원이 받게 되는 정치적 표현의 자유 및 결사의 자유에 대한 제약과 민주적 의사형성과정의 개방성과 이를 통한 민주주의의 발전이라는 공익에 발생하는 피해는 매우 크므로, 위 조항은 법익의 균형성도 갖추지 못하였다. <u>위 조항은 과잉금지원칙에 위배되어 나머지 청구인들의 정치적 표현의 자유 및 결사의 자유를 침해한다</u>(위헌 헌결 2020.4.23. 2018헌마551). ★★★

⇒ 초·중등학교의 교육공무원이 정치단체의 결성에 관여하거나 이에 가입하는 행위를 금지한 국가공무원법(2008. 3. 28. 법률 제8996호로 개정된 것) 제65조 제1항 중 '국가공무원법 제2조 제2항 제2호의 교육공무원 가운데 초·중등교육법 제19조 제1항의 교원은 그 밖의 정치단체의 결성에 관여하거나 이에 가입할 수 없다.' 부분(이하 "국가공무원법조항 중 '그 밖의 정치단체'에 관한 부분"이라 한다)이 나머지 청구인들의 정치적 표현의 자유 및 결사의 자유를 침해하는지 여부(적극)

6. [1] 이 사건 법률조항 중 '정당'에 관한 부분은 사회복무요원의 정치적 중립성을 유지하고 업무전념성을 보장하기 위한 것으로, 정당은 개인적 정치활동과 달리 국민의 정치적 의사형성에 미치는 영향력이 크므로 사회복무요원의 정당 가입을 금지하는 것은 입법목적을 달성하기 위한 적합한 수단이다. 정당에 관련된 표현행위는 직무 내외를 구분하기 어려우므로 '직무와 관련된 표현행위만을 규제'하는 등 기본권을 최소한도로 제한하는 대안을 상정하기 어려우며, 위 입법목적이 사회복무요원이 제한받는 사익에 비해 중대하므로 이 사건 법률조항 중 '정당'에 관한 부분은 청구인의 정치적 표현의 자유 및 결사의 자유를 침해하지 않는다. ⇒ 사회복무요원이 정당 가입을 할 수 없도록 규정한 병역법 제33조 제2항 본문 제2호(이하 '이 사건 법률조항'이라 한다) 중 '정당'에 관한 부분이 사회복무요원인 청구인의 정치적 표현의 자유 및 결사의 자유를 침해하는지 여부(소극)

[2] (1) 재판관 이석태, 재판관 김기영, 재판관 이미선의 위헌의견

이 사건 법률조항은 형벌의 구성요건을 규정한 것이고 청구인의 정치적 표현의 자유 및 결사의 자유를 제한하므로, 엄격한 기준의 명확성원칙에 부합하여야 한다. 민주주의 국가에서 국가 구성원의 모든 사회적 활동은 '정치'와 관련되고, 단체는 국가 정책에 찬성·반대하거나, 특정 정당이나 후보자의 주장과 우연히 일치하기만 하여도 정치적인 성격을 가진다고 볼 여지가 있다. '그 밖의 정치단체'는 문언상 '정당'에 준하는 정치단체만을 의미하는 것이 아니고, 단체의 목적이나 활동에 관한 어떠한 제한도 규정하고 있지 않으며, '정치적 중립성'이라는 입법목적 자체가 매우 추상적인 개념이어서, 이로부터 '정치단체'와 '비정치단체'를 구별할 수 있는 기준을 도출할 수 없다. 이 사건 법률조항은 '정치적 목적을 지닌 행위'의 의미를 개별화·유형화 하지 않으며, '그 밖의 정치단체'의 의미가 불명확하므로 이를 예시로 규정하여도 '정치적 목적을 지닌 행위'의 불명확성은 해소되지 않는다. 따라서 위 부분은 명확성원칙에

위배된다. 위 부분은 사회복무요원의 정치적 중립성 보장과 아무런 관련이 없는 사회적 활동까지 금지한다는 점에서 수단의 적합성이 인정되지 않는다. 나아가 사회복무요원의 업무는 소속기관의 행정업무지원 등 단순한 경우가 많고, 사회복지시설과 같은 민간영역에 소속되어 일하기도 한다. 그렇다면 사회복무요원의 '정치적 목적을 지닌 행위'를 전면적으로 금지하는 것은 침해의 최소성 및 법익의 균형성도 갖추지 못하였다. 따라서 위 부분은 청구인의 정치적 표현의 자유 및 결사의 자유를 침해한다. ★

⑵ 재판관 유남석, 재판관 이영진, 재판관 문형배의 위헌의견

이 사건 법률조항 중 '그 밖의 정치단체에 가입하는 등 정치적 목적을 지닌 행위' 부분은, '그 밖의 정치단체' 및 '정치적 목적을 지닌 행위'라는 불명확한 개념을 사용하고 있어 명확성원칙에 위배된다. 이에 대하여는, 위 부분에 대한 재판관 이석태, 재판관 김기영, 재판관 이미선의 위헌의견 중 '명확성원칙 위배 여부' 부분과 의견을 같이 한다. 덧붙여, 위 부분은 집단적 형태의 '표현의 내용'에 근거한 규제이므로, 규제되는 표현의 개념을 더욱 명확하게 규정할 것이 요구된다. 그럼에도 위 부분은 '그 밖의 정치단체' 및 '정치적 목적을 지닌 행위'라는 불명확한 개념을 사용하여, 수범자에 대한 위축효과와 법 집행공무원의 자의적인 판단의 위험을 야기한다. 위 부분이 명확성원칙에 반하여 청구인의 정치적 표현의 자유 및 결사의 자유를 침해하여 헌법에 위반되는 점이 분명한 이상, 과잉금지원칙 위배 여부에 대하여 더 나아가 판단하지 않는다(위헌 헌결 2021.11.25. 2019헌마534). ★ ⇒ 사회복무요원의 정치적 행위를 금지하는 이 사건 법률조항 중 '그 밖의 정치단체에 가입하는 등 정치적 목적을 지닌 행위'에 관한 부분이 청구인의 정치적 표현의 자유 및 결사의 자유를 침해하는지 여부(적극)

7. [1] 재판관 이석태, 재판관 이종석, 재판관 이영진, 재판관 김기영, 재판관 문형배의 위헌의견

처벌조항은 직무수행조항을 위반한 자를 처벌하고 있는데, 직무수행조항은 집단급식소에 근무하는 영양사의 직무를 포괄적으로 규정하고 있다. 이로 인해 처벌조항에 규정된 처벌범위가 지나치게 광범위해질 수 있다는 문제가 발생한다. 처벌조항과 관련된 입법연혁 및 관련 입법자료, 그 밖에 식품위생법의 여러 규정을 살펴보아도 처벌대상에 관한 구체적이고 유용한 기준은 도출해낼 수 없고, 이에 관한 법원의 확립된 판례도 존재한다고 보기 어렵다. 집단급식소에 근무하는 영양사가 집단급식소에 전혀 출근을 하지 않고 아무런 업

무를 수행하지 아니하는 경우에는 직무수행조항에 정한 직무를 수행하지 않았음이 분명하다고 볼 수 있지만, 사안에 따라서는 직무수행조항에 정한 각 호의 업무를 어떤 경우에 수행하지 않았다고 볼 것인지 불분명할 수 있다. 처벌조항에 관해 위와 같은 광범성 및 불명확성 문제가 발생한 근본적인 이유는, 입법자가 질적 차이가 현저한 두 가지 입법기능을 하나의 조항으로 규율하고자 하였기 때문이다. 직무수행조항은 집단급식소에 근무하는 영양사와 조리사의 직무범위를 구분하는 기능을 함과 동시에, 처벌조항을 통해 구성요건이 된다. 전자는 포괄적 규정의 필요성이 인정될 수 있지만, 후자는 죄형법정주의 등을 고려하여 제한된 범위 내에서 구체적으로 범죄행위를 규정할 것이 요청된다. 그러나 처벌조항에 규정된 '위반'이라는 문언은 집단급식소에 근무하는 영양사가 직무를 수행하지 아니한 경우 처벌한다는 의미만을 전달할 뿐, 그 판단기준에 관해서는 구체적이고 유용한 지침을 제공하지 않는다. 이는 식품위생법의 다른 금지규정 및 형벌규정과 대조된다. 이상과 같은 점을 고려할 때 처벌조항은 죄형법정주의 명확성원칙에 위반된다. ★★★

[2] 재판관 유남석, 재판관 이선애의 위헌의견

형벌을 부과하는 법률조항의 내용이 포괄적이고 광범위하다는 것이 곧 해당 법률조항 의미 자체의 불명확성을 뜻하는 것은 아니다. 직무수행조항 및 처벌조항의 문언 및 법규범의 체계적 구조를 고려할 때, 처벌조항은 집단급식소에 근무하는 영양사가 직무수행조항에 정한 직무를 수행하지 아니한 행위 일체를 처벌대상으로 삼고 있음이 분명하다. 처벌조항은 그 내용이 포괄적이고 광범위하기는 하지만, 그로 인하여 법규범의 의미내용에 대한 예측가능성이 없다거나, 자의적인 법해석이나 법집행이 배제되지 않는다고 보기는 어렵다. 따라서 처벌조항은 죄형법정주의 명확성원칙에 위반되지는 않는다. ★★★

직무수행조항은 집단급식소의 영양사와 조리사의 권한과 책임을 명확히 하기 위해 신설된 규정 중 하나인데, 그로 인해 직무수행조항은 집단급식소에 근무하는 영양사의 직무를 극히 포괄적으로 규정하여, 영양사가 '특별히' 이행하여야 할 직무가 아니라 집단급식소에 근무하는 영양사가 이행할 수 있는 사실상 '모든' 직무를 규정하고 있다. 그럼에도 불구하고 처벌조항은 아무런 제한 없이 직무수행조항을 위반하면 형사처벌을 하도록 함으로써 형사제재의 필요성이 인정된다고 보기 어려운 행위에 대해서까지 처벌의 대상으로 삼을 수 있도록 하고 있다. 처벌조항으로 인해 집단급식소에 근무하는 영양사는 그 경중 또는 실질적인 사회적 해악의 유무에 상관없이 직무수행조항에서 규정하고 있는 직무를 단 하나라도 불이행한 경우 상시적인 형사처벌의 위험에 노출된다. 이는 범죄의 설정에 관한 입법재량의 한계를 현저히 일탈하여 과도하다고 하지 않을 수 없다. 그러므로 처벌조항은 과잉금지원칙에 위반된다(위헌 헌결 2023.3.23. 2019헌바141). ★★★ ⇒ 집단급식소에 근무하는 영양사의 직무를 규정한 조항인 식품위생법 제52조 제2항(이하 '직무수행조항'이라 한다)을 위반한 자를 처벌하는, 식품위생법 제96조 중 '제52조 제2항을 위반한 자'에 관한 부분(이하 '처벌조항'이라 한다)이 헌법에 위반되는지 여부(적극)

⑷ 유추해석금지

① 의의: 범죄와 형벌에 대한 법률규정이 없음에도 다른 법률의 해석을 통해 범죄와 형벌을 인정하는 것을 금하는 것
② 내용: 수뢰죄(형법 §129①)의 '공무원'에 직업공무원이 아닌 지방자치단체 산하의 위원회 심의위원이 포함된다고 해석하는 한도에서 헌법에 위반 (한정위헌 헌결 2011헌바117)

⑸ 자기책임원리

① 의의: 타인의 행위에 대해 책임을 지지 않는다는 것으로, 인간의 존엄 및 인간의 자유와 유책성의 필연적 결과로서, 근대법의 기본이념으로 기능 ⇒ **형사법상 책임원칙**은 형벌은 범행의 경중과 행위자의 책임 사이에 비례성을 갖추어야 하고, 특별한 이유로 형을 가중하는 경우에도 형벌의 양은 행위자의 책임의 정도를 초과해서는 안 된다는 것을 의미(헌결 2021.11.25. 2019헌바446)
② 내용: 법인(위헌 헌결 2008헌가14) 또는 영업주(위헌 헌결 2005헌가10)에 대한 양벌규정은 자기책임원리에 위배○, 면세용 담배를 공급받은 자가 담배를 용도 외에 부정사용한 경우 위반행위와 무관한 담배제조자에게 담배소비세를 징수하는 것(위헌 헌결 2002헌가27), '노동조합 및 노동관계조정법'상 양벌규정 사건(위헌 헌결 2020.4.23. 2019헌가25), 구 도로법상 양벌규정 위헌제청 사건[법인의 종업원 등이 적재량 측정 방해행위를 하면 그 법인에게도 동일한 벌금형을 과하도록 규정한 구 도로법](위헌 헌결 2020.6.25. 2020헌가7)은 자기책임의 원리에 위반○ ⇒ ★ 헌법재판소는 2009. 7. 30. 2008헌가14 결정 이래로 '종업원 등이 그 법인의 업무에 관하여 범죄행위를 한 사실이 인정되면 곧바로 그 법인을 처벌하도록 하면서 면책사유를 정하지 아니한 양

벌규정'에 대하여 책임주의원칙 위배를 이유로 일관되게 위헌을 선언하고 있음 / 선박소유자가 고용한 선장이 선박소유자의 업무에 관하여 범죄행위를 하면 그 선박소유자에게도 동일한 벌금형을 과하도록 규정하고 있는 구 선박안전법(2007. 1. 3. 법률 제8221호로 개정되고, 2009. 12. 29. 법률 제9871호로 개정되기 전의 것) 제84조 제2항 중 '선장이 선박소유자의 업무에 관하여 제1항 제9호의 위반행위를 한 때에는 선박소유자에 대하여도 동항의 벌금형에 처한다.'는 부분이 책임주의원칙에 위배되는지 여부(적극)(위헌 헌결 2013.9.26. 2013헌가15) ★

| 헌결 | 대판 | **책임주의원칙 등의 위배 인정**

1. 법정형의 종류와 범위를 정하는 것이 기본적으로 입법자의 권한에 속하는 것이라고 하더라도, 형벌은 죄질과 책임에 상응하도록 적절한 비례성이 지켜져야 하는바, 군대 내 명령체계유지 및 국가방위라는 이유만으로 가해자와 상관 사이에 명령복종관계가 있는지 여부를 불문하고 전시와 평시를 구분하지 아니한 채 다양한 동기와 행위태양의 범죄를 동일하게 평가하여 사형만을 유일한 법정형으로 규정하고 있는 이 사건 법률조항은, 범죄의 중대성 정도에 비하여 심각하게 불균형적인 과중한 형벌을 규정함으로써 죄질과 그에 따른 행위자의 책임 사이에 비례관계가 준수되지 않아 인간의 존엄과 가치를 존중하고 보호하려는 실질적 법치국가의 이념에 어긋나고, 형벌체계상 정당성을 상실한 것이다(위헌 헌결 2007.11.29. 2006헌가13). ★ ⇒ 상관을 살해한 경우 사형만을 유일한 법정형으로 규정하고 있는 군형법(1962. 1. 20. 법률 제1003호로 제정된 것) 제53조 제1항(이하 '이 사건 법률조항'이라 한다)이 형벌과 책임 간의 비례원칙에 위배되는지 여부(적극)

2. [1] 예비행위란 아직 실행의 착수조차 이르지 아니한 준비단계로서, 실질적인 법익에 대한 침해 또는 위험한 상태의 초래라는 결과가 발생한 기수와는 그 행위태양이 다르고, 법익침해가능성과 위험성도 다르므로, 이에 따른 불법성과 책임의 정도 역시 다르게 평가되어야 한다. 그럼에도 예비행위를 본죄에 준하여 처벌하도록 하고 있는 심판대상조항은 그 불법성과 책임의 정도에 비추어 지나치게 과중한 형벌을 규정하고 있는 것이다. 또한 예비행위의 위험성은 구체적인 사건에 따라 다름에도 심판대상조항에 의하면 위험성이 미약한 예비행위까지도 본죄에 준하여 처벌하도록 하고 있어 행위자의 책임을 넘어서는 형벌이 부과되는 결과가 발생한다. 나아가 관세법과 '특정범죄 가중처벌

등에 관한 법률'(이하 '특가법'이라 한다)은 관세범의 특성과 위험성에 대응할 수 있도록 여러 규정을 두어 규율하고 있으므로 관세범의 특성과 위험성에 대응하기 위하여 반드시 밀수입 예비행위를 본죄에 준하여 처벌하여야 할 필요성이 도출된다고 볼 수도 없다. 따라서 <u>심판대상조항은 구체적 행위의 개별성과 고유성을 고려한 양형판단의 가능성을 배제하는 가혹한 형벌로서 책임과 형벌 사이의 비례성의 원칙에 위배된다.</u>

⇒ '특정범죄 가중처벌 등에 관한 법률'(2010. 3. 31. 법률 제10210호로 개정된 것) 제6조 제7항 중 관세법 제271조 제3항 가운데 제269조 제2항에 관한 부분(이하 '심판대상조항'이라 한다)이 책임과 형벌 사이의 비례성 원칙에 위반되는지 여부(적극)

[2] 동일한 밀수입 예비행위에 대하여 수입하려던 물품의 원가가 2억 원 미만인 때에는 관세법이 적용되어 본죄의 2분의 1을 감경한 범위에서 처벌하는 반면, 물품원가가 2억 원 이상인 경우에는 심판대상조항에 따라 본죄에 준하여 가중처벌을 하는 것은 합리적인 이유가 있다고 보기 어렵다. 특히 마약범의 경우에는 특가법의 개정으로 예비에 대한 가중처벌규정이 삭제되었고, 조세포탈범의 경우에는 특가법에서 예비죄에 대한 별도의 처벌규정을 두고 있지 아니한 점에 비추어 밀수입의 예비죄에 대해서만 과중한 처벌을 해야 할 필요가 있는지 의문이다. 이에 더하여 심판대상조항이 적용되는 밀수입 예비죄보다 불법성과 책임이 결코 가볍다고 볼 수 없는 내란, 내란목적살인, 외환유치, 여적 예비죄나 살인 예비죄의 법정형이 심판대상조항이 적용되는 밀수입 예비죄보다 도리어 가볍다는 점에 비추어 보면, 심판대상조항이 예정하는 법정형은 형평성을 상실하여 지나치게 가혹하다고 할 것이다. 그러므로 심판대상조항은 형벌체계의 균형성에 반하여 헌법상 평등원칙에 어긋난다(**위헌** 헌결 2019.2.28. 2016헌가13). ★

⇒ 심판대상조항이 형벌 체계상의 균형성과 평등원칙에 위반되는지 여부(적극) ★ 핸드북 p220. 판례 51

3. 심판대상조항은 음주운전 금지규정을 반복하여 위반하는 사람에 대한 처벌을 강화하기 위한 규정인데, 가중요건이 되는 과거 위반행위와 처벌대상이 되는 재범 음주운전행위 사이에 아무런 시간적 제한을 두지 않고 있다. 그런데 과거 위반행위가 예컨대 10년 이상 전에 발생한 것이라면 처벌대상이 되는 재범 음주운전이 준법정신이 현저히 부족한 상태에서 이루어진 행위라거나 교통안전 등을 '반복적으로' 위협하는 행위라고 평가하기 어려워 <u>이를 일반적 음주</u>

운전 금지규정 위반행위와 구별하여 가중처벌할 필요가 있다고 보기 어렵다. 범죄 전력이 있음에도 다시 범행한 경우 가중된 행위책임을 인정할 수 있다고 하더라도, 전범을 이유로 아무런 시간적 제한 없이 무제한 후범을 가중처벌하는 예는 찾기 어렵고, 공소시효나 형의 실효를 인정하는 취지에도 부합하지 않는다. 또한 심판대상조항은 과거 위반 전력, 혈중알코올농도 수준 등에 비추어, 보호법익에 미치는 위험 정도가 비교적 낮은 유형의 재범 음주운전행위도 일률적으로 그 법정형의 하한인 2년 이상의 징역 또는 1천만 원 이상의 벌금을 기준으로 처벌하도록 하고 있어 책임과 형벌 사이의 비례성을 인정하기 어렵다. 따라서 심판대상조항은 책임과 형벌 간의 비례원칙에 위반된다(위헌 헌결 2021.11.25. 2019헌바446). ⇒ 음주운전 금지규정을 2회 이상 위반한 사람을 2년 이상 5년 이하의 징역이나 1천만 원 이상 2천만 원 이하의 벌금에 처하도록 한 구 도로교통법 제148조의2 제1항 중 '제44조 제1항을 2회 이상 위반한 사람'에 관한 부분(이하 '심판대상조항'이라 한다)이 책임과 형벌 간의 비례원칙에 위반되는지 여부(적극)

4. 심판대상조항은 음주운전 금지규정 위반 또는 음주측정거부 전력이 1회 이상 있는 사람이 다시 음주운전 금지규정 위반행위를 한 경우에 대한 처벌을 강화하기 위한 규정인데, 가중요건이 되는 과거의 위반행위와 처벌대상이 되는 재범 음주운전 금지규정 위반행위 사이에 아무런 시간적 제한을 두지 않고 있다. 그런데 과거의 위반행위가 상당히 오래 전에 이루어져 그 이후 행해진 음주운전 금지규정 위반행위를 '교통법규에 대한 준법정신이나 안전의식이 현저히 부족한 상태에서 이루어진 반규범적 행위' 또는 '반복적으로 사회구성원에 대한 생명·신체 등을 위협하는 행위'라고 평가하기 어렵다면, 이를 가중처벌할 필요성이 인정된다고 보기 어렵다. 그리고 범죄 전력이 있음에도 다시 범행한 경우 가중된 행위책임을 인정할 수 있다고 하더라도, 전범을 이유로 아무런 시간적 제한 없이 후범을 가중처벌하는 예는 발견하기 어렵고, 공소시효나 형의 실효를 인정하는 취지에도 부합하지 않는다. 또한 심판대상조항은 과거 위반 전력의 시기 및 내용이나 음주운전 당시의 혈중알코올농도 수준과 발생한 위험 등을 고려할 때 비난가능성이 상대적으로 낮은 재범행위까지도 법정형의 하한인 2년 이상의 징역 또는 1천만 원 이상의 벌금을 기준으로 처벌하도록 하고 있어, 책임과 형벌 사이의 비례성을 인정하기 어렵다. 따라서 심판대상조항은 책임과 형벌 간의 비례원칙에 위반된다(위헌 헌결 2022.5.26. 2021헌가30). ⇒ 음주운전 금지규정 위반 또는 음주측정거부 전력이 1회 이상 있는

사람이 다시 음주운전 금지규정 위반행위를 한 경우 2년 이상 5년 이하의 징역이나 1천만 원 이상 2천만 원 이하의 벌금에 처하도록 규정한 도로교통법 제148조의2 제1항 중 '제44조 제1항 또는 제2항을 1회 이상 위반한 사람으로서 다시 같은 조 제1항을 위반한 사람'에 관한 부분(이하 '심판대상조항'이라 한다)이 책임과 형벌 간의 비례원칙에 위반되는지 여부(적극)

★ 결정의 의의 : 헌법재판소는 2021. 11. 25. 음주운전 금지규정 위반 전력이 있는 사람이 다시 음주운전 금지규정 위반행위를 한 경우를 가중처벌하는 구 도로교통법(2018. 12. 24. 법률 제16037호로 개정되고, 2020. 6. 9. 법률 제17371호로 개정되기 전의 것) 제148조의2 제1항 중 '제44조 제1항을 2회 이상 위반한 사람'에 관한 부분에 대해서 책임과 형벌 사이의 비례성을 인정할 수 없다는 이유로 위헌결정을 한 바 있다(2019헌바446등). 이 사건은 음주운전 금지규정 위반 또는 음주측정거부 전력이 있는 사람이 다시 음주운전 금지규정 위반행위를 한 경우 또는 음주운전 금지규정 위반 전력이 있는 사람이 다시 음주측정거부행위를 한 경우를 가중처벌하는 도로교통법 조항에 대하여 헌법재판소가 처음으로 위헌 여부를 판단한 사건이다.

5. 심판대상조항은 예비군대원 본인이 부재중이기만 하면 예비군대원 본인과 세대를 같이한다는 이유만으로 가족 중 성년자가 소집통지서를 전달할 의무를 위반하면 6개월 이하의 징역 또는 500만 원 이하의 벌금이라는 형사처벌을 하고 있는데, 이는 예비군훈련을 위한 소집통지서의 전달이라는 정부의 공적 의무와 책임을 단지 행정사무의 편의를 위하여 개인에게 전가하는 것으로, 이것이 실효적인 예비군훈련 실시를 위한 전제로 그 소집을 담보하고자 하는 것이라도 지나치다고 아니 할 수 없다. 심판대상조항은 국가안보 등에 관한 현실의 변화를 외면한 채 여전히 예비군대원 본인과 세대를 같이 하는 가족 중 성년자에 대하여 단지 소집통지서를 본인에게 전달하지 아니하였다는 이유로 형사처벌을 하고 있는데, 그 필요성과 타당성에 깊은 의문이 들지 않을 수 없다. 심판대상조항은 행정절차적 협력의무에 불과한 소집통지서 전달의무의 위반에 대하여 과태료 등의 행정적 제재가 아닌 형사처벌을 부과하고 있는데, 이는 형벌의 보충성에 반하고, 책임에 비하여 처벌이 지나치게 과도하여 비례원칙에도 위반된다. 위와 같은 사정들에 비추어 보면, 심판대상조항은 책임과 형벌 간의 비례원칙에 위반된다(위헌 헌결 2022.5.26. 2019헌가12). ★ ⇒ 예비군대원 본인의 부재시 예비군훈련 소집통지서를 수령한 같은 세대 내의 가족 중 성년자가 정당한 사유없이 소집통지서를 본인에게 전달하지 아니한 경우

형사처벌을 하는 예비군법 제15조 제10항 전문 중 '제6조의2 제2항에 따라 소집통지서를 전달할 의무가 있는 사람 가운데 예비군대원 본인과 같은 세대 내의 가족 중 성년자가 정당한 사유없이 전달하지 아니하였을 때'에 관한 부분(이하 '심판대상조항'이라 한다)이 책임과 형벌 간의 비례원칙에 위반되는지 여부(적극)

6. 심판대상조항은 음주측정거부 전력이 1회 이상 있는 사람이 다시 음주측정거부행위를 한 경우에 대한 처벌을 강화하기 위한 규정인데, 가중요건이 되는 과거의 위반행위와 처벌대상이 되는 재범 음주측정거부행위 사이에 아무런 시간적 제한을 두지 않고 있다. 그런데 과거의 위반행위가 상당히 오래 전에 이루어져 그 이후 행해진 음주측정거부행위를 '교통법규에 대한 준법정신이나 안전의식이 현저히 부족한 상태에서 이루어진 반규범적 행위' 또는 '반복적으로 사회구성원에 대한 생명·신체 등을 위협하고 그 위험방지를 위한 경찰작용을 방해한 행위'라고 평가하기 어렵다면, 이를 가중처벌할 필요성이 인정된다고 보기 어렵다. 그리고 범죄 전력이 있음에도 다시 범행한 경우 가중된 행위책임을 인정할 수 있다고 하더라도, 전범을 이유로 아무런 시간적 제한 없이 후범을 가중처벌하는 예는 발견하기 어렵고, 공소시효나 형의 실효를 인정하는 취지에도 부합하지 않는다. 또한 심판대상조항은 과거 위반 전력의 시기 및 내용이나 음주측정거부 당시의 음주 의심 정도와 발생한 위험 등을 고려할 때 비난가능성이 상대적으로 낮은 재범행위까지도 법정형의 하한인 2년 이상의 징역 또는 1천만 원 이상의 벌금을 기준으로 처벌하도록 하고 있어, 책임과 형벌 사이의 비례성을 인정하기 어렵다. 따라서 심판대상조항은 책임과 형벌 간의 비례원칙에 위반된다(위헌 헌결 2022.8.31. 2022헌가18). ⇒ 음주측정거부 전력이 1회 이상 있는 사람이 다시 음주측정거부행위를 한 경우 2년 이상 5년 이하의 징역이나 1천만 원 이상 2천만 원 이하의 벌금에 처하도록 규정한 도로교통법 제148조의2 제1항 중 '제44조 제2항을 2회 이상 위반한 사람'에 관한 부분(이하 '심판대상조항'이라 한다)이 책임과 형벌 간의 비례원칙에 위반되는지 여부(적극)

★ 결정의 의의 : 헌법재판소는 2021. 11. 25. 음주운전 금지규정 위반 전력자가 다시 음주운전 금지규정 위반행위를 한 경우를 가중처벌하는 구 도로교통법(2018. 12. 24. 법률 제16037호로 개정되고, 2020. 6. 9. 법률 제17371호로 개정되기 전의 것) 제148조의2 제1항 중 '제44조 제1항을 2회 이상 위반한 사람'에 관한 부분에 대해서 책임과 형벌 사이의 비례성을 인정할 수 없다는 이유로 위

헌결정을 한 바 있다(2019헌바446등). 또한 헌법재판소는 2022. 5. 26. 음주운전 금지규정 위반 또는 음주측정거부 전력자가 다시 음주운전 금지규정 위반행위를 한 경우 또는 음주운전 금지규정 위반 전력자가 다시 음주측정거부행위를 한 경우를 가중처벌하는 도로교통법(2020. 6. 9. 법률 제17371호로 개정된 것) 제148조의2 제1항 중 '제44조 제1항 또는 제2항을 1회 이상 위반한 사람으로서 다시 같은 조 제1항을 위반한 사람'에 관한 부분 및 구 도로교통법(2018. 12. 24. 법률 제16037호로 개정되고, 2020. 6. 9. 법률 제17371호로 개정되기 전의 것) 제148조의2 제1항 및 도로교통법(2020. 6. 9. 법률 제17371호로 개정된 것) 제148조의2 제1항 중 '제44조 제1항을 1회 이상 위반한 사람으로서 다시 같은 조 제2항을 위반한 사람'에 관한 부분에 대해서 마찬가지로 책임과 형벌 사이의 비례성을 인정할 수 없다는 이유로 위헌결정을 한 바 있다(2021헌가30 등, 2021헌가32등). 이 사건은, ① 음주측정거부 전력자가 다시 음주운전 금지규정 위반행위를 한 경우를 가중처벌하는 구 도로교통법 조항(현행 도로교통법 조항에 대하여는 헌재 2021헌가30등 사건에서 이미 위헌 결정이 있었다) 및 ② 음주측정거부 전력자가 다시 음주측정거부행위를 한 경우를 가중처벌하는 도로교통법 조항에 대하여 헌법재판소가 처음으로 위헌 여부를 판단한 사건이다.

7. 심판대상조항은 가중요건이 되는 과거의 위반행위와 처벌대상이 되는 재범 음주운항 사이에 시간적 제한을 두지 않고 있다. 그런데 과거의 위반행위가 상당히 오래 전에 이루어져 그 이후 행해진 음주운항을 '해상교통법규에 대한 준법정신이나 안전의식이 현저히 부족한 상태에서 이루어진 반규범적 행위' 또는 '반복적으로 사회구성원에 대한 생명·신체 등을 위협하는 행위'라고 평가하기 어렵다면, 이를 가중처벌할 필요성이 인정된다고 보기 어렵다. 또한 심판대상조항은 과거 위반 전력의 시기 및 내용이나 음주운항 당시의 혈중알코올농도 수준 등을 고려할 때 비난가능성이 상대적으로 낮은 재범행위까지도 법정형의 하한인 2년 이상의 징역 또는 2천만 원 이상의 벌금을 기준으로 처벌하도록 하고 있어, 책임과 형벌 사이의 비례성을 인정하기 어렵다. 따라서 심판대상조항은 책임과 형벌 간의 비례원칙에 위반된다(위헌 헌결 2022.8.31. 2022헌가10). ⇒ 음주운항 전력이 있는 사람이 다시 음주운항을 한 경우 2년 이상 5년 이하의 징역이나 2천만 원 이상 3천만 원 이하의 벌금에 처하도록 규정한 해사안전법 제104조의2 제2항 중 '제41조 제1항을 위반하여 2회 이상 술에 취한 상태에서 선박의 조타기를 조작한 운항자'에 관한 부분(이하 '심판대상조항'이라 한다)이 책임과 형벌 간의 비례원칙에 위반되는지 여부(적극)

★ 결정의 의의 : 헌법재판소는 2021. 11. 25. 음주운전 재범을 가중처벌하는 구 도로교통법(2018. 12. 24. 법률 제16037호로 개정되고, 2020. 6. 9. 법률 제17371호로 개정되기 전의 것) 조항에 대하여 책임과 형벌 사이의 비례성을 인정할 수 없다는 이유로 위헌결정을 하였고(2019헌바446등), 그 후 유사한 취지의 도로교통법 조항들에 대해서도 위헌결정을 하였다(헌재 2022. 5. 26. 2021헌가30등; 헌재 2022. 5. 26. 2021헌가32등). 이 사건은 도로교통법상 음주운전 재범 가중처벌 규정과 유사한 구조로, 음주운항 금지규정 위반 전력이 있는 사람이 다시 음주운항 금지규정 위반행위를 한 경우를 가중처벌하는 해사안전법 조항에 대하여 헌법재판소가 처음으로 위헌 여부를 판단한 사건이다.

8. 성폭법상 주거침입강제추행·준강제추행죄 사건(위헌 헌결 2023.2.23. 2021헌가9) ★★★

[심판대상] 주거침입강제추행죄 및 주거침입준강제추행죄에 대하여 무기징역 또는 7년 이상의 징역에 처하도록 한 '성폭력범죄의 처벌 등에 관한 특례법'(2020. 5. 19. 법률 제17264호로 개정된 것) 제3조 제1항 중 '형법 제319조 제1항(주거침입)의 죄를 범한 사람이 같은 법 제298조(강제추행), 제299조(준강제추행) 가운데 제298조의 예에 의하는 부분의 죄를 범한 경우에는 무기징역 또는 7년 이상의 징역에 처한다.'는 부분

[1] 형법상 주거침입죄에 해당하는 경우는 일상적 숙식의 공간인 좁은 의미의 주거에 대한 침입에 한정되지 않으며, 행위자가 침입한 공간이 일반적으로는 개방되어 있는 건조물이지만 관리자의 묵시적 의사에 반하여 들어간 경우도 포함되는 등 그 행위 유형의 범위가 넓다. 주거침입강제추행·준강제추행죄에서 문제 되는 '추행행위'에는 '강간·준강간' 및 '유사강간·준유사강간'에 해당하는 행위는 포함되지 않으며, 유형력 행사의 대소강약이 문제되지 않는 '기습추행'이 포함되는 등 그 행위 유형이 다양하다. 이처럼 주거침입죄와 강제추행·준강제추행죄는 모두 행위 유형이 매우 다양한바, 이들이 결합된다고 하여 행위 태양의 다양성이 사라지는 것은 아니므로, 그 법정형의 폭은 개별적으로 각 행위의 불법성에 맞는 처벌을 할 수 있는 범위로 정할 필요가 있다.

[2] 심판대상조항은 법정형의 하한을 '징역 5년'으로 정하였던 2020. 5. 19. 개정 이전의 구 성폭력처벌법 제3조 제1항과 달리 그 하한을 '징역 7년'으로 정함으로써, 주거침입의 기회에 행해진 강제추행 또는 준강제추행의 경우에는 다른 법률상 감경사유가 없는 한 법관이 정상참작감경을 하더라도 집행유예를 선고할 수 없도록 하였다. 이에 따라 주거침입의 기회에 행해진 강제추

행 또는 준강제추행의 불법과 책임의 정도가 아무리 경미한 경우라고 하더라도, 다른 법률상 감경사유가 없으면 일률적으로 징역 3년 6월 이상의 중형에 처할 수밖에 없게 되어, 형벌개별화의 가능성이 극도로 제한된다.
[3] 주거침입죄를 범한 사람이 그 기회에 성폭력범죄를 행하는 경우는 전반적으로 불법과 책임이 중하게 평가되고, 강제추행 또는 준강제추행의 행위 중에서도 강간이나 유사강간을 한 경우 못지않게 죄질이 나쁜 경우가 있을 수도 있다. 이에 심판대상조항은 법정형의 '상한'을 무기징역으로 높게 규정함으로써 불법과 책임이 중대한 경우에는 그에 상응하는 형을 선고할 수 있도록 하고 있다. 그럼에도 불구하고 법정형의 '하한'을 일률적으로 높게 책정하여 경미한 강제추행 또는 준강제추행의 경우까지 모두 엄하게 처벌하는 것은 책임주의에 반한다. 법관의 양형재량은 입법자가 정한 법정형의 범위 내에서 인정되는 것이지만, 법관에게 양형재량을 부여한 취지는 개별 사건에서 범죄행위자의 책임에 상응하는 형벌을 부과하도록 하여 형벌개별화를 실질적으로 구현하도록 하려는 것이다. 그런데 법정형이 과중한 나머지 선고형이 사실상 법정형의 하한에서 1회 감경한 수준의 형량으로 수렴된다면, 이는 실질적으로 형벌이 구체적인 책임에 맞게 개별화되는 것이 아니라 획일화되는 결과를 야기할 수 있고, 경우에 따라서는 법관의 양형을 전제로 하는 법정형의 기능이 상실될 수도 있다. 법관의 양형과정을 통한 형벌개별화에 대한 제약이 지나치게 커지면, 법원의 재판뿐만 아니라 수사기관의 수사 등 형사사법절차 전반에 범죄의 성립 범위에 대한 자의적인 법해석과 적용을 유발할 위험이 커진다는 점도 고려할 필요가 있다.
[4] 집행유예는 재범의 방지라는 특별예방의 측면에서 운용되는 대표적인 제도인데, 심판대상조항은 경미한 주거침입강제추행·준강제추행죄를 범한 경우에도 이러한 제도를 활용하여 특별예방효과를 제고할 수 있는 가능성을 극도로 제약하고 있다. 성폭력처벌법에서 규정한 주거침입강제추행·준강제추행죄의 경우 다양한 추행행위 중 그 불법과 책임의 정도가 경미한 사안에 대해서는, 형의 집행을 유예하더라도 재범 예방을 위한 적절한 조치를 취할 수 있는 장치가 마련되어 있다. 개별 사건에서 법관 양형은 재범 예방을 위한 다양한 제도까지 두루 고려하여 행위자의 책임에 걸맞게 이루어질 수 있어야 한다. 심판대상조항은 그 법정형이 형벌 본래의 목적과 기능을 달성함에 있어 필요한 정도를 일탈하였고, 각 행위의 개별성에 맞추어 그 책임에 알맞은 형을 선고할 수 없을 정도로 과중하므로, 책임과 형벌 간의 비례원칙에 위배된다.

9. 주식회사 등의 외부감사에 관한 법률 제39조 제1항 위헌제청[(적용중지)] 헌불
헌결 2024.7.18. 2022헌가6] ★

[1] 심판대상조항에서 사용된 '위반행위', '얻은', '이익', '회피', '손실액' 등의 개념 자체는 건전한 상식과 통상적인 법감정을 가진 수범자라면 손쉽게 그 의미를 파악할 수 있다. '위반 행위로 얻은 이익 또는 회피한 손실액'의 주체는 구성요건이나 규정취지상 해석이 명확하며, 그 범위는 총수입 또는 회피 손실 총액에서 각 비용을 공제한 것을 말하므로 <u>심판대상조항은 죄형법정주의의 명확성원칙에 위배되지 않는다.</u>

[2] 심판대상조항은 허위재무제표작성죄 및 허위감사보고서작성죄에 대하여 배수벌금형을 규정하면서도, '그 위반 행위로 얻은 이익 또는 회피한 손실액이 없거나 산정하기 곤란한 경우'에 관한 <u>벌금 상한액을 규정하고 있지 않기 때문에, 그와 같은 경우 법원이 죄질과 책임에 상응하는 벌금형을 선고할 수 없도록 하여 책임과 형벌 간의 비례원칙에 위배된다.</u> ★

⇒ 허위재무제표작성죄와 허위감사보고서작성죄에 대하여 배수벌금을 규정하면서도, '그 위반행위로 얻은 이익 또는 회피한 손실액이 없거나 산정하기 곤란한 경우'에 관한 벌금 상한액을 규정하지 아니한 '주식회사 등의 외부감사에 관한 법률' 제39조 제1항 중 '그 위반행위로 얻은 이익 또는 회피한 손실액의 2배 이상 5배 이하의 벌금'에 관한 부분(이하 '심판대상조항'이라 한다)이 책임과 형벌 간의 비례원칙에 위배되는지 여부(적극)

2. 이중처벌금지(일사부재리의 원칙)

(1) 의의: 판결이 확정되면 그 기판력에 의하여 동일한 사건을 거듭 심판할 수 없다는 원칙(§13①. 후문), 헌법 제13조 제1항의 '**처벌**'은 범죄에 대한 국가의 형벌권 실행으로서의 과벌을 의미하므로, 국가가 행하는 일체의 제재나 불이익처분을 말하는 헌법 제12조 제1항의 '처벌'과 구별(헌결 92헌바38)

(2) 이중위험금지: 일사부재리의 원칙은 판결의 실체적 확정력 때문에 재심판을 금지하려는 것 vs 이중위험금지의 원칙은 공판절차가 일정단계에 이르면 다시 그 절차의 부담을 되풀이 할 수 없다는 절차상의 원칙 ★ 이중위험금지의 원칙이 일사부재리의 원칙보다 더 포괄적

| 헌결 | 대판 | **일사부재리원칙 위반이 아닌 것**

1. 공소기각의 판결이나 관할위반 등과 같이 법원의 실질적 판단이 없는 경우(대판 2008도2621)

2. 동일한 사건에 대한 우리나라 법원과 외국법원의 판결(대판 83도2366)

3. 두 개의 판단이 목적을 달리하는 별개의 독립된 처분의 성격을 지닌 경우: 형벌과 과태료의 병과(대판 88도1983), 직위해제를 하고 직권면직처분을 하는 것(대판 83누340; 직위해제는 직권면직과 목적을 달리하는 별개의 독립된 처분), 형벌과 보호감호(헌결 88헌가5), 공정거래법상 형사처벌과 과징금의 병과(헌결 2001헌가25), 형사처벌과 행형법상의 징벌(대판 2000도3874), 무허가건축행위에 대한 처벌과 시정명령불이행에 따른 이행강제금부과(헌결 2001헌바80), 공무원범죄의 경우 벌금과 연금급여를 제한하는 것(헌결 2000헌바57), 청소년성매수자에게 형벌이외에 신상공개를 명하는 것(헌결 2002헌가14), 형벌과 징계부가금(헌결 2012헌바435), 형벌과 성범죄자에 대한 위치추적 전자장치 부착(헌결 2015헌바35), 형벌과 성폭력 치료프로그램의 이수명령(헌결 2016헌바153)

4. 법원의 확정판결과 같은 기판력이 부여되지 않는 경우: 무혐의결정 후 검사가 다시 공소를 제기하는 것(대판 87도2678; 검사의 무혐의처분은 확정판결의 효력이 없음)

5. 두 개의 범죄를 일괄하여 처리하는 경우가 아닌 경우: 누범(헌결 93헌바43), 상습법(헌결 93헌바59)

6. 형법상 구성요건을 달리하는 경우: 군무이탈죄의 공소시효가 완성된 자에게 군무이탈자복귀명령을 위반하였다는 이유로 군무이탈죄와 별개로 복귀명령위반죄로 처벌하는 것(헌결 91헌바20)

7. 동일한 범죄사실로 외국에서 형의 전부 또는 일부의 집행을 받은 자에 대하여 형을 감경 또는 면제할 수 있도록 규정한 형법 제7조(헌불 헌결 2013헌바129) ⇒ ★ 과잉금지원칙에 위배되어 신체의 자유를 침해○ / 형사판결은 국가주권의 일부분인 형벌권 행사에 기초한 것으로서, 외국의 형사판결은 원칙적으로 우리 법원을 기속하지 않으므로 동일한 범죄행위에 관하여 다수의 국가에서 재판 또는 처벌을 받는 것이 배제되지 않는다. 따라서 이중처벌금지원칙은 동일한 범죄에 대하여 대한민국 내에서 거듭 형벌권이 행사되어서는 안 된다는 뜻으로 새겨야 할 것이므로 이 사건 법률조항은 헌법 제13조 제1항의 이중처벌금지원칙에 위배되지 아니한다.

3. 연좌제의 금지

(1) 의의: 헌법 제13조 제3항에서 금지하고 있는 연좌제란 자기의 행위가 아닌 타인의 행위 때문에 책임을 지는 것으로, 이는 근대 형법의 기본원리인 자기책임원리에 위배. '친족'이란 민법상 친족에 국한되지 않으며 다른 모든 사람을 포함하며, '불이익한 처우'란 형법상 불이익을 포함하여 취업, 해외여행, 관급공사 등 모든 영역에서의 불이익을 말함. 헌법 제13조 제3항은 친족의 행위와 본인 간에 실질적으로 의미 있는 아무런 관련성을 인정할 수 없음에도 불구하고 오로지 친족이라는 사유 그 자체만으로 불이익한 처우를 가하는 경우에만 적용(헌결 2010헌마68).

(2) 판례: 헌법재판소는 검사의 소환에 2회 이상 불응한 때에는 특별법이 정한 형 이외에 행위자의 재산을 몰수하도록 한 '반국가행위자의 처벌에 관한 특별법'(§8)은 연좌제 금지에 위반되며(헌결 95헌가5), 면세용 담배를 공급받은 자가 담배를 용도 외에 부정사용한 경우 위반행위와 무관한 담배제조자에게 담배소비세를 징수하는 것은 자기책임의 원리에 위반된다고 하였다(헌결 2002헌가27).

IV. 신체의 자유의 절차적 보장

1. 적법절차의 원리

(1) 의의: 모든 국가작용은 정당한 법률과 정당한 절차(due process of due law)에 따를 것을 요구하는 헌법원리(헌법 §12①③), 1791년 미국 연방헌법에 규정하고 있으며, 우리는 현행 헌법에서 처음 규정, 압수·수색에서의 사전통지와 참여권 보장은 헌법상 명문으로 규정된 권리는 아님(헌결 2011헌바225), 국회입법에 대하여는 원칙적으로 일반 국민의 지위에서 적법절차에서 파생되는 청문권은 인정×(헌결 2005헌마579)

(2) 내용

(가) 실체·절차 적법주의: 적법절차를 절차와 실체에 있어 법률이 모두 적정할 것을 요구하는 것으로 이해하는 실체·절차 적법주의 입장(헌결 2006헌바10)

(나) 적용대상: 본인에게 생명·자유·재산 등 모든 기본권에 불이익이 되는 일체의 제재에 적용(헌결 92헌가8), 적법절차의 원칙은 헌법조항에 규정된 형사절차상의 제한된 범위 내에서만 적용되는 것이 아니라 국가작용으로서 기본권제한과 관련되든 관련되지 않든 모든 입법작용 및 행정작용에도 광범위하게 적용(헌결 92헌가8) 〈경정승진 2023〉

(다) 적용범위: 형사소추절차나 재판절차에 주로 적용되지만, 입법절차·행정절차 및 사법절차에도 적용○. 불법체류 외국인에 대한 보호 또는 긴급보호의 경우에도 적용○(헌결 2008헌마430). **탄핵'소추'절차에는 적용×**(헌결 2004헌나1) 〈경정승진 2023〉

(라) 판단방법: 적법절차원칙에서 도출할 수 있는 가장 중요한 절차적 요청 중의 하나로, 당사자에게 적절한 고지를 행할 것, 당사자에게 의견 및 자료 제출의 기회를 부여할 것을 들 수 있겠으나, 이 원칙이 구체적으로 어떠한 절차를 어느 정도로 요구하는지는 일률적으로 말하기 어렵고, 규율되는 사항의 성질, 관련 당사자의 사익, 절차의 이행으로 제고될 가치, 국가작용의 효율성, 절차에 소요되는 비용, 불복의 기회 등 다양한 요소들을 형량하여 **개별적으로 판단**할 수밖에 없을 것(헌결 2001헌가25)

(3) 적법절차원리의 위반효과: 헌법소원 제기 可

| 헌결 | 대판 | **적법절차의 원칙 위반을 인정**

1. 법무부장관의 일방적 명령에 의하여 변호사업무를 정지시키는 변호사법 제15조(1982.12.31. 법률 제3594호)는 직업선택의 자유를 규정한 헌법 제15조, 무죄추정의 원칙을 규정한 동 제27조 제4항에 위반된 것이 명백하므로, 헌법에 위반된다(위헌 헌결 1990.11.19. 90헌가48).

2. 노동위원회의 '미확정' 구제명령 위반에 대한 형사처벌 조항(위헌 헌결 1995. 3.23. 92헌가14)

   노동조합법 제46조 중 "제42조의 규정에 의한 구제명령에 위반하거나" 부분은, 노동위원회의 확정되지 아니한 구제명령을 그 취소 전에 이행하지 아니한 행위를 동법 제43조 제4항 위반의 확정된 구제명령을 위반한 경우와 차별함이 없이 똑같이 2년 이하의 징역과 3,000만 원 이하의 벌금이라는 형벌을 그 제재방법과 이행확보수단으로 선택함으로써, 국민의 기본권 제한방법에 있어 형평을 심히 잃어 위 법률규정의 실제적 내용에 있어 그 합리성과 정당성을 더욱 결여하였다고 할 것이므로 헌법상의 적법절차의 원리에 반하고 과잉금지의 원칙에도 저촉된다고 할 것이다.

3. 중형에 해당되는 사건에 대하여 피고인에게 출석 기회조차 주지 아니하여 답변과 입증 및 반증 등 공격·방어의 기회를 부여하지 않고, 피고인에게 불출석에 대한 개인적 책임을 전혀 물을 수 없는 경우까지 궐석재판을 행할 수 있도

록 한 규정한 반국가행위자의 처벌에 관한 특별조치법(이하 '특조법')은 적법절차 및 과잉금지의 원칙에 어긋난다(위헌 헌결 1996.1.25. 95헌가5).

4. 관세법상 압수한 물품을 '별도의 재판이나 처분 없이' 국고에 귀속시킨 것은 재산권의 제한절차가 적법절차에 위반(위헌 헌결 1997.5.29. 96헌가17)

관세법상 몰수할 것으로 인정되는 물품을 압수한 경우에 있어서 범인이 당해 관서에 출두하지 아니하거나 또는 범인이 도주하여 그 물품을 압수한 날로부터 4월을 경과한 때에는 당해 물품은 별도의 재판이나 처분없이 국고에 귀속한다고 규정하고 있는 이 사건 법률조항은 재판이나 청문의 절차도 밟지 아니하고 압수한 물건에 대한 피의자의 재산권을 박탈하여 국고귀속시킴으로써 그 실질은 몰수형을 집행한 것과 같은 효과를 발생하게 하는 것이므로 헌법상의 적법절차의 원칙과 무죄추정의 원칙에 위배된다.

5. 법에서 규정된 기간 내에 매매대금을 납부하지 아니하면 예외없이 귀속재산 매매계약이 자동 해제되도록 함으로써 매수자가 정당한 사유에 의하여 대금을 납부하지 아니한 경우에까지 매매계약이 해제되도록 한 귀속재산처리법 [저자 주: 1948년 9월 11일 대한민국정부와 미국정부간에 체결된 재정 및 재산에 관한 최초협정에 의하여 대한민국정부에 귀속된 재산을 유효적절히 처리함으로써 산업 부흥과 국민경제의 안정을 기하기 위해 1949. 12. 19. 제정](1964. 12. 31. 법률 제1675호로 신설된 것) 제21조의3(위헌 헌결 2000.6.1. 98헌가13)

귀속재산 매매대금의 분납금 납부의무와 같은 공법상 의무의 불이행에 대하여 어떠한 제재를 과할 것인가는 입법자의 정책형성영역에 속하기는 하나, 그 제재방법과 정도 등 입법목적 달성수단은 합리성을 갖추어야 한다. 매도자인 국가측의 귀책사유로 말미암아 분납금을 납부하지 아니한 경우와 같이 매수자의 분납금 납부의무 불이행 사유가 정당한 것으로 평가할 수 있는 예외적인 사정이 있는 경우에는 그러한 특수사정이 소멸된 후에 매수자가 분납금을 납부할 수 있는데도 이를 이행하지 아니할 때 그 계약이 해제되도록 하는 것이 적법절차의 원리에 부합하는 것이다. 이 법률조항에서 귀속재산을 매수한 자가 법에서 정한 기일 내에 분납금의 납부를 불이행한 경우 그 매매계약이 자동 해제되도록 하더라도 이는 귀속재산의 불하에 따른 법률관계의 조기 확정이라는 입법목적 달성을 위한 합리적인 제재수단이므로 매수자의 재산권에 대한 과도한 제한으로 볼 수 없는 것이 원칙이나, 귀속재산의 매수자가 정당한 사유에 의하여 분납금을 납부하지 아니하는 예외적인 경우까지도 매매 계약이 해제되도록 하는 부분은, 헌법의 요청인 적법절차를 위반하고 과잉금지의 원칙에도 위배된다.

6. 보안관찰처분을 다투는 행정소송에서는 다른 행정소송사건에서와는 달리 집행정지를 전혀 할 수 없도록 한 보안관찰법 제24조 단서의 심판대상조항의 입법목적은 충분한 심리가 이루어지지 않는 신청절차에서 부적절하게 보안관찰처분의 집행이 정지되지 않도록 하려는 것이지만, 이러한 목적은 집행정지 내지 가처분을 원천적, 일률적으로 봉쇄하는 방법으로만 달성된다고 하기 어렵다. 이러한 입법수단의 선택은 행정적인 편의나 효율성에 치중한 것으로 볼 수 있는 반면, 그로 인해 피보안관찰자로서는 사생활의 자유나 표현의 자유와 같은 중요한 기본권에 대한 상당범위의 제한을 수반할 수 있는 보안관찰처분의 적법여부에 대한 법원의 판단을 받을 수 있는 기회를 실질적으로 제한받고, 경우에 따라서는 박탈당하기도 한다. 이 법률조항은 피보안관찰자로 하여금 상당범위의 자유제한을 감내하도록 요구하는 보안관찰처분의 적법여부를 다투는 소송절차의 내용을 형성함에 있어서 피보안관찰자의 기본권보장이 합리적 이유 없이 축소되도록 하였다는 점에서 그 내용이 합리성과 정당성을 갖춘 것이라고 볼 수 없으므로 적법절차원칙에 위배된다(위헌 헌결 2001.4.26. 98헌바79). ★

7. 증인의 증언 전에 일방 당사자만이 증인과의 접촉을 독점하게 되면, 상대방은 증인이 어떠한 내용을 증언할 것인지를 알 수 없어 그에 대한 방어를 준비할 수 없게 되며 상대방이 가하는 예기치 못한 공격에 그대로 노출될 수밖에 없으므로, 헌법이 규정한 "적법절차의 원칙"에 반한다(인용 헌결 2001.8.30. 99헌마496). ★ 공정한 재판을 받을 권리도 침해 ⇒ 검사가 법원의 증인으로 채택된 수감자를 그 증언에 이르기까지 거의 매일 검사실로 하루 종일 소환하여 피고인측 변호인이 접근하는 것을 차단하고, 검찰에서의 진술을 번복하는 증언을 하지 않도록 회유·압박하는 한편, 때로는 검사실에서 그에게 편의를 제공하기도 한 행위가 적법절차의 원칙을 침해하는지 여부(적극)

8. 법원의 구속집행정지결정에 대하여 검사가 즉시항고할 수 있도록 한 구 형사소송법(위헌 헌결 2012.6.27. 2011헌가36)
법원이 피고인의 구속 또는 그 유지 여부의 필요성에 관하여 한 재판의 효력이 검사나 다른 기관의 이견이나 불복이 있다 하여 좌우되거나 제한받는다면 이는 영장주의에 위반된다고 할 것인바, 구속집행정지결정에 대한 검사의 즉시항고를 인정하는 이 사건 법률조항은 검사의 불복을 그 피고인에 대한 구속집행을 정지할 필요가 있다는 법원의 판단보다 우선시킬 뿐만 아니라, 사실상

법원의 구속집행정지결정을 무의미하게 할 수 있는 권한을 검사에게 부여한 것이라는 점에서 헌법 제12조 제3항의 영장주의원칙에 위배된다. 헌법 제12조 제1항은 적법절차원칙의 일반조항이고, 동조 제3항의 적법절차원칙은 기본권 제한 정도가 가장 심한 형사상 강제처분의 영역에서 기본권을 더욱 강하게 보장하려는 의지를 담아 중복 규정된 것이라고 해석함이 상당하다. 이와 같이 본다면, 이 사건 법률조항은 헌법 제12조 제1항의 적법절차원칙의 특별규정인 헌법 제12조 제3항의 영장주의원칙에 위배되고, 헌법 제12조 제1항의 적법절차원칙에도 위배된다.

9. 수사 종료 후 위치정보 추적자료를 제공받은 사실 등을 통지하도록 한 통신비밀보호법 제13조의3 제1항 중 제2조 제11호 바목, 사목의 통신사실 확인자료에 관한 부분(헌불) 헌결 2018.6.28. 2012헌마191) ⇒ 심화판례 참조

10. 수사기관 등에 의한 통신자료 취득행위에 대한 심판청구에 대하여는 각하하는 한편, 그 근거조항인 전기통신사업법(2010. 3. 22. 법률 제10166호로 전부개정된 것) 제83조 제3항 중 '검사 또는 수사관서의 장(군 수사기관의 장을 포함한다), 정보수사기관의 장의 수사, 형의 집행 또는 국가안전보장에 대한 위해 방지를 위한 정보수집을 위한 통신자료 제공요청'에 관한 부분에 대하여는 사후통지절차를 마련하지 않은 것이 적법절차원칙에 위배되어 개인정보자기결정권이 침해된다는 이유로 2023. 12. 31.을 시한으로 입법자가 개정할 때까지 계속 적용을 명하는 헌법불합치 결정을 선고(헌불) 헌결 2022.7.21. 2016헌마388)

11. [1] [재판관 유남석, 재판관 이석태, 재판관 김기영, 재판관 문형배, 재판관 이미선의 헌법불합치의견]

⑴ 심판대상조항은 강제퇴거대상자를 대한민국 밖으로 송환할 수 있을 때까지 보호시설에 인치·수용하여 강제퇴거명령을 효율적으로 집행할 수 있도록 함으로써 외국인의 출입국과 체류를 적절하게 통제하고 조정하여 국가의 안전과 질서를 도모하고자 하는 것으로, 입법목적의 정당성과 수단의 적합성은 인정된다. 그러나 보호기간의 상한을 두지 아니함으로써 강제퇴거대상자를 무기한 보호하는 것을 가능하게 하는 것은 보호의 일시적·잠정적 강제조치로서의 한계를 벗어나는 것이라는 점, 보호기간의 상한을 법에 명시함으로써 보호기간의 비합리적인 장기화 내지 불확실성에서 야기되는 피해를 방지할 수 있어야 하는데, 단지 강제퇴거명령의 효율적 집행이라는 행정목적 때문에 기간의 제한이 없는 보호를 가능하게 하는 것은 행정의 편의성과 획일성만을 강조한 것으로 피보호자의 신체의 자유를 과도하게 제한하는 것인

점, 강제퇴거명령을 받은 사람을 보호함에 있어 그 기간의 상한을 두고 있는 국제적 기준이나 외국의 입법례에 비추어 볼 때 보호기간의 상한을 정하는 것이 불가능하다고 볼 수 없는 점, 강제퇴거명령의 집행 확보는 심판대상조항에 의한 보호 외에 주거지 제한이나 보고, 신원보증인의 지정, 적정한 보증금의 납부, 감독관 등을 통한 지속적인 관찰 등 다양한 수단으로도 가능한 점, 현행 보호일시해제제도나 보호명령에 대한 이의신청, 보호기간 연장에 대한 법무부장관의 승인제도만으로는 보호기간의 상한을 두지 않은 문제가 보완된다고 보기 어려운 점 등을 고려하면, <u>심판대상조항은 침해의 최소성과 법익균형성을 충족하지 못한다. 따라서 심판대상조항은 과잉금지원칙을 위반하여 피보호자의 신체의 자유를 침해한다.</u>

(2) 행정절차상 강제처분에 의해 신체의 자유가 제한되는 경우 강제처분의 집행기관으로부터 독립된 중립적인 기관이 이를 통제하도록 하는 것은 적법절차원칙의 중요한 내용에 해당한다. 심판대상조항에 의한 보호는 신체의 자유를 제한하는 정도가 박탈에 이르러 형사절차상 '체포 또는 구속'에 준하는 것으로 볼 수 있는 점을 고려하면, 보호의 개시 또는 연장 단계에서 그 집행기관인 출입국관리공무원으로부터 독립되고 중립적인 지위에 있는 기관이 보호의 타당성을 심사하여 이를 통제할 수 있어야 한다. <u>그러나 현재 출입국관리법상 보호의 개시 또는 연장 단계에서 집행기관으로부터 독립된 중립적 기관에 의한 통제절차가 마련되어 있지 아니하다.</u> 또한 당사자에게 의견 및 자료 제출의 기회를 부여하는 것은 적법절차원칙에서 도출되는 중요한 절차적 요청이므로, 심판대상조항에 따라 보호를 하는 경우에도 피보호자에게 위와 같은 기회가 보장되어야 하나, <u>심판대상조항에 따른 보호명령을 발령하기 전에 당사자에게 의견을 제출할 수 있는 절차적 기회가 마련되어 있지 아니하다.</u> 따라서 <u>심판대상조항은 적법절차원칙에 위배되어 피보호자의 신체의 자유를 침해한다.</u> ★★★ ⇒ 강제퇴거명령을 받은 사람을 보호할 수 있도록 하면서 보호기간의 상한을 마련하지 아니한 출입국관리법 제63조 제1항(이하 '심판대상조항'이라 한다)이 과잉금지원칙 및 적법절차원칙에 위배되어 피보호자의 신체의 자유를 침해하는지 여부(적극)

[재판관 이선애의 헌법불합치의견]

헌재 2018. 2. 22. 2017헌가29 결정의 위헌의견에 참여하여 논증한 바와 같이, 심판대상조항은 행정의 편의성과 획일성만을 강조하여 기간의 제한 없는 보호를 가능하게 한 것으로 그 자체로 피보호자의 신체의 자유를 과도하게 제한하고, 보호명령에 대한 이의신청 등 사후적 구제수단 역시 실효성이 없으므로 과잉금지원칙에 위배된다. 또한 보호의 개시나 연장 단계에서 공정하고 중립적인 기관에 의한 통제절차가 없고, 행정상 인신구속을 함에 있어 의견제출의 기회도 전혀 보장하고 있지 아니하므로, 적법절차원칙에도 위배된다.

[2] 심판대상조항의 위헌성은 보호기간의 상한을 설정하지 아니하여 장기간 또는 무기한 보호가 가능하도록 한 점과 보호의 개시 또는 연장 단계에서 공정하고 중립적인 기관에 의한 통제가 이루어지지 않고, 당사자에게 의견제출의 기회가 부여되어 있지 않은 점에 있다. 이러한 상황에서 심판대상조항에 대하여 단순위헌결정을 선고하게 되면 강제퇴거명령의 집행을 위한 보호의 근거규정이 사라지게 되어 강제퇴거명령을 받은 사람의 신병을 확보할 수 없게 되는 용인하기 어려운 법적 공백이 발생할 우려가 있다. 또한 입법자는 보호기간의 상한을 어떻게 설정할 것인지, 보호의 개시나 연장 단계에서 인신구속의 타당성을 심사할 기관을 어떻게 구성할 것인지와 의견제출의 기회를 어떠한 형태로 보장할 것인지 등 절차 형성에 관하여 입법재량을 가진다. 따라서 심판대상조항에 대하여 헌법불합치결정을 선고하되, 2025. 5. 31.을 시한으로 개선입법이 있을 때까지 계속 적용을 명한다(헌불 헌결 2023.3.23. 2020헌가1).

⇒ 심판대상조항은 헌법에 합치되지 아니하므로 헌법불합치결정을 함과 동시에 2025. 5. 31.을 시한으로 입법자의 개선입법이 이루어질 때까지 잠정적으로 이를 적용하기로 한다. 아울러 종전에 헌법재판소가 이 결정과 견해를 달리해 심판대상조항이 헌법에 위반되지 아니한다고 판시한 헌재 2018. 2. 22. 2017헌가29 결정은 이 결정과 저촉되는 범위 내에서 변경하기로 한다. ★★★

2. 영장주의

(1) 의의: 영장주의란 형사절차와 관련하여 체포·구속·압수 등의 강제처분을 함에 있어서는 사법권 독립에 의하여 그 신분이 보장되는 법관이 발부한 영장에 의하지 않으면 아니된다는 원칙이고, 따라서 **영장주의의 본질**은 신체의 자유를 침해하는 강제처분을 함에 있어서는 중립적인 법관이 구체적 판단을 거쳐 발부한 영장에 의하여야만 한다는 데에 있다(헌결 1997.3.27. 96헌바28). ⇒ 형사절차가 아닌 **징계절차에도 그대로 적용된다고 볼 수**×(헌결 2013헌바190)

(2) 내용

영장	신체와 관련된 강제처분을 허락하는 법원의 허가장으로, 일반영장은 금지
신청	영장은 검사가 신청(청구)하며 법관이 발부(§12③, 형사소송법 이하 '동법' §200의2)
체포	피의자가 죄를 범하였다고 의심할 만한 상당한 이유가 있고, 정당한 이유 없이 검사 또는 사법경찰관의 출석요구에 응하지 아니하거나 응하지 아니할 우려가 있는 때에는 검사는 관할지방법원판사에게 청구하여 체포영장을 발부받아 피의자를 체포할 수○(동법 §200의2①). 체포한 피의자를 구속하고자 할 때에는 체포한 때부터 **48시간** 이내에 **구속영장을 청구**하여야 하고, 그 기간 내에 구속영장을 청구하지 아니하는 때에는 피의자를 즉시 석방해야 함(동법 §200의2⑤)
구속	① 구속영장의 청구(동법 §201) ② 영장실질심사제(구속 전 피의자 심문제도): 법관의 구속영장 발부 시 법관이 직접 피의자를 심문하여 영장발부 여부를 결정하는 제도(동법 §201의2)
압수 수색	압수·수색절차에도 영장이 요구(§12③, 동법 §215)

(3) 예외

㈎ 현행범인: 현행범인이란 범죄의 실행 중에 있거나 실행의 직후인 자(동법 §211). 현행범인은 누구든지 영장 없이 체포(동법 §212)

㈏ 긴급체포: 피의자가 장기 3년 이상의 징역이나 금고에 해당하는 죄를 범하였다고 의심할 만한 상당한 이유가 있고, ㉠ 증거를 인멸할 염려가 있거나, ㉡ 도망하거나 도망할 우려가 있는 경우에, 긴급을 요하여 지방법원판사의 체포영장을 받을 수 없는 때에는 그 사유를 알리고 영장 없이 피의자를 체포할 수 ○(동법 §200의3①)

㈐ 비상계엄: 헌법(§77③)은 비상계엄이 선포된 경우에 영장제도에 특별한 조치를 허용하도록 하여 영장주의의 예외를 인정. 영장주의를 완전히 배제하는 특별한 조치는 비상계엄에 준하는 국가비상사태에 있어서도 가급적 회피하여야 할 것(헌결 2011헌가5)

㈑ 별건체포구속: 중대한 사건(본건)을 수사하기 위하여 이미 증거가 확보된 경미한 사건(별건)으로 체포·구속하여 발부된 기간 동안 본건을 조사하는 수사방법

㈒ 행정절차: <u>영장주의가 행정상 즉시강제에도 적용되는지</u>에 관하여는 논란이 있으

나, 행정상 즉시강제는 상대방의 임의이행을 기다릴 시간적 여유가 없을 때 하명 없이 바로 실력을 행사하는 것으로서, 그 본질상 급박성을 요건으로 하고 있어 법관의 영장을 기다려서는 그 목적을 달성할 수 없다고 할 것이므로, 원칙적으로 영장주의가 적용×(헌결 2000헌가12)

(4) 영장주의가 적용되지 않는 것: ㉠ 지문채취의 강요(헌결 2002헌가17) ㉡ 마약반응검사를 위한 교도소장의 소변채취(헌결 2005헌마277) ㉢ 음주측정(헌결 96헌가11) ㉣ 수용자와 배우자의 접견녹음파일 제공행위(헌결 2010헌마153) ㉤ 형사재판이 계속 중인 국민에 대한 법무부장관의 출국금지결정(헌결 2012헌바302) ㉥ 형집행법 제41조 제2항 제1호, 제3호 중 '미결수용자의 접견내용의 녹음·녹화'에 관한 부분(헌결 2014헌바401) ㉦ 수사기관이 공사단체 등에 범죄수사에 관련된 사실을 조회하는 행위에 응하여 이루어진 국민건강보험공단의 개인정보 제공행위(헌결 2014헌마368) **주의** 위치정보 추적자료 제공요청[=통신사실 확인자료 제공요청]은 통신비밀보호법이 정한 강제처분에 해당되므로 헌법상 영장주의가 적용○(헌결 2012헌마191) ㉧ 각급선거관리위원회 위원·직원의 선거범죄 조사에 있어서 피조사자에게 자료제출의무를 부과한 공직선거법 조항 및 허위자료를 제출하는 경우 형사처벌하는 구 공직선거법 조항에 의한 자료제출요구(헌결 2019.9.26. 2016헌바381) ㉨ 수사기관 등이 전기통신사업자에게 이용자의 성명 등 통신자료의 열람이나 제출을 요청할 수 있도록 한 전기통신사업법 제83조 제3항 중 '검사 또는 수사관서의 장(군 수사기관의 장을 포함한다), 정보수사기관의 장의 수사, 형의 집행 또는 국가안전보장에 대한 위해 방지를 위한 정보수집을 위한 통신자료 제공요청'에 관한 부분(헌불 헌결 2022.7.21. 2016헌마388) ★

| 헌결 | 대판 | 영장주의가 적용되지 않는 것

1. 이 사건 법률조항에 의한 <지문채취의 강요>는 영장주의에 의하여야 할 강제처분이라 할 수 없다. 또한 수사상 필요에 의하여 수사기관이 직접강제에 의하여 지문을 채취하려 하는 경우에는 반드시 법관이 발부한 영장에 의하여야 하므로 영장주의원칙은 여전히 유지되고 있다고 할 수 있다(헌결 2004.9.23. 2002헌가1).

2. 헌법 제12조 제3항의 영장주의는 법관이 발부한 영장에 의하지 아니하고는 수사에 필요한 강제처분을 하지 못한다는 원칙으로 <소변을 받아 제출>하도록 한 것은 교도소의 안전과 질서유지를 위한 것으로 수사에 필요한 처분이

아닐 뿐만 아니라 검사대상자들의 협력이 필수적이어서 <u>강제처분이라고 할 수도 없어 영장주의의 원칙이 적용되지 않는다</u>(헌결 2006.7.27. 2005헌마277).

3. 이 사건 <음주측정>은 호흡측정기에 의한 측정의 성질상 강제될 수 있는 것이 아니며 또 실무상 숨을 호흡측정기에 한 두번 불어 넣는 방식으로 행하여 지는 것이므로 당사자의 자발적 협조가 필수적인 것이다. 따라서 <u>당사자의 협력이 궁극적으로 불가피한 측정방법을 두고 강제처분이라고 할 수 없을 것이다</u>(호흡측정을 강제로 채취할 수 있는 물리적·기계적 방법이 기술적으로 불가능하다고 단정할 수는 없겠으나, 적어도 인간의 존엄성을 훼손하지 아니하는 적법한 보편적 방법으로는 불가능하다고 보아야 할 것이다). 이와 같이 이 사건 음주측정을 두고 영장을 필요로 하는 강제처분이라 할 수 없는 이상 이 사건 법률조항은 헌법 제12조 제3항의 영장주의에 위배되지 아니한다(헌결 1997.3.27. 96헌가11). ★

4. 이 사건 제공행위(저자 주: 구치소장이 검사의 요청에 따라 <<u>청구인과 배우자의 접견녹음파일을 제공한 행위</u>>)는 수사기관이 범죄의 수사와 공소의 제기 및 유지에 필요한 경우 소장에게 접견기록물을 제공할 수 있도록 규정한 관계 법령에 근거한 것으로, 직접적으로 물리적 강제력을 행사하는 등 <u>강제처분을 수반하는 것이 아니기 때문에 영장주의가 적용되지 않는다</u>(헌결 2012.12.27. 2010헌마153).

5. 심판대상조항에 따른 <<u>법무부장관의 출국금지결정</u>>은 형사재판에 계속 중인 국민의 출국의 자유를 제한하는 <u>행정처분일 뿐이고</u>, 영장주의가 적용되는 신체에 대하여 직접적으로 물리적 강제력을 수반하는 <u>강제처분이라고 할 수는 없다</u>(헌결 2015.9.24. 2012헌바302).

6. 이 사건 녹음조항(저자 주: 형집행법 제41조 제2항 제1호, 제3호 중 '<<u>미결수용자의 접견내용의 녹음·녹화</u>>'에 관한 부분)에 따라 접견내용을 녹음·녹화하는 것은 직접적으로 물리적 강제력을 수반하는 <u>강제처분이 아니므로 영장주의가 적용되지 않아</u> 영장주의에 위배된다고 할 수 없다(헌결 2016.11.24. 2014헌바401). ★

7. 이 사건 <u>사실조회행위는 강제력이 개입되지 아니한 임의수사에 해당하므로</u>, 이에 응하여 이루어진 이 사건 <<u>국민건강보험공단의 개인정보제공행위</u>>에도 영장주의가 적용되지 않는다. ⇒ 결국 이 사건 정보제공행위는 과잉금지원칙에 위배되어 청구인들의 개인정보자기결정권을 침해하였다(|헌불|) 헌결 2018.8.30. 2014헌마368). ★

★ <위치정보 추적자료 제공요청>은 통신비밀보호법이 정한 강제처분에 해당되므로 헌법상 영장주의가 적용된다. 영장주의의 본질은 강제처분을 함에 있어 중립적인 법관이 구체적 판단을 거쳐야 한다는 점에 있는바, 이 사건 허가조항은 수사기관이 전기통신사업자에게 위치정보 추적자료 제공을 요청함에 있어 관할 지방법원 또는 지원의 허가를 받도록 규정하고 있으므로 헌법상 영장주의에 위배되지 아니한다(〔헌불〕 헌결 2018.6.28. 2012헌마191). 〔통지〕 ★ <기지국 수사>사건(〔헌불〕 헌결 2018.6.28. 2012헌마538)

★ 범죄수사를 위한 <인터넷회선 감청>은 수사기관이 범죄수사 목적으로 전송 중인 정보의 수집을 위해 당사자 동의 없이 집행하는 강제처분으로 법은 수사기관이 일정한 요건을 갖추어 법원의 허가를 얻어 집행하도록 정하고 있다(제5조, 제6조). 이와 관련하여, 청구인은 인터넷회선 감청을 위해 법원의 허가를 얻도록 정하고 있으나, 패킷감청의 기술적 특성으로 해당 인터넷회선을 통하여 흐르는 모든 정보가 감청 대상이 되므로 개별성, 특정성을 전제로 하는 영장주의가 유명무실하게 되고 나아가 집행 단계나 그 종료 후에 법원이나 기타 객관성을 담보할 수 있는 기관에 의한 감독과 통제 수단이 전혀 마련되어 있지 않으므로, 이 사건 법률조항은 헌법상 영장주의 내지 적법절차원칙에 위반된다고 한다. 그러나 헌법 제12조 제3항이 정한 영장주의가 수사기관이 강제처분을 함에 있어 중립적 기관인 법원의 허가를 얻어야 함을 의미하는 것 외에 법원에 의한 사후 통제까지 마련되어야 함을 의미한다고 보기 어렵고, 청구인의 주장은 결국 인터넷회선 감청의 특성상 집행 단계에서 수사기관의 권한 남용을 방지할 만한 별도의 통제 장치를 마련하지 않는 한 통신 및 사생활의 비밀과 자유를 과도하게 침해하게 된다는 주장과 같은 맥락이므로, 이 사건 법률조항이 과잉금지원칙에 반하여 청구인의 기본권을 침해하는지 여부에 대하여 판단하는 이상, 영장주의 위반 여부에 대해서는 별도로 판단하지 아니한다(〔헌불〕 헌결 2018.8.30. 2016헌마263). [기출지문] 헌법 제12조 제3항이 정한 영장주의는 수사기관이 강제처분을 함에 있어 중립적 기관인 법원의 허가를 얻어야 함을 의미하는 것 외에 법원에 의한 사후 통제까지 마련되어야 함을 의미한다(×).
〈변시 2020〉

8. 각급선거관리위원회 위원·직원의 선거범죄 조사에 있어서 피조사자에게 자료제출의무를 부과한 공직선거법 조항 및 허위자료를 제출하는 경우 형사처벌하는 구 공직선거법 조항에 의한 자료제출요구는 행정조사의 성격을 가지는 것으로 수사기관의 수사와 근본적으로 그 성격을 달리하며, 청구인에 대하

여 직접적으로 어떠한 물리적 강제력을 행사하는 강제처분을 수반하는 것이 아니므로 영장주의의 적용대상×(헌결 2019.9.26. 2016헌바381)

9. 수사기관 등이 전기통신사업자에게 이용자의 성명 등 통신자료의 열람이나 제출을 요청할 수 있도록 한 전기통신사업법 제83조 제3항 중 '검사 또는 수사관서의 장(군 수사기관의 장을 포함한다), 정보수사기관의 장의 수사, 형의 집행 또는 국가안전보장에 대한 위해 방지를 위한 정보수집을 위한 통신자료 제공요청'에 관한 부분은 수사기관 등이 전기통신사업자에 대하여 통신자료의 제공을 요청할 수 있는 권한을 부여하면서 전기통신사업자는 '그 요청에 따를 수 있다'고 규정하고 있을 뿐, 전기통신사업자에게 수사기관 등의 통신자료 제공요청에 응하거나 협조하여야 할 의무를 부과하지 않으며, 달리 전기통신사업자의 통신자료 제공을 강제할 수 있는 수단을 마련하고 있지 아니하다. 따라서 이 사건 법률조항에 따른 통신자료 제공요청은 강제력이 개입되지 아니한 임의수사에 해당하고 이를 통한 수사기관 등의 통신자료 취득에는 영장주의가 적용되지 아니하는바, 이 사건 법률조항은 헌법상 영장주의에 위배되지 아니한다(헌결 2022.7.21. 2016헌마388). ★ 적법절차원칙에 위배○

| 헌결 | 대판 | **영장주의 위반을 인정**

1. 검사가 10년 이상을 구형한 때에는 무죄, 집행유예, 선고유예 등의 판결이 내려진 경우에도 구속영장의 효력을 유지하도록 한 형사소송법 제331조 단서 규정과 같이 구속영장의 실효 여부를 검사의 의견에 좌우되도록 하는 것은 헌법상의 적법절차의 원칙에 위배된다(위헌 헌결 1992.12.24. 92헌가8). ★ 권력분립원칙에도 위배

2. 보석허가결정에 대해 검사의 즉시항고를 허용하고 그 즉시항고에 대한 항고심 재판이 확정될 때까지 그 집행을 정지하도록 한 형소법 제97조 제3항은 영장주의에 위반되고, 그 내용에 있어 합리성과 정당성이 없으면서 피고인의 신체의 자유를 제한하는 것이므로 적법절차의 원칙에 반하며, 기본권제한입법의 기본원칙인 방법의 적정성, 피해의 최소성, 법익의 균형성을 갖추지 못하여 과잉금지의 원칙에도 위반된다(위헌 헌결 1993.12.23. 93헌가2).

3. 법원의 구속집행정지결정에 대해 검사의 즉시항고를 인정한 형사소송법 제101조 제3항(위헌 헌결 2012.6.27. 2011헌가36) ★ 적법절차원칙에도 위배

4. 국가보안법위반죄 등 일부 범죄혐의자를 법관의 영장 없이 구속·압수·수색

할 수 있도록 규정하고 있던 구 인신구속 등에 관한 임시 특례법 조항(위헌) 헌결 2012.12.27. 2011헌가5)

우리 헌법제정권자가 제헌 헌법(제9조) 이래 현행 헌법(제12조 제3항)에 이르기까지 채택하여 온 영장주의의 본질은 신체의 자유를 침해하는 강제처분을 함에 있어서는 인적·물적 독립을 보장받는 제3자인 법관이 구체적 판단을 거쳐 발부한 영장에 의하여야만 한다는 데에 있으므로, 우선 형식적으로 영장주의에 위배되는 법률은 곧바로 헌법에 위반되고, 나아가 형식적으로는 영장주의를 준수하였더라도 실질적인 측면에서 입법자가 합리적인 선택범위를 일탈하는 등 그 입법형성권을 남용하였다면 그러한 법률은 자의금지원칙에 위배되어 헌법에 위반된다고 보아야 한다. 이 사건 법률조항은 수사기관이 법관에 의하여 발부된 영장 없이 일부 범죄 혐의자에 대하여 구속 등 강제처분을 할 수 있도록 규정하고 있을 뿐만 아니라, 그와 같이 영장 없이 이루어진 강제처분에 대하여 일정한 기간 내에 법관에 의한 사후영장을 발부받도록 하는 규정도 마련하지 아니함으로써, 수사기관이 법관에 의한 구체적 판단을 전혀 거치지 않고서도 임의로 불특정한 기간 동안 피의자에 대한 구속 등 강제처분을 할 수 있도록 하고 있는바, 이는 이 사건 법률조항의 입법목적과 그에 따른 입법자의 정책적 선택이 자의적이었는지 여부를 따질 필요도 없이 형식적으로 영장주의의 본질을 침해한다고 하지 않을 수 없다. ★

5. 체포영장을 집행하는 경우 필요한 때에는 타인의 주거 등 내에서 피의자 수색을 할 수 있도록 한 형사소송법 제216조 제1항 제1호 중 제200조의2에 관한 부분(헌불) 헌결 2018.4.26. 2015헌바370) ⇒ 심판대상조항은 체포영장을 발부받아 피의자를 체포하는 경우에 '필요한 때'에는 영장 없이 타인의 주거 등 내에서 피의자 수사를 할 수 있다고 규정함으로써, 별도로 영장을 발부받기 어려운 긴급한 사정이 있는지 여부를 구별하지 아니하고 피의자가 소재할 개연성이 있으면 영장 없이 타인의 주거 등을 수색할 수 있도록 허용하고 있다. 이는 체포영장이 발부된 피의자가 타인의 주거 등에 소재할 개연성은 인정되나, 수색에 앞서 영장을 발부받기 어려운 긴급한 사정이 인정되지 않는 경우에도 영장 없이 피의자 수색을 할 수 있다는 것이므로, 위에서 본 헌법 제16조의 영장주의 예외 요건을 벗어난다. ★ 명확성원칙 위반은 아님.

3. 체포·구속적부심사제

(1) 연혁: 건국헌법규정, 제4공(7차개정)헌법에서 삭제, 제5공(8차)헌법에서 부활

(2) 의의: 피체포자·피구속자가 청구한 체포·구속의 적부여부를 법원이 심사하는 것
(3) 내용
　(가) 신청인: 체포 또는 구속된 피의자 또는 그 변호인, 법정대리인, 배우자, 직계친족, 형제자매나 가족, 동거인 또는 고용주는 관할법원에 체포 또는 구속의 적부심사를 청구할 수○(동법 §214의2①)
　(나) 청구대상: 모든 범죄
　(다) 심사절차: 법원은 청구서가 접수된 때부터 48시간 이내에 체포 되거나 구속된 피의자를 심문하고 수사관계서류와 증거물을 조사하여 그 청구가 이유 없다고 인정한 때에는 결정으로 이를 기각하고, 이유 있다고 인정한 때에는 석방을 명하여야 함(동법 §214의2④)
　(라) 불복제도: 법원의 체포·구속적부심사의 결정에 대하여는 검사나 피의자 모두 항고×(동법 §214의2⑧)
(4) 판례: 헌법재판소는 구속된 피의자가 적부심사를 청구하였는데 검사가 전격기소를 하여 피고인 신분으로 변경되는 바람에 적부에 대한 법원의 판단을 받을 수 없도록 한 것은 헌법에 합치하지 않는다고 하였다(헌결 2002헌바104). 동 헌법불합치 판결 이후, 2007년 형사소송법 개정을 통해 적부심사청구 후 피의자에 대하여 공소제기가 있는 경우에도 적부의 판단을 받을 수 있도록 함(형소법 §214의2④)

| 헌결 | 대판 |

1. 우리 형사소송법상 구속적부심사의 청구인적격을 피의자 등으로 한정하고 있어서 청구인이 구속적부심사청구권을 행사한 다음 검사가 법원의 결정이 있기 전에 기소하는 경우(이른바 전격기소), 영장에 근거한 구속의 헌법적 정당성에 대하여 법원이 실질적인 판단을 하지 못하고 그 청구를 기각할 수밖에 없다. 그러나 구속된 피의자가 적부심사청구권을 행사한 경우 검사는 그 적부심사절차에서 피구속자와 대립하는 반대 당사자의 지위만을 가지게 됨에도 불구하고 헌법상 독립된 법관으로부터 심사를 받고자 하는 청구인의 '절차적 기회'가 반대 당사자의 '전격기소'라고 하는 일방적 행위에 의하여 제한되어야 할 합리적인 이유가 없고, 검사가 전격기소를 한 이후 청구인에게 '구속취소'라는 후속절차가 보장되어 있다고 하더라도 그에 따르는 적지 않은 시간적, 정신적, 경제적인 부담을 청구인에게 지워야 할 이유도 없으며, 기소이전단계

> 에서 이미 행사된 적부심사청구권의 당부에 대하여 법원으로부터 실질적인 심사를 받을 수 있는 청구인의 절차적 기회를 완전히 박탈하여야 하는 합리적인 근거도 없기 때문에, 입법자는 그 한도 내에서 적부심사청구권의 본질적 내용을 제대로 구현하지 아니하였다고 보아야 한다(헌불: 헌결 2004.3.25. 2002헌바104). ⇒ 구속된 피의자가 적부심사청구권을 행사한 다음 검사가 전격기소를 한 경우, 법원으로부터 구속의 헌법적 정당성에 대하여 실질적 심사를 받고자 하는 청구인의 절차적 기회를 제한하는 결과를 가져오는 형사소송법 제214조의2 제1항(이하, '이 사건 법률조항'이라 한다)이 헌법에 합치되는지 여부(적극)

4. 인신보호청구

(1) 의의: 인신보호청구(또는 인신보호청구권)는 행정기관이나 사인에 의해 위법하게 인신을 구속당한 경우 법관에게 인신구속의 적법여부를 판단 받을 수 있는 권리

(2) 내용

위법한 수용	위법한 수용이란 수용이 법률상 근거 없이 행하여지거나, 그 절차가 법률에 위반하여 행해진 것(요건과 절차의 위법). 권한 없는 자에 의해 수용이 이루어지거나, 권한 있는 자에 의한 수용이라도 정당한 수용절차를 거치지 않고 수용한 경우가 그것이며, 위법한 수용은 행정권에 의한 위법한 수용은 물론 **사인에 의한 위법한 수용을 포함**○(인신보호법 이하 '법' §1) ★ 보호의무자 2인의 동의와 정신건강의학과 전문의 1인의 진단으로 정신질환자에 대한 보호입원이 가능하도록 한 정신보건법 조항은 신체의 자유를 침해○ (헌불 헌결 2014헌가9)
당사자	피수용자	㉠ 피수용자: 자유로운 의사에 반하여 일정한 시설에 수용(보호, 감금)되어 있는 자(피수용자)는 법원에 인신보호를 청구할 수○(법 §2). "피수용자, 그 법정대리인, 후견인, 배우자, 직계혈족, 형제자매, 동거인, 고용주 또는 수용시설 종사자"(구제청구자)는 법원에 구제를 청구할 수○(법 §3) ㉡ 형사절차에 따라 체포·구속된 자 등: 형사절차에 따라 체포·구속된 자, 수형자 및 **출입국관리법에 따라 보호된 자는 인신보호를 청구할 수**×(법 §2① 단서) ★ 인신보호법에 따른 구제청구를 할 수 있는 피수용자의 범위에서 출입국관리법에 따라 보호된 자를 제외하고 있는 인신보호법(§2①)은 신체의 자유에 대한 침해로 볼 수 없고, 평등권을 침해×(헌결 2012헌마686)
	수용자	수용자란 수용시설의 장 또는 운영자로서(법 §2), 당해시설에 대하여 직접적이며 구체적으로 관리권을 행사하는 자

(3) 절차

(가) 구제청구

① 청구: 구제청구자는 피수용자 또는 수용시설의 주소, 거소 또는 현재지를 관할하는 **지방법원 또는 지원**에 청구(법 §4). 피수용자와 구제청구자가 빈곤이나 그 밖의 사유로 변호인을 선임할 수 없는 경우 구제청구자 등의 명시적 의사에 반하지 아니하는 이상 법원은 직권으로 변호인을 선정하여야 하지만, 구제청구가 명백하게 이유 없는 때에는 그러하지 아니함(법 §12②). 대한민국 입국이 불허되어 대한민국 공항에 머무르고 있는 외국인에게 인신보호법상 구제청구권이 인정○(대판 2014인마5)

② 구제청구는 다른 법률에 구제절차가 있는 경우에는 상당한 기간 내에 그 법률에 따른 구제를 받을 수 없음이 명백하여야 청구가 가능(보충성)(법 §3 단서)

(나) 심리

① 심리대상: 법원은 구제청구에 대하여 지체 없이 수용의 적법 여부 및 수용을 계속할 필요성 등에 대하여 심리를 개시하여야 함(법 §8①)

② 심리절차: 법원은 청구가 있는 날부터 2주일 내에 심문기일을 지정하고(인신보호규칙 §10) 구제청구자와 수용자를 소환하여야 함(법 §10①)

③ 부수처분: 법원은 수용계속 시 예상되는 신체위해를 방지하기 위해 긴급한 필요가 있다고 인정하는 때에는 직권 또는 구제청구자의 신청에 따라 피수용자의 수용을 임시로 해제할 것을 결정할 수○(법 §9①)

(다) 결정불복절차

① 법원은 구제청구사건을 심리한 결과 그 청구가 이유가 있다고 인정되는 때에는 결정으로 피수용자의 수용을 즉시 해제할 것을 명하여야 하고, 구제청구가 이유 없다고 인정하는 때에는 이를 기각하여야 함(법 §13①②)

② 2017년 개정 전의 구법에서 구제청구자와 수용자는 법원의 결정에 대하여 3일 이내에 즉시항고 할 수○(법 §15). '피수용자인 구제청구자'의 즉시항고 제기기간을 '3일'로 정한 인신보호법 제15조는 재판청구권을 침해○(**위헌**) 헌결 2013헌가21) ⇒ 인신보호법 개정(2017.10.31.): 구제청구자와 수용자는 법원의 결정에 대하여 불복하면 **7일 이내**에 즉시항고할 수 있다. **다만, 즉시항고는 집행정지의 효력이 없다**(법 §15단서 신설).

| 헌결 | 대판 |

1. 보호의무자 2인의 동의와 정신건강의학과 전문의 1인의 진단으로 정신질환자에 대한 보호입원이 가능하도록 한 정신보건법(2011. 8. 4. 법률 제11005호로 개정된 것) 제24조 제1항 및 제2항은 신체의 자유를 침해한다(헌불 헌결 2016.9.29. 2014헌가9).

2. 인신보호법상으로는 국선변호인이 선임될 수 있지만, 변호인의 대리권에 상소권까지 포함되어 있다고 단정하기 어렵고, 그의 대리권에 상소권이 포함되어 있다고 하더라도 법정기간의 연장 등 형사소송법 제345조 등과 같은 특칙이 적용될 여지가 없으므로 <u>3일의 즉시항고기간은 여전히 과도하게 짧은 기간이다.</u> 즉시항고 대신 재청구를 할 수도 있으나, 즉시항고와 재청구는 개념적으로 구분되는 것이므로 재청구가 가능하다는 사실만으로 즉시항고 기간의 과도한 제약을 정당화할 수는 없다. 나아가 즉시항고 제기기간을 3일보다 조금 더 긴 기간으로 정한다고 해도 피수용자의 신병에 관한 법률관계를 조속히 확정하려는 이 사건 법률조항의 입법목적이 달성되는 데 큰 장애가 생긴다고 볼 수 없으므로, <u>이 사건 법률조항은 피수용자의 재판청구권을 침해한다</u>(위헌 헌결 2015.9.24. 2013헌가21).

5. 체포·구속이유 등의 고지를 받을 권리

(1) 의의: 헌법 제12조 제5항에서 규정. 미국에서 성립된 소위 Miranda원칙을 규정한 것

(2) 내용

  (가) 고지: 형사피의자가 체포·구속을 당할 경우 체포·구속의 이유와 변호인의뢰권이 고지되어야 함(형소법 §88, §200의5). 현행범인이나 긴급체포의 경우에도 동일하며, 고지는 체포·구속 당시에 이루어져야 함(대판 99도4341)

  (나) 통지: 형사피의자가 체포·구속을 당한 경우 가족 등 법률이 정하는 자에게 체포·구속의 이유와 구속의 일시 및 장소가 통지되어야 함. 변호인이 있는 경우에는 변호인에게, 변호인이 없는 경우에는 피의자(피고인)의 법정대리인, 배우자, 직계친족과 형제자매 중 피의자(피고인)가 지정한 자에게 알려야 하며(형소법 §87①), 통지는 지체 없이 서면으로 하여야 함(동법 §87②)

| 헌결 | 대판 |

> 1. 헌법 제12조 제5항 전문은 '누구든지 체포 또는 구속의 이유와 변호인의 조력을 받을 권리가 있음을 고지받지 아니하고는 체포 또는 구속을 당하지 아니한다.'는 원칙을 천명하고 있고, 형사소송법 제72조는 '피고인에 대하여 범죄사실의 요지, 구속의 이유와 변호인을 선임할 수 있음을 말하고 변명할 기회를 준 후가 아니면 구속할 수 없다.'고 규정하는 한편, 이 규정은 같은 법 제213조의2에 의하여 검사 또는 사법경찰관리가 현행범인을 체포하거나 일반인이 체포한 현행범인을 인도받는 경우에 준용되므로, 사법경찰리가 현행범인으로 체포하는 경우에는 반드시 범죄사실의 요지, 구속의 이유와 변호인을 선임할 수 있음을 말하고 변명할 기회를 주어야 할 것임은 명백하며, 이러한 법리는 비단 현행범인을 체포하는 경우뿐만 아니라 긴급체포의 경우에도 마찬가지로 적용되는 것이고, <u>이와 같은 고지는 체포를 위한 실력행사에 들어가기 이전에 미리 하여야 하는 것이 원칙이나, 달아나는 피의자를 쫓아가 붙들거나 폭력으로 대항하는 피의자를 실력으로 제압하는 경우에는 붙들거나 제압하는 과정에서 하거나, 그것이 여의치 않은 경우에라도 일단 붙들거나 제압한 후에는 지체 없이 행하여야 한다</u>(대판 2000.7.4. 99도4341).

V. 형사피의자·형사피고인의 권리

1. 무죄추정원리

(1) 의의: 헌법 제27조 제4항은, '형사피고인은 유죄의 판결이 확정될 때까지는 무죄로 추정된다'고 규정하여 무죄추정의 원리를 선언하고 있고, 형사소송법 제275의2도 이 권리를 규정 / 무죄추정의 원칙이라 함은, 아직 공소제기가 없는 피의자는 물론 공소가 제기된 피고인이라도 유죄의 확정판결이 있기까지는 원칙적으로 죄가 없는 자에 준하여 취급하여야 하고 불이익을 입혀서는 안되며 가사 그 불이익을 입힌다 하여도 필요한 최소한도에 그쳐야 한다는 원칙을 말한다. 그리고 무죄추정의 원칙상 금지되는 '불이익'이란 '범죄사실의 인정 또는 유죄를 전제로 그에 대하여 법률적·사실적 측면에서 유형·무형의 차별취급을 가하는 유죄인정의 효과로서의 불이익'을 뜻하고, 이는 비단 형사절차 내에서의 불이익뿐만 아니라 기타 일반 법생활 영역에서의 기본권 제한과 같은 경우에도 적용된다(헌결 2011.4.28. 2010헌마474).

(2) 내용

(가) 형사피고인: 형사피고인(§27④) + **형사피의자**○(헌결 91헌마111)

(나) 유죄판결의 확정: 유죄판결이란 실형선고, 형의 면제, 집행유예

(다) 적용범위: 무죄추정의 원칙은 증거법에 국한된 원칙이 아니라 수사절차에서 공판절차에 이르기까지 형사절차의 전 과정을 지배하는 지도원리로서 인신의 구속 자체를 제한하는 원리(헌결 2002헌마193)

| 헌결 | 대판 | **무죄추정의 원칙 위반을 인정**

1. 기소된 변호사의 업무를 필요적으로 정지하도록 한 것(위헌) 헌결 1990.11.19. 90헌가48)

2. 형사사건으로 기소된 자에게 <u>필요적으로 직위해제</u>를 하도록 한 것(위헌) 헌결 1994.7.29. 93헌가3)

3. 압수한 물건을 판결 전에 국고에 귀속하도록 한 것(위헌) 헌결 1997.5.29. 96헌가17)

4. 수사 및 재판단계에서 미결수용자에게 재소자용 의류를 입게 하는 것(인용) 헌결 1997.5.29. 97헌마137)

5. 공정거래위원회의 법위반사실 공포명령(위헌) 헌결 2002.1.31. 2001헌바43)

6. 군사법경찰관에게 10일의 범위에서 구속기간의 연장허용(위헌) 헌결 2003.11.27. 2002헌마193)

7. 미결구금일수 중 일부만을 본형에 산입할 수 있도록 한 형법 조항(위헌) 헌결 2009.6.25. 2007헌바25)

8. 상소제기 후 상소취하시까지의 미결구금일수를 본형에 산입하도록 규정하지 않은 것(헌불) 헌결 2009.12.29. 2008헌가13)

9. 지방자치단체의 장이 금고 이상의 형을 선고받고 그 형이 확정되지 아니한 경우 부단체장이 그 권한을 대행하도록 규정한 지방자치법(헌불) 헌결 2010.9.2. 2010헌마418)

10. 수형자라 하더라도 확정되지 않은 별도의 형사재판에서만큼은 미결수용자와 같은 지위에 있는 것이므로, 이러한 수형자로 하여금 '<u>형사</u>'재판 출석시 아무런 예외 없이 사복착용을 금지하고 재소자용 의류를 입게 하는 것은, <u>무죄추정의 원칙에 위배될 소지가 크다</u>(헌불) 헌결 2015.12.23. 2013헌마712). ★ 공

정한 재판을 받을 권리, 인격권, 행복추구권을 침해 ⇒ '민사'재판 출석시(×)

2. 고문을 받지 아니할 권리

모든 국민은 고문을 받지 아니한다(§12②). 형법(§125)은 고문을 범죄로 규정하여 처벌하고 있고, 형사소송법(§309)은 고문에 의한 자백의 증거능력을 절대적으로 배제하여 고문을 받지 않을 권리를 실효적으로 보장

3. 진술거부권(묵비권)

(1) 의의: 수사절차나 공판절차에서 자기에게 불리한 진술이나 증언을 거부할 수 있는 권리(§12②)

(2) 진술거부권의 주체: 형사피의자나 형사피고인, 증인이나 참고인

(3) 진술거부권의 내용

 (가) 모든 절차: 형사절차뿐만 아니라 **행정절차나 국회에서의 조사절차 및 법률에 의한 진술강요에서도 보장**○(헌결 2001헌바43)

 (나) 진술거부: 진술이란 생각이나 지식 및 경험사실을 정신작용의 일환인 언어를 통해 표출하는 것. 정당의 회계책임자가 불법 정치자금의 수수 내역을 회계장부에 기재한 행위는 **'진술'의 범위에 포함**○(헌결 2004헌바25)

 (다) 형사상 불이익: 민사·행정상 불이익이×

 (라) 불고지의 효과: 사전 고지(동법 §244의3), 불고지시 무효(대판 2008도8213)

| 헌결 | 대판 |

1. [1] 현재 형사피의자나 피고인으로서 수사 및 공판절차에 계속 중인 자 뿐만 아니라 교통사고를 일으킨 차량의 운전자 등과 같이 장차 형사피의자나 피고인이 될 가능성이 있는 자에게도 그 진술내용이 자기의 형사책임에 관련되는 것일 때에는 그 진술을 강요받지 않을 자기부죄(自己負罪) 거절의 권리가 보장되는 것이다. 또한 진술거부권은 형사상 자기에게 불리한 내용의 진술을 강요당하지 아니하는 것이므로 고문 등 폭행에 의한 강요는 물론 법률로서도 진술을 강제할 수 없음을 의미한다. 그러므로 만일 법률이 범법자에게 자기의 범죄사실을 반드시 신고하도록 명시하고 그 미신고를 이유로 처벌하는 벌칙을 규정하는 것은 헌법상 보장된 국민의 기본권인 진술거부권을 침해하는 것이

된다.

[2] 교통사고를 일으킨 운전자에게 신고의무를 부담시키고 있는 도로교통법 제50조 제2항, 제111조 제3호는, 피해자의 구호 및 교통질서의 회복을 위한 조치가 필요한 범위 내에서 교통사고의 객관적 내용만을 신고하도록 한 것으로 해석하고, 형사책임과 관련되는 사항에는 적용되지 아니하는 것으로 해석하는 한 헌법에 위반되지 아니한다(한정합헌; 헌결 1990.8.27. 89헌가118).

2. [1] 공정거래위원회의 고발조치 등으로 장차 형사절차내에서 진술을 해야할 행위자에게 사전에 이와 같은 법위반사실의 공표를 하게 하는 것은 형사절차 내에서 법위반사실을 부인하고자 하는 행위자의 입장을 모순에 빠뜨려 소송수행을 심리적으로 위축시키거나, 법원으로 하여금 공정거래위원회 조사결과의 신뢰성 여부에 대한 불합리한 예단을 촉발할 소지가 있고 이는 장차 진행될 형사절차에도 영향을 미칠 수 있다. 결국 법위반사실의 공표명령은 공소제기조차 되지 아니하고 단지 고발만 이루어진 수사의 초기단계에서 아직 법원의 유무죄에 대한 판단이 가려지지 아니하였는데도 관련 행위자를 유죄로 추정하는 불이익한 처분이 된다.

[2] 헌법 제12조 제2항은 "모든 국민은 형사상 자기에게 불리한 진술을 강요당하지 아니한다."라고 하여 진술거부권을 보장하였는바, 이는 피고인이나 피의자가 수사절차 또는 공판절차에서 수사기관 또는 법원의 신문에 대하여 진술을 거부할 수 있는 권리를 말한다. 이러한 진술거부권은 형사절차 뿐만 아니라 행정절차나 국회에서의 조사절차에서도 보장된다. 진술거부권은 고문 등 폭행에 의한 강요는 물론 법률로서도 진술을 강요당하지 아니함을 의미한다. 이와 같이 진술거부권은 형사절차 뿐만 아니라 행정절차나 법률에 의한 진술강요에서도 인정되는 것인바, 이 사건 공표명령은 '특정의 행위를 함으로써 공정거래법을 위반하였다'는 취지의 행위자의 진술을 일간지에 게재하여 공표하도록 하는 것으로서 그 내용상 행위자로 하여금 형사절차에 들어가기 전에 법위반행위를 일단 자백하게 하는 것이 되어 진술거부권도 침해하는 것이다(위헌 헌결 2002.1.31. 2001헌바43). ⇒ '공정거래위원회의 법위반사실의 공표명령'은 일반적 행동의 자유 및 명예권도 침해○ but ★ 사죄 내지 사과를 강요함으로 인하여 발생하는 양심의 자유의 침해문제는 발생×

3. [1] 헌법상 진술거부권의 보호대상이 되는 "진술"이라 함은 언어적 표출, 즉 개인의 생각이나 지식, 경험사실을 정신작용의 일환인 언어를 통하여 표출하는 것을 의미하는바, 정치자금을 받고 지출하는 행위는 당사자가 직접 경험한

사실로서 이를 문자로 기재하도록 하는 것은 당사자가 자신의 경험을 말로 표출한 것의 등가물(等價物)로 평가할 수 있으므로, 위 조항들이 정하고 있는 기재행위 역시 "진술"의 범위에 포함된다고 할 것이다.

[2] 정당의 회계책임자가 불법 정치자금이라도 그 수수 내역을 회계장부에 기재하고 이를 신고할 의무가 있다고 규정하고 있는 위 조항들은 헌법 제12조 제2항이 보장하는 진술거부권을 침해한다고 할 수 없다.

[3] (정치자금의 수입·지출에 관한 명세서, 영수증 및 회계장부를 보존하지 않은 정당의 회계책임자를 형사처벌하는) 정치자금법 제31조 제6호에 의하면, 정당의 회계책임자는 정치자금의 수입·지출에 관한 명세서 및 영수증을 정치자금법이 정하는 회계보고를 마친 후 3년간 보존하여야 하는데, 이 조항이 규정하고 있는 회계장부·명세서·영수증을 보존하는 행위는 진술거부권의 보호대상이 되는 "진술" 즉 언어적 표출의 등가물로 볼 수 없으므로, 위 조항은 헌법 제12조 제2항의 진술거부권을 침해하지 않는다(헌결 2005.12.22. 2004헌바25).

4. 자백의 증거능력과 증명력

(1) 의의: 자백의 증거능력배제는 고문을 받지 않을 권리나 진술거부권의 실효성을 보장(§12⑦, 동법 §309, §310)

(2) 증거능력과 증명력: 형사절차에서 증거로 사용되기 위해서는 증거는 증거가 될 수 있는 자격(증거능력)이 있어야 하며, 증거능력이 있는 증거라 하더라도 증거가 범죄를 입증할 수 있는 힘(증명력)이 있어야 함. 증거의 증명력은 법관의 자유판단에 의함(자유심증주의, 동법 §308)

(3) 내용

(가) 자백의 증거능력 배제: 피고인의 자백이 불법(고문, 폭행, 협박, 구속의 부당한 장기화)이나 부당한 방법(기망)으로 임의로 진술한 것이 아니라고 인정될 때에는, 즉 임의성 없는 자백인 경우에는 자백의 증거능력×

(나) 자백의 증명력의 제한: 피고인의 자백이 그에게 불리한 유일한 증거일 때에는 이를 이유로 처벌할 수 없다고 하여 자백의 증명력을 제한

(4) 위법으로 수집된 증거의 증거능력: 적법한 절차에 따르지 아니하고 수집한 증거는 증거로 할 수×(동법 §308의2)

5. 변호인의 도움을 받을 권리

(1) 의의: 무기대등의 원칙을 형사절차에서 실현시킴으로써 국가형벌권의 일방적

행사로 인한 인신의 침해를 막기 위함(§12④)

(2) 주체: 체포·구속된 모든 사람. 헌법 제12조 제4항 본문에 규정된 "구속"은 '<u>사법절차</u>'에서 이루어진 구속뿐 아니라, '<u>행정절차</u>'에서 이루어진 구속까지 포함하는 <u>개념</u>이다. 따라서 헌법 제12조 제4항 본문에 규정된 변호인의 조력을 받을 권리는 행정절차에서 구속을 당한 사람에게도 즉시 보장된다(**위헌** 헌결 2018.5.31. 2014헌마346). ⇐ **선례변경**. 한편, 임의동행된 피의자·피내사자○(대결 96모18), 불구속 피의자·피고인○(헌결 2000헌마138), **형사절차가 종료되어 교정시설에 수용중인 수형자×(원칙)**(헌결 96헌마398), 미결수용자가 형사사건의 변호인이 아닌 민사재판, 행정재판, 헌법재판 등에서 변호사와 접견할 경우×(원칙)(헌결 2011헌마122)

| 헌결 | 대판 |

1. 헌법 제12조 제4항은 "누구든지 체포 또는 구속을 당한 때에는 즉시 변호인의 조력을 받을 권리를 가진다. 다만, 형사피고인이 스스로 변호인을 구할 수 없을 때에는 법률이 정하는 바에 의하여 국가가 변호인을 붙인다."라고 규정하고 있다. 이와 같이 <u>변호인의 조력을 받을 권리는 헌법상 신체의 자유에 관한 내용으로 규정되어 있고, 형사절차에서 국가권력의 수사나 공소에 대항하여 피의자나 피고인의 방어권 및 대등한 당사자의 지위를 보장하는 데에 의의가 있다. 따라서 헌법 제12조 제4항의 변호인의 조력을 받을 권리는 신체의 자유에 관한 영역으로서 가사소송에서 당사자가 변호사를 대리인으로 선임하여 그 조력을 받는 것을 그 보호영역에 포함된다고 보기 어렵고</u>, 이 사건 법률조항[저자 주: 가사소송법 제7조 제1항 중 "가정법원의 변론기일에 소환을 받은 당사자는 본인이 출석하여야 한다. 다만, 특별한 사정이 있을 때에는 재판장의 허가를 받아 대리인을 출석하게 할 수 있다."고 한 부분]이 가사소송의 당사자가 변호사의 조력을 얻어 소송수행을 하는 데 제약을 가하는 것도 아니므로, 재판청구권을 침해하는 것이라 볼 수도 없다(헌결 2012.10.25. 2011헌마598).

2. <u>우리 헌법은 변호인의 조력을 받을 권리가 불구속 피의자·피고인 모두에게 포괄적으로 인정되는지 여부에 관하여 명시적으로 규율하고 있지는 않지만, 불구속 피의자의 경우에도 변호인의 조력을 받을 권리는 우리 헌법에 나타난 법치국가원리, 적법절차원칙에서 인정되는 당연한 내용이고, 헌법 제12조 제4항도 이를 전제로 특히 신체구속을 당한 사람에 대하여 변호인의 조력을 받을 권리의 중요성을 강조하기 위하여 별도로 명시하고 있다.</u> 피의자·피고인

의 구속 여부를 불문하고 조언과 상담을 통하여 이루어지는 변호인의 조력자로서의 역할은 변호인선임권과 마찬가지로 변호인의 조력을 받을 권리의 내용 중 가장 핵심적인 것이고, 변호인과 상담하고 조언을 구할 권리는 변호인의 조력을 받을 권리의 내용 중 구체적인 입법형성이 필요한 다른 절차적 권리의 필수적인 전제요건으로서 변호인의 조력을 받을 권리 그 자체에서 막바로 도출되는 것이다(헌결 2004.9.23. 2000헌마138). ★

3. 형사절차가 종료되어 교정시설에 수용중인 수형자는 원칙적으로 변호인의 조력을 받을 권리의 주체가 될 수 없다. 다만, 수형자의 경우에도 재심절차 등에는 변호인 선임을 위한 일반적인 교통·통신이 보장될 수도 있겠으나, 기록에 의하면 청구인은 교도소 내에서의 처우를 왜곡하여 외부인과 연계, 교도소 내의 질서를 해칠 목적으로 변호사에게 이 사건 서신을 발송하려는 것이므로 이와 같은 경우에는 변호인의 조력을 받을 권리가 보장되는 경우에 해당한다고 할 수 없다(헌결 1998.8.27. 96헌마398).

4. 형의 집행 중에 있는 수형자에게 행형법 제18조에 의하여 변호인과의 접견교통권이 인정된다고 하더라도, 이는 헌법상의 권리는 아니므로, 이 사건에서 청구인에 대한 접견의 제한은 헌법 제12조의 변호인의 조력을 받을 권리에 대한 제한이 아니라 헌법 제27조의 재판청구권의 내용으로서 변호사의 도움을 받을 권리에 대한 제한으로 보아야 한다(헌결 2004.12.16. 2002헌마478).

5. 변호인의 조력을 받을 권리에 대한 헌법과 법률의 규정 및 취지에 비추어 보면, '형사사건에서 변호인의 조력을 받을 권리'를 의미한다고 보아야 할 것이므로 형사절차가 종료되어 교정시설에 수용 중인 수형자나 미결수용자가 형사사건의 변호인이 아닌 민사재판, 행정재판, 헌법재판 등에서 변호사와 접견할 경우에는 원칙적으로 헌법상 변호인의 조력을 받을 권리의 주체가 될 수 없다(헌결 2013.8.29. 2011헌마122).

6. [1] 헌법 제12조 제4항 본문의 문언 및 헌법 제12조의 조문 체계, 변호인 조력권의 속성, 헌법이 신체의 자유를 보장하는 취지를 종합하여 보면 헌법 제12조 제4항 본문에 규정된 "구속"은 사법절차에서 이루어진 구속뿐 아니라, 행정절차에서 이루어진 구속까지 포함하는 개념이다. 따라서 헌법 제12조 제4항 본문에 규정된 변호인의 조력을 받을 권리는 행정절차에서 구속을 당한 사람에게도 즉시 보장된다. 종래 이와 견해를 달리하여 헌법 제12조 제4항 본문에 규정된 변호인의 조력을 받을 권리는 형사절차에서 피의자 또는 피고인의 방어권을 보장하기 위한 것으로서 출입국관리법상 보호 또는 강제퇴거의 절차에

도 적용된다고 보기 어렵다고 판시한 우리 재판소 결정(헌재 2012.8.23. 2008헌마430)은, 이 결정 취지와 저촉되는 범위 안에서 변경한다. ★★★
[2] 인천국제공항 송환대기실은 출입문이 철문으로 되어 있는 폐쇄된 공간이고, 인천국제공항 항공사운영협의회에 의해 출입이 통제되기 때문에 청구인은 송환대기실 밖 환승구역으로 나갈 수 없었으며, 공중전화 외에는 외부와의 소통 수단이 없었다. 청구인은 이 사건 변호인 접견신청 거부 당시 약 5개월째 송환대기실에 수용되어 있었고, 적어도 난민인정심사불회부 결정 취소소송이 종료될 때까지는 임의로 송환대기실 밖으로 나갈 것을 기대할 수 없었다. 청구인은 이 사건 변호인 접견신청 거부 당시 자신에 대한 송환대기실 수용을 해제해 달라는 취지의 인신보호청구의 소를 제기해 둔 상태였으므로 자신의 의사에 따라 송환대기실에 머무르고 있었다고 볼 수도 없다. 따라서 청구인은 이 사건 변호인 접견신청 거부 당시 헌법 제12조 제4항 본문에 규정된 "구속" 상태였다. ★ ⇒ 인천국제공항에서 난민인정신청을 하였으나 난민인정심사불회부결정을 받은 청구인을 인천국제공항 송환대기실에 약 5개월째 수용하고 환승구역으로의 출입을 막은 것이 헌법 제12조 제4항 본문에 규정된 "구속"에 해당되는지 여부(적극)
[3] 이 사건 변호인 접견신청 거부는 현행법상 아무런 법률상 근거가 없이 청구인의 변호인의 조력을 받을 권리를 제한한 것이므로, 청구인의 변호인의 조력을 받을 권리를 침해한 것이다. 또한 청구인에게 변호인 접견신청을 허용한다고 하여 국가안전보장, 질서유지, 공공복리에 어떠한 장애가 생긴다고 보기는 어렵고, 필요한 최소한의 범위 내에서 접견 장소 등을 제한하는 방법을 취한다면 국가안전보장이나 환승구역의 질서유지 등에 별다른 지장을 주지 않으면서도 청구인의 변호인 접견권을 제대로 보장할 수 있다. 따라서 이 사건 변호인 접견신청 거부는 국가안전보장이나 질서유지, 공공복리를 위해 필요한 기본권 제한 조치로 볼 수도 없다[인용 헌결 2018.5.31. 2014헌마346]. ★

| 헌결 | 대판 |

1. [1] 변호인의 조력을 받을 권리를 실질적으로 보장하기 위하여는 변호인과의 접견교통권의 인정이 당연한 전제가 되므로, 임의동행의 형식으로 수사기관에 연행된 피의자에게도 변호인 또는 변호인이 되려는 자와의 접견교통권은 당연히 인정된다고 보아야 하고, 임의동행의 형식으로 연행된 피내사자의 경우에도 이는 마찬가지이다.

> [2] 접견교통권은 피고인 또는 피의자나 피내사자의 인권보장과 방어준비를 위하여 필수불가결한 권리이므로 법령에 의한 제한이 없는 한 수사기관의 처분은 물론 법원의 결정으로도 이를 제한할 수 없다(대결 1996.6.3. 96모18).

참고

- 수형자: 징역형·금고형 또는 구류형의 선고를 받아 그 형이 확정된 사람과 벌금 또는 과료를 완납하지 아니하여 노역장 유치명령을 받은 사람
- 미결수용자: 형사피의자 또는 형사피고인으로서 체포되거나 구속영장의 집행을 받은 사람
- 사형확정자: 사형의 선고를 받아 그 형이 확정된 사람
- 수용자: 수형자·미결수용자·사형확정자, 그 밖에 법률과 적법한 절차에 따라 교도소·구치소 및 그 지소(이하 '교정시설')에 수용된 사람
- 형의 집행 및 수용자의 처우에 관한 법률 제2조 -

(3) 내용

변호인 선임권	① 개념: 변호인을 선임하여 조력을 받을 권리 ② 내용: 형사피고인의 국선변호인 선임요구는 헌법상 기본권○, 형사소송법(§214의2⑩, §201의2⑧)은 형사피의자에게 체포·구속적부심사와 영장실질심사로 국한하여 국선변호를 허용
변호인접견·교통권	① 개념: 선임된 변호인과 상담하고 조언을 구할 권리로, 변호인의 조력을 받을 권리의 본질적 내용 ② 내용: 체포·구금을 당했을 때 변호인과의 접견을 일정기간 금지하거나, 접견 시 수사관 등이 대화를 듣거나 녹화하는 것(위헌확인, 헌결 91헌마111), 미결수용자가 변호사에게 발송을 의뢰한 서신이나 변호사가 미결수에게 보낸 서신에 대한 검열(헌결 92헌마144)은 모두 변호인 접견·교통권에 대한 침해○, 변호인 아닌 제3자와의 접견교통도 보장되어야 하나, 미결수용자의 가족 등과의 교류보장은 변호인 접견·교통권이 아닌 일반적 행동자유권의 내용(헌결 2002헌마193). 대법원은 변호인 접견이 위법하게 제한된 상태에서 작성된 검사 작성의 피의자신문 조서의 증거능력을 부정(대판 90도1586)
변호인 참여요구권	① 개념: 형사피의자(피고인)가 형사절차에서 변호인과 상담하고 조언을 구하기 위해 변호인의 참여를 요구할 수 있는 권리 ② 내용: 불구속 피의자(피고인)의 변호인 참여요구권은 법률의 근거가 없어도 헌법 그 자체로부터 인정○(헌결 2000헌마138)

변호인 조력권	'피구속자를 조력할 변호인의 권리 중' 그것이 보장되지 않으면 피구속자가 변호인으로부터 조력을 받는다는 것이 유명무실하게 되는 핵심적인 부분에 한해 기본권으로 보호(헌결 2000헌마474)
변호인의 변호권	피의자 및 피고인이 가지는 변호인의 조력을 받을 권리가 실질적으로 확보되기 위해서는, 피의자 및 피고인에 대한 변호인의 조력할 권리의 핵심적인 부분(이하 '변호인의 변호권'이라 한다)은 헌법상 기본권으로서 보호(헌결 2016헌마503)
변호인이 되려는 자의 접견·교통권	'변호인이 되려는 자'의 접견교통권은 피의자 등을 조력하기 위한 핵심적인 부분으로서 헌법상의 기본권인 '변호인이 되려는 자'와의 접견교통권과 표리의 관계에 있으므로, 피의자 등이 가지는 '변호인이 되려는 자'의 조력을 받을 권리가 실질적으로 확보되기 위해서는 **'변호인이 되려는 자'의 접견교통권 역시 헌법상 기본권으로서 보장되어야 함**(위헌확인, 헌결 2019.2.28. 2015헌마1204)

(4) 제한과 한계: 법률로 제한할 수 있으나(헌결 2007헌마992), 변호인의 조력을 받을 권리 중 **'자유로운 접견'**은 본질적 내용에 해당되는 것이어서 국가안전보장, 질서유지, 공공복리 등 **어떠한 명분으로도 제한×**(헌결 91헌마111)

| 헌결 | 대판 |

1. <u>변호인과의 자유로운 접견</u>은 신체구속을 당한 사람에게 보장된 변호인의 조력을 받을 권리의 가장 중요한 내용이어서 <u>국가안전보장·질서유지·공공복리 등 어떠한 명분으로도 제한될 수 있는 성질의 것이 아니다</u>(인용; 헌결 1992.1.28. 91헌마111).

2. 구속피고인의 변호인 면접·교섭권의 위와 같은 중요성은 독자적으로 존재하는 것이 아니라 국가형벌권의 적정한 행사와 피고인의 인권보호라는 형사소송절차의 전체적인 체계 안에서 의미를 갖고 있는 것이다. 따라서 <u>구속피고인의 변호인 면접·교섭권은 최대한 보장되어야 하지만, 형사소송절차의 위와 같은 목적을 구현하기 위하여 제한될 수 있다</u>. 다만 이 경우에도 그 제한은 엄격한 비례의 원칙에 따라야 하고, 시간·장소·방법 등 일반적 기준에 따라 중립적이어야 한다(헌결 2009.10.29. 2007헌마992).

3. 구속적부심사건 피의자의 변호인에게 고소장과 피의자신문조서에 대한 열람 및 등사를 거부한 경찰서장의 정보비공개결정이 변호인의 피구속자를 조력할 권리를 침해한다(위헌확인; 헌결 2003.3.27. 2000헌마474).

4. 피청구인이 2000.2.16. 청구인들로부터 청구인들에 대한 피의자신문시 변호인들이 참여하여 조력할 수 있도록 해 달라는 요청을 받았음에도 불구하고 이를

거부한 행위는 변호인의 조력을 받을 권리를 침해○ (위헌확인; 헌결 2004.9.23. 2000헌마138)

[1] 우리 헌법은 변호인의 조력을 받을 권리가 불구속 피의자·피고인 모두에게 포괄적으로 인정되는지 여부에 관하여 명시적으로 규율하고 있지는 않지만, 불구속 피의자의 경우에도 변호인의 조력을 받을 권리는 우리 헌법에 나타난 법치국가원리, 적법절차원칙에서 인정되는 당연한 내용이고, 헌법 제12조 제4항도 이를 전제로 특히 신체구속을 당한 사람에 대하여 변호인의 조력을 받을 권리의 중요성을 강조하기 위하여 별도로 명시하고 있다. 피의자·피고인의 구속 여부를 불문하고 조언과 상담을 통하여 이루어지는 변호인의 조력자로서의 역할은 변호인선임권과 마찬가지로 변호인의 조력을 받을 권리의 내용 중 가장 핵심적인 것이고, <변호인과 상담하고 조언을 구할 권리>는 변호인의 조력을 받을 권리의 내용 중 구체적인 입법형성이 필요한 다른 절차적 권리의 필수적인 전제요건으로서 <변호인의 조력을 받을 권리 그 자체에서 막바로 도출>되는 것이다.

[2] 불구속 피의자나 피고인의 경우 형사소송법상 특별한 명문의 규정이 없더라도 스스로 선임한 변호인의 조력을 받기 위하여 변호인을 옆에 두고 조언과 상담을 구하는 것은 수사절차의 개시에서부터 재판절차의 종료에 이르기까지 언제나 가능하다. 따라서 불구속 피의자가 피의자신문시 변호인을 대동하여 신문과정에서 조언과 상담을 구하는 것은 신문과정에서 필요할 때마다 퇴거하여 변호인으로부터 조언과 상담을 구하는 번거로움을 피하기 위한 것으로서 불구속 피의자가 피의자신문장소를 이탈하여 변호인의 조언과 상담을 구하는 것과 본질적으로 아무런 차이가 없다. 형사소송법 제243조는 피의자신문시 의무적으로 참여하여야 하는 자를 규정하고 있을 뿐 적극적으로 위 조항에서 규정한 자 이외의 자의 참여나 입회를 배제하고 있는 것은 아니다. 따라서 불구속 피의자가 피의자신문시 변호인의 조언과 상담을 원한다면, 위법한 조력의 우려가 있어 이를 제한하는 다른 규정이 있고 그가 이에 해당한다고 하지 않는 한 수사기관은 피의자의 위 요구를 거절할 수 없다.

[3] 이 사건에서 피청구인은 청구인들이 조언과 상담을 구하기 위하여 한 피의자신문시 변호인참여 요구를 거부하면서 그 사유를 밝히지도 않았고, 그에 관한 자료도 제출하지도 않았다. 따라서 아무런 이유 없이 피의자신문시 청구인들의 변호인과의 조언과 상담요구를 제한한 이 사건 행위는 평등권침해 여부에 관하여 나아가 판단할 필요 없이 청구인들의 변호인의 조력을 받을 권리를 침

해하였으므로 취소되어야 할 것이나, 그 행위로 인하여 초래된 위헌적 상태가 이미 종료되었으므로 이를 취소하는 대신 위 행위가 위헌임을 확인하는 것이다.

5. 수사서류에 대한 법원의 열람·등사 허용 결정이 있음에도 검사가 열람·등사를 거부하는 경우 수사서류 각각에 대하여 검사가 열람·등사를 거부할 정당한 사유가 있는지를 심사할 필요 없이 그 거부행위 자체로써 피고인의 열람·등사권, 신속·공정한 재판을 받을 권리 및 변호인의 조력을 받을 권리까지 침해○(위헌확인; 헌결 2010.6.24. 2009헌마257)

[1] 피고인의 신속·공정한 재판을 받을 권리 및 변호인의 조력을 받을 권리는 헌법이 보장하고 있는 기본권이고, 변호인의 수사서류 열람·등사권은 피고인의 신속·공정한 재판을 받을 권리 및 변호인의 조력을 받을 권리라는 헌법상 기본권의 중요한 내용이자 구성요소이며 이를 실현하는 구체적인 수단이 된다. 따라서 변호인의 수사서류 열람·등사를 제한함으로 인하여 결과적으로 피고인의 신속·공정한 재판을 받을 권리 또는 변호인의 충분한 조력을 받을 권리가 침해된다면 이는 헌법에 위반되는 것이다.

[2] 형사소송법 제266조의4 제5항은 검사가 수사서류의 열람·등사에 관한 법원의 허용 결정을 지체 없이 이행하지 아니하는 때에는 해당 증인 및 서류 등에 대한 증거신청을 할 수 없도록 규정하고 있다. 그런데 이는 검사가 그와 같은 불이익을 감수하기만 하면 법원의 열람·등사 결정을 따르지 않을 수도 있다는 의미가 아니라, 피고인의 열람·등사권을 보장하기 위하여 검사로 하여금 법원의 열람·등사에 관한 결정을 신속히 이행하도록 강제하는 한편, 이를 이행하지 아니하는 경우에는 증거신청상의 불이익도 감수하여야 한다는 의미로 해석하여야 할 것이므로, 법원이 검사의 열람·등사 거부처분에 정당한 사유가 없다고 판단하고 그러한 거부처분이 피고인의 헌법상 기본권을 침해한다는 취지에서 수사서류의 열람·등사를 허용하도록 명한 이상, 법치국가와 권력분립의 원칙상 검사로서는 당연히 법원의 그러한 결정에 지체 없이 따라야 할 것이다. 그러므로 법원의 열람·등사 허용 결정에도 불구하고 검사가 이를 신속하게 이행하지 아니하는 경우에는 해당 증인 및 서류 등을 증거로 신청할 수 없는 불이익을 받는 것에 그치는 것이 아니라, 그러한 검사의 거부행위는 피고인의 열람·등사권을 침해하고, 나아가 피고인의 신속·공정한 재판을 받을 권리 및 변호인의 조력을 받을 권리까지 침해하게 되는 것이다.

[3] 신속하고 실효적인 구제절차를 형사소송절차 내에 마련하고자 열람·등사에 관한 규정을 신설한 입법취지와, 검사의 열람·등사 거부처분에 대한 정당

성 여부가 법원에 의하여 심사된 마당에 헌법재판소가 다시 열람·등사 제한의 정당성 여부를 심사하게 된다면 이는 법원의 결정에 대한 당부의 통제가 되는 측면이 있는 점 등을 고려하여 볼 때, 이 사건과 같이 수사서류에 대한 법원의 열람·등사 허용 결정이 있음에도 검사가 열람·등사를 거부하는 경우 수사서류 각각에 대하여 검사가 열람·등사를 거부할 정당한 사유가 있는지를 심사할 필요 없이 그 거부행위 자체로써 청구인들의 기본권을 침해한다.

★ 통지 법원의 수사서류 열람·등사 허용 결정에도 불구하고 해당 수사서류에 대하여 열람은 허용하고 등사를 거부한 검사의 행위는 피고인인 청구인들의 신속하고 공정한 재판을 받을 권리 및 변호인의 조력을 받을 권리를 침해하여 헌법에 위반○(위헌확인; 헌결 2017.12.28. 2015헌마632)

6. 후방착석요구행위(검찰수사관인 피청구인이 피의자신문에 참여한 청구인에게 피의자 후방에 앉으라고 요구한 행위)는 변호인인 청구인의 자유로운 피의자신문 참여를 제한함으로써 헌법상 기본권인 변호인의 변호권을 침해하므로 취소되어야 할 것이나, 이 사건 후방착석요구행위는 이미 종료되었으므로 동일 또는 유사한 기본권 침해의 반복을 방지하기 위하여 선언적 의미에서 그에 대한 위헌확인을 하기로 한다(위헌확인; 헌결 2017.11.30. 2016헌마503). ⇒ 피의자 및 피고인이 가지는 변호인의 조력을 받을 권리는 그들과 변호인 사이의 상호관계에서 구체적으로 실현될 수 있다. 피의자 및 피고인이 가지는 변호인의 조력을 받을 권리는 그들을 조력할 변호인의 권리가 보장됨으로써 공고해질 수 있으며, 반면에 변호인의 권리가 보장되지 않으면 유명무실하게 될 수 있다. 피의자 및 피고인을 조력할 변호인의 권리 중 그것이 보장되지 않으면 그들이 변호인의 조력을 받는다는 것이 유명무실하게 되는 핵심적인 부분은 헌법상 기본권인 피의자 및 피고인이 가지는 변호인의 조력을 받을 권리와 표리의 관계에 있다 할 수 있다. 따라서 피의자 및 피고인이 가지는 변호인의 조력을 받을 권리가 실질적으로 확보되기 위해서는, 피의자 및 피고인에 대한 변호인의 조력할 권리의 핵심적인 부분(이하 '변호인의 변호권'이라 한다)은 헌법상 기본권으로서 보호되어야 한다. ★

7. 인천공항출입국·외국인청장이 인천국제공항 송환대기실에 수용된 난민에 대한 변호인 접견신청을 거부한 행위는 변호인의 조력을 받을 권리를 침해하여 헌법에 위반된다(위헌 헌결 2018.5.31. 2014헌마346). ★

8. 변호인 선임을 위하여 피의자 등이 가지는 '변호인이 되려는 자'와의 접견교통권은 헌법상 기본권으로 보호되어야 하고, '변호인이 되려는 자'의 접견교

통권은 피의자 등이 변호인을 선임하여 그로부터 조력을 받을 권리를 공고히 하기 위한 것으로서, 그것이 보장되지 않으면 피의자 등이 변호인 선임을 통하여 변호인으로부터 충분한 조력을 받는다는 것이 유명무실하게 될 수밖에 없다. 이와 같이 '변호인이 되려는 자'의 접견교통권은 피의자 등을 조력하기 위한 핵심적인 부분으로서 헌법상의 기본권인 '변호인이 되려는 자'와의 접견교통권과 표리의 관계에 있으므로, 피의자 등이 가지는 '변호인이 되려는 자'의 조력을 받을 권리가 실질적으로 확보되기 위해서는 '변호인이 되려는 자'의 접견교통권 역시 <헌법상> 기본권으로서 보장되어야 한다(기본권 침해 가능성 인정). <중략> 그렇다면 청구인의 피의자 윤○○에 대한 접견신청은 '변호인이 되려는 자'에게 보장된 접견교통권의 행사 범위 내에서 이루어진 것이고, 또한 이 사건 검사의 접견불허행위는 헌법이나 법률의 근거 없이 이를 제한한 것이므로, 청구인의 접견교통권을 침해하였다고 할 것이다(위헌확인; 헌결 2019.2.28. 2015헌마1204). ★★★

9. 법원이 열람·등사 허용 결정을 하였음에도 검사가 열람·등사를 거부한 행위의 위헌확인 사건(위헌 헌결 2022.6.30. 2019헌마356)

[1] 적법요건 판단

헌법재판소는 형사소송법 제266조의4에 기한 변호인의 수사기록에 대한 열람·등사신청을 거부한 검사의 처분이 변호인의 기본권을 침해하여 위헌임을 확인하여 이미 헌법적 해명을 한 바 있다(헌재 2010. 6. 24. 2009헌마257; 헌재 2017. 12. 28. 2015헌마632). 그러나 이는 당해 형사사건의 수사기록에 대한 열람·등사가 문제된 사건인 반면에, 이 사건은 별건으로 공소제기 후 확정되어 검사가 보관하고 있는 서류의 열람·등사가 문제되는 사건이어서 차이가 있으며, 피청구인은 청구인에 대한 재판기록 및 수사기록에 '이□□에 대한 진술조서'라는 표제의 서류가 없고, 이□□에 대한 형사사건이 청구인에 대한 형사사건과 별건이라는 이유로 이 사건 거부행위를 하였다. 따라서 이 사건과 같은 유형의 침해행위가 앞으로도 반복될 가능성이 크고, 이 사건 쟁점에 대한 헌법적 해명은 헌법질서의 수호를 위하여 매우 긴요하다고 할 수 있으므로, 청구인에 대한 주관적 권리보호의 이익이 소멸하였다고 하더라도 이 사건 심판청구에 있어서는 심판청구의 이익이 여전히 존재한다. ★★★

[2] 본안 판단

형사소송법이 공소가 제기된 후의 피고인 또는 변호인의 수사서류 열람·등사권에 대하여 규정하면서 검사의 열람·등사 거부처분에 대하여 별도의 불복절차를 마련한 것은 피고인 측의 수사서류 열람·등사권이 헌법상의 신속·공정한 재판을 받을 권리 및 변호인의 조력을 받을 권리의 중요한 내용인 점을 감안하여 종전 헌법소원심판이나 정보공개법 상의 행정쟁송 절차 등과 같은 우회적인 권리구제수단 대신에 보다 신속하고 실효적인 권리구제 절차가 필요하다는 입법자의 정책적 판단에 따른 것이다. 법원이 검사의 열람·등사 거부처분에 정당한 사유가 없다고 판단하고 그러한 거부처분이 피고인의 헌법상 기본권을 침해한다는 취지에서 수사서류의 열람·등사를 허용하도록 명한 이상, 법치국가와 권력분립의 원칙상 검사로서는 당연히 법원의 그러한 결정에 지체 없이 따라야 하며, <u>이는 별건으로 공소제기되어 확정된 관련 형사사건 기록에 관한 경우에도 마찬가지이다.</u> 그렇다면 법원이 열람·등사 허용 결정을 하였음에도 검사가 이를 신속하게 이행하지 아니하는 경우에는 해당 증인 및 서류 등을 증거로 신청할 수 없는 불이익을 받는 것에 그치는 것이 아니라, <u>그러한 검사의 거부행위는 피고인의 열람·등사권을 침해하고, 나아가 피고인의 신속·공정한 재판을 받을 권리 및 변호인의 조력을 받을 권리까지 침해하게 되는 것이므로</u>, 피청구인의 이 사건 거부행위는 청구인의 신속·공정한 재판을 받을 권리 및 변호인의 조력을 받을 권리를 침해한다. ★

제2항 | 사회·경제적 자유

Ⅰ. 거주·이전의 자유

제14조 모든 국민은 거주·이전의 자유를 가진다.

1. 의의
(1) 개념: 자기가 원하는 곳에 주소나 거소를 설정하고, 체류하며, 이전할 자유
(2) 주체: 모든 국민. 외국인×(다수설). **법인(○)**(헌결 98헌바104)

2. 거주·이전의 자유의 내용
(1) 국내 거주·이전의 자유: 대한민국의 영토 안에서 자유롭게 주소나 거소를 설정하고 이전할 수 있는 자유 및 장소를 변경하지 않을 자유. 거주·이전의 자유가 국민에게 그가 선택할 직업 내지 그가 취임할 공직을 그가 선택하는 임의의 장소에서 자유롭게 행사할 수 있는 권리까지 보장하는 것은×(헌결 96헌마200)

(2) 국외 거주·이전의 자유

(가) 해외여행의 자유: 출국과 입국의 자유 보장(헌결 2003헌가18)

(나) 해외이주의 자유: 외국에서의 영주 또는 장기간 해외에서 거주할 수 있는 자유

(다) 국적변경(이탈)의 자유: 국적변경의 자유를 인정(헌결 2003헌가18)한다고 하여 무국적이 되는 자유까지 보장×

3. 거주·이전의 자유의 효력

대국가적 효력 + 간접적 대사인효

4. 거주·이전의 자유에 대한 제한과 한계

(1) 제한: 국가안전보장·질서유지·공공복리를 위하여 법률로써 제한할 수○

(2) 한계: 본질적 내용을 침해×

| 헌결 | 대판 |

1. 지방세법 제138조 제1항 제3호가 법인의 대도시 내의 부동산등기에 대하여 통상세율의 5배를 규정하고 있다 하더라도 그것이 대도시 내에서 업무용 부동산을 취득할 정도의 재정능력을 갖춘 법인의 담세능력을 일반적으로 또는 절대적으로 초과하는 것이어서 그 때문에 법인이 대도시내에서 향유하여야 할 직업수행의 자유나 거주·이전의 자유의 자유가 형해화할 정도에 이르러 그 기본적인 내용이 침해되었다고 볼 수 없다(헌결 1998.2.27. 97헌바79).

2. 법인 등의 경제주체는 헌법 제14조에 의하여 보장되는 거주·이전의 자유의 주체로서 기업활동의 근거지인 본점이나 사무소를 어디에 둘 것인지, 어디로 이전할 것인지 자유로이 결정할 수 있고, 한편 본점이나 사무소의 설치·이전은 통상적인 영업활동에 필수적으로 수반되는 것이므로 그 설치·이전의 자유는 헌법 제15조에 의하여 보장되는 직업의 자유의 내용에 포함되기도 한다(헌결 2000.12.14. 98헌바104).

3. 헌법 제14조는 "모든 국민은 거주·이전의 자유를 가진다."고 규정하여 거주·이전의 자유를 보장하고 있다. 이 거주·이전의 자유는 공권력의 간섭을 받지 아니하고 일시적으로 머물 체류지와 생활의 근거되는 거주지를 자유롭게 정하고 체류지와 거주지를 변경할 목적으로 자유롭게 이동할 수 있는 자유를 내용으로 한다. 그러나 거주·이전의 자유가 국민에게 그가 선택할 직업 내지 그가 취임할 공직을 그가 선택하는 임의의 장소에서 자유롭게 행사할 수 있는

권리까지 보장하는 것은 아니다(헌결 1996.6.26. 96헌마200). ★

4. 헌법 제14조 제1항은 "모든 국민은 거주·이전의 자유를 가진다."고 규정하고 있고, 이러한 거주·이전의 자유에는 국내에서의 거주·이전의 자유뿐 아니라 국외 이주의 자유, 해외여행의 자유 및 귀국의 자유가 포함되는바, 아프가니스탄 등 일정한 국가로의 이주, 해외여행 등을 제한하는 이 사건 고시로 인하여 청구인들의 거주·이전의 자유가 일부 제한된 점은 인정된다. <중략> 결국 이 사건 고시가 과잉금지원칙에 위배하여 청구인들의 거주·이전의 자유를 침해하였다고 볼 수 없다(헌결 2008.6.26. 2007헌마1366). ★ ⇒ 아프가니스탄 등 전쟁 또는 테러위험이 있는 해외 위난지역에서 여권사용을 제한하거나 방문 또는 체류를 금지한 외교통상부 고시(이하 '이 사건 고시'라고 한다)가 청구인들의 거주·이전의 자유를 침해하는 것인지의 여부(소극)

5. 누구든지 주민등록 여부와 무관하게 거주지를 자유롭게 이전할 수 있으므로 주민등록 여부가 거주·이전의 자유와 직접적인 관계가 있다고 보기 어려우며, 영내 기거하는 현역병은 병역법으로 인해 거주·이전의 자유를 제한받게 되므로 이 사건 법률조항은 영내 기거 현역병의 거주·이전의 자유를 제한하지 않는다(헌결 2011.6.30. 2009헌마59). ★ ⇒ 영내에 기거하는 군인은 그가 속한 세대의 거주지에서 등록하여야 한다고 규정하고 있는 주민등록법(2007. 5. 11. 법률 제8422호로 전부 개정된 것) 제6조 제2항(이하 '이 사건 법률조항'이라 한다)이 거주이전의 자유를 제한하는지 여부(소극)

6. 거주·이전의 자유는 국가의 간섭 없이 자유롭게 거주지와 체류지를 정할 수 있는 자유인바, 자유로운 생활형성권을 보장함으로써 정치·경제·사회·문화 등 모든 생활영역에서 개성신장을 촉진하게 하는 기능을 한다. 이러한 의미와 기능을 갖는 거주·이전의 자유는 국민이 원활하게 개성신장과 경제활동을 해 나가기 위하여는 자유로이 생활의 근거지를 선택하고 변경하는 것이 필수적이라는 고려에 기하여 생활형성의 중심지 즉, 거주지나 체류지라고 볼 만한 정도로 생활과 밀접한 연관을 갖는 장소를 선택하고 변경하는 행위를 보호하는 기본권으로서, 생활의 근거지에 이르지 못하는 일시적인 이동을 위한 장소의 선택과 변경까지 그 보호영역에 포함되는 것은 아니다. ★ 이 사건에서 서울광장이 청구인들의 생활형성의 중심지라고 할 수 없을 뿐만 아니라 청구인들이 서울광장에 출입하고 통행하는 행위가 그 장소를 중심으로 생활을 형성해 나가는 행위에 속한다고 볼 수도 없으므로 청구인들이 서울광장을 출입하고 통행하는 자유는 헌법상의 거주·이전의 자유의 보호영역에 속한다고 할

수 없고, 따라서 이 사건 통행제지행위로 인하여 청구인들의 거주·이전의 자유가 제한된다고 할 수는 없다(위헌확인; 헌결 2011.6.30. 2009헌마406). ★ 일반적 행동자유권의 침해를 인정

7. 형사재판에 계속 중인 사람의 해외도피를 막아 국가 형벌권을 확보함으로써 실체적 진실발견과 사법정의를 실현하고자 하는 심판대상조항은 그 입법목적이 정당하고, <중략> 따라서 심판대상조항은 과잉금지원칙에 위배되어 출국의 자유를 침해하지 아니한다(헌결 2015.9.24. 2012헌바302). ★ ⇒ 형사재판에 계속 중인 사람에 대하여 출국을 금지할 수 있다고 규정한 출입국관리법(2011. 7. 18. 법률 제10863호로 개정된 것) 제4조 제1항 제1호가 출국의 자유를 침해하는지 여부(소극)

8. [1] 거주·이전의 자유란 국민이 자기가 원하는 곳에 주소나 거소를 설정하고 그것을 이전할 자유를 말하며 그 자유에는 국내에서의 거주·이전의 자유 이외에 해외여행 및 해외이주의 자유가 포함되고, 해외여행 및 해외이주의 자유는 대한민국의 통치권이 미치지 않는 곳으로 여행하거나 이주할 수 있는 자유로서 구체적으로 우리나라를 떠날 수 있는 출국의 자유와 외국 체류를 중단하고 다시 우리나라로 돌아올 수 있는 입국의 자유를 포함한다. ★
[2] 여권의 발급은 헌법이 보장하는 거주·이전의 자유의 내용인 해외여행의 자유를 보장하기 위한 수단적 성격을 갖고 있으며, 해외여행의 자유는 행복을 추구하기 위한 권리이자 이동의 자유로운 보장의 확보를 통하여 의사를 표현할 수 있는 측면에서 인신의 자유 또는 표현의 자유와 밀접한 관련을 가진 기본권이므로 최대한 그 권리가 보장되어야 하고, 따라서 그 권리를 제한하는 것은 최소한에 그쳐야 한다.
[3] 여권발급 신청인이 북한 고위직 출신의 탈북 인사로서 신변에 대한 위해 우려가 있다는 이유로 신청인의 미국 방문을 위한 여권발급을 거부한 것은 여권법 제8조 제1항 제5호에 정한 사유에 해당한다고 볼 수 없고 거주·이전의 자유를 과도하게 제한하는 것으로서 위법하다고 한 사례(대판 2008.1.24. 2007두10846). ★

II. 직업선택의 자유

제15조 모든 국민은 직업선택의 자유를 가진다.

1. 의의

(1) 연혁: 제3공화국(1962년) 헌법

(2) 개념: 원하는 직업을 자유롭게 선택하고 선택한 직업에 종사하는 자유. '해당 직업에 합당한 보수를 받을 권리'까지 포함×(헌결 2001헌마718)

 (가) 생활수단성: 직업은 생활기반을 마련하고 이를 유지하기 위한 것(단순한 취미활동×, 부업○)

 (나) 계속성: 직업으로 인정되기 위해서는 어느 정도의 지속성이 요구. 방학기간을 이용하여 또는 휴학 중에 학비 등을 벌기 위해 학원강사로서 일하는 행위는 어느 정도 계속성을 띤 소득활동으로서 직업의 자유의 보호영역○(헌결 2002헌마519)

 (다) 법적 허용성: 직업의 개념적 요소로서 법적 허용성 내지 공공무해성을 드는 견해가 있지만, 법적 허용성을 직업의 개념요소로 볼 필요×

(3) 법적 성격: 주관적 공권(방어권)+객관적 원칙규범(헌결 94헌마114)

(4) 주체: 국민(○), 법인(○), but 공법인(×), **외국인** - 직업의 자유 중 직장 선택의 자유는 인간의 존엄과 가치 및 행복추구권과도 밀접한 관련을 가지는 만큼 단순히 국민의 권리가 아닌 인간의 권리로 보아야 할 것이므로 **외국인도 제한적으로라도 '직장 선택의 자유'를 향유할 수**○(헌결 2007헌마1083) vs 헌법에서 인정하는 '직업의 자유'는 원칙적으로 대한민국 국민에게 인정되는 기본권이지, **외국인에게 인정되는 기본권은 아님**(헌결 2013헌마359)

| 헌결 | 대판 |

1. [1] 우리 헌법 제15조는 "모든 국민은 직업선택의 자유를 가진다"고 규정하여 직업의 자유를 국민의 기본권의 하나로 보장하고 있는바, 직업의 자유에 의한 보호의 대상이 되는 '직업'은 '생활의 기본적 수요를 충족시키기 위한 계속적 소득활동'을 의미하며 그러한 내용의 활동인 한 그 종류나 성질을 묻지 아니한다. 이러한 직업의 개념표지들은 개방적 성질을 지녀 엄격하게 해석할 필요는 없는바, '계속성'과 관련하여서는 주관적으로 활동의 주체가 어느 정도 계속적으로 해당 소득활동을 영위할 의사가 있고, 객관적으로도 그러한 활동이 계속성을 띨 수 있으면 족하다고 해석되므로 휴가기간 중에 하는 일, 수습직으로서의 활동 따위도 이에 포함된다고 볼 것이고, 또 '생활수단성'과 관련하

여서는 단순한 여가활동이나 취미활동은 직업의 개념에 포함되지 않으나 겸업이나 부업은 삶의 수요를 충족하기에 적합하므로 직업에 해당한다고 말할 수 있다. 이 사건에 있어 대학 재학생인 청구인은 여름방학을 이용하여 학원에서 강사로 일하고자 하였다고 주장하고 있고, 이에 대하여 이해관계인인 교육인적자원부장관은 방학기간 동안의 일시적·일회적 교습행위는 직업의 자유가 보호하는 직업의 범주에 속하지 않는다고 주장하고 있는바, 위에서 살펴본 '직업'의 개념에 비추어 보면 비록 학업 수행이 청구인과 같은 대학생의 본업이라 하더라도 방학기간을 이용하여 또는 휴학 중에 학비 등을 벌기 위해 학원강사로서 일하는 행위는 어느 정도 계속성을 띤 소득활동으로서 직업의 자유의 보호영역에 속한다고 봄이 상당하다.

[2] 한편 이 사건에서 청구인은 이 사건 심판대상 조항들로 인하여 직업선택의 자유와 행복추구권이 침해되었다고 주장하고 있는바, 이와 같이 어떠한 법률규정이 직업의 자유와 행복추구권의 양자를 제한하는 외관을 띠는 경우 두 기본권의 경합 문제가 발생한다. 보호영역으로서 '직업'이 문제되는 경우 직업의 자유와 행복추구권은 서로 특별관계에 있어 기본권의 내용상 특별성을 갖는 직업의 자유의 침해 여부가 우선한다 할 것이므로, 행복추구권관련 위헌 여부의 심사는 배제된다고 보아야 한다(헌결 2003.9.25. 2002헌마519).

2. 청구인들은 이 사건 입법부작위[저자 주: 구 군법무관임용법 제5조 제3항 및 군법무관임용 등에 관한 법률 제6조가 군법무관의 봉급과 그 밖의 보수를 법관 및 검사의 예에 준하여 지급하도록 하는 대통령령을 제정할 것을 규정하였는데, 대통령이 지금까지 해당 대통령령을 제정하지 않는 것]로 인하여 직업의 자유, 평등권, 재산권, 행복추구권이 침해되었다고 주장한다. 그런데 시행령이 제정되지 않아 법관, 검사와 같은 보수를 받지 못한다 하더라도, 직업의 자유에 '해당 직업에 합당한 보수를 받을 권리'까지 포함되어 있다고 보기 어려우므로 청구인들의 직업선택이나 직업수행의 자유가 침해되었다고 할 수 없다. 또한 이 사건 입법부작위가 평등권을 침해한다고 보기도 어렵다. 군법무관이 처음부터 법관, 검사와 똑같은 보수를 받을 권리를 가진다고 전제하기 어렵고, 달리 시행령 제정상의 차별이라는 비교 관점도 성립하기 어려운 것이다. 그러나 이 사건 입법부작위는 청구인들의 재산권을 침해하고 있는 것이라 할 것이다[인용(위헌확인); 헌결 2004.2.26. 2001헌마718].

3. 헌법 제15조에 의한 직업선택의 자유는 자신이 원하는 직업 내지 직종을 자유롭게 선택하는 직업선택의 자유와 그가 선택한 직업을 자기가 결정한 방식으

로 자유롭게 수행할 수 있는 직업수행의 자유를 포함하는 개념이다. <u>직업의 선택 혹은 수행의 자유는</u> 각자의 생활의 기본적 수요를 충족시키는 방편이 되고, 또한 개성신장의 바탕이 된다는 점에서 주관적 공권의 성격이 두드러진 것이기는 하나, 다른 한편으로는 국민 개개인이 선택한 직업의 수행에 의하여 <u>국가의 사회질서와 경제질서가 형성된다는 점에서 사회적 시장경제질서라고 하는 객관적 법질서의 구성요소이기도 하다</u>. 따라서 각 개인이 향유하는 직업에 대한 선택 및 수행의 자유는 공동체의 경제사회질서에 직접적인 영향을 미치는 것이기 때문에 공동체의 동화적 통합을 촉진시키기 위하여 필요불가결한 경우에는 헌법 제37조 제2항 전문규정에 따라 이에 대하여 제한을 가할 수 있다. 즉, 국가의 안전보장·질서유지 또는 공공복리를 위한 목적의 정당성이 인정되는 경우에는 그러한 목적을 달성하는데 필요한 범위 내에서 법률로서 국민의 기본권을 제한할 수 있다. 그러나 그 제한의 방법이 합리적이어야 함은 물론 과잉금지의 원칙에 위배되거나 제한의 한계규정인 헌법 제37조 제2항 후문의 규정에 따라 직업선택의 자유의 본질적인 내용을 침해하는 것이어서는 아니된다(헌결 1996.8.29. 94헌마113).

4. 법인도 성질상 법인이 누릴 수 있는 <u>기본권의 주체가 되고</u>, 위 조항에 규정되어 있는 법인의 설립이나 지점 등의 설치, 활동거점의 이전(이하 "설립 등"이라 한다) 등은 법인이 그 존립이나 통상적인 활동을 위하여 필연적으로 요구되는 기본적인 행위유형들이라고 할 것이므로 이를 제한하는 것은 결국 <u>헌법상 법인에게 보장된 직업수행의 자유와 거주·이전의 자유를 제한하는 것인가의 문제로 귀결된다</u>(헌결 1996.3.28. 94헌바42).

5. 직업의 자유 중 이 사건에서 문제되는 <u>직장 선택의 자유는</u> 인간의 존엄과 가치 및 행복추구권과도 밀접한 관련을 가지는 만큼 단순히 국민의 권리가 아닌 <u>인간의 권리로 보아야 할 것이므로 외국인도 제한적으로라도 직장 선택의 자유를 향유할 수 있다고 보아야 한다</u>. 청구인들이 이미 적법하게 고용허가를 받아 적법하게 우리나라에 입국하여 우리나라에서 일정한 생활관계를 형성, 유지하는 등, 우리 사회에서 정당한 노동인력으로서의 지위를 부여받은 상황임을 전제로 하는 이상, 이 사건 청구인들에게 직장 선택의 자유에 대한 기본권 주체성을 인정할 수 있다 할 것이다(헌결 2011.9.29. 2007헌마1083).

6. 심판대상조항[저자 주: 의료인의면허된의료행위 이외의 의료행위를 금지하고 처벌하는 의료법(2007. 4. 11. 법률 제8366호로 개정된 것) 제27조 제1항 본문 전단 부분 및 의료법(2009. 1. 30. 법률 제9386호로 개정된 것) 제87조 제1항

제2호 중 제27조 제1항 본문 전단에 관한 부분]이 제한하고 있는 <u>직업의 자유는 국가자격제도정책과 국가의 경제상황에 따라 법률에 의하여 제한할 수 있는 국민의 권리에 해당한다</u>. 국가정책에 따라 정부의 허가를 받은 외국인은 정부가 허가한 범위 내에서 소득활동을 할 수 있는 것이므로, 외국인이 국내에서 누리는 직업의 자유는 법률에 따른 정부의 허가에 의해 비로소 발생하는 권리이다. 따라서 <u>외국인인 청구인에게는 그 기본권주체성이 인정되지 아니하며</u>, 자격제도 자체를 다룰 수 있는 기본권주체성이 인정되지 아니하는 이상 국가자격제도에 관련된 평등권에 관하여 따로 기본권주체성을 인정할 수 없다(헌결 2014.8.28. 2013헌마359).

2. 직업선택의 자유의 내용

(1) 직업결정의 자유

  (가) 직업결정의 자유: 자기가 원하는 직업을 선정하여, 개시, 계속, 포기, 변경할 자유(<u>겸직의 자유</u>, 무직업의 자유도 보호), 공무원직에 관한 한 공무담임권은 직업의 자유에 우선하여 적용되는 특별법적 규정(헌결 99헌마135)

  (나) 직업교육장선택의 자유: 직업을 선택하는 데 필요한 교육기관이나 훈련기관을 자유롭게 정할 수 있는 자유, 직업선택의 자유에는 자신이 원하는 직업 내지 직종에 종사하는 데 필요한 전문지식을 습득하기 위한 직업교육장을 임의로 선택할 수 있는 '<u>직업교육장 선택의 자유</u>'도 포함(헌결 2007헌마1262)

(2) 직업수행의 자유: 자신이 결정한 직업에 종사할 자유, 영업의 자유 포함○, 직장선택의 자유 포함○. 근로자에게 국가에 대한 직접적인 **직장존속보장청구권**을 인정할 헌법상의 근거×(헌결 2001헌바50). 농협·축협 조합장이 금고 이상의 형을 선고받고 그 형이 확정되지 아니한 경우에도 이사가 그 직무를 대행하도록 규정한 농업협동조합법은 직업수행의 자유 침해○ (**위헌** 헌결 2010헌마562)

(3) 독점과 경쟁의 자유: '<u>경쟁의 자유</u>'는 다른 기업과의 경쟁에서 국가의 간섭이나 방해를 받지 않고 기업활동을 할 수 있는 자유로서, 직업의 자유는 경쟁의 자유를 그 내용으로 함. 소비자는 물품 및 용역의 구입·사용에 있어서 거래의 상대방, 구입장소, 가격, 거래조건 등을 자유로이 선택할 권리를 가짐. 헌법재판소는 국가기간뉴스통신사를 지정하여 여러 가지 공적 임무를 부여하며, 그 임무의 수행과 관련된 범위에서 비용을 부담하는 등의 우대조치를 취하는 것은 자의적 차별이라 할 수 없고, 경쟁의 자유에 대한 침해가 아니라고 하였다(헌결

2003헌마841).

| 헌결 | 대판 |

1. 청구인들은 직업의 자유도 침해되었다고 주장하나, 공무원직에 관한 한 공무담임권은 직업의 자유에 우선하여 적용되는 특별법적 규정이고, 위에서 밝힌 바와 같이 공무담임권 (피선거권) 은 이 사건 법률조항에 의하여 제한되는 청구인들의 기본권이 아니므로, 직업의 자유 또한 이 사건 법률조항에 의하여 제한되는 기본권으로서 고려되지 아니한다(헌결 1999.12.23. 99헌마135).

2. 헌법 제15조에 의한 직업선택의 자유라 함은 자신이 원하는 직업 내지 직종을 자유롭게 선택하는 직업선택의 자유뿐만 아니라 그가 선택한 직업을 자기가 결정한 방식으로 자유롭게 수행할 수 있는 직업수행의 자유를 포함한다. 그리고 직업선택의 자유에는 자신이 원하는 직업 내지 직종에 종사하는데 필요한 전문지식을 습득하기 위한 직업교육장을 임의로 선택할 수 있는 '직업교육장 선택의 자유'도 포함된다(헌결 2009.2.26. 2007헌마1262).

3. 직업의 자유는 영업의 자유와 기업의 자유를 포함하고, 이러한 영업 및 기업의 자유를 근거로 원칙적으로 누구나가 자유롭게 경쟁에 참여할 수 있다. 경쟁의 자유는 기본권의 주체가 직업의 자유를 실제로 행사하는데에서 나오는 결과이므로 당연히 직업의 자유에 의하여 보장되고, 다른 기업과의 경쟁에서 국가의 간섭이나 방해를 받지 않고 기업활동을 할 수 있는 자유를 의미한다 (헌결 1996.12.26. 96헌가18).

4. 이 사건 법률조항들[저자 주: 농협·축협 조합장이 금고 이상의 형을 선고받고 그 형이 확정되지 아니한 경우에도 이사가 그 직무를 대행하도록 규정한 농업협동조합법(2009. 6. 9. 법률 제9761호로 개정된 것) 제46조 제4항 제3호 중 '조합장'에 관한 부분 및 제107조 제1항 중 제46조 제4항 제3호의 '조합장'에 관한 부분]의 입법목적을 달성하기 위하여 직무정지라는 불이익을 가한다고 하더라도 그 사유는 형이 확정될 때까지 기다릴 수 없을 정도로 조합장 직무의 원활한 운영에 대한 '구체적인' 위험을 야기할 것이 명백히 예상되는 범죄 등으로 한정되어야 한다. 그런데 이 사건 법률조항들은 조합장이 범한 범죄가 조합장에 선출되는 과정에서 또는 선출된 이후 직무와 관련하여 발생하였는지 여부, 고의범인지 과실범인지 여부, 범죄의 유형과 죄질이 조합장의 직무를 수행할 수 없을 정도로 공공의 신뢰를 중차대하게 훼손하는지 여부 등을 고려하지 아니하고, 단순히 금고 이상의 형을 선고받은 모든 범죄로 그 적용

대상을 무한정 확대함으로써 기본권의 <u>최소 침해성 원칙을 위반</u>하였다. 또한 이 사건 법률조항들에 의하여 달성하려는 공익은 모호한 반면에, 금고 이상의 형이 선고되었다는 이유만으로 형의 확정이라는 불확정한 시기까지 직무수행을 정지 당하는 조합장의 불이익은 실질적이고 현존하는 기본권 침해로서 위와 같은 공익보다 결코 작다고 할 수 없으므로 이 사건 법률조항들은 <u>법익균형성 요건도 충족하지 못하였다</u>. 따라서 이 사건 법률조항들은 과잉금지원칙에 위반하여 청구인들의 <u>직업수행의 자유를 침해한다</u>(위헌) 헌결 2013.8.29. 2010헌마562).

5. 헌법 제15조가 보장하는 직업선택의 자유는 직업"선택"의 자유만이 아니라 직업과 관련된 종합적이고 포괄적인 직업의 자유를 보장하는 것이다. 또한 직업의 자유는 독립적 형태의 직업활동 뿐만 아니라 고용된 형태의 종속적인 직업활동도 보장한다. 따라서 <u>직업선택의 자유는 직장선택의 자유를 포함한다</u>. 헌법재판소도 일찍이 직업선택의 자유에 직장선택의 자유가 포함된다고 설시한 바 있다. 직장선택의 자유는 특히 근로자들에게 큰 의미를 지닌다. 이러한 직장선택의 자유는 개인이 그 선택한 직업분야에서 구체적인 취업의 기회를 가지거나, 이미 형성된 근로관계를 계속 유지하거나 포기하는 데에 있어 국가의 방해를 받지 않는 자유로운 선택·결정을 보호하는 것을 내용으로 한다. <u>그러나 이 기본권은 원하는 직장을 제공하여 줄 것을 청구하거나 한번 선택한 직장의 존속보호를 청구할 권리를 보장하지 않으며, 또한 사용자의 처분에 따른 직장 상실로부터 직접 보호하여 줄 것을 청구할 수도 없다</u>. 다만 국가는 이 기본권에서 나오는 객관적 보호의무, 즉 사용자에 의한 해고로부터 근로자를 보호할 의무를 질 뿐이다(헌결 2002.11.28. 2001헌바50).

6. <u>연합뉴스사에 대한 혜택의 부여로 인하여 다른 뉴스통신사의 경우 연합뉴스사와의 뉴스통신시장에서의 경쟁이 제한된다</u>. 그러나 심판대상조항은 연합뉴스사를 선언적으로 국가기간뉴스통신사로 지정할 뿐 그 지정으로써 당연히 어떠한 혜택이 자동적으로 연합뉴스사에게 부여되는 것은 아니고, 정부가 연합뉴스사와 실제로 뉴스정보 구독계약을 체결하거나 정부가 일정한 공익사업을 연합뉴스사에 위임하는 경우에 비로소 재정지원 등 혜택을 부여할 수 있는 법적 근거를 마련하고 있는 데 불과하다. 그리고 그러한 혜택의 부여도 이 법 시행일로부터 "6년간"만 효력을 가지므로 이러한 경쟁제한의 효과가 영구적인 것도 또한 아니다. 따라서 심판대상조항으로 인한 기본권제한의 효과는 비교적 경미한 데 반하여, 국가기간뉴스통신사로서 연합뉴스사의 인적·물적 기

반의 강화와 이를 통한 국제뉴스정보시장에서의 경쟁력의 향상이라는 공익실현의 효과는 매우 크다. 그렇다면, 심판대상조항으로 인한 뉴스통신시장에서의 경쟁제한효과는 기본권제한의 한계 내의 것으로 과잉금지원칙에 위배된다고 할 수 없다(헌결 2005.6.30. 2003헌마841). ⇒ 주식회사 연합뉴스를 국가기간뉴스통신사로 지정하고 이에 대한 재정지원 등을 규정한 뉴스통신진흥에관한법률 제10조 등 심판대상조항이 경업자인 청구인들의 경쟁의 자유를 침해하는지 여부(소극)

7. 형의 집행 및 수용자의 처우에 관한 법률 시행규칙 제29조의2 제1항 제2호 위헌확인(위헌 헌결 2021.10.28. 2018헌마60) ★★★

심판대상조항이 소송계속 사실 소명자료를 제출하도록 규정하고 있어 변호사가 접견권을 남용하여 소를 제기하지도 아니한 채 수형자와 접견하는 것이 방지되는 것은 사실이다. 그러나 이른바 집사 변호사나 집사 변호사를 고용하는 수형자는 소 제기 여부를 진지하게 고민할 필요가 없으므로 불필요한 소송을 제기하고 손쉽게 변호사접견을 이용할 수 있는 반면, 진지하게 소 제기 여부 및 변론 방향을 고민해야 하는 변호사와 수형자라면 접견이 충분하지 않고 소송의 승패가 불확실하여 수형자가 변호사를 신뢰하고 소송절차를 진행하기가 부담스러울 수밖에 없다.

접견에 아무런 시간 및 횟수의 제한이 없는 미결수용자에 대한 변호인접견과 달리, 수형자에 대한 변호사접견은 그 시간이 60분, 그 횟수가 월 4회로 이미 한정되어 있고(구 형집행법 시행령 제59조의2 제1항, 제2항), 그동안 사회적으로 집사 변호사가 문제된 것은 주로 미선임 접견의 경우인데, 변호사접견은 미결수용자에 대한 변호인접견과 달리, 소송사건의 대리인으로 선임된 변호사에게만 허용되고 미선임 접견은 불가능하므로, 집사 변호사가 영리를 목적으로 이를 이용하고자 하더라도 한계가 있다. 변호사접견을 이용한 접견권 남용 문제가 발생한다 하더라도 사후적으로 이를 제재함으로써 충분히 방지할 수 있다. 형집행법 제41조 제1항, 제42조 등은 수형자의 교화 등을 해칠 우려가 있거나, 시설의 안전 또는 질서를 해칠 우려가 있을 때 접견을 제한하거나 중지할 수 있도록 사후적 제재에 필요한 법적 근거를 이미 마련해 두고 있다.

심판대상조항은 소송사건의 대리인인 변호사라 하더라도 변호사접견을 하기 위해서는 소송계속 사실 소명자료를 제출하도록 규정함으로써 이를 제출하지 못하는 변호사는 일반접견을 이용할 수밖에 없게 되었다. 일반접견은 접촉차단시설이 설치된 일반접견실에서 10분 내외 짧게 이루어지므로 그 시간은 변호사접견의 1/6 수준에 그친다. 또한 그 대화 내용은 청취·기록·녹음·녹화의 대상이 되므로 <u>교정시설에서 부당한 처우를 당했다는 등의 사정이 있는 수형자는 위축된 나머지 법적 구제를 단념할 가능성마저 배제할 수 없다. 심판대상조항은 소 제기 전 단계에서 충실한 소송준비를 하기 어렵게 하여 변호사의 직무수행에 큰 장애를 초래하고</u>, 변호사의 도움이 가장 필요한 시기에 접견에 대한 제한의 정도가 위와 같이 크다는 점에서 수형자의 재판청구권 역시 심각하게 제한될 수밖에 없고, 이로 인해 법치국가원리로 추구되는 정의에 반하는 결과를 낳을 수도 있다. 따라서 <u>심판대상조항은 과잉금지원칙에 위배되어 변호사인 청구인의 직업수행의 자유를 침해한다.</u> ⇒ [판단이유] 심판대상조항이 변호사의 접견권 남용행위 방지에 실효적인 수단이라고 보기 어려울 뿐 아니라 수형자의 재판청구권 행사에 장애를 초래할 뿐이므로, <u>심판대상조항은 <수단의 적합성>이 인정되지 아니한다.</u> ★★★

> 심화학습

1. **변호사 광고에 관한 규정 제3조 제2항 등 위헌확인 (변호사 광고의 내용, 방법 등을 규제하는 대한변호사협회의 변호사 광고에 관한 규정 사건) (위헌 헌결 2022.5.26. 2021헌마619)** ★★★

[판시사항]
1. 변호사법 제23조 제2항 제7호의 위임을 받아 변호사 광고에 관한 구체적인 규제 사항 등을 정한 대한변호사협회(이하 '변협'이라 한다)의 '변호사 광고에 관한 규정'(이하 '이 사건 규정'이라 한다)이 헌법소원심판의 대상이 되는 공권력의 행사에 해당하는지 여부(적극)

2. 이 사건 규정의 직접적인 수범자의 상대방으로서 법률서비스 온라인 플랫폼을 운영하며 변호사의 광고 등에 관한 영업행위를 하고 있는 업체(이하 '청구인 회사'라고 한다)가 제기한 심판청구가 자기관련성 요건을 갖추었는지 여부(적극)

3. 이 사건 규정 제4조 제14호 중 '협회의 유권해석에 반하는 내용의 광고' 부분, 제8조 제2항 제4호 중 '협회의 유권해석에 위반되는 행위를 목적 또는 수단으로 하여 행하는 경우' 부분(이하 '유권해석위반 광고금지규정'이라 한다)이 법률유보원칙에 위반되어 청구인들의 표현의 자유, 직업의 자유를 침해하는지 여부(적극)

4. 이 사건 규정 제5조 제2항 제1호 중 '변호사등과 소비자를 연결' 부분과 제8조 제2항 제2호(이하 '대가수수 직접 연결 금지규정'이라 한다)의 규율대상

5. 이 사건 규정 제5조 제2항 제1호 중 '변호사등을 광고·홍보·소개하는 행위' 부분(이하 '대가수수 광고금지규정'이라 한다)이 과잉금지원칙에 위반되어 청구인들의 표현의 자유, 직업의 자유를 침해하는지 여부(적극)

[결정요지]

1. 변협은 변호사법 제23조 제2항 제7호에서 명시적으로 위임받은 변호사 광고에 관한 규제를 설정함에 있어 공법인으로서 공권력 행사의 주체가 된다. 나아가, 변협의 구성원인 변호사등은 위 규정을 준수하여야 할 의무가 있고, 이를 위반하게 되면 변호사법 등 관련 규정에 따라 징계를 받게 되는바, 이 사건 규정이 단순히 변협 내부 기준이라거나 사법적인 성질을 지니는 것이라 보기 어렵고, 수권법률인 변호사법과 결합하여 대외적 구속력을 가진다. 따라서 변협이 변호사 광고에 관한 규제와 관련하여 정립한 규범인 이 사건 규정은 헌법소원의 대상이 되는 공권력의 행사에 해당한다.

2. 법률서비스 온라인 플랫폼을 운영하며 변호사등의 광고·홍보·소개 등에 관한 영업행위를 하고 있는 청구인 회사는 이 사건 규정의 직접적인 수범자인 변호사의 상대방으로서 변호사가 준수해야 하는 광고방법, 내용 등의 제약을 그대로 이어받게 된다. 이는 실질적으로는 변호사등과 거래하는 위와 같은 사업자의 광고 수주 활동을 제한하거나 해당 부문 영업을 금지하는 것과 다르지 않은 점, 이 사건 규정 개정 목적의 가장 주요한 것이 청구인 회사가 운영하는 것과 같은 온라인 플랫폼을 규제하는 것이었던 점 등에 비추어 보면, 이 사건 규정은 청구인 회사의 영업의 자유 내지 법적 이익에 불리한 영향을 주는 것이므로, 기본권침해의 자기관련성을 인정할 수 있다.

3. 유권해석위반 광고금지규정은 변호사가 변협의 유권해석에 위반되는 광고를 할 수 없도록 금지하고 있다. 위 규정은 '협회의 유권해석에 위반되는'이라는 표지만을 두고 그에 따라 금지되는 광고의 내용 또는 방법 등을 한정하지 않고 있고, 이에 해당하는 내용이 무엇인지 변호사법이나 관련 회규를 살펴보더라도 알기 어렵다. 유권해석위반 광고금지규정 위반이 징계사유가 될 수 있음을 고려하면 적어도 수범자인 변호사는 유권해석을 통해 금지될 수 있는 내용들의 대강을 알 수 있어야 함에도, 규율의 예측가능성이 현저히 떨어지고 법집행기관의 자의적인 해석을 배제할 수 없는 문제가 있다. 따라서 위 규정은

수권법률로부터 위임된 범위 내에서 명확하게 규율 범위를 정하고 있다고 보기 어려우므로, 법률유보원칙에 위반되어 청구인들의 표현의 자유, 직업의 자유를 침해한다. ★★★

4. 대가수수 직접 연결 금지규정은 법률상담이나 사건에서 변호사와 소비자를 직접 이어주는 것과 관련하여 경제적 이익을 지급하는 형태의 광고를 금지하는 것으로 해석할 수 있다. 따라서 단순히 변호사와 소비자가 연결될 수 있는 장을 제공하는 것만으로 변호사와 소비자를 직접 연결하는 행위로 평가하기는 어려울 것이고, 일정한 경제적 이익의 수수가 있으나 그것이 직접적인 연결행위의 대가로 볼 수 없는 경우도 직접 연결을 전제로 한 위 규정의 규율대상에 포함된다고 보기 어렵다.

5. 대가수수 광고금지규정의 규율 대상은 이 사건 규정의 수범자인 변호사이고, 규제 대상이 되는 상대방의 행위는 '변호사 또는 소비자로부터 대가를 받고 법률상담 또는 사건 등을 소개·알선·유인하기 위하여 변호사등을 광고·홍보·소개하는 행위'이다. 위 규정이 규제하는 광고·홍보·소개행위의 목적으로 소개·알선·유인을 정하면서도 그 대상을 특정 변호사로 제한하고 있지 아니한 점과 광고·홍보·소개행위의 목적이 소비자를 설득하여 구매를 유도하는 데 있는 점을 고려하면, 대가수수 광고금지규정이 단순히 변호사법이 금지하는 소개·알선·유인행위를 다시 한 번 규제하는 것에 불과하다고 보기 어렵다. 즉, 법률상담 또는 사건 등을 소개하거나 유인할 목적으로 불특정 다수의 변호사를 동시에 광고·홍보·소개하는 행위도 위 규정에 따라 금지되는 범위에 포함된다고 해석된다. 변호사광고에 대한 합리적 규제는 필요하지만, 광고표현이 지닌 기본권적 성질을 고려할 때 광고의 내용이나 방법적 측면에서 꼭 필요한 한계 외에는 폭넓게 광고를 허용하는 것이 바람직하다. 각종 매체를 통한 변호사 광고를 원칙적으로 허용하는 변호사법 제23조 제1항의 취지에 비추어 볼 때, 변호사등이 다양한 매체의 광고업자에게 광고비를 지급하고 광고하는 것은 허용된다고 할 것인데, 이러한 행위를 일률적으로 금지하는 위 규정은 <수단의 적합성>을 인정하기 어렵다. 대가수수 광고금지규정이 아니더라도 변호사법이나 다른 규정들에 의하여 입법목적을 달성할 수 있고, 공정한 수임질서를 해치거나 소비자에게 피해를 줄 수 있는 내용의 광고를 특정하여 제한하는 등 완화된 수단에 의해서도 입법목적을 같은 정도로 달성할 수 있다. 나아가, 위 규정으로 입법목적이 달성될 수 있을지 불분명한 반면, 변호사들이 광고업자에게 유상으로 광고를 의뢰하는 것이 사실상 금지되어 청구

인들의 표현의 자유, 직업의 자유에 중대한 제한을 받게 되므로, 위 규정은 침해의 최소성 및 법익의 균형성도 갖추지 못하였다. 따라서 <u>대가수수 광고금지 규정은 과잉금지원칙에 위반되어 청구인들의 표현의 자유와 직업의 자유를 침해한다.</u> ★★★

3. 직업선택의 자유의 효력

대국가적 효력 + 간접적 대사인효

4. 직업선택의 자유에 대한 제한과 한계

(1) 직업선택의 자유에 대한 제한: 국가안전보장·질서유지·공공복리를 위하여 법률로써 제한할 수○

⑺ 직업결정

① 필요적 취소: 업무범위 위반시 건축사의 필요적 등록취소(헌결 93헌가1), 여객운송사업자가 지입제 경영을 하는 경우 필요적 사업면허취소(헌결 99헌가11), 자동차를 이용한 범죄행위에 대해 필요적 운전면허취소(헌결 2004헌가28), 임원이 금고 이상의 형을 선고받은 경우 3월 이내에 임원을 변경하지 않으면 법인의 건설업등록을 필요적으로 말소하도록 한 것(헌결 2013헌바25), 법인의 임원이 '학원의 설립·운영 및 과외교습에 관한 법률'을 위반(미신고 교습소를 설립운영)하여 벌금형을 선고받은 경우 법인등록의 효력을 상실하게 한 것(헌결 2012헌마653), <u>운전면허를 받은 사람이 자동차 등을 이용하여 살인 또는 강간 등의 범죄행위를 한 때 운전면허의 필요적 취소</u>(헌결 2013헌가6), 수상레저안전법상 조종면허를 받은 사람이 동력수상레저기구를 이용하여 범죄행위를 한 경우 <u>조종면허의 필요적 취소</u>(헌결 2014헌가13), <u>자동차 등을 훔친 경우 운전면허의 필요적 취소</u>(헌결 2017.5.25. 2016헌가6), 거짓이나 그 밖의 부정한 수단으로 운전면허를 받은 경우 모든 범위의 운전면허를 필요적으로 취소하도록 한 <u>도로교통법 조항 중 '부정 취득하지 않은 운전면허를 필요적으로 취소하도록 한 부분'</u>(헌결 2019헌가9)은 직업선택의 자유에 대한 침해로 위헌

② 기타 위헌결정: 선거범죄와 다른 죄의 경합범에 대하여 선거범죄를 분리 심리하는 규정(분리선고규정)을 두지 않은 새마을금고법 §21(헌결 2013헌바208), 성범죄로 형(또는 치료감호)을 선고받은 사람이 형(또는 치료감호) 집행 종료 후 10년간 의료기관(또는 청소년관련기관)에 취업을 금지한 것 [의료기관에 취업금지(헌결 2013헌마585); 청소년 관련기관에 취업금지

(헌결 2015헌마98)], '마약류 관리에 관한 법률'을 위반하여 금고 이상의 실형을 선고받고 그 집행이 끝나거나 면제된 날부터 20년이 지나지 않으면 택시운전업에 종사를 금한 '여객자동차 운수사업법'(헌결 2014헌바446), 성적목적공공장소침입죄로 형을 선고받아 확정된 사람은 그 형의 집행을 종료한 날부터 10년 동안 의료기관을 제외한 아동·청소년 관련기관 등을 운영하거나 위 기관에 취업할 수 없도록 한 '아동·청소년의 성보호에 관한 법률' 조항(헌결 2014헌마709)은 직업선택의 자유에 대한 침해로 위헌

| 헌결 | 대판 |

1. 자동차 등을 이용한 범죄를 근절하기 위하여 그에 대한 행정적 제재를 강화할 필요가 있다 하더라도 이를 임의적 운전면허 취소 또는 정지사유로 규정함으로써 불법의 정도에 상응하는 제재수단을 선택할 수 있도록 하여도 충분히 그 목적을 달성하는 것이 가능함에도, 심판대상조항은 이에 그치지 아니하고 필요적으로 운전면허를 취소하도록 하여 구체적 사안의 개별성과 특수성을 고려할 수 있는 여지를 일체 배제하고 있다. 나아가 심판대상조항 중 '자동차등을 이용하여' 부분은 포섭될 수 있는 행위 태양이 지나치게 넓을 뿐만 아니라, 하위법령에서 규정될 대상범죄에 심판대상조항의 입법목적을 달성하기 위해 반드시 규제할 필요가 있는 범죄행위가 아닌 경우까지 포함될 우려가 있어 침해의 최소성 원칙에 위배된다. 심판대상조항은 운전을 생업으로 하는 자에 대하여는 생계에 지장을 초래할 만큼 중대한 직업의 자유의 제약을 초래하고, 운전을 업으로 하지 않는 자에 대하여도 일상생활에 심대한 불편을 초래하여 일반적 행동의 자유를 제약하므로 법익의 균형성 원칙에도 위배된다. 따라서 심판대상조항은 직업의 자유 및 일반적 행동의 자유를 침해한다(위헌) 헌결 2015.5.28. 2013헌가6). ★ ⇒ 운전면허를 받은 사람이 자동차등을 이용하여 살인 또는 강간 등 행정안전부령이 정하는 범죄행위를 한 때 운전면허를 취소하도록 하는 구 도로교통법(2008. 2. 29. 법률 제8852호로 개정되고, 2011. 6. 8. 법률 제10790호로 개정되기 전의 것) 제93조 제1항 제11호(이하 '심판대상조항'이라 한다)이 직업의 자유 및 일반적 행동의 자유를 침해하는지 여부(적극)

2. 심판대상조항[저자 주: 운전면허를 받은 사람이 다른 사람의 자동차등을 훔친 경우에는 운전면허를 필요적으로 취소하도록 한 구 도로교통법(2011. 6. 8. 법률 제10790호로 개정되고, 2016. 1. 27. 법률 제13829호로 개정되기 전의 것) 제93조 제1항 제12호 중 '다른 사람의 자동차등을 훔친 경우' 부분]은 다른 사람의 자동차등을 훔친 범죄행위에 대한 행정적 제재를 강화하여 자동차등의 운

행과정에서 야기될 수 있는 교통상의 위험과 장해를 방지함으로써 안전하고 원활한 교통을 확보하기 위한 것이다. 그러나 자동차등을 훔친 범죄행위에 대한 행정적 제재를 강화하더라도 불법의 정도에 상응하는 제재수단을 선택할 수 있도록 임의적 운전면허 취소 또는 정지사유로 규정하여도 충분히 그 목적을 달성하는 것이 가능함에도, 심판대상조항은 필요적으로 운전면허를 취소하도록 하여 구체적 사안의 개별성과 특수성을 고려할 수 있는 여지를 일절 배제하고 있다. 자동차 절취행위에 이르게 된 경위, 행위의 태양, 당해 범죄의 경중이나 그 위법성의 정도, 운전자의 형사처벌 여부 등 제반사정을 고려할 여지를 전혀 두지 아니한 채 다른 사람의 자동차등을 훔친 모든 경우에 필요적으로 운전면허를 취소하는 것은, 그것이 달성하려는 공익의 비중에도 불구하고 운전면허 소지자의 직업의 자유 내지 일반적 행동의 자유를 과도하게 제한하는 것이다. 그러므로 심판대상조항은 직업의 자유 내지 일반적 행동의 자유를 침해한다(위헌 헌결 2017.5.25. 2016헌가6).

3. 아동학대관련범죄로 형을 선고받아 확정된 자로 하여금 그 형이 확정된 때부터 형의 집행이 종료되거나 집행을 받지 아니하기로 확정된 후 10년 동안 체육시설, '초·중등교육법' 제2조 각 호의 학교를 운영하거나 이에 취업 또는 사실상 노무를 제공할 수 없도록 한 아동복지법 조항(위헌 헌결 2018.6.28. 2017헌마130)

이 사건 법률조항은 아동학대관련범죄전력자를 10년 동안 아동관련기관인 체육시설 및 '초·중등교육법' 제2조 각 호의 학교에 취업을 제한하는 방법으로 아동학대를 예방함으로써, 아동들이 행복하고 안전하게 자라나게 하는 동시에 체육시설 및 학교에 대한 윤리성과 신뢰성을 높여 아동 및 그 보호자가 이들 기관을 믿고 이용할 수 있도록 하는 입법목적을 지니는바 이러한 입법목적은 정당하다. 아동학대관련범죄로 형을 선고받아 확정된 자에 대하여 일정 기간 아동관련기관인 체육시설 또는 학교에 취업할 수 없도록 하는 것은 위와 같은 입법목적을 달성할 수 있는 하나의 방안이 될 수 있으므로, 수단의 적합성도 인정된다. 그러나 이 사건 법률조항은 아동학대관련범죄전력만으로 그가 장래에 동일한 유형의 범죄를 다시 저지를 것을 당연시하고, 형의 집행이 종료된 때부터 10년이 경과하기 전에는 결코 재범의 위험성이 소멸하지 않는다고 보며, 각 행위의 죄질에 따른 상이한 제재의 필요성을 간과함으로써, 아동학대관련범죄전력자 중 재범의 위험성이 없는 자, 아동학대관련범죄전력이 있지만 10년의 기간 안에 재범의 위험성이 해소될 수 있는 자, 범행의 정도가 가볍고 재범의 위험성이 상대적으로 크지 않은 자에게까지 10년 동안 일률적인 취업제한을 부과하고 있는데, 이는 침해의 최소성 원칙과 법익의 균형성 원칙에 위배된다. 따라서 이 사건 법률조항은 청구인들의 직업선택의 자유를 침해한다. ⇒ [판단이유] 이상에서 언급한 문제점을 해결하기 위해서는 아동학대관련범죄전력자의 취업 제한을 하기에 앞서, 그러한 대상자들에게 재범의 위험성이 있는지 여부, 만약 있다면 어느 정도로 취업제한을 해야 하는지를 구체적이고 개별적으로 심사하는 절차가 필요하다. 이 심사의 세부적 절차와 심사권자 등에 관해서는 추후 심도 있는 사회적 논의가 필요하겠지만, 10년이라는 현행 취업제한기간을 기간의 상한으로 두고 법관이 대상자의 취업제한기간을 개별적으로 심사하는 방식도 하나의 대안이 될 수 있다.

4. 이 사건 취업제한 조항[저자 주: 아동·청소년대상 성범죄로 형 또는 치료감호를 선고받아 확정된 자에 대하여 그 형 또는 치료감호의 전부 또는 일부의 집행을 종료하거나 집행이 유예·면제된 날부터 10년간 아동·청소년 관련기관 등을 운영하거나 이에 취업하거나 사실상 노무를 제공할 수 없도록 한 '아동·청소년의 성보호에 관한 법률'(2014. 1. 21. 법률 제12329호로 개정된 것) 제56조 제1항 중 '아동·청소년대상 성범죄로 형 또는 치료감호를 선고받아 확정된 자' 부분]은 아동·청소년대상 성범죄자에 대하여 일정기간 아동·청소년 관련기관 등을 운영하거나 그 기관 등에 취업하는 것을 제한하여 아동·청소년들과의 접촉을 차단함으로써, 아동·청소년을 성범죄로부터 보호하는 동시에 아동·청소년 관련기관 등의 윤리성과 신뢰성을 높여 아동·청소년 및 그 보호자가 이들 기관을 믿고 이용하거나 따를 수 있도록 하려는 입법목적을 지니는바 이러한 입법목적은 정당하고, 아동·청소년대상 성범죄 전력자에 대하여 일정기간 아동·청소년 관련기관 등에 취업제한을 하는 것은 적절한 수단이 될 수 있다. 그러나 이 사건 취업제한 조항은 아동·청소년대상 성범죄 전력에 기초하여 어떠한 예외도 없이 그 대상자가 재범의 위험성이 있다고 간주하여 일률적으로 아동·청소년 관련기관 등의 취업 등을 10년간 금지하고 있는 점, 특히 이 사건 취업제한 조항은 치료감호심의위원회가아동·청소년대상 성범죄의 원인이 된 소아성기호증, 성적가학증 등 성적 성벽이 있는 정신성적 장애가 치료되었음을 전제로 피치료감호자에 대하여 치료감호 종료 결정을 하는 경우에도 여전히 피치료감호자에게 재범의 위험성이 있음을 전제하고 있어 치료감호제도의 취지와도 모순되는 점, 이 사건 취업제한 조항이 범죄행위의 유형이나 구체적 태양 등을 고려하지 않은 채 범행의 정도가 가볍고 재범의 위험성이 상대적으로 크지 않은 자에게까지 10년 동안 일률적인 취업제한을 부과하고 있는 점 등을 종합하면, 이 사건 취업제한 조항은 침해의 최소성 원칙

에 위배된다. 또한, 이 사건 취업제한 조항이 달성하고자 하는 공익이 우리 사회의 중요한 공익이지만 이 사건 취업제한 조항에 의하여 청구인의 직업선택의 자유가 과도하게 제한되므로, 이 사건 취업제한 조항은 법익의 균형성 원칙에도 위배된다. 따라서 이 사건 취업제한 조항은 청구인의 직업선택의 자유를 침해한다(위헌 헌결 2016.4.28. 2015헌마98).

5. 취업제한조항[저자 주: 성적목적공공장소침입죄로 형을 선고받아 확정된 자로 하여금 그 형의 집행을 종료한 날부터 10년 동안 의료기관을 제외한 아동·청소년 관련기관 등을 개설하거나 그에 취업할 수 없도록 한 '아동·청소년의 성보호에 관한 법률'(2014. 1. 21. 법률 제12329호로 개정된 것, 이하 '청소년성보호법'이라 한다) 제56조 제1항 제1호 내지 제11호, 제13호 내지 제17호 중 각 '성인대상 성범죄 중 성폭력범죄의 처벌 등에 관한 특례법 제12조의 범죄로 형을 선고받아 확정된 자'에 관한 부분]은 피해자가 존재하지 않거나 피해자의 성적자기결정권을 침해하지 아니하는 경우에도 발생할 수 있는 성적목적공공장소침입행위를 범죄화함과 동시에 취업제한 대상 성범죄로 규정하였다. 취업제한조항이 성적목적공공장소침입죄 전력만으로 그가 장래에 동일한 유형의 범죄를 저지를 것을 당연시하고, 형의 집행이 종료된 때로부터 10년이 경과하기 전에는 결코 재범의 위험성이 소멸하지 않는다고 보아, 각 행위의 죄질에 따른 상이한 제재의 필요성을 간과함으로써, 위 범죄 전력자 중 재범의 위험성이 없는 자, 위 범죄 전력이 있지만 10년의 기간 안에 재범의 위험성이 해소될 수 있는 자, 범행의 정도가 가볍고 재범의 위험성이 상대적으로 크지 않은 자에게까지 10년 동안 일률적인 취업제한을 하고 있는 것은 침해의 최소성 원칙과 법익의 균형성 원칙에 위배된다. 따라서 취업제한조항은 청구인의 직업선택의 자유를 침해한다(위헌 헌결 2016.10.27. 2014헌마709).

6. 심판대상조항은 운전면허제도의 근간을 유지하는 한편, 교통상의 위험과 장해를 방지하고자 하는 것이므로 그 입법목적이 정당하고, 이를 위해 모든 범위의 운전면허를 필요적으로 취소하도록 하는 것은, 수단의 적합성도 인정된다. 심판대상조항이 '부정 취득한 운전면허'를 필요적으로 취소하도록 한 것은, 임의적 취소·정지의 대상으로 전환할 경우 면허제도의 근간이 흔들리게 되고 형사처벌 등 다른 제재수단만으로는 여전히 부정 취득한 운전면허로 자동차 운행이 가능하다는 점에서, 피해의 최소성 원칙에 위배되지 않는다. 또한 부정 취득한 운전면허는 그 요건이 처음부터 갖추어지지 못한 것으로서 해당 면허를 박탈하더라도 기본권이 추가적으로 제한된다고 보기 어려워, 법익의 균형성 원칙에도 위배되지 않는다. 반면, 심판대상조항이 '부정 취득하지

않은 운전면허'까지 필요적으로 취소하도록 한 것은, 임의적 취소·정지 사유로 함으로써 구체적 사안의 개별성과 특수성을 고려하여 불법의 정도에 상응하는 제재수단을 선택하도록 하는 등 완화된 수단에 의해서도 입법목적을 같은 정도로 달성하기에 충분하므로, 피해의 최소성 원칙에 위배된다. 나아가, 위법이나 비난의 정도가 미약한 사안을 포함한 모든 경우에 부정 취득하지 않은 운전면허까지 필요적으로 취소하고 이로 인해 2년 동안 해당 운전면허 역시 받을 수 없게 하는 것은, 공익의 중대성을 감안하더라도 지나치게 기본권을 제한하는 것이므로, 법익의 균형성 원칙에도 위배된다. 따라서 심판대상조항 중 각 '거짓이나 그 밖의 부정한 수단으로 받은 운전면허를 제외한 운전면허'를 필요적으로 취소하도록 한 부분은, 과잉금지원칙에 반하여 일반적 행동의 자유 또는 직업의 자유를 침해한다.(위헌 헌결 2020.6.25. 2019헌가9).

(나) 직업수행

① 장소적 제한: 축협 복수조합의 설립금지(위헌 헌결 92헌바47)

★ 학교환경위생정화구역 ⇒ 아래 표 참고

<학교환경위생정화구역 내의 행위에 대한 헌재결정>

	당구장 금지	극장 금지	여관, 납골시설 금지	노래방, PC방 금지
주문	위헌	위헌, 불합치	합헌	노래방(기각), PC방(합헌)
유치원	위헌	불합치	합헌	청소년유해물건 … 유해업소(합헌)
초·중·고	합헌	불합치	합헌	합헌
대학교	위헌	위헌	합헌	×

② 방법적 제한: '특정의료기관이나 특정의료인의 기능·진료방법'에 관한 광고금지(헌결 2003헌가3), 약사(또는 한약사)가 아니면 약국개설을 금지한 것(헌불 헌결 2000헌바84), 의료인에게 '하나의' 의료기관만을 개설할 수 있도록 함으로써 의사 및 한의사의 복수면허 의료인이라고 하더라도, 양방 또는 한방 중 그 선택에 따라 어느 '하나의' 의료기관 이외에 다른 의료기관의 개설을 금지한 것(헌불 헌결 2004헌마1021), 한국방송광고공사와 이로부터 출자를 받은 회사에 대해서만 지상파 방송광고 판매대행을 할 수 있도록 한 것

(헌불 헌결 2006헌마352), 운전전문학원의 귀책사유를 불문하고 수료생이 일으킨 교통사고를 자동적으로 운전전문학원의 책임으로 연관시키는 것(헌결 2004헌가30), 농협·축협 조합장이 금고 이상의 형을 선고받고 그 형이 확정되지 아니한 경우에도 이사가 그 직무를 대행하도록 규정한 것(헌결 2010헌마562), 치과전문의 자격 인정 요건으로 '외국의 의료기관에서 치과의사 전문의 과정을 이수한 사람'을 포함하지 아니한 것(헌결 2013헌마197), 전문과목을 표시한 치과의원은 그 표시한 전문과목에 해당하는 환자만을 진료하여야 한다고 규정한 의료법 §77(헌결 2013헌마799)은 직업수행의 자유에 대한 침해○, 허가받은 경비업자로 하여금 허가받은 경비업무 외의 업무에 경비원을 종사하게 하는 것을 금지하고, 이를 위반한 경비업자에 대한 허가를 취소하도록 정하고 있는 경비업법 제7조 제5항 중 '시설경비업무'에 관한 부분과 경비업법 제19조 제1항 제2호 중 '시설경비업무'에 관한 부분은 헌법에 합치되지 아니하여 직업의 자유 침해○(헌불 헌결 2023.3.23. 2020헌가19)

③ 시간적 제한: 국산영화의 상영의무 공연장의 경영자에게 연간 대통령령이 정하는 일수 이상(연간상영일수의 5분의 2 이상) 국산영화를 상영하도록 한 영화법 제26조는 직업수행의 자유에 대한 침해×(헌결 94헌마125). 법학전문대학원 출신 변호사는 6개월 이상 법률사무종사기관에서 의무종사 또는 의무연수를 마치지 않으면 사건을 단독 또는 공동으로 수임할 수 없도록 규정하고 있는 변호사법 제31조의2 제1항은 헌법에 위반×(헌결 2012헌마480)

| 헌결 | 대판 |

1. 학교환경위생정화구역 안에서는 당구장시설을 할 수 없도록 규정한 것(위헌)
   헌결 1997.3.27. 94헌마196) ★
   [1] 대학, 교육대학, 사범대학, 전문대학, 기타 이와 유사한 교육기관의 학생들은 변별력과 의지력을 갖춘 성인이어서 당구장을 어떻게 활용할 것인지는 이들의 자율적 판단과 책임에 맡길 일이고, 학교주변의 당구장시설 제한과 같은 타율적 규제를 가하는 것은 대학교육의 목적에도 어긋나고 대학교육의 능률화에도 도움이 되지 않으므로, 위 각 대학 및 이와 유사한 교육기관의 학교환경위생정화구역 안에서 당구장시설을 하지 못하도록 기본권을 제한하는 것은 교육목적의 능률화라는 입법목적의 달성을 위하여 필요하고 적정한 방법이라고 할 수 없어 기본권제한의 한계를 벗어난 것이다.
   [2] 유치원주변에 당구장시설을 허용한다고 하여도 이로 인하여 유치원생이

학습을 소홀히 하거나 교육적으로 나쁜 영향을 받을 위험성이 있다고 보기 어려우므로, 유치원 및 이와 유사한 교육기관의 학교환경위생정화구역 안에서 당구장시설을 하지 못하도록 기본권을 제한하는 것은 입법목적의 달성을 위하여 필요하고도 적정한 방법이라고 할 수 없어 역시 기본권제한의 한계를 벗어난 것이다.

[3] <u>초등학교, 중학교, 고등학교 기타 이와 유사한 교육기관의 학생들은</u> 아직 변별력 및 의지력이 미약하여 당구의 오락성에 빠져 학습을 소홀히 하고 당구장의 유해환경으로부터 나쁜 영향을 받을 위험성이 크므로 이들을 이러한 위험으로부터 보호할 필요가 있는바, 이를 위하여 위 각 학교 경계선으로부터 200미터 이내에 설정되는 학교환경위생정화구역 내에서의 당구장시설을 제한하면서 예외적으로 학습과 학교보건위생에 나쁜 영향을 주지 않는다고 인정하는 경우에 한하여 당구장시설을 허용하도록 하는 것은 <u>기본권제한의 입법목적, 기본권제한의 정도, 입법목적 달성의 효과 등에 비추어 필요한 정도를 넘어 과도하게 직업(행사)의 자유를 침해하는 것이라 할 수 없다.</u>

2. 학교 정화구역 내에서의 극장시설 및 영업을 금지하고 있는 학교보건법(위헌/ 헌불) 헌결 2004.5.27. 2003헌가1)

[1] 이 사건 법률조항[저자 주: 학교 정화구역 내에서의 극장시설 및 영업을 금지하고 있는 학교보건법 제6조 제1항 본문 제2호 중 '극장'부분]은 <u>대학 부근 정화구역 내의 극장을 일반적으로 금지하고 있다.</u> <중략> 결국, 대학의 정화구역 안에서 극장시설을 금지하는 이 사건 법률조항은 <u>극장운영자의 직업수행의 자유를 필요·최소한 정도의 범위에서 제한한 것이라고 볼 수 없어 최소침해성의 원칙에 반한다.</u>

[2] 이 사건 법률조항은 <u>유치원 및 초·중·고등학교</u>의 정화구역 내의 극장시설 및 영업도 일반적으로 금지하고 있는바, 그 정화구역 중 금지의 예외가 인정되는 구역을 제외한 나머지 구역은 어떠한 경우에도 예외가 인정되지 아니하는 절대금지구역이다. <중략> 그렇다면 <u>정화구역 내의 절대금지구역에서는 이와 같은 유형의 극장에 대한 예외를 허용할 수 있는 가능성을 전혀 인정하지 아니하고 일률적으로 금지하고 있는 이 사건 법률조항은 그 입법목적을 달성하기 위하여 필요한 정도 이상으로 극장운영자의 기본권을 제한하는 법률</u>이다.

[3] 이 사건 법률조항은 극장운영자의 표현의 자유 및 예술의 자유도 필요한 이상으로 과도하게 침해하고 있으며, 표현·예술의 자유의 보장과 공연장 및

영화상영관 등이 담당하는 문화국가형성의 기능의 중요성을 간과하고 있다. 따라서 이 사건 법률조항은 표현의 자유 및 예술의 자유를 침해하는 위헌적인 규정이다.

[4] 헌법이 보장하는 인간의 존엄성 및 행복추구권은 국가의 교육권한과 부모의 교육권의 범주 내에서 아동에게도 자신의 교육환경에 관하여 스스로 결정할 권리, 그리고 자유롭게 문화를 향유할 권리를 부여한다고 할 것이다. 이 사건 법률조항은 아동·청소년의 문화향유에 관한 권리 등 인격의 자유로운 발현과 형성을 충분히 고려하고 있지 아니하므로 아동·청소년의 자유로운 문화향유에 관한 권리 등 행복추구권을 침해하고 있다.

3. "특정의료기관이나 특정의료인의 기능·진료방법"에 관한 광고를 금지하는 의료법(2002. 3. 30. 법률 제6686호로 개정되기 전의 것) 제46조 제3항 및 그 위반시 300만 원 이하의 벌금에 처하도록 하는 동법 제69조는 헌법 제37조 제2항의 비례의 원칙에 위배하여 표현의 자유와 직업수행의 자유를 침해하는 것이다(위헌 헌결 2005.10.27. 2003헌가3).

4. "약사 또는 한약사가 아니면 약국을 개설할 수 없다."고 규정한 약사법 제16조 제1항은 자연인 약사만이 약국을 개설할 수 있도록 함으로써, 약사가 아닌 자연인 및 일반법인은 물론, 약사들로만 구성된 법인의 약국 설립 및 운영도 금지하고 있는바, 국민의 보건을 위해서는 약국에서 실제로 약을 취급하고 판매하는 사람은 반드시 약사이어야 한다는 제한을 둘 필요가 있을 뿐, 약국의 개설 및 운영 자체를 자연인 약사에게만 허용할 합리적 이유는 없다. 입법자가 약국의 개설 및 운영을 일반인에게 개방할 경우에 예상되는 장단점을 고려한 정책적 판단의 결과 약사가 아닌 일반인 및 일반법인에게 약국개설을 허용하지 않는 것으로 결정하는 것은 그 입법형성의 재량권 내의 것으로서 헌법에 위반된다고 볼 수 없지만, 법인의 설립은 그 자체가 간접적인 직업선택의 한 방법으로서 직업수행의 자유의 본질적 부분의 하나이므로, 정당한 이유 없이 본래 약국개설권이 있는 약사들만으로 구성된 법인에게도 약국개설을 금지하는 것은 입법목적을 달성하기 위하여 필요하고 적정한 방법이 아니고, 입법형성권의 범위를 넘어 과도한 제한을 가하는 것으로서, 법인을 구성하여 약국을 개설·운영하려고 하는 약사들 및 이들로 구성된 법인의 직업선택(직업수행)의 자유의 본질적 내용을 침해하는 것이고, 동시에 약사들이 약국경영을 위한 법인을 설립하고 운영하는 것에 관한 결사의 자유를 침해하는 것이다(헌불 헌결 2002.9.19. 2000헌바84).

5. 한국방송광고공사와 이로부터 출자를 받은 회사에 대해서만 지상파 방송광고 판매대행을 할 수 있도록 한 것(헌불) 헌결 2008.11.27. 2006헌마352)

    이 사건 규정은 지상파 방송광고 판매대행 시장에 제한적 경쟁체제를 도입함과 동시에 방송의 공정성과 공익성, 그리고 다양성을 확보하기 위해 한국방송광고공사와 이로부터 출자를 받은 회사에게만 지상파 방송광고 판매대행을 할 수 있도록 하고 있으나 아직까지 한국방송광고공사가 지상파 방송광고 판매대행을 할 수 있도록 출자를 한 회사는 한 곳도 없어 여전히 한국방송광고공사의 독점체제가 유지되고 있는바, 이는 지상파 방송광고 판매대행 시장에 제한적으로라도 경쟁체제를 도입한 것이라고 볼 수 없다. 또한 입법자는 지상파 방송광고 판매대행사업을 일정한 요건을 갖춘 업체에 한하여 허가제로 한다든지, 방송사의 출연금으로 기금을 조성하여 공공성이 높은 프로그램제작에 보조금을 지급한다든지 하는 등의 방법으로 이 사건 규정의 입법목적을 달성하면서도 기본권 침해를 최소화시킬 수 있으나 입법자는 한국방송광고공사와 이로부터 출자를 받은 회사에 대해서만 지상파 방송광고 판매대행을 허용하고 있을 뿐이다. 결국 이 사건 규정은 과잉금지원칙을 위반하여 청구인의 직업수행의 자유를 침해하고 있다고 할 것이다.

6. '자동차운전전문학원을 졸업하고 운전면허를 받은 사람 중 교통사고를 일으킨 비율이 대통령령이 정하는 비율을 초과하는 때'에는 학원의 등록을 취소하거나 1년 이내의 운영정지를 명할 수 있도록 한 도로교통법 제71조의15 제2항 제8호의 '교통사고' 부분(이하 '이 사건 조항'이라 한다)은 비례의 원칙에 어긋나 운전전문학원 운영자의 직업의 자유를 침해한다(위헌) 헌결 2005.7.21. 2004헌가30). ★ 포괄위임입법금지원칙에도 위배

7. 농협·축협 조합장이 금고 이상의 형을 선고받고 그 형이 확정되지 아니한 경우에도 이사가 그 직무를 대행하도록 규정한 농업협동조합법(2009. 6. 9. 법률 제9761호로 개정된 것) 제46조 제4항 제3호 중 '조합장'에 관한 부분 및 제107조 제1항 중 제46조 제4항 제3호의 '조합장'에 관한 부분은 과잉금지원칙에 위반하여 청구인들의 직업수행의 자유를 침해한다(위헌) 헌결 2013.8.29. 2010헌마562).

8. 치과전문의 자격 인정 요건으로 '외국의 의료기관에서 치과의사 전문의 과정을 이수한 사람'을 포함하지 아니한 것(헌불) 헌결 2015.9.24. 2013헌마197)

    심판대상조항[저자 주: 치과전문의 자격 인정 요건으로 '외국의 의료기관에서 치과의사 전문의 과정을 이수한 사람'을 포함하지 아니한 '치과의사전문의

의 수련 및 자격 인정 등에 관한 규정'(2010. 3. 15. 대통령령 제22075호로 개정된 것, 이하 '치과전문의규정'이라 한다) 제18조 제1항]은 치과의사로서 외국의 의료기관에서 치과전문의 과정을 이수한 사람이라도 다시 국내에서 치과전문의 수련과정을 이수하도록 하여 국내 실정에 맞는 경험과 지식을 갖추도록 하기 위한 것이므로 입법목적이 정당하고, 그 수단 또한 적합하다. 외국의 의료기관에서 치과전문의 과정을 이수한 사람에 대해 그 외국의 치과전문의 과정에 대한 인정절차를 거치거나, 치과전문의 자격시험에 앞서 예비시험제도를 두는 등 직업의 자유를 덜 제한하는 방법으로도 입법목적을 달성할 수 있고, 이미 국내에서 치과의사면허를 취득하고 외국의 의료기관에서 치과전문의 과정을 이수한 사람들에게 다시 국내에서 전문의 과정을 다시 이수할 것을 요구하는 것은 지나친 부담을 지우는 것이므로, 심판대상조항은 침해의 최소성원칙에 위배되고 법익의 균형성도 충족하지 못한다. 따라서 심판대상조항은 과잉금지원칙에 위배되어 청구인들의 직업수행의 자유를 침해한다.

9. 경비원의 비경비업무 수행 금지 및 위반시 경비업 허가 취소 사건(헌불)(적용중지); 헌결 2023.3.23. 2020헌가19) ★★★

[1] 쟁점
심판대상조항은 수범자인 경비업자로 하여금 허가받은 시설경비업무 외의 업무(이하 '비경비업무'라 한다)에 경비원을 종사하게 하는 것을 금지하고 이를 위반한 경우 경비업의 허가를 필요적으로 취소하도록 규정함으로써, 시설경비업을 수행하는 경비업자에 대하여 직업을 수행하는 방법에 제한을 가하고 경비업자의 직업을 계속 유지하는 것을 불가능하게 하므로 직업의 자유를 제한한다.
이러한 직업의 자유에 대한 제한이 헌법상 용인되기 위해서는 헌법 제37조 제2항의 과잉금지원칙이 준수되어야 하는바, 이하에서는 심판대상조항이 과잉금지원칙에 위배되는지 여부가 문제된다. 다만, 경비업은 국가의 경찰업무를 보완하는 차원에서 인정된 업무로 국민의 생명·신체 또는 재산의 안전에 미치는 영향이 크기 때문에, 경비업의 운영 및 관리와 관련해서는 입법자의 입법재량이 넓게 인정될 수 있음이 고려되어야 한다.
한편, 제청법원은 심판대상조항에 의하여 재산권도 침해된다고 주장한다. 그러나 헌법상 보장된 재산권은 사적 유용성 및 그에 대한 원칙적 처분권을 내포하는 재산가치 있는 구체적 권리인바(헌재 2002.7.18. 99헌마574 등 참조), 경비업자에게 비경비업무의 수행이 금지되거나 그 업무의 허가가 취소됨에 따라 영업의 기회가 박탈되었다고 하더라도, 이는 재산권 보장의 대상이 아니므로 더 나아가 살펴보지 아니한다.

[2] 심판대상조항은 시설경비업을 허가받은 경비업자로 하여금 허가받은 경비업무 외의 업무에 경비원을 종사하게 하는 것을 금지하고, 이를 위반한 경비업자에 대한 허가를 취소함으로써 시설경비업무에 종사하는 경비원으로 하여금 경비업무에 전념하게 하여 국민의 생명·신체 또는 재산에 대한 위험을 방지하고자 하는 것으로 입법목적의 정당성 및 수단의 적합성은 인정된다. 그러나 비경비업무의 수행이 경비업무의 전념성을 직접적으로 해하지 아니하는 경우가 있음에도 불구하고, 심판대상조항은 경비업무의 전념성이 훼손되는 정도를 고려하지 아니한 채 경비업자가 경비원으로 하여금 비경비업무에 종사하도록 하는 것을 일률적·전면적으로 금지하고, 경비업자가 허가받은 시설경비업무 외의 업무에 경비원을 종사하게 한 때에는 필요적으로 경비업의 허가를 취소하도록 규정하고 있는 점, 누구든지 경비원으로 하여금 경비업무의 범위를 벗어난 행위를 하게 하여서는 아니 된다며 이에 대한 제재를 규정하고 있는 경비업법 제15조의2 제2항, 제19조 제1항 제7호 등을 통해서도 경비업무의 전념성을 충분히 확보할 수 있는 점 등에 비추어 볼 때, 심판대상조항은 침해의 최소성에 위배되고, 경비업무의 전념성을 중대하게 훼손하지 않는 경우에도 경비원에게 비경비업무를 수행하도록 하면 허가받은 경비업 전체를 취소하도록 하여 경비업을 전부 영위할 수 없도록 하는 것은 법익의 균형성에도 반한다. 따라서 심판대상조항은 과잉금지원칙에 위반하여 시설경비업을 수행하는 경비업자의 직업의 자유를 침해한다. ⇒ 시설경비업을 허가받은 경비업자로 하여금 허가받은 경비업무 외의 업무에 경비원을 종사하게 하는 것을 금지하고, 이를 위반한 경비업자에 대한 허가를 취소하도록 정하고 있는 경비업법 제7조 제5항 중 '시설경비업무'에 관한 부분(이하 '이 사건 금지조항'이라 한다)과 경비업법 제19조 제1항 제2호 중 '시설경비업무'에 관한 부분(이하 '이 사건 취소조항'이라 하고, 위 조항들 모두를 '심판대상조항'이라 한다)이 시설경비업을 수행하는 경비업자의 직업의 자유를 침해하는지 여부(적극)

(2) 직업선택의 자유에 대한 한계

본질	직업선택의 자유의 본질적 내용은 침해될 수×
단계 이론	직업의 자유를 제한하는 경우 가장 약한 제한으로 제한목적을 달성해보고 그것으로 목적달성이 어려운 경우 다음 단계의 보다 강한 제한을 해

야 한다는 것

① **직업수행의 자유제한(1단계)**: 직업의 자유에 대한 제한은 기본권에 대한 침해정도가 좀 더 경미한 직업수행의 자유를 제한하는 방법으로 공익목적을 달성하도록 하여야 함. 유흥업소의 영업시간제한, 택시의 10부제 운행, 영업종료시간의 설정, 변호사의 광고금지, 1약사 1약국경영제한, 국산영화의 연간상영일수제한, 백화점세일의 횟수제한 등이 이에 해당

② **주관적 조건에 의한 직업결정의 자유제한(2단계)**: 2단계 제한은 직업수행의 자유에 대한 제한으로 공익목적의 달성이 어려운 경우에 행해지는 것으로 주관적 조건을 근거로 직업결정의 자유를 제한하는 것.

㉠ 일반 학원강사에게 대학졸업 이상의 학력 소지를 요구하는 것(헌결 2002헌마519),

㉡ 군법무관 임용시험에 합격한 군법무관들에게 군법무관시보로 임용된 때부터 10년간 근무하여야 변호사 자격을 유지하게 한 것(헌결 2006헌마767), 공인중개사가 공인중개사법 위반으로 벌금형을 선고받으면 등록관청으로 하여금 중개사무소 개설등록을 필요적으로 취소하도록 하는 구 공인중개사법(헌결 2013헌가7),

㉢ 학원의 설립·운영 및 과외교습에 관한 법률(이하 '학원법')을 위반하여 벌금형을 선고받은 후 1년이 지나지 아니한 자는 학원설립·운영의 등록을 할 수 없도록 규정한 학원법 조항('등록결격조항')은 **직업선택의 자유를 침해×** vs 법인의 임원이 학원법을 위반하여 벌금형을 선고받은 경우, 법인의 학원설립·운영 등록이 효력을 잃도록 규정하고 있는 학원법 조항('등록실효조항')은 **직업수행의 자유를 침해○**(**위헌** 헌결 2012헌마653), ★ **동지** 학원설립·운영자가 '학원의 설립·운영 및 과외교습에 관한 법률'(이하 '학원법'이라 한다)을 위반하여 벌금형을 선고받은 경우 등록의 효력을 잃도록 규정하고 있는 학원법(2007. 12. 21. 법률 제8711호로 개정된 것) 제9조 제2항 본문 중 제9조 제1항 제4호에 관한 부분(이하 '이 사건 **효력상실조항**'이라 한다)(**위헌** 헌결 2011헌바252) 〈법무사 2024〉

㉣ '마약류 관리에 관한 법률'을 위반하여 금고 이상의 실형을 선고받고 그 집행이 끝나거나 면제된 날부터 20년이 지나지 아니한 것을 택시운송사업의 운전업무 종사자격의 결격사유 및 취소사유로 정한 것

([헌불] 헌결 2013헌마575),

⑮ 성인대상 성범죄로 형을 선고받아 확정된 자로 하여금 그 형의 집행을 종료한 날부터 10년 동안 의료기관을 개설하거나 의료기관에 취업할 수 없도록 한 것(위헌 헌결 2013헌마585)의 "성인대상 성범죄" 부분은 불명확하다고 볼 수 없어 헌법상 명확성원칙에 위배×, 취업제한은 형벌이 아니므로 헌법 제13조 제1항 전단의 형벌불소급원칙이 적용× ★ 동지 ① 아동·청소년 대상 성범죄로 형을 선고받아 확정된 자(위헌 헌결 2015헌마98) 동지 ② 성적목적공공장소침입죄로 형을 선고받아 확정된 자(위헌 헌결 2014헌마709),

⑯ <u>아동학대관련범죄로 벌금형이 확정된 날부터 10년이 지나지 아니한 사람은 어린이집을 설치·운영하거나 어린이집에 근무할 수 없고, 같은 이유로 보육교사 자격이 취소되면 그 취소된 날부터 10년간 자격을 재교부받지 못하도록 한,</u> 영유아보육법 제16조 제8호 후단 중 아동복지법 제17조 제5호를 위반하여 아동복지법 제71조 제1항 제2호로 처벌받은 경우에 관한 부분, 같은 법 제20조 제1호 중 제16조 제8호 후단 가운데 아동복지법 제17조 제5호를 위반하여 아동복지법 제71조 제1항 제2호로 처벌받은 경우에 관한 부분, 같은 법 제48조 제2항 제2호 본문 중 아동복지법 제17조 제5호를 위반하여 아동복지법 제71조 제1항 제2호에 따라 처벌받은 경우에 관한 부분(위 조항들을 모두 합하여 '심판대상조항'이라 한다)은 과잉금지원칙에 위배되어 <u>직업선택의 자유를 침해</u>○ 위헌(헌결 2022.9.29. 2019헌마813) ★

③ 객관적 조건에 의한 직업결정의 자유제한(3단계): 객관적 조건은 기본권 주체의 능력과 무관한 것이므로 이를 가지고 직업선택을 제한하는 것은 직업의 자유에 대한 중대한 위협이 되므로, 객관적 사유에 의한 제한은 '월등하게 중요한 공익'을 위하여 명백하고 확실한 위험을 방지하기 위한 경우에만 정당화될 수○.

㉠ ★ 안마사 자격인정에 있어서 비맹제외기준은 시각장애인이 아닌 사람의 직업선택의 자유를 직접 침해하고 있고, 이는 당사자의 능력이나 자격과 상관없는 객관적 허가요건에 의한 직업선택의 자유에 대한 제한을 의미(위헌 헌결 2003헌마715). ⇒ 이후 헌법재판소는 시각장애인에게만 안마사자격을 부여하는 의료법에 대하여 여러 차례 합헌결정(2006헌마1098, 2008헌마664, 2011헌가39)을 하였고, 2017년

12월 다시 헌법에 위반되지 않는다는 결정(헌결 2017헌가15)을 선고하였다.

ⓒ ★ 경비업을 전문으로 하는 별개의 법인을 설립하지 않는 한 경비업과 그 밖의 업종을 겸영하지 못하도록 금지하고 있는 경비업법(위헌 헌결 2001헌마614),

ⓒ ★ 행정사 자격시험의 실시 여부를 시·도지사의 재량사항으로 한 것(위헌 헌결 2007헌마910)

| 헌결 | 대판 |

1. 일반 학원강사에게 대학졸업 이상의 학력 소지를 요구하는 것(헌결 2003.9.25. 2002헌마519)

   이 사건 심판대상 조항들[저자 주: 학원강사의 자격제를 설정한 이 사건 법률조항 및 그 위임에 따라 '대학 졸업 이상의 학력 소지자일 것'을 일반학원 강사의 자격기준 중 하나로 규정한 동법시행령 제12조 제2항과 그에 따른 별표 2의 일반학원 자격기준 항목 제2호(이하 모두 합쳐 '이 사건 심판대상 조항들'이라고 한다)]은 <u>일반학원의 강사라는 직업의 개시를 위한 <주관적 전제조건>으로서 '대학 졸업 이상의 학력 소지'라는 자격기준을 갖추도록 요구함으로써 직업선택의 자유를 제한하고</u> 있고, 그와 같은 제한이 헌법상 용인될 수 있기 위하여는 기본권제한의 한계원리인 과잉금지의 원칙에 위배되지 않아야 하는데, <중략> 따라서 이 사건 심판대상 조항들은 <u>기본권제한의 한계를 준수하고 있다고 할 것이다.</u>

2. 군법무관 임용시험에 합격한 군법무관들에게 군법무관시보로 임용된 때부터 10년간 근무하여야 변호사 자격을 유지하게 한 것(헌결 2007.5.31. 2006헌마767)

   이 사건 법률조항은 군법무관 임용시험을 거쳐 임명된 군법무관에 대하여 변호사 자격을 부여하면서, 10년간 복무할 것을 조건으로 전역한 후에도 그 자격을 그대로 유지시켜주는 것이다. <u>이는 당사자에 대한 <주관적인 요건>인 '10년간의 군법무관 경력'을 조건으로 변호사직에 대한 선택의 자유를 제한하는 것으로 볼 수 있다.</u> <중략> 이 사건 조항은 청구인들의 <u>직업선택의 자유를 침해하지 않는다.</u>

3. 공인중개사가 공인중개사법 위반으로 벌금형을 선고받으면 등록관청으로 하여금 중개사무소 개설등록을 필요적으로 취소하도록 하는 구 공인중개사법

(헌결 2015.5.28. 2013헌가7)

[1] 심판대상조항에 따라 중개사무소의 개설등록이 취소된 제청신청인은 3년간 중개사무소 개설등록은 물론, 소속공인중개사 또는 중개보조원의 업무도 할 수 없어 공인중개사 자격 자체가 일정 기간 동안 정지되는 것과 같은 결과를 가져오게 되므로, 심판대상조항은 <주관적 사유>에 의하여 중개업을 영위하고자 하는 제청신청인의 직업선택의 자유를 제한한다. <중략> 따라서 심판대상조항은 과잉금지원칙에 반하여 직업선택의 자유를 침해하지 않는다.

4. 학원의 설립·운영 및 과외교습에 관한 법률 제9조 제1항 제4호 등 위헌확인
(위헌 헌결 2015.5.28. 2012헌마653)

[1] 이 사건 <등록결격조항>은 과잉금지원칙에 위배되어 직업선택의 자유를 침해한다고 보기 어렵다. ⇒ '학원의 설립·운영 및 과외교습에 관한 법률'(2007. 12. 21. 법률 제8711호로 개정된 것, 이하 '학원법'이라 한다)을 위반하여 벌금형을 선고받은 후 1년이 지나지 아니한 자는 학원설립·운영의 등록을 할 수 없도록 규정한 학원법 제9조 제1항 제4호(이하 '이 사건 등록결격조항'이라 한다)가 과잉금지원칙에 위배되어 직업선택의 자유를 침해하는지 여부(소극)

[2] 사회통념상 벌금형을 선고받은 피고인에 대한 사회적 비난가능성이 그리 높다고 보기 어려운데도, 이 사건 등록실효조항은 법인의 임원이 학원법을 위반하여 벌금형을 선고받으면 일률적으로 법인의 등록을 실효시키고 있고, 법인으로서는 대표자인 임원이건 그렇지 아니한 임원이건 모든 임원 개개인의 학원법위반범죄와 형사처벌 여부를 항시 감독하여야만 등록의 실효를 면할 수 있게 되므로 학원을 설립하고 운영하는 법인에게 지나치게 과중한 부담을 지우고 있다. 또한 이로 인하여 법인의 등록이 실효되면 해당 임원이 더 이상 임원직을 수행할 수 없게 될 뿐 아니라, 학원법인 소속 근로자는 모두 생계의 위협을 받을 수 있으며, 갑작스러운 수업의 중단으로 학습자 역시 불측의 피해를 입을 수밖에 없으므로 이 사건 <등록실효조항>은 학원법인의 직업수행의 자유를 침해한다. ⇒ 법인의 임원이 학원법을 위반하여 벌금형을 선고받은 경우, 법인의 학원설립·운영 등록이 효력을 잃도록 규정하고 있는 학원법 제9조 제2항 본문 중 제9조 제1항 제7호 가운데 제9조 제1항 제4호에 관한 부분(이하 '이 사건 등록실효조항'이라 한다)이 과잉금지원칙에 위배되어 직업수행의 자유를 침해하는지 여부(적극)

5. 마약류 관리에 관한 법률'을 위반하여 금고 이상의 실형을 선고받고 그 집행이 끝나거나 면제된 날부터 20년이 지나지 아니한 것을 택시운송사업의 운전

업무 종사자격의 결격사유 및 취소사유로 정한 것(헌불) 헌결 2015.1.23. 2013헌마575) ★

[1] 직업선택의 자유를 제한함에 있어 어떤 직업의 수행을 위한 전제요건으로서 일정한 <주관적 요건>을 갖춘 자에게만 그 직업에 종사할 수 있도록 제한하는 경우에는, 이러한 주관적 요건을 갖추도록 요구하는 것이 누구에게나 제한 없이 그 직업에 종사하도록 방임함으로써 발생할 우려가 있는 공공의 손실과 위험을 방지하기 위한 적절한 수단이고, 그 직업을 희망하는 모든 사람에게 동일하게 적용되어야 하며, 주관적 요건 자체가 그 제한목적과 합리적인 관계가 있어야 한다는 과잉금지원칙이 적용되어야 할 것이다. 다만 어떤 직업분야의 자격제도를 시행함에 있어서 그 업무에 대하여 설정할 자격요건의 구체적인 내용에 대한 판단·선택에 대해서는 입법자의 입법형성권이 인정되므로, 다른 방법으로 직업선택의 자유를 제한하는 경우에 비하여 보다 유연하고 탄력적인 심사가 필요하다.

[2] 반사회적 중범죄의 하나인 '마약류 관리에 관한 법률'을 위반한 자가 택시운송사업의 운전업무에 종사하는 것을 일정기간 동안 금지하여 국민의 생명, 신체, 재산을 보호하고 시민들의 택시이용에 대한 불안감을 해소하며, 도로교통에 관한 공공의 안전을 확보하고자 하는 입법목적은 정당하며, <중략> 심판대상조항은 구체적 사안의 개별성과 특수성을 고려할 수 있는 여지를 일체 배제하고 그 위법의 정도나 비난 가능성의 정도가 미약한 경우까지도 획일적으로 20년이라는 장기간 동안 택시운송사업의 운전업무 종사자격을 제한하는 것이므로 침해의 최소성 원칙에 위배되며, 법익의 균형성 원칙에도 반한다. 따라서 심판대상조항은 청구인들의 직업선택의 자유를 침해한다.

6. 심판대상조항은 6세 미만의 취학 전 아동인 영유아에 대한 학대를 예방함으로써 영유아를 건강하고 안전하게 보육하기 위한 것으로 입법목적은 정당하고, 이를 통해 영유아에 대한 보육이 안전하게 이루어질 수 있으므로 수단의 적합성도 인정된다. 아동학대관련범죄전력자에 대해 범죄전력만으로 장래에 동일한 유형의 범죄를 다시 저지를 것이라고 단정하기는 어려움에도 불구하고, 심판대상조항은 오직 아동학대관련범죄전력에 기초해 10년이라는 기간 동안 일률적으로 취업제한의 제재를 부과하는 점, 이 기간 내에는 취업제한 대상자가 그러한 제재로부터 벗어날 수 있는 어떠한 기회도 존재하지 않는 점, 재범의 위험성에 대한 사회적 차원의 대처가 필요하다 해도 개별 범죄행위의 태양을 고려한 위험의 경중에 대한 판단이 있어야 하는 점 등에 비추어

볼 때, 심판대상조항은 침해의 최소성 요건을 충족했다고 보기 어렵다. 이러한 문제점을 해결하기 위해서는 아동학대관련범죄전력자에게 재범의 위험성이 있는지 여부, 있다면 어느 정도로 취업제한을 해야 하는지를 구체적이고 개별적으로 심사하는 절차가 필요하다. 이 심사의 세부적 절차와 심사권자 등에 관해서는 추후 심도 있는 사회적 논의가 필요하겠지만, 10년이라는 현행 취업제한기간을 상한으로 두고 법관이 대상자의 취업제한기간을 개별적으로 심사하는 방식도 하나의 대안이 될 수 있다. 영유아를 아동학대관련범죄로부터 보호하여 영유아를 건강하고 안전하게 보육하고, 어린이집에 대한 윤리성과 신뢰성을 높여 영유아 및 그 관계자들이 어린이집을 믿고 이용하도록 하는 것은 우리 사회의 중요한 공익에 해당한다. <u>그러나 심판대상조항은 일률적으로 10년의 취업제한을 부과한다는 점에서 죄질이 가볍고 재범의 위험성이 낮은 범죄전력자들에게 지나치게 가혹한 제한이 될 수 있어, 그것이 달성하려는 공익의 무게에도 불구하고 법익의 균형성 요건을 충족하지 못한다. 이상에서 본 바와 같이 심판대상조항은 과잉금지원칙에 위반되어 청구인 임○○의 직업선택의 자유를 침해한다.</u>(**위헌** 헌결 2022.9.29. 2019헌마813). ⇒ 아동학대관련범죄로 벌금형이 확정된 날부터 10년이 지나지 아니한 사람은 어린이집을 설치·운영하거나 어린이집에 근무할 수 없고, 같은 이유로 보육교사 자격이 취소되면 그 취소된 날부터 10년간 자격을 재교부받지 못하도록 한, 영유아보육법 제16조 제8호 후단 중 아동복지법 제17조 제5호를 위반하여 아동복지법 제71조 제1항 제2호로 처벌받은 경우에 관한 부분, 같은 법 제20조 제1호 중 제16조 제8호 후단 가운데 아동복지법 제17조 제5호를 위반하여 아동복지법 제71조 제1항 제2호로 처벌받은 경우에 관한 부분, 같은 법 제48조 제2항 제2호 본문 중 아동복지법 제17조 제5호를 위반하여 아동복지법 제71조 제1항 제2호에 따라 처벌받은 경우에 관한 부분(위 조항들을 모두 합하여 '심판대상조항'이라 한다)이 직업선택의 자유를 침해하는지 여부(적극)

7. 경비업을 전문으로 하는 별개의 법인을 설립하지 않는 한 경비업과 그 밖의 업종을 겸영하지 못하도록 금지하고 있는 경비업법(**위헌** 헌결 2002.4.25. 2001헌마614)

[1] 이 사건 법률조항[저자 주: 경비업법(2001. 4. 7. 법률 제6467호로 전문개정된 것) 제7조 제8항, 제19조 제1항 제3호, 부칙 제4조]은 청구인들과 같이 경비업을 경영하고 있는 자들이나 다른 업종을 경영하면서 새로이 경비업에 진출하고자 하는 자들로 하여금 경비업을 전문으로 하는 별개의 법인을 설립하

지 않는 한 경비업과 그밖의 업종간에 택일하도록 법으로 강제하고 있다. 이와 같이 당사자의 능력이나 자격과 상관없는 <객관적 사유>에 의한 제한은 월등하게 중요한 공익을 위하여 명백하고 확실한 위험을 방지하기 위한 경우에만 정당화될 수 있고, 따라서 헌법재판소가 이 사건을 심사함에 있어서는 헌법 제37조 제2항이 요구하는바 과잉금지의 원칙, 즉 <엄격한 비례>의 원칙이 그 심사척도가 된다.

[2] 이 사건 법률조항은 과잉금지원칙을 준수하지 못하고 있다. (1) 목적의 정당성 : 비전문적인 영세경비업체의 난립을 막고 전문경비업체를 양성하며, 경비원의 자질을 높이고 무자격자를 차단하여 불법적인 노사분규 개입을 막고자 하는 입법목적 자체는 정당하다고 보여진다. (2) 방법의 적절성 : 먼저 "경비업체의 전문화"라는 관점에서 보면, 현대의 첨단기술을 바탕으로 한 소위 디지털시대에 있어서 경비업은 단순한 경비자체만으로는 '전문화'를 이룰 수 없고 오히려 경비장비의 제조·설비·판매업이나 네트워크를 통한 정보산업, 시설물 유지관리, 나아가 경비원교육업 등을 포함하는 '토탈서비스(total service)'를 절실히 요구하고 있는 추세이므로, 이 법에서 규정하고 있는 좁은 의미의 경비업만을 영위하도록 법에서 강제하는 수단으로는 오히려 영세한 경비업체의 난립을 방치하는 역효과를 가져올 수도 있다. 또한 "경비원의 자질을 높이고 무자격자를 차단하여 불법적인 노사분규 개입을 방지하고자" 하는 점도, 경비원교육을 강화하거나 자격요건이나 보수 등 근무여건의 향상을 통하여 그 목적을 효과적이고 적절하게 달성할 수 있을지언정 경비업체로 하여금 일체의 겸영을 금지하는 것이 적절한 방법이라고는 볼 수 없다. (3) 피해의 최소성 : 이 사건 법률조항은 그 입법목적 중 경비업체의 전문화 추구라는 목적달성을 위하여 효과적이거나 적절하지 아니하고 오히려 그 반대의 결과를 가져올 수 있다는 점은 앞에서 본 바와 같고, 다른 입법목적인 경비원의 자질향상과 같은 공익은 이 법의 다른 조항에 의하여도 충분히 달성할 수 있음에도 불구하고 노사분규 개입을 예방한다는 이유로 경비업자의 겸영을 일체 금지하는 접근은 기본권침해의 최소성 원칙에 어긋나는 과도하고 무리한 방법이다. (4) 법익의 균형성 : <중략> 이상과 같이 이 사건 법률조항은 과잉금지원칙을 위배하여 청구인들의 직업의 자유를 침해하는 위헌의 법률이라고 보는 이상, 직업의 자유에 대한 제한의 반사적 효과이거나 직업의 자유의 침해 여부에 포섭하여 논의될 수 있는 재산권이나 평등권의 침해 여부에 대하여는 따로 판단하지 아니한다.

8. 행정사 자격시험의 실시 여부를 시·도지사의 재량사항으로 한 것(위헌 헌결 2010.4.29. 2007헌마910)

[1] 이 사건 조항[저자 주: 행정사법 시행령(2008. 2. 29. 대통령령 제20741호로 일부 개정된 것) 제4조 제3항 중 '행정사의 수급상황을 조사하여 행정사 자격시험의 실시가 필요하다고 인정하는 때 시험실시계획을 수립하도록 한 부분']은 행정사 자격시험의 과목·방법 기타 시험에 관하여 필요한 사항은 대통령령으로 정하도록 한 행정사법 제5조 제2항의 위임을 받아 제정된 것인데, <u>이 사건 조항이 시·도지사가 관할구역 내의 행정사의 수급상황을 조사하여 시험실시의 필요성을 검토한 후 시험의 실시가 필요하다고 인정하는 때에 시험실시계획을 수립하도록 한 것이 위와 같은 모법의 위임범위를 넘는 내용을 규정한 것으로 기본권제한에 관한 법률유보원칙을 위반하여 직업선택의 자유를 침해하는지 여부가 문제된다.</u>

[2] 행정사법 제4조에서 행정사 자격시험에 합격한 자에게 행정사의 자격을 인정하는 것은 <u>행정사 자격시험이 합리적인 방법으로 반드시 실시되어야 함을 전제로 하는</u> 것이고, 따라서 행정사법 제5조 제2항이 대통령령으로 정하도록 위임한 이른바 "행정사의 자격시험의 과목·방법 기타 시험에 관하여 필요한 사항"이란 시험과목·합격기준·시험실시방법·시험실시시기·실시횟수 등 시험실시에 관한 구체적인 방법과 절차를 말하는 것이지 시험의 실시여부까지도 대통령령으로 정하라는 뜻은 아니다. <중략> 그렇다면 이 사건 조항은 모법으로부터 위임받지 아니한 사항을 하위법규에서 기본권 제한 사유로 설정하고 있는 것이므로 위임입법의 한계를 일탈하고, 법률상 근거 없이 기본권을 제한하여 법률유보원칙에 위반하여 청구인의 <u>직업선택의 자유를 침해한다.</u>

심화학습

1. **구 아동·청소년의 성보호에 관한 법률 제44조 제1항 등 위헌확인 등**(위헌 헌결 2016. 3.31. 2013헌마585)

[판시사항]
1. 구 '아동·청소년의 성보호에 관한 법률'(2012. 2. 1. 법률 제11287호로 개정되고, 2012. 12. 18. 법률 제11572호로 전부개정되기 전의 것) 제44조 제1항 제13호 중 '성인대상 성범죄로 형을 선고받아 확정된 자'에 관한 부분, '아동·청소년의 성보호에 관한 법률'(2012. 12. 18. 법률 제11572호로 전부개정된 것, 이하 구법과

신법을 모두 '청소년성보호법'이라 한다) 제56조 제1항 제12호 중 '성인대상 성범죄로 형을 선고받아 확정된 자'에 관한 부분(이하 위 두 조항을 합하여 '이 사건 법률조항'이라 한다)에서 "성인대상 성범죄" 부분이 명확성원칙에 위배되는지 여부(소극)

2. 성인대상 성범죄로 형을 선고받아 확정된 자로 하여금 그 형의 집행을 종료한 날부터 10년 동안 의료기관을 개설하거나 의료기관에 취업할 수 없도록 한 이 사건 법률조항이 청구인들의 직업선택의 자유를 침해하는지 여부(적극)

3. 위 취업제한제도를 법 시행 후 형이 확정된 자부터 적용하도록 하는 '아동·청소년의 성보호에 관한 법률' 부칙(2012. 2. 1. 법률 제11287호) 제3조(이하 '이 사건 부칙조항'이라 한다)가 청구인들의 기본권을 침해하는지 여부(소극)

[결정요지]

1. "성인대상 성범죄"는 그 문언에 비추어 성인 피해자를 범죄대상으로 한 성에 관련된 범죄로서 타인의 성적 자기결정권을 침해하여 가해지는 위법행위 혹은 성인이 연루되어 있는 사회의 건전한 성풍속을 침해하는 위법행위를 일컫는 것으로 보이고, 이러한 범죄들 중에서도 이 사건 법률조항의 입법목적에 비추어, 의료기관 취업을 제한할 필요가 있는 범죄로 해석된다. 또한, 청소년성보호법에 이미 규정된 "아동·청소년대상 성범죄"의 내용들을 살펴봄으로써 "성인대상 성범죄"의 내용도 "아동·청소년대상 성범죄"와 유사하게 규율될 것임을 어느 정도 예상할 수 있고, 성범죄를 예방하고 피해자를 보호한다는 측면에서 청소년성보호법과 긴밀한 법적 연관성이 있는 '성폭력범죄의 처벌 등에 관한 특례법'의 내용들도 "성인대상 성범죄"의 내용을 파악하는 데에 도움이 된다. 이상의 내용을 종합하면 "성인대상 성범죄" 부분은 불명확하다고 볼 수 없어 헌법상 명확성원칙에 위배되지 않는다.

2. 이 사건 법률조항은 의료기관의 운영자나 종사자의 자질을 일정 수준으로 담보하도록 함으로써, 아동·청소년을 잠재적 성범죄로부터 보호하고, 의료기관의 윤리성과 신뢰성을 높여 아동·청소년 및 그 보호자가 이들 기관을 믿고 이용할 수 있도록 하는 입법목적을 지니는바 이러한 입법목적은 정당하다. 성범죄로 형을 선고받아 확정된 자에 대하여 일정기간 의료기관에 취업할 수 없도록 하는 것은 위와 같은 입법목적을 달성할 수 있는 하나의 방안이 될 수 있으므로, 수단의 적합성도 인정된다. 그러나 이 사건 법률조항이 성범죄 전력만으로 그가 장래에 동일한 유형의 범죄를 다시 저지를 것을 당연시하고, 형의

집행이 종료된 때부터 10년이 경과하기 전에는 결코 재범의 위험성이 소멸하지 않는다고 보며, 각 행위의 죄질에 따른 상이한 제재의 필요성을 간과함으로써, 성범죄 전력자 중 재범의 위험성이 없는 자, 성범죄 전력이 있지만 10년의 기간 안에 재범의 위험성이 해소될 수 있는 자, 범행의 정도가 가볍고 재범의 위험성이 상대적으로 크지 않은 자에게까지 <u>10년 동안 일률적인 취업제한을 부과하고 있는 것</u>은 침해의 최소성 원칙과 법익의 균형성 원칙에 위배된다. 따라서 <u>이 사건 법률조항은 청구인들의 직업선택의 자유를 침해한다.</u>

3. 이 사건 부칙조항은 의료인의 취업제한제도가 시행된 후 형이 확정된 자부터 적용되도록 규정하였는데, 취업제한은 형벌이 아니므로 헌법 제13조 제1항 전단의 형벌불소급원칙이 적용되지 않는다. 성범죄자의 재범의 위험성에 효과적으로 대처하기 위해서는 법 시행 이전에 이미 범죄를 행한 자라 하더라도 그가 위 법 시행 이후에 형을 선고받아 확정된 자라면 장래의 위험성을 고려하여 취업제한의 제재를 가할 필요성이 인정되고, 이 사건 부칙조항은 성범죄를 범한 모든 사람에게 취업제한을 소급적으로 적용하는 것이 아니라 그들 중에서도 법 시행 이후 형을 선고받아 확정된 자로 그 대상자를 한정하고 있으며, 취업제한제도의 실효성을 위해 취업제한의 대상자가 되는지 여부는 취업제한의 제약을 받는 시점을 기준으로 판단할 필요가 있고, 공익 달성을 위해 현재 시행 중인 제도들이 충분하지 못하다고 판단될 경우에는 추가적인 조치들이 다시 도입될 수 있다는 점에서 <u>이 사건 부칙조항이 과도하게 기본권을 제약한다고 보기 어렵다.</u>

2. 세무사법 제6조 등 위헌제청(헌불) 헌결 2018.4.26. 2015헌가19)

[판시사항]

세무사 자격 보유 변호사로 하여금 세무사로서 세무사의 업무를 할 수 없도록 규정한 세무사법(2013. 1. 1. 법률 제11610호로 개정된 것) 제6조 제1항 및 세무사법(2009. 1. 30. 법률 제9348호로 개정된 것) 제20조 제1항 본문 중 변호사에 관한 부분(이하 위 두 조항을 합하여 '심판대상조항'이라 한다)이 세무사 자격 보유 변호사의 직업선택의 자유를 침해하는지 여부(적극)

[결정요지]

세무대리의 전문성을 확보하고 부실 세무대리를 방지함으로써 납세자의 권익을 보호하고 세무행정의 원활한 수행 및 납세의무의 적정한 이행을 도모하려는 심판대상조항의 입법목적은 일응 수긍할 수 있다. 그러나 세무사의 업무에는 세법 및 관련 법령에 대한 전문 지식과 법률에 대한 해석·적용능력이 필수적으로 요구되는 업무가 포함되어 있다. 세법 및 관련 법령에 대한 해석·적용에 있어서는 세무사나 공인회계사보다 변호사에게 오히려 전문성과 능력이 인정됨에도 불구하고, 심판대상조항은 세무사 자격 보유 변호사로 하여금 세무대리를 일체 할 수 없도록 전면적으로 금지하고 있으므로, 수단의 적합성을 인정할 수 없다. 세무사 자격 보유 변호사는 법률에 의해 세무사의 자격을 부여받은 이상 그 자격에 따른 업무를 수행할 자유를 회복한 것이고, 세무사의 업무 중 세법 및 관련 법령에 대한 해석·적용이 필요한 업무에 대한 전문성과 능력이 인정됨에도 불구하고, 심판대상조항이 세무사 자격 보유 변호사에 대하여 세무사로서의 세무대리를 일체 할 수 없도록 전면 금지하는 것은 세무사 자격 부여의 의미를 상실시키는 것일 뿐만 아니라, 세무사 자격에 기한 직업선택의 자유를 지나치게 제한하는 것이다. 또한 소비자가 세무사, 공인회계사, 변호사 중 가장 적합한 자격사를 선택할 수 있도록 하는 것이 세무대리의 전문성을 확보하고 납세자의 권익을 보호하고자 하는 입법목적에 보다 부합한다. 따라서 심판대상조항은 침해의 최소성에도 반한다. 세무사로서 세무대리를 일체 할 수 없게 됨으로써 세무사 자격 보유 변호사가 받게 되는 불이익이 심판대상조항으로 달성하려는 공익보다 경미하다고 보기 어려우므로, 심판대상조항은 법익의 균형성도 갖추지 못하였다. 그렇다면, 심판대상조항은 과잉금지원칙을 위반하여 세무사 자격 보유 변호사의 직업선택의 자유를 침해하므로 헌법에 위반된다.

3. 변호사시험에서 코로나19 확진환자의 응시를 금지하고, 자가격리자 및 고위험자의 응시를 제한한 법무부 공고에 관한 사건(인용) 헌결 2023.2.23. 2020헌마1736) ★★★

[판시사항]

1. '제10회 변호사시험 일시·장소 및 응시자준수사항 공고'(법무부공고 제2020-360호) 및 '코로나19 관련 제10회 변호사시험 응시자 유의사항 등 알림' 중 코로나19 확진환자의 응시를 금지하고, 자가격리자 및 고위험자의 응시를 제한한 부분이 청구인들의 직업선택의 자유를 침해하는지 여부(적극)
2. 이에 대하여는 위 각 부분이 법률유보원칙에 위배되어 청구인들의 직업선택의 자유를 침해한다는 재판관 이선애의 별개의견이 있다.

[결정요지]

1. [1] 코로나19 확진환자가 시험장 이외에 의료기관이나 생활치료센터 등 입원치료를 받거나 격리 중인 곳에서 이 사건 변호사시험을 치를 수 있도록 한다면 감염병 확산 방지라는 목적을 동일하게 달성하면서도 확진환자의 시험 응시 기회를 보장할 수 있다. 이미 자가격리자를 위한 별도의 시험장과 감독관 등의 인원이 준비된 이상, 신청기한 이후에 발생한 자가격리자에 대하여 위 별도의 시험장에서 시험에 응시할 수 있도록 하는 것이 불가능하거나 어렵다고 보이지 않고, 그렇게 하더라도 시험의 운영이나 관리에 심각한 문제가 발생할 것이라고 단정할 수 없다. <u>그럼에도 불구하고 시험 운영 및 관리의 편의만을 이유로 신청기한 이후에 자가격리 통보를 받은 사람의 응시 기회를 박탈하는 것은 정당화되기 어렵다.</u>

[2] 피청구인은 시험장 출입 시나 시험 중에 발열이나 호흡기 증상이 발현된 사람을 일반 시험실과 분리된 예비 시험실에서 시험에 응시할 수 있도록 하고 있으므로 이를 통해 감염병 확산 방지의 목적을 충분히 달성할 수 있다. 또한 감염병 증상이 악화된 응시자는 본인의 의사에 따라 시험을 중단하거나 의료기관 이송을 요청할 수 있는데, 이처럼 응시자의 의사에 따라 응시 여부를 판단할 수 있게 하더라도 시험의 운영이나 관리에 심각한 지장이 초래될 것이라고 보기 어렵다. 시험장 개수가 기존 전국 9개에서 25개로 확대됨으로써 응시자들이 분산되고, 시험장 내에서 마스크를 착용하게 함으로써 대화 등 비말이 전파될 가능성을 최소화할 수 있었으며, 감염 전파의 위험이 있는 자가격리자나 유증상자는 별도의 장소에서 시험에 응시하도록 하는 등 시험장에서의 감염위험을 예방하기 위한 각종 장치가 마련된 사정을 고려할 때, 피청구인으로서는 시험 중에 확진환자가 발생하더라도 그 수가 통제 가능한 범위 내에 머물 수 있는 가능성을 고려하여 청구인들을 비롯한 응시자들의 시험 응시 제한을 최소화하는 방법을 택하여야 할 것이다. <u>감염병의 유행은 일률적이고 광범위한 기본권 제한을 허용하는 면죄부가 될 수 없고, 감염병의 확산으로 인하여 의료자원이 부족할 수도 있다는 막연한 우려를 이유로 확진환자 등의 시험 응시를 일률적으로 금지하는 것은 청구인들의 기본권을 과도하게 제한한 것이라고 볼 수밖에 없다.</u> 변호사시험은 법학전문대학원의 석사학위를 취득한 달의 말일부터 5년 내에만 응시할 수 있고 질병 등으로 인한 예외가 인정되지 않는데, 이 사건 응시제한으로 인해 확진환자 등은 적어도 1년간 변호사시험에 응시조차 할 수 없게 되므로 그에 따라 입게 되는 불이익은 매우 중대하다.

그러므로 이 사건 응시제한은 과잉금지원칙을 위반하여 청구인들의 직업선택의 자유를 침해한다.

2. 이 사건 응시제한은 법률유보원칙에 위배되어 청구인들의 직업선택의 자유를 침해한다.

[관련사건 - 2021헌마48] 한편, 헌법재판소는 같은 날 선고된 2021헌마48 결정에서 중등교사 임용시험에서 코로나19 확진자의 응시를 금지하고 자가격리자 및 접촉자의 응시를 제한한 강원도교육청 공고에 대한 청구인들의 심판청구가 모두 부적법하다고 판단하였다. 위 사건은 시험 시행 전에 확진자의 응시를 허용하는 것으로 교육부 등의 지침이 변경되었고, 피청구인인 강원도 교육감도 변경 안내를 통해 위 금지조치를 철회하였으며, 위 공고의 해석에 의할 때 자가격리자 및 접촉자에 대하여는 응시가 허용되었다는 점에서 이 사건과 결론을 달리하게 된 것이다.

III. 재산권의 보장

제23조 ① 모든 국민의 재산권은 보장된다. 그 내용과 한계는 법률로 정한다.
② 재산권의 행사는 공공복리에 적합하도록 하여야 한다.
③ 공공필요에 의한 재산권의 수용·사용 또는 제한 및 그에 대한 보상은 법률로써 하되, 정당한 보상을 지급하여야 한다.

1. 의의

(1) 개념: 재산의 존속을 보호하고 재산에 대한 자유로운 사용, 수익, 처분 및 상속을 허용하는 것. 자유권설 vs 권리제도동시보장설(헌결 92헌가15)

(2) 재산권의 주체: 모든 국민과 법인, 외국인

| 헌결 | 대판 |

1. 헌법 제23조 제1항의 재산권보장에 의하여 보호되는 재산권은 사적유용성 및 그에 대한 원칙적 처분권을 내포하는 재산가치 있는 구체적 권리이다. 그러므로 구체적인 권리가 아닌, 단순한 이익이나 재화의 획득에 관한 기회 등은 재산권보장의 대상이 아니다(헌결 1996.8.29. 95헌바36).
2. 헌법은 제23조에서 "재산권"을 보장하고 있고 '재산권의 구체적 내용은 법률

로써 정한다'고 함으로써, 입법자에 의하여 구체적으로 형성된 재산권만이 원칙적으로 헌법적으로 보호를 받는다는 것을 밝히고 있다. 이 사건의 경우, 이 사건 법률조항에 의하여 구체적 재산권적 지위의 사용·수익·처분 등이 제한을 받는 것이 아니라, 단지 임원과 과점주주의 재산의 감소를 가져올 뿐이다. <u>결과적으로 재산감소의 효과가 있다고 하여 이를 곧 재산권에 대한 제한으로 볼 수 있는 것은 아니나, 헌법재판소는 종래 다수의 결정에서 재산권의 보호범위를 폭넓게 파악하여 '재산 그 자체'도 재산권보장의 보호대상으로 판단하였고, 구체적 재산권적 지위에 대한 제한이 존재하지 않음에도 헌법 제23조의 재산권을 법률의 위헌성을 심사하는 기준으로 삼아 왔으므로</u>, 이 사건의 경우 재산권도 제한된 기본권으로 간주된다(헌결 2002.8.29. 2000헌가5).

3. 헌법 제23조 제1항은 "모든 국민의 재산권은 보장된다. 그 내용과 한계는 법률로 정한다."고 규정한다. 우리 헌법이 보장하고 있는 재산권은 경제적 가치가 있는 모든 공법상·사법상의 권리를 뜻한다. 법 제6조 내지 구법 제5조 제3항은 <u>군법무관의 보수</u>를 법관, 검사의 예에 의할 것이라고 규정하고 다만 그 구체적 내용을 시행령에 위임하고 있다. 이러한 법조항들은 군법무관의 보수의 내용을 법률로써 일차적으로 형성한 것이고, 이 법률들에 의하여 상당한 수준의 보수(급료)청구권이 인정되는 것이라 해석될 여지가 있다. 그렇다면 그러한 <u>보수청구권은 단순한 기대이익을 넘어서는 것으로서 법률의 규정에 의하여 인정된 재산권의 한 내용으로 봄이 상당하다. 따라서 대통령이 정당한 이유 없이 해당 시행령을 만들지 않아 그러한 보수청구권이 보장되지 않고 있다면 이는 재산권의 침해에 해당된다</u>고 볼 것이다[인용(위헌확인); 헌결 2004.2.26. 2001헌마718].

4. [1] 법률에 의하여 구체적으로 형성된 <u>의료보험수급권에 대하여 헌법재판소는 이를 재산권의 보장을 받는 공법상의 권리로서 헌법상의 사회적 기본권의 성격과 재산권의 성격을 아울러 지니고 있다고 보므로</u>, 보험급여를 받을 수 있는 가입자가 만일 이 사건 법률조항의 급여제한 규정에 의하여 보험급여를 받을 수 없게 된다면 이것은 헌법상의 재산권과 사회적 기본권에 대한 제한이 된다. [2] 이 사건 법률조항은 보험급여의 제한 사유인 '범죄행위'에 고의나 중과실에 의한 것 이외에 경과실에 의한 것까지 포함하고 있는바, 고의·중과실을 제외한 경과실범의 경우에는 그 비난가능성이 상대적으로 낮으며 우연히 발생한 경과실에 의한 범죄행위에 기인한 보험사고에 대하여 보험급여를 하는 것이 의료보험의 공공성에 위반된다고 보기 어렵다. 보험재정의 공공성을 유지

하기 위하여 범죄행위에 기인한 보험사고에 대하여 보험급여를 하지 않는 것은 고의범과 중과실범의 경우로 한정하면 충분하므로, 여기에서 더 나아가 경과실범에 의한 보험사고의 경우에까지 의료보험수급권을 부정하는 것은 기본권 제한에 있어서의 최소침해의 원칙에 어긋나며, 나아가 보호되는 공익에 비하여 침해되는 사익이 현저히 커서 법익균형의 원칙에도 어긋나므로 이는 재산권에 대한 과도한 제한으로서 헌법에 위반된다(한정위헌 헌결 2003.12.18. 2002헌바1). ⇒ 구 국민의료보험법(1999. 12. 31. 법률 제6093호로 개정된 국민건강보험법 부칙 제2조에 의하여 2000. 7. 1.자로 폐지되기 전의 것) 제41조 제1항의 "범죄행위"에 고의와 중과실에 의한 범죄행위 이외에 경과실에 의한 범죄행위가 포함되는 것으로 해석하는 한 이는 헌법에 위반된다.

5. 공법상의 재산적 가치있는 지위가 헌법상 재산권의 보호를 받기 위하여는, 우선 입법자에 의하여 수급요건, 수급자의 범위, 수급액 등 구체적인 사항이 법률에 규정됨으로써 구체적인 법적 권리로 형성되어 개인의 주관적 공권의 형태를 갖추어야 한다. 따라서 사회보험법상의 지위는 청구권자에게 구체적인 급여에 대한 법적 권리가 인정되어 있는 경우에 한하여 재산권의 보호대상이 된다. 그러나 이 사건 적립금에 관하여는 법률이 조합의 해산이나 합병시 적립금을 청구할 수 있는 조합원의 권리를 규정하고 있지 않을 뿐만 아니라, 공법상의 권리인 사회보험법상의 권리가 재산권보장의 보호를 받기 위해서는, 법적 지위가 사적 이익을 위하여 유용한 것으로서 권리주체에게 귀속될 수 있는 성질의 것이어야 하는데, 적립금에는 사법상의 재산권과 비교될 만한 최소한의 재산권적 특성이 결여되어 있다. 적립금은 조합원 개인에 귀속되어 사적 이익을 위하여 사용될 수 있는 재산적 가치가 아니라, 의료보험이라는 공적 기능을 보장하고 원활하게 하고자 조성되는 기금이기 때문이다. 따라서 의료보험조합의 적립금은 헌법 제23조에 의하여 보장되는 재산권의 보호대상이라 보기 어렵다(헌결 2000.6.29. 99헌마289).

6. 사망일시금은 애초에 수급자의 생존 확보에 기여하기 위하여 도입된 것이 아니라 가입자 등의 사망으로 인해 소요되는 비용을 일부 지급하여 주는 명목으로 도입된 급여로, 가입자 등과 일정한 인적관계에 있을 것을 요건으로 지급된다. 즉, 사망일시금 수급자는 국민연금 가입자 등의 배우자·자녀·부모·손자녀·조부모·형제자매 또는 4촌 이내 방계혈족인 자로서, 4촌 이내 방계혈족을 제외하고는 이들에 대해 가입자 등의 사망 당시 가입자 등에 의하여 생계를 유지하고 있을 것을 요건으로 하지 않는다. 한편, 사망일시금을 포함한 국민연

> 금의 재원은 가입자와 사용자가 납부하는 보험료를 기반으로 하여 국가가 일부 비용을 부담하여 조성된다. 그렇다면 사망일시금은 수급자의 노동이나 투자, 특별한 희생에 의하여 그 권리를 획득한 것으로 보기 어렵고, 수급자의 생존확보를 위한 제도로 보기도 어렵다. 따라서 사망일시금은 헌법상 재산권에 해당하지 아니하므로, 이 사건 사망일시금 한도 조항이 청구인들의 재산권을 제한한다고 볼 수 없다(헌결 2019.2.28. 2017헌마432).

2. 재산권의 객체

(1) 재산권

개념	사적 유용성 및 그에 대한 원칙적인 처분권을 내포하는 재산가치 있는 구체적인 권리(헌결 95헌바36), 헌법이 보장하고 있는 재산권은 경제적 가치가 있는 모든 공법상·사법상의 권리를 뜻하고, 그 재산가액의 다과를 불문하며, 재산권의 자유로운 처분의 보장까지 포함한 것(헌결 90헌바26), '**재산 그 자체**'를 재산권의 보호영역으로 포함(헌결 2000헌가5)
재산권 인정	토지수용법상의 환매권(헌결 92헌가15), 공특법상의 환매권(헌결 92헌가15), 국가에 대한 구상권(헌결 93헌바21), 환매권이 소멸된 이후의 '환매권'(헌결 99헌바106), 정당한 지목을 등록함으로써 토지소유자가 얻는 이익(헌결 97헌마315), 관행어업권(헌결 97헌바76), 건설업영업권(헌결 2000헌바27), **군인연금법상 퇴역연금수급권**(헌결 2005헌바68), **의료보험법상 의료보험수급권**(헌결 2002헌바1), 상속권(헌결 2013헌바119), 주주권(헌결 2005헌바34), **정리회사 주식**(헌결 2001헌바91), '사업인정고시가 있은 후에 3년 이상 토지가 공익용도로 사용된 경우' 토지소유자에게 인정되는 **수용청구권**(헌결 2004헌바57), 개인택시운송사업면허(헌결 2006헌바85), 군법무관의 보수청구권(헌결 2001헌마718), 유언의 자유(헌결 2007헌바128), '사립학교교직원 연금법'상 퇴직급여 및 퇴직수당을 받을 권리(헌결 2008헌가15), 사학연금법상 연금수급권(헌결 2007헌바113), , 공무원연금법상 퇴직연금수급권(헌결 2010헌바425), 산재보험수급권(헌결 2012헌바382), 건강보험수급권(헌결 2017헌바244), 공기총의 소지허가를 받은 자로 하여금 그 공기총을 일률적으로 허가관청이 지정하는 곳에 보관(헌결 2018헌바400), 「우편법」상 우편물의 지연배달에 따른 손해배상청구권(헌결 2012헌마426)
재산권 부정	국가의 간섭을 받지 아니하고 자유로이 기부행위를 할 수 있는 기회의 보장(헌결 96헌가5), 환매권소멸 후의 '우선매수권'(헌결 97헌마87), 관재공무원의 국유재산을 취득할 수 있는 재산획득의 기회(헌결 96헌마55), 약사의 한약조제권(헌결 97헌바10), 교원의 정년단축으로 기존 교원이 입는 경제적 불이익(헌결 99헌마112), 약사가 약국경영으로 얻을 수 있는 영업이익(헌결 2001헌마700), 상공회의소의 의결권(헌결 2004헌가1), 불법적인 사용의 경우에 인정되는 수용청구권(헌결 2004헌바57), 잠수기어업허가를 받지 못하여 상실된 이익(헌결 2005헌마173), 대일항쟁기강제동

원자지원법에 규정된 위로금(헌결 2010헌마620), 이동전화번호(헌결 2011헌마63), 학교안전공제회가 관리·운용하는 학교안전공제 및 사고예방기금(헌결 2014헌가7), ★ 특수임무수행자로 인정되기 전의 특임자보상법에 의한 보상금수급권(대판 2012두23501)

(2) 공법상 권리

(가) 요건: 사적 유용성+수급자의 상당한 자기기여+수급자의 생존의 확보에 기여+구체적인 사항이 법률에 규정(헌결 99헌마289)

(나) 재산권 인정: 군인연금법상의 연금수급권(헌결 92헌가9), 공무원 퇴직급여금(헌결 94헌바27), 유공자의 보상금수급권(헌결 91헌마50), 공무원의 연금수급권(헌결 97헌마333), **개인택시면허**(헌결 2010헌마443), **공무원연금법상 퇴직연금수급권**(헌결 2010헌바425)

(다) 재산권 부정: 의료보험조합의 적립금(헌결 99헌마289), **의료급여수급권**(헌결 2007헌마1092), **국민연금법상 사망일시금**(헌결 2017헌마432)

(3) 개인의 재산: '재산 그 자체'를 재산권의 보호영역으로 포함(헌결 2000헌가5)

3. 재산권의 내용과 한계

(1) 의의: 재산권의 대상이 되는 사유재산의 범위를 어떻게 정하며, 어떤 가치에 어떤 권리를 인정할 것인가는 입법자에게 위임

(2) 법률유보: 재산권의 내용과 한계를 정하는 법률은 재산권의 구체적 내용을 형성하는 성격(형성적 유보)

(3) 형성의 원칙: 입법형성은 입법자에게 전적으로 일임되어 있는 것이 아니며, 그 형성에 일정한 한계가 주어짐

| 헌결 | 대판 |

1. 재산권이 헌법 제23조에 의하여 보장된다고 하더라도, 입법자에 의하여 일단 형성된 구체적 권리가 그 형태로 영원히 지속될 것이 보장된다고까지 하는 의미는 아니다. 재산권의 내용과 한계를 정할 입법자의 권한은, 장래에 발생할 사실관계에 적용될 새로운 권리를 형성하고 그 내용을 규정할 권한 뿐만 아니라, 더 나아가 과거의 법에 의하여 취득한 구체적인 법적 지위에 대하여까지도 그 내용을 새로이 형성할 수 있는 권한을 포함하고 있는 것이다. 그러나 이러한 입법자의 권한이 무제한적인 것은 아니다. 이 경우 입법자는 재산권을

새로이 형성하는 것이 구법에 의하여 부여된 구체적인 법적 지위에 대한 침해를 의미한다는 것을 고려하여야 한다. 따라서 재산권의내용을 새로이 형성하는 규정은 비례의 원칙을 기준으로 판단하였을 때 공익에 의하여 정당화되는 경우에만 합헌적이다. 즉, <u>재산권의 내용을 새로이 형성하는 법률이 합헌적이기 위하여서는 장래에 적용될 법률이 헌법에 합치하여야 할 뿐만 아니라, 또한 과거의 법적 상태에 의하여 부여된 구체적 권리에 대한 침해를 정당화하는 이유가 존재하여야 하는 것이다</u>(헌결 1999.4.29. 94헌바37).

2. 재산권이 법질서내에서 인정되고 보호받기 위하여는 입법자에 의한 형성을 필요로 한다. 즉, 재산권은 이를 구체적으로 형성하는 법이 없을 경우에는 재산에 대한 사실상의 지배만 있을 뿐이므로 다른 기본권과는 달리 그 내용이 입법자에 의하여 법률로 구체화됨으로써 비로소 권리다운 모습을 갖추게 된다. 입법자는 재산권의 내용을 구체적으로 형성함에 있어서 헌법상의 재산권 보장(헌법 제23조 제1항 제1문)과 재산권의 제한을 요청하는 공익 등 재산권의 사회적 기속성(헌법 제23조 제2항)을 함께 고려하고 조정하여 양 법익이 조화와 균형을 이루도록 하여야 한다(헌결 1998.12.24. 89헌마214).

4. 재산권의 내용

(1) 사유재산제도: 생산수단의 사유를 허용하는 제도를 말하며, 사유재산권의 전제조건

(2) 사유재산권

(가) 재산권 보장: 사유재산권이란 사유재산제도의 기초 위에서 재화의 소유, 사용, 수익, 처분할 수 있는 권리

(나) 소급입법에 의한 재산권 박탈의 금지

의의	소급적인 재산권박탈을 금지함으로써 재산권에 대한 신뢰를 보호하고 법적 안정을 확보 (§13②)
유형	㉠ **진정소급입법**: 새로운 입법으로 이미 종료된 사실관계 또는 법률관계에 적용. 특단의 사정이 없는 한 헌법적으로 허용되지 않는 것이 **원칙**. 그러나 **예외**적으로 국민이 소급입법을 예상할 수 있었거나, 법적 상태가 불확실하고 혼란스러웠거나 하여 **보호할 만한 신뢰의 이익이 적은 경우**와 소급입법에 의한 **당사자의 손실이 없거나 아주 경미한 경우**, 그리고 신뢰보호의 요청에 우선하는 **심히 중대한 공익상의 사유가 소급입법을 정당화하는 경우**에는 허용될 수○(헌결 97헌바76) ㄴ **부진정소급입법**: 현재 진행 중인 사실관계 또는 법률관계에 적용. **원칙**적으로 허용되

지만 소급효를 요구하는 공익상의 사유와 신뢰보호의 요청 사이의 교량과정에서 신뢰보호의 관점이 입법자의 형성권에 제한(헌결 97헌바76)

| 헌결 | 대판 |

1. 위헌결정의 효력에 의하여 우선변제권을 갖게 된 일정한 범위의 저당권자 등의 권리가 사후법인 개정법률 부칙 제5조의 규정에 의하여 박탈당하게 된 것은 소급입법에 의한 재산권 침해이다(**위헌** 헌결 1993.7.22. 92헌가5).
2. 부당환급 받은 세액을 징수하는 근거규정인 개정조항을 개정된 법 시행 후 최초로 환급세액을 징수하는 분부터 적용하도록 규정한 법인세법 부칙 제9조는 개정조항이 시행되기 전 환급세액을 수령한 부분까지 사후적으로 소급하여 개정된 징수조항을 적용하는 것으로서 이미 완성된 사실·법률관계를 규율하는 진정소급입법에 해당한다. 그런데 법인세를 부당 환급받은 법인은 소급입법을 통하여 이자상당액을 포함한 조세채무를 부담할 것이라고 예상할 수 없었으므로 환급세액과 이자상당액을 법인세로서 납부하지 않을 것이라는 신뢰는 보호할 필요가 있는 점, 개정 전 법인세법 아래에서도 환급세액을 부당이득 반환청구를 통하여 환수할 수 있었으므로 신뢰보호의 요청에 우선하여 진정소급입법을 하여야 할 매우 중대한 공익상 이유가 있다고 볼 수도 없는 점 등을 고려할 때, 위 조항은 헌법 제13조 제2항의 소급과세금지원칙에 위반된다(**위헌** 헌결 2014.7.24. 2012헌바105).

5. 재산권의 한계

(1) 의의: 헌법 제23조 제2항은 재산권의 행사는 공공복리에 적합하도록 하여야 한다고 규정하며 재산권의 사회적 기속, 즉 재산권행사의 공공복리 적합성의 의무를 천명. 재산권의 사회적 기속이란 재산권은 그 내용 및 행사에 있어 사회적 제약이 불가피하다는 것
(2) 법적 성격: 재산권행사의 공공복리적합성의 요구는 재산권에 대한 사회적 기속을 나타낸 것으로 재산권에 대한 헌법적 한계가 되며 입법자에게 부과된 의무의 성격
(3) 사회적 기속의 구현: 재산권의 사회적 기속성은 제23조 제1항의 재산권의 내용과 한계를 정함에 있어 지침과 기준의 역할
(4) 재산권의 내용규정(사회적 기속)과 공용침해와의 관계(제1항 제2문과 제3항)

(가) **경계이론**: 경계이론은 사회적 기속과 공용침해가 상호 별개의 제도가 아니라 재산권에 대한 제한 정도의 차이에 따른 구별에 불과하다는 전제에 서 있는바, 경계이론에 의하면 사회적 기속을 기준하여 이 기속의 범주 내이면 무보상의 사회적 기속으로, 범주를 넘는 것이면 요보상의 공용침해가 된다는 것

(나) **분리이론**: 분리이론이란 사회적 기속과 공용침해는 서로 별개의 제도로서 제한의 정도에 따라 구별되는 것이 아니라는 입장. 경계이론은 사회적 기속과 공용침해를 상호 전환이 가능한 것으로 보지만, 분리이론은 양자를 서로 별개의 제도로 이해

6. 재산권의 제한과 보상

(1) 의의: 헌법은 재산권에 대한 제한을 허용하면서도 이에 대한 정당한 보상을 지급하도록 하여 양자의 조화를 명(§23③)

(2) 제한

개념	재산권의 제한은 공공필요를 목적으로 법률에 의한 정당한 보상하에 가능하다. 헌법 제23조 제3항의 손실보상(가치보장)의 의의는 제1항의 재산권의 존속보장이 침해된 경우 재산권의 가치보장을 통해 재산권을 보장하려는데 있다.
제한 유형	소유권을 강제적으로 취득하거나(수용), 일시적으로 사용하거나(사용), 일정한 제한을 가하는(제한) 형태. 공용수용, 공용사용, 공용제한을 공용침해라 부름. ★ 수용 등의 주체를 국가 등의 공적 기관에 한정× (헌결 2007헌바114)
제한 목적	① 공공필요: 공익사업의 실현을 위해 재산권제한이 불가피하게 요구되는 공익상의 요청. 공용침해는 공공필요에 의해서만 이루어져야 하며, 공공필요에 의한 공용침해에 비례의 원칙이 적용되어야 함. 사인을 위한 공공침해 인정(헌결 2008헌바166). 헌법재판소는 민간개발자에게 관광단지 조성을 위하여 토지수용권을 부여한 관광진흥법(§54④)에 대하여는 공공필요성을 인정하여 합헌(헌결 2011헌바250)으로 결정하였지만, 고급골프장 사업과 같이 공익성이 낮은 사업에 대해서까지 민간개발자에게 수용권한을 부여하는 '지역균형개발 및 지방중소기업 육성에 관한 법률'(지역균형개발법)(§16①)은 위헌으로 잠정적용의 헌법불합치결정(헌결 2011헌바172)을 선고함. ② 공공필요와 헌법 제37조 제2항의 공공복리: 헌법 제23조 제3항의 공공필요도 당연히 제37조 제2항의 한계 내에서만 인정된다는 견해 vs 공공필요를 제37조 제2항의 공공복리의 개념보다 더 넓고 적극적인 개념으로 보는 견해(다수설)가 대립. ★ **헌법재판소는 제23조 제3항의 공공필요를 제37조 제2항의 공공복리보다 좁게 봄**(헌결 2011헌바172)
제한 형식	① 법률: 재산권은 형식적 의미의 법률로 제한○. 헌법 제76조, 제77조의 예외가 있으

나 명령으로는 재산권을 제한할 수×
② 입법수용과 행정수용: 공용침해는 법률로 하는 입법공용침해(입법수용)와 법률에 근거한 행정공용침해(행정수용)가 있는바, 입법수용은 행정수용에 비해 권리보호의 수단이 제한적이기 때문에 재산권제한은 행정수용을 원칙 ★ 헌법재판소는 하천관리의 공익목적을 달성하기 위하여 국가가 제외지(제방으로부터 하심측(河心側)의 토지)를 국유화하였다 하여도 적정한 보상이 수반되는 한 위헌이라고 할 수 없고, 입법적 수용은 법률에 근거하여 일련의 절차를 거쳐 별도의 행정처분에 의하여 이루어지는 소위 행정적 수용과 달리 법률에 의하여 직접 수용이 이루어지는 것이므로 '법률'에 의하여 수용하라는 헌법적 요청을 충족한다고 하였다(헌결 93헌바12).

(3) 보상

(가) 불가분조항: 재산권 제한규정과 이에 대한 보상규정은 서로 분리할 수 없는 관계에 있다는 원칙

(나) 보상

① 완전보상: **정당한 보상**이란 피수용자의 재산가치를 완전하게 보상하는 **완전보상**(헌결 93헌바20). 공용수용으로 생업의 근거를 상실한 자에 대하여 상업용지 또는 상가분양권 등을 공급하는 생활대책은 헌법 제23조 제3항에 규정된 정당한 보상에 포함되는 것이라기 보다는 생활보상의 일환으로서 국가의 정책적인 배려에 의하여 마련된 제도이므로, 그 실시여부는 입법자의 재량○(헌결 2012헌바71)

② 개발이익공제: 토지소유자에게 손실을 보상하면서 형평성 차원에서 공익사업을 통해 얻게 되는 개발이익을 공제하는 것

③ 생활보상: 댐건설과 같은 대규모 공익사업으로 인하여 기존 주거지를 다른 지역으로 이주해야 하는 경우 생활재건조치에 필요한 내용의 보상(예: 이주대책, 정착자금 지원 등)

④ 보상방법: 금전보상을 원칙으로 하나 현물보상도 허용

| 헌결 | 대판 |

1. 헌법 제23조 제3항에서 규정하고 있는 '공공필요'는 "국민의 재산권을 그 의사에 반하여 강제적으로라도 취득해야 할 공익적 필요성"으로서, '공공필요'의 개념은 '공익성'과 '필요성'이라는 요소로 구성되어 있는바, '공익성'의 정도를 판단함에 있어서는 공용수용을 허용하고 있는 개별법의 입법목적, 사업

내용, 사업이 입법목적에 이바지 하는 정도는 물론, 특히 그 사업이 대중을 상대로 하는 영업인 경우에는 그 사업 시설에 대한 대중의 이용·접근가능성도 아울러 고려하여야 한다. 그리고 '필요성'이 인정되기 위해서는 공용수용을 통하여 달성하려는 공익과 그로 인하여 재산권을 침해당하는 사인의 이익 사이의 형량에서 사인의 재산권침해를 정당화할 정도의 공익의 우월성이 인정되어야 하며, 사업시행자가 사인인 경우에는 그 사업 시행으로 획득할 수 있는 공익이 현저히 해태되지 않도록 보장하는 제도적 규율도 갖추어져 있어야 한다. <중략> 따라서 이 사건 법률조항[저자 주: 행정기관이 개발촉진지구 지역개발사업으로 실시계획을 승인하고 이를 고시하기만 하면 고급골프장 사업과 같이 공익성이 낮은 사업에 대해서까지도 시행자인 민간개발자에게 수용권한을 부여하는 구 '지역균형개발 및 지방중소기업 육성에 관한 법률'(2005. 11. 8. 법률 제7695호로 개정되고, 2011. 5. 30. 법률 제10762호로 개정되기 전의 것) 제19조 제1항의 '시행자' 부분 중 '제16조 제1항 제4호'에 관한 부분]은 공익적 필요성이 인정되기 어려운 민간개발자의 지구개발사업을 위해서까지 공공수용이 허용될 수 있는 가능성을 열어두고 있어 헌법 제23조 제3항에 위반된다(〔헌불〕 헌결 2014.10.30. 2011헌바129).

2. "입법적" 수용은 법률에 근거하여 일련의 절차를 거쳐 별도의 행정처분에 의하여 이루어지는 소위 "행정적" 수용과 달리 법률에 의하여 직접 수용이 이루어지는 것이므로 "법률"에 의하여 수용하라는 헌법적 요청을 충족한다(헌결 1998.3.26. 93헌바12).

3. '생업의 근거를 상실하게 된 자에 대하여 일정 규모의 상업용지 또는 상가분양권 등을 공급하는' 생활대책은 헌법 제23조 제3항에 규정된 정당한 보상에 포함되는 것이라기보다는 생활보상의 일환으로서 국가의 정책적인 배려에 의하여 마련된 제도이므로, 그 실시 여부는 입법자의 입법정책적 재량의 영역에 속한다. 이 사건 법률조항[저자 주: 구 '공익사업을 위한 토지 등의 취득 및 보상에 관한 법률'(2008. 2. 29. 법률 제8852호로 개정되고, 2011. 8. 4. 법률 제11017호로 개정되기 전의 것) 제78조 제6항]이 공익사업의 시행으로 인하여 농업 등을 계속할 수 없게 되어 이주하는 농민 등에 대한 생활대책 수립의무를 규정하고 있지 않다는 것만으로 재산권을 침해한다고 볼 수 없다(헌결 2013.7.25. 2012헌바71).

4. 이주대책은 헌법 제23조 제3항에 규정된 정당한 보상에 포함되는 것이라기보다는 이에 부가하여 이주자들에게 종전의 생활상태를 회복시키기 위한 생활보상의 일환으로서 국가의 정책적인 배려에 의하여 마련된 제도라고 볼 것이

다. 따라서 이주대책의 실시 여부는 입법자의 입법정책적 재량의 영역에 속하므로 공익사업을위한토지등의취득및보상에관한법률시행령 제40조 제3항 제3호(이하 '이 사건 조항'이라 한다)가 이주대책의 대상자에서 세입자를 제외하고 있는 것이 세입자의 재산권을 침해하는 것이라 볼 수 없다(헌결 2006.2.23. 2004헌마19).

7. 재산권의 제한의 한계

(1) 의의: 재산권을 제한하는 경우에도 일정한 한계가 있고(§37②), 재산권 제한 역시 과잉금지원칙에 위배되지 않아야 함

(2) 판례

① 재산권에 대한 본질적 내용을 침해하는 것으로 위헌: 상속제도를 전면적으로 부정하거나, 재산권의 본질적 부분을 유명무실하게 할 정도의 제한이거나, 소급하여 재산권을 박탈하는 것

② 기타: 임대차 존속기간을 20년으로 제한하고 있는 민법 제651조 제1항을 헌법에 위반(위헌 헌결 2011헌바234)된다고 하였고, 고의로 문화재를 은닉한 것을 처벌하는 것은 재산권침해로 볼 수 없으나, **선의취득 등 사법상 보유권한의 취득 후에 도굴 등이 된 정을 알게 된 경우까지 문화재보호법위반으로 처벌하는 것은 재산권침해**이며, 문화재의 보유, 보관, 은닉하는 행위태양이 다양한데, 구체적 행위 태양이나 적법한 보유권한의 유무 등에 관계없이 모든 문화재에 대한 필요적 몰수형은 헌법에 위배○(위헌 헌결 2003헌마377)

| 헌결 | 대판 | **재산권의 침해를 인정**

1. 택지소유상한에 관한 법률 제2조 제1호 나목 등 위헌소원(위헌 헌결 1999.4.29. 94헌바37)

   [1] 재산권은 개인이 각자의 인생관과 능력에 따라 자신의 생활을 형성하도록 물질적·경제적 조건을 보장해 주는 기능을 하는 것으로서, 재산권의 보장은 자유실현의 물질적 바탕을 의미하고, 특히 택지는 인간의 존엄과 가치를 가진 개인의 주거로서, 그의 행복을 추구할 권리와 쾌적한 주거생활을 할 권리를 실현하는 장소로 사용되는 것이라는 점을 고려할 때, 소유상한을 지나치게 낮게 책정하는 것은 개인의 자유실현의 범위를 지나치게 제한하는 것이라고 할 것인데, 소유목적이나 택지의 기능에 따른 예외를 전혀 인정하지 아니한 채

일률적으로 200평으로 소유상한을 제한함으로써, 어떠한 경우에도, 어느 누구라도, 200평을 초과하는 택지를 취득할 수 없게 한 것은, 적정한 택지공급이라고 하는 입법목적을 달성하기 위하여 필요한 정도를 넘는 과도한 제한으로서, <u>헌법상의 재산권을 과도하게 침해하는 위헌적인 규정이다.</u> ⇒ 특별시·광역시에 있어서 택지의 소유상한을 200평으로 정한 것이 과잉금지원칙에 어긋나는지 여부(적극)

[2] 부담금 납부의무자가 건설교통부장관에게 매수청구를 한 이후 실제로 매수가 이루어질 때까지의 기간 동안에도 부담금을 납부하여야 하도록 하는 것은 입법목적을 달성하기 위하여 필요한 수단의 범위를 넘는 과잉조치로서, <u>최소침해성의 원칙에 위반되어 재산권을 과도하게 침해하는 것이다.</u> ⇒ 매수청구 후에도 부담금을 부과하는 것이 과잉금지원칙에 위반되는지 여부(적극)

2. 상속인이 상속개시 있음을 안 날로부터 3월 내에 한정승인이나 포기를 하지 아니한 때에는 단순승인을 한 것으로 보는 민법 제1026조 제2호(헌불) 헌결 1998.8.27. 96헌가22)

3. 도시계획시설의 지정으로 말미암아 당해 토지의 이용가능성이 배제되거나 또는 토지소유자가 토지를 종래 허용된 용도대로도 사용할 수 없기 때문에 이로 말미암아 현저한 재산적 손실이 발생하는 경우, 토지소유자로 하여금 10년 이상을 아무런 보상 없이 수인하도록 하는 것(헌불) 헌결 1999.10.21. 97헌바26) ★
   동지 개발제한구역(이른바 그린벨트) 지정으로 인한 토지재산권 제한을 규정한 도시계획법 조항(헌불) 헌결 1998.12.24. 89헌마214)

4. 상속회복청구권의 행사기간을 상속 개시일로부터 10년으로 제한한 민법조항(위헌) 헌결 2001.7.19. 99헌바9)

   상속회복청구권은 사망으로 인하여 포괄적인 권리의무의 승계가 이루어지는 상속에 즈음하여 참칭상속인에 의하여 진정상속인의 상속권이 침해되는 때가 적지 않음을 고려하여 진정상속인으로 하여금 참칭상속인을 배제하고 상속권의 내용을 실현할 수 있게 함으로써 진정상속인을 보호하기 위한 권리인바, 상속회복청구권에 대하여 상속 개시일부터 10년이라는 단기의 행사기간을 규정함으로 인하여, 위 기간이 경과된 후에는 진정한 상속인은 상속인으로서의 지위와 함께 상속에 의하여 승계한 개개의 권리의무도 총괄적으로 상실하여 참칭상속인을 상대로 재판상 그 권리를 주장할 수 없고, 오히려 그 반사적 효과로서 참칭상속인의 지위는 확정되어 참칭상속인이 상속개시의 시점으로부터 소급하여 상속인으로서의 지위를 취득하게 되므로, 이는 진정상속인의 권리를 심히 제한하여 오히려 참칭상속인을 보호하는 규정으로 기능하고 있는 것이라 할 것이어서, 기본권 제한의 한계를 넘어 헌법상 보장된 상속인의 재산권, 행복추구권, 재판청구권 등을 침해하고 평등원칙에 위배된다. ⇒ 민법 제999조 제2항 및 구 민법(1990. 1. 13. 법률 제4199호로 개정되기 전의 것) 제999조에 의하여 준용되는 제982조 제2항 중 상속회복청구권의 행사기간을 상속 개시일로부터 10년으로 제한한 것이 재산권, 행복추구권, 재판청구권 등을 침해하고 평등원칙에 위배되는지 여부(적극)

★ 비교 상속회복청구권의 행사기간을 상속권의 침해를 안 날부터 3년, 상속권의 침해행위가 있은 날부터 10년으로 제한하고 있는 민법 제999조 제2항(헌결 2009. 9.24. 2008헌바2)

5. 사립학교 교원 또는 사립학교 교원이었던 자가 재직 중의 사유로 금고 이상의 형을 받은 때에는 대통령령이 정하는 바에 의하여 퇴직급여 및 퇴직수당의 일부를 감액하여 지급하도록 한 조항(헌불) 헌결 2010.7.29. 2008헌가15) ★
재직 중의 사유로 금고 이상의 형을 선고받아 처벌받음으로써 기본적 죗값을 받은 사립학교 교원에게 다시 당연퇴직이란 사립학교 교원의 신분상실의 치명적인 법익박탈을 가하고 이로부터 더 나아가 다른 특별한 사정도 없이 직무관련 범죄 여부, 고의 또는 과실범 여부 등을 묻지 않고 퇴직급여와 퇴직수당을 일률적으로 감액하는 것은 사립학교 교원의 범죄를 예방하고 사립학교 교원이 재직중 성실히 근무하고 직무상 의무를 위반하지 않도록 유도한다는 이 사건 법률조항의 입법목적을 달성하는 데 적합한 수단이라고 볼 수 없고, 과도한 재산권의 제한으로서 심히 부당하며 침해되는 사익에 비해 지나치게 공익만을 강조한 것이다. 나아가 이 사건 법률조항은 퇴직급여에 있어서는 국민연금법상의 사업장가입자에 비하여, 퇴직수당에 있어서는 근로기준법상의 근로자에 비하여 각각 차별대우를 하고 있는데 그 차별에 합리적인 근거를 인정하기 어렵다. 따라서 이 사건 법률조항은 헌법상 재산권을 침해하고 평등의 원칙에 위배된다.

6. 배우자 상속공제를 인정받기 위한 요건으로 배우자상속재산기한 등까지 배우자의 상속재산을 분할하여 신고할 것을 요하고 있는 것(헌불) 헌결 2012. 5.31. 2009헌바190)
이 사건 법률조항은 피상속인의 배우자가 상속공제를 받은 후에 상속재산을 상속인들에게 이전하는 방법으로 부의 무상이전을 시도하는 것을 방지하고 상속세에 대한 조세법률관계를 조기에 확정하기 위한 정당한 입법목적을 가진 것이나, 상속재산분할심판과 같이 상속에 대한 실체적 분쟁이 계속 중이어서 법정기한 내에 재산분할을 마치기 어려운 부득이한 사정이 있는 경우, 후발적 경정청구 등에 의해 그러한 심판의 결과를 상속세 산정에 추후 반영할 길을 열어두지도 않은 채, 위 기한이 경과하면 일률적으로 배우자 상속공제를 부인함으로써 비례원칙에 위배되어 청구인들의 재산권을 침해하고, 나아가 소송계속 등 부득이한 사유로 법정기한 내에 상속분할을 마치지 못한 상속인들을 그렇지 아니한 자와 동일하게 취급하는 것으로서 그 차별의 합리성이 없으므로 청구인들의 평등권을 침해한다. ⇒ 배우자 상속공제를 인정받기 위한 요건으로 배우자상속재산기한 등까지 배우자의 상속재산을 분할하여 신고할 것을 요하고 있는 구 상속세 및 증여세법(2002. 12. 18. 법률 제6780호로 개정되고, 2010. 1. 1. 법률 제9916호로 개정되기 전의 것) 제19조 제2항(이하 '이 사건 법률조항'이라 한다)이 상속인들의 재산권과 평등권을 침해하는지 여부(적극)

7. 행정기관이 개발촉진지구 지역개발사업으로 실시계획을 승인하고 이를 고시하기만 하면 고급골프장 사업과 같이 공익성이 낮은 사업에 대해서까지도 시행자인 민간개발자에게 수용권한을 부여하는 법률조항은 헌법 제23조 제3항에 위배(헌불) 헌결 2014.1.30. 2011헌바172)

8. 별거나 가출 등으로 실질적인 혼인관계가 존재하지 아니하여 연금 형성에 기여가 없는 이혼배우자에 대해서까지 법률혼 기간을 기준으로 분할연금 수급권을 인정하는 국민연금법 제64조 제1항(헌불) 헌결 2016.12.29. 2015헌바182)
분할연금제도는 재산권적인 성격과 사회보장적 성격을 함께 가진다. 분할연금제도의 재산권적 성격은 노령연금 수급권도 혼인생활 중에 협력하여 이룬 부부의 공동재산이므로 이혼 후에는 그 기여분에 해당하는 몫을 분할하여야 한다는 것이고, 여기서 노령연금 수급권 형성에 대한 기여란 부부공동생활 중에 역할분담의 차원에서 이루어지는 가사·육아 등을 의미하므로, 분할연금은 국민연금 가입기간 중 실질적인 혼인 기간을 고려하여 산정하여야 한다. 따라서 법률혼 관계를 유지하고 있었다고 하더라도 실질적인 혼인관계가 해소되어 노령연금 수급권의 형성에 아무런 기여가 없었다면 그 기간에 대하여는 노령연금의 분할을 청구할 전제를 갖추었다고 볼 수 없다. 그럼에도 불구하고 심판대상조항은 법률혼 관계에 있었지만 별거·가출 등으로 실질적인 혼인관계가 존재하지 않았던 기간을 일률적으로 혼인 기간에 포함시켜 분할연금을 산정하도록 하고 있는바, 이는 분할연금제도의 재산권적 성격을 몰각시키는 것으로서 그 입법형성권의 재량을 벗어났다고 보아야 한다. 2015. 12. 29. 개정된 국민연금법은 제64조의2를 신설하여 민법상 재산분할청구제도에 따라 연금의 분할에 관하여 별도로 결정된 경우에는 그에 따르도록 하였다. 그런데, 위 조항이 신설되었다 하더라도 심판대상조항이 유효하다면 노령연금 수급권자로서는 하여금 먼저 재산분할청구권을 행사하여야 자신의 정당한 연금을 확보할 수 있으므로, 위 조항이 신설되었다 하여 심판대상조항의 위헌성이 해소되는 것은 아니다. 따라서 심판대상조항은 재산권을 침해한다.

9. 피청구인은 직접 또는 경제수석비서관을 통하여 대기업 임원 등에게 미르와 케이스포츠에 출연할 것을 요구하였다. 대통령의 재정·경제 분야에 대한 광범위한 권한과 영향력, 비정상적 재단 설립 과정과 운영 상황 등을 종합하여 보면, 피청구인의 요구는 임의적 협력을 기대하는 단순한 의견제시나 권고가 아니라 사실상 구속력 있는 행위라고 보아야 한다. 공권력 개입을 정당화할 수 있는 기준과 요건을 법률로 정하지 않고 대통령의 지위를 이용하여 기업으로 하여금 재단법인에 출연하도록 한 피청구인의 행위는 해당 기업의 재산권 및 기업경영의 자유를 침해한 것이다. 피청구인은 롯데그룹에 최○원의 이권 사업과 관련 있는 하남시 체육시설 건립 사업 지원을 요구하였고, 안○범으로 하여금 사업 진행 상황을 수시로 점검하도록 하였다. 피청구인은 현대자동차그룹에 최○원의 지인이 경영하는 회사와 납품계약을 체결하도록 요구하였고, 주식회사 케이티에는 최○원과 관계있는 인물의 채용과 보직 변경을 요구하였다. 그 밖에도 피청구인은 기업에 스포츠팀 창단 및 더블루케이와의 계약 체결을 요구하였고, 그 과정에서 고위공직자인 안○범이나 김○을 이용하여 영향력을 행사하였다. 피청구인의 이와 같은 일련의 행위들은 기업의 임의적 협력을 기대하는 단순한 의견제시나 권고가 아니라 구속적 성격을 지닌 것으로 평가된다. 아무런 법적 근거 없이 대통령의 지위를 이용하여 기업의 사적 자치 영역에 간섭한 피청구인의 행위는 해당 기업의 재산권 및 기업경영의 자유를 침해한 것이다[인용(파면); 헌결 2017.3.10. 2016헌나1].

10. 심판대상조항은 예비후보자가 후보자로 등록하지 않는 경우 납부한 기탁금을 국가 또는 지방자치단체에 귀속도록 하여, 예비후보자의 무분별한 난립으로 인한 폐단을 방지하고 그 성실성을 담보하기 위한 것으로서, 그 입법목적이 정당하고, 방법의 적정성 또한 인정된다. 정당의 추천을 받고자 공천신청을 하였음에도 정당의 후보자로 추천받지 못한 예비후보자는 소속 정당에 대한 신뢰·소속감 또는 당선가능성 때문에 본선거의 후보자로 등록을 하지 아니할 수 있다. 이를 두고 예비후보자가 처음부터 진정성이 없이 예비후보자 등록을 하였다거나 예비후보자로서 선거운동에서 불성실하다고 단정할 수 없

다. 심판대상조항으로 인해 정당 공천관리위원회의 심사에서 탈락한 예비후 보자가 소속 정당을 탈당하고 본선거의 후보자로 등록한다면 오히려 무분별 한 후보자 난립의 결과가 발생할 수도 있다. 예비후보자가 본선거에서 정당후 보자로 등록하려 하였으나 자신의 의사와 관계없이 정당 공천관리위원회의 심사에서 탈락하여 본선거의 후보자로 등록하지 아니한 것은 후보자 등록을 하지 못할 정도에 이르는 객관적이고 예외적인 사유에 해당한다. 따라서 이러 한 사정이 있는 예비후보자가 납부한 기탁금은 반환되어야 함에도 불구하고, 심판대상조항이 이에 관한 규정을 두지 아니한 것은 입법형성권의 범위를 벗 어난 과도한 제한이라고 할 수 있다. 이러한 예비후보자에게 그가 납부한 기탁 금을 반환한다고 하여 예비후보자의 성실성과 책임성을 담보하는 공익이 크게 훼손된다고 할 수 없으므로, 그 공익은 심판대상조항이 이러한 예비후보자에게 기탁금을 반환하지 아니하도록 함으로써 그가 입게 되는 기본권 침해의 불이익 보다 크다고 단정할 수 없다. 그러므로 심판대상조항은 과잉금지원칙에 반하 여 청구인의 재산권을 침해한다(헌불 헌결 2018.1.25. 2016헌마541). ⇒ 지역구 국회의원선거예비후보자의기탁금 반환 사유로 예비후보자가 당의 공천심사 에서 탈락하고 후보자등록을 하지 않았을 경우를 규정하지 않은 공직선거법 (2010. 1. 25. 법률 제9974호로 개정된 것) 제57조 제1항 제1호 다목 중 지역구국 회의원선거와 관련된 부분(이하 '심판대상조항'이라 한다)이 청구인의 재산권을 침해하는지 여부(적극)

11. 헌법재판소는 2018. 1. 25. 2016헌마541 결정에서 지역구국회의원선거 예 비후보자가 정당의 공천심사에서 탈락한 후 후보자등록을 하지 않은 경우를 기탁금 반환 사유로 규정하지 않은 구 공직선거법 제57조 제1항 제1호 다목 중 '지역구국회의원선거'와 관련된 부분이 과잉금지원칙에 반하여 예비후보 자의 재산권을 침해한다고 보아 헌법불합치결정을 하였다. 지역구국회의원선 거와 지방자치단체의 장선거는 헌법상 선거제도 규정 방식이나 선거대상의 지위와 성격, 기관의 직무 및 기능, 선거구 수 등에 있어 차이가 있을 뿐, 예비 후보자의 무분별한 난립을 막고 책임성을 강화하며 그 성실성을 담보하고자 하는 기탁금제도의 취지 측면에서는 동일하므로, 헌법재판소의 2016헌마541 결정에서의 판단은 이 사건에서도 타당하고, 그 견해를 변경할 사정이 있다고 보기 어려우므로, 지방자치단체의 장선거에 있어 정당의 공천심사에서 탈락 한 후 후보자등록을 하지 않은 경우를 기탁금 반환 사유로 규정하지 않은 심 판대상조항은 과잉금지원칙에 반하여 헌법에 위반된다(헌불 헌결 2020.9.24.

2018헌가15). ⇒ 지방자치단체의 장선거 예비후보자가 정당의 공천심사에서 탈락한 후 후보자등록을 하지 않은 경우를 기탁금 반환 사유로 규정하지 않은 구 공직선거법 제57조 제1항 중 제1호 다목의 '지방자치단체의 장선거'에 관한 부분(이하 '심판대상조항'이라 한다)이 과잉금지원칙에 위배되는지 여부(적극) / ★ 2020. 3. 25. 법률 제17127호로 개정된 공직선거법 제57조 제1항 제1호 다목에서는 예비후보자가 사망한 경우 외에도 '당헌·당규에 따라 소속 정당에 후보자로 추천하여 줄 것을 신청하였으나 해당 정당의 추천을 받지 못하여 후보자로 등록하지 않은 경우'를 기탁금 반환 사유로 규정하였으므로, 지역구국회의원선거는 물론 대통령선거, 지방의회의원선거 및 지방자치단체의 장선거에서도 예비후보자가 정당의 공천심사에서 탈락한 후 후보자등록을 하지 않은 경우 기탁금을 반환받을 가능성이 열리게 되었다. <u>그러나 위 개정법률 부칙 제3조는 개정법 시행 후 최초로 실시하는 선거부터 위 개정된 규정을 적용하도록 하므로, 개정법 시행 전에 실시된 선거의 경우에는 여전히 심판대상조항이 적용되고 있다.</u>

12. 토지수용 등 절차를 종료하였다고 하더라도 공익사업에 해당 토지가 필요 없게 된 경우에는 토지수용 등의 헌법상 정당성이 장래를 향하여 소멸한 것이므로, 이러한 경우 종전 토지소유자가 소유권을 회복할 수 있는 권리인 환매권은 헌법이 보장하는 재산권의 내용에 포함되는 권리이다. 환매권의 발생기간을 제한한 것은 사업시행자의 지위나 이해관계인들의 토지이용에 관한 법률관계 안정, 토지의 사회경제적 이용 효율 제고, 사회일반에 돌아가야 할 개발이익이 원소유자에게 귀속되는 불합리 방지 등을 위한 것인데, 그 입법목적은 정당하고 이와 같은 제한은 입법목적 달성을 위한 유효적절한 방법이라 할 수 있다. <u>그러나 2000년대 이후 다양한 공익사업이 출현하면서 공익사업 간 중복·상충 사례가 발생하였고, 산업구조 변화, 비용 대비 편익에 대한 지속적 재검토, 인근 주민들의 반대 등에 직면하여 공익사업이 지연되다가 폐지되는 사례가 다수 발생하고 있다. 이와 같은 상황에서 이 사건 법률조항의 환매권 발생기간 '10년'을 예외 없이 유지하게 되면 토지수용 등의 원인이 된 공익사업의 폐지 등으로 공공필요가 소멸하였음에도 단지 10년이 경과하였다는 사정만으로 환매권이 배제되는 결과가 초래될 수 있다.</u> <중략> 결국 이 사건 법률조항은 헌법 제37조 제2항에 반하여 재산권을 침해한다[[헌불](적용중지)]; 헌결 2020.11.26. 2019헌바131]. ★★★ ⇒ 환매권의 발생기간을 제한하고 있는 '공익사업을 위한 토지 등의 취득 및 보상에 관한 법률'(이하 '토지보상법'이라 한

다) 제91조 제1항 중 '토지의 협의취득일 또는 수용의 개시일(이하 이 조에서 "취득일"이라 한다)부터 10년 이내에' 부분(이하 '이 사건 법률조항'이라 한다)이 재산권을 침해하는지 여부(적극) / ★ 종래 이 사건 법률조항과 동일한 내용의 구 '공공용지의 취득 및 손실보상에 관한 특례법' 및 구 토지수용법 조항이 헌법에 위반되지 아니한다고 판시한 헌재 1994. 2. 24. 92헌가15등 결정은 이 결정 취지와 저촉되는 범위 안에서 이를 변경한다.

13. 대구교육대학교 총장임용후보자 선정규정 제23조 제1항 제2호 등위헌확인 (총장임용후보자선거에서 후보자가 기탁금을 납부하도록 하고 납부된 기탁금의 일부만을 반환하도록 한 대학 규정에 관한 사건)(위헌 헌결 2021.12.23. 2019헌마825) ★★★ ⇒ 심화판례 1

14. 구 공무원연금법 제47조 제1항 제2호 등위헌소원 (지방의회의원에 대한 퇴직연금의 지급을 정지하는 공무원연금법 조항에 관한 위헌소원 사건)(헌불 헌결 2022.1.27. 2019헌바161) ★★★ ⇒ 심화판례 2

15. 국민건강보험법 제47조의2 제1항 등 위헌소원 등(헌불 헌결 2023.3.23. 2018헌바433) -수사기관의 수사결과 사무장병원으로 확인된 의료기관에 대한 요양급여비용 지급보류 사건- ★★★ ⇒ 심화판례 3

16. 헌법재판소는 2022. 1. 27. 2019헌바161 결정에서, 공무원연금법상 퇴직연금 수급자가 지방의회의원에 취임한 경우 연금 전부를 지급 정지하도록 한 구 공무원연금법상 지급정지 조항에 대해, 공무원연금제도는 공무원이 퇴직한 후 생계 및 부양에 어려움이 없도록 적절한 소득을 보장하는 데 주된 취지가 있는데, 지방의회의원이 생계유지 또는 생활보장을 위하여 받는 월정수당만으로는 연금을 대체할 만한 적정한 소득이 있다고 보기 어렵고, 보수 수준과 연계하여 연금의 일부만 감액하거나 적어도 연금과 보수의 합계액이 취임 전 퇴직연금보다 적지 않은 액수로 유지되도록 하여 생활보장에 불이익이 발생하지 않도록 할 수 있는 점을 고려할 때, 과잉금지원칙에 반하여 퇴직연금 수급자의 재산권을 침해한다고 보았다. <u>위 선례의 취지는 이 사건에도 그대로 타당하고, 심판대상조항은 과잉금지원칙에 반하여 지방의회의원에 취임한 퇴역연금 수급자의 재산권을 침해한다</u>[(적용중지) 헌불 헌결 2024.4.25. 2022헌가33]. 〈국가7급 2024〉 ★

⇒ 퇴역연금 수급자가 지방의회의원에 취임한 경우, 퇴역연금 전부의 지급을 정지하도록 규정한 구 군인연금법 제27조 제1항 제2호 중 '지방의회의원'에 관한 부분(이하 '심판대상조항'이라 한다)이 과잉금지원칙에 위배되어 지방의회

의원에 취임한 퇴역연금 수급자의 재산권을 침해하는지 여부(적극)

17. 민법 제1112조 등 위헌제청([헌불] [위헌] 헌결 2024.4.25. 2020헌가4) ★★
- 유류분에 관한 위헌제청 및 헌법소원 사건 - ⇒ 심화판례 4

18. <u>가축의 살처분으로 인한 재산권의 제약은 가축의 소유자가 수인해야 하는 사회적 제약의 범위에 속하나</u>, 권리자에게 수인의 한계를 넘어 가혹한 부담이 발생하는 예외적인 경우에는 이를 완화하는 보상규정을 두어야 하고, 그 방법에 관하여는 입법자에게 광범위한 형성의 자유가 부여된다. 그런데 심판대상조항에 따르면, <u>축산계열화사업자는 그가 입은 경제적 가치의 손실을 회복하는 데에 한계가 있으며</u>, 이는 열세에 놓인 계약사육농가가 갖는 교섭력의 불균형을 시정하기 위하여 <u>필요한 정도를 넘어서는 개입이다</u>. 다만, 그렇다고 하여 살처분 보상금을 이전과 같이 <u>가축의 소유자인 축산계열화사업자에게 일괄하여 지급하는 방식으로 회귀할 경우</u>, 교섭력이 약한 일부 계약사육농가의 수급권 보호에 다시 상당한 지장이 생길 수 있다. 살처분 보상금을 가축의 소유자인 축산계열화사업자와 계약사육농가에게 개인별로 지급함으로써 대상 가축의 살처분으로 인한 각자의 경제적 가치의 <u>손실에 비례한 보상을 실시하는 것은 입법기술상으로 불가능하지 않은 점을 고려하면</u>, 축산계열화사업자가 가축의 소유자라 하여 살처분 보상금을 오직 계약사육농가에만 지급하는 방식은 축산계열화사업자에 대한 재산권의 과도한 부담을 완화하기에 적절한 조정적 보상조치라고 할 수 없다. 따라서 <u>심판대상조항은 조정적 보상조치에 관하여 인정되는 입법형성재량의 한계를 벗어나 가축의 소유자인 축산계열화사업자의 재산권을 침해한다</u>([헌불] 헌결 2024.5.30. 2021헌가3). 〈국가7급 2024〉 ★

⇒ 살처분된 가축의 소유자가 축산계열화사업자인 경우에는 계약사육농가의 수급권 보호를 위하여 보상금을 계약사육농가에 지급한다고 규정한 '가축전염병 예방법' 제48조 제1항 제3호 단서(이하 '심판대상조항'이라 한다)가 축산계열화사업자의 재산권을 침해하는지 여부(적극)

19. 민법 제1014조 등 위헌확인([위헌] 헌결 2024.6.27. 2021헌마1588) ★
- 상속분가액지급청구권에 대한 10년 제척기간 사건 -

'침해행위가 있은 날'부터 10년 후에 인지 또는 재판의 확정이 이루어진 경우에도 추가된 공동상속인이 상속분가액지급청구권을 원천적으로 행사할 수 없도록 하는 것은, '가액반환의 방식'이라는 우회적·절충적 형태를 통해서라도 인지된 자의 상속권을 뒤늦게나마 보상해 주겠다는 상속분가액지급청구권의 입법취지에 반하며, 추가된 공동상속인의 권리구제 실효성을 완전히 박탈하는 결과를 초래한다. 기존 공동상속인이 상속재산의 유지·증가에 특별히 기여하였다면 그 기여분은 상속재산에서 공제되므로 이를 통해 기존 공동상속인과 추가된 공동상속인의 이해관계가 조정될 수 있는 점, 민법은 인지청구의 소를 '망인의 사망을 안 날로부터 2년'으로 제한하고 상속분가액지급청구권의 행사도 '상속권의 침해를 안 날부터 3년'으로 제한하므로 인지재판을 바탕으로 한 상속분가액지급청구권의 행사가 무한정 늦춰지지 않도록 이중으로 제한하고 있는 점 등도 함께 고려할 필요성이 있다. <u>심판대상조항은 입법형성의 한계를 일탈하여 청구인의 재산권과 재판청구권을 침해한다.</u> ★

⇒ 상속개시 후 인지 또는 재판확정에 의하여 공동상속인이 된 자가 다른 공동상속인에 대해 그 상속분에 상당한 가액의 지급에 관한 청구권(상속분가액지급청구권)을 행사하는 경우에도 상속회복청구권에 관한 10년의 제척기간을 적용하도록 한 민법 제999조 제2항의 '상속권의 침해행위가 있은 날부터 10년' 중 제1014조에 관한 부분(이하 '심판대상조항'이라 한다)이 청구인의 재산권과 재판청구권을 침해하는지 여부(적극)

20. 의료급여법 제11조의5 위헌제청([헌불] 헌결 2024.6.27. 2021헌가19) ★

- 수사기관의 수사결과 사무장병원으로 확인된 의료기관에 대한 의료급여비용 지급보류 사건 -

지급보류처분은 잠정적 처분이고, 그 처분 이후 사무장병원에 해당하지 않는다는 사실이 밝혀져서 무죄판결의 확정 등 사정변경이 발생할 수 있으므로, 지급보류처분의 '처분요건'뿐만 아니라 위와 같은 사정변경이 발생할 경우 잠정적인 지급보류상태에서 벗어날 수 있는 '지급보류처분의 취소'에 관하여도 명시적인 규율이 필요하고, 그 '취소사유'는 '처분요건'과 균형이 맞도록 규정되어야 한다. 또한 사정변경사유가 발생할 경우 지급보류처분이 취소될 수 있도록 한다면, 이와 함께 지급보류기간동안 의료기관의 개설자가 수인해야 했던 재산권 제한상황에 대한 적절하고 상당한 보상으로서의 이자 내지 지연손해금의 비율에 대해서도 규율이 필요하다. 이러한 사항들은 심판대상조항으로 인한 기본권 제한이 입법목적 달성에 필요한 최소한도에 그치기 위해 필요한 조치들이지만, 현재 이에 대한 어떠한 입법적 규율도 없다. 따라서 <u>심판대상조항은 과잉금지원칙에 반하여 의료급여기관 개설자의 재산권을 침해한다.</u>
〈국가7급 2024〉 ★

⇒ 의료급여기관이 의료법 제33조 제2항을 위반하였다는 사실을 수사기관의 수사 결과로 확인한 경우 시장·군수·구청장으로 하여금 해당 의료급여기관이 청구한 의료급여비용의 지급을 보류할 수 있도록 규정한 의료급여법 제11조의5 제1항 중 '의료법 제33조 제2항'에 관한 부분(이하 '심판대상조항'이라 한다)이 의료급여기관 개설자의 재산권을 침해하는지 여부(적극)

심화학습

1. 대구교육대학교 총장임용후보자 선정규정 제23조 제1항 제2호 등위헌확인 (총장임용후보자선거에서 후보자가 기탁금을 납부하도록 하고 납부된 기탁금의 일부만을 반환하도록 한 대학 규정에 관한 사건) (위헌 헌결 2021.12.23. 2019헌마825) ★★★

[판시사항]

1. 대구교육대학교 총장임용후보자선거에서 후보자가 되려는 사람은 1,000만 원의 기탁금을 납부하도록 규정한 '대구교육대학교 총장임용후보자 선정규정' 제23조 제1항 제2호 및 제24조 제1항(이하 '이 사건 기탁금납부조항'이라 한다)이 과잉금지원칙에 위배되어 후보자가 되려는 청구인의 공무담임권을 침해하는지 여부(소극)

2. 대구교육대학교 총장임용후보자선거 후보자가 제1차 투표에서 최종 환산득표율의 100분의 15 이상을 득표한 경우에만 기탁금의 반액을 반환하도록 하고 반환하지 않는 기탁금은 대학 발전기금에 귀속되도록 규정한 '대구교육대학교 총장임용후보자 선정규정' 제24조 제2항(이하 '이 사건 기탁금귀속조항'이라 한다)이 과잉금지원칙에 위배되어 청구인의 재산권을 침해하는지 여부(적극)

[결정요지]

1. 이 사건 기탁금납부조항은 후보자 난립에 따른 선거의 과열을 방지하고 후보자의 성실성을 확보하기 위한 것이다. 대구교육대학교는 총장임용후보자선거에서 과거 간선제를 채택하였을 때 어떤 홍보수단도 활용할 수 없도록 하였던 것과 달리 직선제를 채택하면서 다양한 방법의 선거운동을 허용하고 있으므로, 선거가 과열되거나 혼탁해질 위험성이 증대되었다. 기탁금 제도를 두는 대신에 피선거권자의 자격 요건을 강화하면 공무담임권이 오히려 더 제한될 소지가 있고, 추천인 요건을 강화하는 경우 사전 선거운동이 과열될 수 있으며, 선거운동 방법의 제한 및 이에 관한 제재를 강화하면 선거운동이 위축될

염려도 있다. 이 사건 기탁금납부조항이 규정하는 1,000만 원이라는 기탁금액이 후보자가 되려는 사람이 납부할 수 없을 정도로 과다하다거나 입후보 의사를 단념케 할 정도로 과다하다고 할 수도 없다. 따라서 이 사건 기탁금납부조항은 청구인의 공무담임권을 침해하지 아니한다. ★★

2. <재판관 이석태, 재판관 김기영, 재판관 문형배, 재판관 이미선의 이 사건 기탁금귀속조항에 대한 위헌의견>
이 사건 기탁금귀속조항에 따르면, 선거를 완주하여 성실성을 충분히 검증 받은 후보자는 물론, 최다 득표를 하여 총장임용후보자로 선정된 사람조차도 기탁금의 반액은 반환 받지 못하게 된다. 이는 난립후보라고 할 수 없는 성실한 후보자들을 상대로도 기탁금의 발전기금 귀속을 일률적으로 강요함으로써 대학의 재정을 확충하는 것과 다름없다. 기탁금 반환 조건을 현재보다 완화하더라도 충분히 후보자의 난립을 방지하고 후보자의 성실성을 확보할 수 있음에도, 이 사건 기탁금귀속조항은 후보자의 성실성이나 노력 여하를 막론하고 기탁금의 절반은 반드시 대학 발전기금에 귀속되도록 하고 나머지 금액의 반환 조건조차 지나치게 까다롭게 규정하고 있다. 그러므로 이 사건 기탁금귀속조항은 과잉금지원칙에 위반되어 청구인의 재산권을 침해한다. ★★★
<재판관 유남석, 재판관 이선애, 재판관 이은애의 이 사건 기탁금귀속조항에 대한 위헌의견>
아래 이 사건 기탁금납부조항에 대한 반대의견에서 밝힌 바와 같이 이 사건 기탁금납부조항이 청구인의 공무담임권을 침해하여 헌법에 위반되므로, 이 사건 기탁금납부조항을 전제로 설계된 이 사건 기탁금귀속조항 역시 헌법에 위반된다.

2. **구 공무원연금법 제47조 제1항 제2호 등위헌소원 (지방의회의원에 대한 퇴직연금의 지급을 정지하는 공무원연금법 조항에 관한 위헌소원 사건) (헌불) (구법 적용중지) 헌결 2022.1.27. 2019헌바161)** ★★★

[판시사항]
1. 선출직 공무원으로서 받게 되는 보수가 기존의 연금에 미치지 못하는 경우에도 연금 전액의 지급을 정지하도록 정한 구 공무원연금법 제47조 제1항 제2호 중 '지방의회의원'에 관한 부분 및 공무원연금법 부칙 제12조 제1항 단서 중 '제47조 제1항 제2호의 지방의회의원'에 관한 부분(이하 '구법 조항'이라 한다)과 공무원연금법 제50조 제1항 제2호 중 '지방의회의원'에 관한 부분(이하 '현행법 조항'이라 하고, 구법 조항과 통칭하여 '심판대상조항'이라 한다)이 과잉금

지원칙에 위배되어 재산권을 침해하는지 여부(적극)
2. 헌법불합치결정을 하면서 구법 조항 적용 중지, 현행법 조항 계속 적용을 명한 사례

[결정요지]

1. 심판대상조항은 악화된 연금재정을 개선하여 공무원연금제도의 건실한 유지·존속을 도모하고 연금과 보수의 이중수혜를 방지하기 위한 것이다. 퇴직공무원의 적정한 생계 보장이라는 공무원연금제도의 취지에 비추어, 연금 지급을 정지하기 위해서는 '연금을 대체할 만한 소득'이 전제되어야 한다. 지방의회의원이 받는 의정비 중 의정활동비는 의정활동 경비 보전을 위한 것이므로, 연금을 대체할 만한 소득이 있는지 여부는 월정수당을 기준으로 판단하여야 하는데, 월정수당은 지방자치단체에 따라 편차가 크고 안정성이 낮음에도 불구하고 심판대상조항은 연금을 대체할 만한 적정한 소득이 있다고 할 수 없는 경우에도 일률적으로 연금전액의 지급을 정지하여 지급정지제도의 본질 및 취지와 어긋나는 결과를 초래한다. 심판대상조항과 같이 재취업소득액에 대한 고려 없이 퇴직연금 전액의 지급을 정지할 경우 재취업 유인을 제공하지 못하여 정책목적 달성에 실패할 가능성이 크다. 연금과 보수 중 일부를 감액하는 방식으로 선출직에 취임하여 보수를 받는 것이 생활보장에 더 유리하도록 하는 등 기본권을 덜 제한하면서 입법목적을 달성할 수 있는 다양한 방법이 있다. 따라서 심판대상조항은 과잉금지원칙에 위배되어 재산권을 침해한다. ★★★

2. 구법 조항의 위헌성은 연금지급정지제도 자체에 있다기보다는 선출직 공무원으로서 받게 되는 보수가 연금에 미치지 못하는 경우에도 연금 전액의 지급을 정지하는 것에 있고, 위헌성 제거 방식에 대하여는 입법자에게 재량이 있다. 따라서 구법 조항에 대하여 헌법불합치결정을 선고하되 그 적용을 중지하고, 현행법 조항에 대하여는 헌법불합치 결정을 선고하되 2023. 6. 30.을 시한으로 개선입법이 이루어질 때까지 계속적용을 명한다. ★

3. 국민건강보험법 제47조의2 제1항 등 위헌소원 등(헌불) 헌결 2023.3.23. 2018헌바433) ★★★
 - 수사기관의 수사결과 사무장병원으로 확인된 의료기관에 대한 요양급여비용 지급 보류 사건 -

[판시사항]

1. 의료기관의 개설 주체를 의료법인 등으로 제한하고 있는 구 의료법 제33조 제2항 제3호(이하 '이 사건 개설금지조항'이라 한다)에 대한 심판청구가 적법한지 여부(소극)
2. 요양기관이 의료법 제33조 제2항을 위반하였다는 사실을 수사기관의 수사 결과로 확인한 경우 공단으로 하여금 해당 요양기관이 청구한 요양급여비용의 지급을 보류할 수 있도록 규정한 구 국민건강보험법 제47조의2 제1항 중 '의료법 제33조 제2항'에 관한 부분(이하 '이 사건 구법조항'이라 한다), 국민건강보험법 제47조의2 제1항 전문 중 '의료법 제33조 제2항'에 관한 부분(이하 '이 사건 현행법조항'이라 하고, 이 사건 구법조항과 통틀어 '이 사건 지급보류조항'이라 한다)이 무죄추정의 원칙에 위반되는지 여부(소극)
3. 이 사건 지급보류조항이 의료기관 개설자의 재산권을 침해하는지 여부(적극) ★★★
4. 헌법불합치결정을 선고하면서 구법조항 적용 중지, 현행법조항 계속 적용을 명한 사례

[결정요지]

1. 이 사건 개설금지조항에 대한 심판청구는 법률조항 자체의 위헌성을 다투는 것이 아니라 당해 사건 재판의 기초가 되는 사실관계의 인정이나 평가 또는 개별적·구체적 사건에서의 법률조항의 단순한 포섭·적용에 관한 문제를 다투는 경우에 불과하여 부적법하다.
2. 이 사건 지급보류조항은 사후적인 부당이득 환수절차의 한계를 보완하고, 건강보험의 재정 건전성이 악화될 위험을 방지하고자 마련된 조항으로서, 사무장병원일 가능성이 있는 요양기관이 일정 기간 동안 요양급여비용을 지급받지 못하는 불이익을 받더라도 이를 두고 유죄의 판결이 확정되기 전에 죄 있는 자에 준하여 취급하는 것이라고 보기 어렵다. 따라서 이 사건 지급보류조항은 무죄추정의 원칙에 위반된다고 볼 수 없다.
3. 지급보류처분은 잠정적 처분이고, 그 처분 이후 사무장병원에 해당하지 않는다는 사실이 밝혀져서 무죄판결의 확정 등 사정변경이 발생할 수 있다는 점 등을 고려하면, 지급보류처분의 '처분요건'뿐만 아니라 '지급보류처분의 취소'에 관하여도 명시적인 규율이 필요하고, 그 '취소사유'는 '처분요건'과 균형

이 맞도록 규정되어야 한다. 또한 무죄판결이 확정되기 전이라도 하급심 법원에서 무죄판결이 선고되는 경우에는 그때부터 일정 부분에 대하여 요양급여비용을 지급하도록 할 필요가 있다. 나아가, 사정변경사유가 발생할 경우 지급보류처분이 취소될 수 있도록 한다면, 이와 함께 지급보류기간 동안 의료기관의 개설자가 수인해야 했던 재산권 제한상황에 대한 적절하고 상당한 보상으로서의 이자 내지 지연손해금의 비율에 대해서도 규율이 필요하다. 이러한 사항들은 이 사건 지급보류조항으로 인한 기본권 제한이 입법목적 달성에 필요한 최소한도에 그치기 위해 필요한 조치들이지만, 현재 이에 대한 어떠한 입법적 규율도 없다. 따라서 이 사건 지급보류조항은 과잉금지원칙에 반하여 요양기관 개설자의 재산권을 침해한다. ★★★

4. 이 사건 구법조항이 가지는 위헌적 요소들을 제거하고, 지급보류처분의 취소사유나 지급보류처분에 의하여 발생한 요양기관 개설자의 재산권 제한 정도를 완화하기 위한 적절하고 상당한 보상으로서의 이자 내지 지연손해금 등 제도적 대안 등을 어떠한 내용으로 형성할 것인지에 관하여는 입법자에게 폭넓은 재량이 부여되어 있다. 이 사건 구법조항에 대해 계속 적용을 명하는 경우에는 위헌선언의 효력이 당해 사건에 미치지 못할 우려가 있으므로, 이 사건 구법조항에 대하여 헌법불합치결정을 선고하되 그 적용을 중지한다. 이 사건 현행법조항에 대하여 단순위헌결정을 할 경우 요양급여비용의 지급을 보류함이 정당한 경우에도 그 처분의 근거가 사라져 건강보험 재정의 건전성 확보라는 입법목적을 달성하기 어려운 법적 공백이 발생할 수 있으므로, 이 사건 현행법조항에 대하여는 헌법불합치결정을 선고하되, 2024. 12. 31.을 시한으로 입법자의 개선입법이 이루어질 때까지 잠정 적용한다.

□ 결정의 의의

(1) 이 결정은 요양기관이 의료법 제33조 제2항을 위반하였다는 사실을 수사기관의 수사 결과로 확인한 경우 공단으로 하여금 해당 요양기관이 청구한 요양급여비용의 지급을 보류할 수 있도록 규정하고 있는 국민건강보험법 규정의 위헌 여부에 대하여 헌법재판소에서 처음 판단한 사건이다.

(2) 헌법재판소는, ① 지급보류처분의 '처분요건'뿐만 아니라 '처분의 취소'에 관하여도 명시적 규율이 필요하고, 그 '취소사유'는 '처분요건'과 균형이 맞도록 규정되어야 하며, ② 무죄판결이 확정되기 전이라도 하급심 법원에서 무죄판결이 선고되는 경우에는 그때부터 일정 부분에 대해서 요양급여비용을 지급

하도록 할 필요가 있고, ③ 사정변경사유가 발생할 경우 지급보류처분이 취소될 수 있도록 한다면, 지급보류기간 동안 의료기관 개설자가 수인해야 했던 재산권 제한상황에 대한 적절하고 상당한 보상으로서의 이자 내지 지연손해금의 비율에 대해서도 규율이 필요한데, 이 사건 지급보류조항은 이러한 사항들에 대하여 어떠한 입법적 규율도 하지 않고 있다는 점 등에 비추어, 위 조항이 요양기관 개설자의 재산권을 침해한다고 보았다.

4. 민법 제1112조 등 위헌제청(헌불)(위헌) 헌결 2024.4.25. 2020헌가4) ★★★
  - 유류분에 관한 위헌제청 및 헌법소원 사건 -

[판시사항]

1. 민법 제1112조, 제1113조, 제1114조, 제1115조, 제1116조, 제1118조에 따른 유류분제도의 입법목적의 정당성이 인정되는지 여부(적극)

2. 유류분상실사유를 별도로 규정하지 아니한 민법 제1112조 제1호부터 제3호 및 형제자매의 유류분을 규정한 민법 제1112조 제4호가 재산권을 침해하여 헌법에 위반되는지 여부(적극)

3. 기여분에 관한 민법 제1008조의2를 유류분에 준용하는 규정을 두지 아니한 민법 제1118조가 재산권을 침해하여 헌법에 위반되는지 여부(적극)

4. 형제자매의 유류분을 규정한 민법 제1112조 제4호에 대하여 단순위헌을, 유류분상실사유를 별도로 규정하지 아니한 민법 제1112조 제1호부터 제3호와 기여분에 관한 제1008조의2를 유류분에 준용하는 규정을 두지 아니한 민법 제1118조에 대하여 계속적용 헌법불합치결정을 각 선고한 사례

[결정요지]

1. 유류분제도는 피상속인의 재산처분행위로부터 유족의 생존권을 보호하고, 법정상속분의 일정비율에 상당하는 부분을 유류분으로 산정하여 상속재산형성에 대한 기여, 상속재산에 대한 기대를 보장하려는 데에 그 취지가 있고, 가족의 연대가 종국적으로 단절되는 것을 저지하는 기능을 가지는바, 입법목적의 정당성이 인정된다. ★

2. 유류분권리자와 유류분을 개별적으로 적정하게 입법하는 것이 현실적으로 매우 어려운 점, 법원이 구체적 사정을 고려하여 정하도록 하는 것은 법원의 과도한 부담 등을 초래할 수 있는 점 등을 고려하면, 민법 제1112조가 유류분권

리자와 유류분을 획일적으로 규정한 것이 매우 불합리하다고 단정하기 어렵다. 그러나 패륜적인 상속인의 유류분을 인정하는 것은 일반 국민의 법감정과 상식에 반한다고 할 것이므로, 민법 제1112조 제1호부터 제3호가 유류분상실 사유를 별도로 규정하지 아니한 것은 불합리하고 기본권제한입법의 한계를 벗어나 헌법에 위반된다. 또한 상속재산형성에 대한 기여나 상속재산에 대한 기대 등이 거의 인정되지 않는 피상속인의 형제자매에게까지 유류분을 인정하는 민법 제1112조 제4호 역시 불합리하고 기본권제한입법의 한계를 벗어나 헌법에 위반된다. ★★★

3. 기여분에 관한 민법 제1008조의2를 유류분에 준용하는 규정을 두고 있지 않은 민법 제1118조는, 피상속인을 오랜 기간 부양하거나 상속재산형성에 기여한 기여상속인이 기여의 대가로 받은 증여재산을 비기여상속인에게 반환하여야 하는 부당한 상황을 발생시키고, 기여상속인에게 보상을 하려고 한 피상속인의 의사를 부정하는 불합리한 결과를 초래하는 등 현저히 불합리하므로 기본권제한입법의 한계를 일탈하여 헌법에 위반된다. ★

4. 형제자매의 유류분을 규정한 민법 제1112조 제4호는 위헌결정을 통하여 재산권에 대한 침해를 제거함으로써 합헌성이 회복될 수 있으므로 단순위헌을 선언한다. 하지만 민법 제1112조 제1호부터 제3호와 기여분에 관한 제1008조의2를 유류분에 준용하는 규정을 두지 아니한 민법 제1118조에 대하여 위헌결정을 선고하여 효력을 상실시키면, 법적 혼란이나 공백 등이 발생할 우려가 있으므로, 위 조항들에 대하여는 2025. 12. 31.까지 계속적용을 명하는 헌법불합치결정을 선고하기로 한다.

[이유]

나. 심판대상조항에 따른 유류분제도의 위헌 여부

(1) 쟁점정리

심판대상조항에 따른 유류분제도는 그 구체적 내용에 비추어 볼 때, 피상속인의 증여나 유증에 의한 자유로운 재산처분을 제한하고, 피상속인으로부터 증여나 유증을 받았다는 이유로 유류분반환청구의 상대방이 되는 자의 재산권을 역시 제한한다. 따라서 이하에서는 심판대상조항에 따른 유류분제도가 헌법상 재산권을 침해하여 헌법에 위반되는지 여부에 대하여 살펴본다.

(2) 심사기준 ★

상속제도나 상속권의 내용은 입법자가 입법정책적으로 결정하여야 할 사항으로서 원칙적으로 입법자의 입법형성의 자유에 속한다고 할 것이지만, 입법자가 상속제도나 상속권의 내용을 정함에 있어서 <u>입법형성권을 자의적으로 행사</u>하여 헌법 제37조 제2항이 규정하는 기본권제한의 입법한계를 일탈하는 경우에는 그 법률조항은 헌법에 위반된다. 넓은 의미로 유류분은 상속인의 구체적 상속분을 산정하기 위한 하나의 절차라는 점에서 상속제도나 상속권의 한 내용으로 볼 수 있으므로, <u>유류분과 관련한 민법 조항의 위헌성 여부를 심사</u>함에 있어 이러한 심사기준을 동일하게 적용하여 판단하여야 할 것이다.

(3) 판단

(가) 목적의 정당성 및 수단의 적합성

심판대상조항에 따른 유류분제도는 피상속인의 재산처분행위로부터 유족들의 생존권을 보호하고, 법정상속분의 일정비율에 상당하는 부분을 유류분으로 산정하여 상속재산형성에 대한 기여, 상속재산에 대한 기대를 보장하려는 데에 그 취지가 있다. 유류분권리자는 일반적으로 혈연이나 가족 공동생활을 통하여 피상속인을 중심으로 긴밀한 유대관계를 가졌던 사람들로서, 유류분은 피상속인이 법정상속에서 완전히 벗어난 형태로 재산을 처분하는 것을 일정 부분 제한함으로써 가족의 연대가 종국적으로 단절되는 것을 저지하는 기능을 갖는다. <중략> 따라서 피상속인의 재산처분행위로부터 유족들의 생존권 보호, 상속재산형성에 대한 기여 및 상속재산에 대한 기대 보장, 그리고 가족제도의 종국적 단절의 저지라는 <u>유류분제도 입법목적의 정당성은 여전히 수긍할 수 있다.</u> 심판대상조항이 피상속인의 상속재산 중 일정비율을 상속인의 유류분으로 보장하고 유류분 산정 기초재산을 기준으로 하여 유류분에 부족분이 생기는 경우 유류분반환청구를 할 수 있도록 하는 등의 조치는 <u>위와 같은 입법목적 달성에 기여하는 적합한 수단이다.</u> ★★★

(나) 개별 조항의 합리성 여부

심판대상조항에 따른 유류분제도를 구성하는 각 유류분 조항이 합리적으로 규정되어 입법재량의 범위 내에 있는지 여부에 대하여 살펴본다.

제3항 | 사생활 영역의 자유

Ⅰ. 주거의 자유

> 제16조 모든 국민은 주거의 자유를 침해받지 아니한다. 주거에 대한 압수나 수색을 할 때에는 검사의 신청에 의하여 법관이 발부한 영장을 제시하여야 한다.

1. 의의

(1) 개념: 개인의 기본적인 생활공간을 보장하여 그 공간에서 안식할 수 있는 권리. 헌법 제16조가 보장하는 주거의 자유는 개방되지 않은 사적 공간인 주거를 공권력이나 제3자에 의해 침해당하지 않도록 함으로써 국민의 사생활영역을 보호하기 위한 권리(헌결 2012헌마662)

(2) 주체: 모든 국민과 외국인

2. 주거의 자유의 내용

(1) 주거의 불가침: 주거란 거주하기 위하여 점유하고 있는 일체의 공간적인 생활영역을 말하며, 불가침이란 사적 생활공간이 권원 없이 침해되지 않는다는 것

(2) 주거에 대한 압수·수색과 영장주의

  (가) 원칙: 주거에 대한 압수란 주거에 들어가 점유자의 소지품 등을 강제로 취득하는 것이고, 수색이란 사람이나 물건을 발견하기 위하여 물건·장소에 대하여 행하는 강제검색. 주거에 대한 압수·수색에는 영장이 제시되어야 함

  (나) 예외: 현행범을 체포하거나 긴급체포를 하는 경우, 체포현장에서의 압수·수색·검증은 별도의 압수·수색의 영장이 없어도 할 수 있고(형소법 §216①), 이는 구속영장의 집행에 준용(형소법 §216②). 범행 중 또는 범행 직후의 범죄장소에서, 긴급을 요하여 법원판사의 영장을 받을 수 없을 때에는 영장 없이 압수·수색 또는 검증을 할 수 있다(긴급압수·수색). 이 경우에는 사후에 지체 없이 영장을 받아야 한다(형소법 §216③). 헌법재판소는 체포영장을 집행하는 경우 필요한 때에는 '타인의 주거나 타인이 간수하는 가옥, 건조물, 항공기, 선차'('타인의 주거 등') 내에서 별도의 압수수색 영장 없이도 피의자 수사를 할 수 있도록 한 형사소송법(§216①. 1호)은 체포영장이 발부된 피의자가 '타인의 주거 등'에 소재할 개연성은 소명되나, 영장을 발부받기 어려운 긴급한 사정이 인정되지 않는 경우에도 영장 없이 피의자 수색을 할 수 있게 한 것으로,

헌법 제16조의 영장주의 예외 요건을 벗어나는 것으로서 영장주의에 위반(계속 적용 헌법불합치)된다고 하였다(헌결 2016헌가7).
  ㈐ **행정절차에 준용**: 영장주의는 행정절차에도 원칙적으로 적용되나, 소방이나 영업감독, 위생검사 또는 전염병예방과 같은 '순수한 행정절차'의 경우에는 영장의 발부나 제시가 필요 없다는 절충설(多)

3. 주거의 자유의 효력
대국가적 효력+간접적 대사인효

4. 주거의 자유에 대한 제한과 한계
헌법 제37조 제2항에 의하여 법률로써 제한할 수 있으나, 그 본질적 내용은 침해할 수×

심화학습

1. 형사소송법 제216조 제1항 제1호 위헌소원 등((헌불) 헌결 2018.4.26. 2015헌바370)

[판시사항]

1. 체포영장을 집행하는 경우 필요한 때에는 타인의 주거 등에서 피의자 수사를 할 수 있도록 한 형사소송법(1995. 12. 29. 법률 제5054호로 개정된 것) 제216조 제1항 제1호 중 제200조의2에 관한 부분(이하 '심판대상조항'이라 한다)이 명확성원칙에 위반되는지 여부(소극)
2. 심판대상조항이 헌법 제16조의 영장주의에 위반되는지 여부(적극)
3. 심판대상조항에 대하여 단순위헌결정을 하여 그 효력을 즉시 상실시킬 경우 발생할 법적 공백상태를 우려하여 입법시한을 정하여 잠정 적용을 명하는 헌법불합치 결정을 하고, 헌법 및 형사소송법 관련 조항의 개정 필요성을 지적한 사례

[결정요지]

1. 헌법 제16조는 모든 국민이 주거의 자유를 침해받지 아니한다고 규정하면서 주거에 대한 압수나 수색을 할 때에는 영장을 제시하여야 한다고 특별히 강조하고 있으므로, 주거공간에 대한 압수·수색은 그 장소에 혐의사실 입증에 기여할 자료 등이 존재할 개연성이 충분히 소명되어야 그 필요성을 인정할 수 있다. 심판대상조항은 영장의 발부를 전제로 하고 있지는 않으나 위와 같은

해석은 심판대상조항에 따른 수사를 하는 경우에도 동일하게 적용되어야 한다. 따라서 심판대상조항의 피의자를 체포하는 경우에 "필요한 때"는 '피의자가 소재할 개연성'을 의미하는 것으로 어렵지 않게 해석할 수 있다. 심판대상조항은 수사기관이 피의자를 체포하기 위하여 필요한 때에는 영장 없이 타인의 주거 등에 들어가 피의자를 찾는 행위를 할 수 있다는 의미로서, 심판대상조항의 "피의자 수사"는 '피의자 수색'을 의미함을 어렵지 않게 해석할 수 있다. 이상을 종합하여 보면, 심판대상조항은 피의자가 소재할 개연성이 소명되면 타인의 주거 등 내에서 수사기관이 피의자를 수색할 수 있음을 의미하는 것으로 누구든지 충분히 알 수 있으므로, 명확성원칙에 위반되지 아니한다.

2. 헌법 제12조 제3항과는 달리 헌법 제16조 후문은 "주거에 대한 압수나 수색을 할 때에는 검사의 신청에 의하여 법관이 발부한 영장을 제시하여야 한다."라고 규정하고 있을 뿐 영장주의에 대한 예외를 명문화하고 있지 않다. 그러나 헌법 제12조 제3항과 헌법 제16조의 관계, 주거 공간에 대한 긴급한 압수·수색의 필요성, 주거의 자유와 관련하여 영장주의를 선언하고 있는 헌법 제16조의 취지 등을 종합하면, 헌법 제16조의 영장주의에 대해서도 그 예외를 인정하되, 이는 ① 그 장소에 범죄혐의 등을 입증할 자료나 피의자가 존재할 개연성이 소명되고, ② 사전에 영장을 발부받기 어려운 긴급한 사정이 있는 경우에만 제한적으로 허용될 수 있다고 보는 것이 타당하다. 심판대상조항은 체포영장을 발부받아 피의자를 체포하는 경우에 필요한 때에는 영장 없이 타인의 주거 등 내에서 피의자 수사를 할 수 있다고 규정함으로써, 앞서 본 바와 같이 별도로 영장을 발부받기 어려운 긴급한 사정이 있는지 여부를 구별하지 아니하고 피의자가 소재할 개연성만 소명되면 영장 없이 타인의 주거 등을 수색할 수 있도록 허용하고 있다. 이는 체포영장이 발부된 피의자가 타인의 주거 등에 소재할 개연성은 소명되나, 수색에 앞서 영장을 발부받기 어려운 긴급한 사정이 인정되지 않는 경우에도 영장 없이 피의자 수색을 할 수 있다는 것이므로, 헌법 제16조의 영장주의 예외 요건을 벗어나는 것으로서 영장주의에 위반된다.

3. 심판대상조항의 위헌성은 체포영장이 발부된 피의자를 체포하기 위하여 타인의 주거 등을 수색하는 경우에 피의자가 그 장소에 소재할 개연성만 소명되면 수색영장을 발부받기 어려운 긴급한 사정이 있는지 여부와 무관하게 영장주의의 예외를 인정하고 있다는 점에 있다. 따라서 심판대상조항에 대하여 단순위헌결정을 하여 그 효력을 즉시 상실시킨다면, 수색영장 없이 타인의 주거

등을 수색하여 피의자를 체포할 긴급한 필요가 있는 경우에도 이를 허용할 법률적 근거가 사라지게 되는 법적 공백상태가 발생하게 된다. 위와 같은 이유로 심판대상조항에 대하여 단순위헌결정을 하는 대신 헌법불합치결정을 선고하되, 2020. 3. 31.을 시한으로 입법자가 심판대상조항의 위헌성을 제거하고 합헌적인 내용으로 법률을 개정할 때까지 심판대상조항이 계속 적용되도록 한다. <u>다만 향후 심판대상조항은 체포영장이 발부된 피의자가 타인의 주거 등에 소재할 개연성이 소명되고, 그 장소를 수색하기에 앞서 별도로 수색영장을 발부받기 어려운 긴급한 사정이 있는 경우에 한하여 적용되어야 할 것이다.</u> 심판대상조항의 위헌성은 근본적으로 헌법 제16조에서 영장주의를 규정하면서 그 예외를 명시적으로 규정하지 아니한 잘못에서 비롯된 것이다. 늦어도 2020. 3. 31.까지는 현행범인 체포, 긴급체포, 일정 요건 하에서의 체포영장에 의한 체포의 경우에 영장주의의 예외를 명시하는 것으로 위 헌법조항이 개정되고, 그에 따라 심판대상조항(<u>심판대상조항과 동일한 내용의 규정이 형사소송법 제137조에도 존재한다</u>)이 개정되는 것이 바람직하며, <u>위 헌법조항이 개정되지 않는 경우에는 심판대상조항만이라도 이 결정의 취지에 맞게 개정되어야 함을 지적하여 둔다.</u>

| 헌결 | 대판 |

1. [1] [다수의견] (가) 주거침입죄는 사실상 주거의 평온을 보호법익으로 한다. 주거침입죄의 구성요건적 행위인 침입은 주거침입죄의 보호법익과의 관계에서 해석하여야 하므로, 침입이란 주거의 사실상 평온상태를 해치는 행위태양으로 주거에 들어가는 것을 의미하고, 침입에 해당하는지는 출입 당시 객관적·외형적으로 드러난 행위태양을 기준으로 판단함이 원칙이다. 사실상의 평온상태를 해치는 행위태양으로 주거에 들어가는 것이라면 대체로 거주자의 의사에 반하겠지만, 단순히 주거에 들어가는 행위 자체가 거주자의 의사에 반한다는 주관적 사정만으로는 바로 침입에 해당한다고 볼 수 없다. 거주자의 의사에 반하는지는 사실상의 평온상태를 해치는 행위태양인지를 평가할 때 고려할 요소 중 하나이지만 주된 평가 요소가 될 수는 없다. 따라서 침입행위에 해당하는지는 거주자의 의사에 반하는지가 아니라 사실상의 평온상태를 해치는 행위태양인지에 따라 판단되어야 한다.
(나) 행위자가 거주자의 승낙을 받아 주거에 들어갔으나 범죄나 불법행위 등

(이하 '범죄 등'이라 한다)을 목적으로 한 출입이거나 거주자가 행위자의 실제 출입 목적을 알았더라면 출입을 승낙하지 않았을 것이라는 사정이 인정되는 경우 행위자의 출입행위가 주거침입죄에서 규정하는 침입행위에 해당하려면, 출입하려는 주거 등의 형태와 용도·성질, 외부인에 대한 출입의 통제·관리 방식과 상태, 행위자의 출입 경위와 방법 등을 종합적으로 고려하여 행위자의 출입 당시 객관적·외형적으로 드러난 행위태양에 비추어 주거의 사실상 평온상태가 침해되었다고 평가되어야 한다. 이때 거주자의 의사도 고려되지만 주거 등의 형태와 용도·성질, 외부인에 대한 출입의 통제·관리 방식과 상태 등 출입 당시 상황에 따라 그 정도는 달리 평가될 수 있다. 일반인의 출입이 허용된 음식점에 영업주의 승낙을 받아 통상적인 출입방법으로 들어갔다면 특별한 사정이 없는 한 주거침입죄에서 규정하는 침입행위에 해당하지 않는다. 설령 <u>행위자가 범죄 등을 목적으로 음식점에 출입하였거나 영업주가 행위자의 실제 출입 목적을 알았더라면 출입을 승낙하지 않았을 것이라는 사정이 인정되더라도 그러한 사정만으로는 출입 당시 객관적·외형적으로 드러난 행위태양에 비추어 사실상의 평온상태를 해치는 방법으로 음식점에 들어갔다고 평가할 수 없으므로 침입행위에 해당하지 않는다.</u> ★★★

[2] 피고인들이 공모하여, 갑, 을이 운영하는 각 음식점에서 인터넷 언론사 기자 병을 만나 식사를 대접하면서 병이 부적절한 요구를 하는 장면 등을 확보할 목적으로 녹음·녹화장치를 설치하거나 장치의 작동 여부 확인 및 이를 제거하기 위하여 각 음식점의 방실에 들어감으로써 갑, 을의 주거에 침입하였다는 내용으로 기소된 사안에서, 피고인들이 각 음식점 영업주로부터 승낙을 받아 통상적인 출입방법에 따라 각 음식점의 방실에 들어간 것은 주거침입죄에서 규정하는 침입행위에 해당하지 아니하고, 설령 다른 손님인 병과의 대화 내용과 장면을 녹음·녹화하기 위한 장치를 설치하거나 장치의 작동 여부 확인 및 이를 제거할 목적으로 각 음식점의 방실에 들어갔더라도, 그러한 사정만으로는 피고인들에게 주거침입죄가 성립하지 않는다고 한 사례(대판 전합 2022.3.24. 2017도18272).

[기출지문] 행위자가 범죄 등을 목적으로 음식점에 출입하였거나 영업주가 행위자의 실제 출입 목적을 알았더라면 출입을 승낙하지 않았을 것이라는 사정이 인정되더라도 그러한 사정만으로는 출입 당시 객관적·외형적으로 드러난 행위태양에 비추어 사실상의 평온상태를 해치는 방법으로 음식점에 들어갔다고 평가할 수 없으므로 침입행위에 해당하지 않는다.(○) 〈경찰간부 2024〉

II. 사생활의 비밀과 자유

제17조 모든 국민은 사생활의 비밀과 자유를 침해받지 아니한다.

1. 의의
(1) 연혁: 제5공화국(1980년) 헌법
(2) 개념: 자기만의 비밀이 부당하게 공개당하지 않고 자신의 삶을 자율적으로 영위할 수 있는 자유. 사생활의 비밀은 국가가 사생활영역을 들여다보는 것에 대한 보호를 제공하는 기본권이며, 사생활의 자유는 국가가 사생활의 자유로운 형성을 방해하거나 금지하는 것에 대한 보호를 의미. **헌법 제17조가 보호하고자 하는 기본권**은 '사생활영역'의 자유로운 형성과 비밀유지라고 할 것이며, '**공적인 영역'의 활동은** 다른 기본권에 의한 보호는 별론으로 하고 **사생활의 비밀과 자유가 보호하는 것은 아님**(헌결 2002헌마518). 헌법재판소는 인터넷언론사의 공개된 게시판·대화방에서 스스로의 의사에 의하여 정당·후보자에 대한 지지·반대의 글을 게시하는 행위는 양심의 자유나 사생활 비밀의 자유에 의하여 보호되는 영역이 아니라고 하였다(헌결 2008헌마324).
(3) 주체: 모든 국민과 외국인

2. 사생활의 비밀과 자유의 내용
(1) 사생활의 비밀의 불가침: 국가가 사생활을 들여다보고 정보를 수집하는 것에 대한 보호로서, 자신을 은밀히 탐지하는 것에 대한 방어권의 성격
(2) 사생활의 자유의 불가침: 국가가 사생활의 자유로운 형성을 방해하거나 금지하는 것에 대한 보호

3. 사생활의 비밀과 자유의 효력
대국가적 효력+간접적 대사인효

4. 사생활의 비밀과 자유에 대한 제한과 한계
법률로써 제한할 수 있으나, 그 본질적 내용은 침해할 수×

| 헌결 | 대판 | **사생활의 비밀과 자유 침해를 인정**

1. 이 사건 법률조항이 <u>공적 관심의 정도가 약한 4급 이상의 공무원들까지 대상</u>

으로 삼아 모든 질병명을 아무런 예외 없이 공개토록 한 것은 입법목적 실현에 치중한 나머지 사생활 보호의 헌법적 요청을 현저히 무시한 것이고, 이로 인하여 청구인들을 비롯한 해당 공무원들의 헌법 제17조가 보장하는 기본권인 사생활의 비밀과 자유를 침해하는 것이다(헌불 헌결 2007.5.31. 2005헌마1139). ⇒ 4급 이상 공무원들의 병역 면제사유인 질병명을 관보와 인터넷을 통해 공개하도록 하는 것의 위헌 여부(적극)

2. 형법 제304조 중 "혼인을 빙자하여 음행의 상습 없는 부녀를 기망하여 간음한 자" 부분(위헌 헌결 2009.11.26. 2008헌바58)

3. 배우자 있는 자의 간통행위 및 그와의 상간행위를 2년 이하의 징역에 처하도록 규정한 형법 제241조 (위헌 헌결 2015.2.26. 2009헌바17)

4. 심판대상조항(성폭력범죄를 저지른 성도착증 환자로서 재범의 위험성이 인정되는 19세 이상의 사람에 대해 법원이 15년의 범위에서 치료명령을 선고할 수 있도록 한 '성폭력범죄자의 성충동 약물치료에 관한 법률')들 중 검사의 치료명령 청구조항은 기본권을 침해하지 아니하나, 법원의 치료명령 선고에 관한 명령조항은 과잉금지원칙을 위반하여 피치료자의 신체의 자유 등 기본권(개인의 자기운명결정권, 인격권)을 침해(헌불 헌결 2015.12.23. 2013헌가9)

5. 통신비밀보호법 제5조 제2항 중 '인터넷회선을 통하여 송·수신하는 전기통신'에 관한 부분(헌불 헌결 2018.8.30. 2016헌마263) ⇒ ★ 이른바 '패킷(packet) 감청사건에서 통신 및 사생활의 비밀과 자유를 침해○ ★ 영장주의 위반여부 별도 판단×

6. 보안관찰처분대상자에 대한 신고의무 부과 사건(헌불 헌결 2021.6.24. 2017헌바479) ⇒ ★ 변동신고조항 및 이를 위반할 경우 처벌하도록 정한 보안관찰법 제27조 제2항 중 제6조 제2항 전문에 관한 부분(이하 변동신고조항과 합하여 '변동신고조항 및 위반 시 처벌조항'이라 한다)이 과잉금지원칙을 위반하여 청구인의 사생활의 비밀과 자유 및 개인정보자기결정권을 침해하는지 여부(적극)

| 헌결 | 대판 |

보험회사 직원이 보험회사를 상대로 손해배상청구소송을 제기한 교통사고 피해자들의 장해 정도에 관한 증거자료를 수집할 목적으로 피해자들의 일상생활을 촬영한 행위가 초상권 및 사생활의 비밀과 자유를 침해하는 불법행위에 해당한다(대판 2004다16280).

5. 개인정보자기결정권

(1) 의의: 자신에 관한 정보가 언제 누구에게 어느 범위까지 알려지고 또 이용되도록 할 것인지를 그 정보주체가 스스로 결정할 수 있는 권리

(2) 법적근거: 헌법상 근거로는 헌법 제17조의 사생활의 비밀과 자유, 헌법 제10조 제1문의 인간의 존엄과 가치 및 행복추구권 등을 이념적 기초로 하는 **독자적 기본권**으로서 헌법에 명시되지 아니한 기본권(헌결 99헌마513)

(3) 내용

(가) 개인정보: 개인의 내밀한 영역이나 사사의 영역에 속하는 정보에 국한되지 않고, **공적 생활에서 형성되었거나 이미 공개된 개인정보까지 포함**(헌결 99헌마513). 이미 공개된 개인정보를 정보주체의 동의가 있었다고 객관적으로 인정되는 범위 내에서 수집·이용·제공 등 처리를 할 때는 **정보주체의 별도의 동의는 불필요**(대판 2014다235080)

(나) 구체적 내용

① 자기정보결정권과 자기정보통제권

② 개인정보: "개인정보"란 <u>살아 있는</u> 개인에 관한 정보로서 성명, 주민등록번호 및 영상 등을 통하여 개인을 알아볼 수 있는 정보를 말한다(동법 §2. 1호). 정보주체는 자신의 개인정보 처리와 관련하여 **개인정보의 처리 정지**, 정정·삭제 및 파기를 요구할 권리를 가지며(동법 §4. 4호), 민감정보(사상·신념, 노동조합·정당의 가입·탈퇴, 정치적 견해, 건강, 성생활 등)의 처리에 대한 제한규정을 두고 있다(동법 §23). 2020.2.4. 개정된 개인정보보호법[시행 2020.8.5.]에 의하면, 개인정보의 일부를 삭제하거나 일부 또는 전부를 대체하는 등의 방법으로 추가 정보가 없이는 특정개인을 알아볼 수 없도록 처리하는 것을 '가명처리'로 정의하였고(동법 제2조 제1호의2 신설), 개인정보처리자는 당초 수집 목적과 합리적으로 관련된 범위 내에서 정보주체에게 불이익이 발생하는지 여부, 안전성 확보에 필요한 조치를 하였는지 여부 등을 고려하여 정보주체의 동의 없이 개인정보를 이용하거나 제공할 수 있도록 함(동법 제15조 제3항 및 제17조 제4항 신설)

③ 판례: 국회의원이 '각급학교 교원의 교원단체 및 교원노조 가입현황 실명자료'를 인터넷을 통하여 공개한 사안에서, 위 정보 공개 행위가 개인정보자기결정권 및 단결권에 대한 침해를 정당화할 정도로 학생의 학습권이나 학부

모의 교육권 및 교육의 선택권 내지는 알권리를 위하여 반드시 필요하거나 허용되어야 하는 행위라고 단정할 수 없고, 보전의 필요성도 소명된다는 이유로 정보공개금지 가처분신청을 인용(대결 2011마319)

(4) 제한: 개인정보자기결정권도 일반적 법률유보(§37②)에 따라 제한될 수○

| 헌결 | 대판 |　**개인정보자기결정권 침해를 인정**

1. 인터넷게시판을 설치·운영하는 정보통신서비스 제공자에게 본인확인조치의무를 부과하여 게시판 이용자로 하여금 본인확인절차를 거쳐야만 게시판을 이용할 수 있도록 하는 본인확인제를 규율하는 이 사건 법령조항들은 과잉금지원칙에 위배하여 인터넷게시판 이용자의 표현의 자유, 개인정보자기결정권 및 인터넷게시판을 운영하는 정보통신서비스 제공자의 언론의 자유를 침해한다(위헌 헌결 2012.8.23. 2010헌마47). ⇒ 인터넷게시판을 설치·운영하는 정보통신서비스 제공자에게 본인확인조치의무를 부과하여 게시판 이용자로 하여금 본인확인절차를 거쳐야만 게시판을 이용할 수 있도록 하는 본인확인제를 규정한 '정보통신망 이용촉진 및 정보보호 등에 관한 법률'(2008. 6. 13. 법률 제9119호로 개정된 것) 제44조의5 제1항 제2호, 같은 법 시행령(2009. 1. 28. 대통령령 제21278호로 개정된 것) 제29조, 제30조 제1항(이하 위 조항들을 통칭하여 '이 사건 법령조항들'이라 한다)이 과잉금지원칙에 위배하여 인터넷게시판 이용자의 표현의 자유, 개인정보자기결정권 및 인터넷게시판을 운영하는 정보통신서비스 제공자의 언론의 자유를 침해하는지 여부(적극)

2. '카메라 등 이용촬영죄'로 유죄가 확정된 자를 신상정보 등록대상자로 삼은 것은 개인정보자기결정권에 대한 침해가 아니지만, 등록대상자의 등록정보를 20년 동안 보존·관리하도록 한 것(헌불 헌결 2015.7.30. 2014헌마340)
　[1] 이 사건 등록조항은 개인정보자기결정권을 침해하지 않는다. ⇒ 성폭력범죄의처벌등에관한특례법위반(카메라등이용촬영, 카메라등이용촬영미수)죄로 유죄판결이 확정된 자는 신상정보 등록대상자가 되도록 규정한 '성폭력범죄의 처벌 등에 관한 특례법'(2012. 12. 18. 법률 제11556호로 전부개정된 것, 이하 '성폭력특례법'이라 한다) 제42조 제1항 중 "제14조 제1항, 제15조('성폭력범죄의 처벌 등에 관한 특례법' 제14조 제1항의 미수범으로 한정한다)의 범죄로 유죄판결이 확정된 자는 신상정보 등록대상자가 된다." 부분(이하 '이 사건 등록조항'이라 한다)이 개인정보자기결정권을 침해하는지 여부(소극)
　[2] 성범죄의 재범을 억제하고 수사의 효율성을 제고하기 위하여, 법무부장관

이 등록대상자의 재범 위험성이 상존하는 20년 동안 그의 신상정보를 보존·관리하는 것은 <u>정당한 목적을 위한 적합한 수단이다.</u> 그런데 재범의 위험성은 <u>등록대상 성범죄의 종류, 등록대상자의 특성에 따라 다르게 나타날 수 있고, 입법자는 이에 따라 등록기간을 차등화함으로써 등록대상자의 개인정보자기결정권에 대한 제한을 최소화하는</u> 것이 바람직함에도, 이 사건 관리조항은 모든 등록대상 성범죄자에 대하여 일률적으로 20년의 등록기간을 적용하고 있으며, 이 사건 관리조항에 따라 등록기간이 정해지고 나면, <u>등록의무를 면하거나 등록기간을 단축하기 위해 심사를 받을 수 있는 여지도 없으므로 지나치게 가혹하다.</u> 그리고 이 사건 관리조항이 추구하는 공익이 중요하더라도, 모든 등록대상자에게 20년 동안 신상정보를 등록하게 하고 위 기간 동안 각종 의무를 부과하는 것은 비교적 경미한 등록대상 성범죄를 저지르고 재범의 위험성도 많지 않은 자들에 대해서는 달성되는 공익과 침해되는 사익 사이의 불균형이 발생할 수 있으므로 이 사건 관리조항은 <u>개인정보자기결정권을 침해</u>한다. ⇒ 법무부장관은 등록정보를 최초 등록일부터 20년간 보존·관리하여야 한다고 규정한 성폭력특례법 제45조 제1항(이하 '이 사건 관리조항'이라 한다)이 개인정보자기결정권을 침해하는지 여부(적극)

3. 주민등록번호는 표준식별번호로 기능함으로써 개인정보를 통합하는 연결자로 사용되고 있어, 불법 유출 또는 오·남용될 경우 개인의 사생활뿐만 아니라 생명·신체·재산까지 침해될 소지가 크므로 이를 관리하는 국가는 이러한 사례가 발생하지 않도록 철저히 관리하여야 하고, 이러한 문제가 발생한 경우 그로 인한 피해가 최소화되도록 제도를 정비하고 보완하여야 할 의무가 있다. 그럼에도 불구하고 <u>주민등록번호 유출 또는 오·남용으로 인하여 발생할 수 있는 피해 등에 대한 아무런 고려 없이 주민등록번호 변경을 일체 허용하지 않는 것은 그 자체로 개인정보자기결정권에 대한 과도한 침해가 될 수 있다.</u> 비록 국가가 개인정보보호법 등으로 정보보호를 위한 조치를 취하고 있더라도, 여전히 주민등록번호를 처리하거나 수집·이용할 수 있는 경우가 적지 아니하며, 이미 유출되어 발생된 피해에 대해서는 뚜렷한 해결책을 제시해 주지 못하므로, 국민의 개인정보를 충분히 보호하고 있다고 보기 어렵다. 한편, 개별적인 주민등록번호 변경을 허용하더라도 변경 전 주민등록번호와의 연계 시스템을 구축하여 활용한다면 개인식별기능 및 본인 동일성 증명기능에 혼란이 발생할 가능성이 없고, 일정한 요건 하에 객관성과 공정성을 갖춘 기관의 심사를 거쳐 변경할 수 있도록 한다면 주민등록번호 변경절차를 악용하려는 시도

를 차단할 수 있으며, 사회적으로 큰 혼란을 불러일으키지도 않을 것이다. 따라서 주민등록번호 변경에 관한 규정을 두고 있지 않은 심판대상조항은 과잉금지원칙에 위배되어 개인정보자기결정권을 침해한다(헌불 헌결 2015.12.23. 2013헌바68). ⇒ 개인별로 주민등록번호를 부여하면서 주민등록번호 변경에 관한 규정을 두고 있지 않은 주민등록법(2007. 5. 11. 법률 제8422호로 전부개정된 것) 제7조가 개인정보자기결정권을 침해하는지 여부(적극)

4. 형제자매에게 가족관계등록부 등의 기록사항에 관한 증명서 교부청구권을 부여하는 법률조항(위헌 헌결 2016.6.30. 2015헌마924)
[1] 청구인은 이 사건 법률조항에 의하여 인간의 존엄과 가치 및 행복추구권, 사생활의 비밀과 자유가 침해된다고 주장하나, 위 기본권들은 모두 개인정보자기결정권의 헌법적 근거로 거론되는 것으로서 청구인의 개인정보에 대한 공개와 이용이 문제되는 이 사건에서 개인정보자기결정권 침해 여부를 판단하는 이상 별도로 판단하지 않는다. 이하에서는 이 사건 법률조항이 과잉금지원칙을 위반하여 개인정보자기결정권을 침해하고 있는지를 살펴본다. ★
[2] 이 사건 법률조항은 본인이 스스로 증명서를 발급받기 어려운 경우 형제자매를 통해 증명서를 간편하게 발급받게 하고, 친족·상속 등과 관련된 자료를 수집하려는 형제자매가 본인에 대한 증명서를 편리하게 발급받을 수 있도록 하기 위한 것으로, 목적의 정당성 및 수단의 적합성이 인정된다. 그러나 가족관계등록법상 각종 증명서에 기재된 개인정보가 유출되거나 오남용될 경우 정보의 주체에게 가해지는 타격은 크므로 증명서 교부청구권자의 범위는 가능한 한 축소하여야 하는데, 형제자매는 언제나 이해관계를 같이 하는 것은 아니므로 형제자매가 본인에 대한 개인정보를 오남용 또는 유출할 가능성은 얼마든지 있다. 그런데 이 사건 법률조항은 증명서 발급에 있어 형제자매에게 정보주체인 본인과 거의 같은 지위를 부여하고 있으므로, 이는 증명서 교부청구권자의 범위를 필요한 최소한도로 한정한 것이라고 볼 수 없다. 본인은 인터넷을 이용하거나 위임을 통해 각종 증명서를 발급받을 수 있으며, 가족관계등록법 제14조 제1항 단서 각 호에서 일정한 경우에는 제3자도 각종 증명서의 교부를 청구할 수 있으므로 형제자매는 이를 통해 각종 증명서를 발급받을 수 있다. 따라서 이 사건 법률조항은 침해의 최소성에 위배된다. 또한, 이 사건 법률조항을 통해 달성하려는 공익에 비해 초래되는 기본권 제한의 정도가 중대하므로 법익의 균형성도 인정하기 어려워, 이 사건 법률조항은 청구인의 개인정보자기결정권을 침해한다. ⇒ 형제자매에게 가족관계등록부 등의 기록사

항에 관한 증명서 교부청구권을 부여하는 '가족관계의 등록 등에 관한 법률'(2007. 5. 17. 법률 제8435호로 제정된 것, 이하 '가족관계등록법'이라 한다) 제14조 제1항 본문 중 '형제자매' 부분(이하, '이 사건 법률조항'이라 한다)이 과잉금지원칙을 위반하여 청구인의 개인정보자기결정권을 침해하는지 여부(적극) ★

5. 성범죄자의 재범을 억제하고 재범 발생시 수사의 효율성을 제고하기 위하여, 일정한 성범죄를 저지른 자로부터 신상정보를 제출받아 보존·관리하는 것은 정당한 목적을 위한 적합한 수단이다. 그러나, 모든 성범죄자가 신상정보 등록대상이 되어서는 안되고, 신상정보 등록제도의 입법목적에 필요한 범위 내로 제한되어야 한다. 통신매체이용음란죄의 구성요건에 해당하는 행위 태양은 행위자의 범의·범행 동기·행위 상대방·행위 횟수 및 방법 등에 따라 매우 다양한 유형이 존재하고, 개별 행위유형에 따라 재범의 위험성 및 신상정보 등록 필요성은 현저히 다르다. 그런데 심판대상조항은 통신매체이용음란죄로 유죄판결이 확정된 사람은 누구나 법관의 판단 등 별도의 절차 없이 필요적으로 신상정보 등록대상자가 되도록 하고 있고, 등록된 이후에는 그 결과를 다툴 방법도 없다. 그렇다면 심판대상조항은 통신매체이용음란죄의 죄질 및 재범의 위험성에 따라 등록대상을 축소하거나, 유죄판결 확정과 별도로 신상정보 등록 여부에 관하여 법관의 판단을 받도록 하는 절차를 두는 등 기본권 침해를 줄일 수 있는 다른 수단을 채택하지 않았다는 점에서 침해의 최소성 원칙에 위배된다. 또한, 심판대상조항으로 인하여 비교적 불법성이 경미한 통신매체이용음란죄를 저지르고 재범의 위험성이 인정되지 않는 이들에 대하여는 달성되는 공익과 침해되는 사익 사이에 불균형이 발생할 수 있다는 점에서 법익의 균형성도 인정하기 어렵다. 그렇다면, 심판대상조항은 과잉금지원칙을 위반하여 청구인의 개인정보자기결정권을 침해한다(위헌 헌결 2016.3.31. 2015헌마688). ⇒ 통신매체이용음란죄로 유죄판결이 확정된 자는 신상정보 등록대상자가 된다고 규정한 '성폭력범죄의 처벌 등에 관한 특례법'(2012. 12. 18. 법률 제11556호로 전부개정된 것, 이하 '성폭력특례법'이라 한다) 제42조 제1항 중 "제13조의 범죄로 유죄판결이 확정된 자는 신상정보 등록대상자가 된다."는 부분이 청구인의 개인정보 자기결정권을 침해하는지 여부(적극)

6. 수사기관이 수사의 필요성 있는 경우 전기통신사업자에게 위치정보 추적자료를 제공요청할 수 있도록 한 통신비밀보호법 제13조 제1항 중 '검사 또는 사법경찰관은 수사를 위하여 필요한 경우 전기통신사업법에 의한 전기통신사업자에게 제2조 제11호 바목, 사목의 통신사실 확인자료의 열람이나 제출을 요

청할 수 있다' 부분((헌불) 헌결 2018.6.28. 2012헌마191) ⇒ ★ 이 사건 요청조항은 헌법상 과잉금지원칙에 위배되어 청구인들의 개인정보자기결정권을 침해 ○ ★ 명확성원칙 위반은 아님 ★ (동지) 수사의 필요성이 있는 경우 기지국수사를 허용한 통신비밀보호법 조항((헌불) 헌결 2018.6.28. 2012헌마538)

7. 국민건강보험공단이 2013. 12. 20. 서울용산경찰서장에게 청구인들의 요양급여내역을 제공한 행위((인용) 헌결 2018.8.30. 2014헌마368) ★ 영장주의 위반은 아님 ⇒ 심화학습 1

8. 가족관계의 등록 등에 관한 법률 제14조 제1항 본문 부진정입법부작위 위헌확인 사건((헌불) 헌결 2020.8.28. 2018헌마927) ★
이 사건 법률조항은 가정폭력 가해자에 대한 별도의 제한 없이 직계혈족이기만 하면 사실상 자유롭게 그 자녀의 가족관계증명서와 기본증명서의 교부를 청구하여 발급받을 수 있도록 함으로써, 그로 인하여 가정폭력 피해자인 청구인의 개인정보가 가정폭력 가해자인 전 배우자에게 무단으로 유출될 수 있는 가능성을 열어놓고 있다. 따라서 과잉금지원칙에 위배되어 청구인의 개인정보자기결정권을 침해한다. ⇒ '가족관계의 등록 등에 관한 법률' 제14조 제1항 본문 중 '직계혈족이 제15조에 규정된 증명서 가운데 가족관계증명서 및 기본증명서의 교부를 청구'하는 부분(이하 '이 사건 법률조항'이라 한다)이 불완전·불충분하게 규정되어 있어 가정폭력 피해자의 개인정보를 보호하기 위한 구체적 방안을 마련하지 아니한 것이 청구인의 개인정보자기결정권을 침해하는지 여부(적극)

9. 특정 문화예술인 지원사업 배제행위 등 위헌확인 (문화예술계 블랙리스트의 작성 등과 지원사업 배제 지시에 관한 위헌소원 사건)((인용) 헌결 2020.12.23. 2017헌마416) ★

[1] 이 사건 정보수집 등 행위의 대상인 정치적 견해에 관한 정보는 공개된 정보라 하더라도 개인의 인격주체성을 특징짓는 것으로, 개인정보자기결정권의 보호 범위 내에 속하며, 국가가 개인의 정치적 견해에 관한 정보를 수집·보유·이용하는 등의 행위는 개인정보자기결정권에 대한 중대한 제한이 되므로 이를 위해서는 법령상의 명확한 근거가 필요함에도 그러한 법령상 근거가 존재하지 않으므로 이 사건 정보수집 등 행위는 법률유보원칙을 위반하여 청구인들의 개인정보자기결정권을 침해한다. ⇒ 피청구인 대통령의 지시로 피청구인 대통령 비서실장, 정무수석비서관, 교육문화수석비서관, 문화체육관광부장관이 야당 소속 후보를 지지하였거나 정부에 비판적 활동을 한 문화예술

인이나 단체를 정부의 문화예술 지원사업에서 배제할 목적으로 개인의 정치적 견해에 관한 정보를 수집·보유·이용한 행위(이하 '이 사건 정보수집 등 행위'라 한다)가 법률유보원칙을 위반하여 개인정보자기결정권을 침해하는지 여부(적극)

[2] 이 사건 정보수집 등 행위는 청구인들의 정치적 견해를 확인하여 야당 후보자를 지지한 이력이 있거나 현 정부에 대한 비판적 의사를 표현한 자에 대한 문화예술 지원을 차단하는 위헌적인 지시를 실행하기 위한 것으로, <u>그 목적의 정당성을 인정할 여지가 없어 청구인들의 개인정보자기결정권을 침해한다.</u> ⇒ 이 사건 정보수집 등 행위가 과잉금지원칙을 위반하여 청구인들의 개인정보자기결정권을 침해하는지 여부(적극)

10. 공직선거법 제82조의6 제1항 등위헌확인(선거운동기간 중 인터넷게시판 실명확인 사건)(위헌) 헌결 2021.1.28. 2018헌마456) ★★★

[1] <u>실명확인 조항 중 "인터넷언론사" 및 "지지·반대" 부분은 명확성 원칙에 반하지 않는다.</u> ⇒ 인터넷언론사는 선거운동기간 중 당해 홈페이지 게시판 등에 정당·후보자에 대한 지지·반대 등의 정보를 게시하는 경우 실명을 확인받는 기술적 조치를 하도록 정한 공직선거법 조항(이하 '실명확인 조항'이라 한다) 중 "인터넷언론사" 및 "지지·반대" 부분이 명확성원칙에 위배되는지 여부(소극)

[2] 심판대상조항의 입법목적은 정당이나 후보자에 대한 인신공격과 흑색선전으로 인한 사회경제적 손실과 부작용을 방지하고 선거의 공정성을 확보하기 위한 것이고, 익명표현이 허용될 경우 발생할 수 있는 부정적 효과를 막기 위하여 그 규제의 필요성을 인정할 수는 있다. 그러나 <u>심판대상조항과 같이 인터넷홈페이지의 게시판 등에서 이루어지는 정치적 익명표현을 규제하는 것은 인터넷이 형성한 '사상의 자유시장'에서의 다양한 의견 교환을 억제하고, 이로써 국민의 의사표현 자체가 위축될 수 있으며, 민주주의의 근간을 이루는 자유로운 여론 형성이 방해될 수 있다.</u> <중략> 실명확인제가 표방하고 있는 선거의 공정성이라는 목적은 인터넷 이용자의 표현의 자유나 개인정보자기결정권을 제약하지 않는 다른 수단에 의해서도 충분히 달성할 수 있다. <중략> 그러므로 <u>심판대상조항은 과잉금지원칙에 반하여 인터넷언론사 홈페이지 게시판 등 이용자의 익명표현의 자유와 개인정보자기결정권, 인터넷언론사의 언론의 자유를 침해한다.</u> ★ ⇒ 위 실명확인 조항을 비롯하여, 행정안전부장관 및 신용정보업자는 실명인증자료를 관리하고 중앙선거관리위원회가 요구하는 경우 지체 없이 그 자료를 제출해야 하며, 실명확인을 위한 기술적 조치를

하지 아니하거나 실명인증의 표시가 없는 정보를 삭제하지 않는 경우 과태료를 부과하도록 정한 공직선거법 조항(이하 '심판대상조항'이라 한다)이 게시판 등 이용자의 익명표현의 자유 및 개인정보자기결정권과 인터넷언론사의 언론의 자유를 침해하는지 여부(적극)

11. 형의 실효 등에 관한 법률 제8조의2 위헌제청 (법원에서 불처분결정된 소년부송치 사건에 대한 수사경력자료의 보존기간 및 삭제에 관하여 규정하지 않은 형실효법 조항에 관한 위헌제청 사건)(【헌불】 헌결 2021.6.24. 2018헌가2) ★

심판대상조항은 소년에 대한 수사경력자료의 삭제 및 보존기간에 대하여 규정하면서 법원에서 불처분결정된 소년부송치 사건에 대하여는 규정하지 않아 수사경력자료에 기록된 개인정보가 당사자의 사망 시까지 보존된다. 수사경력자료는 불처분결정의 효력을 뒤집고 다시 형사처벌을 할 필요성이 인정되는 경우 재수사에 대비한 기초자료 또는 소년이 이후 다른 사건으로 수사나 재판을 받는 경우 기소여부의 판단자료나 양형 자료가 되므로, 해당 수사경력자료의 보존은 목적의 정당성과 수단의 적합성이 인정된다. 하지만 반사회성이 있는 소년의 환경 조정과 품행 교정을 통해 소년이 우리 사회의 건전한 구성원으로 성장할 수 있도록, 죄를 범한 소년에 대하여 형사재판이 아닌 보호사건으로 심리하여 보호처분을 할 수 있는 절차를 마련한 소년법의 취지에 비추어, 법원에서 소년부송치된 사건을 심리하여 보호처분을 할 수 없거나 할 필요가 없다고 인정하여 불처분결정을 하는 경우 소년부송치 및 불처분결정된 사실이 소년의 장래 신상에 불이익한 영향을 미치지 않는 것이 마땅하다. 또한 어떤 범죄가 행해진 후 시간이 흐를수록 수사의 단서로서나 상습성 판단자료, 양형자료로서의 가치는 감소하므로, 모든 소년부송치 사건의 수사경력자료를 해당 사건의 경중이나 결정 이후 경과한 시간 등에 대한 고려 없이 일률적으로 당사자가 사망할 때까지 보존할 필요가 있다고 보기는 어렵고, 불처분결정된 소년부송치 사건의 수사경력자료가 조회 및 회보되는 경우에도 이를 통해 추구하는 실체적 진실발견과 형사사법의 정의 구현이라는 공익에 비해, 당사자가 입을 수 있는 실질적 또는 심리적 불이익과 그로 인한 재사회화 및 사회복귀의 어려움이 더 크다. 따라서 심판대상조항은 과잉금지원칙을 위반하여 소년부송치 후 불처분결정을 받은 자의 개인정보자기결정권을 침해한다. ⇒ 소년에 대한 수사경력자료의 삭제와 보존기간에 대하여 규정하면서 법원에서 불처분결정된 소년부송치 사건에 대하여 규정하지 않은 구 '형의 실효 등에 관한 법률' 제8조의2 제1항 및 제3항(이하 '구법 조항'이라 한다), '형의 실효 등에 관한 법률' 제8조의2 제1항 및 제3항(이하 '현행법 조항'이라 하고, 구법 조항과 통칭하여 '심판대상조항'이라 한다)이 과잉금지원칙에 반하여 개인정보자기결정권을 침해하는지 여부(적극) ⇒ 헌법불합치결정을 하면서 구법 조항 적용 중지, 현행법 조항 계속 적용을 명한 사례

12. 보안관찰처분대상자에 대한 신고의무 부과 사건(헌불 헌결 2021.6.24. 2017헌바479) ⇒ ★ 변동신고조항 및 이를 위반할 경우 처벌하도록 정한 보안관찰법 제27조 제2항 중 제6조 제2항 전문에 관한 부분(이하 변동신고조항과 합하여 '변동신고조항 및 위반 시 처벌조항'이라 한다)이 과잉금지원칙을 위반하여 청구인의 사생활의 비밀과 자유 및 개인정보자기결정권을 침해하는지 여부(적극)
    ★ 심화학습 2 참조

13. [1] 이 사건 법률조항은 수사기관 등의 전기통신사업자에 대한 통신자료 제공요청이라는 행위를 예정하고 있으나, 이 사건 통신자료 취득행위에 대한 직접적인 불복수단이 존재하는지 여부가 불분명하고, 청구인들이 영장주의 및 적법절차원칙 위반을 다투고 있는 부분과 관련하여서는 법률 그 자체에 의하여 청구인들의 법적 지위에 영향을 미친다고 볼 수 있다. 따라서 이 사건 법률조항은 직접성이 인정된다. 직접성을 부정한 헌재 2012. 8. 23. 2010헌마439 결정은 이 결정과 저촉되는 범위 안에서 이를 변경한다. ★★★ ⇒ 수사기관 등이 전기통신사업자에게 이용자의 성명 등 통신자료의 열람이나 제출을 요청할 수 있도록 한 전기통신사업법 제83조 제3항 중 '검사 또는 수사관서의 장(군 수사기관의 장을 포함한다), 정보수사기관의 장의 수사, 형의 집행 또는 국가안전보장에 대한 위해 방지를 위한 정보수집을 위한 통신자료 제공요청'에 관한 부분(이하 '이 사건 법률조항'이라 한다)이 직접성 요건을 갖추었는지 여부(적극)

[2] 이 사건 법률조항에 의한 통신자료 제공요청이 있는 경우 통신자료의 정보주체인 이용자에게는 통신자료 제공요청이 있었다는 점이 사전에 고지되지 아니하며, 전기통신사업자가 수사기관 등에게 통신자료를 제공한 경우에도 이러한 사실이 이용자에게 별도로 통지되지 않는다. 그런데 당사자에 대한 통지는 당사자가 기본권 제한 사실을 확인하고 그 정당성 여부를 다툴 수 있는 전제조건이 된다는 점에서 매우 중요하다. 효율적인 수사와 정보수집의 신속성, 밀행성 등의 필요성을 고려하여 사전에 정보주체인 이용자에게 그 내역을 통지하도록 하는 것이 적절하지 않다면 수사기관 등이 통신자료를 취득한 이후에 수사 등 정보수집의 목적에 방해가 되지 않는 범위 내에서 통신자료의

취득사실을 이용자에게 통지하는 것이 얼마든지 가능하다. 그럼에도 이 사건 법률조항이 통신자료 취득에 대한 사후통지절차를 규정하고 있지 않은 것은 적법절차원칙에 위배하여 청구인들의 개인정보자기결정권을 침해한다(헌불) 헌결 2022.7.21. 2016헌마388). ★★★ ⇒ 이 사건 법률조항이 적법절차원칙에 위배되는지 여부(적극)

심화학습

1. 건강보험 요양급여내역 제공 요청 및 제공 행위 등 위헌확인(인용) 헌결 2018.8.30. 2014헌마368) ★★★

− 국민건강보험공단의 서울용산경찰서장에 대한 요양급여내역 제공행위 위헌확인 사건 −

[판시사항]

1. 피청구인 서울용산경찰서장(이하 '서울용산경찰서장'이라 한다)이 2013. 12. 18. 및 2013. 12. 20. 피청구인 국민건강보험공단(이하 '국민건강보험공단'이라 한다) 에게 청구인들의 요양급여내역의 제공을 요청한 행위(이하 '이 사건 사실조회행위'라 한다)의 공권력 행사성이 인정되는지 여부(소극)

2. 형사소송법(1954. 9. 23. 법률 제341호로 제정된 것) 제199조 제2항, 구 '경찰관 직무집행법'(1981. 4. 13. 법률 제3427호로 전부개정되고, 2014. 5. 20. 법률 제 12600호로 개정되기 전의 것) 제8조 제1항(이하 위 두 조항을 합하여 '이 사건 사실조회조항'이라 한다)의 기본권침해의 가능성이 인정되는지 여부(소극)

3. 구 '개인정보 보호법'(2011. 3. 29. 법률 제10465호로 제정되고, 2013. 8. 6. 법률 제11990호로 개정되기 전의 것) 제18조 제2항 제7호(이하 '이 사건 정보제공조항'이라 한다)의 기본권침해의 직접성이 인정되는지 여부(소극)

4. 국민건강보험공단이 2013. 12. 20. 서울용산경찰서장에게 청구인들의 요양급여내역을 제공한 행위(이하 '이 사건 정보제공행위'라 한다)가 영장주의에 위배되어 청구인들의 개인정보자기결정권을 침해하는지 여부(소극)

5. 이 사건 정보제공행위가 과잉금지원칙에 위배되어 청구인들의 개인정보자기결정권을 침해하는지 여부(적극)

[결정요지]

1. 이 사건 사실조회행위의 근거조항인 이 사건 사실조회조항은 수사기관에 공

사단체 등에 대한 사실조회의 권한을 부여하고 있을 뿐이고, 국민건강보험공단은 서울용산경찰서장의 사실조회에 응하거나 협조하여야 할 의무를 부담하지 않는다. 따라서 이 사건 사실조회행위만으로는 청구인들의 법적 지위에 어떠한 영향을 미친다고 보기 어렵고, 국민건강보험공단의 자발적인 협조가 있어야만 비로소 청구인들의 개인정보자기결정권이 제한된다. 그러므로 <u>이 사건 사실조회행위는 공권력 행사성이 인정되지 않는다</u>.

2. 이 사건 사실조회조항은 수사기관에 공사단체 등에 대한 사실조회의 권한을 부여하고 있을 뿐이고, 공사단체 등이 수사기관의 사실조회에 응하거나 협조하여야 할 의무를 부담하지 않으므로, 이 사건 사실조회조항만으로는 청구인들의 법적 지위에 어떠한 영향을 미친다고 보기 어렵다. 그러므로 <u>이 사건 사실조회조항은 기본권침해의 가능성이 인정되지 않는다</u>.

3. 이 사건 정보제공조항은 개인정보처리자에게 개인정보의 수사기관 제공 여부를 결정할 수 있는 재량을 부여하고 있다. 따라서 '개인정보처리자의 개인정보 제공'이라는 구체적인 집행행위가 있어야 비로소 개인정보와 관련된 정보주체의 기본권이 제한되는 것이므로, <u>이 사건 정보제공조항은 기본권침해의 직접성이 인정되지 않는다</u>.

4. 이 사건 <u>사실조회행위는 강제력이 개입되지 아니한 임의수사에 해당하므로</u>, 이에 응하여 이루어진 이 사건 정보제공행위에도 <u>영장주의가 적용되지 않는다</u>. 그러므로 이 사건 정보제공행위가 영장주의에 위배되어 청구인들의 개인정보자기결정권을 침해한다고 볼 수 없다.

5. 이 사건 정보제공행위에 의하여 제공된 청구인 김○환의 약 2년 동안의 총 44회 요양급여내역 및 청구인 박○만의 약 3년 동안의 총 38회 요양급여내역은 건강에 관한 정보로서 '개인정보 보호법' 제23조 제1항이 규정한 민감정보에 해당한다. '개인정보 보호법'상 공공기관에 해당하는 국민건강보험공단은 이 사건 정보제공조항, '개인정보 보호법' 제23조 제1항 제2호, '경찰관 직무집행법 시행령' 제8조 등에 따라 범죄의 수사를 위하여 불가피한 경우 정보주체 또는 제3자의 이익을 부당하게 침해할 우려가 있을 때를 제외하고 민감정보를 서울용산경찰서장에게 제공할 수 있다.

서울용산경찰서장은 청구인들을 검거하기 위해서 국민건강보험공단에게 청구인들의 요양급여내역을 요청한 것인데, 서울용산경찰서장은 그와 같은 요청을 할 당시 전기통신사업자로부터 위치추적자료를 제공받는 등으로 청구인들의 위치를 확인하였거나 확인할 수 있는 상태였다. 따라서 <u>서울용산경찰서</u>

장이 청구인들을 검거하기 위하여 청구인들의 약 2년 또는 3년이라는 장기간의 요양급여내역을 제공받는 것이 불가피하였다고 보기 어렵다.

한편 급여일자와 요양기관명은 피의자의 현재 위치를 곧바로 파악할 수 있는 정보는 아니므로, 이 사건 정보제공행위로 얻을 수 있는 수사상의 이익은 없었거나 미약한 정도였다. 반면 서울용산경찰서장에게 제공된 요양기관명에는 전문의의 병원도 포함되어 있어 청구인들의 질병의 종류를 예측할 수 있는 점, 2년 내지 3년 동안의 요양급여정보는 청구인들의 건강 상태에 대한 총체적인 정보를 구성할 수 있는 점 등에 비추어 볼 때, 이 사건 정보제공행위로 인한 청구인들의 개인정보자기결정권에 대한 침해는 매우 중대하다.

그렇다면 이 사건 정보제공행위는 이 사건 정보제공조항 등이 정한 요건을 충족한 것으로 볼 수 없고, 침해의 최소성 및 법익의 균형성에 위배되어 청구인들의 개인정보자기결정권을 침해하였다.

2. 보안관찰법 제2조 등 위헌소원([헌불] 헌결 2021.6.24. 2017헌바479) ★
- 보안관찰처분대상자에 대한 신고의무 부과 사건 -

[판시사항]

1. 보안관찰처분대상자가 교도소 등에서 출소한 후 7일 이내에 출소사실을 신고하도록 정한 구 보안관찰법 제6조 제1항 전문 중 출소 후 신고의무에 관한 부분 및 이를 위반할 경우 처벌하도록 정한 보안관찰법 제27조 제2항 중 구 보안관찰법 제6조 제1항 전문 가운데 출소 후 신고의무에 관한 부분(이하 위 두 조항을 합하여 '출소후신고조항 및 위반 시 처벌조항'이라 한다)이 과잉금지원칙을 위반하여 청구인의 사생활의 비밀과 자유 및 개인정보자기결정권을 침해하는지 여부(소극)

2. 출소후신고조항 및 위반 시 처벌조항이 평등원칙에 위반되는지 여부(소극)

3. 보안관찰처분대상자가 교도소 등에서 출소한 후 기존에 보안관찰법 제6조 제1항에 따라 신고한 거주예정지 등 정보에 변동이 생길 때마다 7일 이내에 이를 신고하도록 정한 보안관찰법 제6조 제2항 전문(이하 '변동신고조항'이라 한다)이 포괄위임금지원칙에 위배되는지 여부(소극)

4. 변동신고조항 및 이를 위반할 경우 처벌하도록 정한 보안관찰법 제27조 제2항 중 제6조 제2항 전문에 관한 부분(이하 변동신고조항과 합하여 '변동신고조항 및 위반 시 처벌조항'이라 한다)이 과잉금지원칙을 위반하여 청구인의 사생활의 비밀과 자유 및 개인정보자기결정권을 침해하는지 여부(적극)

5. 변동신고조항 및 위반 시 처벌조항에 대하여 위헌의견이 4인, 헌법불합치의 견이 2인인 경우 주문의 표시 및 헌법불합치결정을 선고하면서 계속 적용을 명한 사례

[결정요지]
1. 출소 후 출소사실을 신고하여야 하는 신고의무 내용에 비추어 보안관찰처분 대상자(이하 '대상자'라 한다)의 불편이 크다거나 7일의 신고기간이 지나치게 짧다고 할 수 없다. 보안관찰해당범죄는 민주주의체제의 수호와 사회질서의 유지, 국민의 생존 및 자유에 중대한 영향을 미치는 범죄인 점, 보안관찰법은 대상자를 파악하고 재범의 위험성 등 보안관찰처분의 필요성 유무의 판단 자료를 확보하기 위하여 위와 같은 신고의무를 규정하고 있다는 점 등에 비추어 출소 후 신고의무 위반에 대한 제재수단으로 형벌을 택한 것이 과도하다거나 법정형이 다른 법률들에 비하여 각별히 과중하다고 볼 수도 없다. 따라서 출소후신고조항 및 위반 시 처벌조항은 과잉금지원칙을 위반하여 청구인의 사생활의 비밀과 자유 및 개인정보자기결정권을 침해하지 아니한다.
2. 대상자와 피보안관찰자에 맞게 각각에 대하여 신고의무를 부과하는 것 자체가 불합리하다고 볼 수 없고, 각 신고의무 모두 그 이행을 통한 관련 자료 확보의 필요성이 있다는 점 등에 비추어, 각자에게 '신고의무'를 부과하고 그 위반에 대해 동일한 법정형을 정한 것이 곧바로 평등원칙에 위반된다고 보기 어렵다. 또한 보안관찰과 치료감호·보호관찰이 신고의무 부과 및 제재에 있어 다른 이유는 각 제도의 목적과 취지, 법적 성질, 대상자의 지위와 처분의 내용에 차이가 있기 때문이다. 따라서 출소후신고조항 및 위반 시 처벌조항은 평등원칙에 위반되지 않는다.
3. 사회적 변화에 대응하기 위해 대상자가 신고해야 할 구체적 사항을 하위법령에 위임할 필요성이 인정된다. 보안관찰법 제6조 제1항에서 위임한 신고사항에는 대상자의 생활환경, 성행 등을 파악하는 데 필요한 직업, 재산, 가족 및 교우관계 등 재범의 위험성을 판단하기 위한 정보가 포함될 것임을 충분히 예측할 수 있다. 따라서 위 제6조 제1항에 의한 신고사항에 변동이 있을 경우 신고하도록 정한 변동신고조항은 포괄위임금지원칙에 위배되지 아니한다.
4. 가. 재판관 이석태, 재판관 김기영, 재판관 문형배, 재판관 이미선의 위헌의견
변동신고조항 및 위반 시 처벌조항은 <u>아직 재범의 위험성 판단이 이루어지지 아니한 대상자에게, 재범의 위험성이 인정되어 보안관찰처분을 받은 사람과</u>

유사한 신고의무 및 그 위반 시 동일한 형사처벌을 규정하고 있다. 이는 재범의 위험성이 없으면 보안처분을 부과할 수 없다는 보안처분에 대한 죄형법정주의적 요청에 위배되고, 입법목적 달성에 필요하지 않은 제한까지 부과하는 것이다.

피보안관찰자의 경우 2년마다 그 시점을 기준으로 재범의 위험성을 심사하여 갱신 여부를 결정하도록 하고 있는데, 대상자의 경우에는 정기적 심사도 없이 무기한의 신고의무를 부담하게 된다. 이 때문에 종국결정이라 할 수 있는 보안관찰처분이 없음에도 보안관찰처분이 있는 것과 유사한 효과를 선취하는 불합리한 결과를 초래하고 있다. 따라서 변동신고조항 및 위반 시 처벌조항은 과잉금지원칙을 위반하여 청구인의 사생활의 비밀과 자유 및 개인정보자기결정권을 침해한다.

나. 재판관 유남석, 재판관 이은애의 헌법불합치의견

변동신고조항은 출소 후 기존에 신고한 거주예정지 등 정보에 변동이 생기기만 하면 신고의무를 부과하는바, 의무기간의 상한이 정해져 있지 아니하여, 대상자로서는 보안관찰처분을 받은 자가 아님에도 무기한의 신고의무를 부담한다. 대상자는 보안관찰처분을 할 권한이 있는 행정청이 어느 시점에 처분을 할지 모르는 불안한 상태에 항상 놓여 있게 되는바, 이는 행정청이 대상자의 재범 위험성에 대하여 판단을 하지 아니함에 따른 부담을 오히려 대상자에게 전가한다는 문제도 있다. 대상자가 면제결정을 받으면 신고의무에서 벗어날 수 있으나, 이러한 예외적인 구제절차가 존재한다는 사정만으로는 기간의 상한 없는 변동신고의무의 위헌성을 근본적으로 치유하기에는 부족하다. 그렇다면 변동신고조항 및 위반 시 처벌조항은 대상자에게 보안관찰처분의 개시 여부를 결정하기 위함이라는 공익을 위하여 지나치게 장기간 형사처벌의 부담이 있는 신고의무를 지도록 하므로, 이는 과잉금지원칙을 위반하여 청구인의 사생활의 비밀과 자유 및 개인정보자기결정권을 침해한다. 변동신고조항 및 위반 시 처벌조항의 위헌성은 대상자가 무기한의 변동신고의무를 부담하게 된다는 데에 있다. 이에 대해 단순위헌결정을 할 경우 대상자에 대하여 변동사항 신고의무를 부과함이 정당한 경우에도 그러한 의무가 즉시 사라지게 되어 법적 공백이 발생한다. 따라서 위 조항들에 대하여 헌법불합치결정을 선고하고, 입법자의 개선입법이 있을 때까지 잠정적용을 명하는 것이 타당하다.

Ⅲ. 통신의 자유

> 제18조 모든 국민은 통신의 비밀을 침해받지 아니한다.

1. 의의
(1) 개념: 자유로운 통신의 보장과 통신비밀의 불가침을 그 내용으로 하며, 통신의 비밀의 불가침이란 개인이 자신의 의사를 전달하고 교환할 때 그 내용 등이 본인의 의사에 반하여 열람되거나 공개되지 않을 자. 통신의 자유를 기본권으로서 보장하는 것은 사적 영역에 속하는 개인 간의 의사소통을 사생활의 일부로서 보장하겠다는 취지에서 비롯된 것(헌결 2000헌바25)

(2) 주체: 국민과 법인, 외국인, **수형자**○(헌결 96헌마398)

2. 통신의 자유의 내용
(1) 통신의 비밀: 통신이란 격지자 간의 의사나 정보의 전달을 의미하며, 통신의 비밀이란 신서, 전신, 그 밖의 우편물들의 통신의 내용과 통신의 형태, 당사자, 배달방법, 전달자, 배달과 관련된 모든 자료를 말하며, 비밀성 유무를 불문

(2) 통신의 불가침: 통신에 대한 열람을 금하며 지득한 통신을 누설하지 않음

3. 통신의 자유의 효력
대국가적 효력+간접적 대사인효

4. 통신의 자유에 대한 제한과 그 한계
(1) 도청: 불법적으로 다른 사람의 전기통신의 내용을 청취하는 것으로, 위법이며 언제나 불허

(2) 감청: 법률에 따라 적법하게 다른 사람의 통신내용을 청취하는 것으로, 적법한 통신제한조치란 점에서 도청과 구별. ★ <u>이미 수신이 완료된 전기통신의 내용을 지득하는 등의 행위는 감청에 포함</u>×(대판 2012도4644). 감청의 종류는 일반감청, 특별감청, 긴급감청

| 헌결 | 대판 |

1. 통신비밀보호법 제2조 제3호 및 제7호에 의하면 같은 법상 '감청'은 전자적 방식에 의하여 모든 종류의 음향·문언·부호 또는 영상을 송신하거나 수신하

는 전기통신에 대하여 당사자의 동의 없이 전자장치·기계장치 등을 사용하여 통신의 음향·문언·부호·영상을 청취·공독하여 그 내용을 지득 또는 채록하거나 전기통신의 송·수신을 방해하는 것을 말한다. 그런데 해당 규정의 문언이 송신하거나 수신하는 전기통신 행위를 감청의 대상으로 규정하고 있을 뿐 송·수신이 완료되어 보관 중인 전기통신 내용은 대상으로 규정하지 않은 점, 일반적으로 감청은 다른 사람의 대화나 통신 내용을 몰래 엿듣는 행위를 의미하는 점 등을 고려하여 보면, 통신비밀보호법상 '감청'이란 대상이 되는 전기통신의 송·수신과 동시에 이루어지는 경우만을 의미하고, 이미 수신이 완료된 전기통신의 내용을 지득하는 등의 행위는 포함되지 않는다(대판 2012.10.25. 2012도4644).

2. 3인 간의 대화에 있어서 그중 한 사람이 그 대화를 녹음하는 경우에 다른 두 사람의 발언은 그 녹음자에 대한 관계에서 '타인 간의 대화'라고 할 수 없으므로, 이와 같은 녹음행위가 통신비밀보호법 제3조 제1항에 위배된다고 볼 수는 없다(대판 2006.10.12. 2006도4981).

3. 구 통신비밀보호법(2014. 1. 14. 법률 제12229호로 개정되기 전의 것) 제3조 제1항이 공개되지 아니한 타인간의 대화를 녹음 또는 청취하지 못하도록 한 것은, 대화에 원래부터 참여하지 않는 제3자가 그 대화를 하는 타인간의 발언을 녹음 또는 청취해서는 아니 된다는 취지이다. 따라서 대화에 원래부터 참여하지 않는 제3자가 일반 공중이 알 수 있도록 공개되지 아니한 타인간의 발언을 녹음하거나 전자장치 또는 기계적 수단을 이용하여 청취하는 것은 특별한 사정이 없는 한 같은 법 제3조 제1항에 위반된다(대판 2016.5.12. 2013도15616). ★

[기출지문] 대화에 원래부터 참여하지 않는 제3자가 일반 공중이 알 수 있도록 공개되지 않은 타인 간의 발언을 녹음하는 것은 특별한 사정이 없는 한 「통신비밀보호법」 제3조 제1항에 위반된다.(○) 〈경찰간부 2024〉

4. 전기통신사업자는 수사종료 여부와 관계없이 통신비밀보호법 제13조의5, 제11조 제2항에 따라 전기통신 이용자를 포함한 외부에 대하여 통신사실 확인자료 제공 사항을 공개·누설하지 말아야 할 의무를 계속하여 부담하므로, 이용자의 공개 요구에도 응할 의무가 없다(대판 2015.2.12. 2011다76617).

5. [1] 전기통신의 감청은 제3자가 전기통신의 당사자인 송신인과 수신인의 동의를 받지 아니하고 통신비밀보호법 제2조 제7호 소정의 각 행위를 하는 것만을 말한다고 풀이함이 상당하다고 할 것이므로, 전기통신의 당사자의 일방이 상대방 모르게 통신의 음향·영상 등을 청취하거나 녹음하는 것은 여기의

감청에 해당하지 아니하지만, 제3자의 경우는 설령 당사자 일방의 동의를 받고 그 통신의 음향·영상을 청취하거나 녹음하였다 하더라도 그 상대방의 동의가 없었던 이상, 사생활 및 통신의 불가침을 국민의 기본권의 하나로 선언하고 있는 헌법규정과 통신비밀의 보호와 통신의 자유 신장을 목적으로 제정된 통신비밀보호법의 취지에 비추어 이는 통신비밀보호법 제3조 제1항 위반이 된다.

[2] 방송자가 인터넷을 도관 삼아 인터넷서비스제공업체 또는 온라인서비스제공자인 인터넷개인방송 플랫폼업체의 서버를 이용하여 실시간 또는 녹화된 형태로 음성, 영상물을 방송함으로써 불특정 혹은 다수인이 이를 수신·시청할 수 있게 하는 인터넷개인방송은 그 성격이나 통신비밀보호법 제2조 제3호, 제7호, 제3조 제1항, 제4조에 비추어 전기통신에 해당함은 명백하다. 인터넷개인방송의 방송자가 비밀번호를 설정하는 등 그 수신 범위를 한정하는 비공개 조치를 취하지 않고 방송을 송출하는 경우, 누구든지 시청하는 것을 포괄적으로 허용하는 의사라고 볼 수 있으므로, 그 시청자는 인터넷개인방송의 당사자인 수신인에 해당하고, 이러한 시청자가 방송 내용을 지득·채록하는 것은 통신비밀보호법에서 정한 감청에 해당하지 않는다. 그러나 <u>인터넷개인방송의 방송자가 비밀번호를 설정하는 등으로 비공개 조치를 취한 후 방송을 송출하는 경우에는, 방송자로부터 허가를 받지 못한 사람은 당해 인터넷개인방송의 당사자가 아닌 '제3자'에 해당하고, 이러한 제3자가 비공개 조치가 된 인터넷개인방송을 비정상적인 방법으로 시청·녹화하는 것은 통신비밀보호법상의 감청에 해당할 수 있다.</u> 다만 방송자가 이와 같은 제3자의 시청·녹화 사실을 알거나 알 수 있었음에도 방송을 중단하거나 그 제3자를 배제하지 않은 채 방송을 계속 진행하는 등 허가받지 아니한 제3자의 시청·녹화를 사실상 승낙·용인한 것으로 볼 수 있는 경우에는 불특정인 혹은 다수인을 직간접적인 대상으로 하는 인터넷개인방송의 일반적 특성상 그 제3자 역시 인터넷개인방송의 당사자에 포함될 수 있으므로, 이러한 제3자가 방송 내용을 지득·채록하는 것은 통신비밀보호법에서 정한 감청에 해당하지 않는다(대판 2022.10.27. 2022도9877). ★

[기출지문] 인터넷개인방송의 방송자가 비밀번호를 설정하는 등으로 비공개 조치를 취한 후 방송을 송출하는 경우, 방송자로부터 허가를 받지 못한 제3자가 비공개 조치가 된 인터넷개인방송을 비정상적인 방법으로 시청·녹화한 것은 「통신비밀보호법」상의 감청에 해당하지 않는다. (×) 〈경찰간부 2024〉

[부속] 통신비밀보호법 ㉠ 2021.1.5. 개정- 고위공직자의 직무 관련 부정부패를 엄정하게 수사하기 위한 독립된 수사기구인 고위공직자범죄수사처를 신설하는 내용으로「고위공직자범죄수사처 설치 및 운영에 관한 법률」이 제정(법률 제16863호, 2020. 1. 14. 공포, 7. 15. 시행)됨에 따라 통신제한조치 및 압수·수색·검증의 집행에 관한 통지와 범죄수사를 위한 통신사실 확인자료제공의 통지 관련 규정 등을 정비할 필요가 있는바, 관련 규정을 정비하는 등 현행 제도의 운영상 나타난 일부 미비점을 개선·보완하려는 것임 ㉡ 2021.3.16. 개정- 종전에는 검사에게만 수사종결권을 부여하였으나 사법경찰관에게도 1차적 수사종결권을 부여하는 등의 내용으로「형사소송법」이 개정(법률 제16924호, 2020. 2. 4. 공포, 2021. 1. 1. 시행)됨에 따라, 사법경찰관의 통신제한조치 대상자 등에 대한 통신제한조치 집행 사실 등의 통지 기산점에 검사의 공소를 제기하지 아니하는 처분에 대응하여 사법경찰관의 검찰송치를 하지 아니하는 처분을 추가하는 등 관련 규정을 정비하려는 것임 ㉢ 2021.10.19. 개정- 현행법은 금고 이상의 실형을 선고받고 그 집행이 종료되거나 집행이 면제된 날부터 2년이 지나지 아니한 자에 해당하는 법인의 대표자는 불법감청설비탐지업을 등록할 수 없도록 결격사유를 규정하고 있음.「방송법」,「전기통신사업법」,「위치정보의 보호 및 이용 등에 관한 법률」등 다수 법률에서는 형의 집행이 종료된 후 3년이 경과하지 아니하면 사업을 할 수 없도록 결격사유를 엄격히 하고 있음. 그런데 불법감청설비탐지업의 경우 통신비밀 등의 업무와 관련된 특수성을 고려할 때, 불법감청설비탐지업에 대한 결격사유를 현행보다 더 엄격히 규정할 필요가 있음. 이에 결격사유 규정을 더욱 강화하여 불법감청설비탐지업의 등록과 관련된 자격관리를 엄격히 하려는 것임. ㉣ 2022.12.27. 개정- 긴급통신제한조치가 단시간 내에 종료된 경우라도 예외 없이 법원의 허가를 받도록 하고, 긴급통신제한조치의 집행에 착수한 때부터 36시간 이내에 법원의 허가를 받지 못한 경우에는 해당 조치로 취득한 자료를 폐기하도록 하는 등 긴급통신제한조치 등에 대한 통제를 강화하여 수사기관이 긴급통신제한조치를 남용하는 것을 방지하고 통신의 자유 등 국민의 기본권 신장에 기여함. ★

부속 통신비밀보호법상 통신의 자유의 제한 정리

	주체	기간	대상인 및 허가	제한내용
일반 감청	검사	2월	법원의 허가	범죄를 계획·실행하고 있거나 실행하였다고 의심할만한 충분한 이유가 있고 다른 방법으로는 그 범죄의 실행을 저지하거나 범인의 체포 또는 증거의 수집이 어려운 경우(동법 §6)
특별 감청	정보 기관 의장	4월	• 내국인: 고등법원 수석판사의 허가 • 외국인: 대통령의 승인	국가안전보장에 대한 상당한 위험이 예상되는 경우 그 위해를 방지하기 위한 목적(동법 §7)
긴급 감청	검사 사경	36 시간	법원의 허가 없이 통신제한조치	범죄수사: 국가안보를 위협하는 음모행위, 직접적인 사망이나 심각한 상해의 위험을 야기할 수 있는 범죄의 계획이나 실행 등 긴박한 상황에 있고, 법원의 허가절차를 거칠 수 없는 긴급한 사유가 있는 때(동법 §8①)
	정보 기관 의장	36 시간	• 외국인: 소속장관(국가정보원장을 포함)의 승인	국가안보: 上同(동법 §8⑧)

| 헌결 | 대판 | **통신의 자유 침해를 인정**

1. 청구인 박○옥과 이○호 사이의 위 5.26.자 서신과 6.2.자 서신에 대하여는 그것이 변호인과의 사이의 서신교환이라는 사실이 확인되었고 또 위 이○호의 범죄혐의내용(집회 및 시위에 관한 법률 위반)이나 신분(교사) 등에 비추어 소지금지품의 포함 또는 불법내용의 기재 등이 있다고 의심할 만한 사정이 없음에도 피청구인이 이를 검열한 것이므로, <u>이는 헌법상 보장된 청구인들의 통신의 비밀을 침해받지 아니할 권리와 청구인 이○호의 변호인의 조력을 받을 권리를 침해한 것이라 할 것이다</u>(인용 헌결 1995.7.21. 92헌마144).

2. 통신제한조치기간의 연장을 허가함에 있어 총연장기간 또는 총연장횟수의 제한을 두고 그 최소한의 연장기간 동안 범죄혐의를 입증하지 못하는 경우 통신제한조치를 중단하게 한다고 하여도, 여전히 통신제한조치를 해야 할 필요가 있으면 법원에 새로운 통신제한조치의 허가를 청구할 수 있으므로 이로써 수사목적을 달성하는데 충분하다. 또한 법원이 실제 통신제한조치의 기간연장절차의 남용을 통제하는데 한계가 있는 이상 통신제한조치 기간연장에 사법

적 통제절차가 있다는 사정만으로는 그 남용으로 인하여 개인의 통신의 비밀이 과도하게 제한되는 것을 막을 수 없다. 그럼에도 통신제한조치기간을 연장함에 있어 법운용자의 남용을 막을 수 있는 최소한의 한계를 설정하지 않은 이 사건 법률조항은 침해의 최소성원칙에 위반한다. 나아가 통신제한조치가 내려진 피의자나 피내사자는 자신이 감청을 당하고 있다는 사실을 모르는 기본권제한의 특성상 방어권을 행사하기 어려운 상태에 있으므로 통신제한조치기간의 연장을 허가함에 있어 총연장기간 또는 총연장횟수의 제한이 없을 경우 수사와 전혀 관계없는 개인의 내밀한 사생활의 비밀이 침해당할 우려도 심히 크기 때문에 기본권 제한의 법익균형성 요건도 갖추지 못하였다. 그러므로 이 사건 법률조항[저자 주:통신제한조치기간의 연장을 허가함에 있어 총연장기간 또는 총연장횟수의 제한을 두지 아니한 통신비밀보호법(2001. 12. 29 법률 제6546호로 개정된 것) 제6조 제7항 단서 중 전기통신에 관한 '통신제한조치기간의 연장'에 관한 부분]은 과잉금지원칙에 위반하여 청구인의 통신의 비밀을 침해하였다고 할 것이다.(헌불 헌결 2010.12.28. 2009헌가30). ★

3. 이 사건 시행령조항[저자 주: 수용자가 밖으로 내보내는 모든 서신을 봉함하지 않은 상태로 교정시설에 제출하도록 규정하고 있는 '형의 집행 및 수용자의 처우에 관한 법률 시행령'(2008. 10. 29. 대통령령 21095호로 개정된 것) 제65조 제1항]은 교정시설의 안전과 질서유지, 수용자의 교화 및 사회복귀를 원활하게 하기 위해 수용자가 밖으로 내보내는 서신을 봉함하지 않은 상태로 제출하도록 한 것이나, 이와 같은 목적은 교도관이 수용자의 면전에서 서신에 금지물품이 들어 있는지를 확인하고 수용자로 하여금 서신을 봉함하게 하는 방법, 봉함된 상태로 제출된 서신을 X-ray 검색기 등으로 확인한 후 의심이 있는 경우에만 개봉하여 확인하는 방법, 서신에 대한 검열이 허용되는 경우에만 무봉함 상태로 제출하도록 하는 방법 등으로도 얼마든지 달성할 수 있다고 할 것인바, 위 시행령 조항이 수용자가 보내려는 모든 서신에 대해 무봉함 상태의 제출을 강제함으로써 수용자의 발송 서신 모두를 사실상 검열 가능한 상태에 놓이도록 하는 것은 기본권 제한의 최소 침해성 요건을 위반하여 수용자인 청구인의 통신비밀의 자유를 침해하는 것이다.(위헌 헌결 2012.2.23. 2009헌마333).

4. 수사기관이 수사의 필요성 있는 경우 전기통신사업자에게 위치정보 추적자료를 제공요청할 수 있도록 한 통신비밀보호법 조항(헌불 헌결 2018.6.28. 2012헌마191) ⇒ 이 사건 요청조항은 헌법상 과잉금지원칙에 위배되어 청구인들의

통신의자유를 침해○ ★ 명확성원칙 위반은 아님 통지 수사의 필요성이 있는 경우 기지국수사를 허용한 통신비밀보호법 조항(헌불) 헌결 2018.6.28. 2012헌마538)

5. 통신비밀보호법 제5조 제2항 중 '인터넷회선을 통하여 송·수신하는 전기통신'에 관한 부분(헌불) 헌결 2018.8.30. 2016헌마263) ⇒ ★ 이른바 '패킷(packet) 감청사건에서 통신 및 사생활의 비밀과 자유를 침해○ ★ 영장주의 위반여부 별도 판단×

심화학습

1. **통신비밀보호법 제2조 제11호 바목 등 위헌확인 등**(헌불) 헌결 2018.6.28. 2012헌마191) ★★★

   - 통신비밀보호법 '위치정보 추적자료' 사건 -

[판시사항]
1. 통신비밀보호법(2005. 1. 27. 법률 제7371호로 개정된 것) 제2조 제11호 바목, 사목(이하 '이 사건 정의조항'이라 하고, 위 두 조문에서 규정한 통신사실 확인자료를 '위치정보 추적자료'라 한다)에 대한 심판청구가 기본권 침해의 직접성이 인정되는지 여부(소극)

2. 통신비밀보호법(2005. 5. 26. 법률 제7503호로 개정된 것) 제13조 제1항 중 '검사 또는 사법경찰관은 수사를 위하여 필요한 경우 전기통신사업법에 의한 전기통신사업자에게 제2조 제11호 바목, 사목의 통신사실 확인자료의 열람이나 제출을 요청할 수 있다' 부분(이하 '이 사건 요청조항'이라 한다)이 명확성원칙에 위반되는지 여부(소극)

3. 이 사건 요청조항이 과잉금지원칙에 위반되어 청구인들의 개인정보자기결정권과 통신의 자유를 침해하는지 여부(적극) ★

4. 통신비밀보호법(2005. 5. 26. 법률 제7503호로 개정된 것) 제13조 제2항 본문 중 제2조 제11호 바목, 사목의 통신사실 확인자료에 관한 부분(이하 '이 사건 허가조항'이라 한다)이 헌법상 영장주의에 위반되어 청구인들의 개인정보자기결정권과 통신의 자유를 침해하는지 여부(소극)

5. 통신비밀보호법(2005. 5. 26. 법률 제7503호로 개정된 것) 제13조의3 제1항 중 제2조 제11호 바목, 사목의 통신사실 확인자료에 관한 부분(이하 '이 사건 통지

조항'이라 한다)이 적법절차원칙에 위반되어 청구인들의 개인정보자기결정권을 침해하는지 여부(적극) ★★

[결정요지]
1. 이 사건 정의조항은 위치정보 추적자료가 통신사실 확인자료에 해당한다고 정의한 규정에 불과하여, 그 자체로는 청구인들의 자유의 제한, 의무의 부과, 권리 또는 법적 지위의 박탈이 발생하지 아니하므로, 이 사건 정의조항에 대한 심판청구는 기본권 침해의 직접성이 인정되지 아니한다.

2. 이 사건 요청조항의 '수사를 위하여 필요한 경우'란 위치정보 추적자료가 범인의 발견이나 범죄사실의 입증에 기여할 개연성이 충분히 소명된다는 전제하에, 범인을 발견·확보하며 증거를 수집·보전하는 수사기관의 활동을 위하여 그 목적을 달성할 수 있는 범위 안에서 관련 있는 자에 대한 위치정보 추적자료 제공요청이 필요한 경우를 의미한다고 해석되므로, 이 사건 요청조항은 명확성원칙에 위반되지 아니한다.

3. 수사기관은 위치정보 추적자료를 통해 특정 시간대 정보주체의 위치 및 이동상황에 대한 정보를 취득할 수 있으므로 위치정보 추적자료는 충분한 보호가 필요한 민감한 정보에 해당되는 점, 그럼에도 이 사건 요청조항은 수사기관의 광범위한 위치정보 추적자료 제공요청을 허용하여 정보주체의 기본권을 과도하게 제한하는 점, 위치정보 추적자료의 제공요청과 관련하여서는 실시간 위치추적 또는 불특정 다수에 대한 위치추적의 경우 보충성 요건을 추가하거나 대상범죄의 경중에 따라 보충성 요건을 차등적으로 적용함으로써 수사에 지장을 초래하지 않으면서도 정보주체의 기본권을 덜 침해하는 수단이 존재하는 점, 수사기관의 위치정보 추적자료 제공요청에 대해 법원의 허가를 거치도록 규정하고 있으나 수사의 필요성만을 그 요건으로 하고 있어 절차적 통제마저도 제대로 이루어지기 어려운 현실인 점 등을 고려할 때, 이 사건 요청조항은 과잉금지원칙에 반하여 청구인들의 개인정보자기결정권과 통신의 자유를 침해한다. ★

4. 위치정보 추적자료 제공요청은 통신비밀보호법이 정한 <강제처분>에 해당되므로 헌법상 영장주의가 적용된다. 영장주의의 본질은 강제처분을 함에 있어 중립적인 법관이 구체적 판단을 거쳐야 한다는 점에 있는바, 이 사건 허가조항은 수사기관이 전기통신사업자에게 위치정보 추적자료 제공을 요청함에 있어 관할 지방법원 또는 지원의 허가를 받도록 규정하고 있으므로 헌법상 영장주의에 위배되지 아니한다. ★

5. 수사의 밀행성 확보는 필요하지만, 적법절차원칙을 통하여 수사기관의 권한 남용을 방지하고 정보주체의 기본권을 보호하기 위해서는, 위치정보 추적자료 제공과 관련하여 정보주체에게 적절한 고지와 실질적인 의견진술의 기회를 부여해야 한다. 그런데 이 사건 통지조항은 수사가 장기간 진행되거나 <u>기소중지결정이 있는 경우에는 정보주체에게 위치정보 추적자료 제공사실을 통지할 의무를 규정하지 아니하고</u>, 그 밖의 경우에 제공사실을 통지받더라도 그 제공사유가 통지되지 아니하며, 수사목적을 달성한 이후 해당 자료가 파기되었는지 여부도 확인할 수 없게 되어 있어, <u>정보주체로서는 위치정보 추적자료와 관련된 수사기관의 권한남용에 대해 적절한 대응을 할 수 없게 되었다</u>. 이에 대해서는, 수사가 장기간 계속되거나 <u>기소중지된 경우라도 일정 기간이 경과하면 원칙적으로 정보주체에게 그 제공사실을 통지하도록 하되 수사에 지장을 초래하는 경우에는 중립적 기관의 허가를 얻어 통지를 유예하는 방법</u>, 일정한 조건 하에서 정보주체가 그 제공요청 사유의 통지를 신청할 수 있도록 하는 방법, <u>통지의무를 위반한 수사기관을 제재하는 방법</u> 등의 개선방안이 있다. 이러한 점들을 종합할 때, <u>이 사건 통지조항은 적법절차원칙에 위배</u>되어 청구인들의 <u>개인정보자기결정권을 침해</u>한다. ★★

[구 통신비밀보호법]
제13조의3(범죄수사를 위한 통신사실 확인자료제공의 통지) ① 제13조의 규정에 의하여 통신사실 확인자료제공을 받은 사건에 관하여 공소를 제기하거나, 공소의 제기 또는 입건을 하지 아니하는 처분(<u>기소중지결정을 제외</u>한다)을 한 때에는 그 처분을 한 날부터 30일 이내에 통신사실 확인자료제공을 받은 사실과 제공요청기관 및 그 기간 등을 서면으로 통지하여야 한다.
② 제1항에 규정된 사항 외에 통신사실 확인자료제공을 받은 사실 등에 관하여는 제9조의2(동조 제3항을 제외한다)의 규정을 준용한다.

2. **통신비밀보호법 제13조 제1항 위헌확인 등**(헌불) 헌결 2018.6.28. 2012헌마538) ★★★

– 통신비밀보호법 '기지국수사' 사건 –

[판시사항]
1. 피청구인이 2012. 1. 25. 18:10경 법원의 허가를 얻어 전기통신사업자들에게 2011. 12. 26. 17:00부터 17:10 사이 서울교육문화회관을 관할하는 기지국을

이용하여 착·발신한 전화번호, 착·발신 시간, 통화시간, 수·발신 번호 등의 통신사실 확인자료 제공을 요청하고, 위 전기통신사업자들로부터 청구인을 포함한 총 659명의 통신사실 확인자료를 제공받은 행위(이하 '이 사건 기지국수사'라 한다)에 대한 심판청구이익 인정 여부(소극)

2. 통신비밀보호법(2005. 5. 26. 법률 제7503호로 개정된 것) 제13조 제1항 중 '검사 또는 사법경찰관은 수사를 위하여 필요한 경우 전기통신사업법에 의한 전기통신사업자에게 제2조 제11호 가목 내지 라목의 통신사실 확인자료의 열람이나 제출을 요청할 수 있다' 부분(이하 '이 사건 요청조항'이라 한다)이 과잉금지원칙에 위반되어 청구인의 개인정보자기결정권과 통신의 자유를 침해하는지 여부(적극) ★★★

3. 통신비밀보호법(2005. 5. 26. 법률 제7503호로 개정된 것) 제13조 제2항 본문 중 제2조 제11호 가목 내지 라목의 통신사실 확인자료에 관한 부분(이하 '이 사건 허가조항'이라 한다)이 헌법상 영장주의에 위반되어 청구인의 개인정보자기결정권과 통신의 자유를 침해하는지 여부(소극)

[결정요지]

1. 피청구인의 이 사건 기지국수사는 2012. 1. 25.경 종료되었으므로, 이 사건 심판청구 당시에 주관적 권리보호이익은 소멸하였다. 한편, 기지국수사로 인한 기본권 제한의 반복가능성은 이를 허용하는 이 사건 요청조항 및 허가조항이 현존하기 때문인바, 청구인은 위 조항들에 대해서도 심판청구하고 있고 헌법재판소도 위 조항들에 대해 본안 판단에 나아가는 이상, 이 사건 기지국수사에 대한 심판청구이익은 인정하지 아니한다.

2. 이동전화의 이용과 관련하여 필연적으로 발생하는 통신사실 확인자료는 비록 비내용적 정보이지만 여러 정보의 결합과 분석을 통해 정보주체에 관한 정보를 유추해낼 수 있는 민감한 정보인 점, 수사기관의 통신사실 확인자료 제공요청에 대해 법원의 허가를 거치도록 규정하고 있으나 수사의 필요성만을 그 요건으로 하고 있어 제대로 된 통제가 이루어지기 어려운 점, 기지국수사의 허용과 관련하여서는 유괴·납치·성폭력범죄 등 강력범죄나 국가안보를 위협하는 각종 범죄와 같이 피의자나 피해자의 통신사실 확인자료가 반드시 필요한 범죄로 그 대상을 한정하는 방안 또는 다른 방법으로는 범죄수사가 어려운 경우(보충성)를 요건으로 추가하는 방안 등을 검토함으로써 수사에 지장을 초래하지 않으면서도 불특정 다수의 기본권을 덜 침해하는 수단이 존재하는 점

을 고려할 때, 이 사건 요청조항은 과잉금지원칙에 반하여 청구인의 개인정보자기결정권과 통신의 자유를 침해한다. ★★★
3. 기지국수사는 통신비밀보호법이 정한 강제처분에 해당되므로 헌법상 영장주의가 적용된다. 헌법상 영장주의의 본질은 강제처분을 함에 있어 중립적인 법관이 구체적 판단을 거쳐야 한다는 점에 있는바, 이 사건 허가조항은 수사기관이 전기통신사업자에게 통신사실 확인자료 제공을 요청함에 있어 관할 지방법원 또는 지원의 허가를 받도록 규정하고 있으므로 헌법상 영장주의에 위배되지 아니한다. ★

3. 통신제한조치 허가 위헌확인 등 ([헌불] 헌결 2018.8.30. 2016헌마263) ★★★

– 인터넷회선 감청 위헌확인 사건 –

[판시사항]

통신비밀보호법(1993. 12. 27. 법률 제4650호로 제정된 것, 이하 '법'이라 한다) 제5조 제2항 중 '인터넷회선을 통하여 송·수신하는 전기통신'에 관한 부분(이하 '이 사건 법률조항'이라 한다)이 과잉금지원칙을 위반하여 청구인의 기본권을 침해하는지 여부(적극)

[결정요지]

인터넷회선감청은, 인터넷회선을 통하여 흐르는 전기신호 형태의 '패킷'을 중간에 확보한 다음 재조합 기술을 거쳐 그 내용을 파악하는 이른바 '패킷감청'의 방식으로 이루어진다. 따라서 이를 통해 개인의 통신뿐만 아니라 사생활의 비밀과 자유가 제한된다.

오늘날 인터넷 사용이 일상화됨에 따라 국가 및 공공의 안전, 국민의 재산이나 생명·신체의 안전을 위협하는 범행의 저지나 이미 저질러진 범죄수사에 필요한 경우 인터넷 통신망을 이용하는 전기통신에 대한 감청을 허용할 필요가 있으므로 이 사건 법률조항은 입법목적의 정당성과 수단의 적합성이 인정된다.

인터넷회선 감청으로 수사기관은 타인 간 통신 및 개인의 내밀한 사생활의 영역에 해당하는 통신자료까지 취득할 수 있게 된다. 따라서 통신제한조치에 대한 법원의 허가 단계에서는 물론이고, 집행이나 집행 이후 단계에서도 수사기관의 권한 남용을 방지하고 관련 기본권 제한이 최소화될 수 있도록 입법적 조치가 제대로 마련되어 있어야 한다.

법은 "범죄를 계획 또는 실행하고 있거나 실행하였다고 의심할만한 충분한 이유가 있는 경우" 보충적 수사 방법으로 통신제한조치가 활용하도록 요건을 정하고 있고, 법원의 허가 단계에서 특정 피의자 내지 피내사자의 범죄수사를 위해 그 대상자가 사용하는 특정 인터넷회선에 한하여 필요한 범위 내에서만 감청이 이루어지도록 제한이 되어 있다(법 제5조, 제6조).

그러나 '패킷감청'의 방식으로 이루어지는 인터넷회선 감청은 수사기관이 실제 감청 집행을 하는 단계에서는 해당 인터넷회선을 통하여 흐르는 불특정 다수인의 모든 정보가 패킷 형태로 수집되어 일단 수사기관에 그대로 전송되므로, 다른 통신제한조치에 비하여 감청 집행을 통해 수사기관이 취득하는 자료가 비교할 수 없을 정도로 매우 방대하다는 점에 주목할 필요가 있다.

불특정 다수가 하나의 인터넷회선을 공유하여 사용하는 경우가 대부분이므로, 실제 집행 단계에서는 법원이 허가한 범위를 넘어 피의자 내지 피내사자의 통신자료뿐만 아니라 동일한 인터넷회선을 이용하는 불특정 다수인의 통신자료까지 수사기관에 모두 수집·저장된다. 따라서 인터넷회선 감청을 통해 수사기관이 취득하는 개인의 통신자료의 양을 전화감청 등 다른 통신제한조치와 비교할 바는 아니다.

따라서 인터넷회선 감청은 집행 및 그 이후에 제3자의 정보나 범죄수사와 무관한 정보까지 수사기관에 의해 수집·보관되고 있지는 않는지, 수사기관이 원래 허가받은 목적, 범위 내에서 자료를 이용·처리하고 있는지 등을 감독 내지 통제할 법적 장치가 강하게 요구된다.

그런데 현행법은 관련 공무원 등에게 비밀준수의무를 부과하고(법 제11조), 통신제한조치로 취득한 자료의 사용제한(법 제12조)을 규정하고 있는 것 외에 수사기관이 감청 집행으로 취득하는 막대한 양의 자료의 처리 절차에 대해서 아무런 규정을 두고 있지 않다.

현행법상 전기통신 가입자에게 집행 통지는 하게 되어 있으나 집행 사유는 알려주지 않아야 되고, 수사가 장기화되거나 기소중지 처리되는 경우에는 감청이 집행된 사실조차 알 수 있는 길이 없도록 되어 있어(법 제9조의2), 더욱 객관적이고 사후적인 통제가 어렵다. 또한 현행법상 감청 집행으로 인하여 취득된 전기통신의 내용은 법원으로부터 허가를 받은 범죄와 관련되는 범죄를 수사·소추하거나 그 범죄를 예방하기 위하여도 사용이 가능하므로(법 제12조 제

1호) 특정인의 동향 파악이나 정보수집을 위한 목적으로 수사기관에 의해 남용될 가능성도 배제하기 어렵다.

인터넷회선 감청과 동일하거나 유사한 감청을 수사상 필요에 의해 허용하면서도, 관련 기본권 침해를 최소화하기 위하여 집행 이후에도 주기적으로 경과보고서를 법원에 제출하도록 하거나, 감청을 허가한 판사에게 감청 자료를 봉인하여 제출하도록 하거나, 감청자료의 보관 내지 파기 여부를 판사가 결정하도록 하는 등 수사기관이 감청 집행으로 취득한 자료에 대한 처리 등을 객관적으로 통제할 수 있는 절차를 마련하고 있는 입법례가 상당수 있다.

이상을 종합하면, <u>이 사건 법률조항은 인터넷회선 감청의 특성을 고려하여 그 집행 단계나 집행 이후에 수사기관의 권한 남용을 통제하고 관련 기본권의 침해를 최소화하기 위한 제도적 조치가 제대로 마련되어 있지 않은 상태에서, 범죄수사 목적을 이유로 인터넷회선 감청을 통신제한조치 허가 대상 중 하나로 정하고 있으므로 침해의 최소성 요건을 충족한다고 할 수 없다.</u> ★★

이러한 여건 하에서 인터넷회선의 감청을 허용하는 것은 개인의 통신 및 사생활의 비밀과 자유에 심각한 위협을 초래하게 되므로 <u>이 사건 법률조항으로 인하여 달성하려는 공익과 제한되는 사익 사이의 법익 균형성도 인정되지 아니한다. 그러므로 이 사건 법률조항은 과잉금지원칙에 위반하는 것으로 청구인의 통신 및 사생활의 비밀과 자유를 침해한다.</u>

[판단이유]

인터넷회선 감청은 검사가 법원의 허가를 받으면, 피의자 및 피내사자에 해당하는 감청대상자나 해당 인터넷회선의 가입자의 동의나 승낙을 얻지 아니하고도, 전기통신사업자의 협조를 통해 해당 인터넷회선을 통해 송·수신되는 전기통신에 대해 감청을 집행함으로써 정보주체의 기본권을 제한할 수 있으므로, 법이 정한 강제처분에 해당한다. 또한 <u>인터넷회선 감청은 서버에 저장된 정보가 아니라, 인터넷상에서 발신되어 수신되기까지의 과정 중에 수집되는 정보, 즉 전송 중인 정보의 수집을 위한 수사이므로, <압수·수색과 구별>된다.</u> ★★★

[기출지문] 인터넷회선 감청은 서버에 저장된 정보가 아니라, 인터넷상에서 발신되어 수신되기까지의 과정 중에 수집되는 정보, 즉 전송 중인 정보의 수집을 위한 수사이므로, 압수·수색에 해당된다.(×) 〈지방7급 2019〉

제4항 | 정신생활영역의 자유

Ⅰ. 양심의 자유

제19조 모든 국민은 양심의 자유를 가진다.

1. 의의

(1) 연혁: 건국헌법에서 신앙과 양심을 하나의 조문에서 보장하였으나 <u>제3공화국 헌법부터 신앙과 양심을 분리</u>하여 규정

(2) 개념: 양심은 선과 악에 관한 진지한 윤리적 결정, 양심상의 결정이란 선과 악의 기준에 따른 모든 진지한 <u>윤리적 결정</u>, '양심의 자유'가 보장하고자 하는 '양심'은 개인적 현상으로서 지극히 <u>주관적인 것</u>. 양심은 그 대상이나 내용 또는 동기에 의하여 판단될 수 없으며, 특히 양심상의 결정이 이성적·합리적인가, 타당한가 또는 법질서나 사회규범, 도덕률과 일치하는가 하는 관점은 양심의 존재를 판단하는 기준이 될 수×(헌결 2002헌가1)

(3) 현행 헌법상 양심의 범위: 헌법이 보호하려는 양심은 어떤 일의 옳고 그름을 판단함에 있어서 그렇게 행동하지 아니하고는 자신의 인격적인 존재가치가 허물어지고 말 것이라는 <u>강력하고 진지한 마음의 소리</u>이지, 막연하고 추상적인 개념으로서의 양심은 아니라고 할 것(헌결 2002헌마518), 다소의 가치관련성을 가진다고 하더라도 개인의 인격형성과는 관계가 없는 <u>사사로운 사유나 의견 등은 양심의 범위에 포함</u>×(헌결 2001헌바43). 헌법재판소는 <u>운전자의 좌석 안전띠 착용</u>은 양심의 자유의 보호영역에 속하지 않고(헌결 2002헌마518), <u>인터넷언론사의 공개된 게시판·대화방에서 스스로의 의사에 의하여 정당·후보자에 대한 지지·반대의 글을 게시하는 행위</u>가 양심의 자유나 사생활 비밀의 자유에 의하여 보호되는 영역이라고 할 수 없다고 하였다(헌결 2008헌마324).

(4) 주체: 모든 국민과 외국인 but 법인(×)(한정위헌 헌결 89헌마160) ★ **법인대표자**○

| 헌결 | 대판 |

1. 헌법상 보호되는 양심은 어떤 일의 옳고 그름을 판단함에 있어서 그렇게 행동하지 아니하고는 자신의 인격적인 존재가치가 허물어지고 말 것이라는 강력하고 진지한 마음의 소리로서 절박하고 구체적인 양심을 말한다. 즉, '양심상

의 결정'이란 선과 악의 기준에 따른 모든 진지한 윤리적 결정으로서 구체적인 상황에서 개인이 이러한 결정을 자신을 구속하고 무조건적으로 따라야 하는 것으로 받아들이기 때문에 양심상의 심각한 갈등이 없이는 그에 반하여 행동할 수 없는 것을 말한다. 이때 '양심'은 민주적 다수의 사고나 가치관과 일치하는 것이 아니라, 개인적 현상으로서 지극히 주관적인 것이다. 양심은 그 대상이나 내용 또는 동기에 의하여 판단될 수 없으며, 특히 양심상의 결정이 이성적·합리적인가, 타당한가 또는 법질서나 사회규범·도덕률과 일치하는가 하는 관점은 양심의 존재를 판단하는 기준이 될 수 없다. 이처럼 개인의 양심은 사회 다수의 정의관·도덕관과 일치하지 않을 수 있으며, 오히려 헌법상 양심의 자유가 문제되는 상황은 개인의 양심이 국가의 법질서나 사회의 도덕률에 부합하지 않는 경우이므로, <u>헌법에 의해 보호받는 양심은 법질서와 도덕에 부합하는 사고를 가진 다수가 아니라 이른바 '소수자'의 양심이 되기 마련이다. 특정한 내적인 확신 또는 신념이 양심으로 형성된 이상 그 내용 여하를 떠나 양심의 자유에 의해 보호되는 양심이 될 수 있으므로, 헌법상 양심의 자유에 의해 보호받는 '양심'으로 인정할 것인지의 판단은 그것이 깊고, 확고하며, 진실된 것인지 여부에 따르게 된다.</u> 그리하여 양심적 병역거부를 주장하는 사람은 자신의 '양심'을 외부로 표명하여 증명할 최소한의 의무를 진다. 물론 그렇게 형성된 양심에 대한 사회적·도덕적 판단이나 평가는 당연히 가능하며, '양심'이기 때문에 무조건 그 자체로 정당하다거나 도덕적이라는 의미는 아니다. 양심의 자유 중 양심형성의 자유는 내심에 머무르는 한, 절대적으로 보호되는 기본권이라 할 수 있는 반면, 양심적 결정을 외부로 표현하고 실현할 수 있는 권리인 양심실현의 자유는 법질서에 위배되거나 타인의 권리를 침해할 수 있기 때문에 법률에 의하여 제한될 수 있다(헌결 2018.6.28. 2011헌바379).

2. 헌법 제19조에서 말하는 양심에는 세계관·인생관·주의·신조 등은 물론 이에 이르지 아니하여도 널리 개인의 인격형성에 관계되는 내심에 있어서의 가치적·윤리적 판단도 포함되며, 양심의 자유는 널리 사물의 시시비비나 선악과 같은 윤리적 판단에 국가가 개입해서는 안 되는 내심적 자유는 물론 이와 같은 윤리적 판단을 국가권력에 의하여 외부에 표명하도록 강제 받지 아니할 자유까지 포함한다. 다만, <u>헌법이 보호하려는 양심은 어떤 일의 옳고 그름을 판단함에 있어서 그렇게 행동하지 아니하고는 자신의 인격적인 존재가치가 허물어지고 말 것이라는 강력하고 진지한 마음의 소리이지, 막연하고 추상적인 개념으로서의 양심은 아니라고 할 것이다.</u> 자동차를 운전하며 좌석안전띠를

맬 것인지의 여부에 대하여 고민할 수는 있겠으나, 그 고민 끝에 제재를 받지 않기 위하여 어쩔 수 없이 좌석안전띠를 매었다 하여 청구인이 내면적으로 구축한 인간양심이 왜곡·굴절되고 청구인의 인격적인 존재가치가 허물어진다고 할 수는 없다. 따라서 <u>운전 중 운전자의 좌석안전띠착용은 양심의 자유의 보호영역에 속하지 아니하므로 이 사건 심판대상조항들은 청구인의 양심의 자유를 침해하는 것이라 할 수 없다</u>(헌결 2003.10.30. 2002헌마518).

3. 헌법 제19조는 "모든 국민은 양심의 자유를 가진다."라고 하여 양심의 자유를 기본권의 하나로 보장하고 있다. 여기에서의 양심은 옳고 그른 것에 대한 판단을 추구하는 가치적·도덕적 마음가짐으로, 개인의 소신에 따른 다양성이 보장되어야 하고 그 형성과 변경에 외부적 개입과 억압에 의한 강요가 있어서는 아니되는 인간의 윤리적 내심영역이다. <u>보호되어야 할 양심에는 세계관·인생관·주의·신조 등은 물론, 이에 이르지 아니하여도 보다 널리 개인의 인격형성에 관계되는 내심에 있어서의 가치적·윤리적 판단도 포함될 수 있다. 그러나 단순한 사실관계의 확인과 같이 가치적·윤리적 판단이 개입될 여지가 없는 경우는 물론, 법률해석에 관하여 여러 견해가 갈리는 경우처럼 다소의 가치관련성을 가진다고 하더라도 개인의 인격형성과는 관계가 없는 사사로운 사유나 의견 등은 그 보호대상이 아니라고 할 것이다.</u> <중략> 따라서 <u>이 사건 법률조항의 경우 사죄 내지 사과를 강요함으로 인하여 발생하는 양심의 자유의 침해문제는 발생하지 않는다</u>(헌결 2002.1.31. 2001헌바43).

4. 사죄광고제도란 타인의 명예를 훼손하여 비행을 저질렀다고 믿지 않는 자에게 본심에 반하여 깊이 "사과한다." 하면서 죄악을 자인하는 의미의 사죄의 의사표시를 강요하는 것이므로, 국가가 재판이라는 권력작용을 통해 자기의 신념에 반하여 자기의 행위가 비행이며 죄가 된다는 윤리적 판단을 형성강요하여 외부에 표시하기를 명하는 한편 의사·감정과 맞지 않는 사과라는 도의적 의사까지 광포시키는 것이다. 따라서 사죄광고의 강제는 양심도 아닌 것이 양심인 것처럼 표현할 것의 강제로 인간양심의 왜곡·굴절이고 겉과 속이 다른 이중인격형성의 강요인 것으로서 침묵의 자유의 파생인 양심에 반하는 행위의 강제금지에 저촉되는 것이며 따라서 우리 헌법이 보호하고자 하는 정신적 기본권의 하나인 양심의 자유의 제약(<u>법인의 경우라면 그 대표자에게 양심표명의 강제를 요구하는 결과가 된다.</u>)이라고 보지 않을 수 없다(⬚한정위헌 헌결 1991.4.1. 89헌마160).

5. '양심의 자유'가 보장하고자 하는 '양심'은 민주적 다수의 사고나 가치관과 일

치하는 것이 아니라, 개인적 현상으로서 지극히 주관적인 것이다. 양심은 그 대상이나 내용 또는 동기에 의하여 판단될 수 없으며, 특히 양심상의 결정이 이성적·합리적인가, 타당한가 또는 법질서나 사회규범, 도덕률과 일치하는가 하는 관점은 양심의 존재를 판단하는 기준이 될 수 없다. 일반적으로 민주적 다수는 법질서와 사회질서를 그의 정치적 의사와 도덕적 기준에 따라 형성하기 때문에, 그들이 국가의 법질서나 사회의 도덕률과 양심상의 갈등을 일으키는 것은 예외에 속한다. 양심의 자유에서 현실적으로 문제가 되는 것은 사회적 다수의 양심이 아니라, 국가의 법질서나 사회의 도덕률에서 벗어나려는 소수의 양심이다. 따라서 양심상의 결정이 어떠한 종교관·세계관 또는 그 외의 가치체계에 기초하고 있는가와 관계없이, 모든 내용의 양심상의 결정이 양심의 자유에 의하여 보장된다(헌결 2004.8.26. 2002헌가1). ★

2. 양심의 자유의 내용

(1) 양심형성의 자유: 외부로부터 부당한 간섭이나 강제를 받지 않고 양심을 형성하여 양심상의 결정을 내리는 자유

(2) 양심실현의 자유

 (가) 양심표명의 자유

  ① 개념: 형성된 윤리적 내적 확신을 방해받지 않고 표명할 수 있는 자유

  ② 양심표명을 강제당하지 않을 자유

   ㉠ 침묵의 자유: 형성된 양심(사상)을 말로 표명하도록 강제당하지 않을 자유

   ㉡ 양심추지의 금지: 형성된 양심을 행동을 통해 표명하도록 강제당하지 않을 자유

 (나) 양심실현의 자유

부작위	양심에 반하는 행동을 강요받지 아니할 자유 ㉠ 사죄광고: 사죄광고를 민법 제764조 소정의 '명예회복에 적당한 처분'에 포함시키는 것(한정위헌, 헌결 89헌마160), ★ **사죄문** 성격의 **시말서제출**도 양심의 자유에 대한 침해(대판 2009두6605) ㉡ 양심적 집총거부: 양심(신앙, 신념)을 이유로 한 전쟁참가거부, 병역이행거부, 집총거부 ㉢ 준법서약(전향제도): 헌법재판소나 대법원은 준법서약서제출은 국법질서의 준수라는 서약을 요구하는 것이며, 제출을 강제하고 있지 않고, 제출거부시 가석방의 혜택을 배제할 뿐이라는 점에서, 이는 양심의 영역문제가 아니라고 판시(헌결 98헌마425)

	② 공표명령: 행정관청(공정거래위원회)이 법률위반혐의자에 대하여 법위반사실을 공표하도록 하는 것이 양심의 자유에 대한 침해인가가 문제되나, 양심의 보호대상×(헌결 2001헌바43)
	ⓒ 의료비에 관한 소득공제증빙서류 제출의무: 연말정산 간소화를 위하여 의료기관에게 환자들의 의료비 내역에 관한 정보를 국세청에 제출하는 의무를 부과하는 것은 **양심의 자유를 제한**하나, 침해×(헌결 2006헌마1401)
작위	양심에 따른 행동을 할 자유

3. 양심의 자유의 효력

대국가적 효력+간접적 대사인효

4. 양심의 자유에 대한 제한과 한계

양심형성의 자유는 내심에 머무는 한 법률로도 제한할 수 없는 절대적 자유이지만, 양심실현의 자유는 타인의 기본권이나 헌법질서와 저촉되는 경우 국가안전보장·질서유지·공공복리를 위해 법률에 의하여 제한될 수○(헌결 96헌바35)

| 헌결 | 대판 |

1. [1] 민법 제764조가 사죄광고를 포함하는 취지라면 그에 의한 기본권제한에 있어서 그 선택된 수단이 목적에 적합하지 않을 뿐만 아니라 그 정도 또한 과잉하여 비례의 원칙이 정한 한계를 벗어난 것으로 헌법 제37조 제2항에 의하여 정당화될 수 없는 것으로서 <u>헌법 제19조에 위반되는 동시에 헌법상 보장되는 인격권의 침해에 이르게 된다.</u> ★

   [2] 민법 제764조 "명예회복에 적당한 처분"에 사죄광고를 포함시키는 것은 헌법에 위반된다는 것은 의미는, 동조 소정의 처분에 사죄광고가 포함되지 않는다고 하여야 헌법에 위반되지 아니한다는 것으로서, 이는 동조와 같이 불확정개념으로 되어 있거나 다의적인 해석가능성이 있는 조문에 대하여 한정축소해석을 통하여 얻어진 일정한 합의적 의미를 천명한 것이며, 그 의미를 넘어선 확대는 바로 헌법에 위반되어 채택할 수 없다는 뜻이다(한정위헌) 헌결 1991.4.1. 89헌마160).

2. [1] 내용상 단순히 국법질서나 헌법체제를 준수하겠다는 취지의 서약을 할 것을 요구하는 이 사건 준법서약[저자 주: 국가보안법위반 및 집회 및 시위에 관한 법률 위반 수형자의 가석방 결정시 준법서약서를 제출하도록 한 가석방 심사 등에 관한 규칙 제14조]은 국민이 부담하는 일반적 의무를 장래를 향하

여 확인하는 것에 불과하며, 어떠한 가정적 혹은 실제적 상황하에서 특정의 사유(思惟)를 하거나 특별한 행동을 할 것을 새로이 요구하는 것이 아니다. 따라서 <u>이 사건 준법서약은 어떤 구체적이거나 적극적인 내용을 담지 않은 채 단순한 헌법적 의무의 확인·서약에 불과하다 할 것이어서 양심의 영역을 건드리는 것이 아니다.</u>

[2] 양심의 자유는 내심에서 우러나오는 윤리적 확신과 이에 반하는 외부적 법질서의 요구가 서로 회피할 수 없는 상태로 충돌할 때에만 침해될 수 있다. <중략> <u>이와 같이 위 규칙조항은 내용상 당해 수형자에게 하등의 법적 의무를 부과하는 것이 아니며 이행강제나 처벌 또는 법적 불이익의 부과 등 방법에 의하여 준법서약을 강제하고 있는 것이 아니므로 당해 수형자의 양심의 자유를 침해하는 것이 아니다</u>(헌결 2002.4.25. 98헌마425).

3. <u>음주측정은 음주운전을 단속하기 위한 불가피한 전치적(前置的) 조치라고 인정되므로 경찰관의 음주측정요구에 응하는 것은 법률이 운전자에게 부과한 정당한 의무라고 할 것이고</u>(법 '제4장 운전자 및 고용주 등의 의무'의 장에 음주측정에 응할 의무에 관한 제41조 제2항이 규정되어 있다) <u>법률이 부과한 이러한 정당한 의무의 불이행에 대하여 이 정도의 제재를 가하는 것은 양심의 자유나 행복추구권 등에 대한 침해가 될 수 없다</u>(헌결 2004.12.16. 2003헌바87). ⇒ 음주측정거부자에 대해 필요적으로 면허를 취소할 것을 규정한 도로교통법 제78조 제1항 단서 제8호가 재산권, 직업선택의 자유, 행복추구권, 또는 양심의 자유 등에 대한 과도한 금지에 해당하는지 여부(소극)

4. 병역의 종류에 양심적 병역거부자에 대한 대체복무제를 규정하지 아니한 병역법 제5조 제1항(이하 '<u>병역종류조항</u>')은 <u>헌법에 합치되지 아니하며</u>, 2019. 12. 31.을 시한으로 입법자가 개정할 때까지 계속 적용된다는 결정을 선고하고, 재판관 4(합헌) : 4(일부위헌) : 1(각하)의 의견으로, 양심적 병역거부자의 처벌 근거가 된 병역법 제88조 제1항 본문 제1호 및 제2호(이하 모두 합하여 '<u>처벌조항</u>')가 헌법에 위반되지 아니한다는 결정을 선고하였다([헌불] 헌결 2018.6.28. 2011헌바379). ⇒ ★ 양심적 병역거부자에 대한 대체복무제를 규정하지 아니한 병역종류조항은 과잉금지원칙에 위배하여 양심적 병역거부자의 <u>양심의 자유를 침해</u>○

| 헌결 | 대판 |

1. 취업규칙에서 사용자가 사고나 비위행위 등을 저지른 근로자에게 시말서를 제출하도록 명령할 수 있다고 규정하는 경우, 그 시말서가 단순히 사건의 경위를 보고하는 데 그치지 않고 더 나아가 근로관계에서 발생한 사고 등에 관하여 '자신의 잘못을 반성하고 사죄한다는 내용'이 포함된 사죄문 또는 반성문을 의미하는 것이라면, <u>이는 헌법이 보장하는 내심의 윤리적 판단에 대한 강제로서 양심의 자유를 침해하는 것이므로</u>, 그러한 취업규칙 규정은 헌법에 위배되어 근로기준법 제96조 제1항에 따라 효력이 없고, 그에 근거한 사용자의 시말서 제출명령은 업무상 정당한 명령으로 볼 수 없다(대판 2010.1.14. 2009두6605). ⇒ 취업규칙에 정한 '시말서'가 사죄문 또는 반성문의 의미를 가지고 있고 이에 기하여 근로자에게 시말서의 제출을 명한 경우, 업무상 정당한 명령인지 여부(소극) ★

2. 구체적인 병역법위반 사건에서 피고인이 양심적 병역거부를 주장할 경우, 그 양심이 과연 위와 같이 깊고 확고하며 진실한 것인지 가려내는 일이 무엇보다 중요하다. 인간의 내면에 있는 양심을 직접 객관적으로 증명할 수는 없으므로 사물의 성질상 양심과 관련성이 있는 간접사실 또는 정황사실을 증명하는 방법으로 판단하여야 한다(대판 전합 2018.11.1. 2016도10912). ★ ⇒ 여호와의 증인 신도인 피고인이 지방병무청장 명의의 현역병입영통지서를 받고도 입영일부터 3일이 지나도록 종교적 양심을 이유로 입영하지 않고 병역을 거부하여 병역법 위반으로 기소된 사안에서, 제반 사정에 비추어 피고인의 입영거부 행위는 진정한 양심에 따른 것으로서 구 병역법 제88조 제1항에서 정한 '정당한 사유'에 해당할 여지가 있는데도, 피고인이 주장하는 양심이 위 조항의 정당한 사유에 해당하는지 심리하지 아니한 채 양심적 병역거부가 정당한 사유에 해당하지 않는다고 보아 유죄를 인정한 원심판결에 법리오해의 잘못이 있다고 한 사례

[기출지문]「병역법」위반 사건에서 피고인이 양심적 병역거부를 주장할 경우 인간의 내면에 있는 양심을 직접 객관적으로 증명할 수는 없으므로 사물의 성질상 양심과 관련성이 있는 간접사실 또는 정황사실을 증명하는 방법으로 판단하여야 한다.(○) 〈경찰간부 2024〉

심화학습

1. **병역법 제88조 제1항 등 위헌소원**(헌불) 헌결 2018.6.28. 2011헌바379) ★★★

    - 양심적 병역거부 사건 -

[판시사항]
1. 병역의 종류를 규정한, 2006. 3. 24. 법률 제7897호로 개정되기 전의 구 병역법부터 현행 병역법까지의 병역법 제5조 제1항(이하 모두 합하여 '**병역종류조항**'이라 한다)이 양심적 병역거부자에 대한 대체복무제를 규정하고 있지 않음을 이유로 그 위헌확인을 구하는 헌법소원심판청구가 진정입법부작위를 다투는 청구인지 여부(소극)
2. 병역종류조항의 위헌여부가 양심적 병역거부자에 대한 형사 재판의 전제가 되는지 여부(적극)
3. 병역의 종류를 현역, 예비역, 보충역, 병역준비역, 전시근로역의 다섯 가지로 한정하여 규정하고 양심적 병역거부자에 대한 대체복무제를 규정하지 아니한 병역종류조항이 과잉금지원칙을 위반하여 양심적 병역거부자의 양심의 자유를 침해하는지 여부(적극) ★★★
4. 현역입영 또는 소집 통지서를 받은 사람이 정당한 사유 없이 입영일이나 소집일부터 3일이 지나도 입영하지 아니하거나 소집에 응하지 아니한 경우를 처벌하는, 2009. 6. 9. 법률 제9754호로 개정되기 전의 구 병역법부터 현행 병역법까지의 병역법 제88조 제1항 본문 제1호, 2009. 6. 9. 법률 제9754호로 개정되기 전의 구 병역법 및 2013. 6. 4. 법률 제11849호로 개정되기 전의 구 병역법의 각 제88조 제1항 본문 제2호(이하 모두 합하여 '**처벌조항**'이라 한다)가 과잉금지원칙을 위반하여 양심적 병역거부자의 양심의 자유를 침해하는지 여부(소극) ★
5. 병역종류조항에 대하여 헌법불합치 결정을 하되 계속 적용을 명한 사례

[결정요지]
1. 비군사적 성격을 갖는 복무도 입법자의 형성에 따라 병역의무의 내용에 포함될 수 있고, 대체복무제는 그 개념상 병역종류조항과 밀접한 관련을 갖는다. 따라서 병역종류조항에 대한 이 사건 심판청구는 입법자가 아무런 입법을 하지 않은 진정입법부작위를 다투는 것이 아니라, 입법자가 병역의 종류에 관하여 입법은 하였으나 그 내용이 양심적 병역거부자를 위한 대체복무제를 포함

하지 아니하여 불완전·불충분하다는 <부진정입법부작위>를 다투는 것이라고 봄이 상당하다. ★★★

2. 병역종류조항이 대체복무제를 포함하고 있지 않다는 이유로 위헌으로 결정된다면, 양심적 병역거부자가 현역입영 또는 소집 통지서를 받은 후 3일 내에 입영하지 아니하거나 소집에 불응하더라도 대체복무의 기회를 부여받지 않는 한 당해 형사사건을 담당하는 법원이 무죄를 선고할 가능성이 있으므로, 병역종류조항은 재판의 전제성이 인정된다.

3. 병역종류조항은, 병역부담의 형평을 기하고 병역자원을 효과적으로 확보하여 효율적으로 배분함으로써 국가안보를 실현하고자 하는 것이므로 정당한 입법목적을 달성하기 위한 적합한 수단이다. 병역종류조항이 규정하고 있는 병역들은 모두 군사훈련을 받는 것을 전제하고 있으므로, 양심적 병역거부자에게 그러한 병역을 부과할 경우 그들의 양심과 충돌을 일으키는데, 이에 대한 대안으로 대체복무제가 논의되어 왔다. 양심적 병역거부자의 수는 병역자원의 감소를 논할 정도가 아니고, 이들을 처벌한다고 하더라도 교도소에 수감할 수 있을 뿐 병역자원으로 활용할 수는 없으므로, 대체복무제를 도입하더라도 우리나라의 국방력에 의미 있는 수준의 영향을 미친다고 보기는 어렵다. 국가가 관리하는 객관적이고 공정한 사전심사절차와 엄격한 사후관리절차를 갖추고, 현역복무와 대체복무 사이에 복무의 난이도나 기간과 관련하여 형평성을 확보해 현역복무를 회피할 요인을 제거한다면, 심사의 곤란성과 양심을 빙자한 병역기피자의 증가 문제를 해결할 수 있으므로, 대체복무제를 도입하면서도 병역의무의 형평을 유지하는 것은 충분히 가능하다. 따라서 대체복무제라는 대안이 있음에도 불구하고 군사훈련을 수반하는 병역의무만을 규정한 병역종류조항은, 침해의 최소성 원칙에 어긋난다. 병역종류조항이 추구하는 '국가안보' 및 '병역의무의 공평한 부담'이라는 공익은 대단히 중요하나, 앞서 보았듯이 병역종류조항에 대체복무제를 도입한다고 하더라도 위와 같은 공익은 충분히 달성할 수 있다고 판단된다. 반면, 병역종류조항이 대체복무제를 규정하지 아니함으로 인하여 양심적 병역거부자들은 최소 1년 6월 이상의 징역형과 그에 따른 막대한 유·무형의 불이익을 감수하여야 한다. 양심적 병역거부자들에게 공익 관련 업무에 종사하도록 한다면, 이들을 처벌하여 교도소에 수용하고 있는 것보다는 넓은 의미의 안보와 공익실현에 더 유익한 효과를 거둘 수 있을 것이다. 따라서 병역종류조항은 법익의 균형성 요건을 충족하지 못하였다. 그렇다면 양심적 병역거부자에 대한 대체복무제를 규정하지 아니한 병

역종류조항은 과잉금지원칙에 위배하여 양심적 병역거부자의 양심의 자유를 침해한다. 헌법재판소는 2004년 입법자에 대하여 국가안보라는 공익의 실현을 확보하면서도 병역거부자의 양심을 보호할 수 있는 대안이 있는지 검토할 것을 권고하였는데, 그로부터 14년이 경과하도록 이에 관한 입법적 진전이 이루어지지 못하였다. 그사이 여러 국가기관에서 대체복무제 도입을 검토하거나 그 도입을 권고하였으며, 법원에서도 양심적 병역거부에 대해 무죄판결을 선고하는 사례가 증가하고 있다. 이러한 사정을 감안할 때 국가는 이 문제의 해결을 더 이상 미룰 수 없으며, 대체복무제를 도입함으로써 기본권 침해 상황을 제거할 의무가 있다. ★★★

4. [재판관 강일원, 재판관 서기석의 합헌의견]

   <생략>

5. 병역종류조항에 대해 단순위헌 결정을 할 경우 병역의 종류와 각 병역의 구체적인 범위에 관한 근거규정이 사라지게 되어 일체의 병역의무를 부과할 수 없게 되므로, 용인하기 어려운 법적 공백이 생기게 된다. 더욱이 입법자는 대체복무제를 형성함에 있어 그 신청절차, 심사주체 및 심사방법, 복무분야, 복무기간 등을 어떻게 설정할지 등에 관하여 광범위한 입법재량을 가진다. 따라서 병역종류조항에 대하여 헌법불합치 결정을 선고하되, 다만 입법자의 개선입법이 이루어질 때까지 계속적용을 명하기로 한다. 입법자는 늦어도 2019. 12. 31.까지는 대체복무제를 도입하는 내용의 개선입법을 이행하여야 하고, 그때까지 개선입법이 이루어지지 않으면 병역종류조항은 2020. 1. 1.부터 효력을 상실한다.

[이유] 6. 본안 판단

가. 양심과 양심의 자유의 의미

헌법상 보호되는 양심은 어떤 일의 옳고 그름을 판단함에 있어서 그렇게 행동하지 아니하고는 자신의 인격적인 존재가치가 허물어지고 말 것이라는 강력하고 진지한 마음의 소리로서 절박하고 구체적인 양심을 말한다. 즉, '양심상의 결정'이란 선과 악의 기준에 따른 모든 진지한 윤리적 결정으로서 구체적인 상황에서 개인이 이러한 결정을 자신을 구속하고 무조건적으로 따라야 하는 것으로 받아들이기 때문에 양심상의 심각한 갈등이 없이는 그에 반하여 행동할 수 없는 것을 말한다. 이때 '양심'은 민주적 다수의 사고나 가치관과 일치하는 것이 아니라, 개인적 현상으로서 지극히 주관적인 것이다. 양심은 그

대상이나 내용 또는 동기에 의하여 판단될 수 없으며, 특히 양심상의 결정이 이성적·합리적인가, 타당한가 또는 법질서나 사회규범·도덕률과 일치하는가 하는 관점은 양심의 존재를 판단하는 기준이 될 수 없다. 이처럼 개인의 양심은 사회 다수의 정의관·도덕관과 일치하지 않을 수 있으며, 오히려 헌법상 양심의 자유가 문제되는 상황은 개인의 양심이 국가의 법질서나 사회의 도덕률에 부합하지 않는 경우이므로, <u>헌법에 의해 보호받는 양심은 법질서와 도덕에 부합하는 사고를 가진 다수가 아니라 이른바 '소수자'의 양심이 되기 마련이다.</u> 특정한 내적인 확신 또는 신념이 양심으로 형성된 이상 그 내용 여하를 떠나 양심의 자유에 의해 보호되는 양심이 될 수 <u>있으므로</u>, 헌법상 양심의 자유에 의해 보호받는 '양심'으로 인정할 것인지의 판단은 그것이 깊고, 확고하며, 진실된 것인지 여부에 따르게 된다. 그리하여 양심적 병역거부를 주장하는 사람은 자신의 '양심'을 외부로 표명하여 증명할 최소한의 의무를 진다. 물론 그렇게 형성된 양심에 대한 사회적·도덕적 판단이나 평가는 당연히 가능하며, '양심'이기 때문에 무조건 그 자체로 정당하다거나 도덕적이라는 의미는 아니다. 양심의 자유 중 양심형성의 자유는 내심에 머무르는 한, 절대적으로 보호되는 기본권이라 할 수 있는 반면, 양심적 결정을 외부로 표현하고 실현할 수 있는 권리인 양심실현의 자유는 법질서에 위배되거나 타인의 권리를 침해할 수 있기 때문에 법률에 의하여 제한될 수 있다.

나. 양심적 병역거부의 의미와 대체복무제

일반적으로 양심적 병역거부는 병역의무가 인정되는 징병제 국가에서 종교적·윤리적·철학적 또는 이와 유사한 동기로부터 형성된 양심상의 결정을 이유로 병역의무의 이행을 거부하는 행위를 가리킨다. 그런데 일상생활에서 '양심적' 병역거부라는 말은 병역거부가 '양심적', 즉 도덕적이고 정당하다는 것을 가리킴으로써, 그 반면으로 병역의무를 이행하는 사람은 '비양심적'이거나 '비도덕적'인 사람으로 치부하게 될 여지가 있다. 하지만 앞에서 살펴 본 양심의 의미에 따를 때, '양심적' 병역거부는 실상 당사자의 '양심에 따른' 혹은 '양심을 이유로 한' 병역거부를 가리키는 것일 뿐이지 병역거부가 '도덕적이고 정당하다'는 의미는 아닌 것이다. 따라서 '양심적' 병역거부라는 용어를 사용한다고 하여 병역의무이행은 '비양심적'이 된다거나, 병역을 이행하는 거의 대부분의 병역의무자들과 병역의무이행이 국민의 숭고한 의무라고 생각하는 대다수 국민들이 '비양심적'인 사람들이 되는 것은 결코 아니다.

<u>양심적 병역거부는 인류의 평화적 공존에 대한 간절한 희망과 결단을 기반으</u>

밑줄 로 하고 있다. 사유를 불문하고 일체의 살상과 전쟁을 거부하는 사상은 역사상 꾸준히 나타났으며, 비폭력·불살생·평화주의 등으로 표현된 평화에 대한 이상은 그 실현가능성과 관계없이 인류가 오랫동안 추구하고 존중해온 것이다. 우리 헌법 역시 전문에서 '항구적인 세계평화와 인류공영에 이바지함'을 선언하여 이러한 이념의 일단을 표명하고 있다. 뒤에서 보듯이 세계의 많은 나라들이 양심적 병역거부를 인정해왔고 국제기구들에서도 끊임없이 각종 결의 등을 통해 그 보호 필요성을 확인해온 것은, 이 문제가 위와 같은 인류 보편의 이상과 연계되어 있음을 시사한다. 한편, 양심적 병역거부를 인정하는 것이 여호와의 증인 등을 비롯한 특정 종교나 교리에 대한 특별취급을 하는 것이 아니냐는 의문이 제기되기도 한다. 그러나 이는 앞서 본 것처럼 인류 공통의 염원인 평화를 수호하기 위하여 무기를 들 수 없다는 양심을 보호하고자 하는 것일 뿐, 특정 종교나 교리를 보호하고자 하는 것은 아니다.

또한, 양심적 병역거부를 인정한다고 해서 양심적 병역거부자의 병역의무를 전적으로 면제하는 것은 아니다. 양심적 병역거부를 인정하는 징병제 국가들은 대부분 양심적 병역거부자로 하여금 비군사적 성격의 공익적 업무에 종사하게 함으로써 병역의무의 이행에 갈음하는 제도를 두고 있는데, 이를 대체복무제라고 한다.

양심적 병역거부자들은 병역의무를 단순히 거부하는 것이 아니라 자신의 양심을 지키면서도 국민으로서의 국방의 의무를 다할 수 있도록 집총 등 군사훈련을 수반하는 병역의무를 대신하는 제도를 마련해달라고 국가에 호소하고 있다. 따라서 이들의 병역거부를 군복무의 고역을 피하기 위한 핑계라거나 국가공동체에 대한 기본의무는 이행하지 않으면서 국가의 보호만을 바라는 무임승차라고 볼 수는 없다. 즉, 양심적 병역거부자들은 단순히 군복무의 위험과 어려움 때문에 병역의무 이행을 회피하고자 하는 다른 병역기피자들과는 구별된다고 보아야 한다.

양심적 병역거부자들은 현재의 대법원 판례에 따를 때 이 사건 법률조항에 의해 형사처벌을 받게 되고 이후에도 공무원이 될 기회를 가질 수 없게 되는 등 여러 부가적 불이익마저 받게 된다. 그럼에도 불구하고 국가는 양심적 병역거부자들의 절박한 상황과 대안의 가능성을 외면하고 양심을 지키려는 국민에 대해 그 양심의 포기 아니면 교도소에의 수용이라는 양자택일을 강요하여 왔을 뿐이다. 국가에게 병역의무의 면제라는 특혜와 형사처벌이라는 두 개의 선택지밖에 없다면 모르되, 국방의 의무와 양심의 자유를 조화시킬 수 있는 제3

의 길이 있다면 국가는 그 길을 진지하게 모색하여야 할 것이다.

라. 제한되는 기본권 및 심사기준

(1) 제한되는 기본권

이 사건 법률조항 중 병역종류조항은 국민이 부담하는 병역의 종류를 현역·예비역·보충역·병역준비역·전시근로역으로 규정하고, 처벌조항은 위와 같은 병역의무의 이행을 강제하고자 현역입영 또는 소집 통지서를 받은 사람이 정당한 사유 없이 입영일이나 소집일부터 3일이 지나도 입영하지 아니하거나 소집에 응하지 아니한 경우 3년 이하의 징역에 처한다고 규정하고 있다. 처벌조항은 그 자체로는 '정당한 사유 없이' 입영하지 아니하거나 소집에 응하지 아니하는 경우만을 처벌하도록 하고 있으나, 양심상의 결정을 내세워 입영을 거부하거나 소집에 불응하는 것은 '정당한 사유'에 해당하지 않는다는 것이 대법원의 확고한 판례이므로(대법원 2004. 7. 15. 선고 2004도2965 전원합의체 판결 참조), 양심적 병역거부자도 일반 병역기피자와 마찬가지로 처벌조항에 의하여 처벌되고 있다.

이 사건 청구인 등이 자신의 종교관·가치관·세계관 등에 따라 일체의 전쟁과 그에 따른 인간의 살상에 반대하는 진지한 내적 확신을 형성하였다면, 그들이 집총 등 군사훈련을 수반하는 병역의무의 이행을 거부하는 결정은 양심에 반하여 행동할 수 없다는 강력하고 진지한 윤리적 결정이며, 병역의무를 이행해야 하는 상황은 개인의 윤리적 정체성에 대한 중대한 위기상황에 해당한다. 이와 같이 병역종류조항에 대체복무제가 마련되지 아니한 상황에서, 양심상의 결정에 따라 입영을 거부하거나 소집에 불응하는 이 사건 청구인 등이 현재의 대법원 판례에 따라 처벌조항에 의하여 형벌을 부과받음으로써 양심에 반하는 행동을 강요받고 있으므로, 이 사건 법률조항은 '양심에 반하는 행동을 강요당하지 아니할 자유', 즉, '부작위에 의한 양심실현의 자유'를 제한하고 있다.

한편, 헌법 제20조 제1항은 양심의 자유와 별개로 종교의 자유를 따로 보장하고 있고, 이 사건 청구인 등의 대부분은 여호와의 증인 또는 카톨릭 신도로서 자신들의 종교적 신앙에 따라 병역의무를 거부하고 있으므로, 이 사건 법률조항에 의하여 이들의 종교의 자유도 함께 제한된다. 그러나 종교적 신앙에 의한 행위라도 개인의 주관적·윤리적 판단을 동반하는 것인 한 양심의 자유에 포함시켜 고찰할 수 있고, 앞서 보았듯이 양심적 병역거부의 바탕이 되는 양심상의 결정은 종교적 동기뿐만 아니라 윤리적·철학적 또는 이와 유사한 동기로부터도 형성될 수 있는 것이므로, 이 사건에서는 양심의 자유를 중심으로 기본권 침해 여부를 판단하기로 한다.

청구인들은 이 사건 법률조항이 헌법 제10조의 인간의 존엄과 가치 및 행복추구권을 침해한다는 주장도 하고 있으나, 양심의 자유는 인간의 존엄과 가치와 불가분의 관계에 있는 정신적 기본권이고, 행복추구권은 다른 개별적 기본권이 적용되지 않는 경우에 한하여 보충적으로 적용되는 기본권이므로(헌재 2002. 8. 29. 2000헌가5등 참조), 양심의 자유의 침해 여부를 판단하는 이상 별도로 인간의 존엄과 가치나 행복추구권 침해 여부는 판단하지 아니한다.

[기출지문] 양심적 병역거부는 인류의 평화적 공존에 대한 간절한 희망과 결단을 기반으로 하고 있다는 점에서, 특별히 병역을 면제받지 않은 양심적 병역거부자에게 병역이행을 강제하는 「병역법」 조항은 설령 종교적 신앙에 따라 병역을 거부하는 자에게 적용되는 경우에도 해당 종교인의 종교의 자유를 제한하지 않는다.(×) 〈변시 2024〉 ★★★

2. 양심적 병역거부와 병역법 제88조 제1항의 정당한 사유(대판 전합 2018.11.1. 2016도10912)

[판시사항]

[1] 병역법 제88조 제1항에서 정한 '정당한 사유'의 법적 성격(=구성요건해당성 조각사유) 및 정당한 사유가 있는지 판단할 때 고려하여야 할 사항 / 이른바 양심적 병역거부가 병역법 제88조 제1항에서 정한 '정당한 사유'에 해당하는지 여부(한정 적극) / 양심적 병역거부를 위 조항의 정당한 사유로 인정할 것인지가 대체복무제의 존부와 논리필연적인 관계에 있는지 여부(소극) / 정당한 사유로 인정할 수 있는 양심적 병역거부에서 말하는 '진정한 양심'의 의미와 증명 방법 및 정당한 사유의 부존재에 대한 증명책임 소재(=검사)

[2] 여호와의 증인 신도인 피고인이 지방병무청장 명의의 현역병입영통지서를 받고도 입영일부터 3일이 지나도록 종교적 양심을 이유로 입영하지 않고 병역을 거부하여 병역법 위반으로 기소된 사안에서, 제반 사정에 비추어 피고인의 입영거부 행위는 진정한 양심에 따른 것으로서 구 병역법 제88조 제1항에서 정한 '정당한 사유'에 해당할 여지가 있는데도, 피고인이 주장하는 양심이 위 조항의 정당한 사유에 해당하는지 심리하지 아니한 채 양심적 병역거부가 정당한 사유에 해당하지 않는다고 보아 유죄를 인정한 원심판결에 법리오

해의 잘못이 있다고 한 사례

Ⅱ. 종교의 자유

> 제20조 ① 모든 국민은 종교의 자유를 가진다.
> ② 국교는 인정되지 아니하며, 종교와 정치는 분리된다.

1. 의의

(1) 연혁: 건국헌법에서 신앙과 양심을 하나의 조문에서 보장하였으나 **제3공화국 (1962년) 헌법부터 신앙과 양심을 분리**하여 규정. 종교의 자유에서 신앙이란 신이나 초자연적인 존재의 힘에 대한 믿음과 숭배를 말한다. 헌법재판소는 종교 전파의 자유는 국민에게 그가 선택한 **임의의 장소에서 자유롭게 행사할 수 있는 권리까지 보장하는 것은 아니라고 하였다**(헌결 2007헌마1366).

(2) 주체: 모든 국민과 외국인

2. 종교의 자유의 내용

(1) 신앙형성의 자유: 누구든지 자율적으로 신앙을 갖거나 신앙을 갖지 않을 자유

(2) 신앙실현의 자유

　(가) 신앙표명의 자유(신앙고백의 자유): 자신의 신앙을 외부에 표명할 수 있는 자유(적극적 신앙표명)와 자신의 신앙이 외부에 강제적으로 표명당하지 않을 자유(소극적 신앙표명)를 보장

　(나) 신앙실천의 자유

　　① 적극적 신앙실천의 자유: 자신의 신앙교리에 따라 행동하고 신앙을 실현하는 행위

　　② 소극적 신앙실천의 자유: 자신의 신앙에 반하는 행동을 강제당하지 않을 자유

3. 종교의 자유의 효력

대국가적 효력 + 간접적 대사인효

4. 종교의 자유에 대한 제한과 한계

신앙형성의 자유는 법률로도 제한할 수 없는 절대적 기본권이나, 신앙실천의 자유는 헌법 제37조 제2항에 따라 법률로 제한될 수○. 종교전파의 자유는 국민에

게 그가 선택한 <u>임의의 장소에서 자유롭게 행사할 수 있는 권리까지 보장</u>×(헌결 2007헌마1366)

| 헌결 | 대판 |

1. 종교의 자유에는 신앙의 자유, 종교적 행위의 자유가 포함되며, 종교적 행위의 자유에는 신앙고백의 자유, 종교적 의식 및 집회·결사의 자유, 종교전파·교육의 자유 등이 있다. 이 사건에서 문제되는 종교의 자유는 종교전파의 자유로서 누구에게나 자신의 종교 또는 종교적 확신을 알리고 선전하는 자유를 말하며, 포교행위 또는 선교행위가 이에 해당한다. <u>그러나 이러한 종교전파의 자유는 국민에게 그가 선택한 임의의 장소에서 자유롭게 행사할 수 있는 권리까지 보장한다고 할 수 없으며</u>, 그 임의의 장소가 대한민국의 주권이 미치지 아니하는 지역 나아가 국가에 의한 국민의 생명·신체 및 재산의 보호가 강력히 요구되는 해외 위난지역인 경우에는 더욱 그러하다. 청구인들의 아가니스탄에서의 선교행위가 제한된 것은, 이 사건 여권의 사용제한 등 조치를 통하여 국민의 국외 이전의 자유를 일시적으로 제한함으로써 부수적으로 나타난 결과일 뿐, 청구인들이 국내·국외를 포함한 다른 지역에서의 기독교를 전파할 자유를 일반적으로 제한하는 것은 아니라 할 것이므로 이 사건 고시가 직접적으로 청구인들의 선교의 자유를 침해하였다고 보기도 어렵다(헌결 2008.6.26. 2007헌마1366). ★

2. 이 사건에서 청구인은 자신의 신앙적 의무를 지키기 위하여 사법시험 응시를 포기하고 예배행사에 참여하였다는 것이므로 사법시험 시행일을 일요일로 정한 피청구인의 처분이 직접적으로 청구인의 종교의 자유를 침해하였다고 보기는 어렵다. 다만 매년 반복하여 시행되는 사법시험의 시행일을 일요일로 정하는 것이 청구인의 일요일에 예배행사에 참석할 종교적 행위의 자유를 제한하는 것으로 볼 수 있는지가 문제이나, <u>종교적 행위의 자유는 신앙의 자유와는 달리 절대적 자유가 아니라 질서유지, 공공복리 등을 위하여 제한할 수 있는 것으로서</u> 사법시험 제1차시험과 같은 대규모 응시생들이 응시하는 시험의 경우 그 시험장소는 중·고등학교 건물을 임차하는 것 이외에 특별한 방법이 없고 또한 시험관리를 위한 2,000여 명의 공무원이 동원되어야 하며 일요일 아닌 평일에 시험이 있을 경우 직장인 또는 학생 신분인 사람들은 결근, 결석을 하여야 하고 그밖에 시험당일의 원활한 시험관리에도 상당한 지장이 있는 사정이 있는바, 이러한 사정을 참작한다면 피청구인이 사법시험 제1차 시험

시행일을 일요일로 정하여 공고한 것은 국가공무원법 제35조에 의하여 다수 국민의 편의를 위한 것이므로 이로 인하여 청구인의 종교의 자유가 어느 정도 제한된다 하더라도 이는 공공복리를 위한 부득이한 제한으로 보아야 할 것이고 그 정도를 보더라도 비례의 원칙에 벗어난 것으로 볼 수 없고 <u>청구인의 종교의 자유의 본질적 내용을 침해한 것으로 볼 수도 없다</u>(헌결 2001.9.27. 2000헌마159).

5. 국교부인과 정교분리의 원칙

(1) 의의: 국교부인이란 특정의 종교를 국교로 지정하는 것을 금하는 것이고, 정교분리란 정치와 종교는 하나가 되어서는 안 된다는 것

(2) 내용

⑺ 국교의 부인: 국가는 특정의 종교를 국교로 지정할 수 없으며 특별한 보호나 특권을 부여할 수×

⑷ 국가의 정치적 중립성(정교분리): 국가는 신앙을 금지할 수 없지만 반대로 신앙을 권장하거나 독려할 수 없으며 기타 신앙형성이나 실현에 영향을 주는 일체의 행위를 할 수×

| 헌결 | 대판 | **종교의 자유 침해를 인정**

1. '형의 집행 및 수용자의 처우에 관한 법률' 제45조는 종교행사 등에의 참석 대상을 "수용자"로 규정하고 있어 수형자와 미결수용자를 구분하고 있지도 아니하고, 무죄추정의 원칙이 적용되는 미결수용자들에 대한 기본권 제한은 징역형 등의 선고를 받아 그 형이 확정된 수형자의 경우보다는 더 완화되어야 할 것임에도, 피청구인이 수용자 중 미결수용자에 대하여만 일률적으로 종교행사 등에의 참석을 불허한 것은 미결수용자의 종교의 자유를 나머지 수용자의 종교의 자유보다 더욱 엄격하게 제한한 것이다. 나아가 공범 등이 없는 경우 내지 공범 등이 있는 경우라도 공범이나 동일사건 관련자를 분리하여 종교행사 등에의 참석을 허용하는 등의 방법으로 미결수용자의 기본권을 덜 침해하는 수단이 존재함에도 불구하고 이를 전혀 고려하지 아니하였으므로 <u>이 사건 종교행사 등 참석불허 처우는 침해의 최소성 요건을 충족하였다고 보기 어렵다</u>. 그리고, 이 사건 종교행사 등 참석불허 처우로 얻어질 공익의 정도가 무죄추정의 원칙이 적용되는 미결수용자들이 종교행사 등에 참석을 하지 못함

으로써 입게 되는 종교의 자유의 제한이라는 불이익에 비하여 결코 크다고 단정하기 어려우므로 법익의 균형성 요건 또한 충족하였다고 할 수 없다. 따라서, 이 사건 종교행사 등 참석불허 처우[저자 주: 피청구인인 대구구치소장이 2009. 6. 1.부터 2009. 10. 8.까지 대구구치소 내에서 실시하는 종교의식 또는 행사에 미결수용자인 청구인의 참석을 금지한 행위]는 과잉금지원칙을 위반하여 청구인의 종교의 자유를 침해하였다[인용] 2011.12.29. 2009헌마527].

2. [1] 형이 확정된 수형자 중 구치소 내에서 벌금 또는 과료를 완납하지 아니하여 노역장 유치명령을 받은 자(노역수)와 출력수를 제외한 수형자를 일컬어 미지정 수형자라고 한다. 한편, '미결수용자'는 형사피의자 또는 형사피고인으로서 체포되거나 구속영장의 집행을 받은 자를 말한다(형집행법 제2조 제2호). [2] 피청구인은 출력수(작업에 종사하는 수형자)를 대상으로 원칙적으로 월 3~4회의 종교집회를 실시하는 반면, 미결수용자와 미지정 수형자에 대해서는 원칙적으로 매월 1회, 그것도 공간의 협소함과 관리 인력의 부족을 이유로 수용동별로 돌아가며 종교집회를 실시하여 실제 연간 1회 정도의 종교집회 참석 기회를 부여하고 있다. 이는 미결수용자 및 미지정 수형자의 구금기간을 고려하면 사실상 종교집회 참석 기회가 거의 보장되지 않는 결과를 초래할 수도 있다. 나아가 피청구인은 현재의 시설 여건 하에서도 종교집회의 실시 회수를 출력수와 출력수 외의 수용자의 종교의 자유를 보장하는 범위 내에서 적절히 배분하는 방법, 공범이나 동일사건 관련자가 있는 경우에 한하여 이를 분리하여 종교집회 참석을 허용하는 방법, 미지정 수형자의 경우 추가사건의 공범이나 동일사건 관련자가 없는 때에는 출력수와 함께 종교집회를 실시하는 등의 방법으로 청구인의 기본권을 덜 침해하는 수단이 있음에도 불구하고 이를 전혀 고려하지 아니하였다. 따라서 이 사건 종교집회 참석 제한 처우[저자 주: 피청구인인 부산구치소장이 미결수용자의 신분으로 부산구치소에 수용되었던 기간 중 청구인의 조사수용 내지 징벌(금치)집행 중이었던 기간을 제외한 기간 및 미지정 수형자(추가 사건이 진행 중인 자 등)의 신분으로 수용되어 있던 기간 동안, 교정시설 안에서 매주 화요일에 실시하는 종교집회 참석을 제한한 행위]는 부산구치소의 열악한 시설을 감안하더라도 과잉금지원칙을 위반하여 청구인의 종교의 자유를 침해한 것이다[인용] 헌결 2014.6.26. 2012헌마782].

★ 비교 피청구인 ○○구치소장이 2012.12.21.부터 2013.4.5.까지 ○○구치소 내 미결수용자를 대상으로 한 개신교 종교행사를 4주에 1회, 일요일이 아닌

요일에 실시한 행위는 종교의 자유를 침해×(헌결 2015.4.30. 2013헌마190)
○○구치소에 종교행사 공간이 1개뿐이고, 종교행사는 종교, 수형자와 미결수용자, 성별, 수용동 별로 진행되며, 미결수용자는 공범이나 동일사건 관련자가 있는 경우 이를 분리하여 참석하게 해야 하는 점을 고려하면 피청구인이 미결수용자 대상 종교행사를 4주에 1회 실시했더라도 종교의 자유를 과도하게 제한하였다고 보기 어렵고, 구치소의 인적·물적 여건상 하루에 여러 종교행사를 동시에 하기 어려우며, 개신교의 경우에만 그 교리에 따라 일요일에 종교행사를 허용할 경우 다른 종교와의 형평에 맞지 않고, 공휴일인 일요일에 종교행사를 할 행정적 여건도 마련되어 있지 않다는 점을 고려하면, 이 사건 종교행사 처우는 청구인의 종교의 자유를 침해하지 않는다.

3. [1] 피청구인이 청구인들로 하여금 육군훈련소 내 종교행사에 참석하도록 한 이 사건 종교행사 참석조치는 피청구인이 우월적 지위에서 청구인들에게 일방적으로 강제한 행위로, 헌법소원심판의 대상이 되는 권력적 사실행위에 해당한다. ⇒ 피청구인이 청구인들로 하여금 육군훈련소 내 종교행사에 참석하도록 한 행위가 권력적 사실행위에 해당하여 헌법소원 대상이 되는지 여부(적극)
[2] 피청구인이 청구인들로 하여금 육군훈련소 내 종교행사에 참석하도록 한 이 사건 종교행사 참석조치는 이미 종료된 행위이나, 반복 가능성과 헌법적 해명의 중요성을 고려할 때 심판의 이익을 인정할 수 있다. ⇒ 피청구인이 청구인들로 하여금 육군훈련소 내 종교행사에 참석하도록 한 행위에 대해여 예외적인 소의 이익을 인정할 필요가 있는지 여부(적극)
[3] 피청구인이 청구인들로 하여금 개신교, 천주교, 불교, 원불교 4개 종교의 종교행사 중 하나에 참석하도록 한 것은 그 자체로 종교적 행위의 외적 강제에 해당한다. 이는 피청구인이 위 4개 종교를 승인하고 장려한 것이자, 여타 종교 또는 무종교보다 이러한 4개 종교 중 하나를 가지는 것을 선호한다는 점을 표현한 것이라고 보여질 수 있으므로 국가의 종교에 대한 중립성을 위반하여 특정 종교를 우대하는 것이다. 또한, 이 사건 종교행사 참석조치는 국가가 종교를, 군사력 강화라는 목적을 달성하기 위한 수단으로 전락시키거나, 반대로 종교단체가 군대라는 국가권력에 개입하여 선교행위를 하는 등 영향력을 행사할 수 있는 기회를 제공하므로, 국가와 종교의 밀접한 결합을 초래한다는 점에서 정교분리원칙에 위배된다. ★ ⇒ 피청구인이 청구인들로 하여금 육군훈련소 내 종교행사에 참석하도록 한 행위가 정교분리원칙에 위배되어 청구인들의 종교의 자유를 침해하는지 여부(적극)

[4] 피청구인이 청구인들로 하여금 육군훈련소 내 종교행사에 참석하도록 한 이 사건 종교행사 참석조치는 군에서 필요한 정신전력을 강화하는 데 기여하기보다 오히려 해당 종교와 군 생활에 대한 반감이나 불쾌감을 유발하여 역효과를 일으킬 소지가 크고, 훈련병들의 정신전력을 강화할 수 있는 방법으로 종교적 수단 이외에 일반적인 윤리교육 등 다른 대안도 택할 수 있으며, 종교는 개인의 인격을 형성하는 가장 핵심적인 신념일 수 있는 만큼 종교에 대한 국가의 강제는 심각한 기본권 침해에 해당하는 점을 고려할 때, <u>과잉금지원칙을 위반하여 청구인들의 종교의 자유를 침해한다</u>(인용 헌결 2022.11.24. 2019헌마941). ★ ⇒ 피청구인이 청구인들로 하여금 육군훈련소 내 종교행사에 참석하도록 한 행위가 과잉금지원칙에 위배되어 청구인들의 종교의 자유를 침해하는지 여부(적극)

Ⅲ. 언론·출판의 자유

> 제21조 ① 모든 국민은 언론·출판의 자유와 집회·결사의 자유를 가진다.
> ② 언론·출판에 대한 허가나 검열과 집회·결사에 대한 허가는 인정되지 아니한다.
> ③ 통신·방송의 시설기준과 신문의 기능을 보장하기 위하여 필요한 사항은 법률로 정한다.
> ④ 언론·출판은 타인의 명예나 권리 또는 공중도덕이나 사회윤리를 침해하여서는 아니 된다. 언론·출판이 타인의 명예나 권리를 침해한 때에는 피해자는 이에 대한 **피해의 배상을** 청구할 수 있다.

1. 의의

(1) 개념: 자신의 생각이나 의견을 언어나 문자 등을 통해 외부에 표현(표명과 전달)하는 자유

(2) 법적 성격: 언론·출판의 자유를 보장하는 자유권으로서의 방어권의 성격과 민주 헌법질서의 불가결의 존재로서 객관적 원칙규범의 성격

(3) 주체: 모든 국민과 외국인, 법인

2. 언론·출판의 자유의 내용

(1) 의사의 표명 및 전달의 자유(고전적 의사표현의 자유)

  ㈎ 의의

   ① 적극적 의사표현: 자기의 생각이나 의견을 자유롭게 표명하고 전달할 수 있

는 자유, **익명표현의 자유**를 포함(헌결 2018헌마456), **상업적인 광고물**도 보호대상(헌결 2000헌마764), 선거기간 중 인터넷언론사의 선거와 관련한 게시판·대화방 등도 보호대상(헌결 2008헌마324)

② 소극적 의사표현: 의사표명은 자신의 의견을 표명하지 않을 자유도 보호. 담배나 게임기 제조사에 건강을 해친다는 흡연문구를 삽입하도록 하거나 청소년유해물임을 표시하도록 한다면 소극적 의사표명의 자유에 대한 제한(헌결 2001헌마894)

③ 헌재결정: **표현의 자유**는 기본적으로 자유로운 정치적 의사표현 등을 국가가 소극적으로 금지하거나 제한하지 말 것을 요구하는 권리이며, **국가에게 국민들의 표현의 자유를 실현할 방법을 적극적으로 마련해 달라는 것까지 포함하는 것이라 볼 수 없다**. 이 사건의 경우에도 표현의 자유의 보호범위에 '국가가 공직후보자들에 대한 유권자의 전부 거부 의사표시를 할 방법을 보장해 줄 것'까지 **포함된다고 보기는 어렵다**(헌결 2005헌마975).

(나) 의사표현과 사실전달: 의사와 사실은 개념상 구별되나 표현의 자유를 충분히 보호하려면 의사표명에서 의사의 개념은 넓게 이해되어야 함

(다) 의사표현의 자유의 보호영역(허위보도, 허위주장)

① 불매운동: 불매운동에 동참을 호소하는 의사표명은 의사형성적 성격을 지니므로 의사표현의 자유에 포함(헌결 2010헌바54)

② 허위사실의 보도나 주장: 헌법재판소는 모든 '**허위사실의 표현**'을 보호영역에 포함(헌결 2008헌바157)

| 헌결 | 대판 |

1. 헌법 제21조 제1항에서 보장하고 있는 표현의 자유는 사상 또는 의견을 자유롭게 표명할 자유(발표의 자유)와 그것을 전파할 자유(전달의 자유)를 의미하는 것으로서, 그러한 의사의 자유로운 표명과 전파의 자유에는 자신의 신원을 누구에게도 밝히지 아니한 채 익명 또는 가명으로 자신의 사상이나 견해를 표명하고 전파할 익명표현의 자유도 포함된다. 표현의 자유에 있어 의사표현 또는 전파의 매개체는 어떠한 형태이건 가능하며 그 제한이 없는바, 인터넷게시판은 인터넷에서 의사를 형성·전파하는 매체로서의 역할을 담당하고 있으므로 의사의 표현·전파 형식의 하나로서 인정된다(위헌 헌결 2021.1.28. 2018헌마456).

2. 광고가 단순히 상업적인 상품이나 서비스에 관한 사실을 알리는 경우에도 그 내용이 공익을 포함하는 때에는 헌법 제21조의 표현의 자유에 의하여 보호된다. 헌법은 제21조 제1항에서 "모든 국민은 언론·출판의 자유 … 를 가진다"라고 규정하여 현대 자유민주주의의 존립과 발전에 필수불가결한 기본권으로 언론·출판의 자유를 강력하게 보장하고 있는바, 광고물도 사상·지식·정보 등을 불특정다수인에게 전파하는 것으로서 언론·출판의 자유에 의한 보호를 받는 대상이 됨은 물론이다. 뿐만 아니라 국민의 알권리는 국민 누구나가 일반적으로 접근할 수 있는 모든 정보원(情報源)으로부터 정보를 수집할 수 있는 권리로서 정보수집의 수단에는 제한이 없는 권리인 바, 알권리의 정보원으로서 광고를 배제시킬 합리적인 이유가 없음을 고려할 때, 광고는 이러한 관점에서도 표현의 자유에 속한다고 할 것이다(헌결 2002.12.18. 2000헌마764).

3. 상업광고는 표현의 자유의 보호영역에 속하지만 사상이나 지식에 관한 정치적, 시민적 표현행위와는 차이가 있고, 한편 직업수행의 자유의 보호영역에 속하지만 인격발현과 개성신장에 미치는 효과가 중대한 것은 아니다. 그러므로 상업광고 규제에 관한 비례의 원칙 심사에 있어서 '피해의 최소성' 원칙은 같은 목적을 달성하기 위하여 달리 덜 제약적인 수단이 없을 것인지 혹은 입법목적을 달성하기 위하여 필요한 최소한의 제한인지를 심사하기 보다는 '입법목적을 달성하기 위하여 필요한 범위 내의 것인지'를 심사하는 정도로 완화되는 것이 상당하다(헌결 2012.2.23. 2009헌마318). ★

4. 청소년유해매체물로 결정된 매체물 내지 인터넷 정보라 하더라도 이들은 의사형성적 작용을 하는 의사의 표현·전파의 형식 중의 하나이므로 언론·출판의 자유에 의하여 보호되는 의사표현의 매개체에 해당된다고 볼 것이다. 그런데 이 사건 고시는 청소년유해매체물에 해당된 인터넷 정보제공자에 대하여 일정한 전자적 표시를 하도록 요구하고 있는바 이는 표현의 자유를 제한하는 것이므로, 그러한 제한이 헌법 제37조 제2항에서 인정되는 과잉금지의 원칙에 위배되는지가 검토되어야 한다(헌결 2004.1.29. 2001헌마894).

5. 표현의 자유의 보호영역은 일반적으로 의견의 자유 또는 의견형성의 자유와 표현의 자유 그리고 전파의 자유를 포함한다. 일반적으로 문자를 통한 표현행위가 이루어지는 과정을 살펴보면 표현하고자 하는 내용이 내면적으로 형성되고 그것을 문자로 외부적으로 작성하여 그 작성된 것을 외부에 전달하거나 전파하는 단계를 거치게 되는데, 집필행위는 사람의 내면에 있는 생각이 외부로 나타나는 첫 단계의 행위란 점에서 문자를 통한 표현행위의 가장 기초적이

고도 전제가 되는 행위라 할 것이다. 일반적으로 표현의 자유는 정보의 전달 또는 전파와 관련지어 생각되므로 구체적인 전달이나 전파의 상대방이 없는 집필의 단계를 표현의 자유의 보호영역에 포함시킬 것인지 의문이 있을 수 있으나, 집필은 문자를 통한 모든 의사표현의 기본 전제가 된다는 점에서 당연히 표현의 자유의 보호영역에 속해 있다(헌결 2005.2.24. 2003헌마289).

6. 이 사건 법률조항[저자 주: 공익을 해할 목적으로 전기통신설비에 의하여 공연히 허위의 통신을 한 자를 형사 처벌하는 전기통신기본법 제47조 제1항]은 표현의 자유에 대한 제한입법이며, 동시에 형벌조항에 해당하므로, 엄격한 의미의 명확성원칙이 적용된다. 그런데 이 사건 법률조항은 "공익을 해할 목적"의 허위의 통신을 금지하는바, 여기서의 "공익"은 형벌조항의 구성요건으로서 구체적인 표지를 정하고 있는 것이 아니라, 헌법상 기본권 제한에 필요한 최소한의 요건 또는 헌법상 언론·출판의 자유의 한계를 그대로 법률에 옮겨 놓은 것에 불과할 정도로 그 의미가 불명확하고 추상적이다. 따라서 어떠한 표현행위가 "공익"을 해하는 것인지, 아닌지에 관한 판단은 사람마다의 가치관, 윤리관에 따라 크게 달라질 수밖에 없으며, 이는 판단주체가 법전문가라 하여도 마찬가지이고, 법집행자의 통상적 해석을 통하여 그 의미내용이 객관적으로 확정될 수 있다고 보기 어렵다. 나아가 현재의 다원적이고 가치상대적인 사회구조 하에서 구체적으로 어떤 행위상황이 문제되었을 때에 문제되는 공익은 하나로 수렴되지 않는 경우가 대부분인바, 공익을 해할 목적이 있는지 여부를 판단하기 위한 공익간 형량의 결과가 언제나 객관적으로 명백한 것도 아니다. 결국, 이 사건 법률조항은 수범자인 국민에 대하여 일반적으로 허용되는 '허위의 통신' 가운데 어떤 목적의 통신이 금지되는 것인지 고지하여 주지 못하고 있으므로 표현의 자유에서 요구하는 명확성의 요청 및 죄형법정주의의 명확성원칙에 위배하여 헌법에 위반된다(**위헌** 헌결 2010.12.28. 2008헌바157).

7. [1] 익명표현은 표현의 자유를 행사하는 하나의 방법으로서 그 자체로 규제되어야 하는 것은 아니고, 부정적 효과가 발생하는 것이 예상되는 경우에 한하여 규제될 필요가 있다. 그런데 선거운동기간 중 정치적 익명표현의 부정적 효과는 익명성 외에도 해당 익명표현의 내용과 함께 정치적 표현행위를 규제하는 관련 제도, 정치적·사회적 상황의 여러 조건들이 아울러 작용하여 발생한다. 이에 따라 사전에 특정 익명표현으로 인해 부정적 효과가 발생할 것인지를 구분할 수 있는 명확한 기준을 세우는 것은 거의 불가능하고, 사회적 합

의를 통해 그 기준을 도출해내는 것도 쉽지 않다. ★
[2] 심판대상조항의 입법목적은 정당이나 후보자에 대한 인신공격과 흑색선전으로 인한 사회경제적 손실과 부작용을 방지하고 선거의 공정성을 확보하기 위한 것이고, 익명표현이 허용될 경우 발생할 수 있는 부정적 효과를 막기 위하여 그 규제의 필요성을 인정할 수는 있다. 그러나 심판대상조항과 같이 인터넷홈페이지의 게시판 등에서 이루어지는 정치적 익명표현을 규제하는 것은 인터넷이 형성한 '사상의 자유시장'에서의 다양한 의견 교환을 억제하고, 이로써 국민의 의사표현 자체가 위축될 수 있으며, 민주주의의 근간을 이루는 자유로운 여론 형성이 방해될 수 있다. <u>선거운동기간 중 정치적 익명표현의 부정적 효과는 익명성 외에도 해당 익명표현의 내용과 함께 정치적 표현행위를 규제하는 관련 제도, 정치적·사회적 상황의 여러 조건들이 아울러 작용하여 발생하므로, <u>모든 익명표현을 사전적·포괄적으로 규율하는 것은 표현의 자유보다 행정편의와 단속편의를 우선함으로써 익명표현의 자유와 개인정보자기결정권 등을 지나치게 제한한다</u>(**위헌** 헌결 2021.1.28. 2018헌마456). ★

(2) 알권리(정보의 자유)

 (㈎) 개념: 의사형성을 위하여 필요한 정보에 접근하고 정보를 수집할 수 있는 권리
 (㈏) 법적 성격: 알권리는 표현의 자유와 표리일체의 관계에 있으며 **자유권적 성질과 청구권적 성질을 공유**하는 것(헌결 90헌마133)
 (㈐) 법적 근거 및 주체: **알 권리에 관한 명문규정이 없는 우리 헌법의 경우**, 그 인정 여부와 법적 근거를 어디에서 구할 것인가가 문제되지만, 헌법재판소는 알권리는 의사표명에 선행하는 의사형성의 조건이므로 알 권리의 법적 근거는 헌법 제21조의 표현의 자유로 본다(헌결 88헌마22). 알권리의 주체는 모든 국민이다. 외국인의 정보공개 청구에 관하여는 대통령령으로 정한다(동법 §5②).
 (㈑) 내용
  ① 정보: 의사표명과 관련된 일체의 자료
  ② 정보수령권과 정보수집권: 정보수령권이란 정보원으로부터 방해받지 않고 정보에 접근하여 이를 수령하는 자유를 말하며, 정보수집권은 능동적으로 정보를 수집하는 권리로서 개인의 정보수집의 자유나 취재의 자유를 그 내용
 (㈒) 정보공개법상의 정보공개청구 ⇒ 공공기관의 정보공개에 관한 법률(이하, '동법')
  ① 정보공개의 청구: 모든 국민은 '정보공개'를 청구할 수○(동법 §5)

② 정보공개: 공공기관은 자신이 보유 관리하는 정보를 적극적으로 공개하여야 함(동법 §3)

③ 정보비공개: 공공기관이 보유 관리하는 정보는 공개되어야 하나, 모든 정보가 다 공개되어야 하는 것은 아니며, 동법(§9)은 공익과 다른 사람의 사익을 고려하여 일정한 사항에 대해서는 비공개할 수 있도록 규정

④ 불복: 정보공개와 관련한 공공기관의 결정(비공개 결정, 부분공개 결정)에 대하여는 이의신청, 행정심판, 행정소송을 청구할 수○(동법 §18, §19, §20)

(ㅂ) 제한과 한계

① 알 권리에 대한 제한: 알 권리에 의한 정보공개는 개인에 대한 정보보호와 조화

② 알 권리에 대한 한계: 알 권리를 근거로 국가기관에게 모든 정보의 공개를 요구할 수×

| 헌결 | 대판 | **알권리의 침해를 인정**

1. 부동산 소유권의 회복을 위한 입증자료로 사용하고자 청구인이 문서의 열람·복사 신청을 하였으나 행정청이 이에 불응하였다 하더라도 <u>그 불응한 행위로 인하여 청구인의 재산권이 침해 당하였다고는 보기 어려우나, 청구인의 정당한 이해관계가 있는 정부보유의 정보의 개시에 대하여 행정청이 아무런 검토 없이 불응한 부작위는</u> 헌법 제21조에 규정된 표현의 자유와 자유민주주의적 기본질서를 천명하고 있는 헌법 전문, 제1조, 제4조의 해석상 국민의 정부에 대한 일반적 정보 공개를 구할 권리(청구권적 기본권)로서 인정되는 "알" 권리<u>를 침해한 것</u>이고 위 열람·복사 민원의 처리는 법률의 제정이 없더라도 불가능한 것이 아니다(인용 헌결 1989.9.4. 88헌마22). ⇒ 군수관리의 임야조서서, 토지조사부에 대한 청구인의 열람·복사 신청에 불응한 부작위의 기본권침해 여부(적극)

2. 형사피고인이었던 자가 자신의 확정된 형사소송기록의 복사를 거부당한 것은 <u>헌법 제21조에 의하여 보장되고 있는 청구인의 '알 권리'를 침해한 것이므로 위헌</u>이라 할 것이고, 따라서 피청구인의 거부행위는 취소되어야 할 것이다 (인용 헌결 1991.5.13. 90헌마133).

3. '저속한' 간행물의 출판금지(위헌 헌결 1998.4.30. 95헌가16)

청소년의 건전한 심성을 보호하기 위해서 퇴폐적인 성표현이나 지나치게 폭력적이고 잔인한 표현 등을 규제할 필요성은 분명 존재하지만, 이들 저속한 표현을 규제하더라도 그 보호대상은 청소년에 한정되어야 하고, 규제수단 또한 청소년에 대한 유통을 금지하는 방향으로 좁게 설정되어야 할 것인데, 저속한 간행물의 출판을 전면 금지시키고 출판사의 등록을 취소시킬 수 있도록 하는 것은 청소년보호를 위해 지나치게 과도한 수단을 선택한 것이고, 또 청소년보호라는 명목으로 성인이 볼 수 있는 것까지 전면 금지시킨다면 이는 성인의 알권리의 수준을 청소년의 수준으로 맞출 것을 국가가 강요하는 것이어서 성인의 알권리까지 침해하게 된다.

★ 비교 음란표현이 언론·출판의 자유의 보호영역에 해당하지 아니한다고 해석할 경우 음란표현에 대하여는 언론·출판의 자유의 제한에 대한 헌법상의 기본원칙, 예컨대 명확성의 원칙, 검열 금지의 원칙 등에 입각한 합헌성 심사를 하지 못하게 될 뿐만 아니라, 기본권 제한에 대한 헌법상의 기본원칙, 예컨대 법률에 의한 제한, 본질적 내용의 침해금지 원칙 등도 적용하기 어렵게 되는 결과, 모든 음란표현에 대하여 사전 검열을 받도록 하고 이를 받지 않은 경우 형사처벌을 하거나, 유통목적이 없는 음란물의 단순소지를 금지하거나, 법률에 의하지 아니하고 음란물출판에 대한 불이익을 부과하는 행위 등에 대한 합헌성 심사도 하지 못하게 됨으로써, 결국 음란표현에 대한 최소한의 헌법상 보호마저도 부인하게 될 위험성이 농후하게 된다는 점을 간과할 수 없다. 이 사건 법률조항의 음란표현은 헌법 제21조가 규정하는 언론·출판의 자유의 보호영역 내에 있다고 볼 것인바, 종전에 이와 견해를 달리하여 음란표현은 헌법 제21조가 규정하는 언론·출판의 자유의 보호영역에 해당하지 아니한다는 취지로 판시한 우리 재판소의 의견(헌재 1998. 4. 30. 95헌가16, 판례집 10-1, 327, 340-341)을 변경한다(헌결 2009.5.28. 2006헌바109). ★★★

4. 이 사건에서는 고소사실이 사인 사이의 금전수수와 관련된 사기에 관한 것이고 증거자료를 별첨하고 있기 때문에 특별한 사정이 없는 한 고소장이나 피의자신문조서를 변호인에게 열람시켜도 이로 인하여 국가안전보장·질서유지 또는 공공복리에 위험을 가져올 우려라든지 또는 사생활침해를 초래할 우려가 있다고 인정할 아무런 자료가 없다. 또한 공공기관의정보공개에관한법률 제7조 제1항 제4호는 '수사, 공소의 제기 및 유지에 관한 사항으로서 공개될 경우 그 직무수행을 현저히 곤란하게 하거나 형사피고인의 공정한 재판을 받을 권리를 침해한다고 인정할 만한 상당한 이유가 있는 정보'를 공개거부의

대상으로 규정하고 있지만 이 사건에서는 고소장과 피의자신문조서를 공개한다고 하더라도 증거인멸, 증인협박, 수사의 현저한 지장, 재판의 불공정 등의 위험을 초래할 만한 사유 있음을 인정할 자료를 기록상 발견하기 어렵다. 그리고 형사소송법 제47조의 입법목적은, 형사소송에 있어서 유죄의 판결이 확정될 때까지는 무죄로 추정을 받아야 할 피의자가 수사단계에서의 수사서류 공개로 말미암아 그의 기본권이 침해되는 것을 방지하고자 함에 목적이 있는 것이지 구속적부심사를 포함하는 형사소송절차에서 피의자의 방어권행사를 제한하려는 데 그 목적이 있는 것은 원래가 아니라는 점, 그리고 형사소송법이 구속적부심사를 기소전에만 인정하고 있기 때문에 만일 기소전에 변호인이 미리 고소장과 피의자신문조서를 열람하지 못한다면 구속적부심제도를 헌법에서 직접 보장함으로써 이 제도가 피구속자의 인권옹호를 위하여 충실히 기능할 것을 요청하는 헌법정신은 훼손을 면할 수 없다는 점 등에서, 이 규정은 구속적부심사단계에서 변호인이 고소장과 피의자신문조서를 열람하여 피구속자의 방어권을 조력하는 것까지를 일체 금지하는 것은 아니다. 결국 변호인에게 고소장과 피의자신문조서에 대한 열람 및 등사를 거부한 경찰서장의 정보비공개결정은 변호인의 피구속자를 조력할 권리 및 알 권리를 침해하여 헌법에 위반된다(인용 헌결 2003.3.27. 2000헌마474). ⇒ 구속적부심사건 피의자의 변호인에게 고소장과 피의자신문조서에 대한 열람 및 등사를 거부한 경찰서장의 정보비공개결정이 변호인의 피구속자를 조력할 권리 및 알 권리를 침해하여 헌법에 위반되는지 여부(적극)

5. 변호사시험법 제18조 제1항 위헌확인(변호사시험 성적 비공개 사건)(위헌 2015. 6.25. 2011헌마769). 변호사시험 성적 비공개를 통하여 법학전문대학원 간의 과다경쟁 및 서열화를 방지하고, 교육과정이 충실하게 이행될 수 있도록 하여 다양한 분야의 전문성을 갖춘 양질의 변호사를 양성하기 위한 심판대상조항 [저자 주: 변호사시험 성적을 합격자에게 공개하지 않도록 규정한 변호사시험법(2011. 7. 25. 법률 제10923호로 개정된 것) 제18조 제1항 본문]의 입법목적은 정당하다. 그러나 변호사시험 성적 비공개로 인하여 변호사시험 합격자의 능력을 평가할 수 있는 객관적인 자료가 없어서 오히려 대학의 서열에 따라 합격자를 평가하게 되어 대학의 서열화는 더욱 고착화된다. 또한 변호사 채용에 있어서 학교성적이 가장 비중 있는 요소가 되어 다수의 학생들이 학점 취득이 쉬운 과목 위주로 수강하기 때문에 학교별 특성화 교육도 제대로 시행되지 않고, 학교 선택에 있어서도 자신이 관심 있는 교육과정을 가진 학교가 아

니라 기존 대학 서열에 따라 학교를 선택하게 되며, 법학전문대학원도 학생들이 어떤 과목에 상대적으로 취약한지 등을 알 수 없게 되어 다양하고 경쟁력 있는 법조인 양성이라는 목적을 제대로 달성할 수 없게 된다. 한편 시험 성적이 공개될 경우 변호사시험 대비에 치중하게 된다는 우려가 있으나, 좋은 성적을 얻기 위해 노력하는 것은 당연하고 시험성적을 공개하지 않는다고 하여 변호사시험 준비를 소홀히 하는 것도 아니다. 오히려 시험성적을 공개하는 경우 경쟁력 있는 법률가를 양성할 수 있고, 각종 법조직역에 채용과 선발의 객관적 기준을 제공할 수 있다. 따라서 변호사시험 성적의 비공개는 기존 대학의 서열화를 고착시키는 등의 부작용을 낳고 있으므로 <u>수단의 적절성이 인정되지 않는다.</u> <중략> 따라서 심판대상조항은 과잉금지원칙에 위배하여 청구인들의 알 권리를 침해한다. ★

6. 변호사시험법 제18조 제1항 본문 등위헌확인(변호사시험 성적 공개 청구기간 제한 사건)(위헌 헌결 2019.7.25. 2017헌마1329). ★★★
[1] 알 권리는 일반적으로 접근할 수 있는 정보원으로부터 자유롭게 정보를 수령·수집하거나, 국가기관 등에 대하여 정보의 공개를 청구할 수 있는 권리를 말한다. 알 권리는 표현의 자유와 표리일체의 관계에 있으며, 자유권적 성질과 청구권적 성질을 공유한다. 자유권적 성질은 일반적으로 정보에 접근하고 수집·처리함에 있어서 국가권력의 방해를 받지 아니한다는 것을 말하며, 청구권적 성질은 의사형성이나 여론형성에 필요한 정보를 적극적으로 수집할 권리 등을 의미하는 것이다. <u>정보공개청구권은 정부나 공공기관이 보유하고 있는 정보에 대하여 정당한 이해관계가 있는 자가 그 공개를 요구할 수 있는 권리로서, 알 권리의 청구권적 성질과 밀접하게 관련된다. 정보공개청구권은 알 권리의 당연한 내용으로서</u> 헌법 제21조에 의하여 직접 보장된다. 특례조항은 개정 변호사시험법 시행일로부터 6개월로 성적 공개 청구기간을 한정하므로, <u>특례조항에 의하여 제한되는 기본권은 알 권리 중 정보공개청구권이다.</u> 따라서 이 사건의 쟁점은 특례조항이 과잉금지원칙을 위반하여 정보공개청구권을 침해하는지 여부이다.
[2] 특례조항[저자 주: 변호사시험법 부칙(2017. 12. 12. 법률 제15154호) 제2조 중 '이 법 시행일부터 6개월 내에' 부분]은 변호사시험 성적에 관한 정보 유출 사고의 위험을 낮추고 성적 정보 등의 관리에 관한 국가의 업무 부담을 줄이려는 목적을 가지는바, 이러한 <u>입법목적은 정당하다.</u> 성적 공개 청구기간을 일정한 기간으로 제한하는 것은 <u>입법목적 달성을 위한 적합한 수단이다.</u> <중

략> 특례조항에서 정하고 있는 '이 법 시행일부터 6개월 내'라는 기간은 변호사시험 합격자가 취업시장에서 성적 정보에 접근하고 이를 활용하기에 지나치게 짧다. 변호사시험 합격자는 성적 공개 청구기간 내에 열람한 성적 정보를 인쇄하는 등의 방법을 통해 개별적으로 자신의 성적 정보를 보관할 수 있으나, 성적 공개 청구기간이 지나치게 짧아 정보에 대한 접근을 과도하게 제한하는 이상, 이러한 점을 들어 기본권 제한이 충분히 완화되어 있다고 보기도 어렵다. 이상을 종합하면, 특례조항은 과잉금지원칙에 위배되어 청구인의 정보공개청구권을 침해한다.

7. 정치자금법 제27조 제1항 등위헌확인 (정치자금법상 회계보고된 자료의 열람기간에 관한 사건)(위헌 헌결 2021.5.27. 2018헌마1168). ★★

이 사건 열람기간제한 조항이 회계보고된 자료의 열람기간을 3월간으로 제한한 것은, 정치자금을 둘러싼 법률관계 또는 분쟁을 조기에 안정시키고, 선거관리위원회가 방대한 양의 자료를 보관하면서 열람을 허용하는 데 따르는 업무부담을 줄이기 위한 것으로 입법목적이 정당하며, 위 입법목적을 달성하는 데 기여하는 적합한 수단이다. 국민의 정치자금 자료에 대한 자유로운 접근을 허용하고 국민 스스로 정치자금의 투명성을 살필 수 있도록 하는 것은 정치자금법의 입법목적 및 기본원칙에 부합하고, 이는 정치자금의 투명성 강화 및 부정부패 근절이 시대정신이 된 지금에 와서는 더욱 그러하다. 또한 정치자금의 지출 내역 등은 정치인이 어떻게 활동하는지 보여주는 핵심적 지표로서 유력한 평가자료가 되므로 국민들이 필요로 하는 만큼의 자료를 제공할 필요가 있다. 따라서 국민의 정치자금 자료에 대한 접근 제한은 필요 최소한으로 이루어져야 한다. 정치자금의 수입과 지출명세서 등에 대한 사본교부 신청이 허용된다고 하더라도, 검증자료에 해당하는 영수증, 예금통장을 직접 열람함으로써 정치자금 수입·지출의 문제점을 발견할 수 있다는 점에서 이에 대한 접근이 보장되어야 한다. 영수증, 예금통장은 현행법령 하에서 사본교부가 되지 않아 열람을 통해 확인할 수밖에 없음에도 열람 중 필사가 허용되지 않고 열람기간마저 3월간으로 짧아 그 내용을 파악하고 분석하기 쉽지 않다. 또한 열람기간이 공직선거법상의 단기 공소시효조차 완성되지 아니한, 공고일부터 3개월 후에 만료된다는 점에서도 지나치게 짧게 설정되어 있다. 한편 선거관리위원회는 데이터 생성·저장 기술의 발전을 이용해 자료 보관, 열람 등의 업무부담을 상당 부분 줄여왔고, 앞으로도 그 부담이 과도해지지 않도록 할 수 있을 것으로 보인다. 이를 종합하면 정치자금을 둘러싼 분쟁 등의 장기화 방지 및 행정부담의 경감을 위해 열람기간의 제한 자체는 둘 수 있다고 하더라도, 현행 기간이 지나치게 짧다는 점은 명확하다. 짧은 열람기간으로 인해 청구인 신○○는 회계보고된 자료를 충분히 살펴 분석하거나, 문제를 발견할 실질적 기회를 갖지 못하게 되는바, 달성되는 공익과 비교할 때 이러한 사익의 제한은 정치자금의 투명한 공개가 민주주의 발전에 가지는 의미에 비추어 중대하다. 그렇다면 이 사건 열람기간제한 조항은 과잉금지원칙에 위배되어 청구인 신○○의 알권리를 침해한다. ⇒ 정치자금법에 따라 회계보고된 자료의 열람기간을 3월간으로 제한한 정치자금법 제42조 제2항 본문 중 '3월간' 부분(이하 '이 사건 열람기간제한 조항'이라 한다)이 과잉금지원칙에 위배되어 청구인 신○○의 알권리를 침해하는지 여부(적극)

8. 국회법 제54조의2 제1항 본문 위헌확인 등 (정보위원회 회의를 비공개하도록 규정한 국회법 조항에 관한 사건)(**위헌** 헌결 2022.1.27. 2018헌마1162). ★★★
   심판대상조항은 정보위원회의 회의 일체를 비공개 하도록 정함으로써 정보위원회 활동에 대한 국민의 감시와 견제를 사실상 불가능하게 하고 있다. 또한 헌법 제50조 제1항 단서에서 정하고 있는 비공개사유는 각 회의마다 충족되어야 하는 요건으로 입법과정에서 재적의원 과반수의 출석과 출석의원 과반수의 찬성으로 의결되었다는 사실만으로 헌법 제50조 제1항 단서의 '출석위원 과반수의 찬성'이라는 요건이 충족되었다고 볼 수도 없다. 따라서 심판대상조항은 헌법 제50조 제1항에 위배되는 것으로 과잉금지원칙 위배 여부에 대해서는 더 나아가 판단할 필요 없이 청구인들의 알 권리를 침해한다. ⇒ 정보위원회 회의는 공개하지 아니한다고 정하고 있는 국회법 제54조의2 제1항 본문(이하 '심판대상조항'이라 한다)이 의사공개원칙에 위배되어 청구인들의 알 권리를 침해하는지 여부(적극)

(3) Access권

 (가) 개념: 언론매체에 대한 접근이용권

 (나) 내용 ⇒ 언론중재 및 피해구제 등에 관한 법률(이하, '동법')

  ① **정정보도청구권**: 사실적 주장에 관한 언론보도가 진실하지 않아 피해를 입은 자가 보도의 정정을 언론사에 청구할 수 있는 권리. 정정보도청구의 소를 가처분절차에 의하도록 한 것은 언론의 자유를 지나치게 위축한다고 하여 위헌(헌결 2005헌마165)

  ② **반론권(반론보도청구권)**: 사실적 주장에 관한 언론보도로 피해를 입은 자가 보

도의 진실 여부를 불문하고 그 보도내용을 반박하는 주장(반론보도)을 언론사에 청구할 수 있는 권리(동법 §16①)

③ <u>해명권(추후보도청구권)</u>: 언론에 의해 범죄혐의가 있거나 형사상의 조치를 받았다고 보도 또는 공표된 자는 그에 대한 형사절차가 무죄판결 또는 이와 동등한 형태로 종결된 때에는 그 사실을 안 날부터 3월 이내에 언론사에 이 사실에 관한 추후보도의 게재를 청구할 수 ○(동법 §17①)

(다) 제한과 한계: 일반적 법률유보에 의해 제한될 수○

(4) 언론기관의 설립자유

(가) 시설기준 법정주의: 헌법(§21③)은 통신·방송의 시설기준을 법률로 정하도록 규정. 인터넷신문의 취재 및 편집 인력 5명 이상을 상시 고용하고, 이를 확인할 수 있는 서류를 제출할 것을 규정한 '신문 등의 진흥에 관한 법률 시행령' 조항은 **인터넷신문사업자인 청구인들의 언론의 자유를 침해**○(위헌) 2015헌마1206) ⇒ 인터넷언론사의 직업의 자유를 제한×

(나) 언론기관의 독과점방지: 언론기관의 자유로운 설립의 보장은 언론기관의 독과점을 제거하고 방지

(5) 언론기관의 자유(신문과 방송의 자유)

(가) 의의: 언론출판의 자유는 신문과 방송의 자유와 같은 언론기관의 자유를 보장

(나) 내용

① 언론기관의 대외적 자유: 언론기관이 신문(방송)을 통해 의사를 표현하고 사실을 전달함으로써 여론형성에 기여할 수 있는 자유(보도의 자유), 취재원묵비권이란 정보를 수집한 언론매체종사자가 자신이 수집한 정보의 출처를 비밀로 할 수 있는 권리(취재의 자유)

② 언론기관의 대내적 자유: 신문의 편집권은 국가 등 외부세력으로부터 규제·간섭을 받지 않으며(신문법 § 3②), 신문기업 내부에서 발행인에 의한 개입으로부터 보호되어야 함(신문의 내적 자유, 신문법 §3③)

3. 언론·출판의 자유의 효력

대국가적 효력 + 간접적 대사인효

4. 언론·출판의 자유의 헌법적 한계

(1) 타인의 명예나 권리침해: <u>헌법 제21조 제4항</u>은 언론·출판의 자유에 따르는 책

임과 의무를 강조하는 동시에 언론·출판의 자유에 대한 제한의 요건을 명시한 규정으로 볼 것이고, **헌법상 표현의 자유의 보호영역 한계를 설정한 것이라고는 볼 수×**(헌결 2006헌바109)

(2) 공중도덕이나 사회윤리 침해: 헌법(§22①)이 기본권으로 보장하는 표현의 자유도 헌법 제21조 제4항은 공중도덕이나 사회윤리를 침해하는 경우에는 이를 제한할 수○ ★ **'음란표현'**도 헌법 제21조가 규정하는 언론·출판의 자유의 **보호영역 내**○ but **헌법 제37조 제2항에 따라 제한 可**(헌결 2006헌바109) ★ 대한민국 또는 헌법상 국가기관에 대하여 모욕, 비방, 사실 왜곡, 허위사실 유포 또는 기타 방법으로 대한민국의 안전, 이익 또는 위신을 해하거나 해할 우려가 있는 표현이나 행위에 대하여 형사처벌하도록 규정한 구 형법규정은 표현의 자유를 침해○(위헌 헌결 2013헌가20)

| 헌결 | 대판 |

1. 비록 '음란'의 개념을 위와 같이 엄격하게 이해한다 하더라도 '음란'의 내용 자체는 헌법상 표현의 자유의 보호에 관한 법리와 관련하여 그 내포와 외연을 파악하여야 할 것이고, 이와 무관하게 음란 여부를 먼저 판단한 다음, 음란으로 판단되는 표현은 표현자유의 보호영역에서 애당초 배제시킨다는 것은 그와 관련한 합헌성 심사를 포기하는 결과가 될 것이다. <중략> 따라서 음란표현도 헌법 제21조가 규정하는 언론·출판의 자유의 보호영역에는 해당하되, 다만 헌법 제37조 제2항에 따라 국가 안전보장·질서유지 또는 공공복리를 위하여 제한할 수 있는 것이라고 해석하여야 할 것이다(합헌, 헌결 2009.5.28. 2006헌바109). ★

2. 심판대상조항[저자 주: 대한민국 또는 헌법상 국가기관에 대하여 모욕, 비방, 사실 왜곡, 허위사실 유포 또는 기타 방법으로 대한민국의 안전, 이익 또는 위신을 해하거나 해할 우려가 있는 표현이나 행위에 대하여 형사처벌하도록 규정한 구 형법(1975. 3. 25. 법률 제2745호로 개정되고, 1988. 12. 31. 법률 제4040호로 개정되기 전의 것) 제104조의2]의 신설 당시 제안이유에서는 '국가의 안전과 이익, 위신 보전'을 그 입법목적으로 밝히고 있으나, 언론이 통제되고 있던 당시 상황과 위 조항의 삭제 경위 등에 비추어 볼 때 이를 진정한 입법목적으로 볼 수 있는지 의문이고, 일률적인 형사처벌을 통해 국가의 안전과 이익, 위신 등을 보전할 수 있다고 볼 수도 없으므로 수단의 적합성을 인정할 수 없다. 심판대상조항에서 규정하고 있는 "기타 방법", 대한민국의 "이익"이나 "위신" 등과 같은 개념은 불명확하고 적용범위가 지나치게 광범위하며, 이미 형

법, 국가보안법, 군사기밀보호법에서 대한민국의 안전과 독립을 지키기 위한 처벌규정을 두고 있는 점, 국가의 "위신"을 훼손한다는 이유로 표현행위를 형사처벌하는 것은 자유로운 비판과 참여를 보장하는 민주주의 정신에 위배되는 점, 형사처벌조항에 의하지 않더라도 국가는 보유하고 있는 방대한 정보를 활용해 스스로 국정을 홍보할 수 있고, 허위사실 유포나 악의적인 왜곡 등에 적극적으로 대응할 수도 있는 점 등을 고려하면 심판대상조항은 침해의 최소성 원칙에도 어긋난다. 나아가 민주주의 사회에서 국민의 표현의 자유가 갖는 가치에 비추어 볼 때, 기본권 제한의 정도가 매우 중대하여 법익의 균형성 요건도 갖추지 못하였으므로, 심판대상조항은 과잉금지원칙에 위배되어 표현의 자유를 침해한다(위헌 헌결 2015.10.21. 2013헌가20).

5. 언론·출판의 자유에 대한 제한과 그 한계

(1) 제한

(가) 사전제한

허가제금지	언론·출판에 대한 허가제는 금지되나, '등록제'와 '신고제'는 허가제금지에 위배×
검열제금지	㉠ 검열의 개념: 허가받지 않은 사상이나 의견의 발표를 금지하는 것으로서, 행정권이 주체가 되어 사상이나 의견이 발표되기 전에 그 내용을 심사·선별하여 발표를 사전에 억제하는 제도(헌결 93헌가13). **사전검열은 법률로써도 불가능한 것으로서 절대적 금지**(헌결 2000헌가9), 표현물의 내용에 관한 것이 아닌 옥외광고물의 종류·모양 등에 대한 통제나(헌결 96헌바2), 등급심사를 위한 사전심사, 교과서 검인정제도는 검열×, **민사소송법에 근거한 법원의 방영금지가처분은 행정권에 의한 사전심사나 금지처분이 아니므로 검열×**(헌결 2000헌바36) ㉡ 영화·연예에 대한 검열: 제3공화국 헌법(4,5공화국 헌법 역시)은 영화·연예에 대한 검열이 가능하다는 규정을 두었으나 현행 헌법은 규정× ㉢ 사전심의: 영화·음반·비디오물에 대한 **공연윤리위원회에 의한 사전심의, 한국공연예술진흥협의회**에 의한 비디오물의 사전심의, **영상물등급위원회**에 의한 등급분류보류제도(헌결 2004헌가18), **한국광고자율심의기구**가 행하는 텔레비전 방송광고에 대한 사전심의(헌결 2005헌마506), **외국비디오물 수입추천제도**(헌결 2004헌가8), 보건복지부장관으로부터 위탁을 받은 각 **의사협회의 사전심의를 받지 아니한 의료광고를 금지하고 이를 위반한 경우 처벌**하는 것(헌결 2015헌바75)은 모두 검열금지에 위배○ ★ 사전심의를 받은 내용과 다른 내용의 건강기능식품 기능성광고를 금지하고 이를 위반한 경우 처벌하는 건강기능식품에 관한 법률조항(위헌 헌결 2018.6.28. 2016헌가8) ⇒ 이 사건 건강기능식품 기능성광고 사전심의는 그 검열이 행정권에 의하여 행하여진다 볼 수 있고, 헌법이 금지하는 사전검열에 해당하므로 헌법에 위반

- ○ ★ **선례변경** [동지①] 심판대상조항은 위 선례의 심판대상과 실질적인 내용이 동일하고, 사전검열금지원칙 위반 여부와 관련하여 위 선례와 달리 판단해야 할 사정의 변경이나 필요성이 있다고 인정× (**위헌** 헌결 2019.5.30. 2019헌가4) [동지②] 의료기기법상 '의료기기 광고'에 대한 사전심의 (**위헌** 헌결 2020.8.28. 2017헌가35)
- ㉣ 등급심사와 등급분류보류: 유통단계에서 효과적으로 관리할 수 있도록 미리 등급을 심사하는 **등급심사는 사전검열에 해당되지 않지만**(헌결 93헌가13), **등급분류보류제도**(헌결 2000헌가9)는 **검열에 해당○**
- ㉤ 제한상영가: '제한상영가' 등급의 영화를 '상영 및 광고·선전에 있어서 일정한 제한이 필요한 영화'라고 정의한 영화진흥법 조항은 **명확성원칙에 위배○** (**헌불** 헌결 2007헌가4)

(나) 사후제한: 언론·출판의 자유도 헌법 제37조 제2항에 따라 법률로 제한된다. 표현의 자유를 제한하는 법률로는 신문법, 방송법, 잡지법, 국가보안법, 형법, 옥외광고물등관리법 등이 있다.

(2) 한계: 언론·출판의 자유를 제한하는 경우에도 그 본질적 내용은 침해할 수 없다. 대법원은 **언론·출판의 자유와 명예보호 사이의 한계를 설정함에 있어서는**, 당해 표현으로 인하여 명예를 훼손당하게 되는 피해자가 공적인 존재인지 사적인 존재인지, 그 표현이 공적인 관심사안에 관한 것인지 순수한 사적인 영역에 속하는 사안에 관한 것인지 등에 따라 <u>그 심사기준에 차이를 두어</u>, 공공적·사회적인 의미를 가진 사안에 관한 표현의 경우에는 언론의 자유에 대한 제한이 완화되어야 하고, <u>특히 공직자의 도덕성·청렴성이나 그 업무처리가 정당하게 이루어지고 있는지 여부는 항상 국민의 감시와 비판의 대상이 되어야 한다는 점을 감안하면, 이러한 감시와 비판기능은 그것이 악의적이거나 현저히 상당성을 잃은 공격이 아닌 한 쉽게 제한되어서는 아니된다고 판시하였다</u>(대판 2003.9.2. 2002다63558).

| 헌결 | 대판 | **표현의 자유 등 침해를 인정**

1. 의사표현의 자유는 헌법 제21조 제1항이 규정하는 언론·출판의 자유에 속하고, 여기서 의사표현의 매개체는 어떠한 형태이건 그 제한이 없다고 할 것이다. 영화도 의사표현의 한 수단이므로 영화의 제작 및 상영은 다른 의사표현 수단과 마찬가지로 헌법에 의한 보장을 받음은 물론 영화는 학문적 연구결과를 발표하는 수단이 되기도 하고, 예술표현의 수단이 되기도 하므로 그 제작 및 상영은 학문·예술의 자유를 규정하고 있는 헌법 제22조 제1항에 의하여도 보장을 받는다. 헌법 제21조 제1항과 제2항은 모든 국민은 언론·출판의 자유를 가지며, 언론·출판에 대한 허가나 검열은 인정되지 아니한다고 규정하고

있다. 여기서의 검열은 행정권이 주체가 되어 사상이나 의견 등이 발표되기 이전에 예방적 조치로서 그 내용을 심사, 선별하여 발표를 사전에 억제하는, 즉 허가받지 아니한 것의 발표를 금지하는 제도를 뜻한다. 이러한 검열제가 허용될 경우에는 국민의 예술활동의 독창성과 창의성을 침해하여 정신생활에 미치는 위험이 클 뿐만 아니라 행정기관이 집권자에게 불리한 내용의 표현을 사전에 억제함으로써 이른바 관제의견이나 지배자에게 무해한 여론만이 허용되는 결과를 초래할 염려가 있기 때문에 헌법이 직접 그 금지를 규정하고 있는 것이다. 그러므로 헌법 제21조 제2항이 언론·출판에 대한 검열금지를 규정한 것은 비록 헌법 제37조 제2항이 국민의 자유와 권리를 국가안전보장·질서유지 또는 공공복리를 위하여 필요한 경우에 한하여 법률로써 제한할 수 있도록 규정하고 있다고 할지라도 언론·출판의 자유에 대하여는 검열을 수단으로 한 제한만은 법률로써도 허용되지 아니 한다는 것을 밝힌 것이다. 물론 여기서 말하는 검열은 그 명칭이나 형식에 구애됨이 없이 실질적으로 위에서 밝힌 검열의 개념에 해당되는 모든 것을 그 대상으로 하는 것이다. 그러나 검열금지의 원칙은 모든 형태의 사전적인 규제를 금지하는 것이 아니고, 단지 의사표현의 발표여부가 오로지 행정권의 허가에 달려있는 사전심사만을 금지하는 것을 뜻한다. 그러므로 검열은 일반적으로 허가를 받기 위한 표현물의 제출의무, 행정권이 주체가 된 사전심사절차, 허가를 받지 아니한 의사표현의 금지 및 심사절차를 관철할 수 있는 강제수단 등의 요건을 갖춘 경우에만 이에 해당하는 것이다(**위헌** 헌결 1996.10.4. 93헌가13).

2. 전기통신사업법 제53조는 "공공의 안녕질서 또는 미풍양속을 해하는"이라는 불온통신의 개념을 전제로 하여 규제를 가하는 것으로서 불온통신 개념의 모호성, 추상성, 포괄성으로 말미암아 필연적으로 규제되지 않아야 할 표현까지 다함께 규제하게 되어 과잉금지원칙에 어긋난다. 즉, 헌법재판소가 명시적으로 보호받는 표현으로 분류한 바 있는 '저속한' 표현이나, 이른바 '청소년유해매체물' 중 음란물에 이르지 아니하여 성인에 의한 표현과 접근까지 금지할 이유가 없는 선정적인 표현물도 '미풍양속'에 반한다 하여 규제될 수 있고, 성(性), 혼인, 가족제도에 관한 표현들이 "미풍양속"을 해하는 것으로 규제되고 예민한 정치적, 사회적 이슈에 관한 표현들이 "공공의 안녕질서"를 해하는 것으로 규제될 가능성이 있어 표현의 자유의 본질적 기능이 훼손된다(**위헌** 헌결 2002.6.27. 99헌마480).

3. 이 사건 시행령조항이 직접적으로 제한하고 있는 것은 집필행위 자체로서 그

집필의 목적이나 내용은 묻지 않고 있는바, 이는 기본적으로는 인간의 정신적 활동을 문자를 통해 외부로 나타나게 하는 행위, 즉 표현행위를 금지하는 것으로 볼 수 있고, 그렇다면 이 사건 시행령조항에 의하여 가장 직접적으로 제한되는 것은 표현의 자유라고 볼 수 있을 것이다. 이 사건 시행령조항[저자 주: 행형법상 징벌의 일종인 금치처분을 받은 자에 대하여 금치기간 중 집필을 전면 금지한 행형법시행령 제145조 제2항 본문 중 "집필"]은 규율 위반자에 대해 불이익을 가한다는 면만을 강조하여 금치처분을 받은 자에 대하여 집필의 목적과 내용 등을 묻지 않고, 또 대상자에 대한 교화 또는 처우상 필요한 경우까지도 예외 없이 일체의 집필행위를 금지하고 있음은 입법목적 달성을 위한 필요최소한의 제한이라는 한계를 벗어난 것으로서 과잉금지의 원칙에 위반된다(위헌 헌결 2005.2.24. 2003헌마289). ★ 비교 집필과 같은 처우 제한의 해제는 예외적인 경우로 한정될 수밖에 없고, 선례가 금치기간 중 집필을 전면 금지한 조항을 위헌으로 판단한 이후, 입법자는 집필을 허가할 수 있는 예외를 규정하고 금치처분의 기간도 단축하였다. <중략> 이 사건 집필제한 조항은 청구인의 표현의 자유를 침해×(헌결 2014.8.28. 2012헌마623)

4. 이 사건 금지조항을 포함한 이 사건 법률조항은 헌법 제116조 제1항의 선거운동 기회균등 보장의 원칙에 입각하여 선거운동의 부당한 경쟁 및 후보자들 간의 경제력 차이에 따른 불균형이라는 폐해를 막고, 선거의 평온과 공정을 해하는 결과의 발생을 방지함으로써 선거의 자유와 공정의 보장을 도모하여 선거관계자를 포함한 선거구민 내지는 국민 전체의 공동이익을 달성하고자 하는 것으로 그 입법목적이 정당하다. 그러나 인터넷은 누구나 손쉽게 접근 가능한 매체이고, 이를 이용하는 비용이 거의 발생하지 아니하거나 또는 적어도 상대적으로 매우 저렴하여 선거운동비용을 획기적으로 낮출 수 있는 정치공간으로 평가받고 있고, 오히려 매체의 특성 자체가 '기회의 균형성·투명성·저비용성의 제고'라는 공직선거법의 목적에 부합하는 것이라고도 볼 수 있는 점, 후보자에 대한 인신공격적 비난이나 허위사실 적시를 통한 비방 등을 직접적으로 금지하고 처벌하는 법률규정은 이미 도입되어 있고 모두 이 사건 법률조항보다 법정형이 높으므로, 결국 허위사실, 비방 등이 포함되지 아니한 정치적 표현만 이 사건 법률조항에 의하여 처벌되는 점, 인터넷의 경우에는 정보를 접하는 수용자 또는 수신자가 그 의사에 반하여 이를 수용하게 되는 것이 아니고 자발적·적극적으로 이를 선택(클릭)한 경우에 정보를 수용하게 되며, 선거과정에서 발생하는 정치적 관심과 열정의 표출을 반드시 부정적으

로 볼 것은 아니라는 점 등을 고려하면, 이 사건 법률조항에서 선거일전 180일부터 선거일까지 인터넷상 선거와 관련한 정치적 표현 및 선거운동을 금지하고 처벌하는 것은 후보자 간 경제력 차이에 따른 불균형 및 흑색선전을 통한 부당한 경쟁을 막고, 선거의 평온과 공정을 해하는 결과를 방지한다는 <u>입법목적 달성을 위하여 적합한 수단이라고 할 수 없다.</u> <중략> 따라서, <u>이 사건 법률조항 중 '기타 이와 유사한 것'에 '정보통신망을 이용하여 인터넷 홈페이지 또는 그 게시판·대화방 등에 글이나 동영상 등 정보를 게시하거나 전자우편을 전송하는 방법'이 포함되는 것으로 해석하여 이를 금지하고 처벌하는 것은 과잉금지원칙에 위배하여 청구인들의 선거운동의 자유 내지 정치적 표현의 자유를 침해한다 할 것이다</u>(한정위헌 헌결 2011.12.29. 2007헌마1001). ⇒ 선거일전 180일부터 선거일까지 선거에 영향을 미치게 하기 위하여 정당 또는 후보자를 지지·추천하거나 반대하는 내용이 포함되어 있거나 정당의 명칭 또는 후보자의 성명을 나타내는 문서·도화의 배부·게시 등을 금지하고 처벌하는 공직선거법 제93조 제1항 및 제255조 제2항 제5호 중 제93조 제1항(이하 합하여 '이 사건 법률조항'이라 한다)의 각 '기타 이와 유사한 것' 부분에 '정보통신망을 이용하여 인터넷 홈페이지 또는 그 게시판·대화방 등에 글이나 동영상 등 정보를 게시하거나 전자우편을 전송하는 방법'(이하 '인터넷'이라 한다)이 포함된다고 해석한다면, 과잉금지원칙에 위배하여 정치적 표현의 자유 내지 선거운동의 자유를 침해하는지 여부(적극)

5. 이 사건 법령조항들이 표방하는 건전한 인터넷 문화의 조성 등 입법목적은, 인터넷 주소 등의 추적 및 확인, 당해 정보의 삭제·임시조치, 손해배상, 형사처벌 등 인터넷 이용자의 표현의 자유나 개인정보자기결정권을 제약하지 않는 다른 수단에 의해서도 충분히 달성할 수 있음에도, <u>인터넷의 특성을 고려하지 아니한 채 본인확인제의 적용범위를 광범위하게 정하여 법집행자에게 자의적인 집행의 여지를 부여하고, 목적달성에 필요한 범위를 넘는 과도한 기본권 제한을 하고 있으므로 침해의 최소성이 인정되지 아니한다.</u> 또한 이 사건 법령조항들은 국내 인터넷 이용자들의 해외 사이트로의 도피, 국내 사업자와 해외 사업자 사이의 차별 내지 자의적 법집행의 시비로 인한 집행 곤란의 문제를 발생시키고 있고, 나아가 본인확인제 시행 이후에 명예훼손, 모욕, 비방의 정보의 게시가 표현의 자유의 사전 제한을 정당화할 정도로 의미 있게 감소하였다는 증거를 찾아볼 수 없는 반면에, 게시판 이용자의 표현의 자유를 사전에 제한하여 의사표현 자체를 위축시킴으로써 자유로운 여론의 형성을

방해하고, 본인확인제의 적용을 받지 않는 정보통신망상의 새로운 의사소통 수단과 경쟁하여야 하는 게시판 운영자에게 업무상 불리한 제한을 가하며, 게시판 이용자의 개인정보가 외부로 유출되거나 부당하게 이용될 가능성이 증가하게 되었는바, 이러한 인터넷게시판 이용자 및 정보통신서비스 제공자의 불이익은 본인확인제가 달성하려는 공익보다 결코 더 작다고 할 수 없으므로, 법익의 균형성도 인정되지 않는다. 따라서 <u>본인확인제를 규율하는 이 사건 법령조항들은 과잉금지원칙에 위배하여 인터넷게시판 이용자의 표현의 자유, 개인정보자기결정권 및 인터넷게시판을 운영하는 정보통신서비스 제공자의 언론의 자유를 침해한다</u>(**위헌** 헌결 2012.8.23. 2010헌마47). ⇒ 인터넷게시판을 설치·운영하는 정보통신서비스 제공자에게 본인확인조치의무를 부과하여 게시판 이용자로 하여금 본인확인절차를 거쳐야만 게시판을 이용할 수 있도록 하는 본인확인제를 규정한 '정보통신망 이용촉진 및 정보보호 등에 관한 법률'(2008. 6. 13. 법률 제9119호로 개정된 것) <u>제44조의5 제1항 <제2호></u>, 같은 법 시행령(2009. 1. 28. 대통령령 제21278호로 개정된 것) 제29조, 제30조 제1항(이하 위 조항들을 통칭하여 '이 사건 법령조항들'이라 한다)이 과잉금지원칙에 위배하여 인터넷게시판 이용자의 표현의 자유, 개인정보자기결정권 및 인터넷게시판을 운영하는 정보통신서비스 제공자의 언론의 자유를 침해하는지 여부(적극)

비교 심판대상조항에 따른 본인확인조치는 정보통신망의 익명성 등에 따라 발생하는 부작용을 최소화하여 공공기관등의 게시판 이용에 대한 책임성을 확보·강화하고, 게시판 이용자로 하여금 언어폭력, 명예훼손, 불법정보의 유통 등의 행위를 자제하도록 함으로써 건전한 인터넷 문화를 조성하기 위한 것이다. 심판대상조항이 규율하는 게시판은 그 성격상 대체로 공공성이 있는 사항이 논의되는 곳으로서 <u>공공기관등이 아닌 주체가 설치·운영하는 게시판에 비하여 통상 누구나 이용할 수 있는 공간이므로, 공동체 구성원으로서의 책임이 더욱 강하게 요구되는 곳</u>이라고 할 수 있다. 공공기관등이 설치·운영하는 게시판에 언어폭력, 명예훼손, 불법정보 등이 포함된 정보가 게시될 경우 그 게시판에 대한 신뢰성이 저하되고 결국에는 게시판 이용자가 피해를 입을 수 있으며, 공공기관등의 정상적인 업무 수행에 차질이 빚어질 수도 있다. 따라서 공공기관등이 설치·운영하는 게시판의 경우 본인확인조치를 통해 책임성과 건전성을 사전에 확보함으로써 해당 게시판에 대한 공공성과 신뢰성을 유지할 필요성이 크며, 그 이용 조건으로 본인확인을 요구하는 것이 과도하다고 보기는 어렵다. 게시판의 활용이 공공기관등을 상대방으로 한 익명표현의 유일한 방법은 아닌 점, 공공기관등에 게시판을 설치·운영할 일반적인 법률상 의무가 존재한다고 보기 어려운 점, 심판대상조항은 공공기관등이 설치·운영하는 게시판이라는 한정적 공간에 적용되는 점 등에 비추어 볼 때 심판대상조항으로 인한 기본권 제한의 정도가 크지 않다. 그에 반해 공공기관등이 설치·운영하는 게시판에 언어폭력, 명예훼손, 불법정보의 유통이 이루어지는 것을 방지함으로써 얻게 되는 건전한 인터넷 문화 조성이라는 공익은 중요하다. 따라서 심판대상조항은 청구인의 익명표현의 자유를 침해하지 않는다(헌결 2022.12.22. 2019헌마654). 〈경찰간부 2023〉 ★★★ ⇒ 공공기관등이 게시판을 설치·운영하려면 그 게시판 이용자의 본인 확인을 위한 방법 및 절차의 마련 등 대통령령으로 정하는 필요한 조치를 하도록 정한 '정보통신망 이용촉진 및 정보보호 등에 관한 법률' 제44조의5 제1항 〈제1호〉(이하 '심판대상조항'이라 한다)가 청구인의 익명표현의 자유를 침해하는지 여부(소극)

6. 언론의 자유에 의하여 보호되는 것은 정보의 획득에서부터 뉴스와 의견의 전파에 이르기까지 언론의 기능과 본질적으로 관련되는 모든 활동이다. 이런 측면에서 고용조항과 확인조항은 인터넷신문의 발행을 제한하는 효과를 가지고 있으므로 언론의 자유를 제한한다. 고용조항은 취재 및 편집 역량을 갖춘 인터넷신문만 등록할 수 있도록 함으로써 인터넷신문의 언론으로서의 신뢰성 및 사회적 책임을 제고하기 위한 것이고, 확인조항은 인터넷신문의 고용 인원을 객관적으로 확인하기 위한 조항으로 입법목적의 정당성 및 수단의 적합성이 인정된다. 〈중략〉 또한, 급변하는 인터넷 환경과 기술 발전, 매체의 다양화 및 신규 또는 대안 매체의 수요 등을 감안하더라도, 취재 및 편집 인력을 상시 일정 인원 이상 고용하도록 강제하는 것이 인터넷신문의 언론으로서의 신뢰성을 제고하기 위해 반드시 필요하다고 보기도 어렵다. 고용조항 및 확인조항은 소규모 인터넷신문이 언론으로서 활동할 수 있는 기회 자체를 원천적으로 봉쇄할 수 있음에 비하여, 인터넷신문의 신뢰도 제고라는 입법목적의 효과는 불확실하다는 점에서 법익의 균형성도 잃고 있다. 따라서 고용조항 및 확인조항은 과잉금지원칙에 위배되어 청구인들의 언론의 자유를 침해한다. 고용조항이 위헌인 이상, 기존에 등록된 인터넷신문사업자에 대하여 고용조항을 적용하는 부칙조항은 더 나아가 살펴 볼 필요 없이 헌법에 위배된다(위헌 헌결 2016.10.27. 2015헌마1206). ⇒ '신문 등의 진흥에 관한 법률 시행령'(2015. 11. 11. 대통령령 제26626호로 개정된 것, 이하 '신문법 시행령'이라 한다)

제2조 제1항 제1호 가목(이하 '고용조항'이라 한다), 제4조 제2항 제3호 다목과 라목(이하 '확인조항'이라 한다) 및 부칙(2015. 11. 11. 대통령령 제26626호) 제2조(이하 '부칙조항'이라 한다)가 과잉금지원칙을 위반하여 언론의 자유를 침해하는지 여부(적극)

7. 이 사건 법률조항들은 지역농협 이사 선거가 과열되는 과정에서 후보자들의 경제력 차이에 따른 불균형한 선거운동 및 흑색선전을 통한 부당한 경쟁이 이루어짐으로써 선거의 공정이 해쳐지는 것을 방지하기 위하여 선거 공보의 배부를 통한 선거운동만을 허용하고 전화·컴퓨터통신을 이용한 지지 호소의 선거운동을 금지하며 이를 위반하여 선거운동을 한 자를 처벌하는바, <u>입법목적의 정당성 및 수단의 적합성이 인정된다</u>. 그러나 전화·컴퓨터통신은 누구나 손쉽고 저렴하게 이용할 수 있는 매체인 점, 농업협동조합법에서 흑색선전 등을 처벌하는 조항을 두고 있는 점을 고려하면 <u>입법목적 달성을 위하여 위 매체를 이용한 지지 호소까지 금지할 필요성은 인정되지 아니한다</u>. 이 사건 법률조항들이 달성하려는 공익이 결사의 자유 및 표현의 자유 제한을 정당화할 정도로 크다고 보기는 어려우므로, <u>법익의 균형성도 인정되지 아니한다</u>. 따라서 이 사건 법률조항들은 과잉금지원칙을 위반하여 <u>결사의 자유, 표현의 자유를 침해하여 헌법에 위반된다</u>(**위헌** 헌결 2016.11.24. 2015헌바62). ⇒ 지역농협 이사 선거의 경우 전화(문자메시지를 포함한다)·컴퓨터통신(전자우편을 포함한다)을 이용한 지지 호소의 선거운동방법을 금지하고, 이를 위반한 자를 처벌하는 구 농업협동조합법(2013. 3. 23. 법률 제11690호로 개정되고, 2014. 6. 11. 법률 제12755호로 개정되기 전의 것) 제50조 제4항 및 농업협동조합법(2014. 6. 11. 법률 제12755호로 개정된 것) 제50조 제4항(이하 '이 사건 법률조항'이라 한다)이 청구인들의 결사의 자유, 표현의 자유를 침해하는지 여부(적극)

8. 헌법재판소는 사전심의를 받은 내용과 다른 내용의 건강기능식품 기능성 광고를 금지하고 이를 위반한 경우 처벌하는 구 건강기능식품법 제18조 제1항 제6호 중 '제16조 제1항에 따라 심의받은 내용과 다른 내용의 광고' 부분 및 구 건강기능식품법 제44조 제4호 중 제18조 제1항 제6호 가운데 '제16조 제1항에 따라 심의받은 내용과 다른 내용의 광고를 한 자'에 관한 부분 등이 사전검열금지원칙에 반하여 위헌이라는 결정을 한 바 있다(헌재 2018. 6. 28. 2016헌가8등). 그 이유의 요지는 다음과 같다.『헌법상 사전검열은 표현의 자유 보호대상이면 예외 없이 금지된다. 건강기능식품의 기능성 광고는 인체의 구조 및 기능에 대하여 보건용도에 유용한 효과를 준다는 기능성 등에 관한 정보를

널리 알려 해당 건강기능식품의 소비를 촉진시키기 위한 상업광고이지만, 헌법 제21조 제1항의 표현의 자유의 보호 대상이 됨과 동시에 같은 조 제2항의 사전검열 금지 대상도 된다. 광고의 심의기관이 행정기관인지 여부는 기관의 형식에 의하기보다는 그 실질에 따라 판단되어야 하고, 행정기관이 자의로 개입할 가능성이 열려 있다면 개입 가능성의 존재 자체로 헌법이 금지하는 사전검열이라고 보아야 한다. 건강기능식품법상 기능성 광고의 심의는 식품의약품안전처장으로부터 위탁받은 한국건강기능식품협회에서 수행하고 있지만, 법상 심의주체는 행정기관인 식품의약품안전처장이며, 언제든지 그 위탁을 철회할 수 있고, 심의위원회의 구성에 관하여도 법령을 통해 행정권이 개입하고 지속적으로 영향을 미칠 가능성이 존재하는 이상 그 구성에 자율성이 보장되어 있다고 볼 수 없다. 식품의약품안전처장이 심의기준 등의 제정과 개정을 통해 심의 내용과 절차에 영향을 줄 수 있고, 식품의약품안전처장이 재심의를 권하면 심의기관이 이를 따라야 하며, 분기별로 식품의약품안전처장에게 보고가 이루어진다는 점에서도 그 심의업무의 독립성과 자율성이 있다고 보기 어렵다. 이 사건 건강기능식품 기능성 광고 사전심의는 행정권이 주체가 된 사전심사로서 헌법이 금지하는 사전검열에 해당하므로 헌법에 위반된다.」 심판대상조항은 위 선례의 심판대상과 실질적인 내용이 동일하고, 사전검열금지원칙 위반 여부와 관련하여 위 선례와 달리 판단해야 할 사정의 변경이나 필요성이 있다고 인정되지 아니한다(위헌 헌결 2019.5.30. 2019헌가4). ★

9. 이 사건 시기제한조항은 선거일 전 90일부터 선거일까지 후보자 명의의 칼럼 등을 게재하는 인터넷 선거보도가 불공정하다고 볼 수 있는지에 대해 구체적으로 판단하지 않고 이를 불공정한 선거보도로 간주하여 선거의 공정성을 해치지 않는 보도까지 광범위하게 제한한다. 공직선거법상 인터넷 선거보도 심의의 대상이 되는 인터넷언론사의 개념은 매우 광범위한데, 이 사건 시기제한조항이 정하고 있는 일률적인 규제와 결합될 경우 이로 인해 발생할 수 있는 표현의 자유 제한이 작다고 할 수 없다. 인터넷언론의 특성과 그에 따른 언론시장에서의 영향력 확대에 비추어 볼 때, 인터넷언론에 대하여는 자율성을 최대한 보장하고 언론의 자유에 대한 제한을 최소화하는 것이 바람직하고, 계속 변화하는 이 분야에서 규제 수단 또한 헌법의 틀 안에서 다채롭고 새롭게 강구되어야 한다. 이 사건 시기제한조항의 입법목적을 달성할 수 있는 덜 제약적인 다른 방법들이 이 사건 심의기준 규정과 공직선거법에 이미 충분히 존재한다. 따라서 이 사건 시기제한조항은 과잉금지원칙에 반하여 청구인의 표현

의 자유를 침해한다(위헌 헌결 2019.11.28. 2016헌마90). ★ 법률유보원칙에 반하지× ⇒ 인터넷언론사에 대하여 선거일 전 90일부터 선거일까지 후보자 명의의 칼럼이나 저술을 게재하는 보도를 제한하는 구 '인터넷선거보도 심의기준 등에 관한 규정'(2011. 12. 23. 인터넷선거보도심의위원회 훈령 제9호로 제정되고, 2017. 12. 8. 인터넷선거보도심의위원회 훈령 제10호로 개정되기 전의 것) 제8조 제2항 본문과 '인터넷선거보도 심의기준 등에 관한 규정'(2017. 12. 8. 인터넷선거보도심의위원회 훈령 제10호로 개정된 것, 이하 '이 사건 심의기준 규정'이라 한다) 제8조 제2항(이하 위 두 조항을 합하여 '이 사건 시기제한조항'이라 한다)이 과잉금지원칙에 반하여 청구인의 표현의 자유를 침해하는지 여부(적극)

10. 초·중등학교의 교육공무원이 정치단체의 결성에 관여하거나 이에 가입하는 행위를 금지한 국가공무원법(2008. 3. 28. 법률 제8996호로 개정된 것) 제65조 제1항 중 '국가공무원법 제2조 제2항 제2호의 교육공무원 가운데 초·중등교육법 제19조 제1항의 교원은 그 밖의 정치단체의 결성에 관여하거나 이에 가입할 수 없다.' 부분(이하 "국가공무원법조항 중 '그 밖의 정치단체'에 관한 부분"이라 한다)은 나머지 청구인들의 정치적 표현의 자유 및 결사의 자유를 침해한다(위헌 헌결 2020.4.23. 2018헌마551).

11. [1] 피청구인 대통령의 지시로 피청구인 대통령 비서실장, 정무수석비서관, 교육문화수석비서관, 문화체육관광부장관이 야당 소속 후보를 지지하였거나 정부에 비판적 활동을 한 문화예술인이나 단체를 정부의 문화예술 지원사업에서 배제할 목적으로, 한국문화예술위원회, 영화진흥위원회, 한국출판문화산업진흥원 소속 직원들로 하여금 특정 개인이나 단체를 문화예술인 지원사업에서 배제하도록 한 일련의 지시 행위(이하 '이 사건 지원배제 지시'라 한다)는 특정한 정치적 견해를 표현한 자에 대하여 문화예술 지원 공모사업에서의 공정한 심사 기회를 박탈하여 사후적으로 제재를 가한 것으로, 개인 및 단체의 정치적 표현의 자유에 대한 제한조치에 해당하는바, 그 법적 근거가 없으므로 법률유보원칙을 위반하여 표현의 자유를 침해한다.
[2] 이 사건 지원배제 지시는 정부에 대한 비판적 견해를 가진 청구인들을 제재하기 위한 목적으로 행한 것인데, 이는 헌법의 근본원리인 국민주권주의와 자유민주적 기본질서에 반하므로, 그 목적의 정당성을 인정할 수 없어 청구인들의 표현의 자유를 침해한다(위헌확인; 헌결 2020.12.23. 2017헌마416).

12. 인터넷언론사는 선거운동기간 중 당해 홈페이지 게시판 등에 정당·후보자에 대한 지지·반대 등의 정보를 게시하는 경우 실명을 확인받는 기술적 조치

를 하도록 정한 공직선거법 조항(이하 '실명확인 조항'이라 한다)을 비롯하여, 행정안전부장관 및 신용정보업자는 실명인증자료를 관리하고 중앙선거관리위원회가 요구하는 경우 지체 없이 그 자료를 제출해야 하며, 실명확인을 위한 기술적 조치를 하지 아니하거나 실명인증의 표시가 없는 정보를 삭제하지 않는 경우 과태료를 부과하도록 정한 공직선거법 조항(이하 '심판대상조항'이라 한다)은 게시판 등 이용자의 익명표현의 자유 및 개인정보자기결정권과 인터넷언론사의 언론의 자유를 침해한다(위헌확인; 헌결 2021.1.28. 2018헌마456).

13. 당내경선의 형평성과 공정성을 확보하기 위한 심판대상조항의 목적의 정당성 및 수단의 적합성이 인정된다. 그러나 이 사건 공단의 상근직원은 이 사건 공단의 경영에 관여하거나 실질적인 영향력을 미칠 수 있는 권한을 가지고 있지 아니하므로, 경선운동을 한다고 하여 그로 인한 부작용과 폐해가 크다고 보기 어렵다. 또한 공직선거법은 이미 이 사건 공단의 상근직원이 당내경선에 직·간접적으로 영향력을 행사하는 행위들을 금지·처벌하는 규정들을 마련하고 있다. 이 사건 공단의 상근직원이 그 지위를 이용하여 경선운동을 하는 행위를 금지·처벌하는 규정을 두는 것은 별론으로 하고, 이 사건 공단의 상근직원의 경선운동을 일률적으로 금지·처벌하는 것은 정치적 표현의 자유를 과도하게 제한하는 것이다. 정치적 표현의 자유의 중대한 제한에 비하여, 이 사건 공단의 상근직원이 당내경선에서 공무원에 준하는 영향력이 있다고 볼 수 없는 점 등을 고려하면 심판대상조항이 당내경선의 형평성과 공정성의 확보라는 공익에 기여하는 바가 크다고 보기 어렵다. 따라서 심판대상조항은 과잉금지원칙에 반하여 정치적 표현의 자유를 침해한다(위헌 헌결 2021.4.29. 2019헌가11). ⇒ 광주광역시 광산구 시설관리공단(이하 '이 사건 공단'이라 한다)의 상근직원이 당원이 아닌 자에게도 투표권을 부여하는 당내경선에서 경선운동을 할 수 없도록 금지·처벌하는 공직선거법 제57조의6 제1항 본문의 '제60조 제1항 제5호 중 제53조 제1항 제6호 가운데 지방공기업법 제2조에 규정된 지방공단인 광주광역시광산구시설관리공단의 상근직원'에 관한 부분 및 같은 법 제255조 제1항 제1호 중 위 해당부분(이하 '심판대상조항'이라 한다)이 정치적 표현의 자유를 침해하는지 여부(적극)

14. 이 사건 법률조항 중 '그 밖의 정치단체에 가입하는 등 정치적 목적을 지닌 행위' 부분은, '그 밖의 정치단체' 및 '정치적 목적을 지닌 행위'라는 불명확한 개념을 사용하고 있어 명확성원칙에 위배된다. 이에 대하여는, 위 부분에 대한 재판관 이석태, 재판관 김기영, 재판관 이미선의 위헌의견 중 '명확성원칙 위

배 여부' 부분과 의견을 같이 한다. 덧붙여, 위 부분은 집단적 형태의 '표현의 내용'에 근거한 규제이므로, 규제되는 표현의 개념을 더욱 명확하게 규정할 것이 요구된다. 그럼에도 위 부분은 '그 밖의 정치단체' 및 '정치적 목적을 지닌 행위'라는 불명확한 개념을 사용하여, 수범자에 대한 위축효과와 법 집행 공무원의 자의적인 판단의 위험을 야기한다. <u>위 부분이 명확성원칙에 반하여 청구인의 정치적 표현의 자유 및 결사의 자유를 침해하여 헌법에 위반되는 점이 분명한 이상, 과잉금지원칙 위배 여부에 대하여 더 나아가 판단하지 않는다</u>(위헌 헌결 2021.11.25. 2019헌마534). ⇒ 사회복무요원의 정치적 행위를 금지하는 이 사건 법률조항 중 '그 밖의 정치단체에 가입하는 등 정치적 목적을 지닌 행위'에 관한 부분이 청구인의 정치적 표현의 자유 및 결사의 자유를 침해하는지 여부(적극)

15. 공직선거법 제59조 본문 등 위헌소원 (공직선거법상 선거운동기간 제한 및 처벌조항 사건)(위헌 헌결 2022.2.24. 2018헌바146) ★★★ ⇒ 심화학습 1

16. [1] 이 사건 규정 제4조 제14호 중 '협회의 유권해석에 반하는 내용의 광고' 부분, 제8조 제2항 제4호 중 '협회의 유권해석에 위반되는 행위를 목적 또는 수단으로 하여 행하는 경우' 부분(이하 '유권해석위반 광고금지규정'이라 한다)은 법률유보원칙에 위반되어 청구인들의 표현의 자유, 직업의 자유를 침해한다.

[2] 이 사건 규정 제5조 제2항 제1호 중 '변호사등을 광고·홍보·소개하는 행위' 부분(이하 '대가수수 광고금지규정'이라 한다)은 과잉금지원칙에 위반되어 청구인들의 표현의 자유, 직업의 자유를 침해한다(위헌 헌결 2022.5.26. 2021헌마619). ⇒ <직업의 자유> 심화학습

17. 심판대상조항은 당내경선의 형평성과 공정성을 확보하기 위한 것으로 목적의 정당성과 수단의 적합성이 인정된다. <u>그러나 서울교통공사의 상근직원은 서울교통공사의 경영에 관여하거나 실질적인 영향력을 미칠 수 있는 권한을 가지고 있지 아니하므로, 경선운동을 한다고 하여 그로 인한 부작용과 폐해가 크다고 보기 어렵다</u>. 또한 공직선거법은 이미 서울교통공사의 상근직원이 당내경선에 직·간접적으로 영향력을 행사하는 행위들을 금지·처벌하는 규정들을 마련하고 있다. 서울교통공사의 상근직원이 그 지위를 이용하여 경선운동을 하는 행위를 금지·처벌하는 규정을 두는 것은 별론으로 하고, 경선운동을 일률적으로 금지·처벌하는 것은 정치적 표현의 자유를 과도하게 제한하는 것이다. 정치적 표현의 자유의 중대한 제한에 비하여, 서울교통공사의 상근직원이 당내경선에서 공무원에 준하는 영향력이 있다고 볼 수 없는 점 등을 고려

하면 심판대상조항이 당내경선의 형평성과 공정성의 확보라는 공익에 기여하는 바가 크다고 보기 어렵다. 따라서 심판대상조항은 과잉금지원칙에 반하여 정치적 표현의 자유를 침해한다.(위헌 헌결 2022.6.30. 2021헌가24). ⇒ 서울교통공사의 상근직원이 당원이 아닌 자에게도 투표권을 부여하는 당내경선에서 경선운동을 할 수 없도록 금지·처벌하는 공직선거법 제57조의6 제1항 본문의 '제60조 제1항 제5호 중 제53조 제1항 제6호 가운데 지방공기업법 제2조에 규정된 지방공사인 서울교통공사의 상근직원'에 관한 부분 및 같은 법 제255조 제1항 제1호 중 제57조의6 제1항 본문의 '제60조 제1항 제5호 중 제53조 제1항 제6호 가운데 지방공기업법 제2조에 규정된 지방공사인 서울교통공사의 상근직원'에 관한 부분(이하 '심판대상조항'이라 한다)이 정치적 표현의 자유를 침해하는지 여부(적극)

18. 공직선거법 제90조 제1항 제1호 등 위헌소원(위헌 헌불 헌결 2022.7.21. 2018헌바357) ★ 선례변경 ⇒ 심화학습 2

19. 심판대상조항은 선거운동의 부당한 경쟁, 후보자들 사이의 경제력 차이에 따른 불균형이라는 폐해를 막고, 선거의 공정성과 평온성을 침해하는 탈법적인 행위를 차단하여, 선거의 자유와 공정을 보장하기 위한 것이다. 심판대상조항은, 공직선거법이 허용하는 경우를 제외하고는, 선거기간 중 특정한 정책이나 현안에 대한 표현행위와, 그에 대한 지지나 반대를 하는 후보자나 정당에 대한 표현행위가 함께 나타나는 집회나 모임의 개최를, 전면적·포괄적으로 금지·처벌하고 있어서, 일반 유권자가 선거기간 중 선거에 영향을 미치게 하기 위한 연설회나 대담·토론회를 비롯하여 집회나 모임을 개최하는 것이 전부 금지되고 있다. 그런데 선거의 준비과정 및 선거운동, 선거결과와 관련하여 정당이나 공직선거의 후보자 등도 지지나 비판 그 자체로부터 자유로울 수는 없다. 특정한 정책에 대한 찬성이나 반대를 집회나 모임이라는 집단적 의사표시 방법으로 표현하는 과정에, 선거의 공정성을 해칠 구체적인 위험이 언제나 있다고 보기 어렵다. 심판대상조항의 입법목적은 '집회 및 시위에 관한 법률', 선거비용 제한·보전 제도, 기부행위 금지, 과도한 비용이 발생하거나 금전적 이익이 집회 참여의 대가로 수수되는 집회나 모임의 개최만을 한정적으로 금지하는 방법, 허위사실유포 등을 직접 처벌하는 공직선거법 규정 등으로 달성할 수 있다. 심판대상조항은 정치적 의사표현이 활발하게 교환되어야 할 선거기간 중에, 오히려 특정 후보자나 정당이 특정한 정책에 대한 찬성이나 반대를 하고 있다는 언급마저도 할 수 없는 범위 내에서만 집회나 모임

의 방법으로 정치적 의사를 표현하도록 하여, 평소보다 일반 유권자의 정치적 표현의 자유를 더 제한하고 있다. 선거의 공정이나 평온에 대한 구체적인 위험이 없어, 규제가 불필요하거나 또는 예외적으로 허용하는 것이 가능한 경우에도, 선거기간 중 선거에 영향을 미칠 염려가 있거나 미치게 하기 위한 일반 유권자의 집회나 모임을 전면적으로 금지하고 위반 시 처벌하는 것은 침해의 최소성에 반한다. <u>선거기간 중 선거와 관련된 집단적 의견표명 일체가 불가능하게 됨으로써 일반 유권자가 받게 되는 집회의 자유, 정치적 표현의 자유에 대한 제한 정도는 매우 중대하므로, 심판대상조항은 집회의 자유, 정치적 표현의 자유를 침해한다</u>(위헌 헌결 2022.7.21. 2018헌바164). ★ 선례변경 ⇒ 누구든지 선거기간 중 선거에 영향을 미치게 하기 위하여 그 밖의 집회나 모임을 개최할 수 없고, 이를 위반하는 자를 처벌하는 공직선거법 제103조 제3항 중 '누구든지 선거기간 중 선거에 영향을 미치게 하기 위하여 그 밖의 집회나 모임을 개최할 수 없다' 부분, 구 공직선거법 제256조 제2항 제1호 카목 가운데 제103조 제3항 중 '누구든지 선거기간 중 선거에 영향을 미치게 하기 위하여 그 밖의 집회나 모임을 개최할 수 없다' 부분, 공직선거법 제256조 제3항 제1호 카목 가운데 제103조 제3항 중 '누구든지 선거기간 중 선거에 영향을 미치게 하기 위하여 그 밖의 집회나 모임을 개최할 수 없다' 부분(이하 '심판대상조항'이라 한다)이 집회의 자유, 정치적 표현의 자유를 과도하게 침해하는지 여부(적극)

20. 심판대상조항은 선거에서의 균등한 기회를 보장하고 선거의 공정성을 확보하기 위한 것으로서 정당한 목적 달성을 위한 적합한 수단에 해당한다. 그러나 선거비용 제한·보전 제도 및 일반 유권자가 과도한 비용을 들여 물건을 설치·진열·게시하거나 착용하는 행위를 제한하는 수단을 통해서 선거에서의 기회 균등이라는 심판대상조항의 입법목적의 달성이 가능하며, 공직선거법상 후보자 비방 금지 규정 등을 통해 무분별한 흑색선전 등의 방지도 가능한 점을 종합하면, 심판대상조항은 목적 달성에 필요한 범위를 넘어 장기간 동안 선거에 영향을 미치게 하기 위한 광고물의 설치·진열·게시나 표시물의 착용을 금지·처벌하는 것으로서 침해의 최소성에 반한다. 또한 심판대상조항으로 인하여 일반 유권자나 후보자가 받는 정치적 표현의 자유에 대한 제약이 달성되는 공익보다 중대하므로 심판대상조항은 법익의 균형성에도 위배된다. 따라서 심판대상조항은 과잉금지원칙에 반하여 정치적 표현의 자유를 침해한다(헌불 헌결 2022.7.21. 2017헌가1). ★ 선례변경 ⇒ 일정기간 동안 선거에 영향을

미치게 하기 위한 광고물의 설치·진열·게시나 표시물의 착용을 금지하는 공직선거법 제90조 제1항 제1호 중 '그 밖의 광고물 설치·진열·게시'에 관한 부분, 같은 항 제2호 중 '그 밖의 표시물 착용'에 관한 부분 및 이에 위반한 경우 처벌하는 공직선거법 제256조 제3항 제1호 아목 중 '제90조 제1항 제1호의 그 밖의 광고물 설치·진열·게시, 같은 항 제2호의 그 밖의 표시물 착용'에 관한 부분(이하 '심판대상조항'이라 한다)이 정치적 표현의 자유를 침해하는지 여부(적극)

21. 심판대상조항은 선거에서의 균등한 기회를 보장하고 선거의 공정성을 확보하기 위한 것으로서 정당한 목적 달성을 위한 적합한 수단에 해당한다. 그러나 공직선거법상 선거비용 제한 규정이나 표시물의 가액, 종류, 사용방법 등에 대한 제한 수단 마련을 통해 선거에서의 기회 균등이라는 목적 달성이 가능하며, 그 밖에 공직선거법상 후보자 비방 금지 규정 등에 비추어 심판대상조항이 무분별한 흑색선전 방지 등을 위한 불가피한 수단이라고 보기도 어려우므로, 심판대상조항은 필요한 범위를 넘어 표시물을 사용한 선거운동을 포괄적으로 금지·처벌하는 것으로서 침해의 최소성에 반한다. 또한 심판대상조항으로 인하여 일반 유권자나 후보자가 받는 정치적 표현의 자유에 대한 제약이 달성되는 공익보다 중대하므로 심판대상조항은 법익의 균형성에도 위배된다. 따라서 심판대상조항은 과잉금지원칙에 반하여 정치적 표현의 자유를 침해한다(헌불 헌결 2022.7.21. 2017헌가4). ⇒ 선거운동기간 중 어깨띠 등 표시물을 사용한 선거운동을 금지한 공직선거법 제68조 제2항 및 이에 위반한 경우 처벌하는 같은 법 제255조 제1항 제5호 중 '제68조 제2항'에 관한 부분(이하 '심판대상조항'이라 한다)이 정치적 표현의 자유를 침해하는지 여부(적극)

22. [1] 일정기간 동안 선거에 영향을 미치게 하기 위한 현수막, 광고물의 설치·게시나 표시물의 착용을 금지하는 공직선거법 제90조 제1항 제1호 중 '현수막, 그 밖의 광고물 설치·게시'에 관한 부분, 같은 항 제2호 중 '그 밖의 표시물 착용'에 관한 부분 및 이에 위반한 경우 처벌하는 공직선거법 제256조 제3항 제1호 아목 중 '제90조 제1항 제1호의 현수막, 그 밖의 광고물 설치·게시, 같은 항 제2호의 그 밖의 표시물 착용'에 관한 부분(이하 '시설물설치 등 금지조항'이라 한다)이 정치적 표현의 자유를 침해하는지 여부(적극)

[2] 일정기간 동안 선거에 영향을 미치게 하기 위한 벽보 게시, 인쇄물 배부·게시를 금지하는 공직선거법 제93조 제1항 본문 중 '벽보 게시, 인쇄물 배부·게시'에 관한 부분 및 이에 위반한 경우 처벌하는 공직선거법 제255조 제2항

제5호 중 '제93조 제1항 본문의 벽보 게시, 인쇄물 배부·게시'에 관한 부분(이하 '인쇄물배부 등 금지조항'이라 한다)이 정치적 표현의 자유를 침해하는지 여부(적극)

[3] 공개장소에서의 연설·대담장소 또는 대담·토론회장에서 연설·대담·토론용으로 사용하는 경우를 제외하고는 선거운동을 위하여 확성장치를 사용할 수 없도록 한 공직선거법 제91조 제1항 및 이에 위반한 경우 처벌하는 구 공직선거법 제255조 제2항 제4호 중 '제91조 제1항의 규정에 위반하여 확성장치를 사용하여 선거운동을 한 자' 부분(이하 '확성장치사용 금지조항'이라 한다)이 정치적 표현의 자유를 침해하는지 여부(소극) ★

[4] 헌법불합치 결정을 선고하면서 계속 적용을 명한 사례(헌불 헌결 2022.7.21. 2017헌바100) ★ 선례변경

23. 헌법재판소는 2022. 7. 21. 선고한 2017헌가1등 결정, 2017헌바100등 결정, 2018헌바357등 결정에서 "공직선거법(2010. 1. 25. 법률 제9974호로 개정된 것) 제90조 제1항 제1호 중 '그 밖의 광고물 설치·진열·게시'에 관한 부분, '현수막의 설치·게시'에 관한 부분, 같은 항 제2호 중 '그 밖의 표시물 착용'에 관한 부분 및 공직선거법(2014. 2. 13. 법률 제12393호로 개정된 것) 제256조 제3항 제1호 아목 중 '제90조 제1항 제1호의 그 밖의 광고물 설치·진열·게시, 현수막의 설치·게시, 같은 항 제2호의 그 밖의 표시물 착용'에 관한 부분(이하 모두 합하여 '시설물설치 등 금지조항'이라 한다)은 헌법에 합치되지 아니한다. 위 법률조항들은 2023. 7. 31.을 시한으로 입법자가 개정할 때까지 계속 적용된다."는 결정을 선고하였다. 광고물게시 금지조항을 포함하고 있는 위 시설물설치 등 금지조항에 대하여 헌법재판소가 이미 헌법불합치 결정을 선고하였으므로, 같은 취지로 광고물게시 금지조항은 헌법에 합치하지 아니함을 확인한다(헌불 헌결 2022.11.24. 2021헌바301). ★ ⇒ 헌법재판소법 제68조 제2항에 의한 헌법소원사건 심판 계속 중 심판대상인 공직선거법 제90조 제1항 제1호 중 '그 밖의 광고물 게시'에 관한 부분, 공직선거법 제256조 제3항 제1호 아목 중 '제90조 제1항 제1호의 그 밖의 광고물 게시'에 관한 부분(이하 '광고물게시 금지조항'이라 한다)을 포함한 법률조항에 대하여 다른 사건에서 이미 헌법불합치결정을 선고한 경우, 광고물게시 금지조항에 대하여 헌법불합치 확인결정을 선고한 사례

24. 심판대상조항이 '당원이 아닌 자'에게도 투표권을 부여하여 실시하는 당내경선에서 안성시시설관리공단의 상근직원에 대하여 경선운동을 금지하고 그

위반행위를 처벌하는 것은 당내경선의 형평성과 공정성을 확보하기 위한 것으로 정당한 목적 달성을 위한 적합한 수단이다. 안성시시설관리공단의 상근임원인 이사장은 안성시장이 임명하고 공단을 대표하며 그 업무를 총괄하고 경영성과에 대하여 책임을 지며, 안성시시설관리공단 업무에 관한 중요 사항을 심의·의결하는 이사회의 구성원이다. 반면, 안성시시설관리공단의 상근직원은 시험성적, 근무성적, 그 밖의 능력의 실증에 따라 이사장이 임면하는데, 안성시시설관리공단의 경영에 관여하거나 실질적인 영향력을 미칠 수 있는 권한이 있다고 인정하기 어렵다. 이러한 지위와 권한에 비추어 볼 때, 안성시시설관리공단의 상근직원이 특정 경선후보자의 당선 또는 낙선을 위한 경선운동을 한다고 하여 그로 인한 부작용과 폐해가 일반 사기업 직원의 경우보다 크다고 보기 어렵다. 공직선거법 제53조 제1항 제6호가 지방공단의 상근임원과 달리 상근직원은 그 직을 유지한 채 공직선거에 입후보할 수 있도록 규정한 것도 상근직원의 영향력이 상근임원보다 적다는 점을 고려한 것이다. 그럼에도 불구하고 심판대상조항이 안성시시설관리공단 상근임원의 경선운동을 금지하는 데 더하여 상근직원에게까지 경선운동을 금지하는 것은 당내경선의 형평성과 공정성을 확보한다는 입법목적에 비추어 보았을 때 과도한 제한으로 판단된다. 공직선거법은 이미 당원이 아닌 자에게도 투표권을 부여하여 실시하는 당내경선에서 허용되는 경선운동방법을 한정하고(공직선거법 제57조의3, 제255조 제2항 제3호 참조), 업무·고용 그 밖의 관계로 인하여 자기의 보호·지휘·감독을 받는 자에게 특정 경선후보자를 지지·추천하거나 반대하도록 강요한 자는 형사처벌하는 등(공직선거법 제237조 제5항 제3호 참조) 안성시시설관리공단의 상근직원이 당내경선에서 직·간접적으로 영향력을 행사하는 행위들을 금지하고 처벌하는 규정을 마련하고 있다. 설령 위와 같은 공직선거법 규정들만으로 당내경선의 형평성과 공정성을 확보하기 부족하더라도, 안성시시설관리공단의 상근직원이 그 지위를 이용하여 경선운동을 하는 행위를 금지·처벌하는 규정을 두는 것은 별론으로 하고, 당원이 아닌 자에게도 투표권을 부여하여 실시하는 당내경선에서 안성시시설관리공단 상근직원의 경선운동을 일률적으로 금지·처벌하는 것은 정치적 표현의 자유를 과도하게 제한하는 것이다. 따라서 심판대상조항은 침해의 최소성에 위반된다. 이처럼 심판대상조항이 정치적 표현의 자유를 중대하게 제한하는 반면, 당내경선의 형평성과 공정성의 확보라는 공익에 기여하는 바가 크다고 보기 어렵다. 따라서 심판대상조항은 법익의 균형성을 충족하지 못하였다. 심판대상조항은 과잉금지원칙에 반하여 정치적 표현의 자유를 침해한다(위헌 헌결 2022.12.22. 2021

헌가36). ★ ⇒ 안성시시설관리공단의 상근직원이 당원이 아닌 자에게도 투표권을 부여하는 당내경선에서 경선운동을 할 수 없도록 하고 이를 위반할 경우 처벌하는 공직선거법 (2010. 1. 25. 법률 제9974호로 개정된 것) 제57조의6 제1항 본문의 '제60조 제1항 제5호 중 제53조 제1항 제6호 가운데 지방공기업법 제2조에 규정된 지방공단인 안성시시설관리공단의 상근직원'에 관한 부분 및 같은 법 제255조 제1항 제1호 중 위 해당부분이 헌법에 위반되는지 여부(적극)

25. 심판대상조항은 선거에서의 균등한 기회를 보장하고 선거의 공정성을 확보하기 위한 것으로서 <u>입법목적의 정당성 및 수단의 적합성이 인정된다. 그러나 인쇄물은 시설물 등과 비교하여 보더라도 투입되는 비용이 상대적으로 적어 경제력 차이로 인한 선거 기회 불균형의 문제가 크지 않고,</u> 그러한 우려도 공직선거법상 선거비용 규제나 인쇄물의 종류 또는 금액을 제한하는 수단을 통해서 방지할 수 있다. 또한 공직선거법상 후보자 비방 금지 규정이나 허위사실공표 금지 규정 등을 통해 무분별한 흑색선전 등의 방지도 가능한 점을 종합하면, 심판대상조항은 목적 달성에 필요한 범위를 넘어 장기간 동안 인쇄물 살포를 금지·처벌하는 것으로서 침해의 최소성에 반한다. 또한 심판대상조항으로 인하여 일반 유권자나 후보자가 받는 정치적 표현의 자유에 대한 제약이 위 조항을 통하여 달성되는 공익보다 중대하므로 심판대상조항은 법익의 균형성에도 위배된다. 따라서 <u>심판대상조항은 과잉금지원칙에 반하여 정치적 표현의 자유를 침해한다</u>((헌불) 헌결 2023.3.23. 2023헌가4). ⇒ 일정기간 동안 선거에 영향을 미치게 하기 위한 벽보 게시, 인쇄물 배부·게시를 금지하는 공직선거법 제93조 제1항 본문 중 '인쇄물 살포'에 관한 부분 및 이에 위반한 경우 처벌하는 공직선거법 제255조 제2항 제5호 중 '제93조 제1항 본문의 인쇄물 살포'에 관한 부분(이하 '심판대상조항'이라 한다)이 정치적 표현의 자유를 침해하는지 여부(적극)

26. 심판대상조항은 선거일 전 180일부터 선거일까지라는 장기간 동안 선거와 관련한 정치적 표현의 자유를 광범위하게 제한하고 있다. 화환의 설치는 경제적 차이로 인한 선거 기회 불균형을 야기할 수 있으나, 그러한 우려가 있다고 하더라도 공직선거법상 선거비용 규제 등을 통해서 해결할 수 있다. 또한 공직선거법상 후보자 비방 금지 규정 등을 통해 무분별한 흑색선전 등의 방지도 가능하다. 이러한 점들을 종합하면, <u>심판대상조항은 목적 달성에 필요한 범위를 넘어 장기간 동안 선거에 영향을 미치게 하기 위한 화환의 설치를 금지하는 것으로, 과잉금지원칙에 위반되어 정치적 표현의 자유를 침해한다.</u> 다만,

심판대상조항의 위헌성은 선거에 영향을 미치게 하기 위하여 화환을 설치하는 행위를 장기간 동안 포괄적으로 규제하는 데 있고, 이와 관련하여 정치적 표현행위의 방법을 구체적으로 어느 정도로 허용할 것인가는 입법자가 논의를 거쳐 결정해야 할 사항이다. 따라서 심판대상조항에 대하여 2024. 5. 31.을 시한으로 입법자가 개정할 때까지 계속 적용을 명하는 헌법불합치결정을 한다(헌불) 헌결 2023.6.29. 2023헌가12). ⇒ 이 사건 결정은 헌재 2022. 7. 21. 2017헌바100등 결정, 헌재 2022. 7. 21. 2018헌바357등 결정, 헌재 2023. 3. 23. 2023헌가4 결정과 같은 취지의 것으로서, 정치적 표현의 자유를 침해하는 심판대상조항에 대하여 헌법불합치결정을 한 것이다. 이 사건 결정에 따라 입법자는 심판대상조항을 2024. 5. 31.까지 개정하여야 하고, 위 시한까지 개선입법이 이루어지지 않으면 심판대상조항은 2024. 6. 1.부터 효력을 상실하게 된다.

27. **대북 전단 등의 살포 금지·처벌 사건**(위헌 헌결 2023.9.26. 2020헌마1724) ⇒ 북한 지역으로 전단 등 살포를 하여 국민의 생명·신체에 위해를 끼치거나 심각한 위험을 발생시키는 것을 금지하고, 이를 위반한 경우 처벌하는 '남북관계 발전에 관한 법률'(2020. 12. 29. 법률 제17763호로 개정된 것) 제24조 제1항 제3호 및 제25조 중 제24조 제1항 제3호에 관한 부분의 표현의 자유 침해 여부 (적극)

<재판관 이은애, 이종석, 이영진, 김형두의 위헌의견>

⑴ 심판대상조항은 표현의 내용을 제한하는 결과를 가져오는바, 국가가 표현 내용을 규제하는 것은 원칙적으로 중대한 공익의 실현을 위하여 불가피한 경우에 한하여 허용되고, 특히 정치적 표현의 내용 중에서도 특정한 견해, 이념, 관점에 기초한 제한은 과잉금지원칙 준수 여부를 심사할 때 더 엄격한 기준이 적용되어야 한다. 국가형벌권의 행사는 중대한 법익에 대한 위험이 명백한 경우에 한하여 최후수단으로 선택되어 필요 최소한의 범위에 그쳐야 하는바, 심판대상조항은 전단등 살포를 금지하는 데서 더 나아가 이를 범죄로 규정하면서 징역형 등을 두고 있으며, 그 미수범도 처벌하도록 하고 있어 과도하다고 하지 않을 수 없다. 심판대상조항으로 북한의 적대적 조치가 유의미하게 감소하고 이로써 접경지역 주민의 안전이 확보될 것인지, 나아가 남북 간 평화통일의 분위기가 조성되어 이를 지향하는 국가의 책무 달성에 도움이 될 것인지 단언하기 어려운 반면, 심판대상조항이 초래하는 정치적 표현의 자유에 대한 제한은 매우 중대하다. 그렇다면 심판대상조항은 과잉금지원칙에 위배되어

청구인들의 표현의 자유를 침해한다. (2) 심판대상조항은 북한의 적대적 조치로 초래되는 국민의 생명·신체에 대한 위해나 심각한 위험 발생의 책임을 전단등 살포 행위자에게 전가하는 것이다. 법원이 구체적 사건에서 인과관계와 고의의 존부를 판단하여 범죄성립 여부를 결정할 수 있다고 하더라도, 위와 같은 위해나 심각한 위험의 발생이 전적으로 제3자인 북한에 의하여 초래되고 이에 대한 행위자의 지배가능성이 인정되지 않는 이상, 전단등 살포에 대하여 형벌을 부과하는 것은 비난가능성이 없는 자에게 형벌을 가하는 것과 다름이 없다. 따라서 심판대상조항은 책임주의원칙에도 위배되어 청구인들의 표현의 자유를 침해한다.

<재판관 유남석, 이미선, 정정미의 위헌의견>

심판대상조항이 정한 결과의 발생이 북한의 도발이나 무력행사의 위협 등 북한의 개입으로 실현되는 것이기는 하나, 북한의 개입은 전단등 살포를 원인으로 하여 이루어진 것임을 전제로 하는 것이고, 결과 발생에 대한 고의와 인과관계를 요하므로, 심판대상조항이 타인의 행위로 인한 결과에 대해 그 책임 유무를 묻지 않고 형벌을 부과하는 구조라고 볼 수는 없다. 따라서 심판대상조항이 비난가능성 있는 행위를 하지 않는 사람에게 책임을 물어 처벌하는 것이라고 볼 수 없으므로, 책임주의원칙 위반은 문제되지 아니한다. 심판대상조항에 의한 표현의 자유 제한이 표현의 내용과 무관한 내용중립적 규제라고 보기는 어려운바, 심판대상조항은 표현의 내용을 규제하는 것으로 봄이 타당하다. 심판대상조항이 추구하는 주된 목적인 국민, 특히 접경지역 주민의 생명·신체의 안전 보장을 위해서는 반드시 형벌권의 행사가 아니더라도, 전단등 살포행위 전에 이를 신고하도록 하고 그 신고에 대해 '경찰관 직무집행법' 등에 따라 적절하게 대응하도록 함으로써, 접경지역 주민 등의 생명·신체의 안전 보장이라는 입법목적을 달성할 수 있다. 심판대상조항이 입법목적 달성을 위한 수단으로 형벌을 택한 것은 형벌의 보충성 및 최후수단성에 부합한다고 보기 어렵다. 정보의 유입과 유통을 엄격히 통제하고 있는 북한의 특성상, 북한을 자극하여 도발을 일으킬 수 있을 만한 표현의 내용은 상당히 포괄적이므로, 심판대상조항에 의해 제한되는 표현 내용이 광범위하며, 이로 인하여 표현의 자유가 지나치게 제한된다. 심판대상조항이 정하는 결과는 북한의 개입을 통해서 실현되는 것인데, 그 개입이 있을 것인지 여부는 특수한 경우를 제외하고는 행위자가 예측하기 어려우므로, 표현의 자유에 대한 심대한 위축효과를 초래한다. 심판대상조항을 통해 평화통일을 지향할 국가의 책무를 달성

한다는 공익은 명백하거나 구체적이지 못한 반면, 행위자가 받게 되는 표현의 자유에 대한 제약은 그 표현의 의미와 역할의 중요성에 비해 매우 크다. 따라서 <u>심판대상조항은 과잉금지원칙을 위반하여 청구인들의 표현의 자유를 침해한다.</u>

28. 구 공직선거법 제60조 제1항 제5호 등 위헌제청(지방공사 상근직원 선거운동 금지 사건)(위헌 헌결 2024.1.25. 2021헌가14) ★

지방공사 상근직원의 지위와 권한에 비추어 볼 때, 지방공사의 상근직원이 공직선거에서 선거운동을 한다고 하여 그로 인한 부작용과 폐해가 일반 사기업 직원의 경우보다 크다고 보기 어렵다. 또한 공직선거법은 지방공사 상근직원의 영향력이 상근임원보다 적다는 점을 고려하여, 상근직원은 그 직을 유지한 채 공직선거에 입후보할 수 있도록 규정하고 있다. 그럼에도 불구하고 <u>심판대상조항이 지방공사 상근직원에게까지 선거운동을 금지하는 것은 과도하다.</u> 공직선거법은 지방공사의 상근직원이 직무상 행위를 이용하여 선거의 공정성 및 형평성을 해할 수 있는 행위를 금지하고 이에 위반한 경우 처벌하는 규정을 별도로 마련하고 있다. 지방공사의 상근직원은 심판대상조항에 의하지 않더라도 직무상 행위를 이용하여 선거운동을 하거나 하도록 하는 행위 또는 선거에 영향을 미치는 전형적인 행위를 할 수 없다. 또한, 직급에 따른 업무 내용과 수행하는 개별·구체적인 직무의 성격을 고려하여 지방공사 상근직원 중 선거운동이 제한되는 주체의 범위를 최소화하거나, 지방공사 상근직원에 대하여 '그 지위를 이용하여' 또는 '그 직무 범위 내에서' 하는 선거운동을 금지하는 방법으로도 선거의 공정성이 충분히 담보될 수 있다. 결국 <u>심판대상조항은 과잉금지원칙을 위반하여 지방공사 상근직원의 선거운동의 자유를 침해한다.</u>

29. 공직선거법 제250조 제2항 등 위헌소원(위헌 헌결 2024.6.27. 2023헌바78) ★
★★ 심화학습 3
- 공직선거법상 허위사실공표죄 및 후보자비방죄에 관한 사건 -

심화학습

1. 공직선거법 제59조 본문 등 위헌소원 (공직선거법상 선거운동기간 제한 및 처벌조항 사건) (위헌 헌결 2022.2.24. 2018헌바146) ★★★

[판시사항]
1. 공직선거법 제254조 제2항 중 '그 밖의 집회, 그 밖의 방법'에 관한 부분(이하

'이 사건 처벌조항'이라 한다)이 죄형법정주의 명확성원칙에 위반되는지 여부(소극)
2. 구 공직선거법 제59조(이하 '이 사건 선거운동기간조항'이라 한다) 중 선거운동기간 전에 개별적으로 대면하여 말로 하는 선거운동에 관한 부분 및 이 사건 처벌조항(이하 이 사건 선거운동조항과 이 사건 처벌조항을 합하여 '심판대상조항'이라 한다) 중 '그 밖의 방법'에 관한 부분 가운데 개별적으로 대면하여 말로 하는 선거운동을 한 자에 관한 부분이 과잉금지원칙에 반하여 선거운동 등 정치적 표현의 자유를 침해하는지 여부(적극)

[결정요지]
1. 이 사건 처벌조항은 선거운동 과정에서 통상 문제되는 전형적인 집회의 유형을 예정하되 그 외 발생할 수 있는 처벌의 공백을 방지하기 위하여 다소 포괄적인 용어로 '그 밖의 집회'를 규정하고 있으므로, 문제된 집회를 선거운동으로 볼 수 있는지 여부가 그 판단지침이 된다. 그러므로 이 사건 처벌조항의 <u>'그 밖의 집회'란 목적성, 객관적 인식가능성, 능동성, 계획성 등 선거운동의 개념표지를 갖춘 모든 유형의 집회를 의미한다. '그 밖의 방법' 또한 불확정적인 개념이기는 하나,</u> 이 사건 처벌조항이 예로 들고 있는 방법은 모두 특정 후보자의 당선 또는 낙선을 위하여 활용되는 선거운동의 유형에 해당하므로, '그 밖의 방법'이 선거운동의 개념표지를 갖춘 모든 방법을 뜻하는 것임을 충분히 알 수 있다. 따라서 <u>이 사건 처벌조항은 죄형법정주의 명확성원칙에 위반되지 아니한다.</u> ★
2. 기간 제한 없이 선거운동을 무한정 허용할 경우 후보자 간의 지나친 경쟁이 선거관리의 곤란으로 이어져 부정행위의 발생을 막기 어렵고, 후보자 간의 경제력 차이에 따른 불공평이 생길 우려가 있다. 또한 선거운동기간의 제한을 받지 않는 선거운동방법도 존재하므로, 후보자가 선거권자에게 정보를 자유롭게 전달하거나 선거권자가 후보자의 인물·정견·신념을 파악하는 데 현재의 선거운동기간이 부족하다고 보기 어렵다. 그러므로 <u>선거운동기간을 제한하는 것 자체가 정치적 표현의 자유를 과도하게 제한한다고 보기 어렵다. 그러나 선거운동을 어느 정도 규제하는 것에 불가피한 측면이 있더라도, 그 제한의 정도는 정치·사회적 발전단계와 국민의식의 성숙도 등을 종합하여 합리적으로 결정해야 한다.</u> 오늘날, 일부 미흡한 측면이 있더라도 공정한 선거제도가 확립되고 국민의 정치의식이 높아지고 있으며, <u>입법자도 선거운동의 자</u>

유를 최대한 보장할 필요가 있다는 반성적 고려 하에 2020. 12. 29. 공직선거법 개정을 통해 선거과열 등 부작용을 초래할 위험성이 적은 선거운동 방법에 대한 선거운동기간 규제를 완화한 상황이다. 그럼에도 심판대상조항은 입법목적을 달성하는 데 지장이 없는 선거운동방법, 즉 돈이 들지 않는 방법으로서 '후보자 간 경제력 차이에 따른 불균형 문제'나 '사회·경제적 손실을 초래할 위험성'이 낮은, 개별적으로 대면하여 말로 지지를 호소하는 선거운동까지 금지하고 처벌함으로써, 과잉금지원칙에 반하여 선거운동 등 정치적 표현의 자유를 과도하게 제한하고 있다. 결국 이 사건 선거운동기간조항 중 선거운동기간 전에 개별적으로 대면하여 말로 하는 선거운동에 관한 부분, 이 사건 처벌조항 중 '그 밖의 방법'에 관한 부분 가운데 개별적으로 대면하여 말로 하는 선거운동을 한 자에 관한 부분은 과잉금지원칙에 반하여 선거운동 등 정치적 표현의 자유를 침해한다. ★★★

2. 공직선거법 제90조 제1항 제1호 등 위헌소원(위헌) (헌불) 헌결 2022.7.21. 2018헌바357) ★★★

[판시사항]

1. 선거기간 중 선거에 영향을 미치게 하기 위한 그 밖의 집회나 모임의 개최를 금지하는 공직선거법 제103조 제3항 중 '누구든지 선거기간 중 선거에 영향을 미치게 하기 위하여 그 밖의 집회나 모임을 개최할 수 없다' 부분 및 이에 위반한 경우 처벌하는 공직선거법 제256조 제3항 제1호 카목 가운데 제103조 제3항 중 '누구든지 선거기간 중 선거에 영향을 미치게 하기 위하여 그 밖의 집회나 모임을 개최할 수 없다' 부분(이하 '집회개최 금지조항'이라 한다)이 집회의 자유, 정치적 표현의 자유를 침해하는지 여부(적극) 위헌

2. 일정기간 선거에 영향을 미치게 하기 위한 현수막, 그 밖의 광고물의 게시를 금지하는 공직선거법 제90조 제1항 제1호 중 '현수막, 그 밖의 광고물 게시'에 관한 부분 및 이에 위반한 경우 처벌하는 공직선거법 제256조 제3항 제1호 아목 중 '제90조 제1항 제1호의 현수막, 그 밖의 광고물 게시'에 관한 부분(이하 '시설물설치 등 금지조항'이라 한다)이 정치적 표현의 자유를 침해하는지 여부(적극) 헌불

3. 일정기간 선거에 영향을 미치게 하기 위한 광고, 문서·도화의 첩부·게시를 금지하는 공직선거법 제93조 제1항 본문 중 '광고, 문서·도화 첩부·게시'에

관한 부분 및 이에 위반한 경우 처벌하는 공직선거법 제255조 제2항 제5호 중 '제93조 제1항 본문의 광고, 문서·도화 첩부·게시'에 관한 부분(이하 '문서·도화 게시 등 금지조항'이라 한다)이 정치적 표현의 자유를 침해하는지 여부(적극) [헌불]
4. 공개장소에서의 연설·대담장소 또는 대담·토론회장에서 연설·대담·토론용으로 사용하는 경우를 제외하고는 선거운동을 위하여 확성장치를 사용할 수 없도록 한 공직선거법 제91조 제1항 및 구 공직선거법 제255조 제2항 제4호 중 '제91조 제1항의 규정에 위반하여 확성장치를 사용하여 선거운동을 한 자' 부분(이하 '확성장치사용 금지조항'이라 한다)이 정치적 표현의 자유를 침해하는지 여부(소극)
5. 헌법불합치 결정을 선고하면서 계속 적용을 명한 사례

[결정요지]
1. 집회개최 금지조항은 선거에서의 균등한 기회보장과 선거의 공정성 확보를 위한 것으로서 정당한 목적 달성을 위한 적합한 수단이나, 선거기간 중 선거에 영향을 미치게 하기 위한 집회나 모임이라면 선거의 공정과 평온에 대한 위험이 구체적으로 존재하지 않는 경우까지도 예외 없이 개최를 금지하고 있다. 선거의 평온이라는 입법목적은 '집회 및 시위에 관한 법률'의 다양한 규제수단들이나 형사법상의 처벌조항 등으로 달성할 수 있고, 선거에서의 기회 불균형 등의 문제는 선거비용 제한·보전 제도, 기부행위 금지 등 기존의 공직선거법상의 규제들이나 일정한 집회나 모임의 개최만을 한정적으로 금지하는 방법 등에 의해서도 방지할 수 있으며, 무분별한 흑색선전, 허위사실유포 등에 대한 규제도 공직선거법에 이미 도입되어 있는바, 집회개최 금지조항은 입법목적 달성을 위하여 필요한 범위를 넘어 선거기간 중 선거에 영향을 미치게 하기 위한 유권자의 집회나 모임을 일률적으로 금지·처벌하고 있으므로 침해의 최소성에 반한다. 또한 집회개최 금지조항으로 인하여 일반 유권자가 받는 집회의 자유, 정치적 표현의 자유에 대한 제약이 달성되는 공익보다 중대하므로 법익의 균형성에도 위배된다. 따라서 집회개최 금지조항은 과잉금지원칙에 반하여 집회의 자유, 정치적 표현의 자유를 침해한다. ★
2. 시설물설치 등 금지조항은 선거에서의 균등한 기회보장과 선거의 공정성 확보를 위한 것이다. 그러나 선거에서의 기회 불균형 등의 문제는 선거비용 제한·보전 제도 등 공직선거법상의 기존의 규제와 매체의 종류, 비용 등을 제한하는 수단을 통해서도 방지할 수 있으며, 무분별한 흑색선전, 허위사실유포

등에 대한 규제도 공직선거법에 이미 도입되어 있는바, 시설물설치 등 금지조항은 입법목적 달성을 위하여 필요한 범위를 넘어 현수막, <u>그 밖의 광고물의 게시를 통한 정치적 표현을 장기간 동안 포괄적으로 금지·처벌하고 있으므로 침해의 최소성에 반한다</u>. 또한 시설물설치 등 금지조항으로 인하여 유권자나 후보자가 받는 정치적 표현의 자유에 대한 제약이 달성되는 공익보다 중대하므로 법익의 균형성에도 위배된다. 따라서 <u>시설물설치 등 금지조항은 과잉금지원칙에 반하여 정치적 표현의 자유를 침해한다</u>. ★

3. 문서·도화게시 등 금지조항은 선거에서의 균등한 기회보장과 선거의 공정성 확보를 위한 것이다. 그러나 광고, 문서·도화는 시설물 등과 비교하여 보더라도 투입되는 비용이 상대적으로 적어 경제력 차이로 인한 선거 기회 불균형의 문제가 크지 않고, 선거 기회의 불균형에 대한 우려는 공직선거법상 선거비용 제한·보전 제도나 광고, 문서·도화의 종류나 금액 등을 제한하는 수단을 마련하여 방지할 수 있으며, 무분별한 흑색선전, 허위사실유포 등에 대한 규제도 공직선거법에 이미 도입되어 있다. 광고, 문서·도화에 담긴 정보가 반드시 일방적·수동적으로 전달되거나 수용되는 것은 아니므로 매체의 특성만을 이유로 광범위한 규제를 정당화할 수 없는바, 문서·도화게시 등 금지조항은 입법목적 달성을 위하여 필요한 범위를 넘어 <u>광고, 문서·도화의 첩부·게시를 통한 정치적 표현을 장기간 동안 포괄적으로 금지·처벌하고 있으므로 침해의 최소성에 반한다</u>. 또한 문서·도화게시 등 금지조항으로 인하여 유권자나 후보자가 받는 정치적 표현의 자유에 대한 제약이 달성되는 공익보다 중대하므로 법익의 균형성에도 위배된다. 따라서 <u>문서·도화게시 등 금지조항은 과잉금지원칙에 반하여 정치적 표현의 자유를 침해한다</u>. ★

4. 확성장치에 의한 기계적인 소음은 다수의 사람들이 건강하고 쾌적한 환경에서 생활할 권리에 직접적인 영향을 미치며, 경쟁적인 사용으로 인한 피해 확산의 우려도 있으므로, 확성장치사용 금지조항은 입법목적의 정당성과 수단의 적합성이 인정된다. 확성장치에 의해 기계적으로 유발되는 소음은 자연적으로 발생하는 생활소음에 비하여 상대적으로 큰 피해를 유발할 가능성이 높고, 모든 종류의 공직선거 때마다 확성장치로 인한 소음을 감내할 것을 요구한다면 선거 전반에의 혐오감을 야기시킬 우려가 있다. 반면, 선거운동에서 다소 전통적인 수단이라 할 수 있는 확성장치의 사용을 규제한다고 하더라도 후보자는 보다 접근이 용이한 다른 선거운동방법을 활용할 수 있고, 확성장치의 출력수나 사용시간을 규제하는 입법은 확성장치사용 자체를 제한하는 방

안과 동등하거나 유사한 효과가 있다고 볼 수도 없으므로 확성장치사용 금지조항은 침해의 최소성에 어긋나지 않는다. 또한 확성장치 사용을 제한함으로써 달성할 수 있는 공익이 그로 인하여 제한되는 정치적 표현의 자유보다 작다고 할 수 없으므로 확성장치사용 금지조항은 법익의 균형성에도 반하지 않는다. 따라서 확성장치사용 금지조항은 과잉금지원칙에 반하여 정치적 표현의 자유를 침해하지 않는다. ★★★

5. 시설물설치 등 금지조항과 문서·도화게시 등 금지조항의 위헌성은 일정한 정치적 표현의 방법을 제한하는 것 자체가 아니라, 선거에서의 기회균등 및 선거의 공정성을 해친다고 볼 수 없는 행위까지 모두 금지·처벌하는 데 있고, 정치적 표현행위를 어느 정도로 허용할 것인지는 입법자가 충분한 논의를 거쳐 결정하여야 할 사항이므로, 위 조항들에 대하여 헌법불합치 결정을 선고하되, 2023. 7. 31.을 시한으로 입법자가 개정할 때까지 계속 적용을 명한다. ★

3. 공직선거법 제250조 제2항 등 위헌소원(위헌) 헌결 2024.6.27. 2023헌바78) ★★★
– 공직선거법상 허위사실공표죄 및 후보자비방죄에 관한 사건 –

[판시사항]

1. 당선되지 못하게 할 목적으로 후보자가 되고자 하는 자에 관하여 허위의 사실을 공표한 자를 처벌하는 공직선거법 제250조 제2항 중 '후보자가 되고자 하는 자에 관하여 허위의 사실을 공표한 자'에 관한 부분(이하 '허위사실공표금지 조항'이라 한다)이 죄형법정주의의 명확성원칙에 위배되거나 과잉금지원칙에 위배되어 정치적 표현의 자유를 침해하는지 여부(소극) ★

2. 당선되거나 되게 하거나 되지 못하게 할 목적으로 공연히 사실을 적시하여 후보자가 되고자 하는 자를 비방한 자를 처벌하는 공직선거법 제251조 중 '후보자가 되고자 하는 자'에 관한 부분(이하 '비방금지 조항'이라 한다)이 죄형법정주의의 명확성원칙에 위배되는지 여부(소극) ★

3. 비방금지조항이 과잉금지원칙에 위배되어 정치적 표현의 자유를 침해하는지 여부(적극) ★★★

[결정요지]

1. 허위사실공표금지 조항 중 '허위의 사실'은 객관적 진실에 맞지 않는 사실을 의미하는바, 죄형법정주의의 명확성원칙에 위배되지 않는다. 또한 허위사실

공표금지조항은 선거의 공정성을 보장하기 위한 것으로 금지되는 행위의 유형이 제한되고 다른 대안을 상정하기도 어려우므로, 정치적 표현의 자유를 침해한다고 볼 수도 없다.
2. 비방금지 조항의 '비방'은 사회생활에서 존중되는 모든 것에 대하여 정당한 이유 없이 상대방을 깎아내리거나 헐뜯는 것을 의미하는바, 죄형법정주의의 명확성원칙에 위배되지 않는다.
3. 비방금지 조항은 후보자가 되고자 하는 자의 인격과 명예를 보호하고 선거의 공정을 보장하기 위한 것이다. 그런데 비방행위가 허위사실에 해당할 경우에는 허위사실공표금지 조항으로 처벌하면 족하고, 허위가 아닌 사실에 대한 경우 후보자가 되고자 하는 자는 스스로 반박함으로써 유권자들이 그의 능력과 자질 등을 올바르게 판단할 수 있는 자료를 얻을 수 있게 하여야 한다. 비방금지 조항 단서에 위법성 조각사유가 규정되어 있기는 하나, 일단 구성요건에 해당되는 행위를 한 사람은 수사나 형사소추의 위험에 놓이게 되고, 표현의 자유에 대한 위축효과가 발생할 수 있다. 한편, 비방금지조항이 없더라도 사실을 적시한 명예훼손은 형법 제307조 제1항에 따라 처벌하여 그 가벌성을 확보할 수 있고, 수사기관과 재판기관은 선거와의 관련성을 고려하여 수사와 재판을 신속하게 진행할 수 있다. 나아가 후보자가 되고자 하는 자는 자발적으로 공론의 장에 뛰어든 사람이므로, 자신에 대한 부정적인 표현을 어느 정도 감수하여야 한다. 이를 종합하면, 비방금지 조항은 과잉금지원칙에 위배되어 정치적 표현의 자유를 침해한다. ★★★

Ⅳ. 집회·결사의 자유

> 제21조 ① 모든 국민은 언론·출판의 자유와 집회·결사의 자유를 가진다.
> ② 언론·출판에 대한 허가나 검열과 집회·결사에 대한 허가는 인정되지 아니한다.

1. 집회의 자유

(1) 의의

(가) 개념: 집회의 자유란 다수인이 공동의 목적을 가지고 일시적으로 모이는 자유를 말하며, 헌법이 보호하는 집회의 개념은 다수인이, 평화적으로, 의사형성에 기여하며, 공동의 목적을 가질 것을 요구. **공동의 목적은 '내적인 유대 관계'로 족함**(헌결 2011헌바174)

(나) 종류

① 옥외집회와 시위

㉠ 옥외집회: '집회 및 시위에 관한 법률'(이하, 동법) 제2조 제1호는 '천장이 없거나 사방이 폐쇄되지 않은 장소에서의 집회'라고 정의

㉡ 시위: 여러 사람이 공동의 목적을 가지고 도로·광장·공원 등 일반인이 자유로이 통행할 수 있는 장소를 행진하거나 위력 또는 기세를 보여, 불특정한 여러 사람의 의견에 영향을 주거나 제압을 가하는 행위(동법 §2. 2호)

② 우발적 집회와 긴급집회: 우발적 집회란 계획되지 않은 집회를 말하며, 긴급집회란 사전계획은 있었으나 사안의 긴급성 때문에 사전 신고기간(48시간) 전에 신고가 불가능한 집회

(다) 주체: 모든 국민

(2) 내용

(가) 집회 개최 및 진행의 자유: 집회를 개최하고 진행함에 있어 집회의 목적, 시간, 장소, 방법을 스스로 결정할 수 있으며, 집회·시위의 자유에는 장소선택의 자유가 포함 ★ 집회의 자유는 원칙적으로 집회장소를 항의의 대상으로부터 분리하는 것을 금지(헌결 2000헌바67)

(나) 집회에 참가할 자유: 집회의 자유는 국가가 개인의 집회참가행위를 감시하고 그에 대한 정보를 수집함으로써 집회에 참가하고자 하는 자로 하여금 불이익을 두려워하여 미리 집회참가를 포기하도록 집회참가의사를 약화시키는 것 등 **집회의 자유의 행사에 영향을 미치는 모든 조치를 금지**(헌결 2000헌바67)

⒟ **집회에서의 의견표명**: 집회에서의 의견표명이 집회의 자유에 속하는지 아니면 표현의 자유의 내용으로 볼 것인지에 대해 견해가 대립되나, **헌법재판소는 집회의 규제에 있어 집회에서의 의사표현 자체의 경우**와 그러한 의사표현에 수반되는 행동 자체의 제한의 두 종류가 있다고 하면서, 전자의 경우에 제한되는 기본권을 **표현의 자유**로 봄(헌결 89헌가8)

| 헌결 | 대판 |

1. 집회시위법에 '옥외집회'에 대한 정의규정은 있으나 '집회'에 대한 정의규정은 없다. 그러나 일반적으로 집회는, 일정한 장소를 전제로 하여 특정 목적을 가진 다수인이 일시적으로 회합하는 것을 말하는 것으로 일컬어지고 있고, 그 공동의 목적은 '내적인 유대 관계'로 족하다. 그리고 건전한 상식과 통상적인 법감정을 가진 사람이면 누구나 집회시위법상 '집회'가 무엇을 의미하는지, 그 적용대상자가 누구이며, 구체적으로 어떠한 행위가 금지되고 있는지를 추론할 수 있을 것이다. 따라서 심판대상조항의 '집회'의 개념이 불명확하다고 볼 수 없으므로, 죄형법정주의 명확성원칙에 위배되지 아니한다(헌결 2014.1.28. 2011헌바174). ★

2. 헌법 제21조 제1항을 기초로 하여 심판대상조항을 보면, 미리 계획도 되었고 주최자도 있지만 집회시위법이 요구하는 시간 내에 신고를 할 수 없는 옥외집회인 이른바 긴급집회의 경우에는 신고가능성이 존재하는 즉시 신고하여야 하는 것으로 해석된다(헌결 2014.1.28. 2011헌바174).

3. 구 집시법 제3조 제1항 제4호에서 규제대상이 되는 집회·시위는 문언 해석상 그 적용범위가 넓고 불명확하므로 헌법상 보장된 집회의 자유를 위축시킬 수 있다. 대한민국의 체제전복이나 공공질서의 파괴 등 법익 침해와는 무관한 무해·무폭력의 집회·시위라도 오락·체육·친목·학술·종교 등의 비정치적 집회·시위가 아닌 한 안심하고 집회의 자유를 향유할 수 없다. 다시 말해서 공공의 안녕과 질서의 법익수호의 목적도 달함이 없이 국민의 집회의 자유만 위협하고 위축시키는 결과를 빚을 것이다. 집회·시위의 규제에는 집회에 있어서의 의사표현 자체의 제한의 경우와 그러한 의사표현에 수반하는 행동자체의 제한 두가지가 있을 수 있다. 전자의 경우에는 제한되는 기본권의 핵심은 집회에 있어서의 표현의 자유라고 볼 것이다(헌결 1992.1.28. 89헌가8).

4. 구 집시법 전체의 규정 체제에서 보면 법은 일정한 신고절차만 밟으면 일반적·원칙적으로 옥외집회 및 시위를 할 수 있도록 보장하고 있으므로, 집회에

대한 사전신고제도는 헌법 제21조 제2항의 사전허가금지에 반하지 않는다고 할 것이다(헌결 2009.5.28. 2007헌바22).

5. [1] <u>집회의 자유에 의하여 보호되는 것은 단지 '평화적' 또는 '비폭력적' 집회이다.</u> 집회의 자유는 민주국가에서 정신적 대립과 논의의 수단으로서, 평화적 수단을 이용한 의견의 표명은 헌법적으로 보호되지만, 폭력을 사용한 의견의 강요는 헌법적으로 보호되지 않는다. 헌법은 집회의 자유를 국민의 기본권으로 보장함으로써, 평화적 집회 그 자체는 공공의 안녕질서에 대한 위험이나 침해로서 평가되어서는 아니 되며, 개인이 집회의 자유를 집단적으로 행사함으로써 불가피하게 발생하는 일반대중에 대한 불편함이나 법익에 대한 위험은 보호법익과 조화를 이루는 범위 내에서 국가와 제3자에 의하여 수인되어야 한다는 것을 헌법 스스로 규정하고 있는 것이다.

[2] 집회의 목적·내용과 집회의 장소는 일반적으로 밀접한 내적인 연관관계에 있기 때문에, 집회의 장소에 대한 선택이 집회의 성과를 결정짓는 경우가 적지 않다. <u>집회장소가 바로 집회의 목적과 효과에 대하여 중요한 의미를 가지기 때문에, 누구나 '어떤 장소에서' 자신이 계획한 집회를 할 것인가를 원칙적으로 자유롭게 결정할 수 있어야만 집회의 자유가 비로소 효과적으로 보장되는 것이다. 따라서 집회의 자유는 다른 법익의 보호를 위하여 정당화되지 않는 한, 집회장소를 항의의 대상으로부터 분리시키는 것을 금지한다.</u> ★

[3] 입법자가 '외교기관 인근에서의 집회의 경우에는 일반적으로 고도의 법익충돌위험이 있다'는 예측판단을 전제로 하여 이 장소에서의 집회를 원칙적으로 금지할 수는 있으나, 일반·추상적인 법규정으로부터 발생하는 과도한 기본권제한의 가능성이 완화될 수 있도록 일반적 금지에 대한 예외조항을 두어야 할 것이다. 그럼에도 불구하고 이 사건 법률조항은 전제된 위험상황이 구체적으로 존재하지 않는 경우에도 이를 함께 예외 없이 금지하고 있는데, 이는 입법목적을 달성하기에 필요한 조치의 범위를 넘는 과도한 제한인 것이다. 그러므로 <u>이 사건 법률조항은 최소침해의 원칙에 위반되어 집회의 자유를 과도하게 침해하는 위헌적인 규정이다</u>(위헌 헌결 2003.10.30. 2000헌바67). ⇒ 국내주재 외교기관 청사의 경계지점으로부터 1백미터 이내의 장소에서의 옥외집회를 전면적으로 금지하고 있는 집회및시위에관한법률 제11조 제1호 중 국내주재 외국의 외교기관 부분의 비례의 원칙의 위반 여부(적극)

(3) 절차

  ㈎ 신고의무: 신고의무의 기본취지는 집회를 금지하는데 있는 것이 아니라 계획된 집회를 가능하게 하면서 제3자의 기본권적 이익이나 공익과의 조화를 도모하여 법익충돌을 방지하고 예방하는 데 있음

  ㈏ 신고절차

   ① 신고서를 720시간 전부터 48시간 전에 관할 경찰서장에게 제출(동법 §6)

   ② 접수된 집회·시위가 집시법에 저촉되는 경우 접수한 때부터 48시간 이내에 집회·시위의 금지를 주최자에게 통고 可(동법 §8①), ★ **관할경찰관서장은 집회 또는 시위의 시간과 장소가 중복되는 2개 이상의 신고가 있는 경우** 그 목적으로 보아 서로 상반되거나 방해가 된다고 인정되면 각 옥외집회 또는 시위 간에 시간을 나누거나 장소를 분할하여 개최하도록 권유하고, **권유가 받아들여지지 아니하면** 뒤에 접수된 옥외집회 또는 시위에 대하여 금지를 통고할 수○ (동법 §8②③)

   ③ 금지통고에 대하여는 10일 이내에 해당 경찰관서의 바로 위의 상급경찰관서의 장에게 이의신청을 할 수 있으며(동법 §9①), 이의신청 접수 시부터 24시간 이내에 재결하여야 하고, 만일 재결기간이내에 재결서를 발송하지 않으면 금지통고는 소급하여 효력을 상실(동법 §9②)

   ④ 금지통고에 대하여는 이의신청절차를 거치지 아니하고 바로 행정소송의 제기 可

  ㈐ 집회 또는 시위의 해산

   ① 관할경찰관서장은 다음 각 호의 어느 하나(예: **사전신고를 하지 아니하거나** 금지된 집회 또는 시위; 2호)에 해당하는 집회 또는 시위에 대하여는 **상당한 시간 이내에 자진 해산할 것을 요청하고** 이에 따르지 아니하면 해산을 명할 수○(동법 §20①)

   ② 해산 명령을 받았을 때에는 모든 참가자는 지체 없이 해산하여야 함(동법 §20②) ⇒ **해산명령 위반시** 6개월 이하의 징역 또는 50만 원 이하의 벌금·구류 또는 과료에 처함(동법 §24. 5호)

(4) 효력: 대국가적 효력+간접적 대사인효

(5) 제한 및 한계

(가) 제21조에 의한 제한(허가금지): 헌법 제21조 제2항의 '허가'는 '행정청이 주체가 되어 집회의 허용 여부를 사전에 결정하는 것'으로서 행정청에 의한 사전허가는 헌법상 금지되지만, 입법자가 법률로써 일반적으로 집회를 제한하는 것은 헌법상 '사전허가금지'에 해당×(헌결 2008헌가25)

(나) 제37조 제2항에 의한 제한(과잉금지)

① 시간적 제한: 동법(§10)은 일출 전 또는 일몰 후 옥외집회 또는 시위는 금지되며, 주최자가 질서유지인을 두고 미리 신고한 경우에는 일정한 조건하에 허용된다고 규정. 헌법재판소는 옥외집회 부분에 대해서 헌법불합치결정(헌결 2008헌가25)을, 시위에 대해서는 한정위헌결정(헌결 2010헌가2)을 각 선고하였는데, 2014.4.24. 옥외집회 및 시위 모두에 대하여 '일몰시간 후부터 같은 날 24시까지의 옥외집회 또는 시위'에 적용하는 한 헌법에 위반된다는 결정(한정위헌)을 선고(헌결 2011헌가29)

② 장소적 제한: 집시법이 <u>외교기관이나 외교사절의 숙소부근</u>에 대한 전면적 집회를 금지한 것(헌결 2000헌바67), <u>국회의사당의 경계지점으로부터 100미터 이내의</u> 장소에서 옥외집회를 전면금지한 것(헌결 2013헌바322), <u>국무총리 공관의 경계지점으로부터 100미터 이내의 장소에서 행진을 제외한</u> 옥외집회·시위를 전면금지한 것(헌결 2015헌가28), 누구든지 <u>각급 법원의 경계지점으로부터 100미터 이내의 장소</u>에서 옥외집회 또는 시위를 전면금지한 것(헌결 2018헌바137)에 대하여 헌법에 위반된다고 하였다. 이후, <u>집시법이 2020.6.9. 개정되어 헌법재판소 결정의 취지에 따라 국회의사당, 국무총리 공관, 각급 법원, 헌법재판소의 경계 지점으로부터 100미터이내의 장소에서 집회·시위를 예외적으로 허용하도록 옥외집회 및 시위의 금지 장소에 관한 규정을 개정함으로써 집회·시위의 자유와 공공의 안녕질서의 조화를 도모하려는 것이다.</u>

③ 방법적 제한: 주요 도시의 주요 도로에서의 집회 또는 시위에 대한 제한(동법 §12). 기준 이하의 소음 유지 또는 확성기 등의 사용 중지를 명하거나 확성기 등의 일시보관 등 필요한 조치(동법 §14) ★ 집회의 자유에 의하여 보호되는 것은 단지 **'평화적' 또는 '비폭력적' 집회**(헌결 2000헌바67)

(다) 한계: 집회의 자유를 법률로 제한하더라도 집회의 자유의 본질적 내용은 침해할 수×

| 헌결 | 대판 | **집회의 자유 침해를 인정**

1. ① 집시법이 <u>외교기관이나 외교사절의 숙소부근</u>에 대한 전면적 집회를 금지한 것(위헌 헌결 2003.10.30. 2000헌바67) ★ 비교 <u>외교기관</u> 인근의 옥외집회나 시위를 원칙적으로 금지하면서도 외교기관의 기능이나 안녕을 침해할 우려가 없다고 인정되는 구체적인 경우에는 <u>예외적으로 옥외집회나 시위를 허용하고</u> 있는 것은 집회의 자유침해×(합헌; 헌결 2010.10.28. 2010헌마111)

② <u>국회의사당의 경계지점으로부터 100미터 이내의</u> 장소에서 옥외집회를 전면금지한 것(헌불 헌결 2018.5.31. 2013헌바322)

③ <u>국무총리 공관의 경계지점으로부터 100미터 이내의</u> 장소에서 <u>행진을 제외한</u> 옥외집회·시위를 전면금지한 것(헌불 헌결 2018.6.28. 2015헌가28)

④ 누구든지 <u>각급 법원의 경계지점으로부터 100미터 이내의 장소에서</u> 옥외집회 또는 시위를 전면금지한 것(헌불 헌결 2018.7.26. 2018헌바137) ★

⑤ <u>대통령 관저 인근</u>에서 집회를 금지하고 이를 위반하여 집회를 주최한 자를 처벌하는 것(헌불 헌결 2022.12.22. 2018헌바48)

⑥ <u>국회의장 공관의 경계 지점으로부터 100미터 이내의 장소에서의 옥외집회 또는 시위를 일률적으로 금지</u>하고, 이를 위반한 집회·시위의 참가자를 처벌하는 것[헌불(구법조항 적용 중지, 현행법조항 계속 적용) 헌결 2023.3.23. 2021헌가1]

집회의 자유는 대의민주주의를 채택하고 있는 우리 헌법 체제에서 주권자인 국민의 의사를 국가기관에 직접 전달하고, 모든 사람이 자유롭게 자신의 의사를 표현하는 한편 다른 사회 구성원과 자유롭게 정보와 의견을 교환함으로써 인간의 존엄과 가치를 실현할 수 있도록 하는 기본권이다. 이런 점에서 집회의 자유는 언론·출판의 자유와 함께 민주주의 실현을 위한 필수적 기본권이라 할 수 있다. <u>집회의 자유는 집회의 시간·장소·방법·목적 등을 스스로 결정하는 것을 내용으로 하며, 구체적으로 보호되는 주요 행위는 집회의 준비·조직·지휘·참가 및 집회 장소와 시간의 선택</u> 등이다. 집회 장소는 일반적으로 집회의 목적·내용과 밀접한 연관관계를 가진다. 집회는 특별한 상징적 의미 또는 집회와 특별한 연관성을 가지는 장소, 예를 들면 집회를 통해 반대하고자 하는 대상물이 위치하거나 집회의 계기를 제공한 사건이 발생한 장소 등에서 이루어져야 의견표명이 효과적으로 이루어질 수 있다. 집회 장소의 선택은 집회의 성과를 결정하는 주요 요인이 된다. 따라서 <u>집회 장소를 선택할 자유는 집회의 자유의 실질적 부분을 형성한다.</u> 심판대상조항은 각급 법원 인근에서의 옥외집회와 시위를 절대적으로 금지하고 이를 위반한 경우에는 형벌을 예정하고 있으므로 집회의 자유를 장소적으로 제한하고 있다. 심판대상조항의 옥외집회·시위 장소의 제한은 입법에 의한 것이므로 헌법 제21조 제2항의 '사전허가제 금지'에 위반되지는 않지만, 헌법 제37조 제2항이 정하는 기본권 제한의 한계 안에 있는지 여부가 문제된다(헌불 헌결 2018.7.26. 2018헌바137).

2. 중복신고된 집회신고서를 법률의 근거 없이 반려한 행위(인용 헌결 2008.5.29. 2007헌마712)
   우리 헌법은 모든 국민에게 집회의 자유를 보장하고 있고, 집회에 대한 사전허가제를 금지하고 있는바, 옥외집회를 주최하고자 하는 자는 집시법이 정한 시간 전에 관할경찰관서장에게 집회신고서를 제출하여 접수시키기만 하면 원칙적으로 옥외집회를 할 수 있다. 그리고 이러한 집회의 자유에 대한 제한은 법률에 의해서만 가능하므로 법률에 정하여지지 않은 방법으로 이를 제한할 경우에는 그것이 과잉금지 원칙에 위배되었는지 여부를 판단할 필요 없이 헌법에 위반된다. 그런데 이 사건 피청구인은 청구인 ○○합섬HK지회와 ○○생명인사지원실이 제출한 옥외집회신고서를 폭력사태 발생이 우려된다는 이유로 동시에 접수하였고, 이후 상호 충돌을 피한다는 이유로 두 개의 집회신고를 모두 반려하였는바, 법의 집행을 책임지고 있는 국가기관인 피청구인으로서는 집회의 자유를 제한함에 있어 실무상 아무리 어렵더라도 법에 규정된 방식에 따라야 할 책무가 있고, 이 사건 집회신고에 관한 사무를 처리하는데 있어서도 적법한 절차에 따라 접수순위를 확정하려는 최선의 노력을 한 후, 집시법 제8조 제2항[저자 주: 현행 제3항]에 따라 후순위로 접수된 집회의 금지 또는 제한을 통고하였어야 한다. 만일 접수순위를 정하기 어렵다는 현실적인 이유로 중복신고된 모든 옥외집회의 개최가 법률적 근거 없이 불허되는 것이 용인된다면, 집회의 자유를 보장하고 집회의 사전허가를 금지한 헌법 제21조 제1항 및 제2항은 무의미한 규정으로 전락할 위험성이 있다. 결국 이 사건 반려행위는 법률의 근거 없이 청구인들의 집회의 자유를 침해한 것으로서 헌법상 법률유보원칙에 위반된다고 할 것이다.

3. 해가 뜨기 전이나 해가 진 후의 옥외집회('야간옥외집회')를 원칙적으로 금지하고 있는 집시법(헌불 헌결 2009.9.24. 2008헌가25) ★ 사전허가금지에 위반×

4. 학생의 모든 집회·시위와 정치관여행위를 금지하고, 위반자에 대하여는 주무부장관이 학생의 제적을 명하고 소속 학교의 휴업, 휴교, 폐쇄조치를 할 수 있도록 규정한 긴급조치 제9호(위헌 헌결 2013.3.21. 2010헌바132)

5. 해가 뜨기 전이나 해가 진 후의 시위를 금지하는 집시법 제10조 본문 중 '시위'에 관한 부분 및 이에 위반한 시위에 참가한 자를 형사처벌하는 집시법 제23조 제3호 부분을 이미 보편화된 야간의 일상적인 생활의 범주에 속하는 '해가 진 후부터 같은 날 24시까지의 시위'에 적용하는 한 헌법에 위반(한정위헌) 헌결 2014.3.27. 2010헌가2)
6. 옥외집회 및 시위 모두에 대하여 '일몰시간 후부터 같은 날 24시까지의 옥외집회 또는 시위'에 적용하는 한 헌법에 위반(한정위헌) 헌결 2014.4.24. 2011헌가29)
7. 재판에 영향을 미칠 염려가 있거나 미치게 하기 위한 집회 또는 시위를 금지하고 이를 위반한 자를 형사처벌하는 집시법 조항과 헌법의 민주적 기본질서에 위배되는 집회 또는 시위를 금지하고 이에 위반한 자를 형사처벌하는 조항(위헌 헌결 2016.9.29. 2014헌가3)

[1] 이 사건 제2호 부분은 법관의 직무상 독립을 보호하여 사법작용의 공정성과 독립성을 확보하기 위한 것으로 입법목적의 정당성은 인정되나, 국가의 사법권한 역시 국민의 의사에 정당성의 기초를 두고 행사되어야 한다는 점과 재판에 대한 정당한 비판은 오히려 사법작용의 공정성 제고에 기여할 수도 있는 점을 고려하면 사법의 독립성을 확보하기 위한 적합한 수단이라 보기 어렵다. 또한 구 집시법의 옥외집회·시위에 관한 일반규정 및 형법에 의한 규제 및 처벌에 의하여 사법의 독립성을 확보할 수 있음에도 불구하고, 이 사건 제2호 부분은 재판에 영향을 미칠 염려가 있거나 미치게 하기 위한 집회·시위를 사전적·전면적으로 금지하고 있을 뿐 아니라, 어떠한 집회·시위가 규제대상에 해당하는지를 판단할 수 있는 아무런 기준도 제시하지 아니함으로써 사실상 재판과 관련된 집단적 의견표명 일체가 불가능하게 되어 집회의 자유를 실질적으로 박탈하는 결과를 초래하므로 최소침해성 원칙에 반한다. 더욱이 이 사건 제2호 부분으로 인하여 달성하고자 하는 공익 실현 효과는 가정적이고 추상적인 반면, 이 사건 제2호 부분으로 인하여 침해되는 집회의 자유에 대한 제한 정도는 중대하므로 법익균형성도 상실하였다. 따라서 이 사건 제2호 부분은 과잉금지원칙에 위배되어 집회의 자유를 침해한다. ★ ⇒ 재판에 영향을 미칠 염려가 있거나 미치게 하기 위한 집회 또는 시위를 금지하고 이를 위반한 자를 형사처벌하는 구 '집회 및 시위에 관한 법률'(1962. 12. 31. 법률 제1245호로 제정되고, 1989. 3. 29. 법률 제4095호로 전부개정되기 전의 것, 이하 연혁에 관계없이 '집회 및 시위에 관한 법률'은 '집시법'으로 약칭한다) 제3조 제1항 제2호 및 구 집시법(1973. 3. 12. 법률 제2592호로 개정되고, 1980. 12. 18. 법률 제3278호

로 개정되기 전의 것) 제14조 제1항 본문 중 제3조 제1항 제2호 부분(이하 위 두 조항을 합하여 '이 사건 제2호 부분'이라 한다)이 집회의 자유를 침해하는지 여부(적극)

[2] 이 사건 제3호 부분은 6. 25. 전쟁 및 4. 19. 혁명 이후 남북한의 군사적 긴장 상태와 사회적 혼란이 계속되던 상황에서 우리 헌법의 지배원리인 민주적 기본질서를 수호하기 위한 방어적 장치로서 도입된 것으로 <u>정당한 목적 달성을 위한 적합한 수단이 된다.</u> 그러나 이 사건 제3호 부분은 규제대상인 집회·시위의 목적이나 내용을 구체적으로 적시하지 않은 채 헌법의 지배원리인 '민주적 기본질서'를 구성요건으로 규정하였을 뿐 기본권 제한의 한계를 설정할 수 있는 구체적 기준을 전혀 제시한 바 없다. 이와 같은 규율의 광범성으로 인하여 헌법이 규정한 민주주의의 세부적 내용과 상이한 주장을 하거나 집회·시위 과정에서 우발적으로 발생한 일이 민주적 기본질서에 조금이라도 위배되는 경우 처벌이 가능할 뿐 아니라 사실상 사회현실이나 정부정책에 비판적인 사람들의 집단적 의견표명 일체를 봉쇄하는 결과를 초래함으로써 침해의 최소성 및 법익의 균형성을 상실하였으므로, <u>이 사건 제3호 부분은 과잉금지원칙에 위배되어 집회의 자유를 침해한다.</u> ⇒ 헌법의 민주적 기본질서에 위배되는 집회 또는 시위를 금지하고 이에 위반한 자를 형사처벌하는 구 집시법(1962. 12. 31. 법률 제1245호로 제정되고, 1980. 12. 18. 법률 제3278호로 개정되기 전의 것) 제3조 제1항 제3호 및 구 집시법(1973. 3. 12. 법률 제2592호로 개정되고, 1980. 12. 18. 법률 제3278호로 개정되기 전의 것) 제14조 제1항 본문 중 제3조 제1항 제3호 부분(이하 위 두 조항을 합하여 '이 사건 제3호 부분'이라 한다)이 집회의 자유를 침해하는지 여부(적극)

8. 피청구인들이 2015. 11. 14. 19:00경 종로구청입구 사거리에서 살수차를 이용하여 물줄기가 일직선 형태로 청구인 백○○에게 도달되도록 살수한 행위는 청구인 백○○의 <u>생명권 및 집회의 자유를 침해한 것으로서</u> 헌법에 위반됨을 확인하는 결정을 선고하였다(인용 헌결 2020.4.23. 2015헌마1149).

9. 선거기간 중 선거에 영향을 미치게 하기 위한 그 밖의 집회나 모임의 개최를 금지하는 공직선거법 제103조 제3항 중 '누구든지 선거기간 중 선거에 영향을 미치게 하기 위하여 그 밖의 집회나 모임을 개최할 수 없다' 부분 및 이에 위반한 경우 처벌하는 공직선거법 제256조 제3항 제1호 카목 가운데 제103조 제3항 중 '누구든지 선거기간 중 선거에 영향을 미치게 하기 위하여 그 밖의 집회나 모임을 개최할 수 없다' 부분(이하 '집회개최 금지조항'이라 한다)은

집회의 자유, 정치적 표현의 자유를 침해한다(위헌 헌결 2022.7.21. 2018헌바357). ★ ⇒ 표현의 자유 심화학습 참조

10. 심판대상조항은 대통령과 그 가족의 신변 안전 및 주거 평온을 확보하고, 대통령과 그 가족, 대통령 관저 직원과 관계자 등(이하 '대통령 등'이라 한다)이 자유롭게 대통령 관저에 출입할 수 있도록 하며, 경우에 따라서는 대통령의 원활한 직무수행을 보장함으로써, 궁극적으로는 대통령의 헌법적 기능 보호를 목적으로 한다. 이러한 심판대상조항의 입법목적은 정당하고, 대통령 관저 인근에 옥외집회 및 시위(이하 '옥외집회 및 시위'를 통틀어 '집회'라 한다) 금지장소를 설정하는 것은 입법목적 달성을 위한 적합한 수단이다. 심판대상조항은 대통령 관저 인근 일대를 광범위하게 집회금지장소로 설정함으로써, 집회가 금지될 필요가 없는 장소까지도 집회금지장소에 포함되게 한다. 대규모 집회 또는 시위로 확산될 우려가 없는 소규모 집회(이하 '소규모 집회'라고만 한다)의 경우, 심판대상조항에 의하여 보호되는 법익에 대해 직접적인 위협이 발생할 가능성은 상대적으로 낮다. 나아가 '대통령 등의 안전이나 대통령 관저 출입과 직접적 관련이 없는 장소'에서 '소규모 집회'가 열릴 경우에는, 이러한 위험성은 더욱 낮아진다. 결국 심판대상조항은 법익에 대한 위험 상황이 구체적으로 존재하지 않는 집회까지도 예외 없이 금지하고 있다. 집시법은 폭력적이고 불법적인 집회에 대처할 수 있도록, 공공의 안녕질서에 직접적인 위협을 끼칠 것이 명백한 집회의 주최 금지(제5조 제1항) 등 다양한 규제수단을 두고 있고, 집회 과정에서의 폭력행위 등은 형사법상의 범죄행위로서 처벌된다. 또한, '대통령 등의 경호에 관한 법률'은 경호구역의 지정(제5조 제1항) 등 이러한 상황에 대처할 수 있는 조항을 두고 있다. 그렇다면 대통령 관저 인근에서의 일부 집회를 예외적으로 허용한다고 하더라도, 위와 같은 수단들을 통하여 대통령의 헌법적 기능은 충분히 보호될 수 있다. 따라서 막연히 폭력·불법적이거나 돌발적인 상황이 발생할 위험이 있다는 가정만을 근거로 하여 대통령 관저 인근에서 열리는 모든 집회를 금지하는 것은 정당화되기 어렵다. 심판대상조항은 침해의 최소성에 위배된다. 국민이 집회를 통해 대통령에게 의견을 표명하고자 하는 경우, 대통령 관저 인근은 그 의견이 가장 효과적으로 전달될 수 있는 장소이다. 따라서 대통령 관저 인근에서의 집회를 전면적·일률적으로 금지하는 것은 집회의 자유의 핵심적인 부분을 제한한다. 심판대상조항을 통한 대통령의 헌법적 기능 보호라는 목적과 집회의 자유에 대한 제약 정도를 비교할 때, 심판대상조항은 법익의 균형성에도 어긋난다. 따라서 심판대상조항은 과잉금지원칙에 위배되어 집회의 자유를 침해한다(헌불 헌결 2022.12.22.

2018헌바48). ★ ⇒ 대통령 관저 인근에서 집회를 금지하고 이를 위반하여 집회를 주최한 자를 처벌하는 ① 구 '집회 및 시위에 관한 법률'(2007. 5. 11. 법률 제8424호로 전부개정되고, 2020. 6. 9. 법률 제17393호로 개정되기 전의 것) 제11조 제2호 중 '대통령 관저(官邸)' 부분 및 제23조 제1호 중 제11조 제2호 가운데 '대통령 관저(官邸)'에 관한 부분은 헌법에 합치되지 아니하고, 위 법률조항의 적용을 중지하며, ② '집회 및 시위에 관한 법률'(2020. 6. 9. 법률 제17393호로 개정된 것) 제11조 제3호 중 '대통령 관저(官邸)' 부분 및 제23조 제1호 중 제11조 제3호 가운데 '대통령 관저(官邸)'에 관한 부분이 헌법에 위반되는지 여부 (적극)

★ 종래 헌법재판소는 국내주재 외국의 외교기관 인근(헌재 2003. 10. 30. 2000헌바67등)에서의 집회를 금지하는 집시법 조항에 대해 위헌 결정을, 국회의사당 인근(헌재 2018. 5. 31. 2013헌바322등), 국무총리 공관 인근(헌재 2018. 6. 28. 2015헌가28등), 각급 법원 인근(헌재 2018. 7. 26. 2018헌바137)에서의 집회를 금지하는 집시법 조항에 대해 각 헌법불합치결정을 내린 바 있다. <u>이 결정은 대통령 관저 인근에서 집회를 금지하는 집시법 조항에 관한 최초의 결정이다</u>. 이 결정에서 헌법재판소는 심판대상조항이 대통령의 헌법적 기능을 저해할 우려가 있는 집회를 금지하는 데 머무르지 않고, 대통령 관저 인근의 모든 집회를 예외 없이 금지함으로써 구체적인 상황을 고려하여 상충하는 법익 간의 조화를 이루려는 노력을 전혀 기울이지 않고 있으므로 집회의 자유를 침해한다고 보았다.

11. [1] 심판대상조항은 국회의장 공관 인근에서 옥외집회·시위가 개최될 경우 국회의장의 원활한 직무 수행과 공관 거주자 등의 신변 안전, 주거의 평온, 공관으로의 자유로운 출입 등이 저해될 위험이 있음을 고려하여, 그와 같은 옥외집회·시위를 사전에 차단함으로써 국회의장 공관의 기능과 안녕을 보호하기 위한 것이다. 그런데 심판대상조항이 집회 금지 장소로 설정한 '국회의장 공관의 경계 지점으로부터 100미터 이내에 있는 장소'에는, 해당 장소에서 옥외집회·시위가 개최되더라도 국회의장에게 물리적 위해를 가하거나 국회의장 공관으로의 출입 내지 안전에 위협을 가할 우려가 없는 장소까지 포함되어 있다. 또한 대규모로 확산될 우려가 없는 소규모 옥외집회·시위의 경우, 심판대상조항에 의하여 보호되는 법익에 직접적인 위협을 가할 가능성은 상대적으로 낮다. '집회 및 시위에 관한 법률'은 국회의장 공관의 기능과 안녕을 보호할 다양한 규제 수단을 마련하고 있고, 집회·시위 과정에서의 폭력행위나 업

무방해 행위 등은 형사법상의 범죄행위로 처벌되므로, 국회의장 공관 인근에서 예외적으로 옥외집회·시위를 허용한다고 하더라도 국회의장 공관의 기능과 안녕은 충분히 보장될 수 있다. 그럼에도 <u>심판대상조항은 국회의장 공관 인근 일대를 광범위하게 전면적인 집회 금지 장소로 설정함으로써 입법목적 달성에 필요한 범위를 넘어 집회의 자유를 과도하게 제한하고 있는바, 과잉금지원칙에 반하여 집회의 자유를 침해한다.</u>

[2] 국회의장 공관 인근의 옥외집회·시위 중 어떠한 형태의 것을 예외적으로 허용함으로써 집회의 자유를 필요최소한의 범위에서 제한할 것인지는 입법자의 판단에 맡기는 것이 바람직하다. 따라서 <u>이 사건 구법조항에 대하여 헌법불합치결정을 선고하되, 위 조항은 이미 개정되어 향후 적용될 여지가 없으므로 그 적용을 중지한다.</u> 그리고 이 사건 구법조항과 내용이 같은 이 사건 현행법조항에 대해서도 위와 같은 이유로 헌법불합치결정을 선고하되, 그 적용을 중지할 경우에는 국회의장 공관의 기능과 안녕 보호에 관한 법적 공백이 초래될 우려가 있으므로 2024. 5. 31.을 시한으로 입법자의 개선입법이 있을 때까지 계속 적용을 명한다[헌불](구법조항 적용 중지, 현행법조항 계속 적용) 헌결 2023. 3.23. 2021헌가1]. ★ ⇒ 국회의장 공관의 경계 지점으로부터 100미터 이내의 장소에서의 옥외집회 또는 시위를 일률적으로 금지하고, 이를 위반한 집회·시위의 참가자를 처벌하는 구 '집회 및 시위에 관한 법률' 제11조 제2호 중 '국회의장 공관'에 관한 부분 및 제23조 제3호 중 제11조 제2호 가운데 '국회의장 공관'에 관한 부분(이하 '이 사건 구법조항'이라 한다), '집회 및 시위에 관한 법률' 제11조 제3호 중 '국회의장 공관'에 관한 부분 및 제23조 제3호 중 제11조 제3호 가운데 '국회의장 공관'에 관한 부분(이하 '이 사건 현행법조항'이라 하고, 이 사건 구법조항과 통틀어 '심판대상조항'이라 한다)이 집회의 자유를 침해하는지 여부(적극)

12. [1] 조례에 대한 법률의 위임은 법규명령에 대한 법률의 위임과 같이 반드시 구체적으로 범위를 정할 필요가 없으며, 포괄적으로도 할 수 있다. 이 사건 조례는 지방자치법 제13조 제2항 제1호 자목 및 제5호 나목 등에 근거하여 인천광역시가 소유한 공유재산이자 공공시설인 인천애뜰의 사용 및 관리에 필요한 사항을 규율하기 위하여 제정되었고, 심판대상조항은 잔디마당과 그 경계 내 부지의 사용 기준을 정하고 있다. 그렇다면 <u>심판대상조항은 법률의 위임 내지는 법률에 근거하여 규정된 것이라고 할 수 있으므로 법률유보원칙에 위배되지 않는다.</u> ⇒ 집회 또는 시위를 하기 위하여 인천애(愛)뜰 중 잔디마당과

그 경계 내 부지에 대한 사용허가 신청을 한 경우 인천광역시장이 이를 허가할 수 없도록 제한하는 인천애(愛)뜰의 사용 및 관리에 관한 조례(이하 '이 사건 조례'라 한다) 제7조 제1항 제5호 가목(이하 '심판대상조항'이라 한다)이 법률유보원칙에 위배되어 청구인들의 집회의 자유를 침해하는지 여부(소극)

[2] 잔디마당은 도심에 위치하고 일반인에게 자유롭게 개방된 공간이며, 도보나 대중교통으로 접근하기 편리하고 다중의 이목을 집중시키기에 유리하여, 다수인이 모여 공통의 의견을 표명하기에 적합하다. 잔디마당을 둘러싸고 인천광역시와 시의회 청사 등이 있으며 이들은 모두 인천광역시 행정 사무의 중심적 역할을 수행하고 있으므로, 이와 같은 지방자치단체의 행정사무에 대한 의견을 표명하려는 목적이나 내용의 집회의 경우에는 장소와의 관계가 매우 밀접하여 상징성이 크다. 이러한 특성을 고려하면 집회의 장소로 잔디마당을 선택할 자유는 원칙적으로 보장되어야 한다. 인천광역시로서는 시청사 보호를 위한 방호인력을 확충하고 청사 입구에 보안시설물을 설치하는 등의 대책을 마련함으로써, 잔디마당에서의 집회·시위를 전면적으로 제한하지 않고도 입법목적을 충분히 달성할 수 있다. 일반인에게 개방되어 자유로운 통행과 휴식 등을 위한 공간으로 활용되고 있는 잔디마당의 현황과 실제 운영방식을 고려하면, <u>잔디마당이 국토계획법상 공공청사 부지에 속한다는 사정을 집회의 자유를 전면적·일률적으로 제한할 수 있는 근거로 삼을 수 없다.</u> 심판대상조항에 의하여 잔디마당을 집회 장소로 선택할 자유가 완전히 제한되는바, 공공에 위험을 야기하지 않고 시청사의 안전과 기능에도 위협이 되지 않는 집회나 시위까지도 예외 없이 금지되는 불이익이 발생한다. 그렇다면 심판대상조항은 과잉금지원칙에 위배되어 청구인들의 집회의 자유를 침해한다(**위헌** 헌결 2023.9.26. 2019헌마1417). ★ ⇒ 심판대상조항이 과잉금지원칙에 위배되어 청구인들의 집회의 자유를 침해하는지 여부(적극)

| 헌결 | 대판 |

1. 집시법 제20조 제1항 제2호가 미신고 옥외집회 또는 시위를 해산명령의 대상으로 하면서 별도의 해산 요건을 정하고 있지 않더라도, <u>그 옥외집회 또는 시위로 인하여 타인의 법익이나 공공의 안녕질서에 대한 직접적인 위험이 명백하게 초래된 경우에</u> 한하여 위 조항에 기하여 해산을 명할 수 있고, 이러한 요건을 갖춘 해산명령에 불응하는 경우에만 집시법 제24조 제5호에 의하여 처벌할 수 있다(대판 2012.4.26. 2011도6294).

2. 구 집회 및 시위에 관한 법률 제6조 제1항 및 입법 취지에 비추어, 적법한 신고를 마치고 도로에서 집회나 시위를 하는 경우 도로의 교통이 어느 정도 제한될 수밖에 없으므로, 그 집회 또는 시위가 신고된 범위 내에서 행해졌거나 <u>신고된 내용과 다소 다르게 행해졌어도 신고된 범위를 현저히 일탈하지 않는 경우에는, 그로 인하여 도로의 교통이 방해를 받았다고 하더라도 특별한 사정이 없는 한 형법 제185조의 일반교통방해죄가 성립한다고 볼 수 없다.</u> 그러나 그 집회 또는 시위가 당초 신고된 범위를 현저히 일탈하거나 구 집회 및 시위에 관한 법률 제12조에 의한 조건을 중대하게 위반하여 도로 교통을 방해함으로써 통행을 불가능하게 하거나 현저하게 곤란하게 하는 경우에는 일반교통방해죄가 성립한다(대판 2008.11.13. 2006도755).

2. 결사의 자유

(1) 의의

(가) 개념: 헌법 제21조가 규정하는 결사의 자유라 함은 다수의 자연인 또는 법인이 공동의 목적을 위하여 단체를 결성할 수 있는 자유를 말하는 것으로, 적극적으로는 단체결성의 자유, 단체존속의 자유, 단체활동의 자유, 결사에의 가입·잔류의 자유를, 소극적으로는 기존의 단체로부터 탈퇴할 자유와 결사에 가입하지 아니할 자유를 내용으로 한다(헌결 2000헌바84). 헌법재판소는 결사의 자유에서 말하는 '결사'란 자연인 또는 법인의 다수가 상당한 기간 동안 공동목적을 위하여 자유의사에 기하여 결합하고 조직화된 의사형성이 가능한 단체를 말하는 것이라고 정의하여 **공동목적의 범위를 비영리적인 것으로 제한하지는 않았고, 다만, 결사 개념에 공법상의 결사**(헌결 92헌바47)**나 법이 특별한 공공목적에 의하여 구성원의 자격을 정하고 있는 특수단체의 조직활동**(헌결 92헌바43)**은 해당되지 않는다**고 판시하였다(헌결 2000헌바84). 농협 조합장의 임기와 조합장선거의 시기에 관한 사항은 결사의 자유의 보호범위에 속한다(헌결 2011헌마562).

(나) 주체: 모든 국민, 법인(공법인×) ⇒ 표 참조

(2) 결사의 자유의 내용: 결사의 자유는 자유롭게 단체를 결성할 수 있는 자유를 보장(적극적 결사의 자유), 결사의 자유는 결사에 가입하지 않을 자유와 탈퇴할 수 있는 자유를 보장(소극적 결사의 자유)

(3) 결사의 자유의 효력: 대국가적 효력 + 간접적 대사인효

(4) 결사의 자유에 대한 제한과 한계: 일반적 법률유보(§37②)에 따라 법률로 제한할 수 있으나, 다만 본질적 내용은 침해할 수×

| 헌결 | 대판 | **결사의 자유 침해를 인정**

1. 축산업협동조합법상 축산업협동조합은 그 목적이나 설립, 관리면에서 자주적인 단체로서 공법인이라고 하기 보다는 사법인이라고 할 것이다. 입법목적을 달성하기 위한 수단의 선택 문제는 기본적으로 입법재량에 속하는 것이기는 하지만 적어도 현저하게 불합리하고 불공정한 수단의 선택은 피하여야 할 것인바, 복수조합의 설립을 금지한 구 축산업협동조합법(1994.12.22. 법률 제4821호로 개정되기 전의 것) 제99조 제2항은 입법목적을 달성하기 위하여 결사의 자유 등 기본권의 본질적 내용을 해하는 수단을 선택함으로써 입법재량의 한계를 일탈하였으므로 헌법에 위반된다(위헌 헌결 1996.4.25. 92헌바47).

2. [1] 이 사건 법률조항의 입법목적인 '노동단체의 정치화 방지'나 '노동단체 재정의 부실우려'는 헌법상 보장된 정치적 자유의 의미에 비추어 입법자가 헌법상 추구할 수 있는 정당한 입법목적의 범위를 벗어난 것으로 판단된다. 설사 이러한 입법목적 중 일부가 정당하다고 하더라도, 이 사건 법률조항이 사회세력 누구나가 자유롭게 참여해야 할 정치의사형성과정과 정당한 이익조정과정을 근로자에게 불리하게 왜곡시키는 결과를 가져온다는 점에서 이러한 기본권 침해의 효과는 매우 중대하다. 이에 반하여, 이 사건 법률조항을 통하여 달성하려는 공익인 '노동단체 재정의 부실 우려'의 비중은 상당히 작다고 판단된다. 따라서 노동단체의 기부금지를 정당화하는 중대한 공익을 인정하기 어려우므로 이 사건 법률조항은 노동단체인 청구인의 표현의 자유 및 결사의 자유의 본질적 내용을 침해하는 위헌적인 규정이다. ⇒ 노동단체가 정치자금을 기부할 수 없도록 규정한 구 정치자금법 제12조 제5호의 표현의 자유 및 결사의 자유 위반 여부(적극) ★

[2] 이 사건 법률조항은 평등원칙에도 위반된다. 평등권은 입법자에게 본질적으로 같은 것을 자의적으로 다르게, 본질적으로 다른 것을 자의적으로 같게 취급하는 것을 금지하고 있다. 본질적으로 같은 것을 다르게 취급하였다고 하여 그것이 곧 평등권에 위반되는 것은 아니다. 차별대우가 헌법적 정당성을 갖지 못하는 경우, 즉 자의적인 경우에만 평등권에 위반된다. 민주주의에서 사회단체가 국민의 정치의사형성과정에 있어서 가지는 의미와 기능의 관점에서 본다면, 노동단체는 다른 사회단체와 본질적으로 같은 것으로서 같게 취급

되어야 하는데, 이 사건 법률조항이 다른 이익단체, 특히 사용자의 이익을 대변하는 기업이나 사용자단체의 정치헌금을 허용하면서 유독 노동단체에게만 정치자금의 기부를 금지한 것은 노동단체로 하여금 정당에 영향력을 행사할 수 있는 정치활동의 영역을 다른 사회단체와 달리 차별대우하고 있다고 볼 수밖에 없다. 또한, 노동단체는 다른 사회단체와 마찬가지로 국민의 모든 중요한 이익을 고려하는 정당한 이익조정에 이르기 위하여 다양한 사회세력간의 경쟁과 정치적 의사형성과정에 참여해야 하는 단체라는 점에서, <u>노동단체와 정치자금의 기부를 할 수 있는 다른 단체 사이에는 정치활동의 제한에 있어서 차별을 정당화할 만한 본질적인 차이가 존재하지도 아니하다.</u> 따라서 다른 단체, 특히 사용자 및 사용자단체와의 관계에서 노동단체를 정치활동에 있어서 합리적인 이유없이 차별하는 <u>이 사건 법률조항은 평등의 원칙에도 위반된다</u>(위헌 헌결 1999.11.25. 95헌마154). ⇒ 노동단체가 정치자금을 기부할 수 없도록 규정한 구 정치자금법 제12조 제5호의 평등권 위반 여부(적극) ★

3. 이 사건 법률조항은 실현하고자 하는 입법목적에 비추어 그 적용범위를 '부실경영의 책임이 있는 임원' 및 '금고경영에 영향력을 행사한 과점주주'로 제한해야 함에도 불구하고, 임원과 과점주주 전원에 대하여 예외없이 금고의 채무에 대하여 연대책임을 부담케하고 있으므로, 그러한 점에서 <u>국민의 기본권인 결사의 자유, 재산권을 과도하게 침해하고 평등원칙에도 위반된다. 임원과 과점주주에게 연대책임을 부과하는 것 자체가 위헌이 아니라 부실경영에 기여한 바가 없는 임원과 과점주주에게도 연대책임을 지도록 하는 것이 위헌이라는 점</u>에서 연대책임을 지는 임원과 과점주주의 범위를 적절하게 제한함으로써 그 위헌성이 제거될 수 있을 뿐만 아니라, 위 상호신용금고법 제37조의3을 단순위헌으로 선언할 경우 임원과 과점주주가 금고의 채무에 대하여 단지 상법상의 책임만을 지는 결과가 발생하고 이로써 예금주인 금고의 채권자의 이익이 충분히 보호될 수 없기 때문에, 가급적이면 위 법규정의 효력을 유지하는 쪽으로 이를 해석하는 것이 바람직하다. 따라서 <u>이 사건 법률조항은 '부실경영의 책임이 없는 임원'과 '금고의 경영에 영향력을 행사하여 부실의 결과를 초래한 자 이외의 과점주주'에 대해서도 연대채무를 부담하게 하는 범위 내에서 헌법에 위반된다</u>(한정위헌 헌결 2002.8.29. 2000헌가5).

4. <u>"약사 또는 한약사가 아니면 약국을 개설할 수 없다."고 규정한 약사법 제16조 제1항은</u> 자연인 약사만이 약국을 개설할 수 있도록 함으로써, 약사가 아닌 자연인 및 일반법인은 물론, 약사들로만 구성된 법인의 약국 설립 및 운영도 금지하고 있는바, 국민의 보건을 위해서는 약국에서 실제로 약을 취급하고 판

매하는 사람은 반드시 약사이어야 한다는 제한을 둘 필요가 있을 뿐, 약국의 개설 및 운영 자체를 자연인 약사에게만 허용할 합리적 이유는 없다. 입법자가 약국의 개설 및 운영을 일반인에게 개방할 경우에 예상되는 장단점을 고려한 정책적 판단의 결과 약사가 아닌 일반인 및 일반법인에게 약국개설을 허용하지 않는 것으로 결정하는 것은 그 입법형성의 재량권 내의 것으로서 헌법에 위반된다고 볼 수 없지만, 법인의 설립은 그 자체가 간접적인 직업선택의 한 방법으로서 직업수행의 자유의 본질적 부분의 하나이므로, 정당한 이유 없이 본래 약국개설권이 있는 약사들만으로 구성된 법인에게도 약국개설을 금지하는 것은 입법목적을 달성하기 위하여 필요하고 적정한 방법이 아니고, 입법형성권의 범위를 넘어 과도한 제한을 가하는 것으로서, 법인을 구성하여 약국을 개설·운영하려고 하는 약사들 및 이들로 구성된 법인의 직업선택(직업수행)의 자유의 본질적 내용을 침해하는 것이고, 동시에 약사들이 약국경영을 위한 법인을 설립하고 운영하는 것에 관한 결사의 자유를 침해하는 것이다(헌불) 헌결 2002.9.19. 2000헌바84).

5. 지역농협 이사 선거의 경우 전화(문자메시지를 포함한다)·컴퓨터통신(전자우편을 포함한다)을 이용한 지지 호소의 선거운동방법을 금지하고, 이를 위반한 자를 처벌하는 구 농업협동조합법(2013. 3. 23. 법률 제11690호로 개정되고, 2014. 6. 11. 법률 제12755호로 개정되기 전의 것) 제50조 제4항 및 농업협동조합법(2014. 6. 11. 법률 제12755호로 개정된 것) 제50조 제4항은 청구인들의 결사의 자유, 표현의 자유를 침해한다(위헌) 헌결 2016.11.24. 2015헌바62).

6. 초·중등학교의 교육공무원이 정치단체의 결성에 관여하거나 이에 가입하는 행위를 금지한 국가공무원법(2008. 3. 28. 법률 제8996호로 개정된 것) 제65조 제1항 중 '국가공무원법 제2조 제2항 제2호의 교육공무원 가운데 초·중등교육법 제19조 제1항의 교원은 그 밖의 정치단체의 결성에 관여하거나 이에 가입할 수 없다.' 부분(이하 "국가공무원법조항 중 '그 밖의 정치단체'에 관한 부분"이라 한다)은 나머지 청구인들의 정치적 표현의 자유 및 결사의 자유를 침해한다(위헌) 헌결 2020.4.23. 2018헌마551).

7. 사회복무요원의 정치적 행위를 금지하는 이 사건 법률조항 중 '그 밖의 정치단체에 가입하는 등 정치적 목적을 지닌 행위'에 관한 부분이 청구인의 정치적 표현의 자유 및 결사의 자유를 침해한다(위헌) 헌결 2021.11.25. 2019헌마534).

<결사의 자유의 주체성>

제목	내용	주체성 인정 여부
주택건설촉진법상의 주택조합	공공목적을 위하여 법이 구성원의 자격을 제한적으로 정해 놓은 특수조합	× (헌결 92헌바43)
축협법상의 축협	사법인	○ (헌결 92헌바47)
축협중앙회	공법인성과 사법인성을 겸유한 특수한 법인	○ (헌결 99헌마553)
농지개량조합	공법인	× (헌결 99헌마190)
상공회의소	사법인+공적인 성격(완화된 기준 적용)	○ (헌결 2004헌가1)
대한변리사회	사법적 결사	○ (헌결 2006헌마666)

V. 학문과 예술의 자유

제22조 ① 모든 국민은 학문과 예술의 자유를 가진다.
② 저작자·발명가·과학기술자와 예술가의 권리는 법률로써 보호한다.

1. 학문의 자유

(1) 의의

  (개) 개념: 진리를 찾아내고자 하는 진지하고 계획적인 활동을 보호하고자 하는 기본권

  (내) 주체: 모든 사람, 법인

(2) 학문의 자유의 내용

  (개) 학문연구의 자유: 진리를 추구하는 자유로서, 사물의 바른 이치를 찾아내려는 모든 인간의 노력과 행위를 포함

  (내) 학문연구발표의 자유: 연구결과를 교수 이외의 형태로 외부에 자유롭게 발표하는 자유

  (대) 교수(講學)의 자유: 대학이나 고등교육기관의 교육자가 자신의 학문적 인식을 방해받지 않고 자유로이 전수할 수 있는 자유

(3) 대학의 자치

  (개) 의의: 연구·교육에 대한 실질적 권한과 책임이 대학에 있다는 원칙. 대학의

자치는 학문의 자유의 보장수단으로 대학에 부여된 **헌법상 기본권**(헌결 92헌마68). 대학의 자치의 주체는 대학이지만, <u>교수나 교수회도 주체</u>가 되며(헌결 2005헌마1047), **자치제도의 보장**의 성격(헌결 96헌바33). 구 사립학교법상의 절차에 따라 선임된 임시이사들이 그 선임사유가 종료한 때에 정식이사를 선임하는 내용의 이사회결의를 한 경우, 임시이사들이 선임되기 전에 적법하게 선임되었다가 퇴임한 최후의 정식이사들에게 위 이사회결의의 하자를 다툴 소의 이익○(대판 전합 2006다19054)

(나) 내용
① 교수회의 자치: 대학에 관한 모든 문제가 교수회에 의하여 자주적으로 결정되어야 하는 것. <u>국립대학의 교수나 교수회는 대학총장 후보자 선출에 참여할 권리</u>가 있으며, 이 권리는 대학의 자치의 본질적인 내용에 포함되며 헌법상의 기본권으로 인정(헌결 2005헌마1047)
② 학생의 자치: 대학은 자주적인 가택권을 가지며, 질서유지권 및 징계권을 가짐

(4) 학문의 자유의 효력: 대국가적 효력+간접적 대사인효

(5) 학문의 자유에 대한 제한과 한계: 헌법 제37조 제2항에 의하여 법률로 제한될 수 있지만, 학문의 자유 중 학문연구의 자유는 내심의 자유로서 법률로도 제한할 수 없는 절대적 기본권

| 헌결 | 대판 |

1. 헌법 제31조 제4항은 "교육의 자주성·전문성·정치적중립성 및 대학의 자율성은 법률이 정하는 바에 의하여 보장된다."라고 규정하여 교육의 자주성·대학의 자율성을 보장하고 있는데 이는 대학에 대한 공권력 등 외부세력의 간섭을 배제하고 대학구성원 자신이 대학을 자주적으로 운영할 수 있도록 함으로써 대학인으로 하여금 연구와 교육을 자유롭게 하여 진리탐구와 지도적 인격의 도야(陶冶)라는 대학의 기능을 충분히 발휘할 수 있도록 하기 위한 것이며, <u>교육의 자주성이나 대학의 자율성은 헌법 제22조 제1항이 보장하고 있는 학문의 자유의 확실한 보장수단으로 꼭 필요한 것으로서 이는 대학에게 부여된 헌법상의 기본권이다</u>(헌결 1992.10.1. 92헌마68).

2. 헌법재판소는 대학의 자율성은 헌법 제22조 제1항이 보장하고 있는 학문의 자유의 확실한 보장수단으로 꼭 필요한 것으로서 대학에게 부여된 헌법상의 기본권으로 보고 있다. 그러나 대학의 자치의 주체를 기본적으로 대학으로 본

다고 하더라도 교수나 교수회의 주체성이 부정된다고 볼 수는 없고, 가령 학문의 자유를 침해하는 대학의 장에 대한 관계에서는 교수나 교수회가 주체가 될 수 있고, 또한 국가에 의한 침해에 있어서는 대학 자체 외에도 대학 전구성원이 자율성을 갖는 경우도 있을 것이므로 문제되는 경우에 따라서 <u>대학, 교수, 교수회 모두가 단독, 혹은 중첩적으로 주체가 될 수 있다고 보아야 할 것이다</u>(헌결 2006.4.27. 2005헌마1047). ★

3. 헌법 제22조 제1항에서 <u>규정한 학문의 자유 등의 보호는 개인의 인권으로서의 학문의 자유 뿐만 아니라 특히 대학에서 학문연구의 자유·연구활동의 자유·교수의 자유 등도 보장하는 취지이다</u>. 이와 같은 대학에서의 학문의 자유에 대한 보장을 담보하기 위하여는 대학의 자율성이 보장되어야 한다. 헌법 제31조 제4항도 "교육의 자주성·전문성·정치적 중립성 및 대학의 자율성은 법률이 정하는 바에 의하여 보장된다"고 규정하여 교육의 자주성·대학의 자율성을 보장하고 있는데, 이는 대학에 대한 공권력 등 외부세력의 간섭을 배제하고 대학구성원 자신이 대학을 자주적으로 운영할 수 있도록 함으로써 대학인으로 하여금 연구와 교육을 자유롭게 하여 진리탐구와 지도적 인격의 도야(陶冶)라는 대학의 기능을 충분히 발휘할 수 있도록 하기 위한 것이며, <u>교육의 자주성이나 대학의 자율성은 헌법 제22조 제1항이 보장하고 있는 학문의 자유의 확실한 보장수단으로 꼭 필요한 것으로서 이는 대학에게 부여된 헌법상의 기본권이다</u>. 여기서 대학의 자율은 대학시설의 관리·운영만이 아니라 전반적인 것이라야 하므로 연구와 교육의 내용, 그 방법과 대상, 교과과정의 편성, 학생의 선발과 전형 및 특히 교원의 임면에 관한 사항도 자율의 범위에 속한다(헌결 1998.7.16. 96헌바33).

4. 전통적으로 대학자치는 학문활동을 수행하는 교수들로 구성된 교수회가 누려오는 것이었고, 현행법상 국립대학의 장 임명권은 대통령에게 있으나, 1990년대 이후 국립대학에서 총장 후보자에 대한 직접선거방식이 도입된 이래 거의 대부분 대학 구성원들이 추천하는 후보자 중에서 대학의 장을 임명하여 옴으로써 대통령이 대학총장을 임명함에 있어 대학교원들의 의사를 존중하여 온 점을 고려하면, <u>청구인들에게 대학총장 후보자 선출에 참여할 권리가 있고 이 권리는 대학의 자치의 본질적인 내용에 포함된다고 할 것이므로 결국 헌법상의 기본권으로 인정할 수 있다</u>(헌결 2006.4.27. 2005헌마1047). ★

5. 단과대학은 대학을 구성하는 하나의 조직·기관일 뿐이고, 단과대학장은 그 지위와 권한 및 중요도에서 대학의 장과 구별된다. 또한 대학의 장을 구성원

들의 참여에 따라 자율적으로 선출한 이상, 하나의 보직에 불과한 단과대학장의 선출에 다시 한 번 대학교수들이 참여할 권리가 대학의 자율에서 당연히 도출된다고 보기 어렵다. 따라서 <u>단과대학장의 선출에 참여할 권리는 대학의 자율에 포함된다고 볼 수 없어</u>, 이 사건 심판대상조항에 의해 대학의 자율성이 침해될 가능성이 인정되지 아니한다(헌결 2014.1.28. 2011헌마239).

| 헌결 | 대판 | **학문의 자유, 대학의 자율성 침해를 인정**

1. '북한의 남침 가능성의 증대'라는 추상적이고 주관적인 상황인식만으로는 긴급조치를 발령할 만한 국가적 위기상황이 존재한다고 보기 부족하고, 주권자이자 헌법개정권력자인 국민이 유신헌법의 문제점을 지적하고 그 개정을 주장하거나 청원하는 활동을 금지하고 처벌하는 <u>긴급조치 제9호는</u> 국민주권주의에 비추어 <u>목적의 정당성을 인정할 수 없다</u>. 다원화된 민주주의 사회에서는 표현의 자유를 보장하고 자유로운 토론을 통해 사회적 합의를 도출하는 것이야말로 국민총화를 공고히 하고 국론을 통일하는 진정한 수단이라는 점에서 긴급조치 제9호는 <u>국민총화와 국론통일이라는 목적에 적합한 수단이라고 보기도 어렵다</u>. 긴급조치 제9호는 학생의 모든 집회·시위와 정치관여행위를 금지하고, 위반자에 대하여는 주무부장관이 학생의 제적을 명하고 소속 학교의 휴업, 휴교, 폐쇄조치를 할 수 있도록 규정하여, <u>학생의 집회·시위의 자유, 학문의 자유와 대학의 자율성 내지 대학자치의 원칙을 본질적으로 침해하고</u>, 행위자의 소속 학교나 단체 등에 대한 불이익을 규정하여 헌법상의 자기책임의 원리에도 위반되며, 긴급조치 제1호, 제2호와 같은 이유로 죄형법정주의의 명확성 원칙에 위배되고, 헌법개정권력의 행사와 관련한 참정권, 표현의 자유, 집회·시위의 자유, 영장주의 및 신체의 자유, 학문의 자유 등을 침해한다(위헌 헌결 2013.3.21. 2010헌바70).

2. [1] 헌법 제31조 제4항이 규정하는 교육의 자주성 및 대학의 자율성은 헌법 제22조 제1항이 보장하는 학문의 자유의 확실한 보장을 위해 꼭 필요한 것으로서 대학에 부여된 헌법상 기본권인 대학의 자율권이므로, <u>국립대학인 청구인도 이러한 대학의 자율권의 주체로서 헌법소원심판의 청구인능력이 인정된다.</u>
[2] 이 사건 모집정지는 ○○대학교 법학전문대학원의 신입생 정원 중 2.5%의 모집을 정지하는 것으로 청구인에게 큰 불이익인 점, ○○대학교 법학전문대학원 설치인가 신청서의 내용을 종합하면 장학금지급률을 최저 20% 보장하되 그 당시 장학금확보율이 100.6%에 달한다는 내용으로 해석되는 점,

> <중략> 이 사건 모집정지는 과잉금지원칙에 반하여 청구인의 대학의 자율권을 침해한다[인용(위헌확인), 인용(취소); 헌결 2015.12.23. 2014헌마1149]. ⇒ 교육부장관이 강원대학교 법학전문대학원의 2015학년도 및 2016학년도 신입생 각 1명의 모집을 정지한 행위가 과잉금지원칙에 반하여 청구인의 대학의 자율권을 침해하는지 여부(적극)

2. 예술의 자유

(1) 의의

 (가) 개념: 예술은 '주관적·미적 체험'을 '형태언어'를 통하여 창조적·개성적으로 외부에 표현하는 자율적 활동

 (나) 주체: 모든 국민과 외국인, 법인(견해대립)

(2) 예술의 자유의 내용

 (가) 예술창작의 자유: 다양한 예술작품을 자유롭게 창작할 수 있는 자유

 (나) 예술표현의 자유: 예술작품을 예술가의 의사에 따라 다른 사람에게 표명하고 전파할 수 있는 자유

(3) 예술의 자유의 효력: 대국가적 효력+간접적 대사인효

(4) 예술의 자유에 대한 제한과 한계: 일반적 법률유보(§37②)에 의해 법률로 제한할 수 있지만, 예술창작의 자유는 법률로도 제한할 수 없는 절대적 기본권

| 헌결 | 대판 | **예술의 자유 침해를 인정**

> 1. [1] 헌법 제22조는 모든 국민은 학문과 예술의 자유를 가진다고 규정하고 있다. 예술의 자유의 내용으로서는 일반적으로 예술창작의 자유, 예술표현의 자유, 예술적 집회 및 결사의 자유 등을 들고 있다. 그 중 <u>예술창작의 자유는 예술창작활동을 할 수 있는 자유로서 창작소재, 창작형태 및 창작과정 등에 대한 임의로운 결정권을 포함한 모든 예술창작활동의 자유를 그 내용으로 한다.</u> 따라서 음반 및 비디오물로써 예술창작활동을 하는 자유도 이 예술의 자유에 포함된다. <u>예술표현의 자유는 창작한 예술품을 일반대중에게 전시·공연·보급할 수 있는 자유이다.</u> 예술품보급의 자유와 관련해서 예술품보급을 목적으로 하는 예술출판자 등도 이러한 의미에서의 예술의 자유의 보호를 받는다고 하겠다. 따라서 비디오물을 포함하는 음반제작자도 이러한 의미에서의 예술

표현의 자유를 향유한다고 할 것이다. 이러한 예술표현의 자유는 무제한한 기본권은 아니다. 예술표현의 자유는 타인의 권리와 명예 또는 공중도덕이나 사회윤리를 침해하여서는 아니된다. 그리고 국가안전보장, 질서유지 또는 공공복리를 위하여 필요한 경우에는 헌법 제37조 제2항에 의하여 법률로써 제한할 수 있으나, 이러한 필요에서 하는 법률에 의한 제한도 그 목적이 헌법 및 법률의 체계상 그 정당성이 인정되어야 하고(목적의 정당성), 그 목적달성을 위하여 그 방법이 효과적이고 적절하여야 하며(방법의 적절성), 그로 인한 피해가 최소한도에 그쳐야 하며(피해의 최소성), 보호하려는 공익과 침해하는 사익을 비교형량할 때 보호되는 공익이 더 커야 한다는(법익의 균형성) 과잉금지의 원칙에 반하지 않는 한도 내에서 할 수 있는 것이다.

[2] 음반제작자에 대하여 일정한 시설을 갖추어 등록할 것을 요구하는 구 음반에 관한 법률 제3조 제1항 각호에 규정한 시설은 임차 또는 리스 등에 의하여도 갖출 수 있으므로, 동항 및 동법 제13조 제1항 제1호는 동법 제3조 제1항 각호에 규정한 시설을 자기소유이어야 하는 것으로 해석하는 한, 헌법상 금지된 허가제의 수단으로 남용될 우려가 있으므로 예술의 자유, 언론·출판의 자유, 평등권을 침해할 수 있게 되고, 죄형법정주의에 반하는 결과가 된다 (**한정위헌** 헌결 1993.5.13. 91헌바17).

2. 학교정화구역 내 극장설치 금지: 대학(**위헌** 헌결 2003헌가1), 유치원 및 초·중·고등학교(**헌불** 헌결 2003헌가1)

3. 지적재산권의 보호

(1) 의의: 헌법은 학문과 예술의 자유를 제도적 보장하기 위해 저작자, 발명가, 과학기술자, 예술가의 권리를 보장

(2) 지적재산권 침해를 인정한 헌재결정

① '숙취해소용 천연차'의 표시금지(**위헌** 헌결 99헌마143)

② 선출원상표의 상표등록 무효심결이 확정되더라도 그와 동일 또는 유사한 상표의 등록을 금지하거나 후출원된 등록상표를 무효로 하는 내용의 상표법 (**위헌** 헌결 2006헌바113)

| 헌결 | 대판 |

1. 위 규정은 음주로 인한 건강위해적 요소로부터 국민의 건강을 보호한다는 입

법목적하에 음주전후, 숙취해소 등 음주를 조장하는 내용의 표시를 금지하고 있으나, "음주전후", "숙취해소"라는 표시는 이를 금지할 만큼 음주를 조장하는 내용이라 볼 수 없고, 식품에 숙취해소 작용이 있음에도 불구하고 이러한 표시를 금지하면 숙취해소용 식품에 관한 정확한 정보 및 제품의 제공을 차단함으로써 숙취해소의 기회를 국민으로부터 박탈하게 될 뿐만 아니라, 보다 나은 숙취해소용 식품을 개발하기 위한 연구와 시도를 차단하는 결과를 초래하므로, <u>위 규정은 숙취해소용 식품의 제조·판매에 관한 영업의 자유 및 광고표현의 자유를 과잉금지원칙에 위반하여 침해하는 것이다.</u> 특히 청구인들은 "숙취해소용 천연차 및 그 제조방법"에 관하여 특허권을 획득하였음에도 불구하고, 위 규정으로 인하여 특허권자인 청구인들조차 그 특허발명제품에 "숙취해소용 천연차"라는 표시를 하지 못하고 "천연차"라는 표시만 할 수밖에 없게 됨으로써 청구인들의 헌법상 보호받는 <u>재산권인 특허권도 침해되었다</u>(위헌: 헌결 2000.3.30. 99헌마143). ⇒ 식품이나 식품의 용기·포장에 "음주전후" 또는 "숙취해소"라는 표시를 금지하고 있는 식품등의표시기준(1998. 10. 7. 식품의약품안전 청고시 제1998-96호로 제정) 제7조『별지1』식품등의 세부표시기준 1 . 가. 10) 카) 중 "음주전후" 및 "숙취해소" 표시를 금지하는 부분이 영업의 자유 등의 기본권을 침해하는지 여부(적극)

2. 선등록상표와 동일 또는 유사한 상표의 등록을 막는 입법목적은 크게 두 가지를 생각할 수 있다. 첫째는 선등록상표권자의 상표권을 보호하는 것인 한편, 둘째는 동종 상품에 대하여 동일 또는 유사한 상표가 중복 등록되면 수요자에게 상품의 출처에 관한 오인·혼동을 일으켜 상품의 유통질서를 저해하므로 이를 방지하기 위한 것이다. 그런데 <u>이미 선등록상표가 무효로 확정되었다는 것은 선등록상표의 보호가치가 없음이 확인된 것이므로, 입법목적 중 선등록상표권자의 상표권에 대한 보호는</u> 이 사건 법률조항 부분의 목적으로 인정될 수 없다. 그러므로 이 사건 법률조항 부분의 입법목적은, 결국 동일 또는 유사한 상표의 공존(共存)으로 인한 소비자의 오인·혼동을 방지하고자 하는 것이다. 그렇다면 위와 같은 입법목적을 달성하기 위하여 이 사건 법률조항 부분과 같이 후출원상표의 출원 후에 선등록상표를 무효로 한다는 심결이 확정된 경우에도 후출원상표의 등록을 거절하거나 후등록상표에 대한 무효심결을 하도록 하는 것이 입법재량의 한계를 벗어나지 않은 합리적인 제한인가를 본다. 특허청은 이 사건 법률조항 부분과 관계없이, 후출원상표의 출원 시에 이와 동일 또는 유사한 타인의 선등록상표가 존재하는 경우에는 후출원상표의 등

록을 거절할 수 있다. 다만, 선등록상표가 무효로 확정되어 소멸하더라도 소비자에게 일정한 기간 동안 그 상표에 대한 기억과 신용이 남아 있을 것이고, 이러한 상태에서 곧바로 후출원상표의 등록을 허용한다면 소비자에게 상표에 대한 오인·혼동을 줄 우려가 있으나, 상표법 제7조 제1항 제8호 및 같은 조 제4항 제1호는 상표권이 소멸한 날부터 1년을 경과하지 아니한 타인의 등록상표와 동일 또는 유사한 상표는 그 등록을 거절할 수 있되, <u>타인의 등록상표가 상표권이 소멸된 날로부터 소급하여 1년 이상 사용되지 아니하여 소비자의 오인·혼동의 우려가 없는 경우에만 등록을 허용하도록 규정</u>함으로써, 이러한 우려를 해소하고 있다. 그러므로 상표등록출원 시에 이 사건 법률조항 부분을 적용하는 것은, 동일 또는 유사한 상표의 공존을 억제하여 소비자의 오인·혼동을 방지한다는 <u>입법목적에 기여하는 바가 거의 없다</u>고 할 것이다. 한편, 이 사건 법률조항 부분으로 인하여 선등록상표에 대한 무효심결이 확정된 후라도 후등록상표를 무효로 심결할 수 있게 되는데, 이 경우에는 선등록상표의 무효심결 확정 시 이미 동일 또는 유사한 상표가 공존하고 있었으므로, 그 확정 이후에 새로이 후등록상표를 무효로 한다고 하여, <u>소비자의 오인·혼동을 방지한다는 입법목적에 기여할 여지가 없</u>다. 오히려 이 사건 법률조항 부분은 '무효의 소급효'(상표법 제71조 제3항)에 배치되어 전체 상표법 체계에 혼란을 야기시킬 뿐만 아니라, 나아가 <u>이미 상표등록을 마친 후출원자는 선등록상표가 무효로 확정된 이후에도 후등록상표가 무효로 됨으로써, 정당한 이유없이 재산권인 상표권과 당해 상표를 이용하여 직업을 수행할 자유를 침해받게 된다</u>. 결국 이 사건 법률조항 부분은 소비자의 오인·혼동 방지라는 입법목적에 기여하는 바는 거의 없는 반면, 정당한 후출원상표권자의 재산권과 직업의 자유를 합리적 이유 없이 침해한다(**위헌** 헌결 2009.4.30. 2006헌바113). ⇒ 선출원상표의 상표등록 무효심결이 확정되더라도 그와 동일 또는 유사한 상표의 등록을 금지하거나 후출원된 등록상표를 무효로 하는 내용의 상표법(1997. 8. 22. 법률 제5355호로 개정된 것) 제7조 제3항 본문 괄호 부분인 "타인의 등록상표가 제71조 제3항의 규정에 의하여 무효로 된 경우에도 이에 해당하는 것으로 본다" 중 제7조 제1항 제7호에 관한 부분(이하 '이 사건 법률조항 부분'이라 한다)이 후출원 상표권자의 재산권 및 직업의 자유를 침해하는지 여부(적극)

제4절 생존권적 기본권

제1항 | 생존권의 의의와 법적 성격

1. 생존권의 의의

인간다운 생존(삶)을 확보하기 위해 국가의 적극적 급부와 배려를 요구할 수 있는 권리

2. 생존권의 법적 성격

(1) 의의: 생존권의 법적 성격에 관해 프로그램적 규정설로부터 구체적 권리설까지 다양한 견해가 제시되어 있음

(2) 객관설: 생존권을 국가에게 생존실현의 의무를 부과하는 객관적 헌법규범으로 이해하며, 권리의 성격을 부정하는 견해로, 프로그램적 규정설, 국가목표규정설, 헌법위임규정설이 있음

(3) 주관설: 헌법의 생존권규정을 국가에 대한 권리로 보는 견해이며, 권리의 내용을 어떻게 이해하는가에 따라 추상적 권리설과 구체적 권리설이 있음

제2항 | 개별적 생존권

Ⅰ. 인간다운 생활을 할 권리

> 제34조 ① 모든 국민은 인간다운 생활을 할 권리를 가진다.
> ② 국가는 사회보장·사회복지의 증진에 노력할 의무를 진다.
> ③ 국가는 여자의 복지와 권익의 향상을 위하여 노력하여야 한다.
> ④ 국가는 노인과 청소년의 복지향상을 위한 정책을 실시할 의무를 진다.
> ⑤ 신체장애자 및 질병·노령 기타의 사유로 생활능력이 없는 국민은 **법률**이 정하는 바에 의하여 국가의 **보호**를 받는다.
> ⑥ 국가는 재해를 예방하고 그 위험으로부터 국민을 보호하기 위하여 노력하여야 한다.

1. 의의

(1) 연혁: 제3공화국(1962년) 헌법

(2) 개념: 인간 생존에 필요한 최소한의 최저 물질적 생활을 청구할 수 있는 권리

(3) 주체: 국민(○), 외국인(×), 법인(×)

2. 인간다운 생활을 할 권리의 내용

(1) 최저 물질적인 생존보장의 청구

㈎ **물질적 최저생활의 보장**: 최소한의 최저 물질적 생존보장수준을 일률적으로 정하기 어렵지만 최저생계비 수준은 되어야 함

㈏ **최우선적 지도원리**: 물질적 최저생활의 보장은 국가경제질서의 가치지표이며 예산편성시 최우선으로 적용되어야 할 헌법의 지도원리의 성격

㈐ **사회보장수급권**: 물질적 최저생활의 청구를 제외한 사회보험이나 사회보장 영역에서 생존을 실현하는 권리. 「공무원연금법」상의 연금수급권과 같은 <u>사회보장수급권</u>은 헌법 제34조의 규정으로부터 도출되는 <u>사회적 기본권의 하나</u>이며, 국가에 대하여 적극적으로 급부를 요구하는 것이므로 헌법규정만으로는 이를 실현할 수 없고, 법률에 의한 형성을 필요(헌결 2008헌바107) ★ 비교 <u>사회보장수급권</u>은 헌법 제34조 제1항 및 제2항 등으로부터 개인에게 직접 주어지는 헌법적 차원의 권리라거나 <u>사회적 기본권의 하나라고 볼 수는 없고</u>, 다만 위와 같은 사회보장·사회복지 증진의무를 포섭하는 이념적 지표로서의 인간다운 생활을 할 권리를 실현하기 위하여 입법자가 입법재량권을 행사하여 제정하는 사회보장입법에 그 수급요건, 수급자의 범위, 수급액 등 구체적인 사항이 규정될 때 비로소 형성되는 <u>법률적 차원의 권리</u>에 불과(헌결 2002헌바51)

| 헌결 | 대판 |

1. 전공상자 등은 상이 등으로 인하여 신체적 장애를 입고 있기 때문에 인간다운 생활에 필요한 최소한의 수요를 충족함에 있어서도 정상인에 비하여 국가의 부조를 필요로 하는 경우가 많다고 할 것이다. 그러나 '<u>인간다운 생활을 할 권리</u>'로부터는, 그것이 사회복지·사회보장이 지향하여야 할 이념적 목표가 된다는 점을 별론으로 하면, 인간의 존엄에 상응하는 생활에 필요한 "<u>최소한의 물질적인 생활</u>"의 유지에 필요한 급부를 요구할 수 있는 구체적인 권리가 상황에 따라서는 직접 도출될 수 있다고 할 수는 있어도, 동 기본권이 직접 그 이상의 급부를 내용으로 하는 구체적인 권리를 발생케 한다고는 볼 수 없다고 할 것이다. 이러한 구체적 권리는 국가가 재정형편 등 여러가지 상황들을 종합적으로 감안하여 법률을 통하여 구체화할 때에 비로소 인정되는 법률적 차원의 권리라고 할 것이다. 그러므로 이 사건 규정의 입법자도 전공상자 등에

게 인간다운 생활에 필요한 최소한의 물질적 수요를 충족시켜 주고 있고 헌법상의 사회보장, 사회복지의 이념과 국가유공자에 대한 우선적 보호이념에 명백히 어긋나지 않는 한 광범위한 입법재량권을 행사할 수 있다고 할 것이다(헌결 1995.7.21. 93헌가14).

2. [1] 모든 국민은 인간다운 생활을 할 권리를 가지며 국가는 생활능력없는 국민을 보호할 의무가 있다는 헌법의 규정은 <u>입법부와 행정부에 대하여는</u> 국민소득, 국가의 재정능력과 정책 등을 고려하여 가능한 범위안에서 최대한으로 모든 국민이 물질적인 최저생활을 넘어서 인간의 존엄성에 맞는 건강하고 문화적인 생활을 누릴 수 있도록 하여야 한다는 행위의 지침 즉 행위규범으로서 작용하지만, <u>헌법재판에 있어서는</u> 다른 국가기관 즉 입법부나 행정부가 국민으로 하여금 인간다운 생활을 영위하도록 하기 위하여 객관적으로 필요한 최소한의 조치를 취할 의무를 다하였는지의 여부를 기준으로 국가기관의 행위의 합헌성을 심사하여야 한다는 통제규범으로 작용하는 것이다. 그러므로 <u>국가가 인간다운 생활을 보장하기 위한 헌법적인 의무를 다하였는지의 여부가 사법적 심사의 대상이 된 경우에는, 국가가 생계보호에 관한 입법을 전혀 하지 아니하였다든가 그 내용이 현저히 불합리하여 헌법상 용인될 수 있는 재량의 범위를 명백히 일탈한 경우에 한하여 헌법에 위반된다고 할 수 있다.</u>
[2] 이 사건 생계보호기준이 청구인들의 인간다운 생활을 보장하기 위하여 국가가 실현해야 할 객관적 내용의 최소한도의 보장에도 이르지 못하였다거나 헌법상 용인될 수 있는 재량의 범위를 명백히 일탈하였다고는 보기 어렵고, 따라서 <u>비록 위와 같은 생계보호의 수준이 일반 최저생계비에 못미친다고 하더라도 그 사실만으로 곧 그것이 헌법에 위반된다거나 청구인들의 행복추구권이나 인간다운 생활을 할 권리를 침해한 것이라고는 볼 수 없다</u>(헌결 1997.5.29. 94헌마33).

3. 공무원연금 수급권과 같은 사회보장 수급권은 '모든 국민은 인간다운 생활을 할 권리를 가지고, 국가는 사회보장·사회복지의 증진에 노력할 의무를 진다'고 규정한 헌법 제34조 제1항 및 제2항으로부터 도출되는 <u>사회적 기본권 중의 하나로서</u>, 이는 국가에 대하여 적극적으로 급부를 요구하는 것이므로 헌법규정만으로는 이를 실현할 수 없어 법률에 의한 형성이 필요하고, 그 구체적인 내용 즉 수급요건, 수급권자의 범위 및 급여금액 등은 법률에 의하여 비로소 확정된다(헌결 2009.5.28. 2008헌바107).

4. <u>사회보장수급권은 헌법 제34조 제1항 및 제2항 등으로부터 개인에게 직접 주</u>

어지는 헌법적 차원의 권리라거나 사회적 기본권의 하나라고 볼 수는 없고, 다만 위와 같은 사회보장·사회복지 증진의무를 포섭하는 이념적 지표로서의 인간다운 생활을 할 권리를 실현하기 위하여 입법자가 입법재량권을 행사하여 제정하는 사회보장입법에 그 수급요건, 수급자의 범위, 수급액 등 구체적인 사항이 규정될 때 비로소 형성되는 <u>법률적 차원의 권리에 불과하다</u> 할 것이다(헌결 2003.7.24. 2002헌바51).

5. <u>참전명예수당</u>은 국가를 위한 특별한 공헌과 희생에 대한 국가보훈적 성격과 고령으로 사회활동능력을 상실한 참전유공자에게 경제적 지원을 함으로써 참전의 노고에 보답하고 아울러 자부심과 긍지를 고양하며, 장기적인 측면에서 수급권자의 생활보호를 위한 사회보장적 의미를 동시에 갖는 것이다(헌결 2010.2.25. 2007헌마102).

(2) 사회보장 및 사회복지의 증진의무

(가) 내용: 헌법은 사회보장 및 사회복지를 증진할 의무를 포괄적인 사회보장정책의 강령으로 보장(§34②)

(나) 사회보장

개념	출산, 양육, 실업, 노령, 장애, 질병, 빈곤 및 사망 등의 사회적 위험으로부터 모든 국민을 보호하고 국민 삶의 질을 향상시키는 데 필요한 소득·서비스를 보장하는 사회보험, 공공부조, 사회서비스(사회보장기본법 이하 '동법' §3. 1호)

사회보험	㉠ 개념: 국민에게 발생하는 사회적 위험을 보험의 방식으로 대처함으로써 국민의 건강과 소득을 보장하는 제도(동법 §3. 2호)
	㉡ 침해를 인정한 헌재결정
	  (a) 국민연금: 별거나 가출 등으로 실질적인 혼인관계가 존재하지 아니하여 연금 형성에 기여가 없는 이혼배우자에 대해서까지 법률혼 기간을 기준으로 분할연금 수급권을 인정하는 국민연금법 조항은 **재산권을 침해**○(**헌불**) 헌결 2015헌바182)
	  (b) 의료보험수급: **경과실로 인한 범죄행위에 기인하는 보험사고에 대하여 의료보험급여를 부정하는 것은 우연한 사고로 인한 위험으로부터 다수의 국민을 보호하고자 하는 사회보장제도로서의 **의료보험의 본질을 침해**○(**한정위헌**) 헌결 2002헌바1)
	  (c) 산업재해보상수급: **근로자가 사업주의 지배관리 아래 출퇴근하던 중 발생한 사고로 부상 등이 발생한 경우만 업무상 재해로 인정**하는 산업재해보상보험법 조항은 **평등원칙에 위배**○(**헌불**) 헌결 2014헌바254) ★ **판례변경**
	  (d) 최고보상제: **최고보상제도 도입 이전에 업무상 재해를 입어 종전 자신의 평균임금을 기초로 산정한 보상연금을 지급받아 오던 자들에게 '2년 6개월'의 경과기간이 지난 후부터 최고보상제도를 적용하도록 한 것은 **신뢰보호원칙에 위배**○(**위헌**) 헌

	결 2005헌바20) ★ 비교 최고보상제도가 도입된 이후 8년 동안 기존의 보상연금을 지급하였다면 8년이 지난 후 최고보상제도를 기존 수급자에게 적용하더라도 **신뢰보호원칙에 반하여 재산권 침해×**(헌결 2012헌바382)
공공부조	㉠ 개념: 국가와 지방자치단체의 책임하에 생활 유지 능력이 없거나 생활이 어려운 국민의 최저생활을 보장하고 자립을 지원하는 제도(동법 §3. 3호) ㉡ 침해를 인정한 헌재결정: 독립유공자의 '손자녀 중 1명에게만' 보상금을 지급하도록 하면서, 독립유공자의 선순위 자녀의 자녀에 해당하는 손자녀가 2명 이상인 경우에 '나이가 많은 손자녀를 우선'하도록 규정한 독립유공자예우에 관한 법률 조항은 **보상금수급권이 갖는 사회보장적 성격에 배치되고, 평등권도 침해○** (헌불) 헌결 2011헌마724)

(다) 사회복지: 상담, 재활, 직업의 소개 및 지도, 사회복지시설의 이용 등을 제공하여 보건, 주거, 교육, 고용 등의 분야에서 인간다운 생활이 보장될 수 있도록 지원하는 각종 복지제도

(3) 여자, 노인, 청소년의 복지향상실현의무: 국가는 남녀평등을 실현하고 여성의 사회참여를 확대하며 여성복지를 증진할 장치를 마련하고 재원을 조달해야 할 의무를 짐(§34③④)

(4) 생활무능력자에 대한 국가보호: 헌법은 신체장애, 질병, 노령 등 본인이 책임질 수 없는 사유로 생활무능력자가 된 일정 계층에게 적극적인 국가보호를 명하고 있음(§34⑤)

(5) 재해예방의무: 자연재해 및 산업재해로부터 국민의 생명이나 신체를 보호하는 것은 사회국가의 중요한 과제(§34⑥)

3. 인간다운 생활을 할 권리의 효력

대국가적 효력 ★ **입법부나 행정부**에 대하여는 **행위규범**, **헌법재판**에 있어서는 **통제규범**으로 작용(헌결 2002헌마328)

4. 인간다운 생활을 할 권리에 대한 형성 및 제한과 그 한계

최소한의 최저 물질적 생존보장청구와 같이 헌법에 근거하여 직접 구체적 권리의 성격이 인정되는 예외적 경우를 제외하고는 그 내용이 법률로 형성

| 헌결 | 대판 |

1. [1] 법률에 의하여 구체적으로 형성된 의료보험수급권에 대하여 헌법재판소는 이를 재산권의 보장을 받는 공법상의 권리로서 헌법상의 사회적 기본권의 성격과 재산권의 성격을 아울러 지니고 있다고 보므로, 보험급여를 받을 수 있는 가입자가 만일 이 사건 법률조항의 급여제한 규정에 의하여 보험급여를 받을 수 없게 된다면 이것은 헌법상의 재산권과 사회적 기본권에 대한 제한이 된다.

   [2] 이 사건 법률조항은 보험급여의 제한 사유인 '범죄행위'에 고의나 중과실에 의한 것 이외에 경과실에 의한 것까지 포함하고 있는바, 고의·중과실을 제외한 경과실범의 경우에는 그 비난가능성이 상대적으로 낮으며 우연히 발생한 경과실에 의한 범죄행위에 기인한 보험사고에 대하여 보험급여를 하는 것이 의료보험의 공공성에 위반된다고 보기 어렵다. 보험재정의 공공성을 유지하기 위하여 범죄행위에 기인한 보험사고에 대하여 보험급여를 하지 않는 것은 고의범과 중과실범의 경우로 한정하면 충분하므로, 여기에서 더 나아가 경과실범에 의한 보험사고의 경우에까지 의료보험수급권을 부정하는 것은 기본권 제한에 있어서의 최소침해의 원칙에 어긋나며, 나아가 보호되는 공익에 비하여 침해되는 사익이 현저히 커서 법익균형의 원칙에도 어긋나므로 이는 재산권에 대한 과도한 제한으로서 헌법에 위반된다. ⇒ 구 국민의료보험법 제41조 제1항(이하 '이 사건 법률조항'이라 한다)의 보험급여 제한 사유에 고의와 중과실에 의한 범죄행위 이외에 경과실에 의한 범죄행위까지 포함되는 것으로 해석하는 것이 재산권에 대한 과도한 제한으로서 재산권을 침해하는지 여부(적극)

   [3] 경과실의 범죄로 인한 사고는 개념상 우연한 사고의 범위를 벗어나지 않으므로 경과실로 인한 범죄행위에 기인하는 보험사고에 대하여 의료보험급여를 부정하는 것은 우연한 사고로 인한 위험으로부터 다수의 국민을 보호하고자 하는 사회보장제도로서의 의료보험의 본질을 침해하여 헌법에 위반된다 (한정위헌 헌결 2003.12.18. 2002헌바1). ⇒ 경과실에 의한 범죄행위에 기인하는 보험사고에 대하여 의료보험급여를 제한하는 것이 사회적 기본권으로서의 의료보험수급권의 본질을 침해하는지 여부(적극)

2. 독립유공자의 유족보상금 지급에 있어서는 국가의 재정부담 능력이 허락하는 한도에서 보상금 총액을 일정액으로 제한하되 생활정도에 따라 보상금을 분할해서 지급하는 방법이 가능하며, 보상금 수급권자의 범위를 경제적으로 어

려운 자에게 한정하는 방법도 가능함에도 불구하고, 이 사건 심판대상조항이 일률적으로 1명의 손자녀에게만 보상금을 지급하도록 하여 나머지 손자녀들의 생활보호를 외면하는 것은 독립유공자 유족의 생활유지 및 보장을 위한 실질적 보상의 입법취지에 반한다. 수급권자의 경제적 능력은 재산과 소득을 고려해 등급으로 환산될 수 있으므로, 수급권자 수를 오로지 1명으로 한정함에 따른 사무처리의 편의성이 크다거나, 그것이 우월적 공익에 해당한다고 보기도 어렵다. 산업화에 따른 핵가족화, 직업이나 보유재산에 따라 연장자가 경제적으로 형편이 더 나은 경우도 있는 점 등을 고려하면, <u>이 사건 심판대상조항이 나이를 기준으로 하여 연장자에게 우선하여 보상금을 지급하는 것 역시 보상금 수급권이 갖는 사회보장적 성격에 부합하지 아니한다</u>. 비록 독립유공자를 주로 부양한 자나, 협의에 의해 지정된 자를 보상금 수급권자로 할 수 있도록 하는 일정한 예외조항을 마련해 놓고 있으나, 조부모에 대한 부양가능성이나 나이가 많은 손자녀가 협조하지 않는 경우 등을 고려하면 그 실효성을 인정하기도 어렵다. 비금전적 보훈혜택 역시 유족에 대한 보상금 지급과 동일한 정도로 유족들의 생활보호에 기여한다고 볼 수 없으므로, <u>이 사건 심판대상조항은 합리적인 이유없이 상대적으로 나이가 적은 손자녀인 청구인을 차별하여 평등권을 침해한다</u>(헌불 헌결 2013.10.24. 2011헌마724). ⇒ 독립유공자의 손자녀 중 1명에게만 보상금을 지급하도록 하면서, 독립유공자의 선순위 자녀의 자녀에 해당하는 손자녀가 2명 이상인 경우에 나이가 많은 손자녀를 우선하도록 규정한 독립유공자예우에 관한 법률(2008. 3. 28. 법률 제9083호로 개정된 것) 제12조 제2항 중 '손자녀 1명에 한정하여 보상금을 지급하는 부분' 및 제4항 제1호 본문 중 '나이가 많은 손자녀를 우선하는 부분'(이하 '이 사건 심판대상조항'이라 한다)이 청구인의 평등권을 침해하는지 여부(적극)

Ⅱ. 교육을 받을 권리

제31조 ① 모든 국민은 능력에 따라 균등하게 교육을 받을 권리를 가진다.
② 모든 국민은 그 보호하는 자녀에게 적어도 **초등교육과 법률**이 정하는 **교육**을 받게 할 의무를 진다.
③ **의무교육은 무상**으로 한다.
④ 교육의 **자주성·전문성·정치적 중립성** 및 대학의 **자율성**은 법률이 정하는 바에 의하여 보장된다.
⑤ 국가는 평생교육을 진흥하여야 한다.

⑥ 학교교육 및 평생교육을 포함한 교육제도와 그 운영, 교육재정 및 교원의 지위에 관한 기본적인 사항은 법률로 정한다.

1. 의의

(1) 개념: 교육을 받을 권리란 개인의 능력에 따라 균등한 교육을 받을 권리(수학권, 학습권)를 말함. 교육을 받을 권리는 부모가 미성년자인 자녀에게 교육을 시킬 권한, 즉 '부모의 교육권'을 포함. 헌법재판소 역시 '부모의 자녀에 대한 교육권'을 인간의 불가침의 인권으로 교육을 받을 권리의 내용으로 보고 있다(헌결 98헌가16).

(2) 주체: 국민(○), 외국인(×), 법인(×)

2. 교육을 받을 권리의 내용

(1) 능력에 따라 균등하게 교육을 받을 권리

  (개) 능력에 따라: 능력에 따른 교육이란 정신적·육체적 능력과 같이 개인의 '일신전속적' 능력에 따른 교육을 말하는 것으로, 재산·가정·성별 등과 같은 비전속적 능력에 따른 교육차별은 금지

  (내) 균등하게: 균등하게 교육을 받을 권리란 사회경제적 약자가 실질적으로 평등한 교육을 받을 수 있도록 국가에게 이에 필요한 교육여건을 마련하고 정책의 실현을 요구할 수 있는 권리

  (대) 교육을 받을 권리: 교육이란 학교교육·가정교육·사회교육 등 다양한 형태로 존재하는데, 교육을 받을 권리의 교육은 주로 학교교육. 학교교육에 관한 한, 국가는 헌법 제31조에 의하여 부모의 교육권으로부터 원칙적으로 독립된 독자적인 교육권한을 부여받았고, 따라서 학교교육에 관한 광범위한 형성권을 가짐(헌결 98헌가16)

(2) 교육을 시킬 권리(§31①)

  (개) 부모의 자녀 교육권: 교육을 받을 권리는 부모가 미성년자인 자녀를 교육시킬 권한, 즉 '부모의 자녀에 대한 교육권'을 포함. 부모의 교육권은 **자녀에 대한 학교선택권**(헌결 91헌마204)을 보장

  (내) 교사의 수업권과 교육권: 수업권을 내세워 학생들의 기본권인 수학권을 침해할 수×

| 헌결 | 대판 |

1. [1] 학생의 학교선택권: 헌법 제10조에 의하여 보장되는 행복추구권은 일반적인 행동의 자유와 인격의 자유로운 발현권을 포함하는바, 학생은 교육을 받음에 있어서 자신의 인격, 특히 성향이나 능력을 자유롭게 발현할 수 있는 권리가 있다. 학생은 인격의 발전을 위하여 어느 정도는 부모와 학교의 교사 등 타인에 의한 결정을 필요로 하는 아직 성숙하지 못한 인격체이지만, 부모와 국가에 의한 교육의 단순한 대상이 아닌 독자적인 인격체이며, 그의 인격은 성인과 마찬가지로 보호되어야 하기 때문이다. 따라서 헌법은 국가의 교육권한과 부모의 교육권의 범주 내에서 학생에게도 자신의 교육에 관하여 스스로 결정할 권리, 즉 자유롭게 교육을 받을 권리를 부여하고, 학생은 국가의 간섭을 받지 아니하고 자신의 능력과 개성, 적성에 맞는 학교를 자유롭게 선택할 권리를 가진다. 그렇다면 이 사건 법령조항 및 조례조항에 의하여 학생인 청구인 임○민, 인○온에 대하여는 헌법 제10조에 의하여 인정되는, 자신의 능력과 개성, 적성에 맞는 학교를 선택할 권리가 제한된다. ★

    [2] 한 지역의 고교평준화 여부는 그 지역의 실정과 주민의 의사에 따라 탄력적으로 운용할 필요성이 있어 광명시가 비평준화 지역으로 남아 있을 것이라는 청구인들의 신뢰는 헌법상 보호하여야 할 가치나 필요성이 있다고 보기 어렵고, 고등학교 지원을 시·도 단위로 하도록 하고 광명시 등 일부 도시를 비평준화 지역으로 유지시킬 경우 경기도 내에서 중학교 교육의 정상화나 학교 간 격차 해소 등 고교평준화정책의 목적을 실질적으로 달성하기가 어려운 점을 감안하면 청구인들의 신뢰가 공익보다 크다고 볼 수도 없으므로, 이 사건 조례조항은 신뢰보호의 원칙에 위반되지 아니하며 청구인들의 학교선택권을 침해한다고 할 수 없다(헌결 2012.11.29. 2011헌마827). ⇒ 광명시를 교육감이 추첨에 의하여 고등학교를 배정하는 지역에 포함시킨 '경기도교육감이 고등학교의 입학전형을 실시하는 지역에 관한 조례'(2012. 1. 2. 경기도 조례 제4319호로 개정된 것) 제2조 제9호(이하 '이 사건 조례조항'이라 한다)가 신뢰보호의 원칙에 위반하여 청구인들의 학교선택권을 침해하는지 여부(소극)

2. 헌법 제31조 제1항에서는 "모든 국민은 능력에 따라 균등하게 교육을 받을 권리를 가진다."고 규정하여 '교육을 받을 권리'를 보장하고, 헌법 제31조 제3항에서는 의무교육은 무상으로 할 것을 원칙으로 천명하여 학부모가 경제적 여건에 관계없이 교육의 의무를 이행할 수 있도록 국가에게 의무교육을 실시할 수 있는 인적·물적 여건을 마련할 의무를 부과하고 있다. 또한 사립학교는 국

가의 공교육 실시를 위한 재정적 투자능력의 한계를 자발적으로 보완해 주는 역할을 수행하면서 공교육의 일익을 담당하고 있는 것도 사실이다. 그러나 <u>헌법 제31조 제3항의 의무교육 무상의 원칙은 교육을 받을 권리를 보다 실효성 있게 보장하기 위하여 의무교육 비용을 학령아동의 보호자 개개인의 직접적 부담에서 공동체 전체의 부담으로 이전하라는 명령일 뿐, 의무교육의 비용을 오로지 국가 또는 지방자치단체의 예산으로 해결해야 함을 의미하는 것은 아니다</u>(헌결 2017.7.27. 2016헌바374). ★

(3) 무상의 의무교육제도

(가) 의무교육(§31②): 의무교육제도는 국민의 교육을 받을 권리를 뒷받침하기 위한 헌법상의 교육기본권에 부수되는 제도보장(헌결 90헌가27)

(나) 의무교육의 무상(§31③): 취학필요비무상설(다수설)

3. 교육제도의 보장

(1) 교육의 자주성·전문성·정치적 중립성의 보장(§31④)

(가) 교육의 자주성: 교육기관이 교육운영에 관하여 자주적 결정권을 갖는 것

(나) 교육의 전문성: 교육의 전문가인 교사가 교육내용이나 방법 등을 자주적으로 결정하거나 할 수 있는 것

(다) 교육의 정치적 중립성: 교육이 특정한 정당이나 종교에 의해 영향을 받지 말아야 함

(2) 대학의 자율성 보장(§31④): 대학의 자율성이란 대학의 문제를 외부의 영향을 받음이 없이 대학 스스로가 결정하고 집행하며 그 결과에 대하여 책임을 지는 것. <u>대학의 자율</u>은 학문의 자유의 확실한 보장수단으로 꼭 필요한 것으로서, 대학에게 부여된 <u>헌법상 기본권</u>(헌결 92헌마68). <u>대학의 자율에 대한 침해 여부를 심사함</u>에 있어서는 입법자가 입법형성의 한계를 넘는 <u>자의적인 입법을 하였는지 여부를 판단</u>(헌결 2011헌마612)

(3) 평생교육의 진흥(§31⑤): 평생교육 역시 교육(§31①)의 범위에 포함되지만 헌법은 평생교육의 진흥을 따로 규정

(4) 교육제도 등의 법률주의(§31⑥): 헌법은 교육제도와 그 운영, 교육재정 및 교원의 지위에 관한 기본적인 사항은 법률로 정하도록 하여 교육제도 등의 법률주의를 규정

4. 교육을 받을 권리의 효력

대국가적 효력

5. 교육을 받을 권리에 대한 형성 및 제한과 그 한계

공공복리, 국가안전보장이나 질서유지의 목적으로도 특수한 상황에서 법률로 제한하는 것이 불가능하지 않지만, 그 본질적 내용에 대한 침해는 금지

| 헌결 | 대판 |

1. 교육을 받을 권리 침해를 인정

    (1) 고졸검정고시 또는 '고등학교 입학자격 검정고시'에 합격했던 자는 해당 검정고시에 다시 응시할 수 없도록 응시자격을 제한한 것(인용) 헌결 2012.5.31. 2010헌마139) ★ 심화학습 참조

    (2) 이 사건 수시모집요강은 기초생활수급자·차상위계층, 장애인 등을 대상으로 하는 일부 특별전형에만 검정고시 출신자의 지원을 허용하고 있을 뿐 수시모집에서의 검정고시 출신자의 지원을 일률적으로 제한함으로써 실질적으로 검정고시 출신자의 대학입학 기회의 박탈이라는 결과를 초래하고 있다. 수시모집의 학생선발방법이 정시모집과 동일할 수는 없으나, 이는 수시모집에서 응시자의 수학능력이나 그 정도를 평가하는 방법이 정시모집과 다른 것을 의미할 뿐, 수학능력이 있는 자들에게 동등한 기회를 주고 합리적인 선발 기준에 따라 학생을 선발하여야 한다는 점은 정시모집과 다르지 않다. 따라서 수시모집에서 검정고시 출신자에게 수학능력이 있는지 여부를 평가받을 기회를 부여하지 아니하고 이를 박탈한다는 것은 수학능력에 따른 합리적인 차별이라고 보기 어렵다. 피청구인들은 정규 고등학교 학교생활기록부가 있는지 여부, 공교육 정상화, 비교내신 문제 등을 차별의 이유로 제시하고 있으나 이러한 사유가 차별취급에 대한 합리적인 이유가 된다고 보기 어렵다. 그렇다면 이 사건 수시모집요강은 검정고시 출신자인 청구인들을 합리적인 이유 없이 차별함으로써 청구인들의 균등하게 교육을 받을 권리를 침해한다(인용) 헌결 2017.12.28. 2016헌마649). ⇒ 검정고시로 고등학교 졸업학력을 취득한 사람들(이하 '검정고시 출신자'라 한다)의 수시모집 지원을 제한하는 내용의 피청구인 국립교육대학교 등의 '2017학년도 신입생 수시모집 입시요강'(이하 '이 사건 수시모집요강'이라 한다)이 청구인들의 균등하게 교육을 받을 권리를 침해하는지 여부(적극) ★

2. 학부모의 자녀교육권 침해를 인정

원칙적적으로 과외를 금지하고 예외적으로만 과외를 허용하는 것(위헌 헌결 2000.4.27. 98헌가16)

3. 무상의무교육의 침해를 인정

   (1) 공동주택을 분양받은 자('<u>수분양자</u>')에게 <u>학교용지확보를 위하여 부담금을 부과·징수할 수 있도록 한 것</u>(위헌 헌결 2005.3.31. 2003헌가20) ★ 비교 학교용지부담금의 부과대상을 수분양자가 아닌 <u>개발사업자를 부과대상으로</u> 하는 '학교용지 확보 등에 관한 특례법'(헌불 헌결 2008.9.25. 2007헌가9) ⇒ 의무교육 무상원칙에 위배×(학교건물을 증축하여 기부채납한 자의 평등권을 침해하여 헌법불합치 ⇒ <u>학교용지를 기부채납한 자와 기존 학교건물을 증축하여 기부채납한 자는 특례법상 목적 달성에 기여하였다</u>는 점에서 동일하다 할 것임에도, 특례법 제5조 제4항이 학교용지를 확보하여 기부채납한 자에 대하여만 이중의 부담을 방지할 수 있는 필요적 면제 규정을 두고, 학교건물을 증축하여 기부채납한 자에 대해서는 이를 위한 일체의 규정을 두지 아니한 것은 합리적인 이유가 없는 차별로 학교건물을 증축하여 기부채납한 자의 평등권을 침해한다.) ★

   (2) <u>학교운영지원비는</u> 그 운영상 교원연구비와 같은 교사의 인건비 일부와 학교회계직원의 인건비 일부 등 의무교육과정의 인적기반을 유지하기 위한 비용을 충당하는데 사용되고 있다는 점, 학교회계의 세입상 현재 의무교육기관에서는 국고지원을 받고 있는 입학금, 수업료와 함께 같은 항에 속하여 분류되고 있음에도 불구하고 <u>학교운영지원비에 대해서만 학생과 학부모의 부담으로 남아있다는</u> 점, 학교운영지원비는 기본적으로 학부모의 자율적 협찬금의 외양을 갖고 있음에도 그 조성이나 징수의 자율성이 완전히 보장되지 않아 기본적이고 필수적인 학교 교육에 필요한 비용에 가깝게 운영되고 있다는 점 등을 고려해보면 <u>이 사건 세입조항은 헌법 제31조 제3항에 규정되어 있는 의무교육의 무상원칙에 위배되어 헌법에 위반된다</u>(위헌 헌결 2012.8.23. 2010헌바220). ⇒ <u>학교운영지원비를 학교회계 세입항목에 포함시키도록 하는 구 초·중등교육법</u>(2000. 1. 28. 법률 제6209호로 개정되고, 2012. 3. 21. 법률 제11384호로 개정되기 전의 것) 제30조의2 제2항 제2호 중 <u>중학교 학생으로부터 징수하는 것에 관한 부분</u>(이하 '이 사건 세입조항'이라 한다)이 헌법 제31조 제3항에 규정되어 있는 의무교육 무상의 원칙에 위배되는지 여부(적극) ★ 비교 의무교육 대상인 중학생의 학부모에게 급식관련비용 일부를 부담하도록 하는 구 학교급식법(합헌; 헌결 2012.4.24. 2010헌바164)

4. 교원지위법정주의의 침해를 인정

⑴ 재임용 거부사유 및 그 사전구제절차, 그리고 부당한 재임용거부에 대하여 다툴 수 있는 사후의 구제절차에 관하여 아무런 규정을 하지 아니한 것(헌불) 헌결 2003.2.27. 2000헌바26)

⑵ 임용기간이 만료한 대학교원에 대한 재임용거부를 재심청구의 대상으로 명시하지 않은 교원지위 향상을 위한 특별법(헌불) 2003.12.18. 2002헌바14)

[1] 헌법재판소는 2003. 2. 27. 이 사건 사립학교법조항과 실질적으로 같은 내용인 구 사립학교법 제53조의2 제3항(1997. 1. 13. 법률 제5274호로 개정되기 전의 것)을 대상으로 선고한 2000헌바26 사건에서, "객관적인 기준의 재임용 거부사유와 재임용에서 탈락하게 되는 교원이 자신의 입장을 진술할 수 있는 기회 그리고 재임용거부를 사전에 통지하는 규정 등이 없으며, 나아가 재임용이 거부되었을 경우 사후에 그에 대해 다툴 수 있는 제도적 장치를 전혀 마련하지 않고 있는 위 조항은, 현대사회에서 대학교육이 갖는 중요한 기능과 그 교육을 담당하고 있는 대학교원의 신분의 부당한 박탈에 대한 최소한의 보호 요청에 비추어 볼 때 헌법 제31조 제6항에서 정하고 있는 교원지위법정주의에 위반된다고 볼 수밖에 없다."는 이유로 헌법불합치결정을 선고하였다. 그런데, 2000헌바26 사건에서 헌법불합치결정의 대상이 되었던 조항과 이 사건의 사립학교법조항과는 연혁만 다를 뿐, 그 규정내용이 똑같다. 다만, 이 사건 사립학교법조항은 그 후문으로 "이 경우 국·공립대학의 교원에게 적용되는 임용기간에 관한 규정을 준용한다."라는 내용이 추가되어 사립대학 교수의 임용에 있어 국·공립대학 교수에게 적용되는 임용기간을 준용함으로써 사립대학 교수의 지위를 국·공립대학 교수와 같이 보장하고 있으나 '기간임용제'의 본질은 달라진 바가 없다. 따라서 이 사건에 있어서도 위 2000헌바26 결정과 달리 판단할 사정의 변경이나 필요성은 인정되지 아니한다. ⇒ 대학교육기관의 교원은 당해 학교법인의 정관이 정하는 바에 따라 기간을 정하여 임면할 수 있다고 규정한 구 사립학교법(1999. 8. 31. 법률 제6004호로 개정되기 전의 것) 제53조의2 제3항 전문(이하 "사립학교법조항"이라 한다)이 헌법 제31조 제6항 소정의 교원지위법정주의에 위반되는지 여부(적극)

[2] 교원지위법정주의에 관한 위 헌법재판소 2003. 2. 27. 선고 2000헌바26 결정의 취지에 비추어 볼 때, 임기가 만료된 교원이 "재임용을 받을 권리 내지 기대권"을 가진다고는 할 수 없지만 적어도 학교법인으로부터 재임용 여부에 관하여 "합리적인 기준과 정당한 평가에 의한 심사를 받을 권리"를 가진다고

보아야 한다. 그러므로 예컨대 학교법인이 아무런 기준을 정하지 아니하고 자의적으로 재임용 여부를 결정하는 경우, 학교법인이 정한 기준이 심히 불합리한 경우, 합리적인 기준이 있다고 하더라도 부당한 평가를 하여 재임용을 거부하는 경우, 그리고 관계법령 등에 정한 사전고지 및 청문절차의 의무를 위반한 경우 등은 모두 임기만료 교원의 재임용 여부에 관하여 '합리적인 기준과 정당한 평가에 의한 심사를 받을 권리'를 침해하는 것에 해당한다고 할 것이다. 그렇다면, 위와 같은 경우 임기만료 교원에 대한 재임용거부는 이 사건 교원지위법조항 소정의 "징계처분 기타 그 의사에 반하는 불리한 처분"에 버금가는 효과를 가진다고 보아야 하므로 이에 대하여는 마땅히 교육인적자원부 교원징계재심위원회의 재심사유, 나아가 법원에 의한 사법심사의 대상이 되어야 한다. 그럼에도 불구하고 이 사건 교원지위법조항은 이에 대하여 아무런 규정을 하고 있지 아니하므로, 입법자가 법률로 정하여야 할 교원지위의 기본적 사항에는 교원의 신분이 부당하게 박탈되지 않도록 하는 최소한의 보호의무에 관한 사항이 포함되어야 한다는 헌법 제31조 제6항 소정의 교원지위법정주의에 위반된다고 할 것이다. ⇒ 임용기간이 만료한 대학교원에 대한 재임용거부를 재심청구의 대상으로 명시하지 않은 교원지위향상을위한특별법(1991. 5. 31. 법률 제4376호로 제정된 것. 이하 "교원지위법"이라 한다) 제9조 제1항 전문(이하 "교원지위법조항"이라 한다)이 헌법 제31조 제6항 소정의 교원지위법정주의에 위반되는지 여부(적극)

| 헌결 | 대판 |

1. 대학입학지원서가 모집정원에 미달한 경우라도 대학이 정한 수학능력이 없는 자에 대해 불합격처분을 한 것은 교육법 제111조 제1항에 위반되지 아니하여 무효라 할 수 없다(대판 83누193).
2. 기간제로 임용되어 임용기간이 만료된 국·공립대학의 조교수는 교원으로서의 능력과 자질에 관하여 합리적인 기준에 의한 공정한 심사를 받아 위 기준에 부합되면 특별한 사정이 없는 한 재임용되리라는 기대를 가지고 재임용 여부에 관하여 합리적인 기준에 의한 공정한 심사를 요구할 법규상 또는 조리상 신청권을 가진다(대판 전합 2000두7735).

심화학습

1. 고졸검정고시 또는 '고등학교 입학자격 검정고시'에 합격했던 자는 해당 검정고시에 다시 응시할 수 없도록 응시자격을 제한한 것(인용) 헌결 2012.5.31. 2010헌마139) ★★★

[판시사항]

[1] 고졸검정고시 또는 '고등학교 입학자격 검정고시'(이하 '고입검정고시'라 한다)에 합격했던 자는 해당 검정고시에 다시 응시할 수 없도록 응시자격을 제한한 전라남도 교육청 공고 제2010-67호(2010. 2. 1.) 및 제2010-155호(2010. 6. 2) 중 해당 검정고시 합격자 응시자격 제한 부분(이하 '이 사건 응시제한'이라 한다)이 법률유보원칙을 위반하여 청구인들의 교육을 받을 권리를 침해하는지 여부(적극)

[2] 이 사건 응시제한이 과잉금지원칙을 위반하여 청구인들의 교육을 받을 권리를 침해하는지 여부(적극)

[결정요지]

[1] 일반적으로 기본권침해 관련 영역에서는 급부행정 영역에서보다 위임의 구체성의 요구가 강화된다는 점, 이 사건 응시제한이 검정고시 응시자에게 미치는 영향은 응시자격의 영구적인 박탈인 만큼 중대하다고 할 수 있는 점 등에 비추어 보다 엄격한 기준으로 법률유보원칙의 준수 여부를 심사하여야 할 것인바, 고졸검정고시규칙과 고입검정고시규칙은 이미 응시자격이 제한되는 자를 특정적으로 열거하고 있으면서 달리 일반적인 제한 사유를 두지 않고 또 그 제한에 관하여 명시적으로 위임한 바가 없으며, 단지 '고시의 기일·장소·원서접수 기타 고시시행에 관한 사항' 또는 '고시 일시와 장소, 원서접수기간과 그 접수처 기타 고시시행에 관하여 필요한 사항'과 같이 고시시행에 관한 기술적·절차적인 사항만을 위임하였을 뿐, 특히 '검정고시에 합격한 자'에 대하여만 응시자격 제한을 공고에 위임했다고 볼 근거도 없으므로, <u>이 사건 응시제한은 위임받은 바 없는 응시자격의 제한을 새로이 설정한 것으로서 기본권 제한의 법률유보원칙에 위배하여 청구인의 교육을 받을 권리 등을 침해한다.</u>

[2] 이 사건 응시제한은 정규 교육과정의 학생이 검정고시제도를 입시전략에 활용하는 것을 방치함으로써 발생할 수 있는 공교육의 붕괴를 막고, 상급학교 진학 시 검정고시 출신자와 정규학교 출신자 간의 형평성을 도모하고자 하는

것으로서 그 입법목적의 정당성은 인정할 수 있으나, 이와 같은 목적의 달성을 위해 선행되어야 할 근본적인 조치에 대한 검토 없이 검정고시제도 도입 이후 허용되어 온 합격자의 재응시를 아무런 경과조치 없이 무조건적으로 금지함으로써 응시자격을 단번에 영구히 박탈한 것이어서 최소침해성의 원칙에 위배되고 법익의 균형성도 상실하고 있다 할 것이므로 과잉금지원칙에 위배된다.

[이유]
(2) 수단의 적합성
㈎ 이 사건 고졸검정고시 응시제한 ★★★
이 사건 고졸검정고시 응시제한은 정규 교육과정의 학생이 검정고시제도를 입시전략에 활용하는 것을 방지하고 나아가 대학입시에서 고등학교 출신자와의 형평성 도모에 기여하고자 하는 것이나, 이는 검정고시 출신자와 고등학교 출신자를 같은 모집단위로 하면서 검정고시 성적을 기초로 내신 성적을 산출하는 경우에만 그 효과를 기대할 수 있다. 그런데, 이러한 입학전형을 채택하고 있는 곳은 극히 소수의 4년제 대학이나 전문대학에 한정되고, 그 경우에도 내신 성적뿐만 아니라 각종 교내·외 활동이나 특기 등을 종합하여 평가하기 때문에 검정고시 성적 반영 비율이 매우 낮아지며, 여기에다 같은 등급을 받기 위한 석차백분율에서 검정고시 출신자가 고등학교 출신자에 비해 불리한 경우가 많다는 실제적인 점까지 고려하면, 이 사건 고졸검정고시 응시제한이 그 입법목적의 달성에 기여할 수 있는 것은 극히 예외적인 경우에 한정되고, 그 기여하는 정도 또한 매우 미미하다 할 것이다. 한편, 대학입학전형을 전반적으로 살펴보면, 이 사건 고졸검정고시 응시제한은 앞서 본 바와 같은 입법목적의 달성에 실질적인 관련이 없다고 볼 수 있다. 우선, 수학능력시험과 내신 성적(내신 성적이 없는 경우에는 수학능력시험성적을 기준으로 한 비교 내신 성적)으로 신입생을 선발하는 대부분의 대학입학전형에서는 검정고시 성적이 개입할 여지가 없어 이 사건 고졸검정고시 응시제한은 위와 같은 입법목적의 달성과는 전혀 무관하다. 내신 관리를 위해 특목고 등 학교를 자퇴하고 검정고시를 보려는 응시생들의 목적은 우수한 수학능력시험성적을 획득하여 그것을 기초로 내신 성적을 받으려는 것이 대부분인바, 이러한 경우에는 검정고시 합격 후 재응시의 필요성이 없다고 볼 수 있다. 또한, 최근의 검정고시 응시자 가운데 점점 증가하고 있는 10대 청소년은, 앞서 본 바와 같이 내신관리를 위한 특목고 등 정규 학교 자퇴자 보다는 주로 학교부적응으로 인한 중퇴자가 많은 비중을 차지하고 있는바, 이러한 상황에서, 검정고시 합격 후 성적 향상을 위하여 재응시할 가능성이 매우 적은 일부 특목고 등 자퇴자들을 겨냥하여 재응시를 금지하는 것은 합리적인 수단이라고 보기 어렵다. 나아가, 많은 경우 검정고시 출신자와 고등학교 출신자를 구분하여 모집하는바, 이러한 경우에는 고등학교 출신자와 검정고시 출신자가 경쟁관계에 있다고 볼 수 없고, 같은 모집 단위로 선발하는 일부의 경우는 대부분 외국어 등 특기자 선발의 과정으로서 검정고시 성적이 반영되지 않는다고 한다. 이상의 여러 점들에 비추어 볼 때, 이 사건 고졸검정고시 응시제한이 입법목적을 달성하기 위한 적합한 수단인지는 매우 의심스럽다.

(나) 이 사건 고입검정고시 응시제한 ★

이 사건 고입검정고시 응시제한은 상기와 같은 대학입시에서의 내신관리를 위한 자퇴 및 고등학교 출신자에 대한 역차별 방지라는 목적과는 전혀 관련이 없으나, 특목고 등 선발시험제도를 실시하고 있는 고등학교 입학전형의 경우 고입검정고시 시험성적이 내신 성적으로 환산 적용될 수 있는데 그 외에 별다른 평가요소가 없다는 점에서 고졸검정고시의 경우와 차이가 있다고 볼 수 있고, 이러한 경우 고입검정고시 합격자의 재응시를 제한하는 것은 특수목적 고등학교 등 선발시험제도를 실시하고 있는 일부 고등학교에 진학하기 위하여 고입검정고시제도를 활용하는 것을 억제시키는 데 효과적일 수도 있으므로, 이러한 점에서 수단의 적합성을 인정할 수 있다.

Ⅲ. 근로의 권리

제32조 ① 모든 국민은 근로의 권리를 가진다. 국가는 사회적·경제적 방법으로 근로자의 **고용의 증진**과 **적정임금의 보장**에 노력하여야 하며, 법률이 정하는 바에 의하여 **최저임금제를 시행하여야 한다.**
② 모든 국민은 근로의 의무를 진다. 국가는 근로의 의무의 내용과 조건을 민주주의원칙에 따라 법률로 정한다.
③ 근로조건의 기준은 인간의 존엄성을 보장하도록 법률로 정한다.
④ **여자의 근로**는 특별한 보호를 받으며, 고용·임금 및 근로조건에 있어서 부당한 차별을 받지 아니한다.
⑤ **연소자의 근로**는 특별한 보호를 받는다.
⑥ 국가유공자·상이군경 및 전몰군경의 유가족은 법률이 정하는 바에 의하여 우선적으로

근로의 기회를 부여받는다.

☑ 기출지문

1. 현행 헌법은 근로의 권리와 관련하여 여자와 연소자 근로의 특별한 보호를 명문으로 규정하고 있다.(○) 〈경정승진 2023〉
 ⇒ 헌법 제32조 제4항 및 제5항

1. 의의
 (1) 개념: 국가에 대하여 근로의 기회를 얻을 수 있도록 요구할 수 있는 권리
 (2) 주체: 국민(○), <u>노동조합(×)</u>(헌결 2007헌바27) ★ 비교 근로3권은 노동조합도 주체(○)(헌결 95헌마154), <u>외국인[원칙(×)]</u> but 자유권적 기본권으로서의 근로의 권리는 인정(○) ⇒ 외국인산업기술연수생에 대하여 일반 근로자와 달리 근로기준법의 일부 조항의 적용을 배제하는 것은 자의적인 차별로 평등권 침해○ (위헌 헌결 2004헌마670)

2. 근로의 권리의 내용
 (1) 근로기회청구권: 근로의 권리는 사회적 기본권으로서, 국가에 대하여 직접 일자리(직장)를 청구하거나 일자리에 갈음하는 <u>생계비의 지급청구권을 의미하는 것이 아니라</u>, 고용증진을 위한 사회적·경제적 정책을 요구할 수 있는 권리에 그친다고 판시(헌결 2001헌바50)
 (2) 해고의 제한: 근로의 권리에 대한 헌법적 보장은 근로자의 해고를 제한하는 법적 근거
 사용자가 근로자를 해고할 경우에는 정당한 이유가 있어야 하므로(근로기준법 이하 '동법' §23) 부당한 해고는 금지 ★ 해고예고제도는 근로의 권리의 내용에 포함○(헌결 2014헌바3)

3. 근로의 권리에 관한 국가의 객관적 의무
 (1) 국가의 고용증진의무: 국가는 사회적·경제적 방법으로 근로자의 고용증진에 노력하여야 함(§32①)
 (2) 적정임금과 최저임금제의 보장: 적정임금이란 근로자가 받는 임금수준이 근로자와 그 가족에게 인간다운 생활을 가능하게 하는 정도의 임금을 말하며, 최저임금제란 임금의 최저한을 정함으로써 사용자의 횡포로부터 근로자를 보호하기

위한 제도. **적정임금은 제5공화국 헌법**에서, **최저임금제는 현행헌법**에서 처음 규정

(3) 근로의 의무: 근로의 의무의 내용과 조건은 민주주의 원칙에 따라 법률로 정함(§32②)

(4) 근로조건 법정주의(§32③): 인간의 존엄에 상응하는 근로조건의 기준이 무엇인지를 구체적으로 정하는 것은 일차적으로 입법자의 형성의 자유에 속한다고 할 것이고, '상시 사용 근로자수 5인'이라는 기준에 따라 근로기준법의 전면적용 여부를 달리한 것에는 합리적 이유가 있음(헌결 98헌마310)

(5) 여성 및 연소자 근로의 특별보호(§32④⑤): 근로기준법은 15세 미만인 자를 근로자로 사용하지 못하도록 하며(동법 §64①), 사용자는 임신 중이거나 산후 1년이 지나지 아니한 여성과 18세 미만 자를 도덕상 또는 보건상 유해·위험한 사업에 사용하지 못하도록 하고(동법 §65①)

(6) 국가유공자 등에 대한 우선적 근로기회보장(§32⑥): 우선적 근로기회의 대상자는 국가유공자, 상이군경, 그리고 '<u>전몰군경의 유가족</u>'(헌불) 헌결 2004헌마675)

4. 근로의 권리의 효력

대국가적 효력+여성·연소근로자 보호규정(§32④⑤)은 사인에 대하여 직접효력(多)

5. 근로의 권리에 대한 형성 및 제한과 그 한계

근로의 권리는 공공복리를 이유로, 국가안전보장이나 질서유지의 목적으로도, 특수한 상황에서 법률로 제한하는 것이 불가능하지 않다고 보아야 하지만, 그 본질적 내용에 대한 침해는 금지

| 헌결 | 대판 |

1. [1] 헌법 제32조 제1항이 <u>규정한 근로의 권리는 근로자를 개인의 차원에서 보호하기 위한 권리로서 개인인 근로자가 그 주체가 되는 것이고 노동조합은 그 주체가 될 수 없으므로</u>, 이 사건 법률조항이 노동조합을 비과세 대상으로 규정하지 않았다 하여 헌법 제32조 제1항에 반한다고 볼 여지는 없다.
[2] 헌법 제33조 제1항은 "근로자는 근로조건의 향상을 위하여 자주적인 단결권·단체교섭권 및 단체행동권을 가진다."라고 규정하여 <u>근로자의 근로 3권을 보장하고 있고</u>, 이러한 근로 3권은 근로자들의 집단적 활동을 보장하기 위한 권리로서, 개인인 근로자뿐 아니라 단결체인 <u>노동조합도 근로 3권의 주체</u>

가 된다(헌결 2009.2.26. 2007헌바27).

2. [1] 청구인들은 심판대상조항이 기존 직장에서 계속 근무하기를 원하는 기간제근로자들에게 정규직으로 전환되지 않는 한 2년을 초과하여 계속적으로 근무할 수 없도록 함으로써 직업선택의 자유, 근로의 권리를 침해하고 있다고 주장한다. 이러한 청구인들의 주장은 기간제근로자라 하더라도 한 직장에서 계속해서 일할 자유를 보장해야(근로관계의 존속보장) 한다는 취지로 읽힌다. 그런데 헌법 제15조 직업의 자유와 제32조 근로의 권리는 국가에게 단지 사용자의 처분에 따른 직장 상실에 대하여 최소한의 보호를 제공해 줄 의무를 지울 뿐이고, 여기에서 직장 상실로부터 근로자를 보호하여 줄 것을 청구할 수 있는 권리가 나오지는 않는다. 따라서 직업의 자유, <u>근로의 권리 침해 문제는 이 사건에서 발생하지 않는다.</u> 다만, 청구인들이 위와 같은 주장을 하는 것은 심판대상조항이 청구인들로 하여금 기간제근로자로서 2년을 근무하는 이상 동일한 직장에서 동일한 사용자와의 사이에 2년을 초과하여 기간제 근로계약을 체결할 수 없도록 하고 있는 것에 기인한 것인데, 일반적으로 사용자와 근로자 사이의 고용관계는 양자 사이의 근로계약을 통해 형성된다는 점에서 심판대상조항은 2년을 초과하여 기간제 근로계약을 체결할 자유, 즉 헌법 제10조로부터 파생되어 나오는 계약의 자유를 제한하고 있다고 볼 수 있으므로 아래에서는 이에 대해 살펴본다. ★

[2] 사용자로 하여금 2년을 초과하여 기간제근로자를 사용할 수 없도록 한 심판대상조항으로 인해 경우에 따라서는 개별 근로자들에게 일시 실업이 발생할 수 있으나, 이는 기간제근로자의 무기계약직 전환 유도와 근로조건 개선을 위해 불가피한 것이고, 심판대상조항이 전반적으로는 고용불안 해소나 근로조건 개선에 긍정적으로 작용하고 있다는 것을 부인할 수 없으므로 기간제근로자의 계약의 자유를 침해한다고 볼 수 없다(헌결 2013.10.24. 2010헌마219).
⇒ 사용자로 하여금 2년을 초과하여 기간제근로자를 사용할 수 없도록 한 '기간제 및 단시간근로자 보호 등에 관한 법률'(2006. 12. 21. 법률 제8074호로 제정된 것) 제4조 제1항 본문(이하 '심판대상조항'이라 한다)이 기간제근로자의 계약의 자유를 침해하는지 여부(소극)

3. 헌법 제32조 제3항은 위와 같은 근로의 권리가 실효적인 것이 될 수 있도록 "근로조건의 기준은 인간의 존엄성을 보장하도록 법률로 정한다."고 하여 근로조건 법정주의를 규정하고 있고, <u>연차유급휴가</u>는 근로자의 건강하고 문화적인 생활의 실현에 이바지할 수 있도록 여가를 부여하는 데 그 목적이 있는

것으로, 인간의 존엄성을 보장하기 위한 합리적인 근로조건에 해당하므로 연차유급휴가에 관한 권리는 근로의 권리의 내용에 포함된다(헌결 2015.5.28. 2013헌마619). ★ ⇒ 계속근로기간 1년 이상인 근로자가 근로연도 중도에 퇴직한 경우 중도퇴직 전 1년 미만의 근로에 대하여 유급휴가를 보장하지 않는 근로기준법(2012. 2. 1. 법률 제11270호로 개정된 것) 제60조 제2항의 '계속하여 근로한 기간이 1년 미만인 근로자' 부분(이하 '이 사건 법률조항'이라 한다)이 청구인의 근로의 권리를 침해하는지 여부(소극)

4. 해고예고제도는 근로조건의 핵심적 부분인 해고와 관련된 사항일 뿐만 아니라, 근로자가 갑자기 직장을 잃어 생활이 곤란해지는 것을 막는 데 목적이 있으므로 근로자의 인간 존엄성을 보장하기 위한 최소한의 근로조건으로서 근로의 권리의 내용에 포함된다. 해고예고제도의 입법 취지와 근로기준법 제26조 단서에서 규정하고 있는 해고예고 적용배제사유를 종합하여 보면, 원칙적으로 해고예고 적용배제사유로 허용될 수 있는 경우는 근로계약의 성질상 근로관계 계속에 대한 근로자의 기대가능성이 적은 경우로 한정되어야 한다. "월급근로자로서 6월이 되지 못한 자"는 대체로 기간의 정함이 없는 근로계약을 한 자들로서 근로관계의 계속성에 대한 기대가 크다고 할 것이므로, 이들에 대한 해고 역시 예기치 못한 돌발적 해고에 해당한다. 따라서 6개월 미만 근무한 월급근로자 또한 전직을 위한 시간적 여유를 갖거나 실직으로 인한 경제적 곤란으로부터 보호받아야 할 필요성이 있다. 그럼에도 불구하고 합리적 이유 없이 "월급근로자로서 6개월이 되지 못한자"를 해고예고제도의 적용대상에서 제외한 이 사건 법률조항은 근무기간이 6개월 미만인 월급근로자의 근로의 권리를 침해하고, 평등원칙에도 위배된다(위헌 헌결 2015.12.23. 2014헌바3). ★★★ ⇒ 월급근로자로서 6개월이 되지 못한 자를 해고예고제도의 적용예외 사유로 규정하고 있는 근로기준법(2007. 4. 11. 법률 제8372호로 전부개정된 것) 제35조 제3호(이하 '이 사건 법률조항'이라 한다)가 근무기간이 6개월 미만인 월급근로자의 근로의 권리를 침해하고, 평등원칙에 위배되는지 여부(적극)

Ⅳ. 근로3권

제33조 ① 근로자는 근로조건의 향상을 위하여 자주적인 **단결권·단체교섭권 및 단체행동권**을 가진다.
② 공무원인 근로자는 **법률이 정하는 자에 한하여** 단결권·단체교섭권 및 단체행동권을 가

진다.
③ 법률이 정하는 주요방위산업체에 종사하는 근로자의 **단체행동권**은 법률이 정하는 바에 의하여 이를 제한하거나 인정하지 아니할 수 있다.

1. 의의

(1) 개념: 근로3권이란 근로조건의 향상을 위하여 근로자가 갖는 기본권, 즉 단결권, 단체교섭권, 단체행동권

(2) 법적 성격: '사회적 보호기능을 담당하는 자유권' 또는 '<u>사회권적 성격을 띤 자유권</u>'(헌결 94헌바13)

(3) 주체: 근로자(○), ★ <u>노동조합</u>(○)(헌결 2007헌바27)

2. 근로3권의 내용

(1) 단결권

(가) 개념: 근로조건을 향상시킬 목적으로 근로자단체를 자주적으로 구성할 수 있는 권리. 근로조건의 향상을 목적으로 하는 단결권(§33)은 일반결사(§21)에 대해 특별법적 지위

(나) 내용

① 적극적 단결권: 근로자는 단체(노조)를 자유롭게 설립할 수 있고, 복수노조는 당연히 허용

② 소극적 단결권: 단결권에 단체에 가입하지 않을 소극적 단결권이 포함되는가가 문제되며, 견해가 대립되나, 헌법상 보장된 근로자의 <u>단결권</u>은 단결할 자유만을 가리킬 뿐이고, 단결하지 아니할 자유 이른바 <u>소극적 단결권은 이에 포함</u>×(헌결 2002헌바95)

③ 집단적 단결권: 단결권에는 개별 근로자가 노동조합 등 근로자단체를 조직하거나 그에 가입하여 활동할 수 있는 개별적 단결권뿐만 아니라 근로자단체가 존립하고 활동할 수 있는 <u>집단적 단결권도 포함</u>○(헌결 2012헌바116)

(다) 제한: 단결권은 법률에 의해 제한될 수 있는바(§37②), 단결권을 제한하는 단결강제의 대표적 유형으로 Shop조항

(2) 단체교섭권

(가) 개념: 노동조합이 근로조건의 향상을 위하여 사용자와 협상할 수 있는 권리

를 말하며, <u>단체교섭권에는 단체협약체결권이 포함</u>○(헌결 94헌바13) ★

(나) 내용: 단체교섭은 근로조건의 유지·개선을 목적으로 하여야 하며, 근로조건 개선과 무관한 사용자의 경영이나 인사 또는 이윤취득에 관한 사항은 단체교섭의 대상에서 제외

(다) 제한: 노동조합 및 노동관계 조정법 이하 '노정법'(§29의2)은 근로자가 설립하거나 가입한 노동조합이 2개 이상인 경우 노동조합은 교섭단체노동조합을 정하여 교섭을 요구함으로써 단체교섭을 제한

(3) 단체행동권

(가) 개념: 노동쟁의가 발생한 경우 더 좋은 근로조건의 확보를 위해 실력행사를 할 수 있는 권리

(나) 내용: 단체행동이란 다수의 근로자에 의해 이루어지는 계획적인 쟁의행위를 말하며, 파업·태업·보이코트·피켓팅 등으로 유형화

(다) 한계

① 목적상 한계: 근로조건의 유지·개선 등을 목적

② 수단과 방법상 한계: 쟁의행위는 폭력이나 파괴행위 또는 생산 기타 주요업무에 관련되는 시설을 점거하는 형태로 행할 수×(노정법 §42①)

③ 절차상 한계: 쟁의행위는 직접·비밀·무기명투표에 의한 조합원 과반수의 찬성이 있어야 하며(노정법 §41①), 조정이나 중재절차를 거치지 아니하면 이를 행할 수×(노정법 §45②)

④ 생산관리: 생산관리란 노동조합이 사용자의 의사에 반하여 생산수단을 자기 지배하에 두고 경영까지 장악하는 것으로 허용×(통설)

3. 근로3권의 효력

대국가적 효력+대사인간 효력이 직접 인정(다수설)

4. 근로3권에 대한 형성 및 제한과 그 한계

(1) 헌법 제33조에 의한 제한

(가) 공무원에 대한 근로3권 제한: 공무원의 근로3권에 대해 일정한 제약을 가하고 있지만, 헌법 제33조 제2항은 공무원인 근로자도 근로3권의 주체가 될 수 있으나 법률로 정한 자로 한정한다는 의미이므로, 모든 공무원의 근로3권을 전부 부정하는 것은 허용×

(나) **주요 방위산업체의 근로자에 대한 단체행동권제한**: 노정법 제41조 제2항은 방위사업법에 의하여 지정된 주요방위산업체에 종사하는 근로자중 전력, 용수 및 주로 방산물자를 생산하는 업무에 종사하는 자에게 쟁의행위를 금지

(2) **헌법 제37조 제2항에 의한 제한과 한계**: 근로자의 근로3권은 일반적 법률유보조항에 의하여 제한될 수 있으나, 제한하는 경우에도 본질적 내용을 침해할 수×

| 헌결 | 대판 | **근로3권 등 침해를 인정**

1. 모든 공무원에게 단체행동권, 즉 쟁의권을 근본적으로 부인하고 있는 것(헌불 헌결 1993.3.11. 88헌마5)

   [1] 현행 헌법 제33조 제2항은 구헌법과는 달리 국가공무원이든 지방공무원이든 막론하고 공무원의 경우에 전면적으로 단체행동권을 제한하거나 부인하는 것이 아니라 <u>일정한 범위 내의 공무원인 노동자의 경우에는 단결권·단체교섭권을 포함하여 단체행동권을 갖는 것을 전제하였으며, 다만 그 구체적인 범위는 법률에서 정하여 부여하도록 위임(委任)</u>하고 있다.

   [2] 모든 공무원에게 단체행동권, 즉 쟁의권을 근본적으로 부인하고 있는 노동쟁의조정법 제12조 제2항 중 「국가·지방자치단체에 종사하는 노동자」에 관한 부분은 현행 헌법 제33조 제2항의 규정과 저촉되고 충돌되는 것으로 <u>헌법 제37조 제2항의 일반적 법률유보조항에 의하여서도 정당화될 수 없는 것이지만</u>, 헌법 제33조 제2항의 규정은 일부 공무원에게는 단체행동권을 주지 않는다는 것도 전제하고 있으므로 합헌적인 면도 포함되어 있다. 따라서 위 규정은 단순위헌선언을 하여 무효화시킬 법률이 아니고, 앞으로 현행 헌법규정과 충돌됨이 없이 합헌의 상태가 되도록 고쳐져서 재정비되어야 할 규정이다.

2. 지방자치단체인 피청구인들이 지방공무원법 제58조 제2항의 위임에 따라 '사실상 노무에 종사하는 공무원의 범위'를 정하는 조례를 제정하지 아니한 부작위(위헌 헌결 2009.7.30. 2006헌마358)

   헌법 제33조 제2항과 지방공무원법 제58조 제1항 단서 및 제2항에 의하면 조례에 의하여 '사실상 노무에 종사하는 공무원'으로 규정되는 지방공무원만이 단체행동권을 보장받게 되므로 <u>조례가 아예 제정되지 아니하면 지방공무원 중 누구도 단체행동권을 보장받을 수 없게 된다. 따라서 이 사건 부작위는 청구인들이 단체행동권을 향유할 가능성조차 봉쇄하여 버리는 것으로 청구인들</u>

의 기본권을 침해한다. ⇒ 이 사건 부작위가 청구인들의 근로3권을 침해하는지 여부(적극)

3. 국가비상사태 하에서 근로자의 단체교섭권 및 단체행동권의 행사는 미리 주무관청에 조정을 신청하여야 하며, 그 조정결정에 따라야 한다고 규정한 구 '국가보위에 관한 특별조치법'(위헌 헌결 2015.3.26. 2014헌가5)

[1] 국가비상사태의 선포를 규정한 특별조치법 제2조는 헌법에 한정적으로 열거된 국가긴급권의 실체적 발동요건 중 어느 하나에도 해당되지 않은 것으로서 '초헌법적 국가긴급권'의 창설에 해당되나, 그 제정 당시의 국내외 상황이 이를 정당화할 수 있을 정도의 '극단적 위기상황'이라 볼 수 없다. 또한 국가비상사태의 해제를 규정한 특별조치법 제3조는 대통령의 판단에 의하여 국가비상사태가 소멸되었다고 인정될 경우에만 비상사태선포가 해제될 수 있음을 정하고 있을 뿐 국회에 의한 민주적 사후통제절차를 규정하고 있지 아니하며, 이에 따라 임시적·잠정적 성격을 지녀야 할 국가비상사태의 선포가 장기간 유지되었다. 그렇다면 국가비상사태의 선포 및 해제를 규정한 특별조치법 제2조 및 제3조는 헌법이 인정하지 아니하는 초헌법적 국가긴급권을 대통령에게 부여하는 법률로서 헌법이 요구하는 국가긴급권의 실체적 발동요건, 사후통제 절차, 시간적 한계에 위반되어 위헌이고, 이를 전제로 한 특별조치법상 그 밖의 규정들도 모두 위헌이다. ⇒ 국가비상사태 하에서 근로자의 단체교섭권 및 단체행동권을 제한한 구 '국가보위에 관한 특별조치법' 제11조 제2항 중 제9조 제1항에 관한 부분(이하 '심판대상조항'이라 한다)이 초헌법적 국가긴급권으로서 국가긴급권의 실체적 발동요건, 사후통제 절차, 시간적 한계에 위반되는지 여부(적극)

[2] 헌법 제33조는 제1항에서 근로3권을 규정하되, 제2항 및 제3항에서 '공무원인 근로자' 및 '법률이 정하는 주요방위산업체 근로자'에 한하여 근로3권의 예외를 규정한다. 그러므로 헌법 제37조 제2항 전단에 의하여 근로자의 근로3권에 대해 일부 제한이 가능하다 하더라도, '공무원 또는 주요방위사업체 근로자'가 아닌 근로자의 근로3권을 전면적으로 부정하는 것은 헌법 제37조 제2항 후단의 본질적 내용 침해금지에 위반된다. 그런데 심판대상조항은 단체교섭권·단체행동권이 제한되는 근로자의 범위를 구체적으로 제한함이 없이, 단체교섭권·단체행동권의 행사요건 및 한계 등에 관한 기본적 사항조차 법률에서 정하지 아니한 채, 그 허용 여부를 주무관청의 조정결정에 포괄적으로 위임하고 이에 위반할 경우 형사처벌하도록 하고 있는바, 이는 모든 근로자의

단체교섭권·단체행동권을 사실상 전면적으로 부정하는 것으로서 헌법에 규정된 근로3권의 본질적 내용을 침해하는 것이다. ⇒ 심판대상조항이 근로3권의 본질적인 내용을 침해하는지 여부(적극)

4. 청원경찰의 근로3권을 전면적으로 제한하고 있는 청원경찰법 조항(헌불) 헌결 2017.9.28. 2015헌마653) ⇒ 심화학습 3

5. 사용자가 노동조합의 운영비를 원조하는 행위를 부당노동행위로 금지하는 '노동조합 및 노동관계조정법' 제81조 제4호 중 '노동조합의 운영비를 원조하는 행위'에 관한 부분(헌불) 헌결 2018.5.31. 2012헌바90) ★ 과잉금지원칙을 위반하여 청구인의 단체교섭권을 침해○ ⇒ 심화학습 1

6. '교원의 노동조합 설립 및 운영 등에 관한 법률'의 적용대상을 초·중등교육법 제19조 제1항의 교원이라고 규정함으로써, 고등교육법에서 규율하는 대학 교원들의 단결권을 인정하지 않는 '교원의 노동조합 설립 및 운영 등에 관한 법률' 제2조 본문은 헌법에 위반○(헌불) 헌결 2018.8.30. 2015헌가38) ⇒ 심화학습 2

심화학습

1. 노동조합 및 노동관계조정법 제24조 제2항 등 위헌소원(헌불) 헌결 2018.5.31. 2012헌바90) ★★★

- 노동조합 운영비 원조 부당노동행위 금지조항 사건 -

[판시사항]

사용자가 노동조합의 운영비를 원조하는 행위를 부당노동행위로 금지하는 '노동조합 및 노동관계조정법'(2010. 1. 1. 법률 제9930호로 개정된 것) 제81조 제4호 중 '노동조합의 운영비를 원조하는 행위'에 관한 부분(이하 '운영비원조금지조항'이라 한다)이 노동조합의 단체교섭권을 침해하는지 여부(적극)

[결정요지]

운영비원조금지조항은 사용자로부터 노동조합의 자주성을 확보하여 궁극적으로 근로3권의 실질적인 행사를 보장하기 위한 것으로서 그 입법목적이 정당하다. 운영비 원조 행위가 노동조합의 자주성을 저해할 위험이 없는 경우에는 이를 금지하더라도 위와 같은 입법목적의 달성에 아무런 도움이 되지 않는다. 그런데 운영비원조금지조항은 단서에서 정한 두 가지 예외를 제외한 일체의 운영비 원조 행위를 금지함으로써 노동조합의 자주성을 저해할 위험이 없는 경우까지 금지하고 있으므로, 입법목적 달성을 위한 적합한 수단이라고 볼 수 없다. 사용자의 노동조합에 대한 운영비 원조에 관한 사항은 대등한 지위에 있는 노사가 자율적으로 협의하여 정하는 것이 근로3권을 보장하는 취지에 가장 부합한다. 따라서 운영비 원조 행위에 대한 제한은 실질적으로 노동조합의 자주성이 저해되었거나 저해될 위험이 현저한 경우에 한하여 이루어져야 한다.

그럼에도 불구하고 운영비원조금지조항은 단서에서 정한 두 가지 예외를 제외한 일체의 운영비 원조 행위를 금지하고 있으므로, 그 입법목적 달성을 위해서 필요한 범위를 넘어서 노동조합의 단체교섭권을 과도하게 제한한다. 운영비원조금지조항으로 인하여 오히려 노동조합의 활동이 위축되거나 노동조합과 사용자가 우호적이고 협력적인 관계를 맺기 위해서 대등한 지위에서 운영비 원조를 협의할 수 없게 되는데, 이는 실질적 노사자치를 구현하고자 하는 근로3권의 취지에도 반한다. 노동조합법은 복수 노동조합이 존재하는 경우 공정대표의무를 부과하면서 그 위반에 대하여 부당노동행위 구제절차를 준용하고 있고, 사용자가 선호하는 특정 노동조합에만 운영비를 원조하는 행위는 '근로자가 노동조합을 조직 또는 운영하는 것을 지배하거나 이에 개입하는 행위'로서 부당노동행위에 해당하므로, 복수 노동조합을 고려하더라도 운영비 원조 행위를 일률적으로 금지할 필요성을 인정할 수 없다.

헌법재판소는 2014. 5. 29. 2010헌마606 결정에서 전임자 급여 지급 금지 등에 관한 노동조합법 제24조 제2항, 제4항, 제5항이 단체교섭권 등을 침해하지 않는다고 판단하였다. 전임자급여 지원 행위와는 달리 운영비 원조 행위에 대해서는 노동조합법 제81조 제4호에서 사용자의 부당노동행위로서 금지하고 있을 뿐, 노동조합이 운영비 원조를 받는 것 자체를 금지하거나 제한하는 별도의 규정이 없고, 금지의 취지와 규정의 내용, 예외의 인정 범위 등이 다르므로, 노동조합의 단체교섭권을 침해하는지 여부를 판단하면서 운영비 원조 행위를 전임자급여 지원 행위와 동일하게 볼 수 없다.

이상의 내용을 종합하여 보면, 운영비원조금지조항이 단서에서 정한 두 가지 예외를 제외한 운영비 원조 행위를 일률적으로 부당노동행위로 간주하여 금지하는 것은 침해의 최소성에 반한다. 노동조합의 자주성을 저해하거나 저해할 위험이 현저하지 않은 운영비 원조 행위를 부당노동행위로 규제하는 것은 입법목적 달성에 기여하는 바가 전혀 없는 반면, 운영비원조금지조항으로 인하여 청구인은 사용자로부터 운영비를 원조받을 수 없을 뿐만 아니라 궁극적으로 노사자치의 원칙을 실현할 수 없게 되므로, 운영비원조금지조항은 법익의 균형성에도 반한다. 따라서 운영비원조금지조항은 과잉금지원칙을 위반하여 청구인의 단체교섭권을 침해하므로 헌법에 위반된다. '노동조합 및 노동관계조정법'(2010. 1. 1. 법률 제9930호로 개정된 것) 제81조 제4호 중 '노동조합의 운영비를 원조하는 행위'에 관한 부분은 헌법에 합치되지 아니한다. 위 법률조항은 2019. 12. 31.을 시한으로 개정될 때까지 계속 적용된다.

2. 노동조합 및 노동관계조정법 제5조 단서 등 위헌제청(헌불) 헌결 2018.8.30. 2015헌가38) ★★★

— 교수노동조합설립 불허 사건 —

[판시사항]

가. '교원의 노동조합 설립 및 운영 등에 관한 법률'의 적용대상을 초·중등교육법 제19조 제1항의 교원이라고 규정함으로써, 고등교육법에서 규율하는 대학 교원들의 단결권을 인정하지 않는 '교원의 노동조합 설립 및 운영 등에 관한 법률'(2010. 3. 7. 법률 제10132호로 개정된 것, 이하 '교원노조법'이라 한다) 제2조 본문(이하 '심판대상조항'이라 한다)이 헌법에 위반되는지 여부(적극)

나. 헌법불합치결정을 하면서 잠정적용을 명한 사례

[결정요지]

가. 대학 교원을 교육공무원 아닌 대학 교원과 교육공무원인 대학 교원으로 나누어, 각각의 단결권 침해가 헌법에 위배되는지 여부에 관하여 본다.
먼저, 심판대상조항으로 인하여 <교육공무원 아닌 대학 교원>들이 향유하지 못하는 단결권은 헌법이 보장하고 있는 근로3권의 핵심적이고 본질적인 권리이다. 심판대상조항의 입법목적이 재직 중인 초·중등교원에 대하여 교원노조를 인정해 줌으로써 교원노조의 자주성과 주체성을 확보한다는 측면에서는 그 정당성을 인정할 수 있을 것이나, 교원노조를 설립하거나 가입하여 활동할 수 있는 자격을 초·중등교원으로 한정함으로써 교육공무원이 아닌 대학 교원에 대해서는 근로기본권의 핵심인 단결권조차 전면적으로 부정한 측면에 대해서는 그 입법목적의 정당성을 인정하기 어렵고, 수단의 적합성 역시 인정할 수 없다. 설령 일반 근로자 및 초·중등교원과 구별되는 대학 교원의 특수성을 인정하더라도, 대학 교원에게도 단결권을 인정하면서 다만 해당 노동조합이

행사할 수 있는 권리를 다른 노동조합과 달리 강한 제약 아래 두는 방법도 얼마든지 가능하므로, 단결권을 전면적으로 부정하는 것은 필요 최소한의 제한이라고 보기 어렵다. 또 최근 들어 대학 사회가 다층적으로 변화하면서 대학 교원의 사회·경제적 지위의 향상을 위한 요구가 높아지고 있는 상황에서 단결권을 행사하지 못한 채 개별적으로만 근로조건의 향상을 도모해야 하는 불이익은 중대한 것이므로, 심판대상조항은 과잉금지원칙에 위배된다.

다음으로 <교육공무원인 대학 교원>에 대하여 보더라도, 교육공무원의 직무수행의 특성과 헌법 제33조 제1항 및 제2항의 정신을 종합해 볼 때, 교육공무원에게 근로3권을 일체 허용하지 않고 전면적으로 부정하는 것은 합리성을 상실한 과도한 것으로서 입법형성권의 범위를 벗어나 헌법에 위반된다.

나. 심판대상조항은 대학 교원의 단결권을 침해하여 헌법에 위반되나, 단순위헌결정을 하여 당장 그 효력을 상실시킬 경우에는 초·중등교육법 제19조 제1항에 의한 교원들에 대한 교원노조 설립의 근거가 사라지게 되어 교원노조의 자주성과 주체성을 확보하는 데 기여하는 입법목적을 달성하기 어려운 법적 공백 상태가 발생할 수 있다. 나아가 심판대상조항의 위헌적 상태를 제거함에 있어 대학 교원의 특성 등을 고려하여 대학 교원의 단결권 보장의 범위를 합리적으로 형성함에 있어서는 헌법재판소의 결정취지의 한도 내에서 입법자에게 재량이 부여되므로 입법자가 법률을 개선할 때까지 그 효력을 존속하게 하여 이를 적용할 필요가 있다.

3. 청원경찰법 제5조 제4항 등 위헌확인(헌불) 헌결 2017.9.28. 2015헌마6530) ★★★

[판시사항]

1. 청원경찰의 복무에 관하여 국가공무원법 제66조 제1항을 준용함으로써 노동운동을 금지하는 청원경찰법(2010. 2. 4. 법률 제10013호로 개정된 것) 제5조 제4항 중 국가공무원법 제66조 제1항 가운데 '노동운동' 부분을 준용하는 부분(이하 '심판대상조항'이라 한다)이 국가기관이나 지방자치단체 이외의 곳에서 근무하는 청원경찰인 청구인들의 근로3권을 침해하는지 여부(적극)

2. 헌법불합치결정을 하되 계속 적용을 명한 사례

[결정요지]

1. 청원경찰은 일반근로자일 뿐 공무원이 아니므로 원칙적으로 헌법 제33조 제1

항에 따라 근로3권이 보장되어야 한다. 청원경찰은 제한된 구역의 경비를 목적으로 필요한 범위에서 경찰관의 직무를 수행할 뿐이며, 그 신분보장은 공무원에 비해 취약하다. 또한 국가기관이나 지방자치단체 이외의 곳에서 근무하는 청원경찰은 근로조건에 관하여 공무원뿐만 아니라 국가기관이나 지방자치단체에 근무하는 청원경찰에 비해서도 낮은 수준의 법적 보장을 받고 있으므로, 이들에 대해서는 근로3권이 허용되어야 할 필요성이 크다. 청원경찰에 대하여 직접행동을 수반하지 않는 단결권과 단체교섭권을 인정하더라도 시설의 안전 유지에 지장이 된다고 단정할 수 없다. 헌법은 주요방위산업체 근로자들의 경우에도 단체행동권만을 제한하고 있고, 경비업법은 무기를 휴대하고 국가중요시설의 경비 업무를 수행하는 특수경비원의 경우에도 쟁의행위를 금지할 뿐이다. 청원경찰은 특정 경비구역에서 근무하며 그 구역의 경비에 필요한 한정된 권한만을 행사하므로, 청원경찰의 업무가 가지는 공공성이나 사회적 파급력은 군인이나 경찰의 그것과는 비교하여 견주기 어렵다. 그럼에도 심판대상조항은 군인이나 경찰과 마찬가지로 모든 청원경찰의 근로3권을 획일적으로 제한하고 있다. 이상을 종합하여 보면, 심판대상조항이 모든 청원경찰의 근로3권을 전면적으로 제한하는 것은 과잉금지원칙을 위반하여 청구인들의 근로3권을 침해하는 것이다.

2. 심판대상조항의 위헌성은 모든 청원경찰에 대해 획일적으로 근로3권 전부를 제한하는 점에 있으며, 입법자는 청원경찰의 구체적 직무내용, 근무장소의 성격, 근로조건이나 신분보장 등을 고려하여 심판대상조항의 위헌성을 제거할 재량을 가진다. 만약 심판대상조항에 대해 단순위헌결정을 하여 즉시 효력을 상실시킨다면, 근로3권의 제한이 필요한 청원경찰까지 근로3권 모두를 행사하게 되는 혼란이 발생할 우려가 있다. 그러므로 심판대상조항에 대하여 잠정적용 헌법불합치결정을 선고하되, 입법자는 늦어도 2018. 12. 31.까지 개선입법을 하여야 한다.

| 헌결 | 대판 |

1. 업무방해죄는 위계 또는 위력으로써 사람의 업무를 방해한 경우에 성립하며(형법 제314조 제1항), '위력'이란 사람의 자유의사를 제압·혼란케 할 만한 일체의 세력을 말한다. 쟁의행위로서 파업(노동조합 및 노동관계조정법 제2조 제6호)도, 단순히 근로계약에 따른 노무의 제공을 거부하는 부작위에 그치지 아니하고 이를 넘어서 사용자에게 압력을 가하여 근로자의 주장을 관철하고자

집단적으로 노무제공을 중단하는 실력행사이므로, 업무방해죄에서 말하는 위력에 해당하는 요소를 포함하고 있다. 근로자는 원칙적으로 헌법상 보장된 기본권으로서 근로조건 향상을 위한 자주적인 단결권·단체교섭권 및 단체행동권을 가지므로(헌법 제33조 제1항), 쟁의행위로서 파업이 언제나 업무방해죄에 해당하는 것으로 볼 것은 아니고, 전후 사정과 경위 등에 비추어 사용자가 예측할 수 없는 시기에 전격적으로 이루어져 사용자의 사업운영에 심대한 혼란 내지 막대한 손해를 초래하는 등으로 사용자의 사업계속에 관한 자유의사가 제압·혼란될 수 있다고 평가할 수 있는 경우에 비로소 집단적 노무제공의 거부가 위력에 해당하여 업무방해죄가 성립한다고 보는 것이 타당하다(대판 전합 2011.3.17. 2007도482).

V. 환경권

제35조 ① 모든 국민은 건강하고 쾌적한 환경에서 생활할 권리를 가지며, **국가와 국민은** 환경보전을 위하여 노력하여야 한다.
② 환경권의 내용과 행사에 관하여는 법률로 정한다.
③ 국가는 주택개발정책 등을 통하여 모든 국민이 쾌적한 주거생활을 할 수 있도록 노력하여야 한다.

1. 의의

(1) 개념: 건강하고 쾌적한 생활을 유지하는 조건으로서 양호한 환경을 향유할 권리이고, 생명·신체의 자유를 보호하는 토대를 이루며, 궁극적으로 '삶의 질' 확보를 목표로 하는 권리. 자연환경 + 인공적 환경과 같은 생활환경 포함(헌결 2006헌마711)

(2) 법적 성격: 환경권은 그 자체 종합적 기본권으로서의 성격(헌결 2006헌마711)

(3) 주체: 자연인(○), 법인(×)

2. 환경권의 내용

(1) 침해배제청구권: 침해가 우려되는 경우 이에 대한 예방을 구할 수 있는 침해예방청구와 환경침해가 이루어진 경우 침해의 회복을 청구할 수 있는 침해회복청구를 그 내용

(2) 생활환경의 조성청구권: 국가에게 좋은 환경을 조성하고 유지하며 보전해 줄

것을 요구할 수 있는 권리

(3) 쾌적한 주거생활권: 헌법 제35조 제3항은 쾌적한 주거생활권을 보장

3. 환경권의 효력

대국가적 효력+대사인적 효력[간접적용설(통설, 판례)]

4. 환경권에 대한 제한과 그 한계

환경권의 자유권적 측면인 침해배제청구권과 같은 기본권에 대해서는 헌법 제37조 제2항의 제한과 한계가 적용되나, 환경권의 본질적 내용에 대한 침해는 금지

5. 환경권의 침해와 구제

(1) 국가, 사인에 대한 청구권: 국가에 의한 환경권침해에 대해서는 행정소송이나 국가배상청구를 통해 구제받을 수 있고, 사인에 의한 침해는 사전예방책으로 환경피해가 예견되는 경우 피해예방이나 피해배제를 구할 수 있으며(유지청구권) 사후구제책으로 손해배상을 청구할 수○

(2) 환경소송의 특성

 (가) 개연성이론: 인과관계의 입증에 있어 과학적인 엄밀한 증명을 요하지 않고 침해행위와 손해발생 사이에 인과관계가 존재한다는 상당한 정도의 가능성이 있다는 입증으로 족하다는 이론

 (나) 원고적격: 환경소송은 원고적격과 관련하여 특별한 고려가 요구

(3) 환경피해분쟁조정제도: 환경분쟁조정법은 환경분쟁조정위원회를 두어 분쟁조정을 위한 알선, 조정, 재정을 통해 환경권침해의 신속·공정한 구제를 처리

| 헌결 | 대판 |

1. 환경권은 건강하고 쾌적한 생활을 유지하는 조건으로서 양호한 환경을 향유할 권리이고, 생명·신체의 자유를 보호하는 토대를 이루며, 궁극적으로 '삶의 질' 확보를 목표로 하는 권리이다. '건강하고 쾌적한 환경에서 생활할 권리'를 보장하는 환경권의 보호대상이 되는 환경에는 자연 환경뿐만 아니라 인공적 환경과 같은 생활환경도 포함되므로, 일상생활에서 소음을 제거·방지하여 정온한 환경에서 생활할 권리는 환경권의 한 내용을 구성한다(헌결 2017.12.28. 2016헌마45).

2. 동물보호법, '장사 등에 관한 법률', '동물장묘업의 시설설치 및 검사기준' 등

관계규정에서 동물장묘시설의 설치제한 지역을 상세하게 규정하고, 매연, 소음, 분진, 악취 등 오염원 배출을 규제하기 위한 상세한 시설 및 검사기준을 두고 있는 등의 사정을 고려할 때, 심판대상조항에서 동물장묘업 등록에 관하여 '장사 등에 관한 법률' 제17조 외에 다른 지역적 제한사유를 규정하지 않았다는 사정만으로 청구인들의 환경권을 보호하기 위한 입법자의 의무를 과소하게 이행하였다고 평가할 수는 없다. 따라서 심판대상조항은 청구인들의 환경권을 침해하지 않는다(헌결 2020.3.26. 2017헌마1281). ⇒ 구 동물보호법(2011. 8. 4. 법률 제10995호로 전부개정되고, 2018. 12. 24. 법률 제16075호로 개정되기 전의 것) 제33조 제3항 제5호(이하 '심판대상조항'이라 한다)가 동물장묘업의 지역적 등록제한사유를 불완전·불충분하게 규정하여 청구인들의 환경권을 침해하는지 여부(소극)

| 헌결 | 대판 |

1. 환경권은 명문의 법률규정이나 관계 법령의 규정 취지 및 조리에 비추어 권리의 주체, 대상, 내용, 행사 방법 등이 구체적으로 정립될 수 있어야만 인정되는 것이므로, 사법상의 권리로서의 환경권을 인정하는 명문의 규정이 없는데도 환경권에 기하여 직접 방해배제청구권을 인정할 수는 없다(대판 98다47528).

2. 환경영향평가 대상지역 밖에 거주하는 주민에게 헌법상의 환경권 또는 환경정책기본법에 근거하여 공유수면매립면허처분과 농지개량사업 시행인가처분의 무효확인을 구할 원고적격이 없다(대판 전합 2006두330). ⇒ but, 환경영향평가 대상지역 밖의 주민이라 할지라도 공유수면매립면허처분 등으로 인하여 그 처분 전과 비교하여 수인한도를 넘는 환경피해를 받거나 받을 우려가 있는 경우에는, 공유수면매립면허처분 등으로 인하여 환경상 이익에 대한 침해 또는 침해우려가 있다는 것을 입증함으로써 그 처분 등의 무효확인을 구할 원고적격을 인정받을 수 있다. ★

심화학습

1. 공직선거법 제79조 제3항 등 위헌확인(헌불) 헌결 2019.12.27. 2018헌마730)

[판시사항]

가. 공직선거법(2010. 1. 25. 법률 제9974호로 개정된 것) 제79조 제3항 제2호 중 '시·도지사 선거' 부분, 같은 항 제3호 및 공직선거법(2005. 8. 4. 법률 제7681호로

개정된 것) 제216조 제1항(이하 통틀어 '심판대상조항'이라 한다)이 청구인의 건강하고 쾌적한 환경에서 생활할 권리를 침해하여 위헌인지 여부(적극)

나. 헌법불합치 결정을 선고한 사례

[결정요지]

가. 국가가 국민의 건강하고 쾌적한 환경에서 생활할 권리에 대한 보호의무를 다하지 않았는지 여부를 헌법재판소가 심사할 때에는 국가가 이를 보호하기 위하여 적어도 적절하고 효율적인 최소한의 보호조치를 취하였는가 하는 이른바 '과소보호금지원칙'의 위반 여부를 기준으로 삼아야 한다. 공직선거법에는 확성장치를 사용함에 있어 자동차에 부착하는 확성장치 및 휴대용 확성장치의 수는 '시·도지사선거는 후보자와 구·시·군 선거연락소마다 각 1대·각 1조, 지역구지방의회의원선거 및 자치구·시·군의 장 선거는 후보자마다 1대·1조를 넘을 수 없다'는 규정만 있을 뿐 확성장치의 최고출력 내지 소음 규제기준이 마련되어 있지 아니하다. 기본권의 과소보호금지원칙에 부합하면서 선거운동을 위해 필요한 범위 내에서 합리적인 최고출력 내지 소음 규제기준을 정할 필요가 있다. 공직선거법에는 야간 연설 및 대담을 제한하는 규정만 있다. 그러나 대다수의 직장과 학교는 그 근무 및 학업 시간대를 오전 9시부터 오후 6시까지로 하고 있어 그 전후 시간대의 주거지역에서는 정온한 환경이 더욱더 요구된다. 그러므로 출근 또는 등교 시간대 이전인 오전 6시부터 7시까지, 퇴근 또는 하교 시간대 이후인 오후 7시부터 11시까지에도 확성장치의 사용을 제한할 필요가 있다. 공직선거법에는 주거지역과 같이 정온한 생활환경을 유지할 필요성이 높은 지역에 대한 규제기준이 마련되어 있지 아니하다. 예컨대 소음·진동관리법, '집회 및 시위에 관한 법률' 등에서 대상지역 및 시간대별로 구체적인 소음기준을 정한 것과 같이, 공직선거법에서도 이에 준하는 규정을 둘 수 있다. 따라서 심판대상조항이 선거운동의 자유를 감안하여 선거운동을 위한 확성장치를 허용할 공익적 필요성이 인정된다고 하더라도 정온한 생활환경이 보장되어야 할 주거지역에서 출근 또는 등교 이전 및 퇴근 또는 하교 이후 시간대에 확성장치의 최고출력 내지 소음을 제한하는 등 사용시간과 사용지역에 따른 수인한도 내에서 확성장치의 최고출력 내지 소음 규제기준에 관한 규정을 두지 아니한 것은, 국민이 건강하고 쾌적하게 생활할 수 있는 양호한 주거환경을 위하여 노력하여야 할 국가의 의무를 부과한 헌법 제35조 제3항에 비추어 보면, 적절하고 효율적인 최소한의 보호조치를 취하지 아니하여 국가의 기본권 보호의무를 과소하게 이행한 것으로서, 청구인의

건강하고 쾌적한 환경에서 생활할 권리를 침해하므로 헌법에 위반된다.

나. 심판대상조항에 대하여 단순위헌결정을 하여 즉시 효력을 상실시킨다면 법적 공백상태가 발생할 우려가 있고, 공직선거의 선거운동에서 확성장치의 사용에 따른 소음 규제기준은 입법자가 충분한 논의를 거쳐 결정하여야 할 사항이므로, 헌법불합치결정을 선고하고, 2021. 12. 31.을 시한으로 입법자의 개선입법이 있을 때까지 잠정적용을 명하기로 한다.

2. **저탄소 녹색성장 기본법 제42조 제1항 제1호 위헌확인 등**(〔헌불〕 헌결 2024.8.29. 2020헌마389) ★★★
   - 기후위기 대응을 위한 국가 온실가스 감축목표 사건 -

[판시사항]

가. 폐지된 구 '저탄소 녹색성장 기본법'(이하 '구 녹색성장법'이라 한다) 제42조 제1항 제1호와 같은 법 시행령 제25조 제1항에 대한 심판청구의 주관적 권리보호이익 소멸 여부 및 헌법적 해명의 필요성 인정 여부(소극)

나. 정부가 2023. 4. 11. 수립한 '제1차 국가 탄소중립 녹색성장 기본계획'(이하 '이 사건 기본계획'이라 한다) 중 'Ⅶ. 재정계획 및 기대효과' 가운데 '1. 재정투자계획' 부분(이하 '이 사건 재정계획'이라 한다)이 공권력행사로서 헌법소원심판의 대상이 되는지 여부(소극)

다. 국가의 온실가스 감축목표 설정 행위가 국민의 환경권에 관한 보호의무를 위반하였는지 여부에 관한 심사기준

라. 정부가 '국가 온실가스 배출량을 2030년까지 2018년의 국가 온실가스 배출량 대비 35퍼센트 이상의 범위에서 대통령령으로 정하는 비율만큼 감축하는 것'을 '중장기 국가 온실가스 감축 목표'로 하도록 규정한 '기후위기 대응을 위한 탄소중립·녹색성장 기본법'(이하 '탄소중립기본법'이라 한다) 제8조 제1항이 국민인 청구인들의 환경권을 침해하는지 여부(적극) ★★★

마. 탄소중립기본법 제8조 제1항에 대한 헌법불합치 결정의 필요성

[결정요지]

가. 구 녹색성장법 제42조 제1항 제1호와 같은 법 시행령 제25조 제1항(2016. 5. 24. 개정된 조항 및 2019. 12. 31. 개정된 조항)이 규정한 '온실가스 감축 목표'는 탄소중립기본법 제8조 제1항 및 같은 법 시행령 제3조 제1항이 2022. 3. 25.

각각 시행됨으로써 폐지되었고, 국가의 중장기 온실가스 감축목표가 변경되어 다시 설정되었으므로, 더 이상 청구인들을 비롯한 국민에게 적용될 여지가 없게 되었으며, 이로써 감축 기준이 상향되고, 그 형식과 관련된 조항들의 체계도 변경되었다. 따라서 이 사건 심판청구 중 위 조항들에 대한 부분은 주관적 권리보호이익이 소멸하였고, 헌법적 해명의 필요성도 인정되지 않는다.

나. 이 사건 재정계획은 정부가 편성하고 국회가 의결하는 규범인 예산에 관한 중장기적인 계획을 정한 것일 뿐, 국민의 기본권에 직접적 영향을 미치는 공권력행사라고 보기 어려우므로, 헌법소원심판의 대상이 되지 않는다.

다. <u>국가가 국민의 건강하고 쾌적한 환경에서 생활할 권리에 관한 보호의무를 다하지 않았는지를 헌법재판소가 심사할 때에는 '과소보호금지원칙'의 위반 여부를 기준으로 삼아</u>, 개별 사례에서 기본권침해가 예상되어 보호가 필요한 '위험상황'에 대응하는 '보호조치'의 내용이, 문제 되는 위험상황의 성격에 상응하는 보호조치로서 필요한 최소한의 성격을 갖고 있는지에 따라 판단하는데, 위험상황의 성격 등은 '과학적 사실'과 '국제기준'에 근거하여 객관적으로 검토되어야 한다. 탄소중립기본법 제8조 제1항 및 같은 법 시행령 제3조 제1항이 설정한 중장기 감축목표와 이 사건 부문별 및 연도별 감축목표가 과소보호금지원칙을 위반하였는지 여부는 기후위기라는 위험상황의 성격에 상응하는 보호조치로서 필요한 최소한의 성격을 갖추었는지를 기준으로 판단하며, 온실가스 감축의 구체적인 목표치가 전 지구적인 감축 노력의 관점에서 우리나라가 기여해야 할 몫에 부합하는지, 감축목표 설정의 체계가 기후변화의 영향과 온실가스 배출 제한의 측면에서 미래에 과중한 부담을 이전하지 않는 방식으로, 또한 온실가스 감축이 실효적으로 담보될 수 있는 방식으로 제도화되어 있는지 등을 과학적 사실과 국제기준을 고려하여 판단하여야 한다. 한편, <u>탄소중립기본법 제8조 제1항이 의회유보원칙을 포함하는 법률유보원칙을 위반하였는지 여부는 그 규율 대상인 온실가스 감축목표의 설정 방식이 기후위기에 대한 보호조치로서 갖추어야 하는 성격을 고려하여 판단하여야 한다.</u> ★

라. 탄소중립기본법 제8조 제1항과 같은 법 시행령 제3조 제1항이 설정한 <2030년까지의 중장기 감축목표>로서 국가 온실가스 배출량을 2018년 대비 40%만큼 감축한다는 감축비율의 수치만으로는, 전 지구적 온실가스 감축 노력의 관점에서 우리나라가 기여해야 할 몫에 현저히 미치지 못한다거나, 기후변화의 영향과 온실가스 배출 제한의 측면에서 미래에 과중한 부담을 이전하는 것이라고 단정하기 어렵다. 연도별 감축목표의 이행현황 점검이나 배출권

거래제 등 배출량 목표 달성을 보장하기 위한 수단들과 관련하여, 매년 정량적 감축목표가 달성되지 않은 경우 추후의 감축목표에 미달성 부분을 추가하는 규율이 법률에 명시되어 있지 않다는 이유로, 탄소중립기본법 제8조 제1항의 온실가스 감축목표 설정 방식이 온실가스 감축을 실효적으로 담보할 수 있도록 설계되지 않은 것으로 볼 수도 없다. ★

그러나 탄소중립기본법 제8조 제1항에서 <u><2031년부터 2049년까지의 감축목표></u>에 관하여 어떤 형태의 정량적 기준도 제시하지 않은 것은, 같은 조 제4항의 온실가스 감축목표 재설정 주기나 범위 등 관련 법령의 체계를 살펴보더라도 2050년 탄소중립의 목표 시점에 이르기까지 점진적이고 지속적인 감축을 실효적으로 담보할 수 없으므로, 미래에 과중한 부담을 이전하는 방식으로 온실가스 감축목표를 규율한 것이다. 구체적인 감축목표를 정할 때 단기적일 수도 있는 정부의 상황 인식에만 의존하는 구조로는 온실가스 감축정책의 적극성 및 일관성을 담보하기 어렵다. ★

따라서 탄소중립기본법 제8조 제1항은 <u><2031년부터 2049년까지의 감축목표>에 대한 규율에 관하여 기후위기라는 위험상황에 상응하는 보호조치로서 필요한 최소한의 성격을 갖추지 못하였으므로 <과소보호금지원칙>을 위반하였다.</u> ★★★

한편, 탄소중립기본법 제8조 제1항에서 2030년까지의 감축목표에 대하여 2030년을 목표연도로 한 2018년 대비 감축비율의 하한만 법률에서 정하였을 뿐, 구체적인 감축비율의 수치는 대통령령에 위임하고 감축의 경로는 정부가 설정하는 부문별 및 연도별 감축목표에 따르도록 한 것은 법률유보원칙을 위반한 것으로 볼 수 없다. 그러나 중장기적인 온실가스 감축목표와 감축경로를 계획할 때에는 매우 높은 수준의 사회적 합의가 필요하다는 점, 미래세대는 민주적 정치과정에 참여하는 것이 제약되어 있다는 점과 관련하여 입법자에게 더욱 구체적인 입법의무와 책임이 있음을 고려할 때, <u><2031년부터 2049년까지의 감축목표>에 관하여 대강의 정량적 수준도 규정하지 않고 이에 관해 정부가 5년마다 정하도록 한 것은 <의회유보원칙을 포함하는 법률유보원칙을 위반></u>한 것이다.

결국 탄소중립기본법 제8조 제1항은 <u><과소보호금지원칙 및 법률유보원칙에 반></u>하여 <u><기본권 보호의무를 위반></u>하였으므로 청구인들의 <u><환경권을 침해></u>한다. ★★★

마. 탄소중립기본법 제8조 제1항의 규범영역 전부에 대한 효력을 상실시킬 경우, 2050년의 탄소중립 목표 시점 이전에 존재하는 정량적인 중간 목표가 사라지므로, 오히려 온실가스 감축에 관한 제도적 장치가 후퇴하는 더욱 위헌적인 상황이 발생하게 되며, 2031년부터 2049년까지의 정량적인 온실가스 감축목표의 수준을 어떻게 정할지 등에 관해서는 입법자에게 광범위한 입법형성의 권한이 있다. <u>따라서 탄소중립기본법 제8조 제1항에 대해서는, 2026. 2. 28.을 시한으로 개선입법이 있을 때까지 계속 적용을 명하는 헌법불합치결정을 한다.</u> ★

VI. 혼인 및 가족제도

제36조 ① 혼인과 가족생활은 개인의 존엄과 양성의 평등을 기초로 성립되고 유지되어야 하며, 국가는 이를 보장한다.

1. 의의

(1) 개념: 혼인이란 포괄적인 생활공동체를 구성하고 평생 지속하겠다는 남녀의 합의를 말하며, 가족은 부모와 자녀의 생활공동체 ★ <u>사실혼</u>은 헌법 제36조 제1항의 보호범위에 <u>포함</u>×(헌결 2013헌바119) 〈경정승진 2023〉

(2) 법적 성격: 자유권보장+제도보장+헌법원리 내지 원칙규범(○)(헌결 2001헌바82)

(3) 주체: 생존권적 측면은 국민으로 한정, 자유권적 측면은 외국인도 인정

2. 혼인과 가족생활의 내용

(1) 혼인 및 가족제도의 보장

혼인	헌법이 보장하는 혼인제도는 개인의 존엄이 보장되고 양성평등을 기초로 성립되는 민주적 혼인제도. 자산소득(이자소득, 배당소득, 부동산임대소득)의 부부간 합산과세(**위헌** 헌결 2001헌바82), 일률적으로 특수관계자의 사업소득을 지분이나 손익분배의 비율이 큰 공동사업자의 소득금액으로 의제하여 합산과세(**위헌** 헌결 2004헌가19), 종합부동산세를 '인별 합산'이 아닌 '세대별 합산'방법을 적용하고 있는 것(**헌불** 헌결 2006헌바112), 1세대 3주택 이상에 해당하는 주택에 대하여 양도소득세 중과세를 규정하고 있는 구 소득세법(**헌불** 헌결 2009헌바146)은 모두 헌법 제36조 제1항에 위배○
가족	헌법이 보장하는 민주적 가족제도는 개인의 존엄과 양성평등을 기초로 한 부부관계와 친

자관계를 내용. 민법의 호주제는 그 자체가 위헌○([헌불] 헌결 2001헌가9) vs 민법상의 부성주의 자체가 위헌×([헌불] 헌결 2003헌가5) ⇒ 예외를 인정하지 않은 것이 인격권과 헌법 §36① 위반, 친생부인의 소의 제척기간과 기산점을 '그 출생을 안 날로부터 1년 내'라고 규정한 것([헌불] 헌결 95헌가14) ★ [비교] '친생부인의 사유가 있음을 안 날로부터 2년 내'라고 규정한 것(합헌, 헌결 2012헌바357), 상속회복청구권의 제척기간(상속이 '개시된 날'로부터 10년)([위헌] 헌결 99헌바9) ★ [비교] 상속권의 '침해행위가 있는 날'로부터 10년(합헌, 헌결 2006헌바110)

(2) 혼인의 자유보장: 혼인의 자유를 보장하므로 혼인의 여부, 상대방의 선택, 시기 모두 자유롭게 결정. 동성동본금혼제는 목적의 정당성도 부정되어 위헌(적용중지 [헌불] 헌결 95헌가6), **혼인 종료 후 300일 이내에 출생한 자를 전남편의 친생자로 추정**하는 민법([헌불] 헌결 2013헌마623)은 모두 헌법 제36조 제1항에 위배○

3. 혼인 및 가족의 형성 및 제한과 그 한계

(1) 혼인: 중혼의 취소를 청구할 수 있는 권리를 직계비속에게 인정하지 않는 것은 민주적 가족제도에 어긋남([헌불] 헌결 2009헌가8), 이혼으로 인한 재산분할의 경우 상속세 인적공제액을 초과하는 재산에 대해서 증여세를 부과하는 것은 혼인당사자에 대한 불합리한 차별로 위헌([위헌] 헌결 96헌바14)

(2) 가족: 인간은 누구나 자신의 성정체성에 따른 인격을 형성하고 삶을 영위할 권리가 있다. 성전환자도 자신의 성정체성을 바탕으로 인격과 개성을 실현하고 우리 사회의 동등한 구성원으로서 타인과 함께 행복을 추구하며 살아갈 수 있어야 한다. 이러한 권리를 온전히 행사하기 위해서 <u>성전환자는 자신의 성정체성에 따른 성을 진정한 성으로 법적으로 확인받을 권리를 가진다. 이는 인간으로서의 존엄과 가치에서 유래하는 근본적인 권리로서 행복추구권의 본질을 이루므로 최대한 보장되어야 한다.</u>

한편 미성년 자녀를 둔 성전환자도 부모로서 자녀를 보호하고 교양하며(민법 제913조), 친권을 행사할 때에도 자녀의 복리를 우선해야 할 의무가 있으므로 (민법 제912조), 미성년 자녀가 있는 성전환자의 성별정정 허가 여부를 판단할 때에는 성전환자의 기본권의 보호와 미성년 자녀의 보호 및 복리와의 조화를 이룰 수 있도록 법익의 균형을 위한 여러 사정들을 종합적으로 고려하여 실질적으로 판단하여야 한다. 따라서 <u>위와 같은 사정들을 고려하여 실질적으로 판단하지 아니한 채 단지 성전환자에게 미성년 자녀가 있다는 사정만을 이유로 성별정정을 불허하여서는 아니 된다</u>(대결 전합 2022.11.24. 2020스616). ★★★ ⇒ 성전환자에게 미성년 자녀가 있는 경우 성전환자의 가족관계등록부상 성별정정이 허용되지 않다는 취지의 대법원 2011. 9. 2. 자 2009스117 전원합의체 결정을 비롯하여 그와 같은 취지의 결정들은 이 결정의 견해에 배치되는 범위에서 모두 변경하기로 한다.

| 헌결 | 대판 |

1. 부부간의 인위적인 자산 명의의 분산과 같은 가장행위 등은 상속세 및 증여세법상 증여의제규정 등을 통해서 방지할 수 있고, 부부의 공동생활에서 얻어지는 절약가능성을 담세력과 결부시켜 조세의 차이를 두는 것은 타당하지 않으며, 자산소득이 있는 모든 납세의무자 중에서 혼인한 부부가 혼인하였다는 이 유만으로 혼인하지 않은 자산소득자보다 더 많은 조세부담을 하여 소득을 재분배하도록 강요받는 것은 부당하며, 부부 자산소득 합산과세를 통해서 혼인한 부부에게 가하는 조세부담의 증가라는 불이익이 자산소득합산과세를 통하여 달성하는 사회적 공익보다 크다고 할 것이므로, 소득세법 제61조 제1항이 자산소득합산과세의 대상이 되는 혼인한 부부를 혼인하지 않은 부부나 독신자에 비하여 차별취급하는 것은 헌법상 정당화되지 아니하기 때문에 헌법 제36조 제1항에 위반된다(위헌 헌결 2002.8.29. 2001헌바82). ⇒ 부부의 자산소득을 합산하여 과세하도록 규정하고 있는 소득세법 제61조 제1항이 헌법 제36조 제1항에 위반되는지 여부(적극)

2. 이 사건 법률조항은 일률적으로 특수관계자의 사업소득을 지분이나 손익분배의 비율이 큰 공동사업자의 소득금액으로 의제함으로써 조세회피행위의 방지라는 입법목적을 달성하는데 있어 필요 이상의 과도한 방법을 사용한 의심의 여지가 있다. 즉, 실질적으로 사업소득이 누구에게 귀속되었는가와 상관없이 이 사건 법률조항을 일률적으로 적용하게 됨으로 과세 대상의 실질이나 경제적 효과가 납세자에게 발생한 것으로 볼 수 없는 상황에서도 실질조사나 쟁송 등을 통해 조세회피의 목적이 없음을 밝힘으로써 그 적용을 면할 수 있는 길을 열어두지 않고 있으며 이는 일정한 외관에 의거하여 가공의 소득에 대해, 또는 소득이 귀속되지 않은 자에 대한 과세로서 조세행정의 편의만을 위주로 제정된 불합리한 법률이다. 또한, 이러한 입법 형식을 정당화 시켜줄 수 있는 다른 입법 목적이나 조세정책적 필요성이 있다고 보이지도 않는다. 비록 공동사업을 가장한 소득의 위장 분산에 대한 개별 구체적 사정 등을 과세관청에서 실질적으로 조사하여 파악하기 어렵다 하여도 추정의 형식을 통해 그 입증 책임을 납세자에게 돌릴 수 있으며 이러한 것이 조세행정상 과세관청의 부담을 특별히 가중 시킨다고 볼 수 없는 반면, 반증의 기회를 제공하지 않음으로써

납세자에게 회복할 수 없는 피해를 초래할 가능성이 높아 이를 통해 달성하려는 입법 목적과 사용된 수단 사이의 비례 관계가 적정하지 아니하여 헌법상 과잉금지원칙에 위반된다(**위헌** 헌결 2006.4.27. 2004헌가19). ⇒ 구 소득세법(1996. 12. 30. 법률 제5191호로 개정되고, 2004. 12. 31. 법률 제7319호로 개정되기 전의 것) 제43조 제3항 중 "거주자 1인과 그와 대통령령이 정하는 특수관계에 있는 자가 사업소득이 발생하는 사업을 공동으로 경영하는 사업자 중에 포함되어 있는 경우에는 당해 특수관계자의 소득금액은 그 지분 또는 손익분배의 비율이 큰 공동사업자의 소득금액으로 본다."고 규정한 부분(이하 '이 사건 법률조항'이라 한다)이 헌법상 비례의 원칙에 위반되는지 여부(적극)

3. 이 사건 세대별 합산규정은 혼인한 자 또는 가족과 함께 세대를 구성한 자를 비례의 원칙에 반하여 개인별로 과세되는 독신자, 사실혼 관계의 부부, 세대원이 아닌 주택 등의 소유자 등에 비하여 불리하게 차별하여 취급하고 있으므로, 헌법 제36조 제1항에 위반된다(**헌불** 헌결 2008.11.13. 2006헌바112). ⇒ 종합부동산세의 과세방법을 '인별합산'이 아니라 '세대별 합산'으로 규정한 종합부동산세법(2005. 12. 31. 법률 제7836호로 개정된 것) 제7조 제1항 중 전문의 괄호 부분 및 후문, 제2항, 제3항, 제12조 제1항 제1호 중 본문의 괄호 부분 및 단서 부분, 제2항(이하 '이 사건 세대별 합산규정'이라 한다)이 헌법 제36조 제1항에 위반되는 것인지 여부(적극)

4. [1] 이 사건 법률조항에 의한 세율이 일반 양도소득세율과 비교하여 높기는 하지만, 입법자가 1세대 3주택 이상에 해당하는 자의 주택 소유를 억제하여 주택 가격의 안정과 주거생활의 안정을 도모하기 위하여 사실상 1세대 3주택 이상의 주택 소유를 억제할 수 있는 정도의 세율을 정하고 그것도 과세구간에 따른 누진세율이 아니라 고율의 단일세율을 정한 것이므로, 위와 같은 이 사건 법률조항의 입법목적 등을 고려하면, 이 사건 법률조항이 정하고 있는 세율이 일반 양도소득세율에 비하여 고율의 단일세율이라는 이유만으로 침해의 최소성원칙을 벗어났다고 볼 수 없고, 이 사건 법률조항으로 인해 1세대 3주택 이상에 해당하는 납세의무자가 입게 되는 불이익이 이 사건 법률조항이 추구하는 공익에 비하여 균형을 상실할 정도로 크다고 볼 수도 없어 법익의 균형성 원칙에도 위배되지 않는다. 따라서 이 사건 법률조항은 과잉금지원칙에 반하여 청구인의 재산권을 침해하지 않는다.

⇒ 1세대 3주택 이상에 해당하는 주택에 대하여 양도소득세 중과세를 규정하고 있는 구 소득세법(2003. 12. 30. 법률 제7006호로 개정되고, 2009. 12. 31. 법률

제9897호로 개정되기 전의 것) 제104조 제1항 제2호의3(이하 '이 사건 법률조항'이라 한다)이 과잉금지원칙에 반하여 재산권을 침해하는지 여부(소극)

[2] 주택 양도소득세 과세에 있어 '1세대'를 과세단위로 한 것이 적절한지에 관하여 보면, ① 이 사건 법률조항이 3주택 이상에 해당하는 자의 인적 범위를 정함에 있어 주로 생계를 같이하는 '1세대'를 기준으로 한 것은, 세대별로 주택이 사용되어지고, 세대의 개념상 1주택을 넘는 주택은 일시적 1세대 2주택자 등의 예외를 제외하고는 보유자의 주거용으로 사용되지 않을 개연성이 높은 점을 고려한 것이며, 주택이 다른 재산권과 구별되는 위와 같은 특성을 고려하여 오로지 보유 주택수를 제한하고자 '세대'를 주택 양도소득세의 과세단위로 규정하고 있는 점, ② 이 사건 법률조항이 1세대 3주택 이상 보유자에 대한 양도소득세 중과세로 인하여 사실상 보유 주택수를 제한하는 것은 맞으나, 주택 이외의 다른 재산을 소유하는 것까지 막는 것은 아니어서 세대별 보유 재산권에 대한 제한이 상대적으로 크다고 할 수 없는 점 등을 합쳐 보면, 이 사건 법률조항이 정하고 있는 '1세대'를 기준으로 하여 3주택 이상 보유자에 대해 중과세하는 방법은 보유 주택수를 억제하여 주거생활의 안정을 꾀하고자 하는 이 사건 법률조항의 입법목적을 위하여 일응 합리적인 방법이라 할 수 있다. 그러나 <u>혼인으로 새로이 1세대를 이루는 자를 위하여 상당한 기간 내에 보유 주택수를 줄일 수 있도록 하고 그러한 경과규정이 정하는 기간 내에 양도하는 주택에 대해서는 혼인 전의 보유 주택수에 따라 양도소득세를 정하는 등의 완화규정을 두는 것과 같은 손쉬운 방법이 있음에도 이러한 완화규정을 두지 아니한 것은 최소침해성원칙에 위배된다고 할 것이고, 이 사건 법률조항으로 인하여 침해되는 것은 헌법이 강도 높게 보호하고자 하는 헌법 제36조 제1항에 근거하는 혼인에 따른 차별금지 또는 혼인의 자유라는 헌법적 가치라 할 것이므로 이 사건 법률조항이 달성하고자 하는 공익과 침해되는 사익 사이에 적절한 균형관계를 인정할 수 없어 법익균형성원칙에도 반한다. 결국 이 사건 법률조항은 과잉금지원칙에 반하여 헌법 제36조 제1항이 정하고 있는 혼인에 따른 차별금지원칙에 위배되고, 혼인의 자유를 침해한다</u>(헌불 헌결 2011.11.24. 2009헌바146).

⇒ 이 사건 법률조항이 과잉금지원칙에 위배되어 헌법 제36조 제1항에 위배되는지 여부(적극)

5. <u>호주제</u>는 당사자의 의사나 복리와 무관하게 남계혈통 중심의 가의 유지와 계승이라는 관념에 뿌리박은 특정한 가족관계의 형태를 일방적으로 규정·강요

함으로써 개인을 가족 내에서 존엄한 인격체로 존중하는 것이 아니라 가의 유지와 계승을 위한 도구적 존재로 취급하고 있는데, 이는 혼인·가족생활을 어떻게 꾸려나갈 것인지에 관한 개인과 가족의 자율적 결정권을 존중하라는 헌법 제36조 제1항에 부합하지 않는다(헌불 헌결 2005.2.3. 2001헌가9). ⇒ 호주제가 헌법에 위반되는지 여부(적극)

6. 민법 제847조 제1항은 친생부인의 소의 제척기간과 그 기산점에 관하여 '그 출생을 안 날로부터 1년내'라고 규정하고 있으나, 일반적으로 친자관계의 존부는 특별한 사정이나 어떤 계기가 없으면 이를 의심하지 아니하는 것이 통례임에 비추어 볼 때, 친생부인의 소의 제척기간의 기산점을 단지 그 '출생을 안 날로부터'라고 규정한 것은 부에게 매우 불리한 규정일 뿐만 아니라, '1년'이라는 제척기간 그 자체도 그 동안에 변화된 사회현실여건과 혈통을 중시하는 전통관습 등 여러 사정을 고려하면 현저히 짧은 것이어서, 결과적으로 위 법률조항은 입법재량의 범위를 넘어서 친자관계를 부인하고자 하는 부로부터 이를 부인할 수 있는 기회를 극단적으로 제한함으로써 자유로운 의사에 따라 친자관계를 부인하고자 하는 부의 가정생활과 신분관계에서 누려야 할 인격권, 행복추구권 및 개인의 존엄과 양성의 평등에 기초한 혼인과 가족생활에 관한 기본권을 침해하는 것이다(헌불 헌결 1997.3.27. 95헌가14). ⇒ 민법 제847조 제1항 중 '그 출생을 안 날로부터 1년내' 부분의 위헌 여부

7. 상속회복청구권은 사망으로 인하여 포괄적인 권리의무의 승계가 이루어지는 상속에 즈음하여 참칭상속인에 의하여 진정상속인의 상속권이 침해되는 때가 적지 않음을 고려하여 진정상속인으로 하여금 참칭상속인을 배제하고 상속권의 내용을 실현할 수 있게 함으로써 진정상속인을 보호하기 위한 권리인바, 상속회복청구권에 대하여 상속 개시일부터 10년이라는 단기의 행사기간을 규정함으로 인하여, 위 기간이 경과된 후에는 진정한 상속인은 상속인으로서의 지위와 함께 상속에 의하여 승계한 개개의 권리의무도 총괄적으로 상실하여 참칭상속인을 상대로 재판상 그 권리를 주장할 수 없고, 오히려 그 반사적 효과로서 참칭상속인의 지위는 확정되어 참칭상속인이 상속개시의 시점으로부터 소급하여 상속인으로서의 지위를 취득하게 되므로, 이는 진정상속인의 권리를 심히 제한하여 오히려 참칭상속인을 보호하는 규정으로 기능하고 있는 것이라 할 것이어서, 기본권 제한의 한계를 넘어 헌법상 보장된 상속인의 재산권, 행복추구권, 재판청구권 등을 침해하고 평등원칙에 위배된다(위헌 헌결 2001.7.19. 99헌바9). ⇒ 민법 제999조 제2항 및 구 민법(1990. 1. 13. 법률 제

4199호로 개정되기 전의 것) 제999조에 의하여 준용되는 제982조 제2항 중 상속회복청구권의 행사기간을 상속 개시일로부터 10년으로 제한한 것이 재산권, 행복추구권, 재판청구권 등을 침해하고 평등원칙에 위배되는지 여부(적극)
비교 상속회복청구권 행사기간을 상속침해를 안 날부터 3년, 상속권의 침해행위가 있은 날부터 10년으로 제한하고 있는 민법(2002. 1. 14. 법률 제6591호로 개정된 것) 제999조 제2항(이하 '이 사건 법률조항'이라 한다)이 상속인의 재산권이나 평등권 등을 침해하여 헌법에 위배되는지 여부(소극)(헌결 2008.7.31. 2006헌바110).

8. <u>중혼의 취소청구권자를 규정한 이 사건 법률조항은 그 취소청구권자로 직계존속과 4촌 이내의 방계혈족을 규정하면서도 직계비속을 제외하였는바</u>, 직계비속을 제외하면서 직계존속만을 취소청구권자로 규정한 것은 가부장적·종법적인 사고에 바탕을 두고 있고, 직계비속이 상속권 등과 관련하여 중혼의 취소청구를 구할 법률적인 이해관계가 직계존속과 4촌 이내의 방계혈족 못지않게 크며, 그 취소청구권자의 하나로 규정된 검사에게 취소청구를 구한다고 하여도 검사로 하여금 직권발동을 촉구하는 것에 지나지 않은 점 등을 고려할 때, 합리적인 이유 없이 직계비속을 차별하고 있어, <u>평등원칙에 위반된다</u>(헌불 헌결 2010.7.29. 2009헌가8). ⇒ 중혼의 취소청구권자를 규정하면서 직계비속을 제외한 민법 제818조(2005. 3. 31. 법률 제7427호로 개정된 것, 이하 '이 사건 법률조항'이라 한다)가 평등원칙에 반하는지 여부(적극)

9. [1] 이혼시의 재산분할제도는 본질적으로 혼인 중 쌍방의 협력으로 형성된 공동재산의 청산이라는 성격에, 경제적으로 곤궁한 상대방에 대한 부양적 성격이 보충적으로 가미된 제도라 할 것이어서, 이에 대하여 재산의 무상취득을 과세원인으로 하는 증여세를 부과할 여지가 없으며, 설령 증여세나 상속세를 면탈할 목적으로 위장이혼하는 것과 같은 경우에 증여와 동일하게 취급할 조세정책적 필요성이 있다 할지라도, <u>그러한 경우와 진정한 재산분할을 가리려는 입법적 노력없이 반증의 기회를 부여하지도 않은 채 상속세 인적공제액을 초과하는 재산을 취득기만 하면 그 초과부분에 대하여 증여세를 부과한다는 것은 입법목적과 그 수단간의 적정한 비례관계를 벗어난 것이며 비민주적 조세관의 표현이다</u>. 그러므로 이혼시 재산분할을 청구하여 상속세 인적공제액을 초과하는 재산을 취득한 경우 그 초과부분에 대하여 증여세를 부과하는 것은, <u>증여세제의 본질에 반하여 증여라는 과세원인 없음에도 불구하고 증여세를 부과하는 것이어서 현저히 불합리하고 자의적이며 재산권보장의 헌법이념에 부합하지 않으므로 실질적 조세법률주의에 위배된다.</u>

[2] 이혼시의 재산분할청구로 취득한 재산에 대하여 증여세를 부과하는 주된 입법목적은, 배우자의 사망으로 상속받는 재산에 대하여 상속세를 부과하는 것과 과세상 형평을 유지한다는 데 있다고 하나, <u>이혼과 배우자의 사망은 비록 혼인관계의 종료를 가져온다는 점에서 공통점이 있다 하더라도 그로 인한 재산관계, 신분관계는 여러 가지 면에서 차이가 있다. 그러므로 증여세의 상속세 보완세적 기능을 관철하는 데에만 집착한 나머지 배우자상속과 이혼시 재산분할의 재산관계의 본질적이고도 다양한 차이점을 무시하고 이를 동일하게 다루는 것은, 본질적으로 다른 것을 같게 다룸으로써 자신의 실질적 공유재산을 청산받는 혼인당사자를 합리적 이유없이 불리하게 차별하는 것이므로 조세평등주의에 위배된다</u>(위헌 헌결 1997.10.30. 96헌바14). ⇒ 이혼시 재산분할을 청구하여 상속세 인적공제액을 초과하는 재산을 취득한 경우 그 초과부분에 대하여 증여세를 부과하도록 규정하고 있는 상속세법 규정의 위헌 여부(적극)

10. 민법 제809조 제1항 등 위헌소원(헌불 헌결 2022.10.27. 2018헌바115) ⇒ 심화학습 1

심화학습

1. 민법 제809조 제1항 등 위헌소원(헌불 헌결 2022.10.27. 2018헌바115) ★★★
- 8촌 이내 혈족 사이의 혼인 금지 및 무효 사건 -

[판시사항]

가. 8촌 이내의 혈족 사이에서는 혼인할 수 없도록 하는 민법 제809조 제1항(이하 '이 사건 금혼조항'이라 한다)이 혼인의 자유를 침해하는지 여부(소극)

나. 이 사건 금혼조항을 위반한 혼인을 무효로 하는 민법 제815조 제2호(이하 '이 사건 무효조항'이라 한다)가 혼인의 자유를 침해하는지 여부(적극)

다. 이 사건 무효조항에 대하여 헌법불합치 결정을 선고하면서 계속 적용을 명한 사례

[결정요지]

가. 이 사건 금혼조항은 근친혼으로 인하여 가까운 혈족 사이의 상호관계 및 역할, 지위와 관련하여 발생할 수 있는 혼란을 방지하고 가족제도의 기능을 유지하기 위한 것으로서 정당한 입법목적 달성을 위한 적합한 수단에 해당한다.

이 사건 금혼조항은, 촌수를 불문하고 부계혈족 간의 혼인을 금지한 구 민법상 동성동본금혼 조항에 대한 헌법재판소의 헌법불합치 결정의 취지를 존중하는 한편, 우리 사회에서 통용되는 친족의 범위 및 양성평등에 기초한 가족관계 형성에 관한 인식과 합의에 기초하여 혼인이 금지되는 근친의 범위를 한정한 것이므로 그 합리성이 인정되며, 입법목적 달성에 불필요하거나 과도한 제한을 가하는 것이라고는 볼 수 없으므로 침해의 최소성에 반한다고 할 수 없다. 나아가 이 사건 금혼조항으로 인하여 법률상의 배우자 선택이 제한되는 범위는 친족관계 내에서도 8촌 이내의 혈족으로, 넓다고 보기 어렵다. 그에 비하여 8촌 이내 혈족 사이의 혼인을 금지함으로써 가족질서를 보호하고 유지한다는 공익은 매우 중요하므로 이 사건 금혼조항은 법익균형성에 위반되지 아니한다. 그렇다면 <u>이 사건 금혼조항은 과잉금지원칙에 위배하여 혼인의 자유를 침해하지 않는다.</u>

나. (1) 재판관 이선애, 재판관 이은애, 재판관 이종석, 재판관 이영진, 재판관 이미선의 헌법불합치의견

이 사건 무효조항은 이 사건 금혼조항의 실효성을 보장하기 위한 것으로서 정당한 입법목적 달성을 위한 적합한 수단에 해당한다. 다만, 이미 근친혼이 이루어져 당사자 사이에 부부간의 권리와 의무의 이행이 이루어지고 있고, 자녀를 출산하거나 가족 내 신뢰와 협력에 대한 기대가 발생하였다고 볼 사정이 있는 때에 일률적으로 그 효력을 소급하여 상실시킨다면, 이는 가족제도의 기능 유지라는 본래의 입법목적에 반하는 결과를 초래할 가능성이 있다. 이 사건 무효조항의 입법목적은 근친혼이 가까운 혈족 사이의 신분관계 등에 현저한 혼란을 초래하고 가족제도의 기능을 심각하게 훼손하는 경우에 한정하여 무효로 하더라도 충분히 달성 가능하고, 위와 같은 경우에 해당하는지 여부가 명백하지 않다면 혼인의 취소를 통해 장래를 향하여 혼인을 해소할 수 있도록 규정함으로써 가족의 기능을 보호하는 것이 가능하므로, <u>이 사건 무효조항은 입법목적 달성에 필요한 범위를 넘는 과도한 제한으로서 침해의 최소성을 충족하지 못한다.</u> 나아가 이 사건 무효조항을 통하여 달성되는 공익은 결코 적지 아니하나, 이 사건 무효조항으로 인하여 제한되는 사익 역시 중대함을 고려하면, <u>이 사건 무효조항은 법익균형성을 충족하지 못한다. 그렇다면, 이 사건 무효조항은 과잉금지원칙에 위배하여 혼인의 자유를 침해한다.</u>

(2) 재판관 유남석, 재판관 이석태, 재판관 김기영, 재판관 문형배의 헌법불합치의견

이 사건 금혼조항에 대한 반대의견에서 밝히는 바와 같이 이 사건 금혼조항은 그 금지의 범위가 지나치게 광범위하여 헌법에 합치되지 아니하므로, 이 사건 무효조항도 무효로 하는 근친혼의 범위가 너무 광범위하여 헌법에 합치되지 아니한다. 이 사건 금혼조항의 개선입법으로 금지되는 근친혼의 범위가 합헌적으로 축소되는 경우에 그와 같이 축소된 금혼 범위 내에서 이 사건 무효조항은 그 입법목적의 정당성과 수단의 적합성이 인정된다. <u>이 사건 무효조항의 입법목적은 가령 직계혈족 및 형제자매 사이의 혼인과 같이 근친혼이 가족제도의 기능을 심각하게 훼손하는 경우에 한정하여 그 혼인을 무효로 하고 그 밖의 근친혼에 대하여는 혼인의 취소를 통해 장래를 향하여 혼인이 해소될 수 있도록 규정함으로써 기왕에 형성된 당사자나 그 자녀의 법적 지위를 보장하더라도 충분히 달성될 수 있다.</u> 그럼에도 이 사건 무효조항은 이 사건 금혼조항을 위반한 경우를 전부 무효로 하고 있어서 침해최소성과 법익균형성에 반한다. 그렇다면 <u>이 사건 무효조항은 과잉금지원칙에 위배하여 혼인의 자유를 침해한다.</u>

다. 이 사건 무효조항에 대하여 2024. 12. 31.을 시한으로 입법자가 개정할 때까지 계속 적용을 명하는 헌법불합치 결정을 선고한다. <u>다만 당해 사건에서는 이 사건 무효조항이 개정될 때를 기다려 개정된 신법을 적용하여야 할 것이다.</u>

2. 가족관계의 등록 등에 관한 법률 제46조 제2항 등 위헌확인(헌불) 헌결 2023.3.23. 2021헌마975) ★★★

- '혼인 중 여자와 남편 아닌 남자 사이에서 출생한 자녀'에 대한 출생신고 사건 -

[판시사항]

가. 태어난 즉시 '출생등록될 권리'가 기본권인지 여부(적극)

나. '혼인 중 여자와 남편 아닌 남자 사이에서 출생한 자녀에 대한 생부의 출생신고'를 허용하도록 규정하지 아니한 '가족관계의 등록 등에 관한 법률' 제46조 제2항(이하, '이 사건 출생신고의무자조항'이라 한다), '가족관계의 등록 등에 관한 법률'(이하 연혁에 관계없이 '가족관계등록법'으로 약칭한다) 제57조 제1항 및 제2항(이하, '이 사건 친생자출생신고조항'이라 하고, 이 사건 출생신고의무자조항과 합하여 '심판대상조항들'이라 한다)이 혼인 외 출생자인 청구인들의 태어난

즉시 '출생등록될 권리'를 침해하는지 여부(적극)

다. 심판대상조항들이 생부인 청구인들의 평등권을 침해하는지 여부(소극)

라. 헌법불합치결정을 선고하면서 계속 적용을 명한 사례

[결정요지]

가. 태어난 즉시 <u>'출생등록될 권리'</u>는 '출생 후 아동이 보호를 받을 수 있을 최대한 빠른 시점'에 아동의 출생과 관련된 기본적인 정보를 국가가 관리할 수 있<u>도록 등록할 권리</u>로서, 아동이 사람으로서 인격을 자유로이 발현하고, 부모와 <u>가족 등의 보호하에 건강한 성장과 발달을 할 수 있도록 최소한의 보호장치를 마련하도록 요구할 수 있는 권리</u>이다. 이는 헌법에 명시되지 아니한 독자적 기본권으로서, 자유로운 인격실현을 보장하는 자유권적 성격과 아동의 건강한 성장과 발달을 보장하는 사회적 기본권의 성격을 함께 지닌다. ★★★

나. 혼인 중인 여자와 남편이 아닌 남자 사이에서 출생한 자녀의 경우, 혼인 중인 여자와 그 남편이 출생신고의 의무자에 해당하나, 해당 자녀의 모가 남편과의 관계에서 발생하는 여러 사정을 고려하여 출생신고를 하지 아니하는 경우가 발생하고 있고, 그 남편이 해당 자녀의 출생의 경위를 알고도 출생신고를 하는 것은 사실상 기대하기 어렵다. 한편, 신고적격자인 검사 또는 지방자치단체의 장의 출생신고는 의무적인 것이 아니며, 이들이 혼인 외 출생자의 구체적 사정을 출생 즉시 파악할 수 있다고 보기도 어렵다. <u>이처럼 현행 출생신고 제도는 혼인 중 여자와 남편 아닌 남자 사이에서 출생한 자녀인 청구인들과 같은 경우 출생신고가 실효적으로 이루어질 수 있도록 보장하지 못하고 있다.</u> 신고기간 내에 모나 그 남편이 출생신고를 하지 않는 경우 생부가 생래적 혈연관계를 소명하여 인지의 효력이 없는 출생신고를 할 수 있도록 하거나, 출산을 담당한 의료기관 등이 의무적으로 모와 자녀에 관한 정보 등을 포함한 출생신고의 기재사항을 미리 수집하고, 그 정보를 출생신고를 담당하는 기관에 송부하여 출생신고가 이루어지도록 한다면, 민법상 신분관계와 모순되는 내용이 가족관계등록부에 기재되는 것을 방지하면서도 출생신고가 이루어질 수 있다. 따라서 <u>심판대상조항들은 입법형성권의 한계를 넘어서서 실효적으로 출생등록될 권리를 보장하고 있다고 볼 수 없으므로, 혼인 중 여자와 남편 아닌 남자 사이에서 출생한 자녀에 해당하는 혼인 외 출생자인 청구인들의 태어난 즉시 '출생등록될 권리'를 침해한다.</u> ★★★

다. 심판대상조항들이 혼인 중인 여자와 남편 아닌 남자 사이에서 출생한 자녀의

경우에 혼인 외 출생자의 신고의무를 모에게만 부과하고, 남편 아닌 남자인 생부에게 자신의 혼인 외 자녀에 대해서 출생신고를 할 수 있도록 규정하지 아니한 것은 모는 출산으로 인하여 그 출생자와 혈연관계가 형성되는 반면에, 생부는 그 출생자와의 혈연관계에 대한 확인이 필요할 수도 있고, 그 출생자의 출생사실을 모를 수도 있다는 점에 있으며, 이에 따라 가족관계등록법은 모를 중심으로 출생신고를 규정하고, 모가 혼인 중일 경우에 그 출생자는 모의 남편의 자녀로 추정하도록 한 민법의 체계에 따르도록 규정하고 있는 점에 비추어 합리적인 이유가 있다. 그렇다면, 심판대상조항들은 생부인 청구인들의 평등권을 침해하지 않는다.

라. 심판대상조항들에 대하여 단순위헌결정을 하게 되면, 입법 공백이 발생하고, 나아가 입법자는 출생등록을 실효적으로 보장하면서도 법적 부자관계의 형성에 혼란이 생기지 않도록 방안을 마련할 일차적 책임과 재량이 있다. 따라서 심판대상조항들에 대하여 입법자의 개선입법이 이루어질 때까지 계속 적용을 명하는 헌법불합치결정을 선고한다. 입법자는 늦어도 2025. 5. 31.까지는 개선입법을 이행하여야 한다.

[이유]

태어난 즉시 '출생등록될 권리'는 '출생 후 곧바로' 등록될 권리를 뜻하는 것이 아니라 '출생 후 아동이 보호를 받을 수 있을 최대한 빠른 시점'에 아동의 출생과 관련된 기본적인 정보를 국가가 관리할 수 있도록 등록할 권리로서, 아동이 사람으로서 인격을 자유로이 발현하고, 부모와 가족 등의 보호하에 건강한 성장과 발달을 할 수 있도록 최소한의 보호장치를 마련하도록 요구할 수 있는 권리이다. 이는 헌법 제10조의 인간의 존엄과 가치 및 행복추구권으로부터 도출되는 일반적 인격권을 실현하기 위한 기본적인 전제로서 헌법 제10조뿐만 아니라, 헌법 제34조 제1항의 인간다운 생활을 할 권리, 헌법 제36조 제1항의 가족생활의 보장, 헌법 제34조 제4항의 국가의 청소년 복지향상을 위한 정책실시의무 등에도 근거가 있다. 이와 같은 태어난 즉시 '출생등록될 권리'는 앞서 언급한 기본권 등의 어느 하나에 완전히 포섭되지 않으며, 이들을 이념적 기초로 하는 헌법에 명시되지 아니한 독자적 기본권으로서, 자유로운 인격실현을 보장하는 자유권적 성격과 아동의 건강한 성장과 발달을 보장하는 사회적 기본권의 성격을 함께 지닌다. ★〈입법고시 2024〉

| 헌결 | 대판 |

1. [1] 출생 당시에 부 또는 모가 대한민국의 국민인 자(자)는 출생과 동시에 대한민국 국적을 취득한다(국적법 제2조 제1항). 대한민국 국민으로 태어난 아동에 대하여 국가가 출생신고를 받아주지 않거나 절차가 복잡하고 시간도 오래 걸려 출생신고를 받아주지 않는 것과 마찬가지 결과가 발생한다면 이는 아동으로부터 사회적 신분을 취득할 기회를 박탈함으로써 인간으로서의 존엄과 가치, 행복추구권 및 아동의 인격권을 침해하는 것이다(헌법 제10조). 현대사회에서 개인이 국가가 운영하는 제도를 이용하려면 주민등록과 같은 사회적 신분을 갖추어야 하고, 사회적 신분의 취득은 개인에 대한 출생신고에서부터 시작한다. 대한민국 국민으로 태어난 아동은 태어난 즉시 '출생등록될 권리'를 가진다. 이러한 권리는 '법 앞에 인간으로 인정받을 권리'로서 모든 기본권 보장의 전제가 되는 기본권이므로 법률로써도 이를 제한하거나 침해할 수 없다(헌법 제37조 제2항). ⇒ 대한민국 국민으로 태어난 아동은 태어난 즉시 '출생등록될 권리'를 가지는지 여부(적극) 〈경찰간부 2023〉 ★★★

   [2] 가족관계의 등록 등에 관한 법률 제57조 제2항의 취지, 입법연혁, 관련 법령의 체계 및 아동의 출생등록될 권리의 중요성을 함께 살펴보면, 가족관계의 등록 등에 관한 법률 제57조 제2항은 같은 법 제57조 제1항에서 생부가 단독으로 출생자신고를 할 수 있게 하였음에도 불구하고 같은 법 제44조 제2항에 규정된 신고서의 기재내용인 모의 인적사항을 알 수 없는 경우에 부의 등록기준지 또는 주소지를 관할하는 가정법원의 확인을 받아 신고를 할 수 있게 하기 위한 것으로, 문언에 기재된 '모의 성명·등록기준지 및 주민등록번호를 알 수 없는 경우'는 예시적인 것이므로, 외국인인 모의 인적사항은 알지만 자신이 책임질 수 없는 사유로 출생신고에 필요한 서류를 갖출 수 없는 경우 또는 모의 소재불명이나 모가 정당한 사유 없이 출생신고에 필요한 서류 발급에 협조하지 않는 경우 등과 같이 그에 준하는 사정이 있는 때에도 적용된다고 해석하는 것이 옳다(대결 2020.6.8. 2020스575). ⇒ 외국인인 모의 인적사항은 알지만 자신이 책임질 수 없는 사유로 출생신고에 필요한 서류를 갖출 수 없거나, 모의 소재불명이나 모가 정당한 사유 없이 출생신고에 필요한 서류 발급에 협조하지 않는 경우에도 가족관계의 등록 등에 관한 법률 제57조 제2항이 적용되는지 여부(적극)

Ⅶ. 모성 및 보건에 관한 권리

> 제36조 ② 국가는 모성의 보호를 위하여 노력하여야 한다.
> ③ 모든 국민은 보건에 관하여 국가의 보호를 받는다.

1. 모성을 보호받을 권리

(1) 의의

　(개) 개념: 자녀를 가진 여성은 국가에 대하여 모성의 건강 및 출산과 양육에 관한 제 여건을 조성해 줄 것을 국가에 요구할 수 있는 권리

　(내) 주체: 임신하고 있거나 자녀의 양육의무가 부여된 여성

(2) 모성을 보호받을 권리의 내용: 모성의 건강에 대한 보호뿐 아니라 임신, 출산, 수유, 양육에 관한 모든 사회경제적 여건에 대한 국가보호

2. 보건에 관한 권리

(1) 의의: 자신과 가족의 건강을 유지하는데 필요한 급부를 요구할 수 있는 권리

(2) 보건에 관한 권리의 내용: 국민의 건강을 유지하는 데 필요한 시설이나 제도나 장치 등을 국가에 대하여 요구할 수 ○ (생존권)

(3) 헌재결정: 치과전문의 자격시험 불실시(법령에서 위임된 치과전문의 자격시험을 실시하기 위한 시행규칙을 마련하지 아니한 행정입법부작위)(위헌확인, 헌결 96헌마246) ★ 보건권 침해× **비교** 직업의 자유, 행복추구권, 평등권 침해○

| 헌결 | 대판 |

> 1. 사회복지법인은 국가의 직·간접적인 지원을 받으며 국가와 더불어 복지사업의 한 축을 담당하고 있으므로, 입법자는 사회복지법인의 운영에 있어서 비교적 폭넓은 감독과 법률상 규제를 부과할 수 있다. 이 사건 법률조항들은 "국가는 모성의 보호를 위하여 노력해야 한다."고 규정한 헌법 제36조 제2항의 취지를 고려하여, 출산전후 미혼모에 대한 입양기관의 부당한 입양권유를 방지하여 미혼모의 자녀 양육권을 실질적으로 보장하기 위한 것인데, 입양기관이 '기본생활지원을 위한 미혼모자가족복지시설'을 함께 운영할 수 없도록 한 것은 이를 위한 적절한 수단이다. 입양기관이 '기본생활지원을 위한 미혼모자가족복지시설'을 제외한 나머지 5가지 유형의 한부모가족복지시설들을 함께 운영할 수 있고, 기존의 시설을 다른 한부모가족복지시설로 변경할 수 있도록

약 4년 정도의 유예기간을 부여하고 있으므로, <u>이 사건 법률조항들은 청구인들의 사회복지법인 운영의 자유 등을 침해하지 아니한다</u>(헌결 2014.5.29. 2011헌마363). ⇒ 입양기관이 '기본생활지원을 위한 미혼모자가족복지시설'을 함께 운영할 수 없도록 한 한부모가족지원법(2011. 4. 12. 법률 제10582호로 개정된 것) 제20조 제4항 및 부칙 제2조 제3항(이하 '이 사건 법률조항들'이라 한다)이 사회복지법인 운영의 자유 등을 침해하는지 여부(소극)

2. 담배사업법은 담배의 제조 및 판매 자체는 금지하고 있지 않지만, 현재로서는 흡연과 폐암 등의 질병 사이에 필연적인 관계가 있다거나 흡연자 스스로 흡연여부를 결정할 수 없을 정도로 의존성이 높아서 국가가 개입하여 담배의 제조 및 판매 자체를 금지하여야만 한다고 보기는 어렵다. 또한, 담배사업법은 담배성분의 표시나 경고문구의 표시, 담배광고의 제한 등 여러 규제들을 통하여 직접흡연으로부터 국민의 생명·신체의 안전을 보호하려고 노력하고 있다. 따라서 <u>담배사업법이 국가의 보호의무에 관한 과소보호금지 원칙을 위반하여 청구인의 생명·신체의 안전에 관한 권리를 침해하였다고 볼 수 없다</u>(헌결 2015.4.30. 2012헌마38).

3. 청구인들은 국민의 일원으로서 치과전문의제도가 시행되지 않고 있는 한, 치과분야에 있어서 충분한 의료서비스를 제공받지 못하고 의료사고의 위험성 앞에 무방비 상태로 노출되어 보건에 관하여 국가의 보호를 받을 권리, 즉 보건권을 침해받고 있다고 주장한다. 살피건대, 헌법은 "모든 국민은 보건에 관하여 국가의 보호를 받는다"라고 규정하고 있는바(제36조 제3항), 이를 '보건에 관한 권리' 또는 '보건권'으로 부르고, 국가에 대하여 건강한 생활을 침해하지 않도록 요구할 수 있을 뿐만 아니라 보건을 유지하도록 국가에 대하여 적극적으로 요구할 수 있는 권리로 이해한다 하더라도 <u>치과전문의제도를 시행하고 있지 않기 때문에 청구인을 포함한 국민의 보건권이 현재 침해당하고 있다고 보기는 어렵다</u>[[인용](위헌확인); 헌결 1998.7.16. 96헌마246]. ⇒ 보건복지부장관이 의료법과 대통령령의 위임에 따라 치과전문의자격시험제도를 실시할 수 있도록 시행규칙을 개정하거나 필요한 조항을 신설하는 등 제도적 조치를 마련하지 아니하는 부작위가 청구인들의 기본권을 침해한 것으로서 헌법에 위반되는지 여부(적극) / 보건복지부장관이 의료법과 대통령령의 위임에 따라 치과전문의자격시험제도를 실시할 수 있도록 시행규칙을 개정하거나 필요한 조항을 신설하는 등 제도적 조치를 마련하지 아니하는 부작위로, 청구인들은 직업으로서 치과전문의를 선택하고 이를 수행할 자유를 침해당하고 있

는 것이다. 위와 같이 청구인들은 전공의수련과정을 사실상 마치고도 치과전문의자격시험의 실시를 위한 제도가 미비한 탓에 치과전문의자격을 획득할 수 없었고 이로 인하여 형벌의 위험을 감수하지 않고는 전문과목을 표시할 수 없게 되었으므로(의료법 제55조 제2항, 제69조 참조), 행복추구권을 침해받고 있고, 이 점에서 전공의수련과정을 거치지 않은 일반 치과의사나 전문의시험이 실시되는 다른 의료분야의 전문의에 비하여 불합리한 차별을 받고 있다고 할 수 있다.

제5절 청구권적 기본권

Ⅰ. 청원권

> 제26조 ① 모든 국민은 법률이 정하는 바에 의하여 국가기관에 문서로 **청원할 권리**를 가진다.
> ② 국가는 청원에 대하여 **심사할 의무**를 진다.

1. 의의
(1) 개념: 국가기관에 대하여 자신의 희망이나 고통을 진술하고 그 시정을 요구하는 권리
(2) 주체: 자연인(○), 외국인(○), 사법인(○)

2. 청원권의 내용
(1) 국가기관에 자유로이 접근할 수 있는 권리: 모든 국민은 국가기관에게 자신의 희망이나 고통을 자유롭게 청원
(2) 국가기관의 심사 및 통지를 받을 권리: 헌법(§26②)은 청원을 수리하고 심사할 의무를 규정하고 있고, 청원법(§14)은 한 걸음 더 나아가 처리결과를 청원인에게 통지할 의무까지 규정하고 있으나, 통지에는 법률에 특별한 규정이 없는 한 재결서에 준하는 처리이유를 명시할 필요×(헌결 93헌마239)

3. 청원사항, 청원기관, 청원형식과 절차, 청원효과
(1) 청원사항: 청원법(§5)이 규정한 청원사항은 예시에 불과하나, 청원이 국민의 고충을 국가에 알리는 행위라 하더라도 무제한적일 수×
(2) 청원기관
　(가) 국가기관: 청원서는 청원사항을 관장하는 기관에 제출(청원법 §11①)
　(나) 의회에 대한 청원: ★ 국회(헌결 2012헌마330)나 지방의회(헌결 97헌마54)에 대한 청원은 의원의 소개를 얻어 청원을 제출
(3) 청원형식과 절차: 청원은 청원인의 성명(법인인 경우에는 명칭 및 대표자의 성명)·주소·거소를 기재하고, 청원의 이유와 취지를 기재한 문서로써 함(청원법 §9), 동일인이 동일한 내용의 청원서를 동일한 기관에 2건 이상 제출하거나 2 이상의 기관에 제출한 때에는 <u>나중에 접수된 청원서는 이를 반려하거나 종결처리할 수○</u>(청원법 §16), <u>정부에 제출 또는 회부된 정부의 정책에 관련된 청원은 국무회</u>

의의 필수적 심의대상○(헌법 §89. 15호), 국회는 <u>재판에 간섭</u>하거나 <u>국가기관을 모독</u>하는 내용의 청원은 <u>접수×</u>(국회법 §123③). 국회가 채택한 청원으로서 <u>정부에서 처리함이 타당하다고 인정되는 청원</u>은 의견서를 첨부하여 <u>정부에 이송한다</u>(국회법 §126①).

(4) 청원효과: 청원을 했다는 이유로 불이익을 받지 않음. 청원의 처리내용이 기대에 미치지 않는다 하여도 헌법소원의 심판대상이 되는 공권력의 행사가 될 수×(헌결 93헌마213)

4. 청원권의 효력
대국가적 효력

5. 청원권에 대한 제한과 한계
청원권은 일반적 법률유보(§37②)에 따라 제한할 수 있지만, 청원권의 본질적 내용을 침해할 수×

| 헌결 | 대판 |

1. 헌법 제26조와 청원법 규정에 의할 때 <u>헌법상 보장된 청원권은 공권력과의 관계에서 일어나는 여러가지 이해관계, 의견, 희망 등에 관하여 적법한 청원을 한 모든 국민에게, 국가기관이(그 주관관서가) 청원을 수리할 뿐만 아니라, 이를 심사하여, 청원자에게 적어도 그 처리결과를 통지할 것을 요구할 수 있는 권리를 말한다. 그러나 청원권의 보호범위에는 청원사항의 처리결과에 심판서나 재결서에 준하여 이유를 명시할 것까지를 요구하는 것은 포함되지 아니한다</u>고 할 것이다. 왜냐하면 국민이면 누구든지 널리 제기할 수 있는 민중적 청원제도는 재판청구권 기타 준사법적 구제청구와는 완전히 성질을 달리하는 것이기 때문이다. 그러므로 청원소관서는 청원법이 정하는 절차와 범위 내에서 청원사항을 성실·공정·신속히 심사하고 청원인에게 그 청원을 어떻게 처리하였거나 처리하려 하는지를 알 수 있을 정도로 결과통지함으로써 충분하다고 할 것이다. 따라서 적법한 청원에 대하여 국가기관이 수리, 심사하여 그 처리결과를 청원인 등에게 통지하였다면 이로써 당해 국가기관은 헌법 및 청원법상의 의무이행을 필한 것이라 할 것이고, <u>비록 그 처리내용이 청원인 등이 기대한 바에 미치지 않는다고 하더라도 더이상 헌법소원의 대상이 되는 공권력의 행사 내지 불행사라고는 볼 수 없다</u>(헌결 1994.2.24. 93헌마213). ★
2. 헌법상 보장된 청원권은 공권력과의 관계에서 일어나는 여러 가지 이해관계,

의견, 희망 등에 관하여 적법한 청원을 한 모든 당사자에게 국가기관이 청원을 수리할 뿐만 아니라 이를 심사하여 청원자에게 그 처리결과를 통지할 것을 요구할 수 있는 권리를 말하나, 청원사항의 처리결과에 심판서나 재결서에 준하여 이유를 명시할 것까지를 요구하는 것은 청원권의 보호범위에 포함되지 아니하므로 청원 소관관서는 청원법이 정하는 절차와 범위내에서 청원사항을 성실·공정·신속히 심사하고 청원인에게 그 청원을 어떻게 처리하였거나 처리하려고 하는지를 알 수 있는 정도로 결과통지함으로써 충분하고, 비록 그 처리내용이 청원인이 기대하는 바에 미치지 않는다고 하더라도 헌법소원의 대상이 되는 공권력의 행사 내지 불행사라고는 볼 수 없다(헌결 1997.7.16. 93헌마239). ★

3. 지방의회에 청원을 할 때에 지방의회 의원의 소개를 얻도록 한 것은 의원이 미리 청원의 내용을 확인하고 이를 소개하도록 함으로써 청원의 남발을 규제하고 심사의 효율을 기하기 위한 것이고, 지방의회 의원 모두가 소개의원이 되기를 거절하였다면 그 청원내용에 찬성하는 의원이 없는 것이므로 지방의회에서 심사하더라도 인용가능성이 전혀 없어 심사의 실익이 없으며, 청원의 소개의원도 1인으로 족한 점을 감안하면 이러한 정도의 제한은 공공복리를 위한 필요·최소한의 것이라고 할 수 있다(헌결 1999.11.25. 97헌마54).

4. 이 사건 법률조항이 의회에 대한 청원에 의원의 소개를 얻도록 한 목적은 무책임한 청원서의 제출과 남용을 예방하여 청원 심사의 실효성을 확보하려는 것으로서, 청원은 일반의안과 같은 심사절차를 거치므로 청원서 제출단계에서부터 의원의 관여가 필요하며, 청원의 소개의원이 되려는 의원이 단 한 명도 없는 경우에까지 청원서를 제출할 수 있도록 하여 이를 심사할 실익은 없다 할 것이다. 또한 국회는 의원의 소개를 얻지 못한 민원들을 진정으로 접수하여 처리하는 점, 청원의 소개의원은 1인으로 족한 점 등을 감안할 때, 이 사건 법률조항이 입법형성의 재량의 범위를 넘었다고 볼 수 없으므로, 이 사건 법률조항은 청구인의 청원권을 침해하지 아니한다(헌결 2012.11.29. 2012헌마330). ⇒ 국회법(1991. 5. 31. 법률 제4385호로 개정된 것) 제123조 제1항 중 "의원의 소개를 얻어" 부분(이하 '이 사건 법률조항'이라 한다)이 청구인의 청원권을 침해하는지 여부(소극) ★

5. [1] 긴급조치 제1호는 민주주의의 본질적인 요소인 국민의 정치적 표현의 자유와 국민의 헌법개정절차에서 가지는 참정권적 기본권인 국민투표권 등의 권리, 청원권 등을 지나치게 제한하는 것이다.

[2] 긴급조치 제1호, 제2호는 국가긴급권의 발동이 필요한 상황과는 전혀 무관하게 헌법과 관련하여 자신의 견해를 단순하게 표명하는 모든 행위까지 처벌하고, 처벌의 대상이 되는 행위를 전혀 구체적으로 특정할 수 없으므로, 표현의 자유 제한의 한계를 일탈하여 국가형벌권을 자의적으로 행사하였고, 죄형법정주의의 명확성 원칙에 위배되며, 국민의 헌법개정권력의 행사와 관련한 참정권, 국민투표권, 영장주의 및 신체의 자유, 법관에 의한 재판을 받을 권리 등을 침해한다(**위헌** 헌결 2013.3.21. 2010헌바132).

II. 재판청구권

제27조 ① 모든 국민은 헌법과 법률이 정한 법관에 의하여 **법률에 의한 재판을 받을 권리**를 가진다.
② 군인 또는 군무원이 아닌 국민은 대한민국의 영역 안에서는 **중대한 군사상 기밀·초병·초소·유독음식물공급·포로·군용물**에 관한 죄 중 법률이 정한 경우와 **비상계엄이 선포된 경우**를 제외하고는 군사법원의 재판을 받지 아니한다.
③ 모든 국민은 **신속한 재판을 받을 권리**를 가진다. 형사피고인은 상당한 이유가 없는 한 지체없이 공개재판을 받을 권리를 가진다.
④ **형사피고인은 유죄의 판결이 확정될 때까지는 무죄로 추정된다.**
⑤ **형사피해자**는 법률이 정하는 바에 의하여 당해 사건의 재판절차에서 진술할 수 있다.

<헌법 §27② vs 헌법 §110④>

헌법 §27②	헌법 §110④
군인 또는 군무원이 아닌 국민은 대한민국의 영역 안에서는 중대한 군사상기밀 [초병·초소·유독음식물공급·포로] 군용물에 관한 죄 중 법률이 정한 경우와 비상계엄이 선포된 경우를 제외하고는 군사법원재판×	비상계엄 하의 군사재판은 군인·군무원의 범죄나 군사에 관한 간첩죄 [초병·초소·유독음식물공급·포로] × 에 관한 죄 중 법률이 정한 경우에 한하여 단심. (단, 사형 예외)

1. 의의

(1) 개념: 모든 국민은 법적분쟁이 발생한 경우 독립된 법원에 의한 공정하고 신속한 재판을 받을 권리

(2) 주체: 모든 국민(○), 외국인(○), 법인(○)

2. 재판청구권의 내용

(1) 재판을 받을 권리

(가) 개념: 구체적 분쟁사건에 대해 법원이 해결해 줄 것을 요구할 수 있는 권리

(나) 각종 재판을 받을 권리: 각종 재판에는 민사재판·형사재판·행정재판·**헌법재판**(헌결 2011헌마122), <u>모든 사건에 대해 대법원의 재판을 받을 권리가 보장되는 것은</u>×(헌결 97헌바37). <u>재심청구권</u>은 재판을 받을 권리에 당연히 포함된다고 할 수×(헌결 2003헌바105)

(다) 군사재판을 받지 않을 권리: 민간인은 원칙적으로 군사재판을 받지 않으나 대한민국 영역 안에서 헌법 제27조 제2항에 열거된 범죄를 범하였거나(영역 밖에서 행해진 경우는 제외됨), 중대한 군사상 기밀·초병·초소·유독음식물공급·포로·군용물에 관한 죄 중 법률이 정한 경우에 한하여 군사법원의 재판을 받음(다만 비상계엄이 선포된 경우는 예외) ★ '전투용에 공하는 시설'을 손괴한 군인 또는 군무원이 아닌 국민('일반 국민')이 군사법원에서 재판받도록 하는 군사법원법 조항은 재판을 받을 권리를 침해○ (**위헌** 헌결 2012헌가10)

| 헌결 | 대판 |

1. 헌법 제27조는 "모든 국민은 헌법과 법률이 정한 법관에 의하여 법률에 의한 재판을 받을 권리를 가진다."고 규정하여 재판청구권을 보장하고 있고 <u>이 때 재판을 받을 권리에는 민사재판, 형사재판, 행정재판뿐 아니라 헌법재판도 포함된다.</u> 헌법 제27조 제1항이 규정하는 '법률에 의한' 재판청구권을 보장하기 위해서는 입법자에 의한 재판청구권의 구체적인 형성이 필요하지만, 이는 상당한 정도로 권리구제의 실효성이 보장되도록 하는 것이어야 한다. 따라서 현대 사회의 복잡다단한 소송에서의 법률전문가의 증대되는 역할, 민사법상 무기 대등의 원칙 실현, 헌법소송의 변호사강제주의 적용 등을 감안할 때 교정시설 내 수용자와 변호사 사이의 접견교통권의 보장은 헌법상 보장되는 재판청구권의 한 내용 또는 그로부터 파생되는 권리로 볼 수 있다(헌결 2013. 8. 29. 2011헌마122).

2. 헌법 제27조 제1항이 보장하고 있는 재판청구권은 헌법이 특별히 달리 규정하고 있지 않는 한 법관에 의하여 사실적 측면과 법률적 측면의 한 차례의 심리검토의 기회는 적어도 보장되어야 함을 그 핵심적 내용으로 한다. 상소심에서 심판을 받을 권리를 헌법상 명문화한 규정이 없고 상소문제가 일반 법률에

맡겨진 우리 법제하에서 재판청구권에 모든 사건에 대해 상소심 절차에 의한 재판을 받을 권리까지도 당연히 포함된다고 할 수는 없고, 마찬가지로 재심청구권 역시 헌법 제27조에서 규정한 재판을 받을 권리에 당연히 포함된다고 할 수 없으며, 어떤 사유를 재심사유로 정하여 재심을 허용할 것인가는 입법자가 확정판결에 대한 법적 안정성, 재판의 신속·적정성, 법원의 업무부담 등을 고려하여 결정하여야 할 입법정책의 문제이다(헌결 2004.12.16. 2003헌바105).

3. 구 군형법 제69조 중 '전투용에 공하는 시설'은 '군사목적에 직접 공용되는 시설'로 항상 '군사시설'에 해당한다. 군용물·군사시설에 관한 죄를 병렬적으로 규정하고 있었던 구 헌법(1980. 10. 27. 헌법 제9호로 개정되고, 1987. 10. 29. 헌법 제10호로 개정되기 전의 것) 제26조 제2항에서 '군용물'은 명백히 '군사시설'을 포함하지 않는 개념으로 사용된 점, 군사시설에 관한 죄를 범한 민간인에 대한 군사법원의 재판권을 제외하는 것을 명백히 의도한 헌법 개정 경과 등을 종합하면, 군인 또는 군무원이 아닌 국민에 대한 군사법원의 예외적인 재판권을 정한 헌법 제27조 제2항에 규정된 군용물에는 군사시설이 포함되지 않는다. 그렇다면 '군사시설' 중 '전투용에 공하는 시설'을 손괴한 일반 국민이 항상 군사법원에서 재판받도록 하는 이 사건 법률조항[저자 주: '전투용에 공하는 시설'을 손괴한 군인 또는 군무원이 아닌 국민(이하 '일반 국민')이 군사법원에서 재판받도록 하는, 구 군사법원법 제2조 제1항 제1호 중 '구 군형법 제1조 제4항 제4호' 가운데 '구 군형법 제69조 중 전투용에 공하는 시설의 손괴죄를 범한 내국인에 대하여 적용되는 부분']은, 비상계엄이 선포된 경우를 제외하고는 '군사시설'에 관한 죄를 범한 군인 또는 군무원이 아닌 일반 국민은 군사법원의 재판을 받지 아니하도록 규정한 헌법 제27조 제2항에 위반되고, 국민이 헌법과 법률이 정한 법관에 의한 재판을 받을 권리를 침해한다(**위헌** 헌결 2013.11.28. 2012헌가10). ★

(2) 헌법과 법률이 정한 법관에 의한 재판을 받을 권리

 (개) 헌법과 법률이 정한 법관: 헌법과 법률이 정한 자격을 구비하고(§101③, 법원조직법 이하 '동법' §42), 적법절차에 의하여 임명되며(§104, 동법 §41), 물적독립(§103)과 인적독립(§105, §106)이 보장된 법관

 (내) 군사재판: 헌법이 특별법원으로서 군사법원을 허용하고 있고(§110①), 대법원을 군사재판의 최종심으로 하고 있으며(§110②), 헌법(§27)이 군사법원에 의한 재판을 허락하고 있으므로, 군사법원의 군재판관에 의한 재판이 헌법과

법률이 정한 법관에 의한 재판을 받을 권리를 침해×

(다) **배심재판**: 사실심에 대한 판단뿐만 아니라 법률심까지 참여하는 참심제 재판은 헌법개정에 의하지 않는 한 현행 헌법하에서는 허용×(다수설). '**국민의 형사재판참여에 관한 법률**'은 사법의 민주적 정당성과 신뢰를 높이기 위하여 국민에게 형사재판에 참여를 허락. but '국민참여재판을 받을 권리'는 헌법 제27조 제1항에서 규정한 재판을 받을 권리의 보호범위에 속한다고 볼 수 ×(헌결 2008헌바12)

(라) **통고처분**: 통고처분은 법원의 자유형 또는 재산형에 처하는 과벌제도에 갈음하여 행정청이 부과하는 금전적 제재인데, 상대방이 이에 승복할 경우에만 효력을 지니므로 행정소송의 대상이 되는 처분성×

(마) **행정심판**: 헌법(§107③)은 행정심판을 임의적 전치제도로 규정하고 있어 행정심판을 거치지 아니하고 곧바로 행정소송을 제기할 수 있는 선택권이 보장되어 있으므로 '법관에 의하여' 재판을 받을 권리를 침해×(헌결 2012헌바333)

(바) **국가배상심의회에 의한 배상결정전치주의**: 구 국가배상법 제9조의 필요적 전치절차는 2000. 12. 29. 임의적 전치절차로 개정. 국가배상법 제16조 중 "심의회의 배상결정은 신청인이 동의한 때에는 민사소송법의 규정에 의한 재판상의 화해가 성립된 것으로 본다"라는 부분은 **재판청구권을 침해**○ (위헌) 헌결 91헌가7) 비교 보상금 등의 지급결정에 동의한 때에는 **특수임무수행 등으로 인하여 입은 피해에 대하여 재판상 화해가 성립**된 것으로 보는 '특수임무수행자보상에 관한 법률'은 **재판청구권을 침해**×(헌결 2006헌마1322) 동지 민주화운동 관련자 명예회복 및 보상 심의 위원회의 보상금 등 지급결정에 동의한 때 재판상 화해의 성립을 간주함으로써 법관에 의하여 법률에 의한 재판을 받을 권리를 제한하는 민주화보상법은 **재판청구권을 침해**×(헌결 2014헌바180)

| 헌결 | 대판 |

1. 이 사건 심판대상조항부분은 국가배상에 관한 분쟁을 신속히 종결·이행시키고 배상결정에 안정성을 부여하여 국고의 손실을 가능한 한 경감하려는 입법목적을 달성하기 위하여 동의된 배상결정에 재판상의 화해의 효력과 같은, 강력하고도 최종적인 효력을 부여하여 재심의 소에 의하여 취소 또는 변경되지 않는 한 그 효력을 다툴 수 없도록 하고 있는바, 사법절차에 준한다고 볼 수 있는 각종 중재·조정절차와는 달리 배상결정절차에 있어서 심의회의 제3자

성·독립성이 희박한 점, 심의절차의 공정성·신중성도 결여되어 있는 점, 심의회에서 결정되는 배상액이 법원의 그것보다 하회하는 점, 신청인의 배상결정에 대한 동의에 재판청구권을 포기할 의사까지 포함되는 것으로 볼 수 없는 점을 종합하여 볼 때 이 사건 법률조항이 위에서 본 바와 같은 입법목적을 달성하기 위하여 동의된 배상결정에 재판상의 화해와 같은 강력하고 최종적인 효력까지 부여하여 재판청구권을 제한하는 것은 신청인의 재판청구권을 과도하게 제한하는 것이어서 헌법 제37조 제2항에서 규정하고 있는 기본권 제한 입법에 있어서의 과잉입법금지의 원칙에 반할 뿐 아니라, 권력을 입법, 행정 및 사법 등으로 분립한 뒤 실질적 의미의 사법작용인 분쟁해결에 관한 종국적인 권한은 원칙적으로 이를 헌법과 법률에 의한 법관으로 구성되는 사법부에 귀속시키고, 나아가 국민에게 그러한 법관에 의한 재판을 청구할 수 있는 기본권을 보장하고자 하는 헌법의 정신에도 충실하지 못한 것이라고 할 것이다(위헌 헌결 1995.5.25. 91헌가7). ⇒ 국가배상법 제16조 중 "심의회의 배상결정은 신청인이 동의한 때에는 민사소송법의 규정에 의한 재판상의 화해가 성립된 것으로 본다"라는 부분의 위헌 여부(적극)

★ 비교 보상금 등의 지급결정에 동의한 때에는 특수임무수행 등으로 인하여 입은 피해에 대하여 재판상 화해가 성립된 것으로 보는 '특수임무수행자보상에 관한 법률'은 재판청구권을 침해×(헌결 2009.4.30. 2006헌마1322) ★ 통지 민주화운동 관련자 명예회복 및 보상 심의 위원회의 보상금 등 지급결정에 동의한 때 재판상 화해의 성립을 간주함으로써 법관에 의하여 법률에 의한 재판을 받을 권리를 제한하는 민주화보상법은 재판청구권을 침해×(헌결 2018.8.30. 2014헌바180) ★ 통지 배상금 등을 지급받으려는 신청인으로 하여금 '4·16세월호참사에 관하여 어떠한 방법으로도 일체의 이의를 제기하지 않을 것임을 서약합니다'라는 내용이 기재된 배상금 등 동의 및 청구서를 제출하도록 규정한 세월호피해지원법 시행령(2015. 3. 27. 대통령령 제26163호로 제정된 것, 다음부터 '세월호피해지원법 시행령'이라 한다) 제15조 중 별지 제15호 서식 가운데 일체의 이의제기를 금지한 부분(다음부터 '이의제기금지조항'이라 한다)이 법률유보원칙을 위반하여 청구인들의 일반적 행동의 자유를 침해하는지 여부(적극)[위헌 헌결 2017.6.29. 2015헌마654]

2. 구 성폭력범죄의 처벌 및 피해자보호 등에 관한 법률 제21조의3 제4항 등 위헌소원 (영상물에 수록된 19세 미만 성폭력범죄 피해자 진술에 관한 증거능력 특례조항 사건)(위헌 헌결 2021.12.23. 2018헌바524) ★★★

심판대상조항은 미성년 피해자가 증언과정 등에서 받을 수 있는 2차 피해를 막기 위한 것이다. 미성년 피해자의 2차 피해를 방지하는 것은, 성폭력범죄에 관한 형사절차를 형성함에 있어 포기할 수 없는 중요한 가치이나 <u>그 과정에서 피고인의 공정한 재판을 받을 권리도 보장되어야 한다</u>. 성폭력범죄의 특성상 영상물에 수록된 미성년 피해자 진술이 사건의 핵심 증거인 경우가 적지 않음에도 <u>심판대상조항은 진술증거의 오류를 탄핵할 수 있는 효과적인 방법인 피고인의 반대신문권을 보장하지 않고 있다</u>. 심판대상조항은 영상물로 그 증거방법을 한정하고 신뢰관계인 등에 대한 신문 기회를 보장하고 있기는 하나 <u>위 증거의 특성 및 형성과정을 고려할 때 이로써 원진술자에 대한 반대신문의 기능을 대체하기는 어렵다</u>. 그 결과 피고인은 사건의 핵심 진술증거에 관하여 충분히 탄핵할 기회를 갖지 못한 채 유죄 판결을 받을 수 있는바, <u>그로 인한 방어권 제한의 정도는 매우 중대하다</u>. 반면 피고인의 반대신문권을 일률적으로 제한하지 않더라도, 성폭력범죄 사건 수사의 초기단계에서부터 증거보전 절차를 적극적으로 실시하거나, 비디오 등 중계장치에 의한 증인신문 등 <u>미성년 피해자가 증언과정에서 받을 수 있는 2차 피해를 방지할 수 있는 여러 조화적인 제도를 적극 활용함으로써 위 조항의 목적을 달성할 수 있다</u>. 피고인측이 정당한 방어권의 범위를 넘어 피해자를 위협하고 괴롭히는 등의 반대신문은 금지되며, 재판장은 구체적 신문 과정에서 증인을 보호하기 위해 소송지휘권을 행사할 수 있다. <u>우리 사회에서 미성년 피해자의 2차 피해를 방지하는 것이 중요한 공익에 해당함에는 의문의 여지가 없다</u>. 그러나 심판대상조항으로 인한 피고인의 방어권 제한의 중대성과 미성년 피해자의 2차 피해를 방지할 수 있는 여러 조화적인 대안들이 존재함을 고려할 때, 심판대상조항이 달성하려는 공익이 제한되는 피고인의 사익보다 우월하다고 쉽게 단정하기는 어렵다. 따라서 <u>심판대상조항은 과잉금지원칙을 위반하여 공정한 재판을 받을 권리를 침해한다</u>.

3. 열람·등사신청 거부 위헌확인 (법원이 열람·등사 허용 결정을 하였음에도 검사가 열람·등사를 거부한 행위의 위헌확인 사건)(위헌 헌결 2022.6.30. 2019헌마356) ★★★

별건으로 공소제기 후 확정되어 검사가 보관하고 있는 서류에 대하여 법원의 열람·등사 허용 결정이 있었음에도 검사가 청구인에 대한 형사사건과의 관련성을 부정하면서 해당 서류의 열람·등사를 허용하지 아니한 행위가 청구인의 <u>신속하고 공정한 재판을 받을 권리와 변호인의 조력을 받을 권리를 침해한다</u>.

(3) 법률에 의한 재판을 받을 권리

(가) 실체법이 정한 내용: 법관은 실체법이 정한 내용에 따라 재판하여야 함.

(나) 절차법이 정한 절차: 법관은 절차법이 정한 절차에 따라 재판. 절차를 형성함에 있어 특히 유념해야 할 사항은 법원에 접근을 용이하게 할 것과 효율적 권리구제가 이루어질 수 있도록 하여야 하므로, 반국가행위자의 '상소 및 상소권회복청구를 봉쇄'한 것은 재판청구권의 침해○ (위헌 헌결 90헌바35)

(다) 재판에서의 법률: 법률은 실체법에 관하여, 형사재판에서는 죄형법정주의원칙 때문에 형식적 의미의 법률이어야 하나, 민사재판과 행정재판에 있어서는 형식적 의미의 법률 이외의 모든 성문법과 관습법과 같은 불문법도 포함. 그러나 절차법에 관한 한 모두 형식적 의미의 법률이어야 함. 헌법이 직접 소송에 관한 절차를 규율할 수 있도록 한 대법원규칙(§108)이나 헌법재판소규칙(§113②)은 예외

(4) 공정하고 신속한 공개재판을 받을 권리

(가) 공정한 재판

개념	공정한 재판을 받을 권리는 헌법에 명시되어 있지 않으나 모든 국민이 당연히 갖는 권리(헌결 2001헌바53), '공정한 재판을 받을 권리'에는 공정한 '헌법재판'을 받을 권리도 포함○ (헌결 2012헌마2)
무기 대등	수용자가 변호사의 도움을 받는 경우에 접촉차단시설이 설치된 장소에서 접견을 하도록 하거나 (헌불 헌결 2011헌마122), 교도소장이 수형자와 변호사의 접견내용을 녹음, 기록한 행위는 헌법에 위반○ (위헌확인, 헌결 2011헌마398). ★ '형사'재판의 피고인으로 출석하는 수형자에 대하여 사복착용을 금지한 것은 공정한 재판을 받을 권리에 대한 침해 (헌불 헌결 2013헌마712) 비교 '민사'재판의 당사자로 출석하는 수형자에 대하여 사복착용을 불허한 것은 합헌 ★ 미결수용자가 수감되어 있는 동안 수사 또는 재판을 받을 때에도 사복을 입지 못하게 하고 재소자용 의류를 입게 한 행위도 위헌 (위헌확인, 헌결 97헌마137)
절차 대등	피고인 등의 반대신문권을 제한하고 있는 형사소송법(§221의2)의 제1회 공판기일전 증인신문제도는 재판받을 권리 침해○ (위헌 헌결 94헌바1), 학교안전공제보상재심사위원회가 재결을 행한 경우 재심청구인이 공제급여와 관련된 소를 제기하지 아니하거나 소를 취하한 경우에는 학교안전공제회와 재심청구인 간에 당해 재결 내용과 동일한 합의가 성립된 것으로 간주하는 '학교안전법(§64)'의 '합의간주조항'은 재판청구권을 침해○ (위헌 헌결 2014헌가7), 사법경찰관이 위험발생의 염려가 없음에도 불구하고 사건종결 전에 압수물을 폐기한 행위는 공정한 재판받을 권리 침해○ (위헌확인, 헌결 2011헌마351)

객관적인 절차	피고인의 소재를 확인할 수 없을 때 피고인의 진술 없이 재판할 수 있도록 하면서, 중형선고의 가능성도 배제되지 않은 것(**위헌**, 헌결 97헌바22)과, 검사가 법원의 증인으로 채택된 수감자를 그 증언에 이르기까지 거의 매일 검사실로 하루 종일 소환하여 피고인측 변호인이 접근하는 것을 차단하고, 검찰에서의 진술을 번복하는 증언을 하지 않도록 회유·압박하는 한편, 때로는 검사실에서 그에게 편의를 제공하기도 한 행위(위헌확인, 헌결 99헌마496)는 모두 공정한 재판을 받을 권리를 침해○ ★ **적법절차원칙에도 위배**○

(나) 신속한 재판

① 의의: 신속한 재판은 피고인의 이익과 실체적 진실발견 및 소송경제의 공익과의 조화를 요구

② 헌재결정: 국가보안법의 일정 범죄의 구속기간을 다른 범죄에 비하여 20일이나 길게 한 것(**위헌**, 헌결 90헌바82), 원심 소송기록을 검사를 거쳐 항소법원에 송부하도록 한 것(**위헌**, 헌결 92헌마44), 검사에게 그가 보관중인 수사기록 일체에 대한 열람·등사신청을 하였으나 정당한 사유를 밝히지 아니한 채 이를 전부 거부한 것(위헌확인, 헌결 94헌마60), ★ 「군사법원법」의 적용대상이 되는 모든 범죄에 대하여 수사기관의 구속기간의 연장을 허용하는 것(헌결 2002헌마193)은 모두 신속한 재판을 받을 권리를 침해○

(다) 공개재판: 형사피고인은 공개재판을 받을 권리를 가지며, 공개재판이란 재판의 심리와 판결이 공개된 법정에서 이루어지는 재판

| 헌결 | 대판 |

1. 피고인 등의 반대신문권을 제한하고 있는 형사소송법(§221의2)의 제1회 공판기일전 증인신문제도(**위헌**, 헌결 1996.12.26. 94헌바1)
피고인 등의 반대신문권을 제한하고 있는 법 제221조의2 제5항은 피고인들의 공격·방어권을 과다히 제한하는 것으로써 그 자체의 내용이나 대법원의 제한적 해석에 의하더라도 그 입법목적을 달성하기에 필요한 입법수단으로서의 합리성 내지 정당성이 인정될 수는 없다고 할 것이므로, 헌법상의 적법절차의 원칙 및 청구인의 공정한 재판을 받을 권리를 침해하고 있다. ⇒ 형사소송법(이하 "법"이라 한다) 제221조의2 제5항 중 제2항에 관한 부분이 헌법에 위반되는지 여부

2. 공제중앙회는 공제회의 상급기관이라거나 지휘·감독기관으로 볼 수 없으므로 공제중앙회 소속 재심위원회의 재심사절차는 제3자적 입장에서 공제회와 재심사청구인 사이의 사법적 분쟁을 해결하기 위한 간이분쟁해결절차에 불과하

다. 따라서 이러한 재심사절차에서 공제회는 재심사청구인과 마찬가지로 공제급여의 존부 및 범위에 관한 법률상 분쟁의 일방당사자의 지위에 있으므로, 공제회 역시 이에 관하여 법관에 의하여 재판받을 기회를 보장받아야 함에도 불구하고 이를 박탈하는 것은 헌법상 용인될 수 없다. 그런데 합의간주조항은 실질적으로 재심사청구인에게만 재결을 다툴 수 있도록 하고 있으므로, 합리적인 이유 없이 분쟁의 일방당사자인 공제회의 재판청구권을 침해한다(위헌 헌결 2015.7.30. 2014헌가7). ⇒ 학교안전사고에 대한 공제급여결정에 대하여 학교안전공제중앙회(이하 '공제중앙회'라 한다) 소속의 학교안전공제보상재심사위원회(이하 '재심위원회'라 한다)가 재결을 행한 경우 재심사청구인이 공제급여와 관련된 소를 제기하지 아니하거나 소를 취하한 경우에는 학교안전공제회(이하 '공제회'라 한다)와 재심사청구인 간에 당해 재결 내용과 동일한 합의가 성립된 것으로 간주하는 '학교안전사고 예방 및 보상에 관한 법률'(2007. 1. 26. 법률 제8267호로 제정된 것, 이하 '학교안전법'이라 한다) 제64조(이하 '합의간주조항'이라 한다)가 공제회의 재판청구권을 침해하는지 여부(적극)

3. 압수물은 검사의 이익을 위해서 뿐만 아니라 이에 대한 증거신청을 통하여 무죄를 입증하고자 하는 피고인의 이익을 위해서도 존재하므로 사건종결 시까지 이를 그대로 보존할 필요성이 있다. 따라서 사건종결 전 일반적 압수물의 폐기를 규정하고 있는 형사소송법 제130조 제2항은 엄격히 해석할 필요가 있으므로, 위 법률조항에서 말하는 '위험발생의 염려가 있는 압수물'이란 사람의 생명, 신체, 건강, 재산에 위해를 줄 수 있는 물건으로서 보관 자체가 대단히 위험하여 종국판결이 선고될 때까지 보관하기 매우 곤란한 압수물을 의미하는 것으로 보아야 하고, 이러한 사유에 해당하지 아니하는 압수물에 대하여는 설사 피압수자의 소유권포기가 있다 하더라도 폐기가 허용되지 아니한다고 해석하여야 한다. 피청구인은 이 사건 압수물을 보관하는 것 자체가 위험하다고 볼 수 없을 뿐만 아니라 이를 보관하는 데 아무런 불편이 없는 물건임이 명백함에도 압수물에 대하여 소유권포기가 있다는 이유로 이를 사건종결 전에 폐기하였는바, 위와 같은 피청구인의 행위는 적법절차의 원칙을 위반하고, 청구인의 공정한 재판을 받을 권리를 침해한 것이다(위헌확인; 헌결 2012.12.27. 2011헌마351). ⇒ 사법경찰관인 피청구인이 위험발생의 염려가 없음에도 불구하고 사건종결 전에 압수물을 폐기한 행위가 적법절차의 원칙에 반하고, 공정한 재판을 받을 권리를 침해하는지 여부(적극)

4. 형사소송법이 공소가 제기된 후의 피고인 또는 변호인의 수사서류 열람·등사권에 대하여 규정하면서 검사의 열람·등사 거부처분에 대하여 별도의 불복절

차를 마련한 것은 신속하고 실효적인 권리구제를 통하여 피고인의 신속·공정한 재판을 받을 권리 및 변호인의 조력을 받을 권리를 보장하기 위함이다. 법원이 검사의 열람·등사 거부처분에 정당한 사유가 없다고 판단하고 그러한 거부처분이 피고인의 헌법상 기본권을 침해한다는 취지에서 수사서류의 열람·등사를 허용하도록 명한 이상, 법치국가와 권력분립의 원칙상 검사로서는 당연히 법원의 그러한 결정에 지체 없이 따라야 하며, 이는 별건으로 공소제기되어 확정된 관련 형사사건 기록에 관한 경우에도 마찬가지이다. 그렇다면 <u>피청구인의 이 사건 거부행위는 청구인의 신속·공정한 재판을 받을 권리 및 변호인의 조력을 받을 권리를 침해한다</u>(위헌확인; 헌결 2022.6.30. 2019헌마356). ★ ⇒ 별건으로 공소제기 후 확정되어 검사가 보관하고 있는 서류에 대하여 법원의 열람·등사 허용 결정이 있었음에도 검사가 청구인에 대한 형사사건과의 관련성을 부정하면서 해당 서류의 열람·등사를 허용하지 아니한 행위(이하 '이 사건 거부행위'라고 한다)가 청구인의 신속하고 공정한 재판을 받을 권리 및 변호인의 조력을 받을 권리를 침해하는지 여부(적극)

5. 군사법원법 제227조의12 제2항 위헌소원(**위헌** 헌결 2023.8.31. 2020헌바252) - 군사법원법상 비용보상청구권의 제척기간 사건 - ★★★

[1] 재판관 유남석, 재판관 김기영, 재판관 문형배, 재판관 이미선의 위헌의견: 제척기간을 단기로 규정하는 것은 권리의 행사가 용이하고 빈번히 발생하는 것이거나, 법률관계를 신속히 확정하여 분쟁을 방지할 필요가 있는 경우이다. 그런데 군사법원법상 비용보상청구권은 이러한 사유에 해당하지 않을 뿐만 아니라, 피고인의 방어권 및 재산권을 보호하기 위해서 일반적인 사법상의 권리보다 더 확실하게 보호되어야 하므로, 심판대상조항은 제척기간을 6개월이라는 단기로 규정할 합리적인 이유가 있다고 볼 수 없다. 군사법원법상 피고인이 재판의 진행이나 무죄판결의 선고 사실을 모르는 경우가 발생할 수 있는데, 심판대상조항은 기산점에 관한 예외를 인정하지 않는다. 심판대상조항의 제척기간을 보다 장기로 규정하더라도 국가재정의 합리적인 운영을 저해한다고 보기 어려운 점 등을 고려하면, <u>심판대상조항은 과잉금지원칙을 위반하여 비용보상청구권자의 재판청구권 및 재산권을 침해한다</u>.

[2] 재판관 이은애, 재판관 이종석, 재판관 이영진, 재판관 정정미의 위헌의견: 헌법재판소는 2015. 4. 30. 2014헌바408등 결정에서 심판대상조항과 동일한 내용의 구 형사소송법 제194조의3 제2항에 대하여, 비용보상청구권의 특성, 입법형성에 관한 재량권 등을 종합하면 과잉금지원칙에 위배하여 재판

청구권이나 재산권을 침해하지 않는다고 보았다. 심판대상조항은 비용보상청구권자가 군사법원법의 적용을 받는 차이가 있을 뿐, 선례와 달리 판단할 사정변경이나 이유를 찾기 어렵기 때문에, 과잉금지원칙에 위반되지 않는다. 하지만 형사소송법은 2014. 12. 30. 비용보상청구권의 제척기간을 '무죄판결이 확정된 사실을 안 날부터 3년, 무죄판결이 확정된 때부터 5년 이내'로 개정하였다. 무죄를 선고받은 비용보상청구권자가 형사소송법이 적용되는지와 군사법원법이 적용되는지는 본질적인 차이가 없는데, 심판대상조항의 제척기간이 형사소송법보다 짧은 것에는 그 차별을 정당화할 합리적인 이유를 찾아보기 어렵다. 군사법원법이 규정하는 비용보상청구권은 군사재판의 특수성이 적용될 영역이 아니기 때문이다. 따라서 심판대상조항은 군사법원법과 형사소송법의 적용을 받는 비용보상청구권자를 자의적으로 다르게 취급하여 평등원칙에 위반된다. ⇒ 비용보상청구권의 제척기간을 무죄판결이 확정된 날부터 6개월 이내로 규정한 구 군사법원법 제227조의12 제2항(이하 '심판대상조항'이라 한다)이 헌법에 위반되는지 여부(적극)

6. 민법 제1014조 등 위헌확인(**위헌** 헌결 2024.6.27. 2021헌마1588) ★

- 상속분가액지급청구권에 대한 10년 제척기간 사건 - ★ 재산권 참조

상속개시 후 인지 또는 재판의 확정에 의하여 공동상속인이 된 자의 상속분가액지급청구권의 경우에도 '침해행위가 있은 날부터 10년'의 제척기간을 정하고 있는 것은, 법적 안정성만을 지나치게 중시한 나머지 사후에 공동상속인이 된 자의 권리구제 실효성을 외면하는 것이므로, 심판대상조항은 입법형성의 한계를 일탈하여 청구인의 재산권 및 재판청구권을 침해한다. 〈경찰간부 2024〉 ★ ★★

[기출지문] 상속개시 후 인지 또는 재판의 확정에 의하여 공동상속인이 된 자의 상속분가액지급청구권의 제척기간을 정하고 있는 「민법」 제999조 제2항의 '상속권의 침해행위가 있은 날부터 10년' 중 「민법」 제1014조에 관한 부분은 입법형성의 한계를 일탈하여 재판청구권을 침해한다. (○) 〈경찰간부 2024〉 ★★★

(5) 형사피해자의 재판절차진술권

(가) 의의: 형사피해자가 법원에 대하여 증인신문절차에 의한 진술을 요구할 수 있는 권리

(나) 주체: 범죄행위로 인한 형사피해자는 모두 주체. **형사피해자의 개념**은 반드시 형사실체법상의 보호법익을 기준으로 한 피해자개념에 한정하여 결정할 것

이 아니라 형사실체법상으로는 직접적인 보호법익의 향유주체로 해석되지 않는 자라 하더라도 **문제된 범죄행위로 말미암아 법률상 불이익을 받게 되는 자**
(헌결 2002헌마453)

㈐ 내용: 법원은 피해자 등을 신문하는 경우 피해의 정도 및 결과, 피고인의 처벌에 관한 의견, 그 밖에 당해 사건에 관한 의견을 진술할 기회를 주어야 함
(형소법 §294의2②)

| 헌결 | 대판 |

1. 헌법 제27조 제5항에서 형사피해자의 재판절차진술권을 독립된 기본권으로 보장한 취지는 피해자 등에 의한 사인소추를 전면 배제하고 형사소추권을 검사에게 독점시키고 있는 현행 기소독점주의의 형사소송체계 아래에서 형사피해자로 하여금 당해 사건의 형사재판절차에 참여할 수 있는 청문의 기회를 부여함으로써 형사사법의 절차적 적정성을 확보하기 위한 것이므로, 위 헌법조항의 <u>형사피해자의 개념은 반드시 형사실체법상의 보호법익을 기준으로 한 피해자개념에 한정하여 결정할 것이 아니라 형사실체법상으로는 직접적인 보호법익의 향유주체로 해석되지 않는 자라 하더라도 문제된 범죄행위로 말미암아 법률상 불이익을 받게 되는 자의 뜻으로 풀이하여야 할 것이다.</u> 교통사고로 사망한 사람의 부모는 형사소송법상 고소권자의 지위에 있을 뿐만 아니라, 비록 교통사고처리특례법의 보호법익인 생명의 주체는 아니라고 하더라도, 그 교통사고로 자녀가 사망함으로 인하여 극심한 정신적 고통을 받은 법률상 불이익을 입게 된 자임이 명백하므로, 헌법상 재판절차진술권이 보장되는 형사피해자의 범주에 속한다(헌결 2002.10.31. 2002헌마453).

2. 이 사건 법률조항[저자 주: 교통사고처리특례법 제4조 제1항 본문 중 업무상 과실 또는 중대한 과실로 인한 교통사고로 말미암아 피해자로 하여금 상해에 이르게 한 경우 공소를 제기할 수 없도록 한 부분]은 자동차 수의 증가와 자가운전 확대에 즈음하여 운전자들의 종합보험 가입을 유도하여 교통사고 피해자의 손해를 신속하고 적절하게 구제하고, 교통사고로 인한 전과자 양산을 방지하기 위한 것으로 그 목적의 정당성이 인정되며, 그 수단의 적절성도 인정된다. <u>그러나 교통사고 피해자가 신체의 상해로 인하여 생명에 대한 위험이 발생하거나 불구 또는 불치나 난치의 질병에 이르게 된 경우, 즉 중상해를 입은 경우(형법 제258조 제1항 및 제2항 참조), 사고발생 경위, 피해자의 특이성(노약자 등)과 사고발생에 관련된 피해자의 과실 유무 및 정도 등을 살펴 가해자

에 대하여 정식 기소 이외에도 약식기소 또는 기소유예 등 다양한 처분이 가능하고 정식 기소된 경우에는 피해자의 재판절차진술권을 행사할 수 있게 하여야 함에도, 이 사건 법률조항에서 가해차량이 종합보험 등에 가입하였다는 이유로 교통사고처리특례법 제3조 제2항 단서조항(이하, '단서조항'이라고 한다)에 해당하지 않는 한 무조건 면책되도록 한 것은 기본권침해의 최소성에 위반된다. <중략> 이 사건 법률조항에 의하여 중상해를 입은 피해자의 재판절차진술권의 행사가 근본적으로 봉쇄된 것은 교통사고의 신속한 처리 또는 전과자의 양산 방지라는 공익을 위하여 위 피해자의 사익이 현저히 경시된 것이므로 법익의 균형성을 위반하고 있다. 따라서 이 사건 법률조항은 과잉금지원칙에 위반하여 업무상 과실 또는 중대한 과실에 의한 교통사고로 '중상해'를 입은 피해자의 재판절차진술권을 침해한 것이라 할 것이다(위헌 헌재 2009.2.26. 2005헌마764). ★ 국가의 기본권보호의무의 위반 여부에 관한 심사기준인 과소보호금지의 원칙에 위반×

3. 신문기사 형식이라는 이유만으로 광고가 아니라고 단정할 수 없고, △△이 이 사건 제품 관련 보도자료를 배포한 사실 등이 있으므로 그 의사에 기하여 위 기사들이 작성되었을 정황이 존재하며, 위 기사들은 최근까지 검색될 뿐만 아니라 2017년 10월경에도 이 사건 제품이 판매 목적으로 진열되어 있었던 사정이 있으므로 공소시효와 처분시효가 아직 만료되지 않았다고 판단될 여지가 남아있다. 따라서 피청구인이 위 기사들을 심사대상에서 제외한 사유들은 모두 수긍하기 어렵다. 나아가 위 기사들 중에는 이 사건 제품이 '인체에 안전'하다는 내용이 기재된 것도 있어 '거짓·과장의 광고'에 해당하는지 여부가 문제되는데, 표시광고법상 그 내용이 진실임을 입증할 책임은 사업자에게 있으므로 피청구인이 위 기사들을 대상으로 심사절차를 진행하여 심의절차까지 나아갔더라면 이 사건 제품의 인체 안전성이 입증되지 못하였다는 이유로 고발 및 행정처분 등이 이루어졌을 가능성이 있다. 특히 표시광고법위반죄는 피청구인에게 전속고발권이 있어 피청구인의 고발이 없으면 공소제기가 불가능한바, 피청구인이 위 기사들을 심사대상에서 제외한 것은 청구인의 재판절차진술권 행사를 원천적으로 봉쇄하는 결과를 낳는 것이었다. 결국 피청구인이 위 기사들을 심사대상에서 제외한 행위로 인하여, 청구인의 평등권과 재판절차진술권이 침해되었다(위헌확인; 헌결 2022.9.29. 2016헌마773). ★ ⇒ 구 □□ 주식회사가 제조하고 △△ 주식회사(이하 '△△'이라 한다)가 판매하였던 가습기살균제 제품인 '○○'(이하 '이 사건 제품'이라 한다)의 표시·광고에 관한 사건

처리에 있어서, 피청구인이 이 사건 제품 관련 인터넷 신문기사 3건을 심사대상에서 제외한 행위가 청구인의 평등권과 재판절차진술권을 침해하였는지 여부(적극)

4. 형법 제328조 제1항 등 위헌확인(헌불 헌결 2024.6.27. 2020헌마468) ★★★

- 친족상도례(형 면제) 사건 -

[1] 형사피해자의 재판절차진술권: 헌법 제27조 제5항은 "형사피해자는 법률이 정하는 바에 의하여 당해 사건의 재판절차에서 진술할 수 있다."라고 규정하여 형사피해자의 재판절차진술권을 보장하고 있다. 다만, 형사피해자의 재판절차진술권을 어떠한 내용으로 구체화할 것인가에 관하여는 입법자에게 입법형성의 자유가 부여되고 있으므로, 그것이 재량의 범위를 넘어 명백히 불합리한 경우에 비로소 위헌의 문제가 생길 수 있다.

[2] 심판대상조항이 형사피해자의 재판절차진술권을 침해하는지 여부(적극)

⑴ 친족상도례의 규정 취지는, 가정 내부의 문제는 국가형벌권이 간섭하지 않는 것이 바람직하다는 정책적 고려와 함께 가정의 평온이 형사처벌로 인해 깨지는 것을 막으려는 데에 있다. 가족·친족 관계에 관한 우리나라의 역사적·문화적 특징이나 재산범죄의 특성, 형벌의 보충성을 종합적으로 고려할 때, 경제적 이해를 같이하거나 정서적으로 친밀한 가족 구성원 사이에서 발생하는 수인 가능한 수준의 재산범죄에 대한 형사소추 내지 처벌에 관한 특례의 필요성은 수긍할 수 있다.

⑵ 심판대상조항은 재산범죄의 가해자와 피해자 사이의 일정한 친족관계를 요건으로 하여 일률적으로 형을 면제하도록 규정하고 있다.

① 심판대상조항은 직계혈족이나 배우자에 대하여 실질적 유대나 동거 여부와 관계없이 적용되고, 또한 8촌 이내의 혈족, 4촌 이내의 인척에 대하여 동거를 요건으로 적용되며, 그 각각의 배우자에 대하여도 적용되는데, 이처럼 넓은 범위의 친족간 관계의 특성은 일반화하기 어려움에도 일률적으로 형을 면제할 경우, 경우에 따라서는 형사피해자인 가족 구성원의 권리를 일방적으로 희생시키는 것이 되어 본래의 제도적 취지와는 어긋난 결과를 초래할 우려가 있다. ★

② 심판대상조항은 강도죄와 손괴죄를 제외한 다른 모든 재산범죄에 준용되는데, 이러한 재산범죄의 불법성이 일반적으로 경미하여 피해자가 수인 가능한 범주에 속한다거나 피해의 회복 및 친족간 관계의 복원이 용이하다고 단

정하기 어렵다. 예컨대, '특정경제범죄 가중처벌 등에 관한 법률' 상 횡령이나 업무상 횡령으로서 이득액이 50억 원 이상인 경우 '무기 또는 5년 이상의 징역'으로 가중처벌될 수 있는 중한 범죄이고, 피해자의 임의의사를 제한하는 정도의 폭행이나 협박(공갈), 흉기휴대 내지 2인 이상 합동 행위(특수절도) 등을 수반하는 재산범죄의 경우 일률적으로 피해의 회복이나 관계의 복원이 용이한 범죄라고 보기 어렵다.

③ 피해자가 독립하여 자유로운 의사결정을 할 수 있는 사무처리능력이 결여된 경우에 심판대상조항을 적용 내지 준용하는 것은 가족과 친족 사회 내에서 취약한 지위에 있는 구성원에 대한 경제적 착취를 용인하는 결과를 초래할 염려가 있다. 그런데 심판대상조항은 위와 같은 사정들을 전혀 고려하지 아니한 채 법관으로 하여금 형면제 판결을 선고하도록 획일적으로 규정하여, 거의 대부분의 사안에서는 기소가 이루어지지 않고 있고, 이에 따라 형사피해자는 재판절차에 참여할 기회를 상실하고 있다. 예외적으로 기소가 되더라도, '형의 면제'라는 결론이 정해져 있는 재판에서는 형사피해자의 법원에 대한 적절한 형벌권 행사 요구는 실질적 의미를 갖기 어렵다. ★

(3) 로마법 전통에 따라 친족상도례의 규정을 두고 있는 대륙법계 국가들의 입법례를 살펴보더라도, 일률적으로 광범위한 친족의 재산범죄에 대해 필요적으로 형을 면제하거나 고소 유무에 관계없이 형사소추할 수 없도록 한 경우는 많지 않으며, 그 경우에도 대상 친족 및 재산범죄의 범위 등이 우리 형법이 규정한 것보다 훨씬 좁다. 위와 같은 점을 종합하면, 심판대상조항은 형사피해자가 법관에게 적절한 형벌권을 행사하여 줄 것을 청구할 수 없도록 하는바, 이는 입법재량을 명백히 일탈하여 현저히 불합리하거나 불공정한 것으로서 형사피해자의 재판절차진술권을 침해한다. ★

[3] 헌법불합치결정의 필요성: 심판대상조항의 위헌성은, 일정한 친족 사이의 재산범죄와 관련하여 형사처벌의 특례를 인정하는 데 있지 않고, '일률적으로 형면제'를 함에 따라 구체적 사안에서 형사피해자의 재판절차진술권을 형해화할 수 있다는 데 있다. 심판대상조항의 위헌성을 제거하는 데에는, 여러 가지 선택가능성이 있을 수 있으며, 입법자는 충분한 사회적 합의를 거쳐 그 방안을 강구할 필요가 있다. 따라서 심판대상조항에 대하여 단순위헌결정을 하는 대신 헌법불합치결정을 선고하되 그 적용을 중지한다. 입법자는 가능한 한 빠른 시일 내에, 늦어도 2025. 12. 31.까지 개선입법을 하여야 할 의무가 있고, 2025. 12. 31.까지 개선입법이 이루어지지 않으면 심판대상조항은

2026. 1. 1.부터 효력을 상실한다.

[결정의 의의]

(1) 이 사건은 재산범죄의 가해자와 피해자 사이에 일정한 친족관계가 있는 경우 일률적으로 형을 면제하도록 규정한 형법 제328조 제1항("친족상도례")에 관한 것이다.

(2) 헌법재판소는 이 사건 결정과 같은 날(2024. 6. 27.), '직계혈족, 배우자, 동거친족, 동거가족 또는 그 배우자 이외의 친족 간에 권리행사방해죄를 범한 때에는 고소가 있어야 공소를 제기할 수 있다'고 규정한 <u>형법 제328조 제2항에 대해 합헌결정을 하였는데(2023헌바449), 해당 결정은 고소를 소추조건으로 규정하여 피해자의 의사에 따라 국가형벌권 행사가 가능하도록 한 조항에 대한 것으로서 형사피해자의 재판절차진술권 침해 여부가 문제되지 않으므로, 형벌조각사유를 정한 심판대상조항에 관한 이 사건 결정과는 구분된다.</u>
〈경찰간부 2024〉 ★★★

[기출지문] '직계혈족, 배우자, 동거친족, 동거가족 또는 그 배우자' 이외의 친족사이의 재산범죄를 친고죄로 규정한「형법」제328조 제2항은 일정한 친족사이에서 발생한 재산범죄의 경우 피해자의 고소를 소추조건으로 정하여 피해자의 의사에 따라 국가형벌권 행사가 가능하도록 한 것으로서 합리적 이유가 있다.(○)〈경찰간부 2024〉★★★

⇒ 심판대상조항은 가족의 가치를 중시하는 우리나라의 역사·문화적 특징이나 형벌의 보충성을 고려할 때 그 필요성을 인정할 수 있다. 친족 사이에 발생한 재산범죄의 경우 친족관계의 특성상 친족 사회 내부에서 피해의 회복 등 자율적으로 문제를 해결할 가능성이 크고 재산범죄는 피해의 회복이나 손해의 전보가 비교적 용이한 경우가 많은 점, 형사소송법은 고소권자인 피해자의 고소의 의사표시가 어려운 경우의 보완규정을 두고 있는 점을 종합하면, <u>피해자의 고소를 소추조건으로 하여 피해자의 의사에 따라 국가형벌권 행사가 가능하도록 한 심판대상조항은 합리적 이유가 있으므로 평등원칙에 위배된다고 보기 어렵다</u>(헌결 2024.6.27. 2023헌바449). ⇒ 직계혈족, 배우자, 동거친족, 동거가족 또는 그 배우자 이외의 친족 간에 권리행사방해죄를 범한 때는 고소가 있어야 공소를 제기할 수 있도록 한 형법 제328조 제2항(이하 '심판대상조항'이라 한다)이 평등원칙에 위배되는지 여부(소극)

3. 재판청구권의 효력

대국가적 효력

4. 재판청구권에 대한 제한과 한계

(1) 제한

(가) **헌법에 의한 제한**: 군인·군무원에 대하여 군사법원의 재판을 받도록 하거나, 일정한 경우 민간인에게도 군사법원의 재판을 받도록 한 것(§27②), 단심재판이 가능하도록 한 것(§110④), 국회의원에 대한 자격심사·징계·제명처분에 대하여 법원의 제소를 금지한 것(§64④)이 이에 해당

(나) **법률에 의한 제한**: 재판청구권은 일반적 법률유보(§37②)에 따라 법률로 제한할 수 ○

(2) **한계**: 재판청구권의 본질적 내용을 침해할 수 ×. 교도소장이 출정비용납부거부를 이유로 행정소송변론기일에 출정을 제한한 행위는 재판청구권에 대한 침해 ○ (위헌확인, 헌결 2010헌마475), **재정신청 기각결정에 대해 헌법이나 법률 등의 위반이 있음을 이유로 대법원에 즉시항고를 할 수 있는 형사소송법 제415조의 재항고마저 금지하는 것은 헌법에 위반 ○**(한정위헌 헌결 2011.11.24. 2008헌마578)

| 헌결 | 대판 |

1. 공권력행사위헌확인 (수형자의 행정소송 변론기일 출정에 관한 사건)(인용) 헌결 2012.3.29. 2010헌마475) ★

   '민사재판 등 소송 수용자 출정비용 징수에 관한 지침'(이하 '이 사건 지침'이라 한다) 제4조 제3항에 의하면, 수형자가 출정비용을 납부하지 않고 출정을 희망하는 경우에는 소장은 수형자를 출정시키되, 사후적으로 출정비용 상환청구권을 자동채권으로, 영치금 반환채권을 수동채권으로 하여 상계함을 통지함으로써 상계하여야 한다고 규정되어 있으므로, 교도소장은 수형자가 출정비용을 예납하지 않았거나 영치금과의 상계에 동의하지 않았다고 하더라도, 우선 수형자를 출정시키고 사후에 출정비용을 받거나 영치금과의 상계를 통하여 출정비용을 회수하여야 하는 것이지, 이러한 이유로 수형자의 출정을 제한할 수 있는 것은 아니다. 그러므로 피청구인이, 청구인이 출정하기 이전에 여비를 납부하지 않았거나 출정비용과 영치금과의 상계에 미리 동의하지 않았다는 이유로 이 사건 출정제한행위를 한 것은, 피청구인에 대한 업무처리지침 내지 사무처리준칙인 이 사건 지침을 위반하여 청구인이 <u>직접 재판에 출석</u>

하여 변론할 권리를 침해함으로써, 형벌의 집행을 위하여 필요한 한도를 벗어나서 청구인의 재판청구권을 과도하게 침해하였다고 할 것이다.

2. 디엔에이감식시료채취 영장 발부 위헌확인 등 (디엔에이감식시료채취 영장 발부 절차 사건)([헌불] 헌결 2018.8.30. 2017헌마630) ★

    [1] 이 사건 영장절차 조항은 이와 같이 신체의 자유를 제한하는 디엔에이감식시료 채취 과정에서 중립적인 법관이 구체적 판단을 거쳐 발부한 영장에 의하도록 함으로써 법관의 사법적 통제가 가능하도록 한 것이므로, 그 목적의 정당성 및 수단의 적합성은 인정된다.

    [2] 디엔에이감식시료채취영장 발부 여부는 채취대상자에게 자신의 디엔에이감식시료가 강제로 채취당하고 그 정보가 영구히 보관·관리됨으로써 자신의 신체의 자유, 개인정보자기결정권 등의 기본권이 제한될 것인지 여부가 결정되는 중대한 문제이다. 그럼에도 불구하고 이 사건 영장절차 조항은 채취대상자에게 디엔에이감식시료채취영장 발부 과정에서 자신의 의견을 진술할 수 있는 기회를 절차적으로 보장하고 있지 않을 뿐만 아니라, 발부 후 그 영장 발부에 대하여 불복할 수 있는 기회를 주거나 채취행위의 위법성 확인을 청구할 수 있도록 하는 구제절차마저 마련하고 있지 않다. 위와 같은 입법상의 불비가 있는 이 사건 영장절차 조항은 채취대상자인 청구인들의 재판청구권을 과도하게 제한하므로, 침해의 최소성 원칙에 위반된다.

    [3] 이 사건 영장절차 조항에 따라 발부된 영장에 의하여 디엔에이신원확인정보를 확보할 수 있고, 이로써 장래 범죄수사 및 범죄예방 등에 기여하는 공익적 측면이 있으나, 이 사건 영장절차 조항의 불완전·불충분한 입법으로 인하여 채취대상자의 재판청구권이 형해화되고 채취대상자가 범죄수사 및 범죄예방의 객체로만 취급받게 된다는 점에서, 양자 사이에 법익의 균형성이 인정된다고 볼 수도 없다.

    [4] 따라서 이 사건 영장절차 조항은 과잉금지원칙을 위반하여 청구인들의 재판청구권을 침해한다.

3. 즉시항고의 제기기간을 3일로 제한하고 있는 형사소송법 제405조는 재판청구권을 침해한다([헌불] 헌결 2018.12.27. 2015헌바77). ★ 심판대상조항에 대하여는 헌법재판소에서 두 차례에 걸쳐 합헌결정을 한 바 있으나(헌재 2011. 5. 26. 2010헌마499; 헌재 2012. 10. 25. 2011헌마789), 이 사건에서 선례를 변경하여 헌법불합치 결정을 선고함

III. 형사보상청구권

> 제28조 형사피의자 또는 형사피고인으로서 구금되었던 자가 법률이 정하는 **불기소처분**을 받거나 **무죄판결**을 받은 때에는 법률이 정하는 바에 의하여 국가에 **정당한 보상**을 청구할 수 있다.

1. 의의

(1) 연혁: 건국헌법은 구금된 형사피고인이 무죄판결을 받은 경우에 한하여 인정되었는데, 현행 헌법은 **형사피의자**에게도 이를 인정하여 형사보상청구권을 확대보장

(2) 개념: 형사피의자 또는 형사피고인으로 구금되었던 자가 불기소처분이나 무죄판결을 받은 경우에 그가 입은 정신적·물질적 피해에 대한 정당한 보상을 청구할 수 있는 권리

(3) 주체: 형사피의자와 형사피고인(○), 외국인(○), 법인(×)

2. 형사보상청구권의 내용

(1) 형사보상청구권의 일반적 성립요건

  (가) 구금될 것: 구금이란 형사소송법상의 구금으로, 미결구금이나 형의 집행을 포함(형사보상 및 명예회복에 관한 법률 이하 '동법' §2①②)

  (나) 무과실책임: 국가기관의 고의나 과실을 요구하지 않는 무과실·결과책임

(2) 피의자보상: 피의자가 법률이 정하는 불기소처분을 받은 경우에 허용(동법 §27①)

(3) 피고인보상: 피고인이 무죄재판을 받은 경우에 허용(동법 §2①②)

(4) 상속인에 의한 보상청구: 제2조에 따라 보상을 청구할 수 있는 자가 그 청구를 하지 아니하고 사망하였을 때에는 그 **상속인**이 이를 청구할 수○(동법 §3①)

(5) 손해배상과의 관계: ★ 이 법은 보상을 받을 자가 **다른 법률에 따라 손해배상을 청구하는 것을 금지하지 아니함**(동법 §6①)

3. 형사보상청구의 절차

피의자보상의 경우 검사로부터 공소를 제기하지 아니하는 처분의 고지 또는 통지를 받은 날로부터 3년 이내에(동법 §28③), 피고인보상은 무죄재판이 확정된 사실을 <u>안 날부터 3년</u>, 무죄재판이 <u>확정된 때부터 5년</u> 이내에 하여야 하며(동법 §8), 피의자보상은 공소를 제기하지 아니하는 처분을 한 검사가 소속하는 지방검찰청의 심의회(동법 §28①), 피고인보상은 무죄재판을 한 법원(동법 §7)에 청구

4. 형사보상청구의 내용(정당한 보상)

형사보상액은 정당한 것이어야 하므로 형사보상청구권자가 입은 손실에 대한 완전한 보상. 동법(§5)은 보상액에 관해 보상청구의 원인이 발생한 연도의 최저임금법에 따른 일급 최저임금액 이상 대통령령으로 정하는 금액 이하의 비율에 의한 보상금을 지급하도록 하였고, 동법 시행령(§2)은 1일당 보상청구의 원인이 발생한 해의 최저임금법에 따른 일급 최저임금액의 5배로 한다고 규정

5. 형사보상청구에 대한 결정과 재판

피의자보상은 지방검찰청의 심의회가 결정하며(동법 §28①), 피고인보상은 법원의 합의부에서 재판(동법 §14). 피의자보상에 있어 심의회의 결정에 대하여는 행정심판이나 행정소송을 제기할 수 있고(동법 §28④), 피고인보상의 경우에는 법원의 보상결정에 대하여는 1주일 이내에 즉시항고를 할 수 있으며, 청구기각한 결정에 대하여는 즉시항고를 할 수 있다(동법 §20), 무죄재판을 받아 확정된 사건의 피고인은 <u>무죄재판이 확정된 때부터 3년 이내</u>에 확정된 무죄재판사건의 재판서를 법무부 인터넷 홈페이지에 게재하도록 해당 사건을 기소한 검사가 소속된 지방검찰청(지방검찰청 지청을 포함)에 청구할 수○(동법 §30)

> **심화학습**
>
> **형사보상 및 명예회복에 관한 법률**
>
> [시행 2023. 12. 29.] [법률 제19857호, 2023. 12. 29., 일부개정]
>
> ◇ 개정이유 및 주요내용
>
> 헌법재판소 결정(2018헌마998 등) 취지를 반영하여 「헌법재판소법」에 따른 재심 절차에서 원판결보다 가벼운 형으로 확정됨에 따라 원판결에 의한 형 집행이 재심 절차에서 선고된 형을 초과한 경우 보상 청구 근거를 마련하고, 그 경우 재심 절차에서 선고된 형을 초과하여 집행된 구금에 한정하여 보상을 청

구할 수 있다는 점을 명시하며, 법원의 재량으로 보상청구의 전부 또는 일부를 기각할 수 있도록 함. ★

| 헌결 | 대판 | 형사보상청구권의 침해를 인정

1. 형사보상의 청구는 무죄재판이 확정된 때로부터 1년 이내에 하도록 규정하고 있는 형사보상법 제7조(헌불) 헌결 2010.7.29. 2008헌가4) ★

   [1] 형사보상청구권은 국가의 형사사법작용에 의하여 신체의 자유가 침해된 국민에게 그 구제를 인정하여 국민의 기본권 보호를 강화하는 데 그 목적이 있다. 헌법 제28조의 형사보상청구권은 '법률이 정하는 바에 의하여' 행사되는 것이므로 그 구체적 내용은 입법에 맡겨져 있다. 그러나 국가의 형사사법절차에 내재하는 불가피한 위험에 의하여 국민의 신체의 자유에 관하여 중대한 피해가 발생한 경우 국가가 이에 대하여 보상할 것을 헌법에서 명문으로 선언하고 있고, 형사보상청구권은 이미 신체의 자유를 침해받은 자에 대하여 사후적으로 구제해 주는 기본권이므로, 그 실효적인 구제를 요청할 수 있는 권리가 충분히 보장되지 않는다면 헌법상 천명된 기본권 보장의 정신은 요원해질 수 있다. 이러한 점에서 형사보상청구의 구체적 절차에 관한 입법은 단지 형사보상을 청구할 수 있는 형식적인 권리나 이론적인 가능성만을 허용하는 것이어서는 아니되고, 상당한 정도로 권리구제의 실효성이 보장되도록 하는 것이어야 한다.

   [2] 헌법 제28조의 형사보상청구권은 국가의 형사사법권이라는 공권력에 의해 인신구속이라는 중대한 법익의 침해가 발생한 국민에게 그 피해를 보상해 주는 기본권이다. 이러한 형사보상청구권은 국가의 공권력 작용에 의하여 신체의 자유를 침해받은 국민에 대해 금전적인 보상을 청구할 권리를 인정하는 것이므로 형사보상청구권이 제한됨으로 인하여 침해되는 국민의 기본권은 단순히 금전적인 권리에 불과한 것이라기보다는 실질적으로 국민의 신체의 자유와 밀접하게 관련된 중대한 기본권이라고 할 것이다.

   [3] 권리의 행사가 용이하고 일상 빈번히 발생하는 것이거나 권리의 행사로 인하여 상대방의 지위가 불안정해지는 경우 또는 법률관계를 보다 신속히 확정하여 분쟁을 방지할 필요가 있는 경우에는 특별히 짧은 소멸시효나 제척기간을 인정할 필요가 있으나, 이 사건 법률조항[저자 주: 형사보상의 청구는 무죄재판이 확정된 때로부터 1년 이내에 하도록 규정하고 있는 형사보상법 제7

조]은 위의 어떠한 사유에도 해당하지 아니하는 등 달리 합리적인 이유를 찾기 어렵고, 일반적인 사법상의 권리보다 더 확실하게 보호되어야 할 권리인 형사보상청구권의 보호를 저해하고 있다. 또한, 이 사건 법률조항은 형사소송법상 형사피고인이 재정하지 아니한 가운데 재판할 수 있는 예외적인 경우를 상정하고 있는 등 형사피고인은 당사자가 책임질 수 없는 사유에 의하여 무죄재판의 확정사실을 모를 수 있는 가능성이 있으므로, 형사피고인이 책임질 수 없는 사유에 의하여 제척기간을 도과할 가능성이 있는바, 이는 국가의 잘못된 형사사법작용에 의하여 신체의 자유라는 중대한 법익을 침해받은 국민의 기본권을 사법상의 권리보다도 가볍게 보호하는 것으로서 부당하다. 따라서 이 사건 법률조항은 입법재량의 한계를 일탈하여 청구인의 형사보상청구권을 침해한 것이다.

2. 형사보상의 청구에 대하여 한 보상의 결정에 대하여는 불복을 신청할 수 없도록 하여 형사보상의 결정을 단심재판으로 규정한 형사보상법(1958. 8. 13. 법률 제494호로 제정된 것) 제19조 제1항(**위헌**) 헌결 2010.10.28. 2008헌마514) ★

[1] 국가의 형사사법절차는 법률이 규정하는 바에 따라 구체적 사건에서 범죄의 성립 여부에 관한 수사 및 재판절차를 진행하고, 법원의 심리, 판단 결과 범죄의 성립이 인정되는 경우 그에 대한 형의 양정을 하고 그 형을 집행하는 절차인바, 범죄의 혐의를 받은 피의자가 수사기관의 조사를 받고 법원에 기소되었다 하더라도 심리결과 무죄로 판명되는 경우가 발생할 수 있다. 이렇게 최종적으로 무죄 판단을 받은 피의자 또는 피고인이 수사 및 재판과정에서 상당한 기간 동안 구금되었던 경우가 있을 수 있는바, 이는 형사사법절차에 불가피하게 내재되어 있는 위험이라 할 것이다. 그런데, 이러한 위험이 형사사법절차에 불가피하게 내재된 것이라 하더라도 그 위험으로 인한 부담을 무죄판결을 선고받은 자 개인에게 지워서는 아니 되고, 이러한 형사사법절차를 운영하는 국가는 이러한 위험에 의하여 발생되는 손해에 대응한 보상을 하지 않으면 안된다. 헌법 제28조는 이러한 권리를 구체적으로 보장함으로써 국민의 기본권 보호를 강화하고 있다. 그러나 형사보상청구권이라 하여도 '법률이 정하는 바에 의하여' 행사되므로(헌법 제28조) 그 내용은 법률에 의하여 정해지는바, 이 과정에서 입법자에게 일정한 입법재량이 부여될 수 있고, 따라서 형사보상의 구체적 내용과 금액 및 절차에 관한 사항은 입법자가 정하여야 할 사항이라 할 것이다. 그러나 이러한 입법을 함에 있어서는 비록 완화된 의미일지언정 헌법 제37조 제2항의 비례의 원칙이 준수되어야 한다. 형사보상청

구권은 국가가 형사사법절차를 운영함에 있어 결과적으로 무고한 사람을 구금한 것으로 밝혀진 경우 구금당한 개인에게 인정되는 권리이고, 헌법 제28조는 이에 대하여 '정당한 보상'을 명문으로 보장하고 있으므로, 따라서 법률에 의하여 제한되는 경우에도 이러한 본질적인 내용은 침해되어서는 아니되기 때문이다.

[2] 형사보상은 과실책임의 원리에 의하여 고의·과실로 인한 위법행위와 인과관계 있는 모든 손해를 배상하는 손해배상과는 달리, 형사사법절차에 내재하는 불가피한 위험에 대하여 형사사법기관의 귀책사유를 따지지 않고 형사보상청구권자가 입은 손실을 보상하는 것이다. 그런데 형사피고인 등으로서 구금되었던 자가 무죄판결 등을 받았다고 하더라도, 형사피고인 등이 구속된 사유나 무죄판결을 선고받게 된 이유는 매우 다양하므로, 그 모든 경우에 국가의 형사사법작용인 구금이 위법·부당한 것이었다고 단정할 수는 없다. 따라서 형사피고인 등으로서 적법하게 구금되었다가 후에 무죄판결 등을 받음으로써 발생하는 신체의 자유 제한에 대한 보상은 형사사법절차에 내재하는 불가피한 위험으로 인한 피해에 대한 보상으로서, 국가의 위법·부당한 행위를 전제로 하는 국가배상과는 그 취지 자체가 상이한 것이고, 따라서 그 보상범위도 손해배상의 범위와 동일하여야 하는 것이 아니다. 국가의 형사사법행위가 고의·과실로 인한 것으로 인정되는 경우에는 국가배상청구 등 별개의 절차에 의하여 인과관계 있는 모든 손해를 배상받을 수 있으므로, 형사보상절차로써 인과관계 있는 모든 손해를 보상하지 않는다고 하여 반드시 부당하다고 할 수는 없을 것이다.

[3] 보상액의 산정에 기초되는 사실인정이나 보상액에 관한 판단에서 오류나 불합리성이 발견되는 경우에도 그 시정을 구하는 불복신청을 할 수 없도록 하는 것은 형사보상청구권 및 그 실현을 위한 기본권으로서의 재판청구권의 본질적 내용을 침해하는 것이라 할 것이고, 나아가 법적안정성만을 지나치게 강조함으로써 재판의 적정성과 정의를 추구하는 사법제도의 본질에 부합하지 아니하는 것이다. 또한, 불복을 허용하더라도 즉시항고는 절차가 신속히 진행될 수 있고 사건수도 과다하지 아니한데다 그 재판내용도 비교적 단순하므로 불복을 허용한다고 하여 상급심에 과도한 부담을 줄 가능성은 별로 없다고 할 것이어서, 이 사건 불복금지조항[저자 주: 형사보상의 청구에 대하여 한 보상의 결정에 대하여는 불복을 신청할 수 없도록 하여 형사보상의 결정을 단심재판으로 규정한 형사보상법(1958. 8. 13. 법률 제494호로 제정된 것) 제19조 제1

항]은 형사보상청구권 및 재판청구권을 침해한다고 할 것이다.

3. 헌법 제28조의 형사보상청구권이 국가의 형사사법작용에 의하여 신체의 자유가 침해된 국민에게 그 구제를 인정하여 국민의 기본권 보호를 강화하는 데 그 목적이 있는 점에 비추어 보면, 외형상·형식상으로 무죄재판이 없다고 하더라도 형사사법절차에 내재하는 불가피한 위험으로 인하여 국민의 신체의 자유에 관하여 피해가 발생하였다면 형사보상청구권을 인정하는 것이 타당하다. 심판대상조항은 소송법상 이유 등으로 무죄재판을 받을 수는 없으나 그러한 사유가 없었더라면 무죄재판을 받을 만한 현저한 사유가 있는 경우 그 절차에서 구금되었던 개인 역시 형사사법절차에 내재하는 불가피한 위험으로 인하여 신체의 자유에 피해를 입은 것은 마찬가지이므로 국가가 이를 마땅히 책임져야 한다는 고려에서 마련된 규정이다(헌불 헌결 2022.2.24. 2018헌마998). ★ ⇒ 원판결의 근거가 된 가중처벌규정에 대하여 헌법재판소의 위헌결정이 있었음을 이유로 개시된 재심절차에서, 공소장의 교환적 변경을 통해 위헌결정된 가중처벌규정보다 법정형이 가벼운 처벌규정으로 적용법조가 변경되어 피고인이 무죄판결을 받지는 않았으나 원판결보다 가벼운 형으로 유죄판결이 확정됨에 따라 원판결에 따른 구금형 집행이 재심판결에서 선고된 형을 초과하게 된 경우, 재심판결에서 선고된 형을 초과하여 집행된 구금에 대하여 보상요건을 규정하지 아니한 '형사보상 및 명예회복에 관한 법률' 제26조 제1항(이하 '심판대상조항'이라 한다)이 평등원칙을 위반하여 청구인들의 평등권을 침해하는지 여부(적극)

| 헌결 | 대판 |

1. 헌법 제28조는 "형사피의자 또는 형사피고인으로서 구금되었던 자가 법률이 정하는 불기소처분을 받거나 무죄판결을 받은 때에는 법률이 정하는 바에 의하여 국가에 정당한 보상을 청구할 수 있다."고 규정하고, 형사보상 및 명예회복에 관한 법률(이하 '형사보상법'이라 한다) 제2조 제1항은 "형사소송법에 따른 일반 절차 또는 재심이나 비상상고 절차에서 무죄재판을 받아 확정된 사건의 피고인이 미결구금을 당하였을 때에는 이 법에 따라 국가에 대하여 그 구금에 대한 보상을 청구할 수 있다."고 규정하고 있다. 이와 같은 형사보상법 조항은 입법 취지와 목적 및 내용 등에 비추어 재판에 의하여 무죄의 판단을 받은 자가 재판에 이르기까지 억울하게 미결구금을 당한 경우 보상을 청구할 수 있도록 하기 위한 것이므로, 판결 주문에서 무죄가 선고된 경우뿐만 아니

라 판결 이유에서 무죄로 판단된 경우에도 미결구금 가운데 무죄로 판단된 부분의 수사와 심리에 필요하였다고 인정된 부분에 관하여는 보상을 청구할 수 있고, 다만 형사보상법 제4조 제3호를 유추적용하여 법원의 재량으로 보상청구의 전부 또는 일부를 기각할 수 있을 뿐이다(대결 2016.3.11. 2014모2521).

⇒ 판결 이유에서 무죄로 판단된 경우, 미결구금 가운데 무죄로 판단된 부분의 수사와 심리에 필요하였다고 인정된 부분에 관하여 보상을 청구할 수 있는지 여부(적극) 및 이때 형사보상 및 명예회복에 관한 법률 제4조 제3호를 유추적용하여 법원의 재량으로 보상청구의 전부 또는 일부를 기각할 수 있는지 여부(적극)

[기출지문] 판결 주문에서 무죄가 선고된 경우뿐만 아니라 판결 이유에서 무죄로 판단된 경우에도 미결구금 가운데 무죄로 판단된 부분의 수사와 심리에 필요하였다고 인정된 부분에 관하여는 보상을 청구할 수 있다.(○) 〈경찰간부 2024〉

2. 피고인이 '국가안전과 공공질서의 수호를 위한 대통령긴급조치'(이하 '긴급조치 제9호'라 한다)를 위반하였다는 공소사실로 제1, 2심에서 유죄판결을 선고받고 상고하여 상고심에서 구속집행이 정지된 한편 긴급조치 제9호가 해제됨에 따라 면소판결을 받아 확정된 다음 사망하였는데, 그 후 피고인의 처(妻) 갑이 형사보상을 청구한 사안에서, 긴급조치 제9호는 헌법에 위배되어 당초부터 무효이고, 이와 같이 위헌·무효인 긴급조치 제9호를 적용하여 공소가 제기된 경우에는 형사소송법 제325조 전단의 '피고사건이 범죄로 되지 아니한 때'에 해당하므로 법원은 무죄를 선고하였어야 하는데, 피고인이 면소판결을 받은 경위 및 그 이유, 원판결 당시 법원이 긴급조치 제9호에 대한 사법심사를 자제하는 바람에 그 위반죄로 기소된 사람으로서는 재판절차에서 긴급조치 제9호의 위헌성을 다툴 수 없었던 사정 등을 종합하여 보면, 이 결정에서 긴급조치 제9호의 위헌·무효를 선언함으로써 비로소 면소의 재판을 할 만한 사유가 없었더라면 무죄재판을 받을 만한 현저한 사유가 피고인에게 생겼다고 할 것이므로, 갑은 형사보상 및 명예회복에 관한 법률 제26조 제1항 제1호, 제3조 제1항, 제11조를 근거로 긴급조치 제9호 위반으로 피고인이 구금을 당한 데 대한 보상을 청구할 수 있다(대결 전합 2013.4.18. 2011초기689).

⇒ 피고인이 대통령긴급조치 제9호 위반으로 제1, 2심에서 유죄판결을 선고받고 상고하여 상고심에서 구속집행이 정지된 한편 대통령긴급조치 제9호가 해제됨에 따라 면소판결을 받아 확정된 다음 사망하였는데, 그 후 피고인의 처(妻) 갑이 형사보상을 청구한 사안에서, 갑은 대통령긴급조치 제9호 위반으

로 피고인이 구금을 당한 데 대한 보상을 청구할 수 있다고 한 사례

[기출지문] 피고인이 대통령긴급조치 제9호 위반으로 제1, 2심에서 유죄판결을 선고받고 상고하여 상고심에서 구속집행이 정지된 한편 대통령긴급조치 제9호가 해제됨에 따라 면소판결을 받아 확정된 다음 사망한 경우 피고인의 처는 형사보상을 청구할 수 있다.(○) 〈경찰간부 2024〉

Ⅳ. 국가배상청구권

제29조 ① 공무원의 직무상 불법행위로 손해를 받은 국민은 법률이 정하는 바에 의하여 **국가 또는 공공단체에 정당한 배상**을 청구할 수 있다. 이 경우 공무원 자신의 책임은 면제되지 아니한다.
② 군인·군무원·경찰공무원 기타 법률이 정하는 자가 **전투·훈련등 직무집행과 관련하여** 받은 손해에 대하여는 법률이 정하는 보상 외에 국가 또는 공공단체에 공무원의 직무상 불법행위로 인한 배상은 청구할 수 없다.

1. 의의

(1) 연혁: 건국헌법(§27)부터 국가배상책임을 규정하였고, 제4공화국 헌법(1972년)에서 군인의 이중배상을 금지한 조항을 헌법에 추가

(2) 개념: 공무원의 직무상 불법행위로 손해를 입은 국민이 국가나 공공단체에 손해배상을 청구할 수 있는 권리

(3) 법적성격: 직접효력규정설(다수설, 판례), **재산권+청구권**(헌결 96헌바24), 사권설(대판 69다701) vs 공권설(다수설)

(4) 주체: 국민(○), 외국인[상호보증이 있는 때에 한하여 인정(국가배상법 이하 '동법' §7)], 법인(○). 헌법과 국가배상법은 군인, 군무원, 경찰공무원, 향토예비군 대원에게 국가배상청구권을 부정

2. 국가배상청구권의 내용

(1) 배상책임의 요건

㈎ 공무원의 직무상 불법행위로 인한 손해배상청구권

① 공무원: 국가(지방)공무원법이 정한 공무원뿐만 아니라 **널리 공무를 위탁받아 실질적으로 공무에 종사하는 자를 포함**(대판 98다39060). 소집 중인 예비군(대판 70다471), 집달관(대판 68다326), 시청소차운전수(대판 70다2955), 카투사

(대판 94민상218), 철도건널목 간수 등은 공무원○ **비교** 의용소방대원(대판 66다808)이나 시영버스운전수(대판 70다961)는 공무원×

② 직무: 권력작용에 국한(협의설), 비권력작용으로서의 <u>관리작용까지 포함한다는 견해</u>(광의설)(통설, 판례), 사경제작용까지 포함(최광의설). 단순한 사경제의 주체로서 하는 작용은 포함×(대판 70다1148)

③ 직무를 집행함에 당하여: 직무집행인가 여부는 <u>외형주의</u>로 판단(대판 93다14240)

④ 불법행위: 공무원의 고의나 과실로 인한 법령위반행위

⑤ 손해의 발생: 가해행위와 상당인과관계에 있는 모든 손해

(나) 공공시설(영조물)의 하자로 인한 손해배상청구권: 공공시설의 설치나 관리의 하자로 인하여 손해가 발생된 경우에 손해배상을 청구할 수○(동법 §5). 대법원은 도로(대판 94다32924), 하천(대판 80다3011), 건널목경보기(대판 94다34036), 가로수(대판 93다20702) 등에 대한 설치 및 관리하자에 대한 손해배상책임을 긍정

(2) 배상책임의 성격: 자기책임설(통설), 대위책임설, **중간설**(대판 95다38677)

(3) 배상청구의 상대방: 배상책임을 자기책임으로 본다면 선택적 청구가 부정되며 대위책임으로 본다면 선택적 청구가 긍정. 국가 또는 지방자치단체에 배상을 청구하는 경우 가해 공무원의 선임·감독자와 봉급·급여 기타 비용부담자가 다를 때에는, 비용을 부담하는 자도 손해를 배상하여야 하며, 피해자는 어느 쪽에 대하여도 선택적 청구를 할 수○(동법 §6①)

(4) 배상절차: 피해국민은 배상심의회에 배상을 신청하거나 또는 배상심의회의 절차를 거치지 않고 바로 손해배상소송을 제기할 수○(동법 §9)(★ <u>임의적 결정전치주의</u>)

(5) 배상책임의 내용: 가해행위와 상당인과관계에 있는 모든 손해액, 생명·신체의 침해에 대한 배상청구권은 이를 양도하거나 압류×(동법 §4)

3. 국가배상청구권의 효력

대국가적 효력

4. 국가배상청구권에 대한 제한과 한계

(1) 헌법(§29②)에 의한 제한(이중배상금지)

ⓛ 의의: 헌법 제29조 제2항은 군인·군무원·경찰공무원 등이 전투·훈련 등 직무집행과 관련하여 받은 손해에 대하여는 법률이 인정한 보상 외에 동법 제1항의 국가배상청구를 금지(소위 이중배상금지)

② **군인과 민간인의 공동불법행위**: 군인과 민간인이 공동으로 불법행위를 하여 다른 군인에게 손해를 입힌 경우, 민간인이 손해를 모두 배상한 경우 공동불법행위자인 군인의 부담부분에 관하여 국가에 구상권을 행사하는 것이 허용되는가가 문제. ★ 구상권을 **긍정하는 입장**(헌결 93헌바21) vs **부정하는 입장**(대판 96다42420)

(2) 법률에 의한 제한: 헌법 제37조 제2항에 의하여 법률로써 제한 可

| 헌결 | 대판 |

1. 국가배상법 제2조 제1항 단서 중 군인에 관련되는 부분을, 일반국민이 직무집행 중인 군인과의 공동불법행위로 직무집행 중인 다른 군인에게 공상을 입혀 그 피해자에게 공동의 불법행위로 인한 손해를 배상한 다음 공동불법행위자인 군인의 부담부분에 관하여 국가에 대하여 구상권을 행사하는 것을 허용하지 않는다고 해석한다면, 이는 위 단서 규정의 헌법상 근거규정인 헌법 제29조가 구상권의 행사를 배제하지 아니하는데도 이를 배제하는 것으로 해석하는 것으로서 합리적인 이유 없이 일반국민을 국가에 대하여 지나치게 차별하는 경우에 해당하므로 헌법 제11조, 제29조에 위반되며, 또한 국가에 대한 구상권은 헌법 제23조 제1항에 의하여 보장되는 재산권이고 위와 같은 해석은 그러한 재산권의 제한에 해당하며 재산권의 제한은 헌법 제37조 제2항에 의한 기본권제한의 한계 내에서만 가능한데, 위와 같은 해석은 헌법 제37조 제2항에 의하여 기본권을 제한할 때 요구되는 비례의 원칙에 위배하여 일반국민의 재산권을 과잉제한하는 경우에 해당하여 헌법 제23조 제1항 및 제37조 제2항에도 위반된다(한정위헌 헌결 1994.12.29. 93헌바21).

2. 5·18보상법 및 같은 법 시행령의 관련조항을 살펴보면 정신적 손해배상에 상응하는 항목은 존재하지 아니하고, 보상심의위원회가 보상금 등 항목을 산정함에 있어 정신적 손해를 고려할 수 있다는 내용도 발견되지 아니한다. 그럼에도 불구하고 심판대상조항은 정신적 손해에 대해 적절한 배상이 이루어지지 않은 상태에서, 5·18민주화운동과 관련하여 사망하거나 행방불명된 자 및 상이를 입은 자 또는 그 유족이 적극적·소극적 손해의 배상에 상응하는 보상금 등 지급결정에 동의하였다는 사정만으로 재판상 화해의 성립을 간주하고

있다. 이는 국가배상청구권에 대한 과도한 제한이고, 해당 손해에 대한 적절한 배상이 이루어졌음을 전제로 하여 국가배상청구권 행사를 제한하려 한 5·18보상법의 입법목적에도 부합하지 않는다. 따라서 이 조항이 5·18보상법상 보상금 등의 성격과 중첩되지 않는 정신적 손해에 대한 국가배상청구권의 행사까지 금지하는 것은 국가배상청구권을 침해한다(위헌 헌결 2021.5.27. 2019헌가17). ⇒ 5·18민주화운동과 관련하여 보상금 지급 결정에 동의하면 '정신적 손해'에 관한 부분도 재판상 화해가 성립된 것으로 보는 구 '광주민주화운동 관련자 보상 등에 관한 법률' 제16조 제2항 가운데 '광주민주화운동과 관련하여 입은 피해' 중 '정신적 손해'에 관한 부분 및 구 '5·18민주화운동 관련자 보상 등에 관한 법률'(이하 법명이 변경된 전후 법을 통칭하여 '5·18보상법'이라 한다) 제16조 제2항 가운데 '5·18민주화운동과 관련하여 입은 피해' 중 '정신적 손해'에 관한 부분(이하 위 두 조항을 통칭하여 '심판대상조항'이라 한다)이 국가배상청구권을 침해하는지 여부(적극)

3. 헌법재판소가 이 사건 법률조항을 위헌으로 결정함으로써 이 사건 법률조항에 근거하여 행한 공무원의 수의매각계약 체결 거절행위가 결과적으로 위법하게 된다 하더라도, 법률의 헌법 위반 여부를 심사할 권한이 없는 당해 공무원이, 이 사건 법률조항은 피징발자 또는 그 상속인에게 징발재산에 대한 우선매수권을 인정하는 것은 아니라는 대법원 판례의 취지에 따라 수의매각계약 체결을 거절한 것에 불법행위의 고의 또는 과실이 있다거나 그로써 국가의 청구인들에 대한 손해배상책임이 성립한다고는 볼 수 없다. 따라서, 이 사건은 이 사건 법률조항의 위헌 여부에 따라 당해 사건 재판의 주문이 달라지거나 재판의 내용과 효력에 관한 법률적 의미가 달라지는 경우에 해당한다고 할 수 없으므로, 청구인들의 이 사건 심판청구는 재판의 전제성 요건을 갖추지 못하였다(헌결 2011.9.29. 2010헌바65). ⇒ 국가가 군사상 필요 없게 된 징발매수재산의 피징발자 또는 그 상속인에게 수의계약에 의한 매각을 할 수 있게 하는 '징발재산정리에 관한 특별조치법'(1989. 12. 21. 법률 제4144호로 개정된 것) 제20조의2 제1항(이하 '이 사건 법률조항'이라 한다)의 위헌 여부가 수의매각 요청을 거절한 공무원의 행위에 대한 손해배상청구소송에서 재판의 전제성을 갖추었는지 여부(소극) ★ [이유] 일반적으로, 법률이 헌법에 위반된다는 사정은 헌법재판소의 위헌결정이 있기 전에는 객관적으로 명백한 것이라고 할 수 없으므로, 법률이 헌법에 위반되는지 여부를 심사할 권한이 없는 공무원으로서는 그 법률을 적용할 수밖에 없다. 따라서 법률에 근거한 공무원의

직무집행이 사후에 그 근거가 되는 법률에 대한 헌법재판소의 위헌결정으로 결과적으로 위법하게 되었다고 하더라도, 이에 이르는 과정에 있어서 공무원의 고의, 과실을 인정할 수는 없다. 그렇다면, 헌법재판소가 가사 이 사건 법률조항을 위헌으로 결정함으로써 이 사건 법률조항에 근거하여 행한 공무원의 직무집행 행위인 수의매각계약 체결 거절행위가 결과적으로 위법하게 된다 하더라도, 법률의 헌법 위반 여부를 심사할 권한이 없는 당해 공무원이, 이 사건 법률조항은 피징발자 또는 그 상속인에게 징발재산에 대한 우선매수권을 인정하는 것은 아니라는 대법원 판례의 취지에 따라 수의매각계약 체결을 거절한 것에 불법행위의 고의 또는 과실이 있다거나 그로써 국가의 청구인들에 대한 손해배상책임이 성립한다고는 볼 수 없다.

| 헌결 | 대판 |

1. 헌법 제29조 제2항, 국가배상법 제2조 제1항 단서의 입법 취지를 관철하기 위하여는, 국가배상법 제2조 제1항 단서가 적용되는 공무원의 직무상 불법행위로 인하여 직무집행과 관련하여 피해를 입은 군인 등에 대하여 위 불법행위에 관련된 일반국민(법인을 포함한다. 이하 '민간인'이라 한다)이 공동불법행위책임, 사용자책임, 자동차운행자책임 등에 의하여 그 손해를 자신의 귀책부분을 넘어서 배상한 경우에도, 국가 등은 피해 군인 등에 대한 국가배상책임을 면할 뿐만 아니라, 나아가 민간인에 대한 국가의 귀책비율에 따른 구상의무도 부담하지 않는다고 하여야 할 것이다. 그러나 위와 같은 경우, 민간인은 여전히 공동불법행위자 등이라는 이유로 피해 군인 등의 손해 전부를 배상할 책임을 부담하도록 하면서 국가 등에 대하여는 귀책비율에 따른 구상을 청구할 수 없도록 한다면, 공무원의 직무활동으로 빚어지는 이익의 귀속주체인 국가 등과 민간인과의 관계에서 원래는 국가 등이 부담하여야 할 손해까지 민간인이 부담하는 부당한 결과가 될 것이고(가해 공무원에게 경과실이 있는 경우에는 그 공무원은 손해배상책임을 부담하지 아니하므로 민간인으로서는 자신이 손해발생에 기여한 귀책부분을 넘는 손해까지 종국적으로 부담하는 불이익을 받게 될 것이고, 가해 공무원에게 고의 또는 중과실이 있는 경우에도 그 무자력 위험을 사용관계에 있는 국가 등이 부담하는 것이 아니라 오히려 민간인이 감수하게 되는 결과가 된다.), 이는 위 헌법과 국가배상법의 규정에 의하여도 정당화될 수 없다고 할 것이다. 이러한 부당한 결과를 방지하면서 위 헌법 및 국가배상법 규정의 입법 취지를 관철하기 위하여는, 피해 군인 등은 위 헌법 및 국가배상법 규정에 의하여 국

가 등에 대한 배상청구권을 상실한 대신에 자신의 과실 유무나 그 정도와 관계 없이 무자력의 위험부담이 없는 확실한 국가보상의 혜택을 받을 수 있는 지위에 있게 되는 특별한 이익을 누리고 있음에 반하여 민간인으로서는 손해 전부를 배상할 의무를 부담하면서도 국가 등에 대한 구상권을 행사할 수 없다고 한다면 부당하게 권리침해를 당하게 되는 결과가 되는 것과 같은 각 당사자의 이해관계의 실질을 고려하여, <u>위와 같은 경우에는 공동불법행위자 등이 부진정연대채무자로서 각자 피해자의 손해 전부를 배상할 의무를 부담하는 <공동불법행위의 일반적인 경우와 달리> 예외적으로 민간인은 피해 군인 등에 대하여 그 손해 중 국가 등이 민간인에 대한 구상의무를 부담한다면 그 내부적인 관계에서 부담하여야 할 부분을 제외한 나머지 자신의 부담부분에 한하여 손해배상의무를 부담하고, 한편 국가 등에 대하여는 그 귀책부분의 구상을 청구할 수 없다고 해석함이 상당하다</u> 할 것이고, 이러한 해석이 손해의 공평·타당한 부담을 그 지도원리로 하는 손해배상제도의 이상에도 맞는다 할 것이다(대판 전합 2001.2 15. 96다42420). [기출지문] 운전병인 군인 甲은 전투훈련 중 같은 부대 소속 군인 丙을 태우고 군용차량을 운전하여 훈련지로 이동하다가 민간인 乙이 운전하던 차량과 쌍방과실로 충돌하였고, 이로 인해 군인 丙이 사망하였다. 대법원은 만일 乙이 손해배상액 전부를 丙의 유족에게 배상한 경우에는 자신의 귀책부분을 넘는 금액에 대해 국가에 구상청구를 할 수 있다고 하였다.(×) 〈변시 2012〉

2. <u>국회의원의 입법행위</u>는 그 입법 내용이 헌법의 문언에 명백히 위배됨에도 불구하고 국회가 굳이 당해 입법을 한 것과 같은 특수한 경우가 아닌 한 국가배상법 제2조 제1항 소정의 <u>위법행위에 해당한다고 볼 수 없고</u>, 같은 맥락에서 국가가 일정한 사항에 관하여 헌법에 의하여 부과되는 구체적인 입법의무를 부담하고 있음에도 불구하고 그 입법에 필요한 상당한 기간이 경과하도록 고의 또는 과실로 이러한 입법의무를 이행하지 아니하는 등 <u>극히 예외적인 사정이 인정되는 사안에 한정하여 국가배상법 소정의 배상책임이 인정될 수 있으며</u>, 위와 같은 구체적인 입법의무 자체가 인정되지 않는 경우에는 애당초 부작위로 인한 불법행위가 성립할 여지가 없다(대판 2008.5.29. 2004다33469).

3. <u>입법부가 법률로써 행정부에게 특정한 사항을 위임했음에도 불구하고 행정부가 정당한 이유 없이 이를 이행하지 않는다면 권력분립의 원칙과 법치국가 내지 법치행정의 원칙에 위배되는 것으로서 위법함과 동시에 위헌적인 것이 되는바</u>, 군법무관의 보수를 법관 및 검사의 예에 준하도록 규정하면서 그 구체적 내용을 시행령에 위임하고 있는 이상, 위 법률의 규정들은 군법무관의 보

수의 내용을 법률로써 일차적으로 형성한 것이고, 위 법률들에 의해 상당한 수준의 보수청구권이 인정되는 것이므로, 위 보수청구권은 단순한 기대이익을 넘어서는 것으로서 법률의 규정에 의해 인정된 재산권의 한 내용이 되는 것으로 봄이 상당하고, 따라서 <u>행정부가 정당한 이유 없이 시행령을 제정하지 않은 것은 위 보수청구권을 침해하는 불법행위에 해당한다</u>(대판 2007.11.29. 2006다3561).

4. 헌법재판소 재판관이 청구기간 내에 제기된 헌법소원심판청구 사건에서 청구기간을 오인하여 각하결정을 한 경우, 이에 대한 불복절차 내지 시정절차가 없는 때에는 국가배상책임(위법성)을 인정할 수 있다(대판 2003.7.11. 99다24218).

심화학습

1. **민주화운동 관련자 명예회복 및 보상 등에 관한 법률 제18조 제2항 위헌소원 등(위헌) 헌결 2018.8.30. 2014헌바180)**

   - 과거사 민주화보상법 '재판상 화해 간주' 사건 -

[판시사항]

가. '민주화운동 관련자 명예회복 및 보상 심의 위원회'(이하 '위원회'라 한다)의 보상금 등 지급결정에 동의한 경우 "민주화운동과 관련하여 입은 피해"에 대해 재판상 화해가 성립된 것으로 간주하는 구 '민주화운동 관련자 명예회복 및 보상 등에 관한 법률'(2000. 1. 12. 법률 제6123호로 제정되고, 2015. 5. 18. 법률 제13289호로 개정되기 전의 것, 이하 '민주화보상법'이라 한다) 제18조 제2항(이하 '심판대상조항'이라 한다)의 의미 내용이 불분명하여 명확성원칙에 위반되는지 여부(소극)

나. 위원회의 보상금 등 지급결정에 동의한 때 재판상 화해의 성립을 간주함으로써 법관에 의하여 법률에 의한 재판을 받을 권리를 제한하는 심판대상조항이 재판청구권을 침해하는지 여부(소극)

다. 보상금 등의 지급결정에 동의한 때 "민주화운동과 관련하여 입은 피해"에 대해 재판상 화해의 성립을 간주하는 심판대상조항이 정신적 손해에 대한 국가배상청구권을 침해하는지 여부(적극)

[결정요지]

가. 민주화보상법의 입법취지, 관련 규정의 내용, 신청인이 작성·제출하는 동의 및 청구서의 기재내용 등을 종합하면, 심판대상조항의 "민주화운동과 관련하여 입은 피해"란 공무원의 직무상불법행위로 인한 정신적 손해를 포함하여 그가 보상금 등을 지급받은 민주화운동과 관련하여 입은 피해 일체를 의미하는 것으로 합리적으로 파악할 수 있다. 따라서 심판대상조항은 <u>명확성원칙에 위반되지 아니한다.</u>

나. 민주화보상법은 관련규정을 통하여 보상금 등을 심의·결정하는 위원회의 중립성과 독립성을 보장하고 있고, 심의절차의 전문성과 공정성을 제고하기 위한 장치를 마련하고 있으며, 신청인으로 하여금 위원회의 지급결정에 대한 동의 여부를 자유롭게 선택하도록 정하고 있다. 따라서 심판대상조항은 <u>관련자 및 유족의 재판청구권을 침해하지 아니한다.</u>

다. <u>헌법은 제23조 제1항에서 일반적 재산권을 규정하고 있으나, 제29조 제1항에서 국가배상청구권을 별도로 규정함으로써, 공무원의 직무상 불법행위로 손해를 받은 경우 국민이 국가에 대해 적극적·소극적·정신적 손해에 대한 정당한 배상을 청구할 수 있는 권리를 특별히 보장하고 있다.</u> <중략>

이를 전제로 먼저 심판대상조항 중 <u>적극적·소극적 손해에 관한 부분</u>이 국가배상청구권을 침해하는지 여부를 본다. 앞서 본 바와 같이 민주화보상법상 보상금 등에는 적극적·소극적 손해에 대한 배상의 성격이 포함되어 있는바, 관련자와 유족이 위원회의 보상금 등 지급결정이 일응 적절한 배상에 해당된다고 판단하여 이에 동의하고 보상금 등을 수령한 경우 보상금 등의 성격과 중첩되는 적극적·소극적 손해에 대한 국가배상청구권의 추가적 행사를 제한하는 것은, 동일한 사실관계와 손해를 바탕으로 이미 적절한 배상을 받았음에도 불구하고 다시 동일한 내용의 손해배상청구를 금지하는 것이므로, 이를 지나치게 과도한 제한으로 볼 수 없다.

다음 심판대상조항 중 <u>정신적 손해에 관한 부분</u>이 국가배상청구권을 침해하는지 여부를 본다. 앞서 본 바와 같이 민주화보상법상 보상금 등에는 정신적 손해에 대한 배상이 포함되어 있지 않은바, 이처럼 정신적 손해에 대해 적절한 배상이 이루어지지 않은 상태에서 적극적·소극적 손해에 상응하는 배상이 이루어졌다는 사정만으로 정신적 손해에 대한 국가배상청구마저 금지하는 것은, 해당 손해에 대한 적절한 배상이 이루어졌음을 전제로 하여 국가배상청구권 행사를 제한하려 한 <u>민주화보상법의 입법목적에도 부합하지 않으며</u>, 국가의 기본권 보호의무를 규정한 헌법 제10조 제2문의 취지에도 반하는 것으로서, 국가배상청구권에 대한 지나치게 과도한 제한에 해당한다. 따라서 심판대상조항 중 정신적 손해에 관한 부분은 민주화운동 관련자와 유족의 국가배상청구권을 침해한다.

V. 범죄피해자의 구조청구권

제30조 타인의 **범죄행위**로 인하여 **생명·신체**에 대한 피해를 받은 국민은 법률이 정하는 바에 의하여 국가로부터 구조를 받을 수 있다.

1. 의의

(1) 연혁: 현행헌법에서 신설

(2) 개념: 타인의 범죄행위로 생명을 잃거나 신체에 대한 피해를 입은 국민이나 유가족이 가해자로부터 충분한 배상을 받지 못한 경우에 국가에 대하여 구조를 청구할 수 있는 권리

(3) 법적 성격: 생존권적 성격을 지닌 청구권(헌결 88헌마3)

(4) 주체: 사망한 경우에는 유족, 장해 또는 중상해를 입은 경우에는 본인(○). 외국인[상호보증이 있는 때에 한하여 인정(범죄피해자보호법 이하 '동법' §23)]

2. 피해자구조청구권의 성립요건

(1) 적극적 요건: 피해자구조청구는 타인의 범죄행위로 피해가 발생. 범죄행위로 인한 것이어야 하므로 **정당행위나 정당방위 또는 과실에 의한 행위는 제외**(동법 §3①. 4호). 그러나 형사미성년자의 행위, 심신상실자의 행위, 강요된 행위, **긴급피난**으로 피해를 받은 경우에는 구조피해청구가 **허용**. 생명이나 신체에 대한 피해로서 사망하거나 장해 또는 중상해를 입은 경우로 국한(동법 §3①. 4호)

(2) 소극적 요건: 가해자와 피해자 사이가 부부(사실상의 혼인관계를 포함), 직계혈족, 4촌 이내의 친족, 동거친족인 경우 피해구조를 청구할 수×(동법 §19①). 유족이 구조피해자를 고의로 사망하게 한 경우에도 청구할 수×(동법 §18④). 구조피해자가 일정한 행위를 한 경우 지급이 불허되거나 제한(동법 §19③④)

3. 피해자구조청구권의 종류와 행사(보충성)

구조피해자가 사망한 때에는 유족에게 유족구조금이, 장해 또는 중상해의 경우에는 해당 구조피해자에게 장해구조금 또는 중상해구조금이 지급(동법 §17). 범죄피해구조금은 구조피해자가 피해의 전부 또는 일부를 배상받지 못하거나 또는 자기 또는 타인의 형사사건의 수사 또는 재판에서 고소·고발 등 수사단서를 제공하거나 진술, 증언 또는 자료제출을 하다가 구조피해자가 된 경우에 지급(동법 §16). '가해자 불명 또는 무자력'요건 삭제. 구조피해자나 유족이 해당 구조대상 범죄피해를 원인으로 하여 국가배상법이나 그 밖의 법령에 따른 급여 등을 받을 수 있는 경우에는 구조금을 지급×(동법 §20). 국가는 구조피해자나 유족이 해당 구조대상 범죄피해를 원인으로 하여 손해배상을 받았으면 그 범위에서 구조금을 지급×(동법 §21①).

4. 피해자구조청구권의 행사절차

사망자의 유족(유족구조금)이나 피해자(장해 및 중상해구조금)는 주소지나 범죄발생지를 관할하는 지방검찰청 소속의 범죄피해구조심의회에 신청(동법 §25①). 구 범죄피해자구조법에서 범죄피해가 '발생한 날부터 5년'이 경과한 경우에는 구조금의 지급신청을 할 수 없다고 규정한 것은 평등원칙에 위배×(헌결 2009헌마354). 구조금의 지급신청은 범죄피해의 발생을 안 날로부터 3년, 또는 당해 범죄피해가 발생한 날로부터 10년 이내에 하여야 함(동법 §25②). 불복절차(동법 §27), 구조금의 지급을 받을 권리(구조금수급권)는 양도·압류·담보로 제공할 수 없으며(동법 §32), 구조금지급결정이 신청인에게 도달된 날로부터 2년간 행사하지 않으면 시효로 소멸(동법 §31)

| 헌결 | 대판 |

1. 헌법은 제10조에서 "모든 국민은 인간으로서의 존엄과 가치를 가지며 행복을 추구할 권리를 가진다. 국가는 개인이 가지는 불가침의 기본적 인권을 확인하고 이를 보장할 의무를 진다."라고 규정하고 있고, 제11조 제1항에 "모든 국민은 법앞에 평등하다 …"라고 규정하고 있다. 또 제30조에서 "타인의 범죄행위로 인하여 생명·신체에 대한 피해를 받은 국민은 법률이 정하는 바에 의하여 국가로부터 구조를 받을 수 있다"고 규정하고 있으며, 제27조 제5항에서는 "형사피해자는 법률이 정하는 바에 의하여 당해 사건의 재판절차에서 진술할 수 있다"라고 규정하고 있다. 국가가 존립하기 위한 최소요건은 영토와 국민의 보전이다. 국가는 이를 위해 국민에게 국방의 의무와 납세의 의무를 부과함과 아울러 국민에 대하여 국가 외부에서 초래되는 외적의 침입과 국가 내부

에서 초래되는 범죄의 발생을 예방하고 이를 물리칠 의무를 스스로 부담하고 있는 것이다. 따라서 국가는 이미 범죄가 발생한 경우에는 범인을 수사하여 형벌권을 행사함으로써 국민을 보호하여야 할 것이고, 형벌권을 행사하지 아니하는 경우에도 최소한 형벌권을 행사하지 아니하는 것이 오히려 보다 더 나은 결과를 초래할 수 있다고 기대되는 경우에 한정되어야 할 것이다. 그런데, <u>헌법은 위에서 본 바와 같이 범죄로부터 국민을 보호하여야 할 국가의 의무를 이와 같은 소극적 차원에서만 규정하지 아니하고 이에 더 나아가 범죄행위로 인하여 피해를 받은 국민에 대하여 국가가 적극적인 구조행위까지 하도록 규정하여 피해자의 기본권을 생존권적 기본권의 차원으로 인정하였다</u>(헌결 1989.4.17. 88헌마).

2. [1] 범죄피해자 구조청구권을 인정하는 이유는 크게 국가의 범죄방지책임 또는 범죄로부터 국민을 보호할 국가의 보호의무를 다하지 못하였다는 것과 그 범죄피해자들에 대한 최소한의 구제가 필요하다는데 있다. 그런데 <u>국가의 주권이 미치지 못하고 국가의 경찰력 등을 행사할 수 없거나 행사하기 어려운 해외에서 발생한 범죄에 대하여는 국가에 그 방지책임이 있다고 보기 어렵고, 상호보증이 있는 외국에서 발생한 범죄피해에 대하여는 국민이 그 외국에서 피해구조를 받을 수 있으며</u>, 국가의 재정에 기반을 두고 있는 구조금에 대한 청구권 행사대상을 우선적으로 대한민국의 영역 안의 범죄피해에 한정하고, 향후 해외에서 발생한 범죄피해의 경우에도 구조를 하는 방향으로 운영하는 것은 입법형성의 재량의 범위 내라고 할 것이다. 따라서 <u>범죄피해자구조청구권의 대상이 되는 범죄피해에 해외에서 발생한 범죄피해의 경우를 포함하고 있지 아니한 것이 현저하게 불합리한 자의적인 차별이라고 볼 수 없어 평등원칙에 위배되지 아니한다.</u>

[2] 오늘날 현대사회에서 인터넷의 보급 등 교통·통신수단이 상대적으로 매우 발달하여 여러 정보에 대한 접근이 용이해진 점과 일반 국민의 권리의식이 신장된 점 등에 비추어 보면, 범죄피해가 발생한 날부터 5년이라는 청구기간이 지나치게 단기라든지 불합리하여 범죄피해자의 구조청구권 행사를 현저히 곤란하게 하거나 사실상 불가능하게 하는 것으로는 볼 수 없고. 합리적인 이유가 있다고 할 것이어서 평등원칙에 위반되지 아니한다(헌결 2011.12.29. 2009헌마354).

제6절 참정권적 기본권

I. 선거권

제13조 ② 모든 국민은 소급입법에 의하여 참정권의 제한을 받거나 재산권을 박탈당하지 아니한다.
제24조 모든 국민은 법률이 정하는 바에 의하여 선거권을 가진다.

1. 의의
(1) 개념: 선거인단의 구성원으로서 국민이 각종 공무원을 선출하는 권리
(2) 주체: <u>18세</u> 이상의 국민(공직선거법 §15)

2. 선거권의 내용
선거권에는 대통령선거권(§67①), 국회의원선거권(§41①), 지방자치단체의 장 또는 지방의회의원선거권(§118) ★ **지방자치단체의 장 선거권** 역시 다른 선거권과 마찬가지로 <u>헌법 제24조에 의해 보호되는 기본권으로 인정</u>○(헌결 2014헌마797)

3. 선거권에 대한 제한과 한계
일반적 법률유보(§37②)에 의해 법률로 제한 可

| 헌결 | 대판 |

1. 국민의 선거권 행사는 국민주권의 현실적 행사수단으로서 한편으로는 국민의 의사를 국정에 반영할 수 있는 중요한 통로로서 기능하며, 다른 한편으로는 주기적 선거를 통하여 국가권력을 통제하는 수단으로서의 기능도 수행한다. 국회의원과 대통령에 대한 선거권(이하 이를 편의상 '국정선거권'이라 한다)을 비롯한 국민의 참정권이 국민주권의 원칙을 실현하기 위한 가장 기본적이고 필수적인 권리로서 다른 기본권에 대하여 우월한 지위를 갖는 것으로 평가되는 것도 바로 그러한 이유 때문이다. 헌법 제24조는 모든 국민은 '<u>법률이 정하는 바에 의하여</u>' 선거권을 가진다고 규정함으로써 법률유보의 형식을 취하고 있지만, 이것은 국민의 선거권이 '법률이 정하는 바에 따라서만 인정될 수 있다'는 포괄적인 입법권의 유보하에 있음을 의미하는 것이 아니다. 국민의 기본권을 법률에 의하여 구체화하라는 뜻이며 선거권을 법률을 통해 구체적으로 실현하라는 의미이다(헌결 2007.6.28. 2004헌마644).

2. 주민자치제를 본질로 하는 민주적 지방자치제도가 안정적으로 뿌리내린 현 시점에서 <u>지방자치단체의 장 선거권을 지방의회의원 선거권, 나아가 국회의원 선거권 및 대통령 선거권과 구별하여 하나는 법률상의 권리로, 나머지는 헌법상의 권리로 이원화하는 것은 허용될 수 없다. 그러므로 지방자치단체의 장 선거권 역시 다른 선거권과 마찬가지로 헌법 제24조에 의해 보호되는 기본권으로 인정하여야 한다</u>(헌결 2016.10.27. 2014헌마797).
3. 공직선거법 제218조의16 제3항 부진정입법부작위 위헌확인 사건(헌불) 헌결 2022.1.27. 2020헌마895). ★★★ ⇒ 심화학습 1

심화학습

1. 공직선거법 제218조의16 제3항 등위헌확인(헌불) 헌결 2022.1.27. 2020헌마895) ★★★
　－ 공직선거법 제218조의16 제3항 부진정입법부작위 위헌확인 사건 －

[판시사항]

가. 공직선거법 제218조의16 제3항 중 '재외투표기간 개시일 전에 귀국한 재외선거인등'에 관한 부분(이하 '심판대상조항'이라 한다)이 불완전·불충분하게 규정되어 있어 재외투표기간 개시일에 임박하여 또는 재외투표기간 중에 재외선거사무 중지결정이 있었고 그에 대한 재개결정이 없었던 예외적인 상황에서 재외투표기간 개시일 이후에 귀국한 재외선거인 및 국외부재자신고인(이하 '재외선거인등'이라 한다)이 국내에서 선거일에 투표할 수 있도록 하는 절차를 마련하지 아니한 것이 청구인의 선거권을 침해하는지 여부(적극)

나. 위헌결정이 초래하는 법적 공백을 이유로 헌법불합치결정을 선고한 사례

[결정요지]

가. 심판대상조항은 형식적으로 재외선거인등의 선거권 자체를 부정하지는 아니하지만, 일정한 경우에는 사실상 재외선거인등의 선거권을 부정하는 것과 다름없는 결과를 초래할 수 있다. 따라서 <u>심판대상조항이 재외선거인등의 선거권을 침해하는지 여부는 과잉금지원칙에 따라 심사한다.</u> 심판대상조항과 달리 재외투표기간이 종료된 후 선거일이 도래하기 전까지의 기간 내에 재외투표관리관이 재외선거인등 중 실제로 재외투표를 한 사람들의 명단을 중앙선거관리위원회에 보내거나 중앙선거관리위원회를 경유하여 관할 구·시·군

선거관리위원회에 보내어 선거일 전까지 투표 여부에 관한 정보를 확인하는 방법을 상정할 수 있으며, 현재의 기술 수준으로도 이와 같은 방법이 충분히 실현가능한 것으로 보인다. <u>이로 인해 관계 공무원 등의 업무부담이 가중될 수 있을 것이나, 이는 인력 확충 및 효율적인 관리 등 국가의 노력으로 극복할 수 있는 어려움에 해당한다.</u> 심판대상조항을 통해 달성하고자 하는 선거의 공정성은 매우 중요한 가치이다. 그러나 선거의 공정성도 결국에는 선거인의 선거권이 실질적으로 보장될 때 비로소 의미를 가진다. 심판대상조항의 불충분·불완전한 입법으로 인한 청구인의 선거권 제한을 결코 가볍다고 볼 수 없으며, 이는 심판대상조항으로 인해 달성되는 공익에 비해 작지 않다. 따라서 <u>심판대상조항은 과잉금지원칙에 위배되어 청구인의 선거권을 침해한다.</u>

나. 심판대상조항에 대하여 단순위헌결정을 하여 당장 그 효력을 상실시킬 경우 재외선거인등이 재외투표기간 개시일 전에 귀국하여 투표할 수 있는 근거규정이 없어지게 되어 법적 공백이 발생한다. 나아가, 심판대상조항의 위헌적 상태를 제거함에 있어서 재외투표기간 개시일 이후에 귀국한 재외선거인등에 대하여 어떠한 요건 및 절차에 의해 귀국투표를 허용할 것인지 등에 관하여 헌법재판소의 결정취지의 한도 내에서 입법자에게 재량이 부여된다 할 것이다. 따라서 심판대상조항에 대하여 단순위헌결정을 하는 대신 헌법불합치결정을 선고하되, 입법자의 개선입법이 있을 때까지 잠정적용을 명하기로 한다. 입법자는 가능한 한 빠른 시일 내에, 늦어도 2023. 12. 31.까지는 개선입법을 하여야 한다.

II. 공무담임권

제25조 모든 국민은 법률이 정하는 바에 의하여 공무담임권을 가진다.

1. 의의

공무담임권이란 공무를 담당할 수 있는 자격을 말하며, 선거로 선출되는 공직에 입후보할 수 있는 자격(피선거권)과 기타 공직에 취임할 수 있는 공직취임권을 포함(헌결 2004헌바52). 사립대학 교원이 국회의원으로 당선된 경우 임기개시일 전까지 그 직을 사직하도록 규정한 국회법 조항은 **공무담임권과 직업선택의 자유 모두 제한○**(헌결 2014헌마621)

2. 공무담임권의 보호영역

(1) 공무담임권의 보호영역에는 공직취임의 기회의 자의적인 배제뿐 아니라, 공무원 신분의 부당한 박탈까지 포함된다(헌결 2001헌마788).

(2) 헌법 제25조의 공무담임권의 보호영역에는 일반적으로 공직취임의 기회보장, 신분박탈, 직무의 정지에 관련된 사항이 포함되지만, 특별한 사정도 없이 공무원이 특정의 장소에서 근무하는 것이나 특정의 보직을 받아 근무하는 것을 포함하는 일종의 '공무수행의 자유'까지 포함된다고 보기 어렵다(헌결 2011헌마239).

| 헌결 | 대판 |

1. 청구인은 이 사건 법률조항에 의해 헌법 제25조의 공무담임권이 침해되었다고 주장하는데 헌법 제25조에서 규정하고 있는 공무담임이란 입법부·집행부·사법부는 물론 지방자치단체 등 국가·공공단체의 구성원으로 선임되거나 비선거직공직에 취임하여 공무를 담당하는 것을 가리키는 것으로서 이러한 공무담임권에는 각종 선거에 입후보하여 당선될 수 있는 피선거권과 공직에 임명될 수 있는 공직취임권이 포함된다. 그런데 이 사건에서 청구인은 선거에 입후보하거나 공직에 취임하려는 자가 아니고 국회의원선거의 예비후보자인 배우자를 위하여 선거운동을 하려고 하는 자인바 이 사건 법률조항에 의해 청구인의 공무담임권이 제한된다고 할 수 없다(헌결 2005.9.29. 2004헌바52).

2. 공무담임권은 국가 등에게 능력주의를 존중하는 공정한 공직자선발을 요구할 수 있는 권리라는 점에서 직업선택의 자유보다는 그 기본권의 효과가 현실적·구체적이므로, 공직을 직업으로 선택하는 경우에 있어서 직업선택의 자유는 공무담임권을 통해서 그 기본권보호를 받게 된다고 할 수 있으므로 공무담임권을 침해하는지 여부를 심사하는 이상 이와 별도로 직업선택의 자유 침해 여부를 심사할 필요는 없다(헌결 2006.3.30. 2005헌마598).

3. 심판대상조항[저자 주: 사립대학 교원이 국회의원으로 당선된 경우 임기개시일 전까지 그 직을 사직하도록 규정한 국회법(2013. 8. 13. 법률 제12108호로 개정된 것) 제29조 제2항 단서 제3호 중 사립대학 교원에 관한 부분]은 국회의원으로 당선된 자에게 사립대학 교원의 직에서 사직할 의무를 부과하고 있어 사립대학 교원이라는 직업선택의 자유를 제한함과 동시에, 청구인과 같이 사립대학 교원의 직에 있는 상태에서 향후 국회의원 선거에 출마하려는 자에게는 국회의원 출마 자체를 주저하게 만듦으로써 공무담임권의 행사에 적지 않은 위축효과도 가져온다. 따라서 이 사건 심판대상조항은 공무담임권과 직업선

택의 자유라는 두 가지 기본권을 모두 제한하고 있다(헌결 2015.4.30. 2014헌마621).

4. [1] 헌법 제25조는 "모든 국민은 법률이 정하는 바에 의하여 공무담임권을 가진다."고 하여 공무담임권을 보장하고 있고, 공무담임권의 보호영역에는 공직취임의 기회의 자의적인 배제 뿐 아니라, 공무원 신분의 부당한 박탈도 포함되는 것이다.

[2] 공무원이 금고 이상의 형의 '선고유예'를 받은 경우에는 공무원직에서 당연히 퇴직하는 것으로 규정하고 있는 이 사건 법률조항은 금고 이상의 선고유예의 판결을 받은 모든 범죄를 포괄하여 규정하고 있을 뿐 아니라, 심지어 오늘날 누구에게나 위험이 상존하는 교통사고 관련 범죄 등 과실범의 경우마저 당연퇴직의 사유에서 제외하지 않고 있으므로 최소침해성의 원칙에 반한다. 오늘날 사회구조의 변화로 인하여 '모든 범죄로부터 순결한 공직자 집단'이라는 신뢰를 요구하는 것은 지나치게 공익만을 우선한 것이며, 오늘날 사회국가원리에 입각한 공직제도의 중요성이 강조되면서 개개 공무원의 공무담임권 보장의 중요성이 더욱 큰 의미를 가지고 있다. 일단 공무원으로 채용된 공무원을 퇴직시키는 것은 공무원이 장기간 쌓은 지위를 박탈해 버리는 것이므로 같은 입법목적을 위한 것이라고 하여도 당연퇴직사유를 임용결격사유와 동일하게 취급하는 것은 타당하다고 할 수 없다. 결국, 지방공무원법 제61조 중 제31조 제5호 부분은 헌법 제25조의 공무담임권을 침해하였다고 할 것이다. 따라서 헌법재판소가 종전에 1990. 6. 25. 89헌마220 결정에서 위 규정이 헌법에 위반되지 아니한다고 판시한 의견은 이를 변경하기로 한다(**위헌** 헌결 2002.8.29. 2001헌마788).

5. 헌법 제25조의 공무담임권의 보호영역에는 일반적으로 공직취임의 기회보장, 신분박탈, 직무의 정지에 관련된 사항이 포함되지만, 특별한 사정도 없이 공무원이 특정의 장소에서 근무하는 것이나 특정의 보직을 받아 근무하는 것을 포함하는 일종의 '공무수행의 자유'까지 포함된다고 보기 어렵다. 단과대학장이라는 특정의 보직을 받아 근무할 것을 요구할 권리는 공무담임권의 보호영역에 포함되지 않는 공무수행의 자유에 불과하므로, 이 사건 심판대상조항에 의해 청구인들의 공무담임권이 침해될 가능성이 인정되지 아니한다(헌결 2014.1.28. 2011헌마239).

3. 공무담임권의 내용

(1) 피선거권: 선거에 입후보하여 당선을 기초로 공무원이 될 수 있는 권리를 말하며, 대통령의 피선요건은 만 40세, 국회의원은 만 25세, 지방의회의원 및 지방자치단체의 장은 만 25세

(2) 공직취임권: 모든 국민은 선거직 이외의 공직에 취임할 수 있는 협의의 공무담임권, 즉 공직취임권을 가짐

4. 공무담임권에 대한 제한과 한계

피선거권이나 공직취임권은 일반적 법률유보(§37②)에 의해 법률로 제한 可

| 헌결 | 대판 | 공무담임권 등 침해를 인정

1. 정부투자기관의 직원에 대한 지방의회의원선거에서의 입후보제한(한정위헌) 헌결 1995.5.25. 91헌마67)

   정부투자기관의 "임원"이나 정부투자기관관리기본법시행령 (1984.3.20. 공포 대통령령 제11395호) 제13조 제1항에서 정하는 "집행간부"에 대한 지방의회의원선거에서의 입후보 제한은 그 합리적 필요성이 있고 이를 공무담임권의 과도한 제한이라고 볼 수 없다 할 것이나, 정부투자기관의 경영에 관한 결정이나 집행에 상당한 영향력을 행사할 수 있는 지위에 있다고 볼 수 없는 직원을 임원이나 집행간부들과 마찬가지로 취급하여 지방의회의원직에 입후보를 하지 못하도록 하고 있는 구 지방의회의원선거법 제35조 제1항 제6호의 입후보금지 규정은 정부투자기관의 직원이라는 사회적 신분에 의하여 합리적인 이유 없이 청구인들을 차별하는 것이어서 헌법 제10조의 평등원칙에 위배되고, 헌법 제37조 제2항의 비례의 원칙에 어긋나서 청구인들의 기본적인 공무담임권을 침해하는 것이므로 헌법에 위반된다.

2. 형사사건으로 기소되기만 하면 <필요적>으로 직위해제처분을 하도록 한 국가공무원법규정(위헌) 헌결 1998.5.28. 96헌가12)

   [1] 형사사건으로 기소되기만 하면 그가 국가공무원법 제33조 제1항 제3호 내지 제6호에 해당하는 유죄판결을 받을 고도의 개연성이 있는가의 여부에 무관하게 경우에 따라서는 벌금형이나 무죄가 선고될 가능성이 큰 사건인 경우에 대해서까지도 당해 공무원에게 일률적으로 직위해제처분을 하지 않을 수 없도록 한 이 사건 규정은 헌법 제37조 제2항의 비례의 원칙에 위반되어 직업의 자유를 과도하게 침해하고 헌법 제27조 제4항의 무죄추정의 원칙에도

위반된다.

[2] 형사사건으로 기소된 경우에 행하는 직위해제처분에 있어서 국립대학 교원 등의 공무원을 사립학교교원과 달리 취급해야 할 아무런 합리적인 이유가 없다. 이 사건 규정은 공무원이 형사기소된 경우에는 당연히 직위해제되어야만 한다는 점에서 그의 내용이 위 결정의 심판대상 조항인 사립학교법 제58조의2 제1항 단서의 규정과 본질적으로 동일하고, 위 결정선고 이후 이를 달리 판단해야 할 특별한 사정변경이 있다고 할 수도 없으므로, 위 사립학교법 조항에 대한 헌법재판소결정의 판시이유는 이 사건에서도 그대로 타당하다고 하겠다. 그러므로 이 사건 규정은 헌법 제37조 제2항의 비례의 원칙에 위반되어 직업의 자유를 과도하게 침해하고 헌법 제27조 제4항의 무죄추정의 원칙에도 위반된다.

★ 비교 형사사건으로 기소된 국가공무원을 <임의적>으로 직위해제할 수 있도록 규정한 구 국가공무원법(헌결 2006.5.25. 2004헌바12)

[1] 헌법 제25조는 "모든 국민은 법률이 정하는 바에 의하여 공무담임권을 가진다."고 하여 공무담임권을 기본권으로 보장하고 있다. 공무담임권이란 입법부, 집행부, 사법부는 물론 지방자치단체 등 국가, 공공단체의 구성원으로서 그 직무를 담당할 수 있는 권리를 말한다. 여기서 직무를 담당한다는 것은 모든 국민이 현실적으로 그 직무를 담당할 수 있다고 하는 의미가 아니라, 국민이 공무담임에 관한 자의적이지 않고 평등한 기회를 보장받음을 의미하는바, 공무담임권의 보호영역에는 공직취임 기회의 자의적인 배제 뿐 아니라, 공무원 신분의 부당한 박탈이나 권한(직무)의 부당한 정지도 포함된다고 할 것이다(헌재 2005. 5. 26. 2002헌마699등, 판례집 17-1, 734, 743). 따라서 공무원의 직무수행을 제한하고 있는 이 사건 법률조항은 공무담임권을 제한하고 있다.

[2] 이 사건 법률조항은 공무담임권을 침해하지 않는다. ⇒ 형사사건으로 기소된 국가공무원을 직위해제할 수 있도록 규정한 구 국가공무원법(1997. 12. 13. 법률 제5452호로 개정되고, 2004. 3. 11. 법률 제7187호로 개정되기 전의 것, 이하 '구 국가공무원법'이라 한다) 제73조의2 제1항 제4호 부분(이하 '이 사건 법률조항'이라 한다)이 공무담임권을 침해하는지 여부(소극)

3. 지방자치단체의 장이 그 임기 중에 그 직을 사퇴하여 대통령선거, 국회의원선거, 지방의회의원선거 및 다른 지방자치단체의 장 선거에 입후보할 수 없도록 한 것(위헌 헌결 1999.5.27. 98헌마214)

이 사건 조항은 보통선거원칙에 위반되어 청구인들의 피선거권을 침해하는 위헌인인 규정이다. 이러한 이유로 이 사건 심판대상 법률조항 중 법 제53조 제3항은 <u>보통선거원칙에 위반되어 청구인들의 공무담임권(피선거권)을 침해할 분이 아니라 평등원칙에도 위반</u>되는 위헌적인 규정이다.

4. 제대군인이 공무원채용시험 등에 응시한 때에 과목별 득점에 과목별 만점의 5% 또는 3%를 가산하는 제대군인가산점제도(**위헌** 헌결 98헌마363) ★ **비교** 국가유공자와 그 유족 등 취업보호대상자가 국가기관이 실시하는 채용시험에 응시하는 경우에 10%의 가점을 주도록 한 가산점제도(헌결 2000헌마25) ★ **비교** 국·공립학교의 채용시험에 국가유공자와 그 가족이 응시하는 경우 만점의 10퍼센트를 가산하도록 규정하고 있는 국가유공자등 예우 및 지원에 관한 <u>법률은 일반 응시자들의 평등권과 공무담임권을 침해</u>○(**헌불** 헌결 2006.2.23. 2004헌마675)

5. 지방자치단체의 장으로 하여금 당해 지방자치단체의 관할구역과 같거나 겹치는 선거구역에서 실시되는 지역구 국회의원선거에 입후보하고자 하는 경우 당해 선거의 선거일 전 180일까지 그 직을 사퇴하도록 규정한 것(**위헌** 헌결 2003.9.25. 2003헌마106)

<u>이 사건 조항은 선거일 전 60일까지 사퇴하면 되는 다른 공무원과 비교해 볼 때 지방자치단체장의 사퇴시기를 현저하게 앞당김으로써 청구인들의 공무담임권(피선거권)에 대하여 제한을 가하고 있는 규정이므로, 기본권제한에 관한 과잉금지원칙을 준수하여야 한다. 이 사건 조항의 입법목적은 정당하고, 그 수단의 적정성도 긍정되나, 이 사건 조항은 선거의 공정성과 직무전념성이라는 입법목적 달성을 위한 적절한 수단들이 이미 공선법에 존재하고 있음에도 불구하고 불필요하고 과도하게 청구인들의 공무담임권을 제한하는 것이라 할 것이므로 침해의 최소성 원칙에 위반되고, 이 사건 조항에 의해 실현되는 공익과 그로 인해 청구인들이 입는 기본권 침해의 정도를 비교형량할 경우 양자 간에 적정한 비례관계가 성립하였다고 할 수 없어 법익의 균형성 원칙에 위배</u>된다. 그렇다면, 이 사건 조항은 청구인들에 대한 차별을 정당화시킬만한 합리적인 이유가 결여되어 <u>평등의 원칙에 위배</u>될 뿐만 아니라, 청구인들의 기본권인 공무담임권을 제한함에 있어 준수하여야 할 <u>비례의 원칙(과잉금지원칙)</u>을 지키지 못하여 헌법에 위반된다. ⇒ 지방자치단체의 장으로 하여금 당해 지방자치단체의 관할구역과 같거나 겹치는 선거구역에서 실시되는 지역구 국회의원선거에 입후보하고자 하는 경우 당해 선거의 선거일 전 180일까지 그 직을

사퇴하도록 규정하고 있는 공직선거및선거부정방지법(이하 '공선법'이라 한다) 제53조 제3항[저자 주: 현행 제5항](이하 '이 사건 조항'이라 한다)이 청구인들의 공무담임권을 침해하는지 여부(적극)

6. 공무원이 금고 이상의 형의 '선고유예'를 받은 경우에는 공무원직에서 당연히 퇴직하는 것으로 규정(위헌 헌결 2001헌마788) 비교 금고 이상의 형의 '집행유예' 판결을 받은 것을 공무원의 당연퇴직사유로 규정(헌결 2003헌마409) ★ 중요 ① 금고 이상의 형의 선고유예를 받고 그 기간 중에 있는 자를 임용결격사유로 삼고, 위 사유에 해당하는 자가 임용되더라도 이를 당연무효로 하는 구 국가공무원법 제33조 제1항 제5호는 공무담임권을 침해×(헌결 2014헌바437) ★ ⇒ 공직에 대한 국민의 신뢰를 보장하고 공무원의 원활한 직무수행을 도모하기 위하여 마련된 조항 중요 ② 수뢰죄를 범하여 금고 이상의 형의 선고유예를 받은 국가공무원은 당연퇴직하도록 한 국가공무원법 제69조 단서 중 '형법 제129조 제1항'에 관한 부분은 공무담임권을 침해×(헌결 2012헌바409) ★ 참고 청원경찰이 금고 이상의 형의 선고유예를 받은 경우 당연 퇴직되도록 규정한 청원경찰법조항은 과잉금지원칙에 반하여 <직업의 자유>를 침해하므로 헌법에 위반된다(위헌 헌결 2018.1.25. 2017헌가26). ⇒ 헌법재판소는 지방공무원(2001헌마788등), 군무원(2003헌마293등), 국가공무원(2002헌마684등), 경찰공무원(2004헌가12), 향토예비군 지휘관(2004헌마947), 군무원(2007헌가3)이 선고유예를 받은 경우 당연히 그 직을 상실하도록 규정한 조항들에 대하여 과잉금지원칙에 반하여 공무담임권을 침해한다는 이유로 위헌으로 결정하였다. 청원경찰의 경우에도 위 공무원에 대한 선례들과 동일한 이유에서 직업의 자유를 침해하여 헌법에 위반된다고 판단한 것이다.

7. 지방자치단체장이 금고 이상의 형을 선고받았다는 사실만으로, 형이 아직 확정되지 않았음에도 불구하고 그 직무집행에서 배제하고 부단체장이 그 직무를 대행하도록 한 규정(헌불 헌결 2010헌마418) ★ 비교 지방자치단체의 장이 '공소제기된 후 구금상태에 있는 경우' 부단체장이 그 권한을 대행하도록 규정(헌결 2010헌마474)

8. '비례대표'국회의원선거의 기탁금조항(헌불 헌결 2016.12.29. 2015헌마1160)

9. 총장후보자에 지원하려는 사람에게 접수시 1,000만 원의 기탁금을 납부하도록 하고, 지원서 접수시 기탁금 납입 영수증을 제출하도록 한 '전북대학교 총장임용후보자 선정에 관한 규정'(2014. 6. 13. 훈령 제1753호로 개정된 것) 제15조 제1항 제9호, '전북대학교 총장임용후보자 선정에 관한 규정'(2014. 8. 22.

훈령 제1768호로 개정된 것) 제15조 제3항(이하 위 두 조항을 합하여 '이 사건 기탁금조항'이라 한다)이 청구인의 공무담임권을 침해하는지 여부(적극)([헌불] 헌결 2018.4.26. 2014헌마274) ★★★

이 사건 기탁금조항은 총장후보자 지원자들의 무분별한 난립을 방지하고 그 책임성과 성실성을 확보함으로써 선거의 과열을 예방하기 위한 것이므로 목적의 정당성은 인정된다. 총장후보자 지원자들에게 1,000만 원의 기탁금을 납부하게 하는 것은 지원자가 무분별하게 총장후보자에 지원하는 것을 예방하는 데 기여할 수 있으므로 수단의 적합성도 인정된다. 현행 총장후보자 선정규정에 따르면 총장후보자는 간선제 방식에 따라 선출하고, 지원자에게 허용되는 선거운동 방법은 총장후보자 추천위원회(이하 '추천위원회'라 한다) 위원을 대상으로 한 합동연설회밖에 없다. 이러한 현행 간선제 방식 하에서는 지원자들의 무분별한 난립과 선거 과열 문제가 발생할 여지가 적다. 연혁적으로 보더라도 과거 직선제 방식을 취하면서 두었던 기탁금제도가 현행 간선제 방식 하에서 어떠한 필요성에 근거하여 규정된 것인지 이를 명시적으로 설명하고 있는 자료를 찾아보기 어렵다. 총장후보자 지원자들이 난립하여 선거가 과열될 우려가 있다면 현행 총장후보자 선정규정보다 총장후보자의 자격요건을 강화하는 등 지원자의 적격 여부를 보다 엄정하게 심사하여 지원자들의 무분별한 난립을 막을 수 있다. 총장후보자 선정규정상 부정행위 금지 및 이에 대한 제재조항으로 선거의 과열을 방지할 수도 있다. 이러한 방법은 이 사건 기탁금조항에 대한 적절한 대체수단이 될 수 있다. 이 사건 기탁금조항의 1,000만 원 액수는 교원 등 학내 인사뿐만 아니라 일반 국민들 입장에서도 적은 금액이 아니다. 여기에, 추천위원회의 최초 투표만을 기준으로 기탁금 반환 여부가 결정되는 점, 일정한 경우 기탁자 의사와 관계없이 기탁금을 발전기금으로 귀속시키는 점 등을 종합하면, 이 사건 기탁금조항의 1,000만 원이라는 액수는 자력이 부족한 교원 등 학내 인사와 일반 국민으로 하여금 총장후보자에 지원하려는 의사를 단념토록 할 수 있을 정도로 과다한 액수라고 할 수 있다. 이러한 사정들을 종합하면 이 사건 기탁금조항은 침해의 최소성에 반한다. 현행 총장후보자 선정규정에 따른 간선제 방식에서는 이 사건 기탁금조항으로 달성하려는 공익은 제한적이다. 반면 이 사건 기탁금조항으로 인하여 기탁금을 납입할 자력이 없는 교원 등 학내 인사 및 일반 국민들은 총장후보자에 지원하는 것 자체를 단념하게 되므로, 이 사건 기탁금조항으로 제약되는 공무담임권의 정도는 결코 과소평가될 수 없다. 이 사건 기탁금조항으로 달성하려는 공익이 제한되는 공무담임권 정도보다 크다고 단정할 수 없으므로, 이 사건 기탁금조항은 법익의 균형성에도 반한다. 따라서, 이 사건 기탁금조항은 과잉금지원칙에 반하여 청구인의 공무담임권을 침해한다. ★★★

★ 비교 [1] 대구교육대학교 총장임용후보자선거에서 후보자가 되려는 사람은 1,000만 원의 기탁금을 납부하도록 규정한 '대구교육대학교 총장임용후보자 선정규정' 제23조 제1항 제2호 및 제24조 제1항(이하 '이 사건 기탁금납부조항'이라 한다)이 과잉금지원칙에 위배되어 후보자가 되려는 청구인의 공무담임권을 침해하는지 여부(소극) ★★★

[2] 대구교육대학교 총장임용후보자선거 후보자가 제1차 투표에서 최종 환산득표율의 100분의 15 이상을 득표한 경우에만 기탁금의 반액을 반환하도록 하고 반환하지 않는 기탁금은 대학 발전기금에 귀속되도록 규정한 '대구교육대학교 총장임용후보자 선정규정' 제24조 제2항(이하 '이 사건 기탁금귀속조항'이라 한다)이 과잉금지원칙에 위배되어 청구인의 재산권을 침해하는지 여부(적극)(위헌 헌결 2021.12.23. 2019헌마825) ★★★

★ 비교 [1] 이 사건 기탁금납부조항은 후보자 난립에 따른 선거의 과열을 방지하고 후보자의 성실성을 확보하기 위한 것이다. 경북대학교는 총장임용후보자 선정 방식으로 직선제를 채택하고, 전화, 정보통신망을 이용한 지지 호소 등 다양한 방식의 선거운동을 허용하고 있으므로, 선거가 과열되거나 혼탁해질 위험이 인정된다. 기탁금 제도를 두는 대신에 피선거권자의 자격 요건을 강화하면 공무담임권이 더 크게 제한될 소지가 있고, 추천인 요건을 강화하는 경우 사전 선거운동이 과열될 수 있으며, 선거운동 방법의 제한 및 이에 관한 제재를 강화하면 선거운동의 자유가 위축될 우려도 있다. 3,000만 원의 기탁금액은 경북대학교 전임교원의 급여액 등을 고려하면 납부할 수 없거나 입후보 의사를 단념케 할 정도로 과다하다고 할 수 없다. 따라서 이 사건 기탁금납부조항은 청구인의 공무담임권을 침해하지 아니한다. ★★★ ⇒ 경북대학교 총장임용후보자선거의 후보자로 등록하려면 3,000만 원의 기탁금을 납부하고 후보자등록신청 시 기탁금납부영수증을 제출하도록 정한 '경북대학교 총장임용후보자 선정 규정' 제20조 제1항 및 제26조 제2항 제7호(이하 두 조항을 합하여 '이 사건 기탁금납부조항'이라 한다)가 청구인의 공무담임권을 침해하는지 여부(소극)

[2] 이 사건 기탁금귀속조항이 적용된 총장임용후보자선거에서 9명에 이르는 적지 않은 후보자가 후보자로 등록하였고, 이 중 3명의 후보자가 납부한 기탁

금 전액 내지 반액을 반환받았다. 기탁금 반환 요건을 완화하면 기본권 제한은 완화되지만, 기탁금 납부 부담 또한 줄게 되어 후보자 난립 방지 및 후보자의 성실성 확보라는 목적은 달성하기 어려울 수 있다. 기탁금 반환 요건을 충족하지 못한 후보자들을 모두 불성실하다고 평할 수 없지만, 이러한 반환 요건을 둔 것은 이를 완화할 경우 우려되는 폐해를 막기 위한 불가피한 선택이자 후보자의 진지성과 성실성을 담보하기 위한 최소한의 제한이다. 따라서 <u>이 사건 기탁금귀속조항은 청구인의 재산권을 침해하지 않는다.</u>(헌결 2022.5.26. 2020헌마1219). 〈소방간부 2023〉 〈경찰간부 2023〉 ★★★ ⇒ 제1차 투표에서 유효투표수의 <u>100분의 15 이상을 득표한 경우에는 기탁금 전액을, 100분의 10 이상 100분의 15 미만을 득표한 경우에는 기탁금 반액을 반환하고, 반환되지 않은 기탁금은 경북대학교발전기금에 귀속하도록 정한 '경북대학교 총장임용후보자 선정 규정' 제20조 제2항 및 제3항</u>(이하 두 조항을 합하여 '이 사건 기탁금귀속조항'이라 한다)이 청구인의 재산권을 침해하는지 여부(소극)

10. 심판대상조항은 아동과 관련이 없는 직무를 포함하여 모든 일반직공무원 및 부사관에 임용될 수 없도록 하므로, 제한의 범위가 지나치게 넓고 포괄적이다. 또한, 심판대상조항은 영구적으로 임용을 제한하고, <u>결격사유가 해소될 수 있는 어떠한 가능성도 인정하지 않는다.</u> 아동에 대한 성희롱 등의 성적 학대행위로 형을 선고받은 경우라고 하여도 범죄의 종류, 죄질 등은 다양하므로, 개별 범죄의 비난가능성 및 재범 위험성 등을 고려하여 상당한 기간 동안 임용을 제한하는 덜 침해적인 방법으로도 입법목적을 충분히 달성할 수 있다. 따라서 <u>심판대상조항은 과잉금지원칙에 위배되어 청구인의 공무담임권을 침해한다.</u>(헌불 헌결 2022.11.24. 2020헌마1181). ★ ⇒ 국가공무원법 제33조 제6호의4 나목 중 아동복지법 제17조 제2호 가운데 '아동에게 성적 수치심을 주는 성희롱 등의 성적 학대행위로 형을 선고받아 그 형이 확정된 사람은 국가공무원법 제2조 제2항 제1호의 일반직공무원으로 임용될 수 없도록 한 것'에 관한 부분 및 군인사법 제10조 제2항 제6호의4 나목 중 아동복지법 제17조 제2호 가운데 '아동에게 성적 수치심을 주는 성희롱 등의 성적 학대행위로 형을 선고받아 그 형이 확정된 사람은 부사관으로 임용될 수 없도록 한 것'에 관한 부분(이하 위 두 조항을 합하여 '심판대상조항'이라 한다)이 청구인의 공무담임권을 침해하는지 여부(적극)

11. 심판대상조항은 피성년후견인을 당연퇴직사유로 규정하여 공무원의 신분을 박탈하고 있으므로, 공무담임권을 제한한다. 심판대상조항은 직무수행의 하

자를 방지하고 국가공무원제도에 대한 국민의 신뢰를 보호하기 위한 것으로서, 그 입법목적이 정당하다. 이러한 목적을 달성하기 위해 정신적 제약으로 사무를 처리할 능력이 지속적으로 결여되어 성년후견이 개시된 국가공무원을 개시일자로 퇴직시키는 것은, 수단의 적합성도 인정된다. 현행 국가공무원법은 정신상의 장애로 직무를 감당할 수 없는 국가공무원에 대하여 임용권자가 최대 2년(공무상 질병 또는 부상은 최대 3년)의 범위 내에서 휴직을 명하도록 하고(제71조 제1항 제1호, 제72조 제1호), 휴직 기간이 끝났음에도 직무에 복귀하지 못하거나 직무를 감당할 수 없게 된 때에 비로소 직권면직 절차를 통하여 직을 박탈하도록 하고 있다(제70조 제1항 제4호). 위 조항들을 성년후견이 개시된 국가공무원에게 적용하더라도 심판대상조항의 입법목적을 달성할 수 있다. 이러한 대안에 의할 경우 국가공무원이 피성년후견인이 되었다 하더라도 곧바로 당연퇴직되는 대신 휴직을 통한 회복의 기회를 부여받을 수 있고, 이러한 절차적 보장에 별도의 조직이나 시간 등 공적 자원이 필요한 것도 아니다. 결국 심판대상조항과 같은 정도로 입법목적을 달성하면서도 공무담임권의 침해를 최소화할 수 있는 대안이 있으므로, 심판대상조항은 침해의 최소성에 반한다. 당연퇴직은 공무원의 법적 지위가 가장 예민하게 침해받는 경우이므로 공익과 사익 간의 비례성 형량에 있어 더욱 엄격한 기준이 요구되고, 심판대상조항이 달성하고자 하는 공익은 우리 헌법상 사회국가원리에 입각한 공무담임권 보장과 조화를 이루는 정도에 한하여 중요성이 인정될 수 있다. 그런데 심판대상조항은 성년후견이 개시되지는 않았으나 동일한 정도의 정신적 장애가 발생한 국가공무원의 경우와 비교할 때 사익의 제한 정도가 과도하고, 성년후견이 개시되었어도 정신적 제약을 회복하면 후견이 종료될 수 있고, 이 경우 법원에서 성년후견 종료심판을 하고 있다는 사실에 비추어 보아도 사익의 제한 정도가 지나치게 가혹하다. 또한 심판대상조항처럼 국가공무원의 당연퇴직사유를 임용결격사유와 동일하게 규정하려면 국가공무원이 재직 중 쌓은 지위를 박탈할 정도의 충분한 공익이 인정되어야 하나, 이 조항이 달성하려는 공익은 이에 미치지 못한다. 따라서 심판대상조항은 침해되는 사익에 비하여 지나치게 공익을 우선한 입법으로서, 법익의 균형성에 위배된다. 결국 심판대상조항은 과잉금지원칙에 반하여 공무담임권을 침해한다(위헌 헌결 2022.12.22. 2020헌가8). ★ ⇒ 국가공무원이 피성년후견인이 된 경우 당연퇴직되도록 한 구 국가공무원법(2015. 12. 24. 법률 제13618호로 개정되고, 2018. 10. 16. 법률 제15857호로 개정되기 전의 것) 제69조 제1호 중 제33조 제1호 가운데 '피성년후견인'에 관한 부분, 구 국가공무원법(2018. 10. 16. 법률 제15857호로 개정되고, 2021. 1. 12. 법률 제17894호로 개정되기 전의 것) 제69조 제1항 중 제33조 제1호 가운데 '피성년후견인'에 관한 부분 및 국가공무원법(2021. 1. 12. 법률 제17894호로 개정된 것) 제69조 제1항 중 제33조 제1호에 관한 부분의 위헌 여부(적극)

12. 심판대상조항은 아동·청소년과 관련이 없는 직무를 포함하여 모든 일반직 공무원에 임용될 수 없도록 하므로, 제한의 범위가 지나치게 넓고 포괄적이다. 또한, 심판대상조항은 영구적으로 임용을 제한하고, 결격사유가 해소될 수 있는 어떠한 가능성도 인정하지 않는다. <u>그런데 아동·청소년이용음란물소지죄로 형을 선고받은 경우라고 하여도 범죄의 종류, 죄질 등은 다양하므로, 개별 범죄의 비난가능성 및 재범 위험성 등을 고려하여 상당한 기간 동안 임용을 제한하는 덜 침해적인 방법으로도 입법목적을 충분히 달성할 수 있다. 따라서 심판대상조항은 과잉금지원칙에 위배되어 청구인들의 공무담임권을 침해한다.</u> 다만, 이 조항들의 위헌성을 해소하는 구체적인 방법은 입법자가 논의를 거쳐 결정해야 할 사항이므로 이 조항들에 대하여 헌법불합치 결정을 선고하되 2024. 5. 31.을 시한으로 입법자가 개정할 때까지 계속 적용을 명하기로 한다.(헌불 헌결 2023.6.29. 2020헌마1605). ⇒ 국가공무원법 제33조 제6호의4 나목 중 구 아동·청소년의 성보호에 관한 법률 제11조 제5항 가운데 '아동·청소년이용음란물임을 알면서 이를 소지한 죄로 형을 선고받아 그 형이 확정된 사람은 국가공무원법 제2조 제2항 제1호의 일반직공무원으로 임용될 수 없도록 한 것'에 관한 부분 및 지방공무원법 제31조 제6호의4 나목 중 구 아동·청소년의 성보호에 관한 법률 제11조 제5항 가운데 '아동·청소년이용음란물임을 알면서 이를 소지한 죄로 형을 선고받아 그 형이 확정된 사람은 지방공무원법 제2조 제2항 제1호의 일반직공무원으로 임용될 수 없도록 한 것'에 관한 부분이 모두 헌법에 합치되지 아니하는지 여부(적극) ★ ⇒ 이 사건 결정은 헌재 2022. 11. 24. 2020헌마1181 결정과 같은 취지의 것으로서, 공무담임권을 침해하는 심판대상조항에 대하여 헌법불합치결정을 한 것이다.

13. 법원조직법 제43조 제1항 제5호 위헌확인 (위헌 헌결 2024.7.18. 2021헌마460) ★★★

－'과거 3년 이내 당원 경력'과 '법관 임용 결격사유' 사건－

현행법상 공무담임권을 지나치게 제한하지 않으면서 법관(대법원장·대법관·판사)이 정치적 중립성을 준수하고 재판의 독립을 지킬 수 있도록 하는 제도적 장치는 이미 존재한다. 즉, 법관의 정당가입 및 정치운동 관여 금지, 임기

보장, 탄핵제도, 제척·기피·회피제도, 심급제 등을 통해 법관의 정치적 중립과 재판의 독립을 제도적으로 보장하고, 재판의 객관성과 공정성이 유지되도록 하고 있다. 특히 대법원장과 대법관은 국회에서 인사청문 절차를 거치므로, 판사보다 더 엄격한 수준에서 정치적 중립성에 대한 검증이 이루어지고 있다. <u>가사 과거에 당원 신분을 취득한 경력을 규제할 필요성이 있더라도, 적극적으로 정치적 활동을 하였던 경우에 한하여 법관 임용을 제한할 수 있고, 이에 법원조직법은 관련 규정을 별도로 두고 있다.</u> 그럼에도 불구하고, 심판대상조항과 같이 과거 3년 이내의 모든 당원 경력을 법관 임용 결격사유로 정하는 것은, 입법목적 달성을 위해 합리적인 범위를 넘어 정치적 중립성과 재판 독립에 긴밀한 연관성이 없는 경우까지 과도하게 공직취임의 기회를 제한한다. 따라서 <u>심판대상조항은 과잉금지원칙에 반하여 청구인의 공무담임권을 침해한다</u>(위헌 헌결 2024.7.18. 2021헌마460). ★★★

⇒ 과거 3년 이내의 당원 경력을 법관 임용 결격사유로 정한 법원조직법 제43조 제1항 제5호 중 '당원의 신분을 상실한 날부터 3년이 경과되지 아니한 사람'에 관한 부분(이하 '심판대상조항'이라 한다)이 공무담임권을 침해하는지 여부(적극)

[관련기출] 과거 3년 이내의 당원 경력을 법관임용 결격사유로 정한 「법원조직법」해당 조항 중 '당원의 신분을 상실한 날부터 3년이 경과되지 아니한 사람'에 관한 부분과 같이 과거 3년 이내의 모든 당원 경력을 법관 임용 결격사유로 정하는 것은 과잉금지원칙에 반하여 공무담임권을 침해한다.(○) 〈국가7급 2024〉 ★★★

법원조직법
제43조(결격사유) ① 다음 각 호의 어느 하나에 해당하는 사람은 법관으로 임용할 수 없다.
1. 다른 법령에 따라 공무원으로 임용하지 못하는 사람
2. 금고 이상의 형을 선고받은 사람
3. 탄핵으로 파면된 후 5년이 지나지 아니한 사람
4. 대통령비서실 소속의 공무원으로서 퇴직 후 3년이 지나지 아니한 사람
6. 「공직선거법」제2조에 따른 선거에 후보자(예비후보자를 포함한다)로 등록한 날부터 5년이 경과되지 아니한 사람
7. 「공직선거법」제2조에 따른 대통령선거에서 후보자의 당선을 위하여 자문이나 고문의 역할을 한 날부터 3년이 경과되지 아니한 사람
② 제1항 제7호에 따른 자문이나 고문의 역할을 한 사람의 구체적인 범위는 대법원규칙으로

정한다.

[단순위헌, 2021헌마460, 2024.7.18. 법원조직법(2020. 3. 24. 법률 제17125호로 개정된 것) 제43조 제1항 제5호 중 '당원의 신분을 상실한 날부터 3년이 경과되지 아니한 사람'에 관한 부분은 헌법에 위반된다.]

III. 국민표결권(국민투표권)

1. 의의
(1) 개념: 국민이 국가의사형성에 직접 참가할 수 있는 권리

(2) 유형: 국민발안, 국민투표, 국민소환

(3) 주체: 19세 이상의 국민

2. 국민표결권의 내용
(1) 국가안위에 관한 중요 정책에 대한 국민투표권: 대통령은 필요하다고 인정할 때에는 외교·국방·통일 기타 국가안위에 관한 중요정책을 국민투표에 붙일 수 ○(§72)

(2) 헌법개정안에 대한 국민투표권: 헌법개정안은 국회가 의결한 후 30일 이내에 국민투표에 붙여 국회의원 선거권자 과반수의 투표와 투표자 과반수의 찬성을 얻어야 함(§130②)

3. 국민투표법
(1) 국민투표에 관한 운동기간: 국민투표일공고일로부터 투표일 전일까지(국민투표법 이하 '동법' §26), **정당법상의 당원의 자격이 없는 자는 국민투표에 관한 운동을 할 수 없다**(동법 §28①). 〈경정승진 2023〉

(2) 국민투표일의 공고: 대통령은 늦어도 국민투표일 전 18일까지 국민투표일과 국민투표안을 동시에 공고하여야 함(동법 §49)

(3) 국민투표무효의 소송: 국민투표의 효력에 관하여 이의가 있는 투표인은 투표인 10만인 이상의 찬성을 얻어 중앙선거관리위원회위원장을 피고로 하여 투표일로부터 20일 이내에 대법원에 제소 可(동법 §92)

(4) 국민투표무효의 판결: 대법원은 제92조의 규정에 의한 소송에 있어서 국민투표에 관하여 이 법 또는 이 법에 의하여 발하는 명령에 위반하는 사실이 있는 경우라도 국민투표의 결과에 영향이 미쳤다고 인정하는 때에 한하여 국민투표의 전

부 또는 일부의 무효를 판결한다(동법 §93).

| 헌결 | 대판 | **국민투표권 침해를 인정**

1. 주민등록을 할 수 없는 재외국민의 국민투표권 행사를 전면적으로 배제하고 있는 국민투표법 제14조 제1항은 국민투표권을 침해한다(〔헌불〕 헌결 2007.6.28. 2004헌마644).

2. 재외선거인의 국민투표권을 제한한 국민투표법 제14조 제1항 중 '그 관할 구역 안에 주민등록이 되어 있는 투표권자 및 「재외동포의 출입국과 법적 지위에 관한 법률」 제2조에 따른 재외국민으로서 같은 법 제6조에 따른 국내거소신고가 되어 있는 투표권자' 부분은 재외선거인의 국민투표권을 침해한다 (〔헌불〕 헌결 2014.7.24. 2009헌마256).

제7절 국민의 기본의무

Ⅰ. 국민의 기본의무의 의의

> 제38조 모든 국민은 법률이 정하는 바에 의하여 납세의 의무를 진다.
> 제39조 ① 모든 국민은 법률이 정하는 바에 의하여 국방의 의무를 진다.
> ② 누구든지 병역의무의 이행으로 인하여 **불이익한 처우**를 받지 아니한다.

1. 연혁

교육을 받게 할 의무는 제3공화국 헌법, 환경보전의 의무는 제5공화국 헌법에서 처음으로 규정

2. 개념

국민이 국가구성원의 지위에서 부담하는 기본적 의무

Ⅱ. 국민의 기본의무의 내용

1. 고전적 의무

(1) 국방의 의무: 모든 국민은 법률이 정하는 바에 의하여 국방의 의무를 진다(§39 ①). 국방의 의무란 외국의 침략으로부터 국가의 독립을 유지하고 영토를 보전하기 위한 국토방위의 의무를 말하며, 국방의 의무의 주체는 국민. 직접적인 병력형성의무 + <u>간접적인 병력형성의무</u>(헌결 2007헌가12) + 병력형성 이후 군작전명령에 복종하고 협력하여야 할 의무(헌결 2002헌바45), **불이익한 처우**란 단순한 사실상, 경제상의 불이익을 모두 포함하는 것이 아니라 <u>법적인 불이익</u>을 의미(헌결 98헌마363). 제대군인 가산점제도는 헌법 제39조 제2항에 근거한 제도×(헌결 98헌마363)

(2) 납세의 의무: 모든 국민은 법률이 정하는 바에 의하여 납세의 의무를 진다(§38). 납세의 의무란 국가의 존립과 국가의 과제를 수행하는데 필요한 경비를 충당하기 위하여 조세를 납부할 의무, 납세의 의무의 주체는 국민, 외국인, 법인

| 헌결 | 대판 |

1. 헌법 제39조는 모든 국민은 법률이 정하는 바에 의하여 국방의 의무를 진다(제1항), 누구든지 병역의무의 이행으로 인하여 불이익한 처우를 받지 아니한다(제2항)고 규정하고 있는바, 여기서 <u>국방의 의무라 함은 북한을 포함한 외부의 적대세력의 직접적 간접적인 침략행위로부터 국가의 독립을 유지하고 영토를 보전하기 위한 의무</u>로서 현대전이 고도의 과학기술과 정보를 요구하고 국민전체의 협력을 필요로 하는 이른바 총력전인 점에 비추어 단지 병역법 등에 의하여 군복무에 임하는 등의 <u>직접적인 병력형성의무만을 가리키는 것으로 좁게 볼 것이 아니라</u>, 향토예비군설치법, 민방위기본법, 비상대비자원관리법, 병역법 등에 의한 <u>간접적인 병력형성의무 및 병력형성이후 군작전명령에 복종하고 협력하여야 할 의무도 포함하는 넓은 의미의 것으로 보아야 할 것</u>이므로, 전투경찰순경으로서 대간첩작전을 수행하는 것도 위와 같이 넓은 의미의 국방의 의무를 수행하는 것으로 볼 수 있고, 국방의 의무의 이행을 위하여 현역병으로 입영한 사람을 어디에 배치하여 어떠한 임무를 부여할 것인가의 문제나 대간첩작전을 수행하는 자의 소속이나 신분을 국방부 소속의 군인으로 할 것인가, 내무부 소속의 경찰로 할 것인가의 문제는 입법자가 국가의 안보상황 및 재정, 대간첩작전의 효율성 등 여러 가지 사정을 고려하여 합목적적으로 정할 사항이다. 따라서 위에서 본 바와 같은 입법목적과 필요성에 따라 <u>대간첩작전의 수행을 임무로 하는 전투경찰순경을 현역병으로 입영하여 복무 중인 군인에서 전임시켜 충원할 수 있도록 한 이 사건 법률조항들이 그 자체로서 청구인의 행복추구권 및 양심의 자유를 침해한 것이라고 볼 수 없다</u>(헌결 1995.12.28. 91헌마80).

2. 국방의 의무는 외부 적대세력의 직·간접적인 침략행위로부터 국가의 독립을 유지하고 영토를 보전하기 위한 의무로서, 현대전이 고도의 과학기술과 정보를 요구하고 국민전체의 협력을 필요로 하는 이른바 총력전인 점에 비추어 ① 단지 병역법에 의하여 군복무에 임하는 등의 직접적인 병력형성의무만을 가리키는 것이 아니라, ② 병역법, 향토예비군설치법, 민방위기본법, 비상대비자원관리법 등에 의한 간접적인 병력형성의무 및 ③ <u>병력형성이후 군작전명령에 복종하고 협력하여야 할 의무도 포함하는 개념</u>이다. 일반적으로 국방의무를 부담하는 국민들 중에서 구체적으로 어떤 사람을 국군의 구성원으로 할 것인지 여부를 결정하는 문제는 이른바 '직접적인 병력형성의무'에 관련된 것으로서, ① 원칙적으로 국방의무의 내용을 법률로써 구체적으로 형성할 수 있

는 입법자가 국가의 안보상황, 재정능력 등의 여러가지 사정을 고려하여 국가의 독립을 유지하고 영토를 보전함에 필요한 범위내에서 결정할 사항이고, ④ 예외적으로 국가의 안위에 관계되는 중대한 교전상태 등의 경우에는 대통령이 헌법 제76조 제2항에 근거하여 법률의 효력을 가지는 긴급명령을 통하여 결정할 수도 있는 사항이라고 보아야 한다. 한편, 징집대상자의 범위를 결정하는 문제는 그 목적이 국가안보와 직결되어 있고, 그 성질상 급변하는 국내외 정세 등에 탄력적으로 대응하면서 '최적의 전투력'을 유지할 수 있도록 합목적적으로 정해야 하는 사항이기 때문에, 본질적으로 입법자 등의 입법형성권이 매우 광범위하게 인정되어야 하는 영역이다(헌결 2002.11.28. 2002헌바45).

3. 헌법 제39조 제2항은 "누구든지 병역의무의 이행으로 인하여 불이익한 처우를 받지 아니한다"고 규정하고 있는데, 이 조항이 가산점제도의 헌법상 근거로 될 수 있는지 본다. 헌법 제39조 제1항에 규정된 국방의 의무는 외부 적대세력의 직·간접적인 침략행위로부터 국가의 독립을 유지하고 영토를 보전하기 위한 의무로서, 헌법에서 이러한 국방의 의무를 국민에게 부과하고 있는 이상 병역법에 따라 군복무를 하는 것은 국민이 마땅히 하여야 할 이른바 신성한 의무를 다 하는 것일 뿐, 국가나 공익목적을 위하여 개인이 특별한 희생을 하는 것이라고 할 수 없다. 국민이 헌법에 따라 부과되는 의무를 이행하는 것은 국가의 존속과 활동을 위하여 불가결한 일인데, 그러한 의무를 이행하였다고 하여 이를 특별한 희생으로 보아 일일이 보상하여야 한다고 할 수는 없는 것이다. 그러므로 헌법 제39조 제2항은 병역의무를 이행한 사람에게 보상조치를 취하거나 특혜를 부여할 의무를 국가에게 지우는 것이 아니라, 법문 그대로 병역의무의 이행을 이유로 불이익한 처우를 하는 것을 금지하고 있을 뿐이다. 그리고 이 조항에서 금지하는 "불이익한 처우"라 함은 단순한 사실상, 경제상의 불이익을 모두 포함하는 것이 아니라 법적인 불이익을 의미하는 것으로 보아야 한다. 그렇지 않으면 병역의무의 이행과 자연적 인과관계를 가지는 모든 불이익 -그 범위는 헤아릴 수도 예측할 수도 없을 만큼 넓다고 할 것인데- 으로부터 보호하여야 할 의무를 국가에 부과하는 것이 되어 이 또한 국민에게 국방의 의무를 부과하고 있는 헌법 제39조 제1항과 조화될 수 없기 때문이다. 그런데 가산점제도는 이러한 헌법 제39조 제2항의 범위를 넘어 제대군인에게 일종의 적극적 보상조치를 취하는 제도라고 할 것이므로 이를 헌법 제39조 제2항에 근거한 제도라고 할 수 없다(헌결 1999.12.23. 98헌마363).

2. 현대적 의무

(1) **교육을 받게 할 의무**: 모든 국민은 그 보호하는 자녀에게 적어도 초등교육과 법률이 정하는 교육을 받게 할 의무를 진다(§31②). 의무교육 대상인 중학생의 학부모에게 **급식관련비용 일부**를 부담하도록 하는 구 학교급식법조항은 의무교육의 무상원칙에 위반×(헌결 2010헌바164). 비교 의무교육으로 운영되는 공립중학교에서 의무교육과정의 인적기반을 유지하기 위한 비용인 교사, 학교회계직원의 일부 인건비 등을 충당하는데 사용되는 **학교운영지원비를 징수**하는 것은 의무교육 무상의 원칙에 위반○(위헌 헌결 2010헌바220)

(2) **근로의 의무**: 모든 국민은 근로의 의무를 진다(§32②).

(3) **환경보전의 의무**: **국가와 국민**은 환경보전을 위하여 노력하여야 한다(§35①).

(4) **재산권 행사의 공공복리적합성 의무**: 재산권의 행사는 공공복리에 적합하도록 하여야 한다(§23②).

| 헌결 | 대판 | **국방의 의무 침해를 인정**

> 법조경력이 15년이 되지 아니한 변호사가 개업신고 전 2년 이내의 근무지가 속하는 지방법원의 관할구역 안에서 3년간 개업하는 것을 금지한 것은 헌법에 위반된다(위헌 헌결 89헌가102). ⇒ 특히 위 법률의 조항이 병역의무의 이행으로 군법무관으로 복무한 자에게도 적용될 때에는 다음의 문제가 제기된다. 즉 사법연수원을 수료하고 즉시 개업하는 변호사의 경우 개업지를 선택함에 있어 아무런 제한을 받지 아니하나, 병역의무의 이행을 위하여 군법무관으로 복무한 자는 전역후 변호사로 개업함에 있어 개업지의 제한을 받게 된다. 군법무관으로의 복무 여부가 자신의 선택에 의하여 정해지는 경우와는 달리 병역의무의 이행으로 이루어지는 경우, 이는 병역의무의 이행으로 말미암아 불이익한 처우를 받게 되는 것이라 아니할 수 없어 이의 금지를 규정한 헌법 제39조 제2항에 위반된다.

MEMO

부록

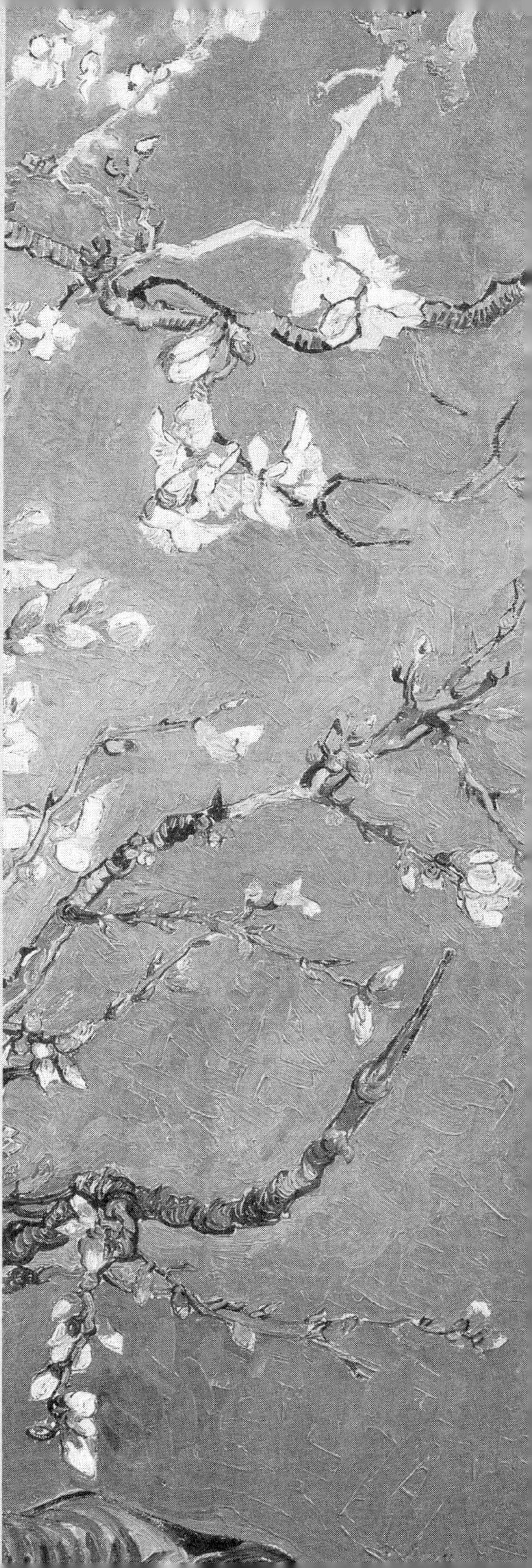

대한민국 헌법

[시행 1988.2.25.]
[헌법 제10호, 1987.10.29., 전부개정]

전 문

유구한 역사와 전통에 빛나는 우리 대한국민은 3·1운동으로 건립된 대한민국임시정부의 법통과 불의에 항거한 4·19민주이념을 계승하고, 조국의 민주개혁과 평화적 통일의 사명에 입각하여 정의·인도와 동포애로써 민족의 단결을 공고히 하고, 모든 사회적 폐습과 불의를 타파하며, 자율과 조화를 바탕으로 자유민주적 기본질서를 더욱 확고히 하여 정치·경제·사회·문화의 모든 영역에 있어서 각인의 기회를 균등히 하고, 능력을 최고도로 발휘하게 하며, 자유와 권리에 따르는 책임과 의무를 완수하게 하여, 안으로는 국민생활의 균등한 향상을 기하고 밖으로는 항구적인 세계평화와 인류공영에 이바지함으로써 우리들과 우리들의 자손의 안전과 자유와 행복을 영원히 확보할 것을 다짐하면서 1948년 7월 12일에 제정되고 8차에 걸쳐 개정된 헌법을 이제 국회의 의결을 거쳐 국민투표에 의하여 개정한다.

1987년 10월 29일

제1장 총 강

제1조 ① 대한민국은 민주공화국이다.
② 대한민국의 주권은 국민에게 있고, 모든 권력은 국민으로부터 나온다.

제2조 ① 대한민국의 국민이 되는 요건은 법률로 정한다.
② 국가는 법률이 정하는 바에 의하여 재외국민을 보호할 의무를 진다.

제3조 대한민국의 영토는 한반도와 그 부속도서로 한다.

제4조 대한민국은 통일을 지향하며, 자유민주적 기본질서에 입각한 평화적 통일 정책을 수립하고 이를 추진한다.

제5조 ① 대한민국은 국제평화의 유지에 노력하고 침략적 전쟁을 부인한다.
② 국군은 국가의 안전보장과 국토방위의 신성한 의무를 수행함을 사명으로 하며, 그 정치적 중립성은 준수된다.

제6조 ① 헌법에 의하여 체결·공포된 조약과 일반적으로 승인된 국제법규는 국내법과 같은 효력을 가진다.
② 외국인은 국제법과 조약이 정하는 바에 의하여 그 지위가 보장된다.

제7조 ① 공무원은 국민전체에 대한 봉사자이며, 국민에 대하여 책임을 진다.
② 공무원의 신분과 정치적 중립성은 법률이 정하는 바에 의하여 보장된다.

제8조 ① 정당의 설립은 자유이며, 복수정당제는 보장된다.
② 정당은 그 목적·조직과 활동이 민주적이어야 하며, 국민의 정치적 의사형성에 참여하는데 필요한 조직을 가져야 한다.
③ 정당은 법률이 정하는 바에 의하여 국

가의 보호를 받으며, 국가는 법률이 정하는 바에 의하여 정당운영에 필요한 자금을 보조할 수 있다.
④ 정당의 목적이나 활동이 민주적 기본질서에 위배될 때에는 정부는 헌법재판소에 그 해산을 제소할 수 있고, 정당은 헌법재판소의 심판에 의하여 해산된다.

제9조 국가는 전통문화의 계승·발전과 민족문화의 창달에 노력하여야 한다.

제2장 국민의 권리와 의무

제10조 모든 국민은 인간으로서의 존엄과 가치를 가지며, 행복을 추구할 권리를 가진다. 국가는 개인이 가지는 불가침의 기본적 인권을 확인하고 이를 보장할 의무를 진다.

제11조 ① 모든 국민은 법 앞에 평등하다. 누구든지 성별·종교 또는 사회적 신분에 의하여 정치적·경제적·사회적·문화적 생활의 모든 영역에 있어서 차별을 받지 아니한다.
② 사회적 특수계급의 제도는 인정되지 아니하며, 어떠한 형태로도 이를 창설할 수 없다.
③ 훈장등의 영전은 이를 받은 자에게만 효력이 있고, 어떠한 특권도 이에 따르지 아니한다.

제12조 ① 모든 국민은 신체의 자유를 가진다. 누구든지 법률에 의하지 아니하고는 체포·구속·압수·수색 또는 심문을 받지 아니하며, 법률과 적법한 절차에 의하지 아니하고는 처벌·보안처분 또는 강제노역을 받지 아니한다.
② 모든 국민은 고문을 받지 아니하며, 형사상 자기에게 불리한 진술을 강요당하지 아니한다.
③ 체포·구속·압수 또는 수색을 할 때에는 적법한 절차에 따라 검사의 신청에 의하여 법관이 발부한 영장을 제시하여야 한다. 다만, 현행범인인 경우와 장기 3년 이상의 형에 해당하는 죄를 범하고 도피 또는 증거인멸의 염려가 있을 때에는 사후에 영장을 청구할 수 있다.
④ 누구든지 체포 또는 구속을 당한 때에는 즉시 변호인의 조력을 받을 권리를 가진다. 다만, 형사피고인이 스스로 변호인을 구할 수 없을 때에는 법률이 정하는 바에 의하여 국가가 변호인을 붙인다.
⑤ 누구든지 체포 또는 구속의 이유와 변호인의 조력을 받을 권리가 있음을 고지받지 아니하고는 체포 또는 구속을 당하지 아니한다. 체포 또는 구속을 당한 자의 가족 등 법률이 정하는 자에게는 그 이유와 일시·장소가 지체없이 통지되어야 한다.
⑥ 누구든지 체포 또는 구속을 당한 때에는 적부의 심사를 법원에 청구할 권리를 가진다.
⑦ 피고인의 자백이 고문·폭행·협박·구속의 부당한 장기화 또는 기망 기타의 방법에 의하여 자의로 진술된 것이 아니라고 인정될 때 또는 정식재판에 있어서 피고인의 자백이 그에게 불리한 유일한 증거일 때에는 이를 유죄의 증거로 삼거나 이를 이유로 처벌할 수 없다.

제13조 ① 모든 국민은 행위시의 법률에 의하여 범죄를 구성하지 아니하는 행위로 소추되지 아니하며, 동일한 범죄에 대하여 거듭 처벌받지 아니한다.
② 모든 국민은 소급입법에 의하여 참정권의 제한을 받거나 재산권을 박탈당하지 아니한다.
③ 모든 국민은 자기의 행위가 아닌 친족의 행위로 인하여 불이익한 처우를 받지 아니한다.

제14조 모든 국민은 거주·이전의 자유를 가진다.

제15조 모든 국민은 직업선택의 자유를 가진다.

제16조 모든 국민은 주거의 자유를 침해받지 아니한다. 주거에 대한 압수나 수색을 할 때에는 검사의 신청에 의하여 법관이 발부한 영장을 제시하여야 한다.

제17조 모든 국민은 사생활의 비밀과 자유를 침해받지 아니한다.

제18조 모든 국민은 통신의 비밀을 침해받지 아니한다.

제19조 모든 국민은 양심의 자유를 가진다.

제20조 ① 모든 국민은 종교의 자유를 가진다.
② 국교는 인정되지 아니하며, 종교와 정치는 분리된다.

제21조 ① 모든 국민은 언론·출판의 자유와 집회·결사의 자유를 가진다.
② 언론·출판에 대한 허가나 검열과 집회·결사에 대한 허가는 인정되지 아니한다.
③ 통신·방송의 시설기준과 신문의 기능을 보장하기 위하여 필요한 사항은 법률로 정한다.
④ 언론·출판은 타인의 명예나 권리 또는 공중도덕이나 사회윤리를 침해하여서는 아니된다. 언론·출판이 타인의 명예나 권리를 침해한 때에는 피해자는 이에 대한 피해의 배상을 청구할 수 있다.

제22조 ① 모든 국민은 학문과 예술의 자유를 가진다.
② 저작자·발명가·과학기술자와 예술가의 권리는 법률로써 보호한다.

제23조 ① 모든 국민의 재산권은 보장된다. 그 내용과 한계는 법률로 정한다.
② 재산권의 행사는 공공복리에 적합하도록 하여야 한다.
③ 공공필요에 의한 재산권의 수용·사용 또는 제한 및 그에 대한 보상은 법률로써 하되, 정당한 보상을 지급하여야 한다.

제24조 모든 국민은 법률이 정하는 바에 의하여 선거권을 가진다.

제25조 모든 국민은 법률이 정하는 바에 의하여 공무담임권을 가진다.

제26조 ① 모든 국민은 법률이 정하는 바에 의하여 국가기관에 문서로 청원할 권리를 가진다.
② 국가는 청원에 대하여 심사할 의무를 진다.

제27조 ① 모든 국민은 헌법과 법률이 정한 법관에 의하여 법률에 의한 재판을 받을 권리를 가진다.

② 군인 또는 군무원이 아닌 국민은 대한민국의 영역 안에서는 중대한 군사상 기밀·초병·초소·유독음식물공급·포로·군용물에 관한 죄 중 법률이 정한 경우와 비상계엄이 선포된 경우를 제외하고는 군사법원의 재판을 받지 아니한다.
③ 모든 국민은 신속한 재판을 받을 권리를 가진다. 형사피고인은 상당한 이유가 없는 한 지체없이 공개재판을 받을 권리를 가진다.
④ 형사피고인은 유죄의 판결이 확정될 때까지는 무죄로 추정된다.
⑤ 형사피해자는 법률이 정하는 바에 의하여 당해 사건의 재판절차에서 진술할 수 있다.

제28조 형사피의자 또는 형사피고인으로서 구금되었던 자가 법률이 정하는 불기소처분을 받거나 무죄판결을 받은 때에는 법률이 정하는 바에 의하여 국가에 정당한 보상을 청구할 수 있다.

제29조 ① 공무원의 직무상 불법행위로 손해를 받은 국민은 법률이 정하는 바에 의하여 국가 또는 공공단체에 정당한 배상을 청구할 수 있다. 이 경우 공무원 자신의 책임은 면제되지 아니한다.
② 군인·군무원·경찰공무원 기타 법률이 정하는 자가 전투·훈련 등 직무집행과 관련하여 받은 손해에 대하여는 법률이 정하는 보상 외에 국가 또는 공공단체에 공무원의 직무상 불법행위로 인한 배상은 청구할 수 없다.

제30조 타인의 범죄행위로 인하여 생명·신체에 대한 피해를 받은 국민은 법률이 정하는 바에 의하여 국가로부터 구조를 받을 수 있다.

제31조 ① 모든 국민은 능력에 따라 균등하게 교육을 받을 권리를 가진다.
② 모든 국민은 그 보호하는 자녀에게 적어도 초등교육과 법률이 정하는 교육을 받게 할 의무를 진다.
③ 의무교육은 무상으로 한다.
④ 교육의 자주성·전문성·정치적 중립성 및 대학의 자율성은 법률이 정하는 바에 의하여 보장된다.
⑤ 국가는 평생교육을 진흥하여야 한다.
⑥ 학교교육 및 평생교육을 포함한 교육제도와 그 운영, 교육재정 및 교원의 지위에 관한 기본적인 사항은 법률로 정한다.

제32조 ① 모든 국민은 근로의 권리를 가진다. 국가는 사회적·경제적 방법으로 근로자의 고용의 증진과 적정임금의 보장에 노력하여야 하며, 법률이 정하는 바에 의하여 최저임금제를 시행하여야 한다.
② 모든 국민은 근로의 의무를 진다. 국가는 근로의 의무의 내용과 조건을 민주주의원칙에 따라 법률로 정한다.
③ 근로조건의 기준은 인간의 존엄성을 보장하도록 법률로 정한다.
④ 여자의 근로는 특별한 보호를 받으며, 고용·임금 및 근로조건에 있어서 부당한 차별을 받지 아니한다.
⑤ 연소자의 근로는 특별한 보호를 받는다.
⑥ 국가유공자·상이군경 및 전몰군경의 유가족은 법률이 정하는 바에 의하여 우선적으로 근로의 기회를 부여받는다.

제33조 ① 근로자는 근로조건의 향상을 위하여 자주적인 단결권·단체교섭권 및 단체행동권을 가진다.

② 공무원인 근로자는 법률이 정하는 자에 한하여 단결권·단체교섭권 및 단체행동권을 가진다.
③ 법률이 정하는 주요방위산업체에 종사하는 근로자의 단체행동권은 법률이 정하는 바에 의하여 이를 제한하거나 인정하지 아니할 수 있다.

제34조 ① 모든 국민은 인간다운 생활을 할 권리를 가진다.
② 국가는 사회보장·사회복지의 증진에 노력할 의무를 진다.
③ 국가는 여자의 복지와 권익의 향상을 위하여 노력하여야 한다.
④ 국가는 노인과 청소년의 복지향상을 위한 정책을 실시할 의무를 진다.
⑤ 신체장애자 및 질병·노령 기타의 사유로 생활능력이 없는 국민은 법률이 정하는 바에 의하여 국가의 보호를 받는다.
⑥ 국가는 재해를 예방하고 그 위험으로부터 국민을 보호하기 위하여 노력하여야 한다.

제35조 ① 모든 국민은 건강하고 쾌적한 환경에서 생활할 권리를 가지며, 국가와 국민은 환경보전을 위하여 노력하여야 한다.
② 환경권의 내용과 행사에 관하여는 법률로 정한다.
③ 국가는 주택개발정책 등을 통하여 모든 국민이 쾌적한 주거생활을 할 수 있도록 노력하여야 한다.

제36조 ① 혼인과 가족생활은 개인의 존엄과 양성의 평등을 기초로 성립되고 유지되어야 하며, 국가는 이를 보장한다.
② 국가는 모성의 보호를 위하여 노력하여야 한다.
③ 모든 국민은 보건에 관하여 국가의 보호를 받는다.

제37조 ① 국민의 자유와 권리는 헌법에 열거되지 아니한 이유로 경시되지 아니한다.
② 국민의 모든 자유와 권리는 국가안전보장·질서유지 또는 공공복리를 위하여 필요한 경우에 한하여 법률로써 제한할 수 있으며, 제한하는 경우에도 자유와 권리의 본질적인 내용을 침해할 수 없다.

제38조 모든 국민은 법률이 정하는 바에 의하여 납세의 의무를 진다.

제39조 ① 모든 국민은 법률이 정하는 바에 의하여 국방의 의무를 진다.
② 누구든지 병역의무의 이행으로 인하여 불이익한 처우를 받지 아니한다.

제3장 국 회

제40조 입법권은 국회에 속한다.

제41조 ① 국회는 국민의 보통·평등·직접·비밀선거에 의하여 선출된 국회의원으로 구성한다.
② 국회의원의 수는 법률로 정하되, 200인 이상으로 한다.
③ 국회의원의 선거구와 비례대표제 기타 선거에 관한 사항은 법률로 정한다.

제42조 국회의원의 임기는 4년으로 한다.

제43조 국회의원은 법률이 정하는 직을 겸할 수 없다.

제44조 ① 국회의원은 현행범인인 경우를 제외하고는 회기 중 국회의 동의없이 체포 또는 구금되지 아니한다.
② 국회의원이 회기 전에 체포 또는 구금된 때에는 현행범인이 아닌 한 국회의 요구가 있으면 회기 중 석방된다.

제45조 국회의원은 국회에서 직무상 행한 발언과 표결에 관하여 국회 외에서 책임을 지지 아니한다.

제46조 ① 국회의원은 청렴의 의무가 있다.
② 국회의원은 국가이익을 우선하여 양심에 따라 직무를 행한다.
③ 국회의원은 그 지위를 남용하여 국가·공공단체 또는 기업체와의 계약이나 그 처분에 의하여 재산상의 권리·이익 또는 직위를 취득하거나 타인을 위하여 그 취득을 알선할 수 없다.

제47조 ① 국회의 정기회는 법률이 정하는 바에 의하여 매년 1회 집회되며, 국회의 임시회는 대통령 또는 국회재적의원 4분의 1 이상의 요구에 의하여 집회된다.
② 정기회의 회기는 100일을, 임시회의 회기는 30일을 초과할 수 없다.
③ 대통령이 임시회의 집회를 요구할 때에는 기간과 집회요구의 이유를 명시하여야 한다.

제48조 국회는 의장 1인과 부의장 2인을 선출한다.

제49조 국회는 헌법 또는 법률에 특별한 규정이 없는 한 재적의원 과반수의 출석과 출석의원 과반수의 찬성으로 의결한다. 가부동수인 때에는 부결된 것으로 본다.

제50조 ① 국회의 회의는 공개한다. 다만, 출석의원 과반수의 찬성이 있거나 의장이 국가의 안전보장을 위하여 필요하다고 인정할 때에는 공개하지 아니할 수 있다.
② 공개하지 아니한 회의내용의 공표에 관하여는 법률이 정하는 바에 의한다.

제51조 국회에 제출된 법률안 기타의 의안은 회기중에 의결되지 못한 이유로 폐기되지 아니한다. 다만, 국회의원의 임기가 만료된 때에는 그러하지 아니하다.

제52조 국회의원과 정부는 법률안을 제출할 수 있다.

제53조 ① 국회에서 의결된 법률안은 정부에 이송되어 15일 이내에 대통령이 공포한다.
② 법률안에 이의가 있을 때에는 대통령은 제1항의 기간내에 이의서를 붙여 국회로 환부하고, 그 재의를 요구할 수 있다. 국회의 폐회 중에도 또한 같다.
③ 대통령은 법률안의 일부에 대하여 또는 법률안을 수정하여 재의를 요구할 수 없다.
④ 재의의 요구가 있을 때에는 국회는 재의에 붙이고, 재적의원과반수의 출석과 출석의원 3분의 2 이상의 찬성으로 전과 같은 의결을 하면 그 법률안은 법률로서 확정된다.
⑤ 대통령이 제1항의 기간 내에 공포나 재의의 요구를 하지 아니한 때에도 그 법률안은 법률로서 확정된다.
⑥ 대통령은 제4항과 제5항의 규정에 의하여 확정된 법률을 지체없이 공포하여야 한다. 제5항에 의하여 법률이 확정된 후 또는 제4항에 의한 확정법률이 정부

에 이송된 후 5일 이내에 대통령이 공포하지 아니할 때에는 국회의장이 이를 공포한다.
⑦ 법률은 특별한 규정이 없는 한 공포한 날로부터 20일을 경과함으로써 효력을 발생한다.

제54조 ① 국회는 국가의 예산안을 심의·확정한다.
② 정부는 회계연도마다 예산안을 편성하여 회계연도 개시 90일 전까지 국회에 제출하고, 국회는 회계연도 개시 30일 전까지 이를 의결하여야 한다.
③ 새로운 회계연도가 개시될 때까지 예산안이 의결되지 못한 때에는 정부는 국회에서 예산안이 의결될 때까지 다음의 목적을 위한 경비는 전년도 예산에 준하여 집행할 수 있다.
1. 헌법이나 법률에 의하여 설치된 기관 또는 시설의 유지·운영
2. 법률상 지출의무의 이행
3. 이미 예산으로 승인된 사업의 계속

제55조 ① 한 회계연도를 넘어 계속하여 지출할 필요가 있을 때에는 정부는 연한을 정하여 계속비로서 국회의 의결을 얻어야 한다.
② 예비비는 총액으로 국회의 의결을 얻어야 한다. 예비비의 지출은 차기국회의 승인을 얻어야 한다.

제56조 정부는 예산에 변경을 가할 필요가 있을 때에는 추가경정예산안을 편성하여 국회에 제출할 수 있다.

제57조 국회는 정부의 동의 없이 정부가 제출한 지출예산 각항의 금액을 증가하거나 새 비목을 설치할 수 없다.

제58조 국채를 모집하거나 예산 외에 국가의 부담이 될 계약을 체결하려 할 때에는 정부는 미리 국회의 의결을 얻어야 한다.

제59조 조세의 종목과 세율은 법률로 정한다.

제60조 ① 국회는 상호원조 또는 안전보장에 관한 조약, 중요한 국제조직에 관한 조약, 우호통상항해조약, 주권의 제약에 관한 조약, 강화조약, 국가나 국민에게 중대한 재정적 부담을 지우는 조약 또는 입법사항에 관한 조약의 체결·비준에 대한 동의권을 가진다.
② 국회는 선전포고, 국군의 외국에의 파견 또는 외국군대의 대한민국 영역 안에서의 주류에 대한 동의권을 가진다.

제61조 ① 국회는 국정을 감사하거나 특정한 국정사안에 대하여 조사할 수 있으며, 이에 필요한 서류의 제출 또는 증인의 출석과 증언이나 의견의 진술을 요구할 수 있다.
② 국정감사 및 조사에 관한 절차 기타 필요한 사항은 법률로 정한다.

제62조 ① 국무총리·국무위원 또는 정부위원은 국회나 그 위원회에 출석하여 국정처리상황을 보고하거나 의견을 진술하고 질문에 응답할 수 있다.
② 국회나 그 위원회의 요구가 있을 때에는 국무총리·국무위원 또는 정부위원은 출석·답변하여야 하며, 국무총리 또는 국무위원이 출석요구를 받은 때에는 국무위원 또는 정부위원으로 하여금 출석·답변하게 할 수 있다.

제63조 ① 국회는 국무총리 또는 국무위원의 해임을 대통령에게 건의할 수 있다.
② 제1항의 해임건의는 국회재적의원 3분의 1 이상의 발의에 의하여 국회재적의원 과반수의 찬성이 있어야 한다.

제64조 ① 국회는 법률에 저촉되지 아니하는 범위 안에서 의사와 내부규율에 관한 규칙을 제정할 수 있다.
② 국회는 의원의 자격을 심사하며, 의원을 징계할 수 있다.
③ 의원을 제명하려면 국회재적의원 3분의 2 이상의 찬성이 있어야 한다.
④ 제2항과 제3항의 처분에 대하여는 법원에 제소할 수 없다.

제65조 ① 대통령·국무총리·국무위원·행정각부의 장·헌법재판소 재판관·법관·중앙선거관리위원회 위원·감사원장·감사위원 기타 법률이 정한 공무원이 그 직무집행에 있어서 헌법이나 법률을 위배한 때에는 국회는 탄핵의 소추를 의결할 수 있다.
② 제1항의 탄핵소추는 국회재적의원 3분의 1 이상의 발의가 있어야 하며, 그 의결은 국회재적의원 과반수의 찬성이 있어야 한다. 다만, 대통령에 대한 탄핵소추는 국회재적의원 과반수의 발의와 국회재적의원 3분의 2 이상의 찬성이 있어야 한다.
③ 탄핵소추의 의결을 받은 자는 탄핵심판이 있을 때까지 그 권한행사가 정지된다.
④ 탄핵결정은 공직으로부터 파면함에 그친다. 그러나, 이에 의하여 민사상이나 형사상의 책임이 면제되지는 아니한다.

제4장 정 부

제1절 대통령

제66조 ① 대통령은 국가의 원수이며, 외국에 대하여 국가를 대표한다.
② 대통령은 국가의 독립·영토의 보전·국가의 계속성과 헌법을 수호할 책무를 진다.
③ 대통령은 조국의 평화적 통일을 위한 성실한 의무를 진다.
④ 행정권은 대통령을 수반으로 하는 정부에 속한다.

제67조 ① 대통령은 국민의 보통·평등·직접·비밀선거에 의하여 선출한다.
② 제1항의 선거에 있어서 최고득표자가 2인 이상인 때에는 국회의 재적의원 과반수가 출석한 공개회의에서 다수표를 얻은 자를 당선자로 한다.
③ 대통령후보자가 1인일 때에는 그 득표수가 선거권자 총수의 3분의 1 이상이 아니면 대통령으로 당선될 수 없다.
④ 대통령으로 선거될 수 있는 자는 국회의원의 피선거권이 있고 선거일 현재 40세에 달하여야 한다.
⑤ 대통령의 선거에 관한 사항은 법률로 정한다.

제68조 ① 대통령의 임기가 만료되는 때에는 임기만료 70일 내지 40일 전에 후임자를 선거한다.
② 대통령이 궐위된 때 또는 대통령 당선자가 사망하거나 판결 기타의 사유로 그 자격을 상실한 때에는 60일 이내에 후임자를 선거한다.

제69조 대통령은 취임에 즈음하여 다음의 선서를 한다.
"나는 헌법을 준수하고 국가를 보위하며 조국의 평화적 통일과 국민의 자유와 복리의 증진 및 민족문화의 창달에 노력하여 대통령으로서의 직책을 성실히 수행할 것을 국민 앞에 엄숙히 선서합니다."

제70조 대통령의 임기는 5년으로 하며, 중임할 수 없다.

제71조 대통령이 궐위되거나 사고로 인하여 직무를 수행할 수 없을 때에는 국무총리, 법률이 정한 국무위원의 순서로 그 권한을 대행한다.

제72조 대통령은 필요하다고 인정할 때에는 외교·국방·통일 기타 국가안위에 관한 중요정책을 국민투표에 붙일 수 있다.

제73조 대통령은 조약을 체결·비준하고, 외교사절을 신임·접수 또는 파견하며, 선전포고와 강화를 한다.

제74조 ① 대통령은 헌법과 법률이 정하는 바에 의하여 국군을 통수한다.
② 국군의 조직과 편성은 법률로 정한다.

제75조 대통령은 법률에서 구체적으로 범위를 정하여 위임받은 사항과 법률을 집행하기 위하여 필요한 사항에 관하여 대통령령을 발할 수 있다.

제76조 ① 대통령은 내우·외환·천재·지변 또는 중대한 재정·경제상의 위기에 있어서 국가의 안전보장 또는 공공의 안녕질서를 유지하기 위하여 긴급한 조치가 필요하고 국회의 집회를 기다릴 여유가 없을 때에 한하여 최소한으로 필요한 재정·경제상의 처분을 하거나 이에 관하여 법률의 효력을 가지는 명령을 발할 수 있다.
② 대통령은 국가의 안위에 관계되는 중대한 교전상태에 있어서 국가를 보위하기 위하여 긴급한 조치가 필요하고 국회의 집회가 불가능한 때에 한하여 법률의 효력을 가지는 명령을 발할 수 있다.
③ 대통령은 제1항과 제2항의 처분 또는 명령을 한 때에는 지체없이 국회에 보고하여 그 승인을 얻어야 한다.
④ 제3항의 승인을 얻지 못한 때에는 그 처분 또는 명령은 그때부터 효력을 상실한다. 이 경우 그 명령에 의하여 개정 또는 폐지되었던 법률은 그 명령이 승인을 얻지 못한 때부터 당연히 효력을 회복한다.
⑤ 대통령은 제3항과 제4항의 사유를 지체없이 공포하여야 한다.

제77조 ① 대통령은 전시·사변 또는 이에 준하는 국가비상사태에 있어서 병력으로써 군사상의 필요에 응하거나 공공의 안녕질서를 유지할 필요가 있을 때에는 법률이 정하는 바에 의하여 계엄을 선포할 수 있다.
② 계엄은 비상계엄과 경비계엄으로 한다.
③ 비상계엄이 선포된 때에는 법률이 정하는 바에 의하여 영장제도, 언론·출판·집회·결사의 자유, 정부나 법원의 권한에 관하여 특별한 조치를 할 수 있다.
④ 계엄을 선포한 때에는 대통령은 지체없이 국회에 통고하여야 한다.
⑤ 국회가 재적의원 과반수의 찬성으로 계엄의 해제를 요구한 때에는 대통령은 이를 해제하여야 한다.

제78조 대통령은 헌법과 법률이 정하는 바에 의하여 공무원을 임면한다.

제79조 ① 대통령은 법률이 정하는 바에 의하여 사면·감형 또는 복권을 명할 수 있다.
② 일반사면을 명하려면 국회의 동의를 얻어야 한다.
③ 사면·감형 및 복권에 관한 사항은 법률로 정한다.

제80조 대통령은 법률이 정하는 바에 의하여 훈장 기타의 영전을 수여한다.

제81조 대통령은 국회에 출석하여 발언하거나 서한으로 의견을 표시할 수 있다.

제82조 대통령의 국법상 행위는 문서로써 하며, 이 문서에는 국무총리와 관계 국무위원이 부서한다. 군사에 관한 것도 또한 같다.

제83조 대통령은 국무총리·국무위원·행정각부의 장 기타 법률이 정하는 공사의 직을 겸할 수 없다.

제84조 대통령은 내란 또는 외환의 죄를 범한 경우를 제외하고는 재직중 형사상의 소추를 받지 아니한다.

제85조 전직대통령의 신분과 예우에 관하여는 법률로 정한다.

제2절 행정부

제1관 국무총리와 국무위원

제86조 ① 국무총리는 국회의 동의를 얻어 대통령이 임명한다.
② 국무총리는 대통령을 보좌하며, 행정에 관하여 대통령의 명을 받아 행정각부를 통할한다.
③ 군인은 현역을 면한 후가 아니면 국무총리로 임명될 수 없다.

제87조 ① 국무위원은 국무총리의 제청으로 대통령이 임명한다.
② 국무위원은 국정에 관하여 대통령을 보좌하며, 국무회의의 구성원으로서 국정을 심의한다.
③ 국무총리는 국무위원의 해임을 대통령에게 건의할 수 있다.
④ 군인은 현역을 면한 후가 아니면 국무위원으로 임명될 수 없다.

제2관 국무회의

제88조 ① 국무회의는 정부의 권한에 속하는 중요한 정책을 심의한다.
② 국무회의는 대통령·국무총리와 15인 이상 30인 이하의 국무위원으로 구성한다.
③ 대통령은 국무회의의 의장이 되고, 국무총리는 부의장이 된다.

제89조 다음 사항은 국무회의의 심의를 거쳐야 한다.
1. 국정의 기본계획과 정부의 일반정책
2. 선전·강화 기타 중요한 대외정책
3. 헌법개정안·국민투표안·조약안·법률안 및 대통령령안
4. 예산안·결산·국유재산처분의 기본계획·국가의 부담이 될 계약 기타 재정에 관한 중요사항
5. 대통령의 긴급명령·긴급재정경제처분 및 명령 또는 계엄과 그 해제
6. 군사에 관한 중요사항
7. 국회의 임시회 집회의 요구

8. 영전수여
9. 사면·감형과 복권
10. 행정각부간의 권한의 획정
11. 정부안의 권한의 위임 또는 배정에 관한 기본계획
12. 국정처리상황의 평가·분석
13. 행정각부의 중요한 정책의 수립과 조정
14. 정당해산의 제소
15. 정부에 제출 또는 회부된 정부의 정책에 관계되는 청원의 심사
16. 검찰총장·합동참모의장·각군참모총장·국립대학교총장·대사 기타 법률이 정한 공무원과 국영기업체관리자의 임명
17. 기타 대통령·국무총리 또는 국무위원이 제출한 사항

제90조 ① 국정의 중요한 사항에 관한 대통령의 자문에 응하기 위하여 국가원로로 구성되는 국가원로자문회의를 둘 수 있다.
② 국가원로자문회의의 의장은 직전대통령이 된다. 다만, 직전대통령이 없을 때에는 대통령이 지명한다.
③ 국가원로자문회의의 조직·직무범위 기타 필요한 사항은 법률로 정한다.

제91조 ① 국가안전보장에 관련되는 대외정책·군사정책과 국내정책의 수립에 관하여 국무회의의 심의에 앞서 대통령의 자문에 응하기 위하여 국가안전보장회의를 둔다.
② 국가안전보장회의는 대통령이 주재한다.
③ 국가안전보장회의의 조직·직무범위 기타 필요한 사항은 법률로 정한다.

제92조 ① 평화통일정책의 수립에 관한 대통령의 자문에 응하기 위하여 민주평화통일자문회의를 둘 수 있다.
② 민주평화통일자문회의의 조직·직무범위 기타 필요한 사항은 법률로 정한다.

제93조 ① 국민경제의 발전을 위한 중요정책의 수립에 관하여 대통령의 자문에 응하기 위하여 국민경제자문회의를 둘 수 있다.
② 국민경제자문회의의 조직·직무범위 기타 필요한 사항은 법률로 정한다.

제3관 행정각부

제94조 행정각부의 장은 국무위원 중에서 국무총리의 제청으로 대통령이 임명한다.

제95조 국무총리 또는 행정각부의 장은 소관사무에 관하여 법률이나 대통령령의 위임 또는 직권으로 총리령 또는 부령을 발할 수 있다.

제96조 행정각부의 설치·조직과 직무범위는 법률로 정한다.

제4관 감사원

제97조 국가의 세입·세출의 결산, 국가 및 법률이 정한 단체의 회계검사와 행정기관 및 공무원의 직무에 관한 감찰을 하기 위하여 대통령 소속하에 감사원을 둔다.

제98조 ① 감사원은 원장을 포함한 5인 이상 11인 이하의 감사위원으로 구성한다.
② 원장은 국회의 동의를 얻어 대통령이 임명하고, 그 임기는 4년으로 하며, 1차에 한하여 중임할 수 있다.

③ 감사위원은 원장의 제청으로 대통령이 임명하고, 그 임기는 4년으로 하며, 1차에 한하여 중임할 수 있다.

제99조 감사원은 세입·세출의 결산을 매년 검사하여 대통령과 차년도국회에 그 결과를 보고하여야 한다.

제100조 감사원의 조직·직무범위·감사위원의 자격·감사대상공무원의 범위 기타 필요한 사항은 법률로 정한다.

제5장 법 원

제101조 ① 사법권은 법관으로 구성된 법원에 속한다.
② 법원은 최고법원인 대법원과 각급법원으로 조직된다.
③ 법관의 자격은 법률로 정한다.

제102조 ① 대법원에 부를 둘 수 있다.
② 대법원에 대법관을 둔다. 다만, 법률이 정하는 바에 의하여 대법관이 아닌 법관을 둘 수 있다.
③ 대법원과 각급법원의 조직은 법률로 정한다.

제103조 법관은 헌법과 법률에 의하여 그 양심에 따라 독립하여 심판한다.

제104조 ① 대법원장은 국회의 동의를 얻어 대통령이 임명한다.
② 대법관은 대법원장의 제청으로 국회의 동의를 얻어 대통령이 임명한다.
③ 대법원장과 대법관이 아닌 법관은 대법관회의의 동의를 얻어 대법원장이 임명한다.

제105조 ① 대법원장의 임기는 6년으로 하며, 중임할 수 없다.
② 대법관의 임기는 6년으로 하며, 법률이 정하는 바에 의하여 연임할 수 있다.
③ 대법원장과 대법관이 아닌 법관의 임기는 10년으로 하며, 법률이 정하는 바에 의하여 연임할 수 있다.
④ 법관의 정년은 법률로 정한다.

제106조 ① 법관은 탄핵 또는 금고 이상의 형의 선고에 의하지 아니하고는 파면되지 아니하며, 징계처분에 의하지 아니하고는 정직·감봉 기타 불리한 처분을 받지 아니한다.
② 법관이 중대한 심신상의 장해로 직무를 수행할 수 없을 때에는 법률이 정하는 바에 의하여 퇴직하게 할 수 있다.

제107조 ① 법률이 헌법에 위반되는 여부가 재판의 전제가 된 경우에는 법원은 헌법재판소에 제청하여 그 심판에 의하여 재판한다.
② 명령·규칙 또는 처분이 헌법이나 법률에 위반되는 여부가 재판의 전제가 된 경우에는 대법원은 이를 최종적으로 심사할 권한을 가진다.
③ 재판의 전심절차로서 행정심판을 할 수 있다. 행정심판의 절차는 법률로 정하되, 사법절차가 준용되어야 한다.

제108조 대법원은 법률에 저촉되지 아니하는 범위 안에서 소송에 관한 절차, 법원의 내부규율과 사무처리에 관한 규칙을 제정할 수 있다.

제109조 재판의 심리와 판결은 공개한다. 다만, 심리는 국가의 안전보장 또는 안녕질서를 방해하거나 선량한 풍속을 해할 염려가 있을 때에는 법원의 결정으로 공개하지 아니할 수 있다.

제110조 ① 군사재판을 관할하기 위하여 특별법원으로서 군사법원을 둘 수 있다.
② 군사법원의 상고심은 대법원에서 관할한다.
③ 군사법원의 조직·권한 및 재판관의 자격은 법률로 정한다.
④ 비상계엄하의 군사재판은 군인·군무원의 범죄나 군사에 관한 간첩죄의 경우와 초병·초소·유독음식물공급·포로에 관한 죄 중 법률이 정한 경우에 한하여 단심으로 할 수 있다. 다만, 사형을 선고한 경우에는 그러하지 아니하다.

제6장 헌법재판소

제111조 ① 헌법재판소는 다음 사항을 관장한다.
1. 법원의 제청에 의한 법률의 위헌여부 심판
2. 탄핵의 심판
3. 정당의 해산 심판
4. 국가기관 상호간, 국가기관과 지방자치단체간 및 지방자치단체 상호간의 권한쟁의에 관한 심판
5. 법률이 정하는 헌법소원에 관한 심판
② 헌법재판소는 법관의 자격을 가진 9인의 재판관으로 구성하며, 재판관은 대통령이 임명한다.
③ 제2항의 재판관중 3인은 국회에서 선출하는 자를, 3인은 대법원장이 지명하는 자를 임명한다.
④ 헌법재판소의 장은 국회의 동의를 얻어 재판관 중에서 대통령이 임명한다.

제112조 ① 헌법재판소 재판관의 임기는 6년으로 하며, 법률이 정하는 바에 의하여 연임할 수 있다.
② 헌법재판소 재판관은 정당에 가입하거나 정치에 관여할 수 없다.
③ 헌법재판소 재판관은 탄핵 또는 금고 이상의 형의 선고에 의하지 아니하고는 파면되지 아니한다.

제113조 ① 헌법재판소에서 법률의 위헌결정, 탄핵의 결정, 정당해산의 결정 또는 헌법소원에 관한 인용결정을 할 때에는 재판관 6인 이상의 찬성이 있어야 한다.
② 헌법재판소는 법률에 저촉되지 아니하는 범위 안에서 심판에 관한 절차, 내부규율과 사무처리에 관한 규칙을 제정할 수 있다.
③ 헌법재판소의 조직과 운영 기타 필요한 사항은 법률로 정한다.

제7장 선거관리

제114조 ① 선거와 국민투표의 공정한 관리 및 정당에 관한 사무를 처리하기 위하여 선거관리위원회를 둔다.
② 중앙선거관리위원회는 대통령이 임명하는 3인, 국회에서 선출하는 3인과 대법원장이 지명하는 3인의 위원으로 구성한다. 위원장은 위원 중에서 호선한다.
③ 위원의 임기는 6년으로 한다.
④ 위원은 정당에 가입하거나 정치에 관여할 수 없다.
⑤ 위원은 탄핵 또는 금고 이상의 형의

선고에 의하지 아니하고는 파면되지 아니한다.
⑥ 중앙선거관리위원회는 법령의 범위 안에서 선거관리·국민투표관리 또는 정당사무에 관한 규칙을 제정할 수 있으며, 법률에 저촉되지 아니하는 범위 안에서 내부규율에 관한 규칙을 제정할 수 있다.
⑦ 각급 선거관리위원회의 조직·직무범위 기타 필요한 사항은 법률로 정한다.

제115조 ① 각급 선거관리위원회는 선거인명부의 작성 등 선거사무와 국민투표사무에 관하여 관계 행정기관에 필요한 지시를 할 수 있다.
② 제1항의 지시를 받은 당해 행정기관은 이에 응하여야 한다.

제116조 ① 선거운동은 각급 선거관리위원회의 관리하에 법률이 정하는 범위 안에서 하되, 균등한 기회가 보장되어야 한다.
② 선거에 관한 경비는 법률이 정하는 경우를 제외하고는 정당 또는 후보자에게 부담시킬 수 없다.

제8장 지방자치

제117조 ① 지방자치단체는 주민의 복리에 관한 사무를 처리하고 재산을 관리하며, 법령의 범위 안에서 자치에 관한 규정을 제정할 수 있다.
② 지방자치단체의 종류는 법률로 정한다.

제118조 ① 지방자치단체에 의회를 둔다.
② 지방의회의 조직·권한·의원선거와 지방자치단체의 장의 선임방법 기타 지방자치단체의 조직과 운영에 관한 사항은 법률로 정한다.

제9장 경제

제119조 ① 대한민국의 경제질서는 개인과 기업의 경제상의 자유와 창의를 존중함을 기본으로 한다.
② 국가는 균형있는 국민경제의 성장 및 안정과 적정한 소득의 분배를 유지하고, 시장의 지배와 경제력의 남용을 방지하며, 경제주체 간의 조화를 통한 경제의 민주화를 위하여 경제에 관한 규제와 조정을 할 수 있다.

제120조 ① 광물 기타 중요한 지하자원·수산자원·수력과 경제상 이용할 수 있는 자연력은 법률이 정하는 바에 의하여 일정한 기간 그 채취·개발 또는 이용을 특허할 수 있다.
② 국토와 자원은 국가의 보호를 받으며, 국가는 그 균형있는 개발과 이용을 위하여 필요한 계획을 수립한다.

제121조 ① 국가는 농지에 관하여 경자유전의 원칙이 달성될 수 있도록 노력하여야 하며, 농지의 소작제도는 금지된다.
② 농업생산성의 제고와 농지의 합리적인 이용을 위하거나 불가피한 사정으로 발생하는 농지의 임대차와 위탁경영은 법률이 정하는 바에 의하여 인정된다.

제122조 국가는 국민 모두의 생산 및 생활의 기반이 되는 국토의 효율적이고 균형있는 이용·개발과 보전을 위하여 법률이 정하는 바에 의하여 그에 관한 필요한 제한과 의무를 과할 수 있다.

제123조 ① 국가는 농업 및 어업을 보호·육성하기 위하여 농·어촌종합개발과 그 지원 등 필요한 계획을 수립·시행하여야 한다.

② 국가는 지역간의 균형있는 발전을 위하여 지역경제를 육성할 의무를 진다.
③ 국가는 중소기업을 보호·육성하여야 한다.
④ 국가는 농수산물의 수급균형과 유통구조의 개선에 노력하여 가격안정을 도모함으로써 농·어민의 이익을 보호한다.
⑤ 국가는 농·어민과 중소기업의 자조조직을 육성하여야 하며, 그 자율적 활동과 발전을 보장한다.

제124조 국가는 건전한 소비행위를 계도하고 생산품의 품질향상을 촉구하기 위한 소비자보호운동을 법률이 정하는 바에 의하여 보장한다.

제125조 국가는 대외무역을 육성하며, 이를 규제·조정할 수 있다.

제126조 국방상 또는 국민경제상 긴절한 필요로 인하여 법률이 정하는 경우를 제외하고는, 사영기업을 국유 또는 공유로 이전하거나 그 경영을 통제 또는 관리할 수 없다.

제127조 ① 국가는 과학기술의 혁신과 정보 및 인력의 개발을 통하여 국민경제의 발전에 노력하여야 한다.
② 국가는 국가표준제도를 확립한다.
③ 대통령은 제1항의 목적을 달성하기 위하여 필요한 자문기구를 둘 수 있다.

제10장 헌법개정

제128조 ① 헌법개정은 국회재적의원 과반수 또는 대통령의 발의로 제안된다.
② 대통령의 임기연장 또는 중임변경을 위한 헌법개정은 그 헌법개정 제안 당시의 대통령에 대하여는 효력이 없다.

제129조 제안된 헌법개정안은 대통령이 20일 이상의 기간 이를 공고하여야 한다.

제130조 ① 국회는 헌법개정안이 공고된 날로부터 60일 이내에 의결하여야 하며, 국회의 의결은 재적의원 3분의 2 이상의 찬성을 얻어야 한다.
② 헌법개정안은 국회가 의결한 후 30일 이내에 국민투표에 붙여 국회의원선거권자 과반수의 투표와 투표자 과반수의 찬성을 얻어야 한다.
③ 헌법개정안이 제2항의 찬성을 얻은 때에는 헌법개정은 확정되며, 대통령은 즉시 이를 공포하여야 한다.

부칙 〈제10호, 1987.10.29.〉

제1조 이 헌법은 1988년 2월 25일부터 시행한다. 다만, 이 헌법을 시행하기 위하여 필요한 법률의 제정·개정과 이 헌법에 의한 대통령 및 국회의원의 선거 기타 이 헌법시행에 관한 준비는 이 헌법시행 전에 할 수 있다.

제2조 ① 이 헌법에 의한 최초의 대통령선거는 이 헌법시행일 40일 전까지 실시한다.
② 이 헌법에 의한 최초의 대통령의 임기는 이 헌법시행일로부터 개시한다.

제3조 ① 이 헌법에 의한 최초의 국회의원선거는 이 헌법공포일로부터 6월 이내에 실시하며, 이 헌법에 의하여 선출된 최초의 국회의원의 임기는 국회의원선거 후 이 헌법에 의한 국회의 최초의 집

회일로부터 개시한다.
② 이 헌법공포 당시의 국회의원의 임기는 제1항에 의한 국회의 최초의 집회일 전일까지로 한다.

제4조 ① 이 헌법시행 당시의 공무원과 정부가 임명한 기업체의 임원은 이 헌법에 의하여 임명된 것으로 본다. 다만, 이 헌법에 의하여 선임방법이나 임명권자가 변경된 공무원과 대법원장 및 감사원장은 이 헌법에 의하여 후임자가 선임될 때까지 그 직무를 행하며, 이 경우 전임자인 공무원의 임기는 후임자가 선임되는 전일까지로 한다.
② 이 헌법시행 당시의 대법원장과 대법원판사가 아닌 법관은 제1항 단서의 규정에 불구하고 이 헌법에 의하여 임명된 것으로 본다.
③ 이 헌법 중 공무원의 임기 또는 중임제한에 관한 규정은 이 헌법에 의하여 그 공무원이 최초로 선출 또는 임명된 때로부터 적용한다.

제5조 이 헌법시행 당시의 법령과 조약은 이 헌법에 위배되지 아니하는 한 그 효력을 지속한다.

제6조 이 헌법시행 당시에 이 헌법에 의하여 새로 설치될 기관의 권한에 속하는 직무를 행하고 있는 기관은 이 헌법에 의하여 새로운 기관이 설치될 때까지 존속하며 그 직무를 행한다.

[제2판]
클로저 헌법 핸드북 1 [헌법총론·기본권론]

초판 발행일 1쇄 2023년 12월 5일
2 판 발행일 1쇄 2024년 12월 30일

저 자	이 상 용
발행인	이 종 은
발행처	새 흐 름
	서울특별시 마포구 독막로 295 삼부골든타워 212호
	등록 2014. 1. 21. 제2014-000041호(윤)
전 화	(02) 713-3069
F A X	(02) 713-0403
홈페이지	www.sehr.co.kr
ISBN	979-11-6293-594-1(93360)
정 가	34,000원

* 본서의 무단복제행위를 금합니다. 파본은 바꿔드립니다.
* 저자와 협의하여 인지첩부를 생략합니다.